북한의 언어와 문학

| 저자약력 |

박종갑 : 문학박사, 영남대학교 국문과 교수

남상권 : 문학박사, 대구한의대학교 국문과 초빙교수

박승희 : 문학박사, 영남대학교 국문과 객원교수

범금희 : 박사수료, 영남대학교 국문과 강사

김권동 : 문학박사, 영남대학교 국문과 객원교수

곽은희 : 박사수료, 영남대학교 국문과 강사

서민정 : 박사수료, 영남대학교 국문과 강사

북한의 언어와 문학

2판 발행 2007년 3월 5일 | **2판 2쇄 발행** 2012년 8월 23일

편저자 박종갑 · 남상권 · 박승희 · 범금희 · 김권동 · 곽은희 · 서민정

펴낸이 우동기 | **펴낸곳** 영남대학교 출판부 | **디자인** Gukjead

출판등록 1975년 9월 5일 경산 제16-1호 | **주소** 경북 경산시 대동 214-1
전화 053) 810-1801~3 | **FAX** 053) 810-4722 | **홈페이지** book.yu.ac.kr

ISBN 978-89-7581-317-7 93810

북한의 언어와 문학

박종갑 | 남상권 | 박승희 | 범금희 | 김권동 | 곽은희 | 서민정

pegasus

머리말

'90년대 이전의 북한은 우리에게 막연한 두려움과 적개심, 연민과 호기심 등의 심리가 뒤엉킨 미지의 세계였다. 당위론적으로는 통일의 대상이요 우리의 한 부분이었지만, 언젠가 또 다시 우리를 침략해 올지도 모른다는 생각에 증오와 배척의 대상으로 보는 사람들도 많았다. 대부분의 남한 사람들은 북한 사람들의 생각과 삶의 양태를 제대로 알 수 없었다. 몰래 북한의 라디오 방송을 들어보기도 했지만, 정치 선전 같은 내용만 접할 수밖에 없어서 불신만 가중시킬 뿐이었다. 당시엔 간혹 북한의 군인이 휴전선을 넘어 귀순하거나 간첩이 자수를 하는 사건이 발생하면, 대단한 뉴스 거리가 되었다.

이제는 상황이 많이 달라졌다. 남북한 사이에 정상 회담이 열렸고, 상당한 경제 교류가 이뤄지고 있으며, 휴전선에 문을 만들어 육로로 금강산 구경을 간다. 고위층 인사에서부터 일반 서민들에 이르기까지 많은 사람들이 북한을 탈출하여 남한으로 오고 있다. 대학생 중에도 탈북자 출신이 있고, 탈북한 여류 문인을 불러 강연을 듣기도 한다. 평범한 우리도 간혹 주변에서 탈북자들을 만나게 될 정도다. 이제는 '북한' 이라는 말 한 마디만으로 많은 사람들의 이목을 붙들어 매던 시기는 지났다. 그 만큼 우리가 북한의 실상에 대해 잘 알게 되었다고 생각하는 것이다.

우리는 아직 북한을 잘 모른다. 북한이 경제적으로 어렵고, 우상화된 1인 독재 체제이고, 핵 개발을 통하여 체제 유지를 꾀하고 있다는 점은 안다. 이산 가족 상봉 장면을 보면 대개 외모만으로도 북쪽 사람인지 남쪽 사람인지도 알 수 있다. 그러나 이런 점들은 북한의 겉모습이다. '미녀 응원단' 의 율동과 노래를 보고 들을 땐 그렇게 귀여운 '우리' 였는데, 비에 젖은 김정일의 사진을 보고 울고 불고 하는 모습을 볼 땐 '도저히 알 수 없는 남' 이다. 오늘의 우리는 북한을 잘 모르면서 잘 안다고 생각한다. 북한을 속속들이 이해할 수 있는 매체적 수단도 개방되어 있지 않다. 북한은 우리의 근본적인 삶의 틀에 가장 큰 영향을 줄 수 있는 집단이지만, 그 깊은 속은 잘 모르고 있는 것이다.

우리는 북한에 대해 막연한 호기심으로 들여다보는 데 그쳐서는 안 되고, 그 심층을 과학적으로 이해할 수 있어야 한다. 그 동안 북한의 정치 경제 사회 문화 예술 등 많은 부문에 대해 미미하지만 꾸준한 학문적 접근이 이뤄져 왔다. 그러나 그 성과가 학자들의 연구실 안에서 맴돌고 있었을 뿐, 우리의 일반 대중에게 쉽게 이해할 수 있는 형태로 제공되진 않았다. 이러한 맥락에서 필자는 〈북한의 언어와 문학〉이란 교과목을 개설하여, 우리의 평범한 대학생들에게, 언어와 문학이라는 제한된 양식이지만, 북한의 심층적 모습을 이해할 수 있는 자료를 제공하고 토론의 마당을 만들어 주고자 하였다. 국어국문학과의 전공 과목이 아니고, 모든 대학생들을 상대로 하는 교양 과목으로 개설한 것도 같은 취지다.

필자는 지난 일년간 주변의 후배 학자들과 함께 '북한의 언어와 문학 강의 팀' 을 구성하여 수업을 이끌어 오면서, 학생들에게 만족할 만한 성취감을 주기 위해서는 더 많은 준비가 필요함을 절감하였다. 우선 교재가 없었다는 점에서 가르치는 사람과 배우는 사람 모두 힘들 수밖에 없었다. 북한의 언어 및 문법, 표기법, 어휘적 특성 등에 대한 연구 논문과 저서 등이 있지만, 학자가 아닌 일반 학생들의 지적 호기심을 효율적으로 충족시켜 줄 만한 것은 찾기 힘들었다. 북한의 문학에 관한 것도 사정이 마찬가지였다. 이에 우리 팀은 교과목의 개설 취지를 살릴 수 있는 교재를 만들기로 하였다. 그 동안 수업을 위해 준비했던 자료들을 바탕으로 삼고 새로운 자료들을 찾아 다듬고 정리하면서 열띤 토론을 한 결과, 부족하나마 이 책을 세상에 선보일 수 있게 되었다.

이 교재를 만들면서 우리 팀이 가졌던 기본 입장은 그 동안의 학문적 성과나 알려진 자료들을 고루 수용하되, 가능한 한, 일반 학생들이 쉽게 이해할 수 있는 형태로 갈고 다듬어 제시한다는 것이었다. 이를 위한 구체적인 방안으로, 북한의 언어와 문학의 심층을 다루되, 가능하면 남한의 그것과 대비시키는 방식을 취하였다. 또 한 학기의 수업 시수를 고려하여 적절한 수의 강의 주제를 제시하고 그러한 주제를 놓고 토론하는 데 필요한 자료를 제공한다는 방침을 견지하였다. 각 장의 앞 부분에 '생각해 보기' 라고 하여 일정한 형식의 문제나 토론 주제를 먼저 제시해 놓은 것도 토론의 활성화를 위한 것이다. 특히 문학 부문의 경우, 해당 강의 주제를 이해하고 토론하는 데 필요한 배경 지식을 '발제' 라는 이름으로 베풀고, '발제－생각해 보기－작품' 등과 같은 순서로 편집해 놓았다. 학생들은 '생각해 보기' 에서 제시된 문제 형식의 토론 주제를 먼저 음미하고, 그것에 대해 답을 구한다는 자세로 작품을 읽어가면, 훨씬 흥미 있는 공부가 될 것이라 생각된다. 강의 주제 또한 일반 학생들이 북한에 대해 갖는 지적 호기심이 어떤 것인가를 고려하여 선정하였다.

'북한의 언어와 문학' 이란 이름의 교과목을 개설하고 교재를 개발한 것이 우리가 처음이 아닌가 한다. 이런 점에서, 부족함이 많은 책이지만, 조그만 자부심을 갖는다. 제1장과 제2장은 박종갑이, 제3장은 범금희가 맡았고, 제4장에서 제7장까지, 그리고 제11장은 남상권이, 제

8장에서 제10장까지는 박승희가 맡았음을 밝혀 둔다. 이 책의 집필에 직·간접적으로 도움이 된 여러 논저들의 저자들께 이 자리를 빌어 감사의 뜻을 표한다. 이용된 자료의 출전을 밝혔지만 혹시 누락된 것이 있을까 두렵다. 원고를 늦게 제출하는 바람에 시간이 매우 부족했음에도 불구하고 이렇게 좋은 모양의 책으로 만들어 주고, 출판 장려비까지 지원해 준 영남대학교 출판부에 감사의 뜻을 전한다.

2004년 2월

북한의 언어와 문학 강의 팀을 대표하여

박종갑이 적는다.

개정판을 내면서

이 책은 자칭 우리 '북한의 언어와 문학 팀(약칭 : 북한팀)' 이 3년 전에 동일한 이름으로 만든 교재의 개정판이다. 당시에는 이런 교재를 만든 것이 우리가 처음이어서 자부심은 있었지만, 스스로 만족할 만한 수준은 아니었다. 그 동안 개정판의 필요성을 절감하면서, 부족한 부분을 점검하고 보충할 자료를 모으는 등, 나름대로 준비 작업을 해 왔다. 이제 여전히 부족하지만 지금까지 준비한 것을 바탕으로 개정판을 낸다.

남북한 사이에는 분명히 언어적 괴리가 있지만 우리가 극복할 수 있는 범위 안의 문제로 생각된다. 이러한 언어적 괴리는 과장되어 인식되기도 한다. 개정판에서는 북한 문화어의 뿌리는 남한의 표준어라는 점과, 양자의 차이는 부분적인 어휘의 문제로 국한된다는 점을 좀더 구체적인 자료를 보강하여 강조하고자 했다. 분단 이후 독자적으로 시행된 북한의 언어정책에 대해서도 구체적인 예를 보충하여 이해하기 쉽도록 했다.

그 동안 북한의 문학에 대해 학생들이 보인 반응 중 가장 일반적인 것은 '북한의 문학 작품은 너무 재미가 없다' 는 것이었다. 이번에는 가능한 한 대학교 1학년 학생들이 '읽어 볼 만하다고' 생각할 것 같은 작품을 찾으려 노력했다. 북한의 과거보다는 현재와 관련된 주제를 설정하고 작품을 선정하려고도 했다. 학생들은 김일성 주석 시대보다는 김정일 위원장 시대의 북한에 대해 더 관심이 많다.

개정판에서는 북한에서 발간된 사전을 이용하여 어려운 낱말에 대한 뜻풀이를 해 두었다. 우리는 가능한 한 이 책에서 '북한의 분위기' 가 그대로 보존되어 학생들에게 전달되기를 희망했다. 문학작품은 가능한 한 북한식 정서법을 유지한 채 실었으며, 뜻풀이 주석도 대부분

북한 사전에 있는 그대로 옮기려고 했다. 남북한의 정서법이 달라 작품을 입력하는 과정에서 상당한 혼란이 발생할 수 있는데, 개정판에서는 이를 방지하기 위해, 우리가 직접 분담하여 입력하고 교정을 하였다. 이러한 일들은 품이 많이 들고 힘들었지만 그런 만큼 이 책에 대해 더 큰 애정을 가질 수 있게 될 것 같아 좋았다. 그렇지만 우리가 입수한 텍스트 자체가 2차적인 것도 있어, 원래의 작품을 손상 없이 잘 싣고 있는지 걱정이 된다.

그 동안 우리가 〈북한의 언어와 문학〉 강의를 하는 과정에서 얻었던 경험과 정보, 관련 기관을 찾아다니면서 입수한 자료 등을 가꾸어 개정판을 내게 되니 무척 기쁘다. 그 동안 아무런 현실적 보상도 없었지만 학문적 열정으로 많은 시간을 투자해 준 우리 북한팀 후배 · 제자들의 노고를 기록해 두고 싶다. 1쇄만 찍고 개정판을 내도록 하면서도 가능한 한 최대한의 도움을 주려고 애써 준 영남대학교 출판부에 대해서도 이 자리를 빌려 감사의 뜻을 표한다. 비록 작은 책이지만, 북한의 언어와 문학에 관심을 두고 계신 많은 분들의 적극적인 도움으로 크게 이용될 수 있기를 기대한다.

2007년 2월
〈북한의 언어와 문학 팀〉을 대표하여
박종갑이 적는다.

일러두기

1. 수록된 글과 작품 선정의 원칙

이 책에 실린 글들과 작품들은 가능하면 학생들이 쉽게 이해할 수 있고 흥미를 느낄 만한 것을 선정하였다.

2. 강의 주제 선정 원칙

이 책은 모두 11개 장으로 구성되어 있고 크게 제1부와 제2부로 나뉜다. 제1부는 총 3개 장으로 구성되어 있고, 모두 북한 언어에 관한 것으로서 《북한 사람들이 쓰는 우리말》, 《북한의 한글 맞춤법》, 《북한의 언어 정책》이라는 제목으로 엮여져 있다. 제2부는 총 8개 장으로 구성되어 있고, 모두 북한 문학에 관한 것으로서 《김정일 시대와 고난의 행군》, 《꼬뮨식 사랑의 이념과 열정》, 《수령의 형상화》, 《우리식 사회주의의 아이들》, 《모성 영웅과 준마 처녀》, 《생활 속 작은 영웅들》, 《북한식 고전 읽기》, 《통일, 그 꿈과 현실》이라는 제목으로 엮여져 있다.

강의 주제 제목은 해당 글 및 작품에서 추출된 구절 및 어휘로 선정하였고 필요하면 약간의 손질을 하여 제시하였다.

3. 《생각해 보기》 제시 원칙

《생각해 보기》는 문제 형식으로, 제1부와 제2부, 모두 제시되어 있다. 이것은 북한 관련 글 및 작품들을 읽을 때 무엇에 초점을 두고 읽어야 할 것인지를 알려 주기 위해 만든 일종의 안내자이다. 《생각해 보기》에 답을 구한다는 자세로 글이나 작품을 읽어 간다면 훨씬 흥미있는 공부가 될 것이라 생각된다.

《생각해 보기》에 제시된 문항의 수는 약간의 차이가 있다. 북한 언어의 경우는 적게는 1개항, 많게는 3개항으로 제시되어 있고, 북한 문학의 경우는 시 1개항, 단편 소설 2개항으로 제시되어 있다. 그렇지만 문학 작품이라 하더라도 수기와 평론의 경우는 장르의 특성상 《생각해 보기》 문항을 제시하지 않았다.

4. 발제(글을 읽기 전에) 수록 원칙

발제는 제2부에 해당하는 북한 문학과 관련된 강의 주제를 이해하고 토론하는 데 필요한 이론 및 배경 지식 제공을 위해서 수록된 것이다.

5. 문학 작품의 낱말 주석 원칙

북한 문학 작품을 읽다 보면 우리가 구사하는 낱말과 여러 가지 차이가 있음을 알 수 있다. 따라서 가능하면 그것을 쉽게 풀이하여 제시하고자 하였고, 거기에 목표를 두고 갈고 다듬었다. 이를 위한 구체적인 방안은 다음과 같다.

첫째, 뜻풀이 주석시 북한의 정치 이념을 지나치게 반영한 것은 약간의 손질을 하였다.

> 아동화창작가의 문학작품에 대한 분석은 종자[1]와 주제사상을 깊이있게 파악하고 그에 기초하여 조형적형상을 창조하자는데 목적이 있다.
>
> 1 ㊟ 북한의 문예창작이론에서 「종자」란 말이 처음으로 나타난 것은 72년 간행된 북한예술사전에서이다. 이 사전은 문학예술부문에서 「종자」란 작품의 기본핵이며 그 작품의 가치를 결정짓는 근본문제라고 규정하고 「종자론」에 대해서는 「소재의 선택과 구상으로부터 작품의 얽음새와 구성, 성격 창조와 양상 등 창작의 전과정에 전일적으로 작용하는 근본교리」라고 명시하고 있다.

둘째, 북한에서 발간된 사전[조선말 대사전]을 이용하여 어려운 낱말에 대한 뜻풀이를 해 두었다. 뜻풀이는 작품의 본문 아래 부분에 각주 형식으로 제시해 놓았다. 뜻풀이를 할 때는 가능하면 북한식 정서법을 유지한 채 실었다. 이렇게 한 이유는, 가능하면 이 책에서 '북한의 분위기'가 그대로 보존되어 학생들에게 전달되기를 희망했기 때문이다. 예를 들면 다음과 같다.

① 아래에 제시된 각주에는 표제어를 따로 제시하지 않았다. 단, 특별한 경우[관용어나 구절, 또는 이해의 도움을 위해 등]에 해당하는 경우는 따로 제시하였다.

> 할머니는 그가 젖먹이아이들의 암가루[1]를 가지러 갔을거라고 하며 돌아오면 소학교아이들의 학습때문에 또 학교에 찾아가 담임선생을 만나야 할게라고 일러주었다. 그리고 짬시간에는 갓난애기들의 기저귀와 숱한[2] 애들이 벗어던진 옷들을 빨아야 하며 저녁쯤에는 남새상점으로 뛰여간다는 것이다.
>
> 1 암죽을 쓸 수 있게 가공한 가루. 참 암죽 : 낟알가루나 밤가루로 묽게 쑨 죽. 젖먹이에게 젖대신으로 먹인다.
>
> 2 (주로 《숱한》 형으로 쓰이여) 썩많다.

② 위 각주 속에 나타나는 참은 "참고 사항"의 약자이다. 이때의 참고 사항은 북한의 조선말 대사전에 나오는 뜻풀이일 수도 있고 우리말의 국어 대사전이나 해당 용어 사전을 참고한 뜻풀이일 수도 있다. 참이란 글자가 없는 뜻풀이는 북한의 조선말 대사전을 참고한 것이다.

③ 뜻풀이할 때 우리말과 형태는 같으나 발음이 다르면 발음 기호(예 : 보도랑 [보또랑])를 이용해 각주에 제시하였다. 예를 들면 다음과 같다.

> 홍화숙은 모를 나르는 청년을 붙잡고 보도랑[39]을 가리키며 뭐라 하더니 모내는 기계가 들어선 논쪽으로 급히 멀어져갔다.
>
> ---
>
> **39** 보도랑[보또랑] : 보물이 흐르게 만든 도랑. ㊟ 보물 : 보에 고인 물 또는 보에서 끌어대는 물. ㊟ 보 : 하천의 물면을 높여서 논밭에 물을 끌어갈 목적으로 하천을 가로막아 물을 잡아두는 것 또는 그런 수리구조물, 콩크리트보, 나무보, 돌보, 나무와 돌로 만든 귀틀보, 쇠줄과 돌로 만든 돌자루보가 있다.

④ 뜻풀이할 때 가능하면 낱말의 기본 형태에 대한 뜻풀이를 하였다. 그렇지만 학생들의 이해를 돕기 위해서 때로는 활용 형태에 대한 뜻풀이를 한 것도 있다.

> 석근은 아연해져서[1] 아바이를 지켜보았다.
> 가슴속에서 타오르기 시작한 련련한[2] 마음마저 숨기려 하지 않았다.
>
> ---
>
> **1** 너무 놀라서 어안이 벙벙하다.
> **2** 미련이 남아서 잊지 못하는.

차례

북한 문학 작품 CD수록 차례

● 김정일 시대와 고난의 행군

- 5월 단오(백의선)
- 총대는 무엇을 말하는가(장해명)
- 대를 이어 총대가정으로 살렵니다(엄복순)
- 강계정신은 사회주의 조선의 시대정신이다(『조선녀성』출판부)
- 손에서 놓고 싶지 않은 《영근이삭》(석준식)

● 수령의 형상화

- 나는 수령을 뵈었다(리진옥)
- 아버지(리동구)
- 광명의 길을 찾아서(김명준)

● 우리식 사회주의의 아이들

- 아동창작에서 제기되는 문학분석의 요구(리철수)

● 모성 영웅과 준마 처녀

- 녀성과 화장(오동화)

● 생활 속 작은 영웅들

- 생활(하정히)

● 통일, 그 꿈과 현실

- 서운한 종점(조벽암)
- 어머니의 모습(신지락)
- 남조선에서 홍청대는 부유층(김광정)

〈생각해 보기〉

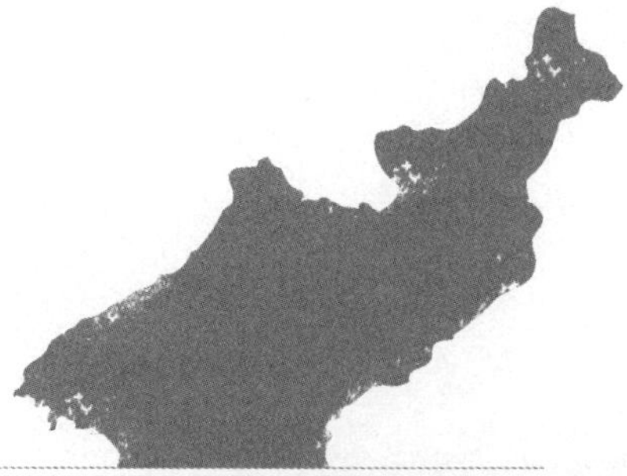

제1부 북한의 언어

제1장 :: 북한 사람들이 쓰는 우리말

…› **생각해 보기**

▶**다음 물음에 대해 답해 보라.**
- '북한말' 의 특징이라고 여겨지는 것을 생각나는 대로 말해 보라.
- 스포츠 용어 몇 가지에 대해 북한말과 남한말을 비교해 보라.
- 북한에서 쓰는 말 중, 우리가 알아듣기 힘든 낱말을 몇 개 찾아보라.
- 남한에서 쓰는 말 중, 북한 사람들이 알아듣기 힘들 것 같은 낱말을 몇 개 찾아보라.

| 01 | 자연 언어로서의 한국어 |

언어에는 자연 언어(natural language)와 인공 언어(artificial language)가 있다. 자연 언어는 사람들이 일상적 생활에서 사용하는 말이다. 한국 사람들이 하는 한국어, 영국이나 미국 사람들이 하는 영어, 그리고 중국어 일본어 등 많은 예를 들 수 있다. 지구상에서 현재 쓰이고 있는 자연 언어는 그 수가 수천 가지가 된다고 한다. 자연 언어는, 그 기원에 대해 학설이 분분하지만, 오랜 인류 역사를 통해 자연 발생적으로 형성되어 온 것으로 볼 수밖에 없다. 이에 비해 인공 언어는 인위적으로 창조된 것이라는 점에서 자연 언어와 구분된다. 기호 논리 체계나 수학 등에서 쓰이는 기호가 인공 언어의 좋은 예다.

자연 언어의 가장 큰 특징은 언어 그 자체의 내적 질서에 의해 스스로 변화한다는 점이다. 우리가 쓰는 말은 과거에서 지금까지 변해 왔고, 지금도 변화 중에 있으며, 앞으로도 끊임없이 변화해 갈 것이다. 미미하지만, 평범한 우리들도 조금만 주의해 보면, 언어 변화의 한 편린을 경험할 수 있다. '썰렁하다, 까칠하다' 와 같은 형용사에는 새로운 의미가 생겼고, '졸라' 와 같은 부사가 새롭게 등장하기도 한다.

말은 서서히 변화하므로, 각 시대를 살아가는 평범한 사람들은 자신들의 말에서 일어나는 변화의 실체를 정확히 인식하는 것이 쉽지 않다. 그러나 그러한 미미한 변화가 몇 백 년 동안 누적되면 그 다름이 매우 커져서 의사소통이 어려울 정도가 된다. 오늘날의 우리들이 중세 국어 문헌을 보면서 느끼는 이질감이 그 단적인 예다. 인위적으로 창조된 인공 언어에는 이와 같은 자연 발생적인 변화 과정이 존재할 수 없음은 당연하다. 인위적으로 바꿔 주기 전에는 바뀌지 않는 것이다.

우리가 보통 한국어라고 하면, 이러한 자연 언어로서의 한국어를 가리키는 것인데, 이와 같은 관점에서의 한국어는 단일한 동질적 실체가 아니다. 자연 언어는 사람들이 일상적 생활에서 쓰는 말이라고 했는데, 우리 한국 사람들의 일상적 언어는 동일한 한 가지가 아니라는 것이다. 서울 사람들의 말과 경상도 사람들의 말, 그리고 전라도 사람들의 말 등 한국의 각 지방 사람들이 사용하는 말은 그 바탕은 동질적이지만, 세부적으로는 서로 다른 점도 많다. 같은 경상도 지역이라 하더라도, 안동 지역 사람들과 대구 지역 사람들의 말에 차이가 있음은 누구나 쉽게 인식할 수 있다.[1] 이러한 점으로 미루어 보면, 자연 언어로서의 한국어는 각 방언들로 구성되어 있는 복합체임을 알 수 있다. 한국어는 각 방언의 총합인 것이다.

한국어가 한국어 각 방언들의 총합이라고 하면, 한국어에 대해 이해하는 것은 곧 한국어의 방언들에 대해 이해하는 것과 같다. 한국어의 방언들에 대한 깊은 이해 없이 한국어를 안다고 말할 수 없는 것이다. 한국어 방언권은 대략 다음과 같이 나눌 수 있다.

① 경기방언	② 강원방언	③ 충청방언
④ 경상방언	⑤ 전라방언	⑥ 함경방언
⑦ 평안방언	⑧ 황해방언	⑨ 제주방언

| 02 | 표준어와 방언 |

하나의 언어는 여러 개의 방언으로 구성되므로, 국가 사회의 통합적 차원에서 하나의 공통어를 설정할 필요가 생긴다. 이것이 이른바 표준어이다. 표준어는 대개 그 언어의 방언들 중의 하나가 바탕이 된다. 현대 한국어의 표준어는 서울방언을, 현대 프랑스어의 표준어는 파리방언을 바탕으로 삼은 것이다. 표준어는 방언의 차이에서 오는 의사소통의 불편함을 덜고 사회 통합을 기하기 위하여 전 국민이 함께 쓸 하나의 공통어를 정할 필요가 있을 때 제정되는

1 '말이 다르다' 는 것은 두 가지 경우로 나누어 생각할 수 있다. 첫째, '영어와 한국어가 다르다' 와 같은 쓰임에서는 '언어와 언어의 차이' 를 가리키는 것이고, 둘째, '대구말과 안동말이 다르다' 와 같은 쓰임에서는 '방언과 방언의 차이' 를 가리키는 것이다.

것이다. 표준어는 교과서며 신문이며 방송 등에 두루 쓰이게 된다. 표준어는 그만큼 특별한 존재이다.

표준어는 특정한 방언이 바탕이 된 것이지만, 양자는 몇 가지 관점에서 차이를 보인다. 예를 들어, 서울방언이 현대 한국어의 표준어가 되었지만, 서울방언과 표준어가 모든 면에서 완전히 동질적이지는 않다. 서울방언에서는 '꽃(花)' 에 대해 '꼬슬(샀다), 꼬시(피었다)' 등과 같이 말한다. 그러나 표준어는 '꼬츨, 꼬치' 등이다. 표준어의 '나하고, 너하고' 에서의 '하고' 를 서울방언에서는 '허고' 라고 한다. 표준어와 그것의 바탕이 된 방언의 근본적인 차이는, 표준어에는 그 자체의 내적 질서에 의해 스스로 변화하는 힘이 없다는 데 있다. 서울방언은 자연언어이므로, 부지불식간에 변화해 간다. 서울방언의 노년층 화자들과 소년층 화자들 사이의 발음에는 부분적이지만 차이가 있다. 그러나 표준어는 서울방언이 변한다고 하여 바로 바뀌지 않는다. 표준어는 교육부에서 정하여 발표하는 '표준어 사정 원칙' 과 '표준 발음법' 등과 같은 '표준어 규정' 에 따라 달라지는데, 그것은 인위적인 것이다. 원래 '멍게' 의 표준어는 '우렁쉥이' 였으나, 서울 사람들이 원래 타 지역 방언이던 '멍게' 라는 말을 더 많이 쓰게 되니, 표준어를 '멍게' 로 바꾸고, 원래의 표준어인 '우렁쉥이' 도 그대로 표준어로 남겨 두게 하였다. 이 때 아무리 서울 사람들이 '멍게' 라는 말을 많이 써도, 표준어 사정 원칙을 개정하여 표준어 낱말을 바꾸기 전에는 '멍게' 는 결코 표준어가 될 수 없다. 뿐만 아니라, 전에 쓰이던 낱말을 표준어로 남겨 두느냐 제외하느냐도 전적으로 표준어 사정 원칙을 어떻게 정하느냐에 따라 달라지는 문제다. 또 앞으로 서울방언이 변하여 서울 사람들의 대부분이 '멍게' 를 '멍기' 라고 한다고 해도, 표준어 사정 원칙을 바꾸기 전에는 '멍게' 가 표준어가 되는 것이다.

표준어는 자연 언어인 특정 방언을 바탕으로 한 것이기에, 자연 언어라고 보아야 할 것이다. 바탕 방언이 변하면, 인위적이지만, 결국엔 표준어도 바뀔 수밖에 없기 때문이다. 그러나 표준어는 그 변화가 인위적으로 결정된다는 점에서 인공 언어적인 성격도 있다. 예를 들어, 우리말의 표준어는 서울방언을 바탕으로 하므로, 서울말이 바뀌면 결국엔 바뀔 수밖에 없지만, 그 변화는 인위적으로 결정되는 것이다. 표준어는 '박제화된 서울방언' 이라고 할 수 있다.

```
경기방언 ─┬─ 춘천방언
          ├─ 서울방언 ──── (+인위적 조작) ────> 표준어
          ├─ 인천방언
          ├─ 수원방언
          ├─ …………
          └─ …………
```

북한의 문화어도 마찬가지다. 북한은 평양 지역에서 사용되는 말을 바탕으로 하여, 그들의 표준어인 문화어를 제정하였지만, 평양방언만이 그대로 문화어가 된 것은 아니다. 계획적이고 의도적으로 타 지역 방언의 많은 낱말들이 문화어로 지정되었다. 그리고 평양방언이 아무리 변하더라도, 인위적인 결정이 없으면, 문화어가 바뀌지 않는 것도 남한의 표준어의 경우와 마찬가지다. 문화어는 '박제화된 평양방언' 이라 할 수 있다.

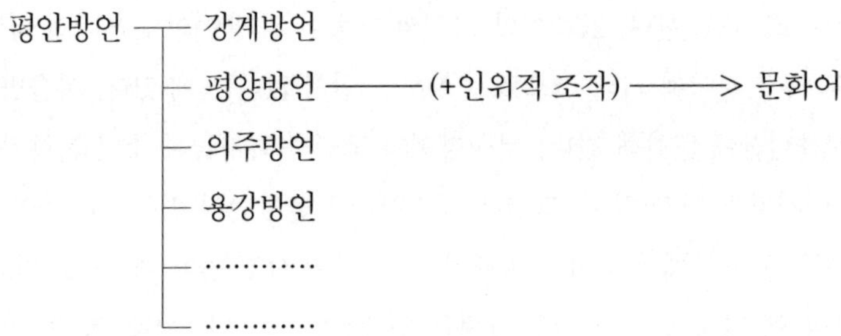

표준어가 특별한 존재라고 하여, 그것의 바탕이 된 방언이 다른 방언보다 더 언어적으로 우월한 것이라고 할 수는 없다. 보통의 사람들은 흔히 다른 지역 방언들은 어딘가 부족한 언어이며, 서울말은 더 우수하고 세련된 언어라고 생각한다. 그러나 문명국의 언어가 더 체계적이고 미개국의 언어가 덜 체계적이라고 할 수 없듯이, 특정 방언이 다른 방언들보다 더 우수한 언어라고 하는 생각도 잘못된 것이다. 서울 지역은 모든 분야에서 우리나라의 중심지 역할을 하는 곳이라는 점에서, 서울 사람, 서울의 대학, 서울의 문화 등, 서울과 관련된 모든 물적인 토대와 문화가 동경의 대상이 되므로, 자연적으로 서울방언도 그렇게 보일 뿐이다.

| 03 | 평양방언의 특징 |

북한 문화어의 바탕이 되었다고 하는 평양방언은 평안방언 또는 서북방언의 한 하위 방언이다. 전통적인 지역 방언학적 관점에서 보면, 서북방언의 가장 큰 특징은 구개음화가 일어나지 않았다는 점이다.

구개음화란 경구개음이 아닌 소리가 경구개음으로 바뀌는 음운 현상이다. '길〉질', '키[2]

2 곡식 따위를 까불러 쭉정이 · 티끌을 골라내는 도구. 고리버들이나 대를 납작하게 쪼개어 앞은 넓고 평평하게 뒤는 좁고 우긋하게 엮어 만듦.

〉치', '둏다〉좋다', '텬디〉천지' 등의 예에서 보듯이, 경구개음이 아닌 'ㄱ, ㅋ ㄷ, ㅌ'[3] 등이 경구개음인 'ㅈ, ㅊ' 등의 소리로 바뀌는 것이다. 이러한 현상은 17세기와 18세기 사이에 우리나라의 남부 지역 말에서 처음으로 발생하여 중부 지방을 거쳐 한반도의 북쪽으로 옮겨 갔다. 이는 마치 태풍과 같아서, 남쪽 지방에서 처음 발생하여 위쪽으로 북상하였고, 처음 발생한 남부 지방에서 맹위를 떨치다가 점차 북상하면서 세력이 약해져 소멸되었다. 그 결과 북쪽 지방에는 평안방언처럼 구개음화의 영향을 받지 않은 지역도 있다. 이는 병의 전염 현상에 기대어 풀이하면 쉽다. 17세기와 18세기의 교체기에 한반도의 남쪽에서 '구개음화'란 전염병이 발생하였고, 처음 발생한 남부 지역에서는 큰 세력을 떨치다가 서서히 북상하면서 세력이 점차 약해져 마침내 소멸되었다. 그러므로 남부 지역에서 북부 지역으로 갈수록 이 병에 감염된 사람들의 수가 적었으며, 평안도 지역 사람들은 이 병에 아예 걸리지 않은 것이다. 바로 앞에서 예시한 4 가지 낱말 중, 남부방언에서는 모두가, 서울방언과 같은 중부방언에서는 끝의 2개만이 구개음화되었고, 서북방언(평안방언)에서는 아무것도 구개음화되지 않은 것이다.[4] 평안방언에서 구개음화 현상이 발생하지 않은 것은 이 방언에서는 'ㅈ,ㅊ,ㅉ' 등이 경구개음이 아니고 치음 또는 치조음이어서, 경구개에서 발음되는 자음 음소가 없었기 때문이다. 이는 마치 미리 예방 주사를 맞으면 항체가 생겨 독감에 걸리지 않는 것과 같다. 평안도 지역 사람들의 말은 구개음화라는 병에 걸리지 않도록 되어 있었던 것이다. 그리하여 평안방언의 노년층 화자들은 '둥학(중학), 딮(짚), 텬디(천지), 둏:다(좋다), 더기(저기), 훈:당(훈장)' 등과 같은 형태의 말을 한다.

평안방언에서는 서울방언과 같이 '으'와 '어', '에'와 '애'가 구분된다. 서울말에서는 '외'와 '위'가 이중 모음으로도 발음되고(we, wi), 단모음으로도 발음되지만(ø, y), 평양방언에서는 이중 모음으로만 발음되므로, 단모음의 수는 2개가 적어 8개이다(이, 에, 애, 으, 어, 아, 우, 오). 예를 들면, 서울 사람들은 '귀'의 'ㅟ'를 단모음 [y]로 발음하지만, 평양 사람들은 이중 모음 [wi]로 발음한다.[5]

평안방언에서는 용언의 어간과 어미와의 결합에서 항상 양성 모음의 어미가 결합되는 경우가 있다.

---

3 'ㄱ, ㅋ'은 연구개음(여린입천장소리)이고, 'ㄷ, ㅌ'은 치조음(잇몸소리)이다.

4 현재도 중국 길림성의 조선족 중 농촌지역의 노년층에서는 '댱화(장화), 댱마(장마), 댱사꾼/당사꾼(장사꾼)' 등과 같은 형태의 말을 쓴다(신승용, 2006).

5 이하 평안방언에 대한 음운 및 문법적 특징은 김영배(1992), 이상규(1999)를 정리한 것이다.

가늘{아서/＊어서} 못 쓰갔는데

멘저 가 잇{가라/＊거라}

돼:지를 가두{아라/＊어라}

거구 앉{가라/＊거라}(= 그기 앉아라)

서울말의 '듣다' 는 'ㄷ' 변칙 활용이어서, '들어서, 들으니, 들어라' 처럼 모음으로 시작되는 어미 앞에서는 어간의 ㄷ이 ㄹ로 바뀐다. 그러나 평안방언에서는 '듣어서, 듣으니, 듣어라' 처럼 규칙적인 활용을 한다. '서다(立)' 의 어간이 '세－' 로 실현되어, '세서(서서)', '세디(서지)', '센(신) 사람', '셀(설) 자리' 등과 같이 쓰이는 점도 특징적이다.

현대 국어에서는 주격 조사가 '－이' 와 '－가' 두 개이지만, 중세 국어에서는 '－이' 하나밖에 없었다. 그리하여 체언의 마지막 음절이 모음으로 끝난 경우에도 '－이' 가 쓰였는데, 평안방언에 그러한 흔적이 남아있다. 그리고 '－레/－래' 와 같은 주격 조사가 쓰이는 것도 평안방언의 특징이다. 그리고 속격 어미는 '－에' 이고, 공동격 조사 '－과' 가 '－와' 가 쓰일 자리에도 쓰인다.

코이 깨데시요(코가 깨졌어요).

차이 한 대 와서(차가 한 대 왔어).

내레 그래시요(내가 그랬어요).

아마 찾기레 힘들거우다(아마 찾기가 힘들겁니다).

사람에 도리(사람의 도리)

친구과 네:기 했다(친구와 얘기 했다).

서울방언의 '－겠' 에 대응되는 것으로 '－갓 ', '－가시 ' 등이 있고, '－리－' 에 대응되는 '－월－', '－웰－' 등도 쓰인다.

하갓다(하겠다), 가가시오(가겠어요)

먹갓다(먹겠다), 먹가시오(먹겠어요)

하월다/하웰다(하리다)

맡으월다/맡으웰다(맡으리다)

내레 내일 가갓소.

일을 하갓으면 똑똑이 하구래(하구려).

과거 시제는 '–앗–/–엇–', '–아시–/–어시' 등에 의해 실현된다.

잡앗다(잡았다) 잡아시요(잡았어요)
먹앗으문(먹었으면) 먹어시요(먹었어요)

서울방언의 '–겠–'에 대응되는 '–갓–'이나 과거 시제 표지 '–앗–/–엇–' 다음에 의문형 어미 '–느냐/–니'가 오면, 이들 결합체는 각각 '–간', '–안/–언'으로 된다.

하간?(←하+갓+니?) ---------- 하겠{니/느냐}?
먹간?(←먹+갓+니?) ---------- 먹겠{니/먹겠느냐}?
먹언?(←먹+엇+니?) ---------- 먹었{니/느냐}?
잡안?(←잡+앗+니?) ---------- 잡았{니/느냐}?

문체 서법과 대우법에 따른 종결 어미 목록을 간략히 보이면 다음과 같다.

서법/대우	대하(對下)	대등(對等)	대상(對上)
서술형	책이다 한다 먹는다	책임메 합메/하네 먹읍메/먹네	책입네다 합네다/합무다 먹읍네다/먹읍메다/먹읍무다
의문형	책이가? 먹네? 먹언?/먹언네? 먹간?/먹갓네?	책임마? 책이엇습마? 먹습마?/합마? 먹엇습마?/햇습마?	책입네까? 책이엇습네까? 먹습네까?/합네까? 먹엇습네까?/햇습네까?
명령형	하라 먹으라	하시/하시다나 먹으시/먹으시다나	하시우/하시라요 잡으시우/잡수시라요
청유형	하자꾸나/하자무나 먹자꾸나/먹자무나	하자 먹자	합세다/합수다 먹읍세다/먹읍수다

이상의 내용은 전통적인 지역 방언학적 입장에서 본 평안방언의 특징이다. 다시 말하면, 평안도 지역의 토박이 노년층 화자들이 쓰는 말의 특징이 된다. 평안도 방언도 각 하위 지역어에 따라 차이가 있으므로, 이상의 내용은 평안도 지역 방언의 일반적인 특징이라 할 것이다. 평양방언도 평안도 방언의 하위 방언이므로, 대체적으로 위와 같은 특징을 가진다고 말할 수 있겠다.

노년층과 소년층 사이에는 상당히 다른 말을 쓰는 경우가 제법 있다. 노년층 토박이 화자들은 전통적인 지역 방언을 많이 사용하는데 비해, 소년층 토박이 화자들은 그러한 말을 들어 보지도 못했다거나 쓰지 않는다고 말하는 경우가 많다. 새로운 세대들이 일상적 생활에서 표준어를 사용하게 됨으로써, 지역의 전통적인 방언이 급격히 사라져 가는 것이다. 평양방언의 경우도 마찬가지여서, 앞에서 든 바와 같은 말은 지금의 평양 주민 중 노년층 화자들이 주로 쓰는 것이다. 더욱이 북한은 국가 체제적 특징상 주민들에 대한 집단적 교육이 보다 철저히 이뤄진다는 점을 고려하면, 그들의 표준어인 문화어의 적극적인 사용에 따라, 전통적인 지역 방언은 매우 위축되어 있을 것으로 생각된다.

| 04 | 북한 문화어의 특징 |

북한의 문화어는 평양방언을 바탕으로 하여 제정된 것이라고 한다. 그러나 실제로 보면 문화어는 평양방언과는 사뭇 다르다. 바로 앞에서 전통적인 평양방언의 특징을 열거해 보았는데, 문화어에는 그와 같은 평양방언의 흔적이 전혀 보이지 않는다.

북한은 분단 이후 자신들이 이룩한 정권에 대한 정통성을 세우는 일이 필요했고, 그 동안 언어 현실도 많은 변화가 있었으며, 주체사상이 체계화되면서 북한의 언어 정책에도 이를 반영할 필요가 있었다. 따라서 고유 어휘의 발전, 방언 어휘 발굴, 고유 지명 활용 등을 통하여 언어생활을 풍부하게 하고 정치 사상성을 강화할 목적으로 문화어를 새롭게 제정한 것이다. 문화어는 1945년에 〈조선어 철자법〉을 내놓고 기존의 표준말 일부만을 수정하던 방식에서 벗어나, 1966년 김일성의 교시에 따라, 평양을 중심으로 한 북부 지역 방언을 바탕으로 하여 독자적인 규범어로 성립되었다고 주장된다. 이후 1980년까지 평안 · 함경 · 강원 지역의 방언 가운데서 3,100여 개의 낱말을 문화어에 보충시켰다. 이후에도 계속 방언이나 새 말들을 발굴하고 만들어 〈조선말 대사전〉(1992)에 추가시키고 있다. 다음은 〈조선말 대사전〉에서 문화어에 대해 설명하고 있는 부분이다.

> 주권을 잡은 로동계급의 당의 영도 밑에 혁명의 수도를 중심지로 하고 수도의 말을 기본으로 하여 이루어지는, 로동계급의 지향과 생활감정에 맞게 혁명적으로 세련되고 아름답게 가꾸어진 언어. 사회주의 민족어의 전형으로서 전체 인민이 규범으로 삼는 문화적인 언어이다. 우리의 문화어는 위대한 수령 김일성 동지의 주체적인 언어사상과 당의 올바른 언어정책에 의하여 공화국 북반부에서 혁명의 수도 평양을 중심지로 하고 평양말을 기준으로 하여 우리 인

민의 혁명지향적 생활감정에 맞게 문화적으로 가꾸어진 조선민족어의 본보기 이다.

북한의 문화어가 평양이란 지역을 중심지로 하고 평양의 말을 기준으로 하여 제정된 것이라 해서, 평양 지역에서 쓰여 온 말들이 그대로 문화어를 구성하게 된 것은 아니다. 앞의 인용문에도 나와 있듯이, 문화어는 평양 말을 기준으로 하되, '우리 인민의 혁명지향적 생활감정에 맞게 문화적으로 가꾸어진' 것이다. 수많은 타 지역 방언 낱말들이 보충된 것은 그 예이다.

북한의 문화어가 평양말을 기준으로 한 것이고, 남한의 표준어가 서울말을 기준으로 한 것이라 해도, 평양말이나 서울말이 모두 한국어라는 한 언어의 하위 방언이므로, 문화어와 표준어의 차이는 실상 별것 아니다. 다음은 북한의 인기 대중가요와 동요 중에서 하나씩 뽑은 것인데, 표기법의 문제만 제외하면, 우리의 표준어와 별다른 차이가 없다.

〈휘파람〉[6]
어제밤에도 불었네
휘파람 휘파람
벌써 몇달째 불었네
휘파람 휘파람
복순이네 집 앞을 지날 땐
이 가슴 설레여
나도 모르게 안타까이
휘파람 불었네
휘- -호- - 휘-호-호
휘- -호- - 휘-호-호

〈우리 아빠 제일 좋아〉[7]
내가 좋아 뽀뽀 우리 엄마 뽀뽀
우리 엄마 뽀뽀가 제일 좋아
우리 엄마 뽀뽀가 제일 좋아
내가 좋아 뽀뽀 우리 아빠 뽀뽀
우리 아빠 뽀뽀가 제일 좋아
우리 아빠 뽀뽀가 제일 좋아
아빠 길도 뽀뽀 엄마 길도 뽀뽀
우리 아빠 우리 엄마 제일 좋아
우리 아빠 우리 엄마 제일 좋아
우리 아빠 우리 엄마 제일 좋아

북한은 위대한 사회주의를 건설하고 있는 자신들이 중심이 되어 우리말을 발전시켜야 한

6 남녀 간의 사랑을 홍겨운 가락에 실은, 북한에서 매우 인기 있는 가요이다. 처음 이 노랫말이 만들어진 것은 1940년대라고 하는데, 지금도 아무런 이질감 없이 불려지고 있어, 현재의 북한말의 모습과 다르지 않음을 알 수 있다.

7 지난 2000년 5월 24일 평양의 학생 소년 예술단이 6박 7일 동안 서울을 방문하여 3차례 공연을 가졌는데, 이 공연을 통하여 우리 사회에 널리 알려진 북한의 동요이다.

다고 보고, 서울말이 아닌 평양말을 중심으로, 독자적인 문화어를 제정한다고 했다. 그것은 다음과 같은 김일성의 교시 내용에서 확인된다.

우리말을 발전시키는 데 있어서 어떤 다른 나라 말을 본받아도 안 되며 또 영어나 일본말이 많이 섞여든 서울말을 표준으로 할 수도 없습니다. 우리는 어디까지나 우리나라의 고유한 말을 기본으로 하고 사회주의를 건설하고 있는 우리가 중심이 되여 조선말을 발전시켜야 합니다(1차 교시).

그러나 기존의 모든 출판물이 서울말이나 그것을 바탕으로 한 표준어로 이뤄진 것이라는 점과, 서울말을 중심적인 것이라 생각하고 그것을 지향해 온 오랜 관습과 인식의 힘은 애초부터 문화어가 남한의 표준어로부터 멀어질 수 없게 한 구심력의 작용을 한 것으로 보인다. 북한은 평양말을 중심으로 문화어를 제정한다고 하였지만, 새로운 어휘들을 제외하면, 문화어는 그대로 남한의 서울말(표준어)이다.

동포 여러분 형제 여러분
이렇게 만나니 반갑습니다.[8]
얼싸 안고 좋아 웃음이요.
절싸 안고 좋아 기쁨일세
어허 늴리리야
반갑습니다. 반갑습니다.
반갑습니다. 반갑습니다.

동포 여러분 형제 여러분
애국의 더운 피 합쳐갑시다.
해와 별이 좋아 행복이요.
내 조국이 좋아 기쁨일세
어허 늴리리야

8 지금도 평양사람들은 [반갑습네다]와 같이 말하지만, 문화어는 '반갑습니다' 이다.

반갑습니다. 반갑습니다.
반갑습니다. 반갑습니다.

위 노래는 손님, 특히 남한의 동포를 반기며 합창으로 부르는 북한의 가요로 우리 남한에서도 잘 알려져 있는 북한의 대중가요이다. 연결 어미나 종결 어미 등 문법적 요소들엔 전통적인 평양방언의 흔적이 전혀 없고, 남한의 표준어와 완전히 같다. 단지 가사의 내용이 우리의 70년대 건전 가요와 같은 것이어서, 오늘날의 우리에겐 이질감이 좀 느껴질 뿐, 문법적·어휘적 관점에서 보면, 우리들이 쓰는 말 그대로이다.

한편 북한은, 다음의 김일성 교시[9]에서 보듯이, 언어가 민족을 특징짓는 중요한 요소라고 하여, 북한과 남한이 같은 민족으로서의 동질성을 잃지 않기 위해서 공통의 말과 표기법을 사용하는 것이 중요하다는 점을 강조하고 있는데, 이러한 의식도 문화어가 남한의 표준어로부터 멀어질 수 없게 한 하나의 요인으로 작용한 것이 아닌가 한다. 다음의 인용문은 김일성의 1차 교시 중, 김두봉의 독특한 문자 개혁안에 대해 비판하고 있는 부분이다.

> 첫째로, 어떤 사람들은 언어 문제를 민족 문제와 결부시키지 않았습니다. 언어는 민족을 특징짓는 공통성 가운데서 가장 중요한 것의 하나입니다. 피줄이 같고 한 령토 안에서 살아도 언어가 다르면 하나의 민족이라고 말 할 수 없습니다.
>
> 조선 인민은 피줄과 언어를 같이 하는 하나의 민족입니다. … 그런데 만일 우리가 그들의 주장대로 문자개혁을 한다면 어떻게 되겠습니까? 남북 조선 사람들이 서로 다른 글자를 쓰게 되면 편지를 써 보내도 모르게 되고, 신문 잡지를 비롯한 출판물들도 서로 알아볼 수 없게 될 것입니다. 이것은 조선인민의 민족적 공통성을 없애며 결국은 민족을 갈라놓는 엄중한 후과를 가져오게 될 것입니다.

이상과 같은 점들을 고려하면, 문화어의 기반이 된 평양말은 전통적 지역방언으로서의 평

9 이른바 '1차 교시'인데, 1964년 1월 3일 '조선어의 민족적 특성을 옳게 살려 나갈데 대하여'란 제목으로 언어학자들과의 대화에서 밝힌 것이다.

양말이 아님을 알 수 있다. 개성과 서울 등의 중부지역은 우리나라 역사의 대부분에 걸쳐 모든 영역에서 중심지 역할을 해 온 곳이어서, 서울방언 또는 중부방언은 우리 민족 언어생활의 철저한 구심점이 되어 왔다. 더구나 1936년에 제정된 표준어로서의 서울말은 모든 방송이나 인쇄매체를 통하여 언어통합의 흡인력을 발휘하고 있었다. 1960년대에 들어와 북한 당국이 문화어 제정 작업을 시작하게 되었을 당시의 평양 사람들의 의식 속에는 서울말 또는 표준어가 '평양사람으로서의 그들이 당연히 써야 할 말' 로 자리 잡고 있었다. 문화어의 기반이 된 평양말은 '표준어가 보급된 상태의 평양말' 이며, 일상적 생활에서 사용하는 평양말 그대로가 아니라, 지금까지 책으로 신문으로 접해오면서 사용해 왔거나 사용해야 된다고 생각하는 평양말이었던 것이다.

북한의 〈조선말대사전〉에 실려 있는 문화어의 대부분이 전통적 지역방언으로서의 평양말이 아니고 서울말과 같은 것임은 구체적인 어휘 자료로 쉽게 확인할 수 있다. 북한에서 펴낸 『조선방언지도』[10]에는 46장의 방언지도가 실려 있는데, 그 표제어 46개 대부분이 서울말과 같다. 다음이 그 예의 일부다(전통적인 평양말 형태는 괄호 속에 넣었다).

> 고양이(고냉이/괭이), 가위(가우), 고추(당추[11]), 잠자리(잰자리/붓잔자리),
> 지렁이(디레이), 박쥐(빨쥐)

표준어와 문화어 모두 부모 호칭어는 '아버지 ; 어머니' 이다. 그러나 평양방언은 '아반, 아바니, 아바지 ; 오만, 오마니' 이다. '장인, 장모' 의 평양방언은 '가시아바니, 가시오마니' 인데, '가시아버지, 가시어머니' 가 문화어이다. 이러한 예는 얼마든지 들 수 있다.

문화어는 서울말 또는 표준어가 보급되어 쓰이고 있는 평양말에, 전통적 지역방언으로서의 북한 각 지역 방언들을 대거 편입시켜 만든 것이라 할 수 있다.

10 1988년 김병제가 펴낸 『조선언어지리학시고』의 부록이다.

11 평양방언에서는 '고추' 는 '후추' 의 뜻이고, '당추' 가 '고추' 의 뜻인데, 문화어에서는 '고추' 를 표준어의 그것과 같은 뜻으로 표제어로 삼고 있다.

| 05 | 표준어와 문화어의 이질성 |

남한의 표준어와 북한의 문화어 사이의 이질성은 거의 대부분 어휘적 문제이다. 반세기가 훨씬 넘는 동안 분단된 상태로 지내오는 과정에서 생긴 결과로서, 어찌 보면 매우 자연스러운 현상이다. 서로 단절된 상태에서 서로 다른 가치를 지향하면서 살아오는 가운데, 서로 다른 낱말들을 만들어 사용하게 됨은 어쩔 수 없는 일이기도 한 것이다.

해방 이후 남북한은 각각 서로 다른 루트를 통하여 외국말을 받아들이게 되었다. 북한은 소련과 중국으로부터, 남한은 미국을 중심으로 한 서방 세계로부터 새로운 낱말을 수용하게 된 결과 서로 다른 형태의 낱말들이 쓰이게 되었다.

> 마이너스 / 미누스, 트랙터 / 뜨락또르, 그룹 / 그루빠, 매트리스 / 마다라스,
> 캠페인 / 깜빠니야

남한과 북한은 각 분야의 발전에 따라 새로운 낱말들을 독자적으로 만들어 쓰게 되어, 서로 이해하지 못하는 낱말들이 많이 생기게 되었다.

> 【남】 가전제품, 교도소, 교통체증, 부도, 예식장, 운전기사, 영안실, 파출부, 학점
> 【북】 가두녀성(街頭女性)[12], 보양소(保養所)[13], 점적대(點滴臺)[14], 망원초(望遠哨)[15], 적구(敵區)[16], 타승(打勝)[17], 합영법(合營法)[18]

기존의 낱말을 현실적 필요성에 의해 인위적으로 둘로 나누어 사용하는 경우가 있다. 동음이의어인 '원수'를 '원수'[19]와 '원쑤'로 나누어, 전자는 '元帥'의 뜻을 가진 말로, 후자는

---

12 다른 직업에 종사하지 않고 가정 살림만을 맡아 하는 주부.
13 불구가 되어 노동력을 잃은 사람들을 보양하기 위한 국가 기관.
14 링거액을 담은 점적병을 걸어 놓는 대.
15 먼 곳의 적정을 살필 임무를 맡은 보초.
16 적이 관할하는 지역.
17 ①쳐서 이김. ②경기 따위에서 상대편을 누르고 이김. ③난관이나 시련 따위를 물리치고 이겨 냄.
18 북한이 서방의 자본과 기술을 도입하기 위해 1984년 9월 최고인민회의에서 제정한 합작투자법.
19 표준어에는 원수1(元首 : 국가원수), 원수2(元帥 : 군인의 가장 높은 계급(오성장군)), 원수3(怨讐) 등의 동음이의어가 있다.

'怨讐' 의 뜻을 가진 말로 구분해 쓴다. '놈' 과 같은 비하(卑下)의 느낌을 주는 말을 자연스럽게 사용하는 것도 우리와는 이질적이다. 다음의 자료에서 이와 같은 점을 발견할 수 있다.

> 계급적 민족적 원쑤들을 폭로하며 원쑤들에 대한 인민들의 증오의 적개심에 대하여 쓸 때에는 놈들의 가슴팍을 면바로 찌르는 서리발같이 날카롭고 예리한 문체로 써야 한다.

남한에서는 방언 낱말을 새 표준말로 살려 복수 표준어로 인정한 것이 세 개 있다.

멍게(= 우렁쉥이)
물방개(= 선두리)
애순(= 어린순)

그리고 종전의 표준말을 없애고 방언 낱말을 표준말로 격상시킨 것이 일곱 개 있다.

귀밑머리(＊귓머리) 까뭉개다(＊까무느다)
막상(＊마기) 빈대떡(＊빈자떡)
생인손(＊생안손)[20] 역겹다(＊역스럽다)
코주부(＊코보)

북한에서는 이 일곱 개 중, '귀밑머리/귓머리, 까뭉개다/까무느다, 역겹다/역스럽다' 를 모두 문화어로 다루면서 약간의 의미 차이가 있는 말로 보고 있다. 북한 문화어의 어휘적 특징은, 앞에서도 언급한 바 있듯이, 타 지역 방언 낱말들을 대거 받아들였다는 점이다. 그러한 낱말들과 남한의 표준어를 비교하여 제시하면 다음과 같다.[21]

---

20 손가락 끝에 나는 종기.

21 북한의 각 지역 방언들 중 3,000여개의 낱말들이 문화어로 선정되었다고 한다. 북한은 60년대 이후 90년대까지 철저한 방언조사를 통하여 이와 같은 작업을 지속적으로 해 왔다. 이런 점을 보면, 방언에 대한 남북한의 시각이 무척 다름을 알 수 있다. 북한의 대표적인 방언학자 김병제가 『방언사전』의 서문에서 한, "문화어는 방언 가운데서 아름답고 인민적인 요소들을 모조리 받아들여 자체를 더욱 풍부히 하며, 방언은 오랫동안 자기 체계 안에서 간직하여 온 아름답고

내굴(평안, 함경) ↔ 내/연기

내구럽다(함경) ↔ 냅다

넉줄(평안, 황해) ↔ 넌출[22]

망돌(함경, 황해) ↔ 맷돌

아츠럽다(함경) ↔ 애처롭다

아지(함경, 평안, 강원) ↔ 어린 가지

인차(함경) ↔ 곧

북한에서는 어려운 한자말이나 외국어들을 고유한 우리말로 고쳐서 발전시켜야 한다고 하고, 오랜 기간 동안 이른바 '말다듬기' 사업을 벌여왔다. 이러한 사업의 결과로서 남북한 사이에 서로 다른 말이 쓰이게 된 경우가 많다.

밥곽, 곽밥(←벤또) ↔ 도시락

해돌이, 해무늬(←연륜) ↔ 나이테

꼭지모자 ↔ 베레모

지난시간 ↔ 과거

지금시간 ↔ 현재

오는시간 ↔ 미래

지지난시간 ↔ 대과거

바로옮김법 ↔ 직접화법

풀어옮김법 ↔ 간접화법

관습적으로 약간 다른 말을 쓰는 경우도 있다.

탁구알 ↔ 탁구공

만풍년 ↔ 대풍년

모래불 ↔ 모래톱

허궁다리 ↔ 구름다리

진보적이며 인민적인 언어 요소들을 문화어에 넘겨주면서 스스로 물러나는 관계에 있다(곽충구(2001)에서 재인용)." 라는 말은 방언에 대한 북한의 시각을 잘 대변하고 있다. 그러나 일단 문화어가 제정된 이후에는 언어생활에서 사투리를 없애고 문화어를 써야 한다고 주장한다.

22 길게 뻗어나가 늘어진 식물의 줄기.

재봉기 ↔ 재봉틀/미싱　　　　　　　　가끈히 ↔ 가지런히
안해 ↔ 아내　　　　　　　　　　　　정양소 ↔ 휴양소

남북한 사이에는 의성어나 의태어에도 약간의 차이가 있다. 의성어보다는 의태어에 차이가 많다.

왈랑절랑하는 소방울 소리 ↔ 딸랑딸랑
가슴이 후둑후둑 뛴다. ↔ 두근두근, 벌렁벌렁
힘히 세다고 우쭐렁거린다. ↔ 우쭐거리다.
땀을 빨빨 흘린다. ↔ 뻘뻘
당실당실 춤을 춘다 ↔ 덩실덩실

문체적 차이라고 할 만한 부분도 있다. 하나의 예로, 복수 개념을 나타내는 '–들' 을 남한보다 훨씬 많이 사용한다는 점을 들 수 있다. 다음에서 보듯이 남한에서는 붙이지 않는 경우에도 북한말에서는 흔히 '–들' 을 붙인다.

거대한 성과들을 이룩했고 …
교과서들에 한자를 넣으면 안 됩니다.

이 밖에도 남한에서는 사용되지 않는 특수한 구문들이 있다. 예를 들면,

조선의 민족적 특성을 옳게 살려나갈 데 대하여
우리 전통 문화의 특성을 바르게 이어나갈 데 대하여
대규모 발전 용량의 발전소를 성과적으로 건설한 데 대하여
빨리 다그쳐 끝낼 데 대한 전투적 과업을 제시하신 데 대하여
민족적 자부심과 계급 의식을 주체적으로 발전시킬 데 대한 문제
나는 오늘 동무들에게 우리 민족어를 더욱 발전시킬 데 대하여 좀 이야기하려고 합니다.
수업이 끝난 다음 집에 돌아갈 대신에 학교에 남아서 동무들의 학습을 도와주었다.

등과 같이 '-(으)ㄹ데 대하여, -(으)ㄹ대신에' 등의 구문이 많이 사용된다. 그리고 남한에서라면 '도착하자마자' 라고 하는 말을 '도착하자바람으로' 처럼 특이하게 표현하는 경우도 있다.

남한의 표준어와 비교해 본 북한 문화어의 특징 중 하나는 두음 법칙과 관련된 것이다. 북한의 정서법에서는 두음 법칙을 인정하지 않기 때문에, 한자말은 원래의 제 음가대로 적는 것을 원칙으로 하고, 그것이 놓이는 위치에 따라 발음이 변하는 것을 인정하지 않는다. 우리의 '노인(老人)' 이 문화어에서는 '로인' 으로 발음되고 표기되는 것이다. 북한에서 이 문제와 관련하여 내린 최초의 결정은 1946년 8월 공산당과 신민당을 합당하여 만든 정당인 勞動黨을 '로동당' 으로 표기하느냐 '노동당' 이라고 표기하느냐의 문제에서, "로동계급의 대중적정당으로서의 당의 명칭을 로동당이라고 한다." 라고 하면서 이뤄졌다. 그러나 당시의 북한 사람들은, 남한 사람들과 별 차이 없이, 두음 법칙대로 발음한 것으로 보인다. 즉, 글로는 '로동당' 이라고 쓰지만, 말로는 [노동당]이라고 소리 내었다는 것이다. 그런데 현재의 북한 사람들은, 오랫동안의 집중적인 교육과 대중 매체의 영향으로, 실제 발음도 그렇게 하는 것으로 보인다. 이는 표기법이 사람들의 발음에 영향을 미친 대표적인 예이다.

그런데 북한 지역의 몇몇 방언에서는, 남한 지역의 여러 방언과는 달리, 어두에서의 한자음의 발음이 좀 특이한 경우가 있었던 것 같다. 광복 전에 이뤄진 지역 방언학적 연구 보고서를 종합하면, 평안방언과 함경방언은 어두의 'ㄹ' 과 관련된 발음이 독특함을 알 수 있다. 평안방언에서는 어두의 'ㄹ' 이 탈락되지 않고 'ㄴ' 으로 바뀌었다(량반〉냥반, 류행〉누행, 리별〉니별 등). 그리고 小倉進平의 〈함경남도 및 황해도의 방언〉(경성제대 법문학부, 1930)이란 방언 조사 보고서에서는, 함경남도의 풍산(豊山) 지역어의 경우 '라홍, 나홍' , '률곡, 율곡' 이 공존하고 있다고 기술되어 있다(김영배,1992). 이러한 점을 보면 어두에 ㄹ이 발음되는 것이 순전히 인위적인 노력에 의한 것으로만 볼 수는 없고, 방언에 따라서는 자연스러운 현상일 수도 있었음을 알 수 있다.

| 06 | 마무리 |

문화어는 서울말 또는 표준어가 보급되어 쓰이고 있는 평양말에, 전통적 지역방언으로서의 북한 각 지역 방언들을 대거 편입시키고, 새로운 낱말들을 만들어 형성한 것이다. 오늘날 북한 사람들이 쓰는 문화어는 연결 어미나 종결 어미 등 문법적 요소들엔 전통적인 평양방언의 흔적이 전혀 없고, 남한의 표준어와 같다. 남한의 표준어와 북한의 문화어 사이의 이질성은 거의 대부분 어휘적 문제이다. 반세기가 훨씬 넘는 동안 분단된 상태로 지내오는 과정에서 생긴 결과로서, 어찌 보면 매우 자연스런 현상이다. 서로 단절된 상태에서 서로 다른 가치를 지향하면서 살아오는 가운데, 서로 다른 낱말들을 만들어 사용하게 됨은 어쩔 수 없는 일이기도 한 것이다.

북한은 위대한 사회주의를 건설하고 있는 자신들이 중심이 되어 우리말을 발전시켜야 한다고 보고, 서울말이 아닌 평양말을 중심으로, 독자적인 문화어를 제정한다고 했다. 그러나 남 · 북한 두 지역은 수천 년 역사의 대부분을 '한 민족 한 언어 한 국가' 라는 강력한 결속력의 공동체라는 토대를 공유하고 있어서, 비록 반세기가 넘는 이질화의 과정을 겪어 왔다고 하나, 매우 견고한 언어적 동질성을 유지하고 있음을 알 수 있다. 북한의 문화어와 남한의 표준어는 서로 다른 말이 아니고 서로 같은 '우리 말' 이다.

참고문헌

곽충구(2001). 남북한 언어의 이질화와 그에 관련된 몇 문제. 『새국어생활』, 11-1. 국립국어원.

김영배(1992). 『남북한의 방언 연구』. 경운출판사.

신승용(2006). 동북 삼성 조선족 현황과 언어변화 양상 및 조선어문교육. 『동아인문학』, 제10집. 동아인문학회

이상규(1999). 『방언학』. 학연사.

조오현 · 김용경 · 박동근(2002). 『남북한 언어의 이해』. 도서출판 역락.

북한의 교육 I

북한은 1975년 이후 지금까지 11년 의무 교육 제도를 시행하고 있다. 유치원 높은 반(5살, 1년)부터 인민학교(4년), 고등중학교(6년)까지의 교육을 국가가 책임지는데 수업료와 교과서, 교복과 학용품 등 대부분을 국가에서 무상으로 제공하고 이중 일부만을 개별적으로 부담한다. 북한은 사회주의 체제 확립과 구성원들의 높은 지식 수준을 위한 교육 투자를 중요시한다.

다음은 북한의 일반 교육 체계도인데, 우리와는 조금의 차이가 있다.

〈북한의 일반 교육 체계도〉

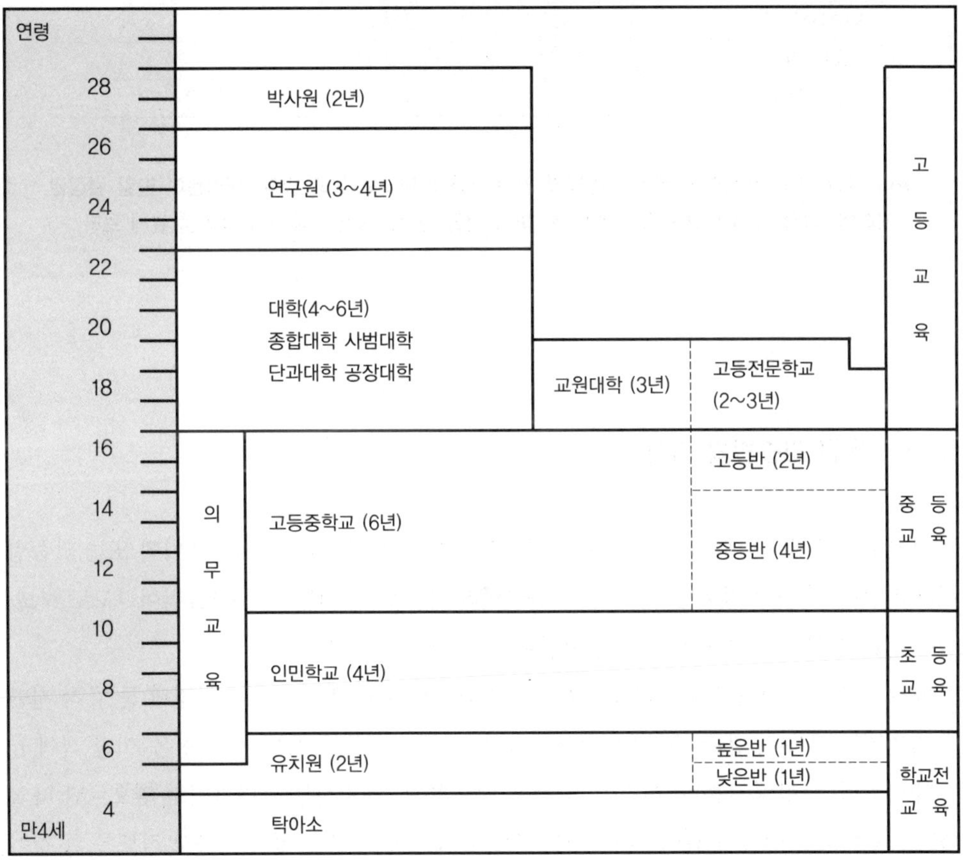

자료 : 『북한의 문화정보 I 』, 1992. －공보처 자료

···› **생각해 보기**

▶다음 표의 빈 곳을 채워 넣어 보라.

어원적 특징	표준어(남한)		문화어(북한)	
	표 기	발 음	표 기	발 음
理 由				
女 子				
上老人				
内科(병원)				
후(後)+날[日]				
곱+아/어				
아름답+아/어				

▶이 단원에서는 남북한의 한글 맞춤법의 일부 내용을 비교해 놓고 있다. 여러분이 만일 결정권자라면 그러한 남북한의 한글 맞춤법 중 어느 것을 선택할 것인가에 대해 의견을 말해 보라.

| 01 | 한글 맞춤법의 역사 |

어떤 글자로써 하나의 말을 표기하는 규칙을 흔히 정서법(orthography), 표기법 또는 맞춤법이라고 한다. 우리의 경우는, 우리 글을 한글이라 하므로, 흔히들 한글 맞춤법이라고도 하고, 국어를 표기하는 방식이므로 국어 정서법이라고도 한다.

한글 맞춤법은 한글로써 우리말을 표기하는 데 필요하다고 생각하여 규정해 둔 규칙 전반을 가리키는 것이다. 한글 맞춤법의 기본 뼈대는 한글을 만든 당시에 『훈민정음』이란 책에 규정되어 있었다. 가령, 〈훈민〉이란 말을 적을 때, 영어를 표기하는 로마자처럼 옆으로만 나열하면, 〈ㅎㅜㄴㅁㅣㄴ〉과 같이 될 터인데, 그렇게 하지 않고 한 음절씩 모아서 적도록 한 것이라든지, 한 음절씩 모아서 적을 때에도, '감' 처럼 모음 글자를 초성 글자 오른쪽에 붙이는 경우와, '곰' 처럼 아래쪽에 붙이는 경우 등을 구분하여 적도록 한 규정 등이 그 예다. 외국 사람이 한글을 처음 배울 때, 같은 모음 글자들인데도, 어떤 글자들(ㅏ, ㅓ, ㅣ 등)은 자음 글자의 오른쪽에 붙이고, 어떤 글자들(ㅗ, ㅜ, ㅡ 등)은 자음 글자 아래쪽에 붙이는 식으로 구분하여 적는 것을 참 의아해 하는 점을 생각하면, 이는 참으로 중요한 핵심적 규정이라 할 수 있다. 또 받침(종성) 소리를 적는 규정도 마련해 두었다. 우리는 '낟, 낫, 낮, 낯' 등을 모두 [낟]으로 동일하게 발음하는데, 이는 훈민정음 창제 당시에도 마찬가지였다. 따라서 소리를 그대로 표기한다고 하면 받침의 자음 글자들을 일일이 구분하여 적을 필요가 없게 된다. 훈민정음 창제 당시에도 이들 받침을 오늘날의 표기법처럼 구분하여 적기도 했지만, 대체적으로는 구분하지 않고 하나의 글자로 통일하여 적도록 하였다. 팔종성법이라 하여, 받침 표기에는 'ㄱㄴㄷㄹㅁㅂㅅㅇ'의 8개의 글자만 써도 좋다고 하는 규정을 마련한 것이다. '빗곶(梨花)'을 '빗곳'으로 적는 것이 그 예다. 이러한 전통은, 17세기 말엽부터는 7종성법으로 바뀌는 부분적인 변화가 있었지만, 19세기 말까지 변하지 않고 지켜졌다.

이상과 같이, 한글 맞춤법의 중요한 뼈대는 훈민정음 창제 당시부터 마련되어 있었으며, 그 대부분은 오늘날까지 강력한 규제력을 발휘하면서 잘 지켜지고 있다. 그러나 우리의 문자 생활이 보다 통일되고 체계화되어 원만히 운영되기 위해서는 더 자세한 세부 규정이 있었어야만 했으나 그렇지 못했기 때문에, 우리 조상들은 시대에 따라 사람에 따라 또는 낱말에 따라 얼마간 서로 다른 표기법을 사용하는 혼란을 겪어 왔다.

한글은 로마자와 마찬가지로 음소 글자이지만, 하나의 음절 단위로 모아서 적는 독특한 방식을 취하기 때문에, 분철하느냐 연철하느냐의 문제가 생긴다. 가령, 명사 '사람'에 조사 '이'나 '을'이 붙으면, '사람이, 사람을'과 같이 적을 수도 있고, '사라미, 사라믈'과 같이 적을 수도 있다. 뿐만 아니라, 동사 어간 '먹-'에 어미 '-어도'나 '-으면'이 붙으면, '먹어도, 먹으면'처럼 적을 수도 있고, '머거도, 머그면'처럼 적을 수도 있다. 그런데 훈민정음 창제 당시부터 줄곧 이에 대한 규정이 없었다. 분철 방식이 쓰인 경우도 있지만 대부분 연철 방식을 썼는데, 16세기에 들어와서 조금씩 분철 방식이 세력을 확대해 나가기 시작했다. 띄어쓰기나 구두점 찍기도 거의 20세기에 들어와서 시행되기 시작했다. 옛날의 한글 문헌들은 이러한 사정 때문에 읽기가 쉽지 않다.

훈민정음이 창제된 후부터 19세기 말까지, 세부적인 맞춤법 규정은 없었지만, 우리 조상들은 대체적으로 어느 정도는 통일성을 유지하면서 문자 생활을 발전시켜 나갔다. 그러나 오늘날과 같은 모습의 통일된 문자 생활을 할 수는 없었다. 세부 규정이 있었다 하더라도, 체계적인 교육 활동이 거의 불가능하고, 문자 생활이 차지하는 비중이 매우 낮았기 때문에, 그와 같은 혼란은 어쩔 수 없었을 것으로 보인다. 각 시대별로 일정한 경향은 있었지만, 문헌에 따라 얼마간의 차이가 나는 표기법을 사용하는 혼란이 지속되어 온 것이다.

그런데 개화기에 접어들면서, 학교를 세우고 교과서를 만들어 아이들에게 교육을 시켜야 하니, 세부적인 통일된 맞춤법 규정의 제정이 절실하게 되었다. 1907년 나라에서는 학부(현재의 교육부) 안에 국문 연구소를 만들어 이 일을 전담하게 하는 등 국가적 차원에서 일을 하기 시작했다. 그 뒤 여러 과정을 거치면서, 주시경을 비롯한 많은 학자들이 우리말과 글 연구에 헌신하였고, 그와 같은 노력을 바탕으로 하여, 1933년 11월, 마침내 조선어학회는 〈한글 맞춤법 통일안〉을 만들어 공포하게 되었다. 이 안은 각계각층의 전폭적인 지지를 받았으며, 이때부터 처음으로 띄어쓰기를 하게 되는 등, 우리의 문자 생활에 큰 발전이 이뤄졌다.

오늘날 우리들이 쓰는 맞춤법의 핵심적 규정은 조선어학회의 〈한글 맞춤법 통일안〉에서부터 마련된 것이다. 조선어학회는 이어 1936년에 〈사정한 조선어 표준말 모음〉을 발표하고, 1941년에는 〈외래어 표기법 통일안〉을 발표하여 어문 규범 통일 사업을 일단락 지었다.

| 02 | 한글 맞춤법의 뿌리와 가지 |

남북한의 언어 및 언어 규범 문제에서 그나마 다행스러운 것은 남북 분단 이전에 이미 통일된 어문 규범을 마련하여 사용하였다는 점이다. 남한에서는 해방 뒤에도 조선어학회의 〈한글 맞춤법 통일안〉을 거의 그대로 사용하였고, 북한에서는 1948년 정부 수립 이후 독자적인 맞춤법을 공포하였으나, 이에 참여한 학자가 주시경의 제자인 김두봉이나 조선어학회의 월북한 중진 회원들이었기 때문에, 오늘날까지도 남북한의 한글 맞춤법은 기본 원칙이 같을 수 있게 된 것이다.

남한은 해방 후에도 조선어학회의 〈통일안〉을 그대로 사용했다. 1948년 '한글 전용법'이 공포되면서, 국한문 혼용으로 되어 있던 〈통일안〉의 한글판이 나오고, 1958년에는 용어 수정판이 나오는 등의 변화가 있었지만, 핵심적 내용은 거의 바뀌지 않았다. 그러다가 1970년대에 들어 정부 주도로 개정 작업에 착수하여, 1988년 문교부에서 현행 〈한글 맞춤법〉을 고시한 후, 1989년부터 시행하여 오늘에 이르고 있다. 오늘날 남한에서 쓰고 있는 〈한글 맞춤법〉은 1933년 조선어학회에서 마련한 것을 1980년대 후반에 개정하여 사용하고 있는 것이므로, 남한에서는 1933년의 〈한글 맞춤법 통일안〉 이후 실질적으로는 한 차례 개정되었다고 할 수 있다.

북한은 조선어학회의 〈한글 맞춤법 통일안〉 이후 네 차례에 걸쳐 맞춤법(철자법)을 개정하였다.

1948년 1월, 〈조선어 신철자법〉, 조선어문 연구회

1954년 9월, 〈조선어 철자법〉, 과학원 조선어 및 조선문학 연구소

1966년 6월, 〈조선말 규범집〉, 국어사정위원회

1987년 5월, 〈조선말 규범집〉(수정판), 국어사정위원회

남북한 맞춤법이 본격적으로 달라진 것은 1954년의 〈조선어 철자법〉부터인데, 어두에서의 ㄹ, ㄴ 표기, 사이시옷 폐기 등이 이 때 처음 규정되었다. 〈조선어 철자법〉에서는 사이시옷을 폐기하는 대신에 사이표(')를 사용하도록 했는데,[1] 1966년의 〈조선말 규범집〉에서는 발음 교육 등 특수한 경우를 제외하고는 사이표를 사용하지 않기로 하였다. 또 '맞춤법' 이란 용어를 사용한 것도 이 때부터다. 그 뒤 북한은 1987년에 〈조선말 규범집〉 수정판을 내어 놓았다. 기본적으로 1966년의 체제를 따르되 일부 조항들을 수정・보충하였다.

남북한은 모두 1933년의 〈통일안〉을 기본 골격으로 하고 있고, 1980년대 후반에 각각 최종적인 개정 작업을 하여 오늘에 이르고 있는 것으로 정리할 수 있다. 이제 북한의 〈조선말 규범집〉 수정판(1987)과 남한의 〈한글 맞춤법〉(1988)의 대강을 비교하되, 이질적인 면을 중심으로 언급하겠다.

| 03 | 남북한의 한글 맞춤법 |

남북한 모두 〈맞춤법〉의 기본 원칙은 동일하다. 남한은 총칙 제1항에서, 북한은 총칙에서 이를 규정하고 있다.

【남】 표준어를 소리대로 적되 어법에 맞도록 함을 원칙으로 한다(총칙 제1항).

【북】 조선말맞춤법은 단어에서 뜻을 가지는 매개부분을 언제나 같게 적는 원칙을 기본으로 하면서 일부 경우 소리나는대로 적거나 관습을 따르는 것을 허용한다(총칙).

1 〈핏줄〉을 〈피' 줄〉과 같이 적는 방식이다.

남북한의 맞춤법은 공통적으로 두 개의 서로 상반되는 원칙을 표방하고 있다. '소리대로 적되' 또는 '소리나는대로 적거나' 등의 표현은 이른바 '표음주의'를 지향하는 것이고, '어법에 맞도록'이나 '매개부분을 언제나 같게 적는' 등의 표현은 이른바 '표의주의(형태주의)'를 지향하는 것인데, 양 원칙은 상충된다.

(1) (a) 소리대로 적되… / 소리나는대로 적거나 ———→ 표음주의
(b) 어법에 맞도록… / 매개부분을 언제나 같게 적는 ⟶ 형태주의(표의주의)

표음주의는 단어를 소리 그대로 표기하는 방식이다. 한글은 소리글자이어서 우리의 말을 소리 그대로 적을 수 있고, 그렇기 때문에 쉽게 배우고 쉽게 쓸 수 있는 우수한 글자가 된다.

(2) (a) (소리) : [듣다] – [듣고] : [들으니] – [들어라]
(b) (표기) : 〈듣다〉 – 〈듣고〉 : 〈들으니〉 – 〈들어라〉

위 자료에서 보듯이, '듣다(聞)'의 어간 '듣–'은 활용의 과정에서 [듣]으로 발음되기도 하고, [들]로 발음되기도 하는데, 표기가 이러한 발음을 그대로 따르고 있다.

형태주의는 각 단어를 구성하고 있는 형태소의 원형을 밝혀 원형대로 적는 방식을 가리킨다. 다음의 예를 보라.

(3) (a) (소리) : [듣다] – [듣고] : [든는]
(b) (표기) : 〈듣다〉 – 〈듣고〉 – 〈듣는〉

(4) (a) (소리) : [입도] : [임만] : [잎이]
(b) (표기) : 〈잎도〉 – 〈잎만〉 – 〈잎이〉

'듣다'의 어간 '듣–'은 '–는'과 같은 어미 앞에서는 [든]으로 발음된다. 그러나 표기에서는 발음대로 하지 않고, 그것의 원형인 '듣'으로 적는다. '잎'이라는 단어도 그 뒤에 오는 조사에 따라 [입, 임, 잎] 등으로 발음되지만, 원형 '잎'으로 통일하여 적는다.

이렇듯 형태주의는, 어떤 형태소가 그것이 놓이는 음성적 환경에 따라 여러 가지 소리로 발음되더라도, 하나의 대표 형태로 통일하여 고정시켜 적는 방식이다. 만일 표음주의에 따라 발음대로 적게 되면, '입(葉)도/임만'과 '입(口)도/임만'이 구분되지 않지만, 형태주의에 따라

'잎도/잎만' 과 '입도/입만' 으로 적으면, 두 단어의 뜻이 구분된다. 결과적으로 형태주의는 소리글자인 한글에 뜻글자와 같은 특징을 부가하는 역할을 한다. 이러한 방식은 독서의 능률을 향상시키게 되는데, '일거라, 익더라, 잉는다' 처럼 적지 않고, '읽어라, 읽더라, 읽는다' 처럼 적으면, 이들이 같은 의미소(讀)를 가진 낱말들임을 쉽게 파악하게 되기 때문이다.

우리의 표기법은 조선어학회의 〈통일안〉 이래, 남북한 모두 줄곧 이 형태주의와 표음주의라는 두 가지 배타적인 원칙을 준수하면서, 양자 사이의 조화를 꾀하여 왔다. 이제 북한 표기법의 몇 가지 특징적인 것을 중심으로 남북한의 표기법을 대조해 본다.

북한의 표기법은 상대적으로 형태주의 원리를 강하게 지키는 경향이 있다. 예를 들어 두음법칙의 경우, 남한의 규정은 매우 복잡한데 비해, 북한의 규정은 매우 단순하다. 일단 남한 표기법의 두음법칙 규정부터 보자.

【남】 제10항 한자음 '녀, 뇨, 뉴, 니' 가 단어 첫머리에 올 적에는, 두음법칙에 따라 '여, 요, 유, 이' 로 적는다.(ㄱ을 취하고, ㄴ을 버림.)

ㄱ	ㄴ	ㄱ	ㄴ
여자(女子)	녀자	유대(紐帶)	뉴대
연세(年歲)	년세	이토(泥土)	니토
요소(尿素)	뇨소	익명(匿名)	닉명

다만, 다음과 같은 의존 명사에서는 '냐, 녀' 음을 인정한다.

냥(兩) 냥쭝(兩-) 년(年)(몇 년)

[붙임1] 단어의 첫머리 이외의 경우에는 본음대로 적는다.

남녀(男女) 당뇨(糖尿) 결뉴(結紐) 은닉(隱匿)

[붙임2] 접두사처럼 쓰이는 한자가 붙어서 된 말이나 합성어에서, 뒷말의 첫소리가 'ㄴ' 소리로 나더라도 두음법칙에 따라 적는다.

신여성(新女性) 공염불(空念佛) 남존여비(男尊女卑)

[붙임3] 둘 이상의 단어로 이루어진 고유 명사를 붙여 쓰는 경우에도 붙임 2에 준하여 적는다.

한국여자대학 대한요소비료회사

제11항 한자음 '랴, 려, 례, 료, 류, 리'가 단어의 첫머리에 올 적에는, 두음법칙에 따라 '야, 여, 예, 요, 유, 이'로 적는다.(ㄱ을 취하고, ㄴ을 버림.)

ㄱ	ㄴ		ㄱ	ㄴ
양심(良心)	량심		용궁(龍宮)	룡궁
역사(歷史)	력사		유행(流行)	류행
예의(禮儀)	례의		이발(理髮)	리발

다만, 다음과 같은 의존 명사는 본음대로 적는다.

리(里) : 몇 리냐?

리(理) : 그럴 리가 없다.

[붙임1] 단어의 첫머리 이외의 경우에는 본음대로 적는다.

개량(改良)	선량(善良)	수력(水力)	협력(協力)
사례(謝禮)	혼례(婚禮)	와룡(臥龍)	쌍룡(雙龍)
하류(下流)	급류(急流)	도리(道理)	진리(眞理)

다만, 모음이나 'ㄴ' 받침 뒤에 이어지는 '렬, 률'은 '열, 율'로 적는다.(ㄱ을 취하고, ㄴ을 버림.)

ㄱ	ㄴ		ㄱ	ㄴ
나열(羅列)	나렬		분열(分裂)	분렬
치열(齒列)	치렬		선열(先烈)	선렬
비열(卑劣)	비렬		진열(陳列)	진렬
규율(規律)	규률		선율(旋律)	선률
비율(比率)	비률		전율(戰慄)	전률
실패율(失敗率)	실패률		백분율(百分率)	백분률

[붙임2] 외자로 된 이름을 성에 붙여 쓸 경우에도 본음대로 적을 수 있다.

신립(申砬)　　최린(崔麟)　　채륜(蔡倫)　　하륜(河崙)

[붙임3] 준말에서 본음으로 소리 나는 것은 본음대로 적는다.

국련(국제연합)　　대한교련(대한교육연합회)

[붙임4] 접두사처럼 쓰이는 한자가 붙어서 된 말이나 합성어에서, 뒷말의 첫소리가 'ㄴ' 또는 'ㄹ' 소리로 나더라도 두음법칙에 따라 적는다.

역이용(逆利用)　연이율(年利率)　열역학(熱力學)　해외여행(海外旅行)

[붙임5] 둘 이상의 단어로 이루어진 고유 명사를 붙여 쓰는 경우나 십진법에 따라 쓰는 수(數)도 붙임 4에 준하여 적는다.

서울여관　신흥이발관　육천육백육십육(六千六百六十六)

제12항 한자음 '라, 래, 로, 뢰, 루, 르'가 단어의 첫머리에 올 적에는, 두음법칙에 따라 '나, 내, 노, 뇌, 누, 느'로 적는다.(ㄱ을 취하고, ㄴ을 버림.)

ㄱ	ㄴ		ㄱ	ㄴ
낙원(樂園)	락원	|	뇌성(雷聲)	뢰성
내일(來日)	래일	|	누각(樓閣)	루각
노인(老人)	로인	|	능묘(陵墓)	릉묘

[붙임1] 단어의 첫머리 이외의 경우에는 본음대로 적는다.

쾌락(快樂)	극락(極樂)	거래(去來)	왕래(往來)
부로(父老)	연로(年老)	지뢰(地雷)	낙뢰(落雷)
고루(高樓)	광한루(廣寒樓)	동구릉(東九陵)	가정란(家庭欄)

[붙임2] 접두사처럼 쓰이는 한자가 붙어서 된 단어는 뒷말을 두음법칙에 따라 적는다.

내내월(來來月)　상노인(上老人)　중노동(重勞動)　비논리적(非論理的)

이상에서 보듯이, 남한의 표기법 규정은 매우 복잡하다(제10항 제12항). 그것은 우리의 두음법칙과 관련된 언어적 현상이 매우 복잡하기 때문이다. 즉, 어두의 ㄹ과 ㄴ은 그 소리 남이 매우 복잡한데, 그것을 그대로 표기법에 반영한 결과이다. 예를 들어 보자. '老人'의 '老'는 원음이 [로]이지만, 어두에 위치하고 있으므로, [노]로 발음된다. '初老'의 '老'는 어두 위치가 아니므로, 제 음가인 [로]로 발음된다. 그런데 '上老人'의 '老'는 어두 위치가 아니어서 [로]로 발음될 것 같으나, [노]로 발음된다. 앞의 '上'이 접두사처럼 쓰이는 말이어서 있으나 마나 한 것이므로, 어두 위치와 마찬가지의 제약을 받게 되기 때문이다. 이러한 점은 이른바 '교양 있는 현대 서울 사람들이 두루 쓰는 말'이 그렇다는 뜻이다. 두음법칙과 관련된 위의 표기법 규정들은 그러한 말을 그대로 전사한 것에 불과하다. 이러한 내용을 정리하면 다음 표와 같다.

단어	발음	표기	비 고
老人	[노인]	노인	어두 위치
初老	[초로]	초로	비어두 위치
上老人	[상노인]	상노인	접두사처럼 쓰이는 漢字 뒤

우리의 표기법을 보면, 이 부분에서는 대체적으로 발음과 표기가 일치한다. 이는 발음 나는 대로 표기하는 이른바 '표음주의' 원리에 충실하고 있는 예이다.

이상의 현상과 관련된 북한의 표기법은 매우 단순하다. 두음법칙을 인정하지 않기 때문이다. 북한의 표기법에서는 한자말은 원래의 제 음가대로 적는 것을 원칙으로 하므로, 그것이 놓이는 위치에 따라 발음이 변하는 것을 표기에 반영하지 않는다.

【북】 제25항 한자말은 소리마다 해당 한자음대로 적는 것을 원칙으로 한다.

북한에서 이 문제와 관련된 최초의 결정은 1946년 8월 공산당과 신민당을 합당하여 만든 정당인 勞動黨을 '로동당'으로 표기하느냐 '노동당'이라고 표기하느냐의 문제에서, "로동계급의 대중적정당으로서의 당의 명칭을 로동당이라고 한다."라고 한 데서 이뤄진 것이다. 그러나 당시의 북한 사람들은, 남한 사람들과 별 차이 없이, 두음법칙대로 발음한 것으로 보인다. 즉, 글로는 '로동당'이라고 쓰지만, 말로는 [노동당]이라고 소리 내었다는 것이다. 앞에서 든 남한의 예를 북한의 방식대로 조정하면 다음과 같다.

단어	발음	표기	비 고
老人	[노인]	로인	어두 위치
初老	[초로]	초로	비어두 위치
上老人	[상노인]	상로인	접두사처럼 쓰이는 漢字 뒤

이는 형태주의 원리를 매우 강조하는 태도이다. 漢字 '老'를 예를 들면, 언제나 동일한 [로]로 통일하여 고정하는 방식을 취하고 있기 때문이다. 그런데 현재의 북한 사람들은, 오랫동안의 집중적인 교육과 대중매체의 영향으로, 실제 발음도 그렇게 한다.[2] '老人'을 예로 들면, 발

2 광복 전에 이뤄진 지역 방언학적 연구 보고서를 종합하면, 평안방언과 함경방언은 어두의 'ㄹ'과 관련된 발음이 좀 특이함을 알 수 있다. 평안방언에서는 어두의 'ㄹ'이 'ㄴ'으로 바뀌었고(량반〉냥반, 류행〉누행, 리별〉니별 등), 小倉進平

음도 [로인]이고 표기도 '로인'으로 한다는 것이다. 이를 정리하면 다음과 같다.

단어	발음	표기	비 고
老人	[로인]	로인	어두 위치
初老	[초로]	초로	비어두 위치
上老人	[상로인]	상로인	접두사처럼 쓰이는 漢字 뒤

이렇게 되면, 결과적으로 이른바 표음주의 원칙을 준수하는 경우가 된다. 처음에는 발음은 위치에 따라 달랐으나 표기는 하나의 형태로 고정하여 적었지만, 지금은 발음도 그러하므로, 발음과 표기가 일치하기 때문이다.

북한 표기법의 강화된 형태주의적 특성을 보이는 또 다른 예는 '사이시옷'과 관련된 표기법이다.[3] 이른바 사이시옷과 관련된 우리말의 언어적 현상도 매우 복잡하다. 합성어의 발음에는 다양한 음운 현상이 발생한다. 우선 이에 대한 남·북한의 표기법 규정을 보자.

【남】

제30항 사이시옷은 다음과 같은 경우에 받치어 적는다.

1. 순 우리말로 된 합성어로서 앞말이 모음으로 끝난 경우

(1) 뒷말의 첫소리가 된소리로 나는 것

바닷가[바다까/바닫까][4] 뱃길 볏가리 부싯돌 귓밥

나룻배 나뭇가지 냇가

(2) 뒷말의 첫소리 'ㄴ, ㅁ' 앞에서 'ㄴ' 소리가 덧나는 것

멧나물[멘나물] 아랫니 텃마당 아랫마을 뒷머리

의 '함경남도 및 황해도의 방언'(경성제대 법문학부, 1930)이란 방언조사보고서에는 함경남도의 풍산(豊山) 지역어의 경우 '라홍, 나홍', '률곡, 율곡'이 공존하고 있다고 기술되어 있다(김영배, 1992). 이러한 점을 보면 어두에 ㄹ이 발음되는 것이 순전히 인위적인 노력에 의한 것으로만 볼 수는 없고, 방언에 따라서는 자연스런 현상일 수도 있었음을 알 수 있다.

3 남한은 〈맞춤법〉 제30항에서 이를 다루고 있다. 북한은 이에 대한 명문 규정이 없으나, 각종 출판물을 보면 그 내용을 알 수 있다.

4 '바닷가'는 원칙적으로 [바다까]로 발음해야 하지만 [바닫까]로 발음해도 된다. 표준발음법(제30항)에서는 뒷말의 첫소리가 된소리로 날 때, 사이시옷을 [ㄷ]으로 발음하는 것도 허용한다. 따라서 '뱃길', '볏가리' 등도 [배낄], [벼까리] 등이 원칙이지만, [밷낄], [볃까리] 등과 같이 발음해도 된다.

(3) 뒷말의 첫소리 모음 앞에서 'ㄴㄴ' 소리가 덧나는 것

베갯잇[베갠닏]　욧잇　깻잎　나뭇잎　댓잎

2. 순 우리말과 한자어로 된 합성어로서 앞말이 모음으로 끝난 경우

(1) 뒷말의 첫소리가 된소리로 나는 것

귓병[귀뼝/귇뼝]　머릿방　뱃병　아랫방　자릿세　전셋집

(2) 뒷말의 첫소리 'ㄴ, ㅁ' 앞에서 'ㄴ' 소리가 덧나는 것

곗날[곈날]　제삿날　훗날　툇마루　양칫물

(3) 뒷말의 첫소리 모음 앞에서 'ㄴㄴ' 소리가 덧나는 것

가욋일[가왼닐]　사삿일　예삿일　훗일

3. 두 음절로 된 다음 한자어(6개)

곳간(庫間)　셋방(貰房)　숫자(數字)　찻간(車間)　툇간(退間)　횟수(回數)

【북】

(북한의 표기법에는 이에 대한 명문 규정이 없으나, 각종 출판물을 보면, 사이시옷을 일절 쓰지 않는다)

사이시옷과 관련된 남한의 표기법은 일단 언어적 현상(발음 현상)을 표기법에 반영하는 태도를 취한다는 점에서 표음주의 원칙을 존중한다. 그런데 발음 현상을 그대로 반영하지 않고, 사이시옷이라는 하나의 동일한 방식으로 고정시켜 표기한다는 점에서 보면 형태주의 원칙을 존중하는 것도 된다. 즉, 발음상의 특징은 ①된소리화, ②ㄴ첨가, ③ㄴㄴ첨가 등의 세 가지지만, 그것을 표기에 반영하는 방법은 '사이시옷 첨가'라는 한 가지로 고정하고 있다. 그리고 사이시옷을 붙이는 경우와 그렇지 않은 경우를 구분할 때, 고유어인가 또는 한자어인가의 문제도 고려하므로,[5] 단어의 어원적 요소까지 따지는 결과가 된다. 몇 가지 예에 대해 이러한 점을 정리하면 다음과 같다.

5 병원의 '내과(內科), 외과(外科)'와 같은 낱말은 뒷말의 첫소리가 된소리로 발음되지만 한자어이기 때문에 사이시옷을 붙이지 않고, '냇가'는 순 우리말이어서 사이시옷을 붙인다. 그러나 관습을 존중하여 한자어이지만 위에서 제시하고 있는 6개의 낱말은 사이시옷을 붙인다. 우리나라 사람 중에 이러한 내용을 이해하고 사이시옷을 올바르게 사용할 수 있는 사람은 얼마 되지 않을 것이다.

낱말의 구성	발 음		표기(남)	표기(북)
배+길	[배낄]	된소리화	뱃길	배길
뒤+머리	[뒨머리]	ㄴ 첨가	뒷머리	뒤머리
나무+잎	[나문닙]	ㄴㄴ첨가	나뭇잎	나무잎
전세+집	[전세찝]	된소리화	전셋집	전세집
제사+날	[제산날]	ㄴ 첨가	제삿날	제사날
후+일	[훈닐]	ㄴㄴ첨가	훗일	후일

북한은 사이시옷을 일절 인정하지 않는다. 그러나 그것과 관련된 음운 현상(된소리화, ㄴ 첨가, ㄴㄴ첨가 등)은, 확실히는 알 수 없지만, 동일하게 발생하는 것으로 보인다.

북한의 표기법은 언중들이 혼란스러워 할 가능성이 큰 것은 언어적 현실이나 관습을 무시하고 과감하게 단순 명료화하는 경향이 있다. 한글 글자의 명칭이 그 대표적인 예다. 훈민정음 창제 이후부터 줄곧 한글 글자들에는 이름이 없었던 것으로 보인다. 그러던 것이 1527년 최세진의 〈훈몽자회〉에 와서 이름을 지어 붙이게 되었는데, 〈훈몽자회〉에 보면 다음과 같은 차자표기 방식으로 기록해 놓았다.

ㄱ其役　　ㄴ尼隱　　ㄷ池末[6]　　ㄹ利乙
ㅁ尾音　　ㅂ非邑　　ㅅ時衣[7]　　ㅇ異凝

〈훈몽자회〉의 이러한 명명과 표기를 이어 받고, 또 그것을 바탕으로 하여 나머지 글자들의 이름을 지어 사용하게 되었는데, 그것이 오늘날 우리 남한에서 사용하는 다음과 같은 명칭이다.

기역　니은　디귿　리을　미음　비읍　시옷　이응　지읒　히읗
키읔　　　　티읕　　　　　　　　피읖　　　　　　　　치읓

6 池의 당시 음은 [디]이다. [디]가 구개음화되어 [지]로 되었다. 末은 글자의 뜻을 이용하는 이른바 훈차(訓借)의 방식으로 쓰인 것이므로 '귿'으로 읽는다.

7 衣도 훈차의 방식으로 쓰인 글자이다. 따라서 [의]로 읽지 않고 [옷]으로 읽는다.

이와 같은 이름은 오랫동안 관습적으로 사용해 오는 것인데, 다음과 같은 몇 가지 점에서 언중들이 혼란스러워한다. 두 번째 음절의 중성이 대부분 '으' 인데, ㄱ(기역)과 ㅅ(시옷)은 그렇지 않다. 두 번째 음절의 초성도 ㄷ(디귿)을 제외하면 전부 영(zero)인데, '디귿' 만 ㄱ소리로 시작된다. 그 결과 평음 글자와 격음 글자의 소리에도 일관성이 없는 부분이 있다. ㄷ(디귿)과 ㅌ(티읕)은 두 번째 음절이 각각 '귿' 과 '읕' 이어서, 초성 글자가 다르다. 한글 글자들의 이름 적기 시험을 친다면, 오늘날 남한 사람의 대부분은 이러한 몇 가지 점에 걸려 100점을 맞지 못할 것이다.

북한의 표기법은 한글 글자 이름의 형태를 과감하게 통일하여, 그러한 혼란의 소지를 아예 없애버렸다. 다음이 그 내용이다.

기역(ㄱ) → 기윽, 디귿(ㄷ) → 디읃, 시옷(ㅅ) → 시읏

이렇게 되면, 모든 글자의 이름은, 두번째 음절의 초성은 영(zero)이고, 중성은 [으]이며, 첫 번째 음절의 초성이 두 번째 음절의 종성이 되어, 일관된 형태를 유지하게 된다.

단순 명료화의 특징을 가진 북한 표기법의 또 다른 예는 남한 표기법에 있는 연결형의 '－(이)요' 와 종결형의 '－오' 의 구분이 없다는 점이다. '－(이)요' 는 연결형 어미이고, '－오' 는 하오체의 종결형 어미인데, 북한은 이들을 구분하지 않고 모두 '－요' 로 통일하였다.[8]

【남】 (5) (a) 이것은 책이오.
(b) 이리로 오시오.
(6) 이것은 책이요, 저것은 공책이다.

【북】 (7) (a) 이것은 책이요.
(b) 이리로 오시요.
(8) 이것은 책이요, 저것은 공책이다.

남한의 표기법에서 구분하여 규정하고 있는 이른바 '하오체' 의 종결형 어미 '－오' 와 연

8 남한의 표기법에서는 한글 맞춤법 제15항에서 이러한 내용을 규정하고 있다. 북한의 표기법에서는 이와 관련된 명시적 규정이 없으나, 각종 출판물에서 이러한 맞춤법이 일관되게 적용되고 있다.

결형 어미 '－(이)요' 는 많은 사람들이 어려워하고 있는 대표적인 경우이다. 전자는 상대 존대법의 한 등급인 '하오' 체의 종결 어미이고, 후자는 서술격 조사의 어간 '－이－' 뒤에 연결형 어미 '－고' 가 통합되어, '－(이)고〉 －(이)오〉 －(이)요' 로 변천되어 온 것이어서, 기원적으로 서로 다르다. 그러나 종결형의 '－오' 가 흔히 '－요' 로도 발음되므로, 이 둘은 현실적으로 구분이 어려운 경우가 많다.

종결형의 '－오' 는 [오] 또는 [요]로 발음되는데, 남한은 이 중에서 '－오' 를 취하고, 북한은 '－요' 를 취하였다. 그 결과 남한은 종결형과 연결형의 형태를 구분하게 되었고, 북한은 모두 '－요' 로 통일하게 되었다. 이러한 결정의 배경으로, 남한은 종결형 '－오' 와 연결형 '－(이)요' 의 역사적 사실의 차이를 중시하였고, 북한은 두 유형의 구분이 현실적으로 어려운 만큼, 언중들의 혼란과 혼동을 막기 위해, '－(이)요' 로 통일하였다는 점을 들 수 있다.

단순 명료화의 특징을 가진 북한 표기법의 또 다른 예는 어간의 'ㅂ' 이 'ㅜ' 로 바뀌는 용언의 어간과 어미 사이의 모음조화에 대한 규정이다. '교양 있는 현대 서울 사람들이 두루 쓰는 말' 을 기준으로 하면, 이 부분에서 모음조화가 지켜지지 않은 경우가 있다.

【남】(9) (양성 모음 + 음성 모음)

(a) 괴롭 + 어/＊아 → 괴로워

(b) 가깝 + 어/＊아 → 가까워

(10)(음성 모음 + 음성 모음)

(a) 굽 + 어/＊아 → 구워

(b) 무겁 + 어/＊아 → 무거워

(11)(중성 모음 + 음성 모음)

(a) 밉 + 어/＊아 → 미워

(b) 깁 + 어/＊아 → 기워

(12)(양성 모음 + 양성 모음)(예외적 존재)

(a) 돕 + ＊어/아 → 도와

(b) 곱 + ＊어/아 → 고와

이상과 같은 경우에, 서울 사람들의 말은, 어간의 모음이 양성인가 음성인가와 관계없이, 음성 모음의 어미를 붙인다. (9)－(11)까지의 예가 그것을 보여 준다. 다만, '돕－, 곱－' 과 같이, 어간이 단음절이고 양성 모음을 가진 것일 경우에는 양성 모음을 결합하여, '도와, 고와' 처럼 발음한다. (12)의 예가 그것이다. 결론적으로 (9)－(12)는 서울 사람들의 현실 발음이고 그것이 그대로 표기법으로 규정된 것이다(제18항). 서울 사람들은 자신들의 말이 그러하므로, 이러한 표기 규정에 어려움을 겪지 않는다. 그런데 일부의 다른 지역 사람들은 상당한 혼동을 겪는다. 만일 다음의 (13)과 같이 말하는 사람들이 있다면, 이들에겐 위의 규정들이 인위적인 학습의 대상이 된다. 즉, 외워야 된다는 것이다.

【영남방언】

(13) (a) 몸이 괴로바(괴롭+ *어/아) 죽겄다.

(b) 직장이 가까바서(가깝+ *어서/아서) 참 좋다.

북한의 표기법은 이 경우 모음조화를 철저히 지키는 쪽으로 규정해 놓고 있다(제10항). 양성 모음 어간 뒤에는 양성 모음 어미가, 음성 모음 어간 뒤에는 음성 모음 어미가 결합된다(중성 모음 뒤에는 음성 모음이 결합됨).

【북】 (14) (a) 괴롭 + *어/아 → 괴로와

(b) 가깝 + *어/아 → 가까와

(10) (a) 굽 + 어/*아 → 구워

(b) 무겁 + 어/*아 → 무거워

(11) (a) 밉 + 어/*아 → 미워

(b) 깁 + 어/*아 → 기워

나중에 언급하겠지만, 북한의 어문 정책은 표기법의 규칙으로 언중들의 발음을 일정한 방향으로 유도하고 규제하는 특성이 상대적으로 강하다. 이 경우도 북한의 언중들이 실제로 그렇게 말하는지는 확실하지 않다. 올바른 표기법 또는 표준어에 대한 집중적인 교육을 통하여, 모음조화를 지키는 방향으로 말하려는 의식적인 노력을 상대적으로 더 많이 하는 것이 아닌가 한다.

어간의 끝음절 '하'와 관련된 음운 현상도 참 헷갈리는 부분이다. '하'가 통째로 주는 경우도 있고, 'ㅏ'만 주는 경우도 있기 때문이다. 남한의 표기법은 이 둘을 구분하고 있는데, 여기서 상당한 혼란이 생긴다.

제40항 어간의 끝음절 '하'의 'ㅏ'가 줄고 'ㅎ'이 다음 음절의 첫소리와 어울려 거센소리로 될 적에는 거센소리로 적는다.

(본말) (준말)
간편하게 간편케

[붙임 2] 어간의 끝음절 '하' 가 아주 줄 적에는 준 대로 적는다.

(본말) (준말)
생각하건대 생각건대/*생각컨대

예를 들어, '생각하건대' 의 준말이 '생각건대' 인지 '생각컨대' 인지, 그리고 '간편하게' 의 준말이 '간편게' 인지 '간편케' 인지를 구분해 내는 것은 어렵다. 북한의 표기법은 이에 대해 명시적인 규정을 하고 있지 않다. 각종 출판물을 보면, 항상 '생각컨대, 간편케' 등으로 표기하고 있어, '하' 가 완전히 주는 경우를 인정하지 않고 있음을 알 수 있다. 따라서 혼란이 없다.

| 04 | 마무리 |

남·북한 모두 표음주의와 형태주의라는 두 가지 배타적인 원칙을 준수하면서, 양자 사이의 조화를 꾀하고 있다. 남한에 비해 북한은 형태주의 원칙을 더 적극적으로 수용하고 있다. 남한의 표기법은, 경우에 따라, 언어적 사실(현상)을 그대로 표기법에 반영하여, 언어적 현상이 복잡할 경우 그것과 관련된 표기법도 복잡한 체계가 되는 경우가 있다. 그것은 표음주의의 원칙에 부합되는 것이다. 그렇게 하면, 언어적 현상과 표기법 사이의 괴리가 줄어들게 된다. 북한의 표기법은 언어적 사실(현상)을 그대로 표기법에 반영하지 않음으로써, 언어적 현상은 복잡해도 그것과 관련된 표기법은 매우 단순한 체계가 되는 경우가 있다. 그것은 형태주의의 원칙을 강화하는 것인데, 그렇게 하면 언어적 현상과 표기법 사이에 괴리가 커지게 된다.

형태주의의 경우에도 구현 방법에 차이가 있다. 남한의 표기법은 단어의 형태를 고정하는 과정에, 국어사적 정보, 언어적 현실(관습) 등을 아울러 고려하는 경우가 상대적으로 많다. 그것은 국어의 원리에 더욱 부합하는 것이지만, 표기법을 보다 복잡한 체계로 만들고, 그 결과 언중들이 상당한 혼란과 혼동을 겪기도 한다. 북한은 국어사적 정보와는 배치되더라도, 현실적 혼란과 혼동을 줄이는 방향으로 형태를 고정하는 경향이 있다. 그 결과 표기법이 상대적으로 단순해지고, 언중들의 혼란과 혼동이 줄어드는 효과를 가지게 된다. 북한의 경우는, 단어의 현실적 발음의 다양성이나 관습 등을 무시하게 되더라도 표기법 또는 형태의 체계를 단순화하여, 언중들의 혼란과 혼동을 방지하려고 하는 경향이 있다.

북한의 경우, 언어적 현상의 복잡성에 비해 과도하게 단순한 표기법 체계를 고수해 오는 과정에서, 표기법적 특성이 단어의 형태적 특성에 영향을 미치는 현상이 생기게 되었다.

참고문헌

자료 : 『조선말 규범집』(1987, 국어사정위원회)

김영배(편저)(1992). 『남북한의 방언 연구 : 그 현황과 과제』. 경운출판사.

김웅모 · 최호철(편저)(1999). 『통일 대비 남북한어 이해』. 세종출판사.

이상규(1999). 『방언학』. 학연사.

조오현 · 김용경 · 박동근(2002). 『남북한 언어의 이해』. 도서출판 역락.

북한의 교육 Ⅱ

북한에서는 그 동안 9월 1일이 되면 모든 학교의 새 학기가 시작되었으며, 8월말 학교 졸업식을 해 왔다. 그러나 김정일 국방위원장이 1996년부터 전 김일성 주석 생일이 들어 있는 4월 달의 시작과 동시에 새 학기를 시작하도록 지시한 후, 4월 1일에 새 학기가 시작되고 다음 해 3월 31일에 학년이 끝나도록 바뀌었다.

그러면 북한 학생들이 가장 많이 공부하는 과목은 무엇일까? 인민학교 4년 동안 총 9개 과목을 배우는데 국어가 33.1%로 비중이 가장 크고, 수학이 24.2%, 체육, 음악, 도화공작의 예·체능 과목이 각각 8.8%, 자연이 6.4%, 그리고 김일성의 어린 시절과 김정일의 어린 시절이 각각 4.4% 등의 비중을 차지하고 있다.

고등중학교에서는 6년 동안 수학이 19.0%로 비중이 가장 크고 국어문학이 11.4%, 외국어가 8.8%, 물리가 8.1% 순이다.

북한은 1948년부터 고등중학교 고등반 이상에서 학생군사교육이 의무화되어 남녀 구별 없이 군사 이론과 훈련을 받는다. 연 120시간의 학교 내 교육과 연 168시간의 입영 집체 훈련 등 2년 간 총 576시간이다.

인민학교와 고등중학교는 도시 지역은 1~2개 동마다, 농촌 지역은 1~2개 리 단위로 1개교가 설치되어 있다. 학교나 지역 사정에 따라 다소 차이가 있지만, 학년별로 평균 4~5학급이 있고 학급당 약 40명 정도의 학생들이 편성된다.

입학 시에 편성된 학급 및 담임 교사는 졸업 시까지 계속 유지되는 것이 보통이다. 이사 등으로 인한 전학이 없는 한, 인민학교에서부터 고등중학교 졸업반까지 계속 같은 학생들이 한 반에서 같은 담임 교원 아래 교육을 받게 된다.

-자료 제공 : 통일부

···› 생각해 보기

▶우리와 북한은 같은 단어를 사용하기도 한다. 다음에 제시된 단어를 읽고 각각 어떤 뜻일지 생각해 보고 써 넣어보라.

같은 말	남한에서의 뜻	북한에서의 뜻
교시(敎示)		
일편단심		
수령 / 어버이		
에우다		
종자(種子)		
교양		
곰상스럽다		
바쁘다		

▶남한과 북한의 말은 같은 뜻이지만 다르게 표현하기도 한다. 다음 표에 제시된 단어들을 남한과 북한에서는 어떤 말로 표현할지 생각해 보고 써 넣어 보라.

남 한	북 한	남 한	북 한
	제운돈	합병증	
화강암			도움토
	나눔목	중심	
우회로			헛총
	위패움	접미사	
위			탁
	떨쳐 나서다	대본 연습	

▶우리와 북한은 외래어의 표기도 차이를 보인다. 이는 우리가 원음주의를 채택하는 데 비해 북한은 러시아어 위주의 표기를 한다는 것이 큰 이유이다. 따라서 다음의 빈칸에 서로의 언어 정책 또는 언어 규범에 따라 달라진 표기 형태를 알맞게 써 넣어 보라.

외래어	남 한	북 한
Game		
Dollar		
Russia		
Tenor		
Sausage		
Gothic		

| 01 | 동질적인 한국어 회복을 위한 필요성 |

대구 하계 유니버시아드 대회(2003. 8)

남북정상회담(2000. 6. 15)

우리는 주위에서 나와 다른 견해를 가지고 있거나 이해가 안 되는 사람들을 나와 단지 다르다는 이유만으로 무시하는 모습을 보게 된다. 선진 문화는 무조건적으로 동경하면서 저개발 국가나 개발 도상국의 문화들은 멸시하는 모습도 상대방이 처해있는 위치를 고려하지 않고 오직 나만을 고집하는 데서 기인하는 것이다.

최근 남북한 이산 가족 방문, 경제 교류, 문화 교류 등이 활발해지면서 통일에 대한 관심이 고조되고 있다. 통일은 이질적으로 살아온 사람들이 같이 어울려 사는 것이다. 서로 다른 책으로 공부하고 다른 문화 속에서 살아온 북녘의 그들과 함께 사는 것이다. 이 함께 살기를 위해 우리들은 나와 다름을 이해하는 생활을 의도적으로 그리고 지속적으로 실천해 나가야 할 것이다. 다시 말하면, 우리의 같음을 통해 한민족으로서 정체성을 확보해 가고, 상대방의 다름을 통해 자신을 비추어 보며 서로의 장단점을 종합하여 조화로운 사회를 만들어 나가야 하는 것이 통일이다.

언젠가는 이루어야 할 통일을 위해 우리가 노력해야 할 일 중 가장 중요하며 먼저 해결해야 할 부분이 언어의 동질성 회복이다. 왜냐하면, 언어는 곧 생각과 문화를 담는 그릇이고 그것이 먼저 통일되지 않으면 결국은 우리 민족이 이룩해 온 사상과 문화를 통일하기 어렵기 때문이다. 그래서 우리는 북쪽의 언어 정책을 살펴 보아야만 하는 것이다.

| 02 | 북한 언어 정책[1]의 바탕 |

언어는 그 사회나 문화의 변화에 따라서 자연스럽게 변하기도 하지만 국가의 정책에 의해서도 큰 변화를 겪는다. 지난 반세기 동안 분단된 남북의 언어가 차이나는 요인 중 가장 두드

1 주체 언어 이론이라고도 함.

러진 것은 바로 국가에서 바라보는 언어가 달랐기 때문이다. 오랜 분단으로 인해 언어를 서로 다른 관점으로 바라 보았고 거기에 따른 정책을 추진해 오면서 인적교류 및 문헌이나 방송 등의 각종 교류가 차단되었기에 남북은 지역말 차이 이상의 서로 다른 체계로 형성된 것이다. 즉, 우리가 맞춤법 통일안을 수정 보완하면서 언어 정책을 실시해 온 것과 마찬가지로 북한에서도 일정한 목적 의식을 가지고 지속적으로 그들의 언어 정책을 실시해 왔기 때문에 현재의 남북은 각 지역에 따른 방언 이상의 차이가 있게 된 것이다.

특히, 북한은 우리보다 언어에 더욱 많은 연구와 관심을 기울였다. 대부분의 사회주의 국가가 그렇듯이 언어를 국가 건설 및 이념 전파의 중요 수단으로 규정지었으며 게다가 차츰 본래의 유물론적인 관점에다 김일성의 사상, 이른바 주체 사상에 부합하는 방향으로 개조해 나가면서 그 구체적인 실천 운동까지 전개해 나갔다. 그것이 말다듬기(문화어) 운동[2]이다.

우리는 통일을 위해 그리고 북한 주민들의 생각을 이해하기 위해서, 그들의 사고(思考)에 지대한 영향을 끼치는 언어 정책을 알아야 하고, 그것을 알기 위한 지름길이 바로 주체 언어 이론이라고 할 수 있다.

주체 언어 이론의 핵심은 언어를 사회주의 건설을 위한 강력한 무기로서 보는 것이다. 이는 그들과 다른 이념(理念)을 가진 사람들과의 투쟁 무기이며, 혁명을 위한 도구이기 때문이다. 따라서 그들이 쓰는 말과 글에는 사회성과 계급성, 그리고 규범성과 문화성이 있어야 하며 그것을 체득화 하기 위한 노력으로 끊임없는 성찰과 학습이 요구되었다.

이와 같은 이유로 인해 북한에서 말하는 주체 언어 이론은 김일성이 단독적으로 그리고 주체적으로 창시한 언어 정책이 아니다. 주체 언어 이론은 북한의 모든 언어 정책, 언어 규범, 언어 연구의 토대이지만 이것도 어느 날 갑자기 이루어진 것이 아니다. 즉, 주체 언어 이론의 바탕은 19세기 말부터 형성된 러시아(구. 소련) 언어학에서 유래한다. 러시아 언어학은 전통적 언어 관점인 구조주의를 거대한 사회적 이념의 하나인 유물 · 변증법적 인식론[3]과 융합시켜

2 말다듬기 운동이란 북한에서 실시한 어휘 정리 사업을 말한다. 즉, 혼탕한 말을 순수한 말로 다듬는 사업이다. 이 사업의 기본 목적은 "언어의 자주적 발전을 다그치며 그 사회적 기능을 최대한으로 높여 그들의 말이 혁명과 건설에 더 잘 이용되도록 하려는 데" 있다. 주요 대상은 대략 다음과 같다. ①고유어와 동일한 의미를 가진 외래어는 고유어로 다듬어야 한다(예 : 상전 → 뽕밭, 견치 → 송곳, 석교 → 돌다리, 레이크 → 갈퀴 등) ②어렵고 우리말답지 않게 만들어진 말도 다듬어야 한다(예 : 수근 → 수염뿌리, 진탕 → 몹시 울려서 흔들린, 돌방 → 갑자기, 부딪치다 등) ③사상이나 의식에 부정적인 영향을 미치는 어휘들도 다듬어야 한다(예 : 과거 부르조아 층의 사람들의 생활 양식, 세태 풍속, 말과 행동, 문화와 도덕 등과 관련된 표현).

3 철학 용어. 만물의 근원을 물질로 보고, 모든 정신 현상도 물질의 작용이나 그 산물이라고 주장하는 이론. 이 학설은 고대 그리스의 원자론에서 비롯하였으며, 근대의 기계적 자연 과학적 또는 변증법적 유물론에 이르렀다(국립국어원 표준국어대사전에서 발췌).

탄생된 것이다. 그것에 대해 개괄적으로 살펴 보면 다음과 같다.

러시아 언어학은 크게 세 학파로 나뉜다. 전통적 관점인 구조주의적 시각을 고수하는 모스코(Moscow) 학파, 언어는 사회적 · 경제적 요인에 의해서 만들어지며 피착취자의 언어가 착취자의 언어를 정복한다는 관점의 언어 상층 구조설을 주장하는 마르의 공리주의[4], 고급 언어와 하급 언어로 나누는 당시의 서구 언어관을 비판하면서 여러 민족으로 구성된 소련 연방의 현황을 직시하고 더 나아가 세계 공산화 전략을 위해 소수 민족의 언어, 방언, 죽은 언어에도 존재 가치를 부여한 마르크스 · 레닌의 언어학이 그것이다.

그 중에서도 지금의 사회주의 언어학의 근간을 이루면서 궁극적으로 우리가 알고자 하는 북한의 언어 정책에 막대한 영향을 끼친 마르크스 · 레닌의 언어관에 대해 살펴 보면 다음과 같다.

먼저, 그들이 주장한 언어 발달의 단일성을 살펴 보자.

> "개체적인 것은 그것이 발전적인 것에로 인도된다. 전체는 다만 개체 가운데서 개체를 걸쳐서 존재한다. 모든 개체는 이렇든 저렇든 전체이다. 모든 전체는 부분이거나 지엽이거나 다 개체이다"

> "민족 문화가 자기의 잠재력을 발휘하면서 확대하고 발전되도록 만들어 줘야 될 것이다. 왜냐하면 그들의 잠재력을 한 개의 공통 언어를 가진 한 개의 공통적인 문화에로 합동되게 조건을 창조하기 위하여서다.…… 바로 여기에 레닌의 민족 문화 제기에 대한 변증법성이 있는 것이다."

위의 내용은 민족이 발전하려면 그들의 생각이 녹아든 언어를 한 데 모아야 하며, 그러기 위해서는, 언어를 고급 및 저급으로 나누고 있는, 당시 서구적 사고에서 벗어나야 함을 강조하고 있다.

또한 마르크스 · 레닌은 일을 할 때 언어를 생산적으로 창조[5]하며 이야기를 통해서, 상대방을, 자신의 생각으로 동화시킬 수 있다는 것을 주장하게 된다. 따라서 상대방의 생각을 개조

4 니꼴라이 야꼴블레비츠 마르에 의해 창시된 언어학파. 그들은 "언어는 미술이나 예술 일반과 마찬가지로 상층 구조적인 사회적 가치관이기에 물질 문화의 역사와 그 속에서 구축된 사회적 속성과 그것을 기초로 삼아 형성된 세계관 속에서 언어를 탐구해야 한다" 고 주장하였다.

5 노동에 의한 창조설.

시킬 수 있게끔 명확성 · 단순성 · 평이성을 지닌 언어의 사용이 중요하였고 그것에 따른 외래어 사용 문제 및 언어 정책 등에 구체적 실천 양상을 제시하게 되는 것이다.

북한의 언어관도 위와 같은 러시아 언어관을 본받아 형성되었다. 세계 공산화 전략에 언어가 사상 개조 도구로서 그리고 혁명의 무기로서 중요한 역할을 수행할 것이라고 여겼던 것이다. 그리하여 1946년 11월 북조선인민위원회 제3차 확대 회의, 1947년 11월 2일 인민위원회 제52차 회의, 1947년 12월 제5차 회의에서 문맹 퇴치 운동을 결정해 시행하게 한다. 이렇게 시행된 한글보급운동 및 한자폐지정책 그리고 외래어에 대한 표기의 예를 부분적으로 들어보면 다음과 같다.[6]

일상 용어[7]	닭공장(양계장) 가죽이김공장(피혁공장) 겉곡식(피곡, 겨를 벗겨내지 않은 곡식)	헛총(공포) 매고리(중심, 예 : 사건의 매고리)	
언어학 용어	뒤붙이(접미사) 도움토(보조사)	모양본딴말(의태어) 터짐소리(파열음)	
경제용어	제운돈(적립금) 거둠률(회수율)	내기(출금) 나눔몫(분배량)	들이기(입고)
물리 용어	빛느낌도(감광도 : 感光度) 전기마당(전장 : 電場)	빛샘(광원 : 光源) 튐힘(탄력 : 彈力)	
지리 용어	깨바위(화강암 : 花崗巖) 멎은화산(휴화산 : 休火山)	안바다(내해 : 內海)	
외래어 외국어	속도(템포 : tempo) 양복저고리(우와기 : うわぎ")	똑딱단추(후크 : hook)	

그러나 1960년대 중반 이후부터 모든 판단의 준거(準據)로 김일성이 떠올랐고 1967년 3월 이후로 그의 저작이 사상적 권위의 매체로 독점되기 시작되면서 북한의 언어 정책은 다른 모습으로 전개되기 시작했다. 마르크스 · 레닌의 이론 대신 "김일성 로작학습"을 학습하였고 주체 언어 이론은 북한 사회의 모든 분야를 이끄는 큰 흐름으로 작용하게 되었다. 즉, 1968년 『김일성 저작선집』 제2권 출간을 전후로 하여 김일성의 말과 글이 북한 사회에서 혁명의 교

6 이용욱(1983)에서 발췌.

7 제시는 북한말(남한말)로 하였다.

과서 그리고 주체 사상의 총서로서 그 권위를 확보하게 되었던 것이다.

그러므로 북한의 언어 정책은 사실상 마르크스 · 레닌의 유물론적 사회주의 언어 정책[8]을 북한의 실정에 맞게 고친 것이다. 그렇지만 북한에서는 김일성의 독창적 개발 및 김정일의 심화 발전으로 탄생시킨 것이므로 주체 언어 이론이라 일컫고 있는 것이다. 다음이 그들의 주장이다.

김일성과 김정일

> 우리 시대가 요구하는 로동계급의 언어리론, 언어연구방법론은 력사상 처음으로 위대한 수령 김일성동지께서 독창적으로 밝히신 주체적언어리론과 위대한 령도자 김정일동지께서 심화발전시켜 주체적언어리론에 의하여 전면적으로 체계화되게 되였다.[9]

| 03 | 주체 언어 이론의 특징 |

앞서 우리는 북한의 언어를 이해하는 길은 그들의 언어 정책을 이해하는 것이고 그것을 이해하기 위해서는 그들만의 주체 사상을 알아야 한다고 언급했다. 사실 다민족 국가로 형성된 러시아는 소수 민족을 사회주의 이념쪽으로 포섭하기 위해 소수 민족의 언어를 절대 다수인 민족의 언어와 동등한 가치를 부여하였고, 그것을 수단으로 사회주의 혁명을 이룰 수 있으리라는 전제 아래 언어 정책을 펴왔다.

그러나 북한은 단일 민족으로 구성되어 있고 세계의 공산화 시기가 이루어지는 그날까지만 '공산주의 도덕 함양' 의 도구로서 러시아 언어 정책을 활용하고자 하였기에 1960년대 중반에 이르면서 그들의 실정에 맞게 다른 모습으로 전개되었고, 그것이 이른바 주체 언어 이론으로 변모하게 된 것이다. 다음이 그것이다.

8 이것은 야페트 학설의 창시자인 마르가 야페트 이론을 레닌의 유물론적 언어관에 맞게 고친 것으로 유일한 러시아 언어 정책으로 자리 잡았다. 1950년대 초 스탈린이 마르의 언어관에 불만을 나타내자 일시적으로 비판 받기도 했으나 1960년대와 1970년대의 러시아(구. 소련) 언어학의 보수화 바람으로 다시 중심으로 등장하였다. 이때 등장한 언어 이론을 신 언어 이론이라고 일컫는다.

9 최정후 · 박재수(1999) 『주체적언어리론 연구』. 머리말.

온세계가 다 공산주의로 되려면 아마 상당한 시일이 걸릴것입니다. 그러므로 일정한 시기까지는 민족적인 것을 살려야 합니다. 민족적인것만을 보고 세계공통적인것만을 보지 않는것도 잘못이며 반대로 세계공통적인것만 보고 민족적인 것을 보지 않는것도 잘못입니다(1차 교시).

온 세계가 다 공산주의로 되기까지는 사람들이 민족별로 갈라져 살기 마련이며 조선사람은 조선땅에서 살게 될것이므로 조선말을 계속 쓰게 될것입니다(2차 교시).

위와 같이 김일성의 1 · 2차 교시[10]에 담긴 내용을 살펴 봐도 북한의 주체 언어 이론은 김일성에 의해 창시된 것이 아니라 러시아 사회주의 언어 이론을 토대로 하여 북한의 실정에 맞게 고친 언어 정책 또는 마르크스 · 레닌의 언어 이론을 북에서 실천하는 언어 정책이라고 봐야 함이 마땅할 것이다.[11]

1960년대 이후로 러시아의 언어 정책과 다른 모습으로 전개된 북한의 언어 정책은 대부분 김일성의 1 · 2차 교시문을 바탕으로 철저하게 이루어지고 있다. 1964년 1월 3일 언어학자들을 모아 놓고 《조선어를 발전시키기 위한 몇가지 문제》라는 제목의 1차 교시와 1966년 5월 14일 《조선어의 민족적특성을 옳게 살려나갈데 대하여》라는 제목의 2차 교시가 그것이다. 주체의 언어 이론은 이 두 번의 교시문에서 나타난 언어 사상이며 이것을 바탕으로 그들의 말다듬기 사업이나 철자법 등이 체계화된다.

그 중에서도 2차 교시문을 중심으로 그들의 언어관인 주체 언어 이론에 대해 살펴 보면 다음과 같다.

지난 날 우리 나라 사람들가운데서 이 나라들에 대한 사대주의가 생겨났으며 이 나라들과의 정치적접촉과 경제문화적교류 과정에 이 나라들의 말이 우리 나라에 적지 않게 들어왔습니다.

---

10 북한에서는 김일성의 말에는 "위대한 수령 김일성동지께서는 다음과 같이 교시하였다"로 김정일의 말에는 "위대한 령도자 김정일동지께서는 다음과 같이 지적하시였다"로 격식화 하고 있다. 따라서 일상적인 말에서도 김일성의 말은 언제나 "교시"가 되고 김정일의 말은 언제나 "지적"이 된다.

11 주체의 언어 이론에 대해 학자들은 마르크스 · 레닌, 스탈린, 마르의 언어 이론을 북에서 실천하는 과정으로 보는 견해도 있고, 주체 사상에 의한 사람 중심의 언어 이론을 그들의 역사성과 체제에 맞게 실현시키는 과정으로 파악하려는 견해도 있다.

리조봉건시기에는 중국에 대한 사대주의가 심하여 그 나라의 말들이 많이 들어왔습니다(2차 교시).

공산주의자들인 우리는 우리 말의 민족적특성을 살리고 그것을 더욱 발전시켜나가야 합니다. 공산주의자가 아니라고 하더라도 민족적량심을 가진 조선사람치고 우리 말의 민족적특성이 없어져가는것을 좋아할 사람은 하나도 없을것입니다(2차 교시).

지난날 우리 사람들에게 사대주의가 많이 작용하다보니 언어학뿐만아니라 다른 부문에도 그 영향이 적지 않게 미쳤습니다. … 지금도 일부 사람들은 사대주의를 버리지 못하고있습니다. 어떤 학자들은 우리 나라의 자원을 연구하여 우리의 공업을 발전시킬 생각은 하지 않고 다른 나라에 붙어살려고 합니다. 우리는 경제건설분야에서 사대주의를 반대하고 주체를 세워 우리 나라의 자원으로 자립경제를 건설하는 방향으로 나가야 합니다.

언어학에서도 주체를 세워 우리 말을 체계적으로 발전시키며 사람들이 그것을 쓰는데서 민족적 자부심과 긍지를 가지도록 하여야 하겠습니다(2차 교시).

온 세계가 다 공산주의로 되기까지는 사람들이 민족별로 갈라져 살기 마련이며 조선사람은 조선땅에서 살게 될것이므로 조선말을 계속 쓰게 될것입니다. 그러므로 우리는 어떻게 해서든지 우리 말을 잘 살리고 발전시켜야 합니다(2차 교시).

사실 우리 나라 말은 높고낮음이 똑똑하고 말소리가 아름답습니다. 우리 나라 발음법을 배우면 아무 나라 말도 잘할 수 있습니다. 어떤 사람들은 한자말과 외래어를 써야 유식하고 위신있는것으로 생각하는데 이런 관점을 버려야 합니다.

우리는 모든 사람들이 한자말이나 외래어를 쓰는 사람은 민족적 긍지가 없는 사람이고 자기 나라 말을 잘 하는 사람이 유식하고 민족적자부심이 높은 사람이라고 생각하도록 하여야 합니다. … 그래야 우리 말을 살리고 발전시킬수 있으며 후대들에게도 우리 말을 잃지 않도록 그 토대를 잘 마련하여줄수 있습니다(2차 교시).

따라서 위에서 제시한 그들의 주요 언어 사상을 정리하면 아래와 같이 대략 11가지로 살펴볼 수 있다.[12]

① 언어는 노동의 과정에서 발생.
② 언어는 사람들의 교제의 수단.
③ 언어는 경제 · 문화 · 과학 · 기술의 발전 및 사회주의 건설의 모든 분야에서 힘있는 무기임.
④ 마르크스 · 레닌주의에 정통한 사람은 쉬운 언어를 잘 구사함.
⑤ 언어는 내중에 의해 만들어지고 대중에 의해 평가받아야 함.
⑥ 언어는 민족을 나타내는 징표이기 때문에 그 순수성을 잘 보전하여야 함.
⑦ 규범적인 언어의 사용.
⑧ 새 말을 만들 때는 해당 기관이 통제.
⑨ 언어도 세계의 흐름을 따라야 함.
⑩ 한자말과 한자 그리고 외래어 사용의 규제.
⑪ 민족적 자부심과 긍지를 가지도록 주체성을 살려 가며 언어학을 발전시켜야 함.

북한의 1차 교시문은 언어 정책에 대한 구체적 실천 양상에 대해 주로 언급하고 있다. 남한의 문자 개혁안에 대한 비판과 한자 어휘 및 한자 문제, 외래어 문제, 주체적 언어 사상, 고전의 국역, 한자 교육에 대한 기본 방향이 그것이다. 2차 교시는 1차 교시와 크게 다를 것이 없으나 '문화어 선언과 보급' 『조선말 규범집』에 관한 것이 더 첨가되었다는 점이 두드러진다. 문화어란 1966년의 김일성 교시 "조선어의 민족적 특성을 옳게 살려나갈데 대하여"에 따르면 우리의 표준어와 대립되는 개념으로 사용하는 말이다. 문화어에 대한 북한의 입장은 다음과 같다.

> 우리는 혁명의 참모부가 있고 정치 · 경제 · 문화 군사의 모든 방면에 걸치는 우리 혁명의 수도이며 요람지인 평양을 중심으로 평양말을 기준으로 하여 언어의 민족적 특성을 보존하고 발전시켜 나가도록 하여야 하겠습니다.

12 이 부분은 조오현 · 김용경 · 박동근(2002)에서 발췌한 것임.

"표준어[13]" 라고 하면 마치 서울말을 표준하는 것으로 그릇되게 이해될수 있으므로 그대로 쓸 필요가 없습니다. 사회주의를 건설하고 있는 우리가 혁명의 수도인 평양말을 기준으로 하여 발전시킨 우리말을 "표준어"라고 하는 것보다 다른 이름으로 부르는 것이 옳습니다.

"문화어"란 말도 그리 좋은 것은 못 되지만 그래도 그렇게 고쳐쓰는것이 낫습니다.

먼저, 한자 어휘 및 한자 문제, 그리고 외래어 문제를 간략하게 살펴 보도록 하자. 한자의 어휘에 대한 북한의 입장은 언어는 민족의 중요 징표의 하나이기에 주체적 · 민족주의적인 사고를 바탕으로 강력하게 규제할 대상이라고 말하고 있다. 실제로 북한에서도 옛날에 쓰다가 버린 한문투의 말들이 되살아나는 점과 남한에서의 한자어 남용으로 인해 우리말의 민족적 특성이 사라지고 있음에 그들은 주목하였던 것이다. 다음의 글이 그것이다.

지금 우리가 관심을 돌려야 할 가장 중요한 문제는 우리 말에 많이 섞여있는 한자어에 관한 문제입니다.

무엇보다먼저 한자어에 대한 태도를 옳게 가져야 하겠습니다. 지금 옛날사람들이 쓰다가 버린 한문투의 말들이 많이 되살아나오고 있으며 또 한자를 되는대로 섞어만든 새로운 단어들이 자꾸 나오고있습니다(1차 교시).

지금 남조선신문 같은 것을 … 한자말은 중국사람들도 쓰지 않는것까지 망탕 쓰고있습니다. 사실 남조선에서 쓰고있는 말에서 한자말과 일본말, 영어를 빼버리면 우리 말은 《을》, 《를》과 같은 토만 남는 형편입니다. 언어는 민족의 중요한 징표의 하나인데 남조선에서 쓰고있는 말이 이렇게 서양화, 일본화, 한자화되다보니 우리 말 같지 않으며 우리 말의 민족적특성이 점차 없어져가고

---

13 표준어의 개념은 1912년 조선총독부에서 제정한 "보통학교용 언문철자법"에서 최초로 "경성어를 표준으로 함"에서 시작되었다. 그리고 1933년의 "한글 맞춤법 통일안"에서 그 기준이 구체화 되었는데, "표준말은 대체로 현재 중류사회에서 쓰는 서울말로 한다"가 그것이다. 지금은 1988년의 "표준어 규정"에 따라 남한에서의 "표준어는 교양있는 사람들이 쓰는 현대 서울말로 정함을 원칙으로 한다"고 보고 있다. 이에 대응되는 개념이 북한에서는 "문화어"이다. 북한에서는 아직 남한의 "표준어 규정"과 같은 규범은 제정되어 있지 않지 않으나 남한의 "표준 발음법"과 같은 "문화어 발음법"은 1966년의 『조선말 규범집』에서 규범화 되어 있다.

있습니다. … 공산주의자들인 우리는 우리 말의 민족적특성을 살리고 그것을 더욱 발전시켜나가야 합니다. … 민족적량심을 가진 조선사람치고 우리 말의 민족적특성이 없어져가는 것을 좋아할 사람은 하나도 없을것입니다(2차 교시).

위와 같은 관점에서 실시하였던 한자어를 고유어로 바꾼 예를 일부 들어 보면 다음과 같다.

금일(今日) → 오늘　　수식어(修飾語) → 치레말　　대화(對話) → 서로말
양계장(養鷄場) → 닭공장　　특대사(特大寫) → 군데찍기　　석교(石橋) → 돌다리

북한은 위와 같은 교시에 따른 정책을 실시한 강력한 규제 기관이 필요했고, 그것의 역할 분담을 철저하게 진행시켰다. 어문학 연구소만이 새로운 말을 만드는 기능을 담당하고 나머지 산하 기관들은 자체 공문작성이나 출판물을 작성하도록 하였다. 더 나아가 강력한 규제 방식의 일환으로 한자어 정리[14]를 실행하였고 그 정리와 방향[15]에 사상적 · 사회적 운동을 동원하기까지 이른다. 다음이 그것이다.

성이나 다른 기관들에서 새말을 되는대로 만들어내지 못하게 하며 모든 기관들이 공문이나 출판물에서 정확한 조선말을 쓰도록 강하게 통제하여야 하겠습니다(1차 교시).

다음으로 사상적으로 동원하고 사회적운동을 벌려 모든 사람들이 우리말을 올바르게 쓰는 기풍을 세워야 하겠습니다. 힘든 한자어를 쓰지 말고 군중이 알

---

14 한자어의 정리 방향에 대해 1차 교시문에 적힌 내용을 간략하게 소개하면 다음과 같다. ①고유어를 적극 찾아 고장이름도 우리말로 부르도록 한다. ②새로 나오는 말들은 우리말 어근에 따라 만드는 것을 원칙으로 한다. ③이미 우리말로 완전히 되어버린 한자어까지 버릴 필요는 없다(예 : 방, 학교, 과학기술, 삼각형, 련합회, 분과회 등). ④한자어를 일정하게 쓰더라도 중국말을 발음만 고쳐서 그대로 써서는 안 된다(예 : 공작보고, 화자참, 공인계급 등). ⑤이미 어근이 한자로 되어 굳어진 것은 뜯어 고칠 필요가 없다. ⑥같은 뜻의 단어로 고유어와 한자어가 있을 경우는 될 수 있는 대로 고유어를 쓴다.

15 한자어의 정리 방법에 대해 1차 교시문에 적힌 내용을 간략하게 소개하면 다음과 같다. ①우리가 쓰지 않을 한자어는 한어 사전에만 올리고 조선말사전에는 아예 빼버려야 한다 ②새 말을 만드는 기관은 어문학 연구소이며 다른 성이나 기관은 공문이나 출판물에서 조선말로 사용하여야 한다 ③한자어를 쓰지 말아야 함을 사상적으로 동원하여 당적으로 널리 선전해 사회적운동을 벌려야 한다.

수 있는 쉬운 말을 써야 한다는것은 당적으로 널리 선전해야 하겠습니다. … 어떤 사람들은 마치 남이 모르는 한자어를 많이 쓰는것을 유식한것으로 알고 있는데 사실은 이런 사람은 무식한 사람입니다. 쉬운 말을 하고 쉬운 글을 쓰는것이 더 유식하고 고상하다는것을 알려주어야 하겠습니다(1차 교시).

글자로서 한자에 대한 북한의 입장은 다음과 같다.

다음으로 한자문제에 대해서 말하겠습니다. 한자를 계속 써야 하겠습니까 쓰지 말아야 하겠습니까? 한자를 쓸 필요는 없습니다. 한자를 만들어낸 중국 사람자신도 배우기 힘들고 쓰기 불편하여 앞으로는 버리자고 하는데 무엇때문에 우리가 그것을 쓰겠습니까?(1차 교시).

우리는 한자말을 될수록 쓰지 않도록 하면서도 학생들에게 필요한 한자는 대주고 그것을 쓰는 법도 가르쳐야 합니다. 남조선풀판물과 지난날의 문헌들에 한자가 적지 않게 있는것만큼 사람들이 그것을 읽을수 있게 하려면 한자를 어느 정도 가르쳐주어야 합니다(2차 교시).

한자는 하나의 다른 나라 글로서 일정한 시기까지만 써야 합니다.

한자문제는 반드시 우리 나라의 통일문제와 관련시켜 생각하여야 합니다. 우리 나라의 통일이 언제 될는지 누구도 찍어서 말할수는 없으나 어쨌든 미국놈이 망하고 우리 나라가 통일될것은 틀림없습니다. 그런데 지금 남조선사람들이 우리 글자와 함께 한자를 계속 쓰고있는 이상 우리가 한자를 완전히 버릴수는 없습니다. 만일 우리가 지금 한자를 완전히 버리게 되면 우리는 남조선에서 나오는 신문도 잡지도 읽을수 없게 될것입니다. 그러니 일정한 기간 우리는 한자를 배워야 하며 그것을 써야 합니다(1차 교시).

물론 그렇다고 하여 우리 신문에 한자를 쓰자는것은 아닙니다. 우리의 모든 출판물은 우리 글로 써야 합니다(1차 교시).

우리가 학생들에게 한자를 가르쳐준다고 하여 어떤 형식으로든지 교과서에 한자를 넣어서는 안됩니다. 한자를 쓰지 말자고 하는데 왜 교과서에 그것을 넣겠습니까? 교과서들에 한자를 넣으면 남조선 모양으로 됩니다. 일본사람들처럼 국한문을 반드시 섞어쓰지 않고는 안된다면 모르겠지만 그렇지 않은 이상에는 교과서에 한자를 쓸 필요가 없습니다(2차 교시).

즉, 위에서 본 것처럼 북한은 교과서와 신문 등의 출판물에 한자 쓰기를 금지하고 남한의 출판물과 고문헌의 독해를 위해서 주민들을 교육시키되 그 기간은 통일을 위한 시간까지라고만 명시해 놓고 있을 뿐이다.

외래어도 한자 어휘와 마찬가지로 정리해야 할 대상임을 언급하고 있다. 다음이 그것이다.

> 다음으로 외래어도 정리해야 하겠습니다. 우리는 될수 있는대로 외래어를 쓰지 말고 자기 나라 말을 쓰도록 하여야 합니다. 해방직후에 오기섭은 멋을 부리느라고 《이데올로기야》니, 《헤게모리야》니 하는 말을 마구 쓰면서 조선어를 로어화 하려고 하였습니다. 그래서 우리는 그를 비판하여주었습니다. 또한 지금 남조선멋쟁이들은 영어와 일본말을 망탕 섞어쓰면서 우리 말을 못쓰게 만들고있습니다.
>
> 그런데 우리에게도 다른 나라 말을 함부로 쓰는 폐단이 없지 않습니다. … 우리는 조선말에 많이 섞여들어온 외래어를 정리하고 적게 쓰도록 하며 될수 있는대로 우리 말을 살려야 합니다(1차 교시).

> 지난날 일제놈들이 우리 나라를 강점한 다음에는 일본말도 많이 들어왔습니다. 그래서 지금 우리가 쓰고있는 말들가운데는 고쳐야 할 일본식말들이 적지 않은 것입니다. … 심지어 일제 때에 살아보지도 못한 우리의 어린이들까지도 《양복저고리》를 《우와기》라고 하고 마시는 《차》를 《오차》라고 하며 차그릇을 받치는 《차반》을 《오봉》이라고 합니다.
>
> 해방된 다음에는 로어가 들어와서 우리 말에 뒤섞이려 하는것을 막았습니다(2차 교시).

> 지금 중국 연변이나 북간도에서 사는 조선사람들은 《정거장》을 《화차참》이라고 하고 《로동계급》을 《공인계급》이라고 한다든가 그밖에 우리가 모르는 중국식조선말들을 만들어 쓰고있습니다. 간도에는 조선사람이 한 100만명 있는데 그들이 쓰는 말들이 들어오는것은 큰 문제가 아닙니다(2차 교시).

그리고 그 세부적이고 구체적인 방향도 다음과 같이 기술하였다.

물론 외래어를 다 없앨수는 없습니다. 외래어를 어느 정도 쓰는것은 피할수 없으며 얼마간은 받아들여야 합니다.

특히 과학기술용어로서는 외래어를 적지 않게 써야 할것입니다.《뜨락또르》, 《선반》, 《볼반》, 《타닝반》과 같은 말은 다 그냥 쓰는것이 좋습니다. 《뜨락또르》 같은것은 원래 우리 나라에 없었던것이기때문에 외래어를 그냥 쓰는수밖에 없습니다. 과학기술용어를 고칠 때에는 전문가들과 협의해야 합니다(1차 교시).

다른 나라 고유명사는 일본말이나 중국말로 발음할것이 아니라 그 나라 발음을 그대로 따르는것이 좋습니다. 나라이름은 그 나라 말로 써야 합니다.

수자를 쓸 때에도 우리 나라의 수사체계에 따라야 합니다. 우리는 만을 서양사람들처럼 《10천》이라고 써서는 안됩니다. 우리는 만을 단위로 해야 합니다. 물론 보통 수자들을 밑으로부터 세단위씩 점을 쳐올라가는것은 세계공통적이기때문에 그대로 하는것이 좋습니다.

우리는 조선말에 많이 섞여들어온 외래어를 정리하고 적게 쓰도록 하며 될수 있는대로 우리 말을 살려야 합니다(1차 교시).

다른 나라에서는 술이름을 대체로 그 나라의 지명을 따서 붙이고있습니다. 《샴팡》은 프랑스의 지명이며 중국 《모태주》의 《모태》도 중국 귀주의 지명입니다. 우리도 북청에서 나는 사과는 《북청》이라고 부르고 황주에서 많이 나는 사과는 《황주》라고 부르는것이 좋을것입니다(1차 교시).

위와 같은 관점에서 외래어를 바꾼 예를 몇 개 들어 보면 다음과 같다.

템포 → 속도
파마 → 볶음머리
코르세트 → 몸매띠
코너 킥 → 모서리 뽈
써브 → 던지기 뽈

우와기 → 양복저고리
헬리콥타 → 직승비행기
센터링 → 중앙으로 꺽어차기
롱 패스 → 긴연락
스파이크 → 순간타격

북한의 언어 정책은 대부분 김일성의 언어관에 의해 진행되었고 그의 죽음 후에도 사상은 김정일에게 막대한 영향을 끼치게 되고, 그렇게 형성된 김정일의 언어관 역시 지금의 북한 사회에서 막강한 영향력을 끼치고 있는 것이다. 이를 북한에서는 주체 언어 이론이라 일컫는 것이다.

다음으로 김정일의 언어관에 대해서도 간략하게 살펴 보자.

김정일은 김일성의 1 · 2차 교시를 철저히 따라야 하며 그것의 실천을 강조한다. 그의 이와 같은 생각은 《조선어의 주체적발건의 길을 밝혀준 강령적지침》, 《언어생활에서 주체를 세울데 대하여》, 《언어생활에서 문화성을 높이자》, 《언어와 민족문제》, 《영화예술론》, 《주제문학론》, 최정후 · 박재수(1999)의 《주체적 언어리론 연구》 등에서 나타난다. 그 중에서도 "친애하는 지도자 김정일동지의 언어리론 연구"는 다시 《영화예술론》[16]이라는 이름으로 출간되었다.

다시 말해, 김정일은 사회주의 언어관과 김일성의 언어관을 계승하고 있다. 특히 언어에 대한 김일성의 민족주의적인 관점과 분단된 조국에서의 언어 문제 그리고 한자어와 외래어에 대한 관점은 김정일에게까지 그대로 이어지고 있으며 오히려 더 구체적이고 명확한 실천 방법을 제시하는 양상까지 보이게 된다. 다음의 글이 그것이다.

> 언어는 인간생활의 힘있는 수단이다. 인간의 활동은 언어를 떠나서 이루어질수 없으며 사회적 존재로서의 인간의 호상관계는 언어의 역할을 떠나서 생각할수 없다. 언어는 인민대중의 자주성을 실현하기 위한 투쟁에서 힘있는 무기로 된다. 말과 글이 있어야 사람들을 주체형의 인간으로 교양하는 사업도 잘할수 있고, 경제와 문화, 과학과 기술을 발전시켜 자연과 사회, 인간을 주체의 요구대로 개조해나갈수 있다. 언어는 민족성을 고수하고 발전시키는데서 매우 중요한 작용을 한다. 피줄과 함께 언어가 같아야 한민족이라고 말할수 있으며 자기 언어의 순결성을 지켜나가는 민족만이 자주적으로 발전할수 있다(《주제문학론》, p.213~p.214).

> 나라가 분렬되여있는 오늘 언어를 민족문제와 밀접히 관련시켜 고찰하는것은 단순히 학술상의 문제가 아니라 조국통일과 관련된 심각한 정치적문제로 됩니다.

16 실제로는 최정후(1990)가 저술하였음.

> 비록 언어교류가 없는 조건에서도 북과 남이 같은 하나의 기준, 하나의 원칙을 내세우고 언어를 발전시킨다면 그런 사태를 미리 막을수있다. 북과 남이 다 같이 고유조선말을 기준으로 삼고 언어의 기본대를 세우며 외래어와 한자어를 정리하여 우리 말로 바꾸는 원칙에서 언어를 발전시킨다면 언어의 이질화를 미리 막고 그 순결성을 지켜낼수 있을 것이다(《주체문학론》, p.218).

> 우리는 아름답고 표현이 풍부한 우리 말을 더우구 발전풍부화시켜야 하며 우리 말에 다른 나라 말이 끼여들지 못하게 하기 위하여 적극 노력하여야 합니다.
> 고유어를 살려쓰는것과 함께 외래어와 한자어를 될수록 새로 다음은 우리 말로 바꾸어 써야 합니다(《주제문학론》, p.217).

> 우리는 고유한 조선말어근에 기초하여 새 단어를 만들며 굳어지지 않은 한자말은 고유한 조선말로 바꾸어야 합니다.
> 고유어는 다른 민족어의 침습을 받지 않고 그 민족이 대대로 창조하고 발전시켜온 민족적특성을 가장 뚜렷하게 가지고있는 언어이다. 고유어는 민족어에서 기본을 이룬다(《주제문학론》, p.217).

위와 같은 관점에서 북한에서 살려 쓴 고유어 및 만든 고유 신조어의 예를 들면 다음과 같다.

〈살려 쓴 고유어〉

둥굴이(껍질이 벗겨진 통나무)　　민춤하다(어리석고 미숙하다)

〈고유 신조어〉

가랑파(얇은 파, '가랑비' 에서 유추)　　밀푸러기(밀가루 국)　　가을거리(추수)

| 04 | 북한의 언어 정책 기관 |

앞에서 우리는 북한의 언어 정책을 담당하는 기관에 대해 간략하게 언급하였다. 여기에서는 김일성의 1 · 2차 교시문에서 두드러지게 언급된 '어문학 연구소' 와 '국어 사정 위원회' 에 대해서만 간략하게 살펴 보기로 한다.

1) 과학원 어문학 연구소

과학원은 1952년 10월 내각 결정 183호에 의해 설치된 북한의 과학·기술 연구의 대표적 기관으로서(『조선중앙년감』 1965. p.170) 자연, 사회, 인문 과학 등의 모든 연구 기관을 산하에 두고 있었으나 1964년 사회 및 인문과학의 연구 분야를 신설된 '사회과학원' 에 넘겨 주면서 현재는 수리공학, 열공학, 조종기계, 전자공학, 중앙공업, 지진, 흑색금속, 노동보호, 물리 수학 등의 연구소만을 두고 있다.

이 과학원 아래 어문학 연구소에는 사전 연구실, 언어 문화 연구실 등의 부서가 있으며 그곳에서 언어 전반에 대한 정리 및 통제의 역할이 이루어지고 있다. 다음이 그것이다.

> 어문학연구소가 우리말을 정리하며 새말을 만들어내는 것을 통제하는 기관으로 되여야 합니다. 동무들은 그전의 말을 잘 다듬는데 그치지 말고 좋은 일을 많이 만들어내야 합니다. 그러기 위해서는 동무들자신이 더 깊이 연구하고 더 많은 노력을 해야 할것입니다. 우리 말을 정리하는데 있어서 개별적으로 동물들의 귀에 거슬리는것은 나쁘다고 하고 거슬리지 않는것은 좋다고 하여 혼란을 일으키는 일이 없도록 하여야 할것입니다.
>
> 언어학자들은 우에서 말한 기본방향에 따라 우리 말을 정리하며 더 풍부히 하고 발전시켜야 하겠습니다(김일성 저작집 18권, p.26).

2) 국어 사정 위원회

1964년 1월 3일과 1965년 5월 14일의 2차례에 걸친 교시가 있은 이후, 북한은 어문 규정을 《조선말규범집》으로 바꾸고 그들의 사회주의 건설의 완수를 위해서 평양 중심의 문화어로 바꿀 계획을 세웠으며 구체적인 실천 운동으로 '문화어 운동(말다듬기)' 을 전개하게 되었다. 아래가 그것이다.

> 우리 말을 발전시키기 위하여서는 터를 잘 닦아야 합니다. 우리는 우리 혁명의 참모부가 있고, 정치, 경제, 문화, 군사의 모든 방면에 걸치는 우리 혁명의 전반적 전략과 전술이 세워지는 혁명의 수도이며 요람지인 평양을 중심으로 하고 평양말을 기준으로 하여 언어의 민족적특성을 보존하고 발전시켜나가도록 하여야 하겠습니다. 그런데 《표준어》라는 말은 다른 말로 바꾸어야 하겠습니다. 《표준어》라고 하면 마치도 서울말을 표준하는것으로 그릇되게 리해될수 있으므로 그대로 쓸 필요가 없습니다. 사회주의를 건설하고있는 우리가 혁명

의 수도인 평양말을 기준으로 하여 발전시킨 우리 말을 《표준어》라고 하는것보다 다른 이름으로 부르는것이 옳습니다.

《문화어》란 말도 그리 좋은것은 못되지만 그래도 그렇게 고쳐쓰는것이 낫습니다(김일성 저작집 20권 p.342~p.343).

위에서처럼, 북한은 그들의 '문화어 운동'을 효과적으로 전개하기 위하여, 1964년 비상설적인 기관으로 세운 것이 '국어 사정 위원회'이다. 이 기관은 학술 용어 사정 위원회의 기능도 함께 있다.

참고 문헌 및 인터넷 사이트

국립국어연구원(1992), 『북한의 언어 정책』.

박갑수(2006), 『국어교육과 한국어교육의 성찰』, 서울대학교출판부.

이용욱(1983), 북한 언어정책의 특징에 관한연구, 한양대 교육대학원 석사논문.

조오현 · 김용경 · 박동근 지음(2002), 『남북한 언어의 이해』, 도서출판 역락.

사이버 통일교육 센터 http://www.uniedu.go.kr

통일부 북한자료센터 http://unibook.unikorea.go.kr

KBS 아름다운 통일 http://tongil.kbs.co.kr/

국어학 세상 http://203.247.211.211/bhi/

북한의 교육 Ⅲ

북한에도 과연 입시 경쟁이 있을까?

고등중학교까지는 경쟁 없이 자동적으로 진학하게 된다. 그러나 대학 입학은 사정이 다르다. 대학은 의무 교육이 아니지만 일단 입학하면 등록금이 없다. 수험생들은 대학 진학을 위해 치열한 경쟁을 벌이며, 우리보다 경쟁률도 훨씬 높다. 고등중학교 졸업 예정자를 대상으로 매년 봄에 '정무원 시험'을 치르며 각 시 · 도 · 군 단위로 등수가 발표된다. 일종의 대학 수학 능력 시험인 셈이다. 이 성적을 기초로 중앙 교육 위원회에서 시 · 도 · 군 단위로 각 대학에 몇 명씩 배정하고, 수험생들은 배정받은 대학에 가서 다시 본고사를 치른다.

이 같은 과정을 거쳐 곧바로 대학교에 진학하는 고등중학교 졸업자를 '직통생'이라 하는데 전체 합격자의 10%에 불과하다. 그렇다면 나머지 90%는 대체 어떤 사람들일까? 통상적으로 대학 진학자의 70%는 군복부를 마친 제대 군인이고, 나머지 20%는 직장 소속자다. 독특한 대입 제도가 아닐 수 없다.

그러면 북한에도 재수생이 있을까?

직통생에 들지 못하는 학생들은 곧바로 군에 입대(약60~70%)하거나 생산 현장에 배치(20~30%)되므로 자연스럽게 '재수'는 할 수 없게 된다. 반면에 직통생은 사실상 군입대가 면제된다. 그러니 당연히 경쟁이 치열할 수밖에 없다. 그러나 우리와 같은 대입학원이 없는 까닭에 일부 부유층은 가정 교사를 두고 과외를 시키며, 형편이 못되는 대부분의 가정에서는 아버지가 퇴근 뒤에 수험생 자식을 돌본다.

꼭두새벽에 일어나 도시락을 준비하고 아이를 깨우는 남쪽의 어머니, 퇴근 후에도 피곤한 몸으로 자식의 공부를 돌보는 북쪽의 아버지, 하여튼 알아줘야 할 한민족의 교육열이다.

북한에서 가장 경쟁률이 높은 대학은 또 어디인가?

김일성 대학의 경쟁률은 보통 5대 1이고 평양 외국어 대학은 10대 1정도이며, 김책 공대 등의 명문 대학과 예능계의 경쟁률은 더욱 높다. 그러나 이러한 경쟁률은 우리의 그것과는 약간 다르다. 우리는 수험생들의 지원에 따라 경쟁률이 결정되지만 북한에서는 이 같은 경쟁률이 당국에 의해 미리 조정되고 결정되기 때문이다.

북한의 대학은 전공에 따라서 공부하는 햇수가 다르다. 공과대는 6년, 의과대는 7년 6개월, 사범대는 4~5년, 교원대는 2년이며, 전문대는 4년 과정으로 되어 있다. 또 전문대와는 다른 2~3년제의 전문학교도 있다.

– 자료 제공 : 통일부

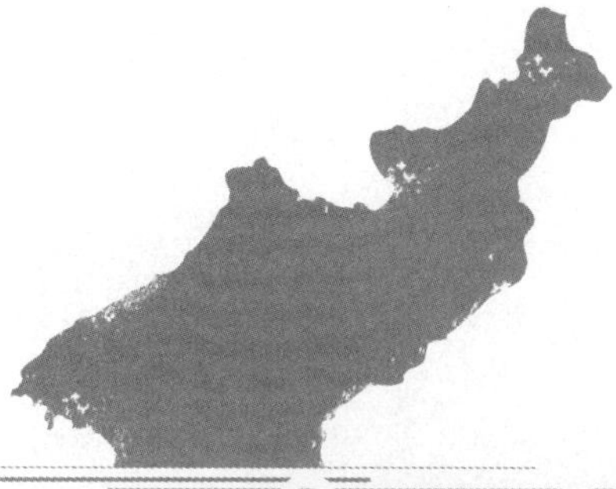

제2부 북한의 문학

제1장 :: 김정일 시대와 고난의 행군

[발제 : 글을 읽기 전에]

1990년대 초부터 사회주의권 국가들이 붕괴되자 북한은 사회주의 시장을 상실하게 됨으로써 엄청난 타격을 입게 되었다. 중요 원료 자원과 에너지 자원을 사회주의 시장에 의존하고 있었던 북한에게 소련과 동구 사회주의 국가의 붕괴는 경제에 직접적인 영향을 미침으로써 북한을 위기로 몰아넣는 중요한 원인으로 작용하였다. 1994년 7월 김일성의 사망으로 인한 정치적인 위기는 연이은 자연재해와 함께 북한 체제 전반을 약화시켰다.

이에 김정일은 1996년 신년 사설을 통해 1995년이 '가장 어려운 한 해'였음을 스스로 밝히며 '고난의 행군'을 계속할 것을 호소하였다. '고난의 행군'은 원래 김일성의 항일무장투쟁 경험에 근거한 것으로서, 1990년대의 '고난의 행군'은 1956년의 종파투쟁에 이어 제3의 고난의 행군이다. '고난의 행군'은 3년간의 유훈통치 기간과 서로 맞물리면서 위기를 겪고 있는 북한 체제를 유지하기 위한 슬로건이었다. '죽은 김일성 수령이 살아서 통치하는' 유훈통치를 통해 김정일은 적극적인 개혁보다는 체제 유지에 힘썼다.

김일성 사망 3주기가 되던 1997년 7월 8일에는 3년간의 유훈통치에 막을 내리고 김정일을 위원장으로 옹위하여 체제를 수호하고 주민들을 결속하기 위한 작업이 추진되었다. 이러한 위기상황에서 중요한 역할을 하는 것이 바로 '군대'이다. 김정일은 끝까지 조직체계를 흐트러뜨리지 않고 유사시에 위기 대처 능력을 보여준 군을 앞세워 정치조직의 약화현상을 만회할 뿐만 아니라 체제안정을 보장하려 했다. 이것이 김정일 시대의 '선군정치'이다. 김정일은 선군정치를 통하여 혁명적 군인정신을 강조하고, 군대의 모범을 전 사회로 확산시키려는 의지를 표명하였다.

김정일 시대에서 발견할 수 있는 또다른 변화는 '주체'와 '실리'를 결합한 실리 사회주의의 추구이다. 김정일 시대에 이르러 북한은 사회적 생산에서 효율성을 높이기 위하여 생산조직과 관리방식에 변화를 꾀하고 있을 뿐만 아니라 과학기술에 근거한 경제 효과성을 향상시키려고 하고 있다. 최근 들어 금강산 관광지구와 개성 공단을 중심으로 한 남북 교류의 활성화, 대계도 경제 특구의 개발 검토 등은 이러한 변화를 보여주는 예라고 할 수 있다.

북한의 문학 작품 역시 이러한 김정일 시대의 변화를 반영하고 있다. 이 장에 실린 오광철의 《대학시절》(조선문학, 2003. 8.)은 광명성 1호의 발사에 기여한 리정옥이 자신의 대학 시절을 회상하는 작품이다. "우린 조국이 가장 어렵던 때 대학공부를 했어요. (…) 몇 개의 공장은 돌렸을지도 모를 그 귀한 자금이… 굶어서 쓰러진 사람들의 생으로 이어졌을지 모를 목숨같은 식량이 우리들에게 돌려졌어요."라고 호소하는 '정옥'은 고난의 행군 시기를 거쳐온 북한을 현실상을 거침없이 토로하고 있다.

변창률의 《영근이삭》(조선문학, 2004. 1.)에 등장하는 '홍화숙'은 '홍말썽', 혹은 '홍타산'이라는 별명으로 불리는 인물이다. '홍화숙'은 개인별 작업의 수행정도를 '로력수첩'에 꼼꼼히 적어 '가동 로력일'을 정확히 평가하고 결과물을 이에 따라 분배해야 한다고 주장한다. 이러한 그녀를 두고 일부에서는 '홍말썽'이라며 못마땅해 하기도 한다. 그렇지만 일부의 비판에도 불구하고 '홍화숙'이 새로운 분조장에 추천되는 것은 그녀가 북한의 변화를 이끌어 갈 인물로 평가되기 때문이다.

홍화숙의 이러한 인물 형상은 '사회주의 사회의 과도기의 특성으로 인해, 일한 것만큼 번 것만큼 보수를 주지 않으면 생산열의를 떨어뜨리고 건달기를 조장시키는 부정적인 효과를 빚어낼 수 있다'는 '새로운 경제관리개선조치(2002. 7. 1.)'의 요구에 맞게 북한 사회를 재편하려는 김정일 시대의 변화를 반영하는 것이다. 이는 노동자들간의 불평등을 어느 정도 용인하고 온정적인 노동정책에서 벗어나겠다는 것을 의미한다. 최근 북한의 매체에서는 '모든 것을 자체로 해결한다고 하면서 시간을 끌고, 성과를 내지 못하거나, 낙후된 기술을 사용하는 것들을 다 낡은 관념과 낡은 방식'이라고 비판하면서 실리와 결합된 자력갱생의 의미를 새롭게 전개하고 있다. 이 장에서는 소설 속에서 이러한 점들을 발견하며 북한 사회의 새로운 변화 방향을 살펴보기로 하자.

참고문헌

김성수, 「김정일 시대 문학에 대한 비판적 고찰」, 민족문학사학회, 『민족문학사연구』 제27호, 2005.

김용현, 「선군정치와 김정일 국방위원장 체제의 정치변화」, 경남대학교 북한대학원, 『현대북한연구』, 8권 제3호, 2005.

정영철, 『북한의 개혁과 개방』, 선인, 2004.

··· 생각해 보기

나의 한세기

▶ 《나의 한세기》에는 1910년대부터 1990년대까지의 북한 인민들의 역사 인식 및 삶의 모습이 형상화 되어 있다. 이 작품을 토대로 하여 각 시기별 북한 인민들의 삶과 우리들의 삶의 모습을 비교하여 정리해 보자.

영근이삭

▶ 천리마 시대의 소설 《생활》의 주인공 '영옥'과 김정일 시대의 소설 《영근이삭》에 등장하는 '홍화숙'이 한 테이블에 마주 앉아서 이야기한다고 가정해 보자. 영옥과 순희는 어떤 대화를 나누었을까? 만약 '영옥'과 '홍화숙'이 개인의 노동력과 집단의 생산력에 대하여 대화를 나눈다면, 이 두 인물 사이에 어떤 대화들이 오갔을까?

▶ 《영근이삭》의 주인공 홍화숙은 '홍말썽' 혹은 '홍타산'이라는 별명으로 불릴 만큼 주변인물들로부터 배척받고 있다. 그럼에도 불구하고 이 소설에서 홍화숙은 북한 사회의 새로운 변화를 이끌어 가는 인물로 평가받고 있다. 그 이유는 무엇인지 소설 속에서 찾아 정리해 보자.

스물한발의 《포성》(1)

▶ 《스물한발의 《포성》(1)》의 주인공인 신입대원 '나'는 소대장이 '군대와 사민의 다른 점'이 무엇인지 물었을 때 대답을 하지 못한다. 하지만 안변청년발전소 물길공사를 해가며 군대와 사민의 차이가 무엇인지를 스스로 깨달아 간다. 이 작품의 본문에서 군대와 사민의 다른 점이 나와 있는 부분을 찾아보고, 21세기 북한이 원하는 군인상이 무엇인지 정리해 보자.

▶ 《스물한발의 《포성》(1)》에서 군인들의 투쟁정신을 강조하기 위해 작가가 어떠한 표현을 사용하고 있는지 주의해서 읽어보고, 이러한 표현의 효과에 대해 생각해 보자.

대학시간

▶ 《대학시간》에서 '인삼'과 '산삼' 일화가 상징하는 바는 무엇인지 허주성 강좌장, 호남, 정옥의 갈등과 연관하여 논의해 보자.

▶ 《대학시간》에는 시간에 관한 다양한 표현이 나온다. 아래의 시간 표현들은 어떤 의미를 지니고 있는지 북한의 현실과 연관하여 논의해 보자.

① 현재완료시칭　　② 대학시간

③ 만족의 시간　　④ 강성대국건설의 시간 표구 의지

나의 한세기

김 일 규

12월의 눈은 내리고내리고
송년의 시각은 오고오고
하많은 추억의 이랑이랑
갈아 번져 끝이 없으련만
이제 울려 오리 제야의 종소리
마음은 가는 세기를 붙들고 놓고 싶지 않구나

20세기의 절반을 살아
한세기를 다 산듯
마치도 내 생을 복되게 떠밀자고
현 세기의 절반 세월이 흐른듯
10년대 20년대…
추억의 창가에 눈처럼 쌓이는 년대와 년대여
고마운 세기 — 나의 한세기여!

10년대

반만년의 세월이 20세기를 받들자고
그리도 모진 진통을 겪어 왔던가
력사에 부푼 세월의 숙원이 망울져 망울져
주체1년의 4월도 보름날
얼어 붙은 시대의 동토대우에
일시에 터친 꽃망울의 환희
세기의 첫 기슭에 진동했으니

20세기의 가장 위대한 날이여
인간태양이 동 터오른 세기의 봄이여

20년대

길이 있어야 했다
누구나 가야 할 길이건만
누구나 가지 못한 길
아직은 려명의 그 이른 새벽
남산의 푸른 소나무에 무겁게 눈이 얹혔으니
양춘을 찾는 길은 왜 그리고 멀었던고
죽음을 넘어 대를 이어 가고가고
조국을 떠메고 가야 할 길이기에
조국의 위대한 아들이 그 길에 나섰더라
인간태양이 자기 궤도를 놓으며 시작한 조선의 첫 길이여
눈 덮인 만경봉언덕에 눈바람 몰아 칠 때
비장히 새겨 지던 숫눈길[1]우의 거룩한 자욱이여

30년대

메아리 메아리—
사라지지 않는 총대의 메아리
백두산야에 진정한 주인의 고고성처럼 울린
조선의 운명인 총대의 메아리
이 땅을 옥죄인 노예의 철쇄를 녹이며

1 눈이 내린 뒤에 아무도 아직 지나지 않은 길.

새 시대의 봄우뢰를 터친
위대한 장군의 웨침이여!

40년대

세계가 굽어 보이는 하늘아래 첫 봉우리
백두산마루에 솟은 칼벼랑우에서
백호의 고성이 눈사태를 일구더니
소백수 여울물소리 정다운 기슭에 피여 나던 서리꽃 서리꽃
눈 부신 해살이 피여 나던 빨찌산의 귀틀집
동기와 처마우에서 비껴 오른 찬란한 노을이
새 세기의 하늘가로 비껴 갔으니
지구도 한결 밝아 지고
백두산마루에선 미래가 내다보였다

50년대

호미자루밖에 쥐여 못 본 샘골집 덕삼이
침략자의 땅크를 석대나 까고
금별 메달 번쩍이며 돌아 온 고향의 밤
모기불 타는 멍석방에 난생 처음 틀지게[2] 앉아
논두렁의 멱장구 잡듯 별 게 아니라고
그깐놈들이라 미국을 불러 제끼며 하던 이야기
하고 또 해도 밤이 짧던 날이여
하루에도 수천만발의 폭탄이 땅을 뒤집고

2 (생김새나 태도가) 일정하게 틀이 잡혀있다.

온 나라가 불 길속에 타고탔어도
노예의 삶을 원치 않는 자주적인민의 맛을 보여 준 영웅의 땅에서
어디 가나 가슴팍에 천리마휘장을 달지 못하면
잠이 오지 않던 나날이여
내 첫 걸음마 익히던 대동강가에
갈게[3]보다 탄피가 더 많았던 세월이여

60년대

맨발로 차던 고무공이 가벼워
낡은 책가방을 뜯어 그우에 덧씌우고 하는
동네축구시합에서 좌상아바이가 《컵》을 수여하던 날
머나먼 런던의 하늘아래서
이웃집 형님의 세계강팀의 축구문 그물에
철썩— 꼴을 안긴 통쾌한 소식
전주대 확성기에서 꿈처럼 전해 질 때
만짐한 기관차를 로선에 세우고
만세3창을 소리높이 웨친 철이 삼촌이
난생 처음 연착이란 죄명을 쓰고
성으로 비판서를 써가지고 말없이 걸어 갈 때
건설담배 한곽 사든 외태머리[4]처녀가
울며 따라 가던 먼발치에서
우리 마을 축구팀은 얼마나 들뜨고 기뻤던지
어머니가 이고 나온 수수지짐 한 광주리가
순간에 다 없어 졌어라

3 게의 하나. 등껍질은 진한 푸른색이고 집게발부분은 누런 흰색이다. 두번째, 세번째 걷는다리의 발목마디와 앞마디의 앞가장자리에 길고 부드러운 털이 빽빽이 나있다. 강어귀나 바다가의 습한곳 또는 논에서 산다. 우리 나라와 중국, 일본에 퍼져있다. 사람이 먹기도 하며 닭모이로도 쓴다.
4 (주로 처녀아이의) 한가닥으로 길게 땋아늘인 머리.

70년대

기름내 배인 작업복을 군복으로 갈아 입고
밤길 산길을 많이도 걸은 나날
보고 싶은 책은 왜 그리도 많은지
눈이 몇개 더 있었으면 하던 공상의 날들이여
희한하고 벅찬 일들이
날마다 전설처럼 이 가슴 부풀게 해
땀 배인 병사수첩에 시도 많이 썼더라
고민도 많고 눈물도 많아 때 일찍 머리 희며
위대한 전환의 시대를 바삐 살아
뛰고 달리던 발바닥이 마를새 없었고
장알[5] 진 손으로 못해 본 일이 없는
아, 내 마음의 키가 크던 세월이여!

80년대

한껏 머리를 뒤로 제치고서야 바라볼수 있는
탑이며 기념비가 많이도 솟던 나날
무르익은 가을처럼 조국의 대지우에
인간사랑의 열매들이 주렁지던 시대에
아, 시가의 붓대를 목숨처럼 간직하고
수령의 집무탁에 나의 시가도 올려 본 행운이여
혁명에 조언하고 투쟁에 숨결로 흘러
내 이 한자루 붓대면 세상 무서울것 없던 어느 날
때 아닌 소꿉친구의 초청에 나섰던 유보도[6]에서

5 손바닥에 박힌 굳은살.

6 산보하면서 휴식을 할수 있게 만든 거님길. 도시안의 록지들과 교외의 산림지대를 잘 어울리게 함으로써 도시의 풍치와 환경을 위생문화적이면서도 아름답게 한다. 흔히 거리, 강기슭, 바다가 등을 따라 조성한다.

한줌 안주가 담긴 어느 잡지장 한귀에
내 시가 장물범벅으로 후줄근해 진 그앞에서
성도 못내고 울지도 못하고 한마디 말도 없이
술이 모자랐던 그 밤 그 새벽이여
말없이 나를 때리던 친구의 모진 매앞에
심장이 울던 고마운 날이여

90년대

하나 둘 자식들도 커가고
하나 둘 가슴에 훈장도 늘었어도
내 발로 땅을 짚고 걸어 보지 못한 나날도 있건만
그보다도 만수대 층계아래 연 사흘 어푸러져
그리도 많이 피눈물을 흘리며
곡성인지 억함인지 앞뒤 없는 말을 눈물속에 내뱉던 비애여
밥곽 없는 자식들 책가방을 무겁게 메워 주며
내 어깨에도 무거운 고난의 짐을 지고
힘겹게 오가던 출근길이여 취재길이여
내 생애 처음으로 쌀에 대한 운명적인 시도 쓰며
붉은기의 귀중함에 피가 끓던 년대여
조국의 운명이 무엇인지
피속에 뼈속에 새긴 년대여

*

눈은 내리고내리고
가는 세기는 마음에 더 깊이 쌓이고쌓이고
그러나 마음은 서둘러 서둘러
오는 세기의 노을 손을 더듬어 찾노라
민족숙원의 대문에 모질게도 질렸던

그 무거운 빗장도 열렸으니
또 무슨 소원의 꽃망울이 새 세기의 하늘아래 망울지려나
새 세기의 숫눈길을 걸어걸어 뚜렷한 자욱을 남기며
나는 또 한세기를 살련다
우리의 태양이 아름답게 가꾼
강성대국의 봉우리에 우뚝 서서 웨칠
내 목청이 쉬지 않으련지
잘 가라 나의 한세기여!
어서 오라 나의 또 한세기여!

- 20세기를 보내며 -

영근이삭

변 창 률

눈보라이는 밖을 내다보며 이윽토록 창가에 서있던 작업반장 전석근은 다시 책상에 마주앉았다. 책상우에는 1분조명단이 적힌 수첩이 펼쳐져있었다. 좀전에 1분조장 최정식아바이와 마주앉으며 펴놓은것이였다. 이제는 60나이가 된 아바이의 후임문제를 토론하려던 참이였는데 분조원[1] 강영실아주머니가 숨가삐 뛰여왔었다.

《빨리 가시자요. 시끄러운 일이 생겼어요.》

《시끄러운 일이라니?》

아바이는 미간을 좁히며 물었다.

《오늘 진행한 개인세대 퇴비실사를 몽땅 다시 해야 한다는 거예요. 조마다 들것에 담은 량이 같지 않고 집집마다 질도 각이하다면서…》

《누가?》

《누군 누구겠나요. 홍화숙이 아니면…》

《홍화숙이가? 음… 어쩐지! 아침부터 실눈이 돼서 입술을 감쳐문게[2] 미타하다[3] 했더니… 하긴 잠시라도 너좋구 나좋구 하구 입다물고있으면 〈홍말썽〉이가 아니지》

분조장은 성가시다는듯 머리를 저으며 일어섰다. 좀 기다려달라는 말을 남기고 강영실을 따라서는 아바이를 바라보는 석근의 얼굴이 어두워졌다. 석근은 아바이의 후임으로 다름아닌 그 홍화숙이를 점찍고있던터였다. 그래서 아바이의 의향을 묻자던 참이였는데… 공교롭기란…

---

1 ㉾ 분조 : 협동농장에서 작업반밑에 조직되여있는 집단생활의 세포이며 생산 및 노력 조직의 맨 아래 단위.
㉾ 분조관리제 : 협동농장의 분조를 단위로 실시하는 북한 사회주의농촌경리의 내부관리운영형태. 협동농장의 분조에 로력, 토지, 부림소, 농기구 등을 고착시키고 국가계획에 따라 정당 소출계획과 로력계획을 주며 계획수행정도에 의하여 로력일수를 평가해주고 그에 따라 분배를 실시하는 농촌경리에서의 생산 및 로력 조직형태이다.

2 아래우의 입술을 서로 조금 겹쳐지도록 마주 붙이면서 입을 다물다.

3 든든하지 못한데가 있어서 마음이 놓이지 않다.

1분조원들의 이름을 짚어내려가던 석근의 원주필[4] 강영실의 이름에서 멎었다. 남자 못지 않게 일솜씨가 걸싸고 농사물계에 환한 녀인이다.

분조장의 말 한마디면 쉬는 날, 명절날도 가림없이 일터로 달려나오는 녀인, 하지만 분조농사를 맡기기엔 뭔가 부족하게만 느껴진다. 왜서일가? 최정식아바이가 뇌이던 말이 떠올랐다.

《분조장노릇을 하자면 모든 일에 앞채[5]를 맬줄 알고 사람들의 마음을 움직일줄 아는 이 두가지가 기본이라고 할수 있지. 곡식에 비유한다면 크고, 잘 여물어야 옹근 이삭이라고 하는 것과 마찬가지랄가…》

그 말대로 하면 잘 여물지 못했다고 해야 할지.

다시 명단을 짚어가던 그의 원주필이 홍화숙의 이름에서 멎었다. 아무리 보아도 적임자는… 하지만 분조원들이 찬성하겠는지? 더구나 최정식아바이가 《옹근이삭》으로 보겠는지…

석근의 눈앞에는 홍화숙과 관련된 지난해의 일들이 화면처럼 흘러갔다.

*

1년전 석근이 작업반장으로 일명된지 며칠이 지나서였다. 소한무렵의 강추위가 계속되던 어느날 작업반선전실에서는 농장원모임이 있었다.

지난해의 영농사업이 총화되고 분조별 대렬편성이 끝난뒤였다. 올해 작업반에서 해야 할 사업들을 포치[6]하고나서 석근은 좌중을 향해 말했다.

《앞으로 작업반사업에서 참고가 될수 있는 들은 의견들을 기탄없이 제기해주십시오.》

새로 온 작업반장이 초면이여서인지 아니면 회의에서 기본적으로 론의되였다고 보아서인지 제기되는 의견들은 그닥 신통치 못했다.

키가 꺽두룩한[7] 뜨락또르[8] 운전수가 일어나 륜전기재[9]의 가동률을 높이자면 포전[10]도로

---

4 색갈을 넣은 심끝에 달린 동그란 쇠알이 돌아가면서 글자가 씌여지는 필기도구.

5 일을 벌여나가는데서 힘들고 중요한 부분

6 무엇을 벌려놓거나 널어놓는다는 뜻으로 《어떤 사업에 앞서 일정한 사람이나 집단 또는 단위들에 분공을 주고 사업의 목적과 의의, 하여야 할 일의 내용, 그 수행방도 등을 알려주어 앞으로 사업이 이루어지도록 짜고드는것》을 이르는 말.

7 키가 멋없이 크다.

8 여러가지 농사일을 하거나 짐을 나르는데 쓰이는 농기계의 하나. 트랙터.

9 기관차, 객차, 화차, 자동차 등과 같이 바퀴로 움직이는 운수기재.

10 알곡이나 그밖의 작물을 심어가꾸는 논밭을 이르는 말.

정리를 잘해야겠다고 했다. 량곡관리원아바이는 벼짚이나 북데기[11]에 섞여나가는 낟알이 적지 않다면서 벼종합탈곡기를 현대적으로 개조해야 한다고 했다. 탁아소책임자는 땔나무가 떨어져가는데 빨리 대책해달라고 급한 소리를 했다.

《더 제기할것이 없으면…》

하고 원주필을 놓으며 머리를 드는데 1분조쪽에서 한 녀인이 일어났다. 금전 대렬편성때 3분조에서 1분조로 옮겨간 홍화숙이였다. 마흔안팎으로 보이는 그 녀인은 한창 여무는 대추알처럼 윤기가 흐르는 얼굴에 눈코입귀가 꼭 눌러박힌것이 얼핏보기에도 조련치 않아[12]보이였다.

혹시 1분조로 옮겨놓은것이 불만스러워 일어선건 아닌가?

그를 지켜보는 석근의 귀가에는 엊그제 자기를 찾아온 3분조장이 하던 말이 되살아났다.

《…지금 우리 분조에 있는 홍화숙이때문에 내 머리털이 다 셀 정도요. 엊저녁에도 그랬지요.

거름상하차작업을 하던 애기엄마들이 쉴참에 탁아소에 젖먹이러 갔다가 하두 추운 날씨라 좀 늦잡았던[13] 모양인지 작업총화에서 그걸 계산하지 않았다고 코를 드는게[14] 아니겠소. 그래서 당신도 아이를 키우는 어머니인데 그만한것도 리해를 못해 옴니암니[15]해서야 어떻게 분조의 화목이 이루어지겠는가고 한마디 했지요. 그랬더니 한다는 소리가 거름 한차 못실을것은 물론 그 시간에 뜨락또르가 태워버린 기름값까지 계산해야 한다는거요. 기가 막혀서… 분조장이 일을 시키느라면 오늘은 비록 제몫을 못했어도 본인들의 열성이나 또 앞일을 고려해서 적당히 평가하게 되는 그런 경우도 있지 않소. 한데 이 여자는 덮어놓구 벼룩이 간두 뜯어내구 좁쌀알두 쪼개자구 달려드는데 난 신물이 났소. 오죽했으면 분조원들이 그한테 〈홍말썽〉, 〈홍타산〉이라는 별명까지 붙였겠소. 그를 내보내던가 내가 나가던가 마련이 있어야 하겠단 말이요.》

듣고보니 그의 심정이 리해되였다. 석근이도 여러해 분조장사업을 하면서 그러루한[16] 일로 얼마나 많은 고충을 겪었던가.

---

11 벼나 밀 같은 낟알을 털 때에 나오는 짚부스레기 까지. 이삭부스레기 같은 찌끼. 집짐승의 거친 먹이로 많이 쓴다.

12 만만치가 않다. 또는 대수롭지 않거나 간단하지가 않다.

13 (날짜나 시간을) 늦게 예정하여 잡다.

14 ㊟ 코를 세우다 : 고집을 부리다. 위신이나 기세를 돋구다

15 ①사소한것에 이르기까지 이래저래 드는 비용 ②(부사로 쓰이어소소한것까지 좀스럽게 다 헤아리거나 따지는 모양을 나타내는 말.

16 그러한 정도로 엇비슷하게 특별한것이 없다.

석근은 알아보고 대책하자는 말로 접수했다.

《그한테 걸려들지 말아야지. 망신하기 십상이요.》

3분조장이 주의를 주는 소리였다.

석근은 난처해지지 않을수 없었다. 함께 손잡고 일해야 할 분조장의 제의를 무시할수도 없고 그렇다고 덮어놓고 들어줄수도 없고… 그래서 홍화숙을 한번 만나야겠다고 생각했는데 다음날 그가 석근을 찾아왔다. 자기를 3분조에서 내보내달라는 것이였다. 다행스럽기도 했지만 불안스럽기도 했다. 서로가 용납할수 없다며 여기에는 간과할수 없는 심중한 문제가 내포되여있다는 소리가 아닌가?…

많은 생각 끝에 그는 1분조장을 만났다. 년한으로 보나 능력으로 보나 손꼽히는 분조장이며 리당[17]위원인 그의 분조에 배속시키는것이 여러모로 적합하다고 생각되였던것이다. 더구나 쫓겨나는거나 같은 사람을 의논 한마디없이 떠맡길수야 없지 않는가.

《홍화숙이와 강영실이를 바꾸어놓잔 말이요? 3분조장이 요구합디까?》

《…》

《다른 사람이라면 아무든 반대가 없는데 강영실이만은…》

《홍화숙아주머니가 뒤소리를 많이 듣는 모양인데…》

《아, 그래서가 아니요. 그가 우리 분조에 오는 것은 의견이 없소. 본인 의향은 모르겠지만…》

석근은 의아해지지 않을수 없었다. 하나의 대상을 놓고 두사람의 견해가 이렇듯 차이날 수 있는가. 석근은 강영실을 내놓지 않으려는 최정식의 진의도를 여러가지로 추측해보았다. 혹시 나이가 다된 자기의 후임으로 점찍고있는것은 아닌지…

이렇게 되여 홍화숙은 1분조로 오게 되었다.

반장사업 첫 시작부터 즐겁지 못한 일로 뇌리에 새겨진 그가 지금 무슨 말을 하려고 하는가?

《지금까지 제기된것두 다 중요하지만 제 생각에는 농장원들의 가동로력일을 정확히 평가하고 결산분배를 공정하게 하는것이 선차라고 봅니다.》

오래동안 품었던듯 또박또박 울리는 그의 목소리에 회의장은 물을 뿌린듯 조용해졌다. 요

16 그러한 정도로 엇비슷하게 특별한것이 없다.

17 리를 단위로 하여 조직된 우리 당의 기층조직. 리당은 전통을 강화하고 혁명과 건설에 대한 당의 령도적역할과 전투적기능을 강화하는데서 중요한 자리를 차지한다.

진통[18]을 건드렸다는 암시가 침묵속에 배여있었다.

《아주 중요한 문제를 제기했습니다. 어서 말씀하십시오.》

회의지도나온 관리위원장이 책상에 바루 나앉았으며 관심을 표시했다.

《지금 분조들에서 매일 로력일평가를 하고 작업반에서는 10일공시도 하면서 농사일을 등한시하는 현상과 투쟁도 하고있지만 정작 결산분배때 가서는 별반 차이가 없는데 이것이 잘못된거라구 봅니다. 지난해에도 3분조의 어떤 농장원은 바쁜 여름철에 이런저런 구실을 대고 한두달씩 제 볼장을 보고도 년말이 되자 긴요치도 않은 새끼를 꼬아서 년간 의무가동과 로력을 다했다고 땜때기[19]를 했어요. 곡식포기밑에다 거름을 묻어주고 풀을 뽑아주어야 큰 이삭이 달리지 가동로력이나 많이 별었다구 해서 농사가 잘되는건 아니예요.》

홍화숙이 3분조를 거들자 앞쪽에 앉은 3분조장의 얼굴이 금시 수수떡빛이 되었다. 전체 작업반이 모인 앞에서 더구나 관리위원장의 면전에서 집게로 집어낸듯 3분조를 꼬집어들었으니 급해난 모양이였다.

무릎을 꺾으며 반쯤 잦아들었던 홍화숙이가 다시 일어섰다.

《한가지 더 있어요 방금 탁아소 책임보육원이 땔나무문제를 제기했는데 지금처럼 분조가 다 돌림식으로 빚독촉하듯 해가지고는 절대로 해결할수 없다고 봅니다.》

분조장들이 하나같이 머리를 끄떡였다. 그들로서는 농사일에 다몰리우면서도 외면할수 없는 탁아소땔나무문제가 골칫거리였던것이다. 책임보육원은 어디서든 분조장 빛갈만 보여도 땔나무를 독촉한다는것이였다.

중간쯤에 앉은 책임보육원의 시선이 홍화숙과 주석단으로 분주히 오고갔다.

《아주머닌 어떻게 했으면 좋겠습니까?》

석근이도 생각이 많던 문제여서 기대를 가지고 물었다.

《특별한 방법이 따로 없다고 봅니다. 탁아소자체의 힘으로 해결해야 한다고 생각합니다.》

책임보육원의 시선이 갑자기 여러 사람들의 얼굴을 훑었다. 이 무슨 당치않은 소리인가?

《좀더 자세히 말해보시오. 방도를 말이요.》

석근의 어조가 저도모르게 실무적으로 울렸다.

---

18 아주 요긴한데나 가장 중요한 대목.

19 ㊟ 땜때는 식 : ①제기된 일을 그때그때 굼때며 살아나가는 식 ②나타난 결함이나 부족점을 전반적으로 뜯어고치지 않고 어느 일부분만 고치는 방식.

《방도야 나무를 심어서 땔나무림을 만드는거지요.》 홍화숙이 혼연한 어조로 대답했다.

《나무를 심는다구? 어디다? 강냉이밭에다?》

3분조장이 두손바닥을 펴들고 내흔들었다.

책임보육원은 홍화숙이쪽을 아예 등지고 돌아앉았다. 입이 쓰겁다[20]는 표정이였다.

홍화숙은 개의치않고 할 말을 계속했다.

《탁아소뒤에 있는 석비레[21]등성이에다 아카시아나무를 심지요. 탁아소에 인원이 작은가요? 보육원이 4명, 식구가 1명, 부업지를 관리하는 부대로력이 3명, 이 사람들이 봄가을에 한 열흘씩만 나무를 심으면 어딘가요? 한두해 품들이면 땔나무림 몇정보는 얼마든지 마련할수 있지요. 거기서 나는 사료로 염소도 기르고 꿀벌도 치면 고기와 우유, 꿀까지 아이들한테 먹일수 있단 말이예요.》

홍화숙은 제 할 소리는 끝났다는듯 자리를 편안히 잡으며 앉았다. 그러니 탁아소 보육원들은 남의 등에 업혀 편안히 살았다는 소리가 아닌가? 더는 참을수 없는지 책임보육원이 자리를 차고 일어섰다.

《그럼, 우리 보육원들이 자체로 할수 있는것? 작업반에서도 손만 내민다는건가요? 작업반에서도 같은 생각이라면 전 농산분조로 가겠습니다.》

회의장은 숨소리 하나없이 조용해졌다. 석근은 종잡을수 없는 심정으로 회의장을 주시했다.

석근이도 탁아소뒤에 멋없이 등실하니 누워있는 번번한[22] 둔덕을 보았다. 비죽비죽한 돌서덜[23]사이로 아이들의 눈지치기로 얼음판처럼 다져진 흠태기들을 보며 철없는것들의 이마와 코를 터쳐놓기 좋겠다고 생각했었다. 잡초마저도 제대로 자라지 못하는 등성이에다 땔나무림을 만든다?! 그럴듯해보이기도 했지만 그림의 떡처럼 허황하게 느껴졌다.

어색하고 따분한 침묵을 깨치며 관리위원장의 목소리가 울렸다.

《아주머니가 오늘 좋은 의견을 제기했습니다. 땔나무림조성 그자체도 중요하지만 보다 중요한 것은 자기가 맡은 일을 자기가 끝까지 책임져야 한다는 주인다운 관점입니다.》

관리위원장의 말을 들으며, 석근은 홍화숙이가 제기한 그 모든 잘못이 자기 탓이기나 한것처럼 얼굴이 화끈해나는것을 어쩔수 없었다.

---

20 쓴맛이 있다.

21 돌이 풍화되어 생긴 흙. 생석회와 섞어 반죽하면 굳어지는 성질이 있다.

22 ①울퉁불퉁하거나 막히지 않아 편편하고 번듯하다 ②놓이거나 쌓이거나 들었던것들이 다 없어지고 바닥에 아무것도 없이 훤하다 ③생김생김이나 옷차림 같은 것이 미끈하다.

23 ㉶ 서덜 : 돌이 많이 깔린 곳.

물론 홍화숙의 말이 원칙적으로 옳다. 하지만 대중모임장소에서는 어디까지나 일이 바로 되고 집단의 화목을 존중하는 립장에서 말해야 하지 않겠는가? 하긴 사람들속에는 자기자신에게는 관대하고 남에게는 무자비한 요구를 제기하는 그런 인간들도 일부 있는 법이다.

그 순간 석근은 홍화숙이가 자신의 작업반장사업에서 장애가 되지 않을가 하는 우려가 마음 한구석에 그늘을 드리우는것을 어쩔수 없었다.

*

논모판에 부은 2계단 벼모들이 푸른 잎새를 펼치며 자라오르던 봄철의 어느 휴식날이였다. 농장관리일군들이 위주가 되어 탁아소 뒤둔덕에 새로 조성한 아카시아땔나무림을 돌아보고난 석근은 건너편 야산기슭에 펼쳐진 만평틀 강냉이밭을 향해 걸음을 옮기고있었다. 오늘 아침 농업과학원 처녀연구사가 새로 육종하여 도입한《ㅊ》종의 강냉이생육상태를 조사하기 위하여 현지에 도착한다는 련락을 받았던것이다. 연구사처녀는 토양구조와 경작조건이 가장 불리한 대상의 시험포전으로 1분조 만평틀을 정했었다.

그가 3분조모판 가까이에 이르렀을 때였다.

모판에서 들려오는 떠들썩한 소리가 들려왔다.

가까이 가보니 모판에서는 쉰마리도 넘는 오리무리가 관리공녀인의 회초리에 몰려 이리저리 쫓겨다니고있었다. 날개깃이 돋기 시작한 햇오리들이 먹이감을 찾느라 짓밟고 쑤셔놓아 두어개의 모판머리에 흙탕물이 떠돌고있었다. 좀더 지체했더라면 어린 모가 적지 않게 손상될번 했다.

《후여— 이 못된 놈의 오리새끼들… 원칙은 혼자만 아는것 같더니 무슨 심보로… 후여—》

관리공은 오리와 그 주인에게 한대중으로 욕설을 퍼부으며 회초리를 휘둘렀다.

알고보니 홍화숙이네 집 오리였다. 모판관리공은 지난해 여름철 가동을 새끼로 굼땠다고[24] 홍화숙한테 덜미를 잡혔던 녀인이였다 그때 홍화숙의 제기를 받고 관리위원장은 거의 마무리되였던 분배계산을 고쳐하도록 하였다. 매 농장원별로 가동과 로력일을 재확인, 재평가하는 바람에 반장, 분조장들이 얼마나 진땀을 뽑았는지 모른다.

《똥묻은 개 겨묻은 개흉본다더니 제 집 오리새끼는 중하고 농장벼모는 귀하지 않나?…》

24 불충분한대로 이럭저럭 메꾸거나 치러넘기다.

반장이 들으라는듯 녀인의 지청구[25]는 그칠줄 몰랐다. 아닌게 아니라 석근이도 속이 치밀어 견딜수가 없었다. 되게 문제를 세워야겠다고 윽벼르며 모판을 살피던 석근의 눈이 다시금 커졌다. 모판가운데 굵직한 말뚝을 푹 박았다 뽑은듯 한 자리들이 띄염띄염 널려진것을 보았던것이다. 눈여겨보니 소발자국이였다. 감탕[26]앙금이 아직 가라앉지 않은것으로 보아 소가 들어갔던지 얼마 안지났다는 것이 알렸다. 어린 벼모를 듬성듬성 뜯어먹은 자리도 있었다.

(누가 소를 모판에?) 주위를 둘러보았으나 가까이에는 소그림자도 없었다. 모판관리공은 저쯤에 멀찌감치 서서 어물대고있었다. 오리를 내몰며 떠들 때 보아선 금시 일을 칠듯 싶던 녀인같지 않았다. 일부러 피하는듯 싶었다. 그를 불러 모판관리에 관심을 높여야겠다고 강조하고나서 석근은 만평틀로 향했다.

밭고랑을 오르내리며 어린 강냉이포기들을 살피며 무엇인가 수첩에 적어넣던 연구사처녀는 석근을 보자 반색을 했다. 강냉이의 생육상태가 평지밭 못지 않게 좋다고, 여기 농장원들의 일본새에 탄복했다고 칭찬을 아끼지 않았다. 그러면서 강냉이를 가을할[27] 때까지 시험포전관리를 잘 해달라고 신신당부했다.

다음날 10일총화뒤 끝에 석근은 농업과학원 처녀연구사의 연구사업을 잘 도와줄것을 강조하고나서 어제 3분조모판에서 있었던 일을 상기시켰다. 소임자는 알수 없어 주의를 주는데 그치고 홍화숙은 이름을 찍어서 추궁을 했다.

《사실이야 그것도 약과지.…》

비양기[28]가 밴 3분조장의 목소리였다. 그러자 창문밑에 앉았던 뜨락또르운전수 명국영이가 퉁을 주었다.

《3분조장은 잠자코 있구려. 우정[29] 그런것도 아닌데.…》

《모르면 가만있소. 그 모를 키워 수확할 량까지 타산하면 간단한 문제가 아니란 말이요.》

《의견이 있으며 정식으로 제기하시오.》

석근의 어성이 다소 높아졌다.

느닷없이 홍화숙이가 불쑥 일어섰다.

《의견이 있습니다. 우선 휴식날이라구 모판에 늦게 나온 관리공이 잘못이고 다음은 유독 3

25 못마땅하게 여기며 탓하는 것 또는 그런 핀잔이나 책망

26 ①엿을 달인 솥을 가신 단맛이 나는 물 ②단맛이 나는 국물이나 액체.

27 농작물을 논밭에서 거두어들이다.

28 비양하는 기운이나 기분. ㊟ 비양 : 빗내여놓고 빈정거리는 것.

29 일부러.

분조만이 방풍장이 꿰여진 곳을 메꾸지 못했단 말입니다. 그래도 오리한테 잘못이…》

《누가 오리더러 잘못했다우? 모판에 오리를 놓아준 아주머니가 잘못이라는거지.》

3분조장이 퉁명스런 어조로 그의 말을 동강냈다.

《전 방풍장도 없이 모를 붓고 또 모판을 비운 3분조에 책임이 있다고 봐요.》

《?!》

모두들 마주 보기만 했다.

《거 뭐 듣고보니 피장파장이로구만. 찐가지나 삶은 가지나 같구같수다.》

명국영이 긴목을 빼들고 그렇지 않느냐는듯 좌중을 둘러보았다.

그는 조막손을 가지고도 논밭갈이는 물론 나사를 풀고 조이는 수리작업까지도 귀신같이 해제끼는 고급기능공이였다.

맨 앞에 웅크리고 앉아있던 분조장이 일어섰다.

《난 홍화숙아주머니의 말이 옳다구 봅니다.》

긴장해졌던 회의장이 갑자기 술렁거렸다. 옳다, 편견이다, 아니다, 그래야 정확하다.…

석근은 아연해져서[30] 아바이를 지켜보았다. 이 마당에서 누구보다 책임적인 발언을 해야 할 아바이가 이렇게 나오리라고는 정말 뜻밖이였다. 솜털만한 약점이라도 붙잡으면 누구나 가림없이 따지고드는《홍말썽》이한테 아바이마저 겁을 먹었는가?

《어쨌든 근원을 따지면 3분조에 잘못이 있는건 사실이지요.》

아바이가 명백하게 찍어말하자 회의장은 다시 조용해졌다. 결국 비판은 3분조장과 모판관리공이 받은 셈이 되었다.

《3분조장, 내 이럴것 같아서 입다물고 있으라는데 긁어부스럼을 만들더니만. 이게 무슨 망신이요? 오리한테 지는 사람도 있나?》

회의가 끝난뒤 자리에서 일어서며 명국영이가 3분조장을 시까스르는[31] 바람에 웃음이 터졌다. 했으나 석근은 따라 웃을수 없었다. 그 말은 마치도 석근에게《당신하는 일은 왜 그 모양이요?》 하는 소리로 들렸기때문이였다. 아닌게 아니라 때리려다 맞은격이 되었으니 망신을 당한건 다름아닌 자기가 아닌가.

3분조장은 어이가 없는지 텅빈 선전실에 멍하니 앉아 일어설념을 못했다.

30 너무 놀라서 어안이 벙벙하다.

31 남의 비위를 상하게 놀리다.

《일은 도깨비가 저지르고 벼락은 허수아비가 맞는다더니.… 정신을 차리라구요. 물덤벙술덤벙하면서[32] 오는비 가는비 다 맞지 말구요. 차라리 분조장이구 뭐구 싹 걷어치우던가.…》

출입문밖에서 3분조장의 안해가 남편에게 하는 소리였다. 3분조장은 빈입만 쩝쩝 다셨다.

홍화숙은 아무 일도 없었던 듯 태연한 자세로 걸어갔다.

《저렇게 물 한방울 새지 않으니까 집세간살이하는걸 좀 보라요. 아래웃방, 부엌할것없이 번쩍번쩍하게 꾸려놓고 랭동기, 색텔레비죤, 록음기, 재봉기 없는게 없어요. 뜨락엔 어미돼지 두 마리가 낳은 새끼돼지만도 스무마리가 넘지, 젖짜는 염소만두 세 마리, 토끼, 닭, 오리, 게사니, 칠면조가 한마당 우글우글하지.…》

녀인들이 앞서가는 홍화숙을 가리키며 주고받는 소리였다.

《그집 터밭농사는 어떻구요. 겨울엔 박막을 씌워서 부루, 쑥갓, 배추를 키우고 봄엔 감자를 심었다가 하지무렵엔 고추를 옮기구 고추가을을 하고나선 마늘을 심구, 이런식으로 손바닥만 한 땅도 일이 눈에 찰리 있겠어요. 그런 이악쟁이[33]가 비판을 순순히 받아들일게 뭐예요?…》

《3분조장이 잘못한거야 사실이지요. 저 뽕밭아래 만평틀 강냉이밭을 보라요. 3분조가 부칠 땐 언제 한번 땅구실을 온전히 못했는데, 올핸 1분조가 부치더니 벌써 김을 두 번이나 돌려맸대요. 제 집일도 그 식이나까 집사람한테 바가지 긁는 소리만 듣지요. 그러게 한가지가 열가지라지 않아.…》

그들은 홍화숙이가 아니라 3분조장을 비난하고있었다. 3분조장한테도 문제가 있는것은 사실이다. 깊이 따져보지 않고 즉흥적인 감정으로 문제를 상정시켰던 자신에게도 잘못이 있다. 하지만 오리의 주인이야 홍화숙이가 아닌가. 자기의 실수를 인정해놓고 경우를 따지는것이 옳은 처사가 아니겠는가. 하다면 왜 3분조장을 비롯한 몇사람을 내놓고는 대다수 사람들이 그를 두둔하는가? 말썽군, 타산쟁이라고 혀를 내두르면서도 말이다.《오리사건》은 석근의 머리속에서 오래도록 사라질줄 몰랐다.

*

32 서두르며 덤비는 모양을 나타내는 말.

33 이악한 사람. ㊟ 이악 : 직심스럽게 달라붙는 품이 검질기고 끈덕진 것 또는 그런 기풍.

첫 모내기를 하던 날이였다.

논판에 물을 대느라고 밤새껏 수로뚝을 오르내리다가 새벽녘에 잠간 눈을 붙였던 석근은 포전방송소리에 화다닥 일어났다. 밖에 나서니 희뿌연 안개속으로 논두렁에 꽂은 기발들과 구호판, 속보판들이 내다보였다.

뜨락또르에서 밤샘을 한 운전수가 웃몸을 쑥 내밀고 써레질한 논을 살피고있었다. 큼직한 버치[34]속에다 짚뭉테기를 박아넣고 편안히 들어앉아 모틀 뜨는 아낙네들뒤로 야들야들한 벼모춤[35]이 벌써 두어발씩 줄지어섰다.

《농장적으로 제일 먼저 모내기를 시작한 5작업반, 1분조 농장원들을 축하하며 노래를 보내드립니다.》

방송원의 목소리에 이어 씩씩한 취주악이 울려퍼졌다. 북과 나팔, 손풍금을 멘 기동예술선전대원들이 나오고 리당과 관리위원회 일군들도 논머리에 나타났다. 농장의 모든 초점이 첫 모내기를 하는 1분조에 집중된셈이였다.

석근은 은연중 발걸음이 빨라졌다. 벌 한가운데를 꿰지르고 뻗어간 철길뚝밑에서 1분조장이 홍화숙이와 말싱갱이를 하고있었다.

《아니, 혼자선 안되오. 모를 씻재도 그래, 모내기는 기계에 모함을 섬기재도 그래, 게다가 풀어진 모춤을 손질하고 귀잡이[36]보식[37]까지 하자면 날구 뛴대도 혼자서는 안된다니까…》

홍화숙은 제 말만 고집했다.

《글쎄 혼자서 해보겠다니까요. 모뜨기가 딸리는데.》

《아유 못해요. 둘이서도 베찬[38] 일인데.…》

옆에 섰던 은애 엄마가 손사래를 쳤다.

《만약 혼자서 해내면 어찌겠어요?》

홍화숙이 웃으며 물었다.

분조장은 잠시 생각에 잠겼다가 입을 열었다.

《그러니 한번 믿어보라는 소린데.…》

34 속이 우묵하고 우가 좀 벌어졌으며 가장자리에 전이 달린 큰 그릇.

35 벼모를 묶은 단.

36 뜨락또르 같은 것으로 논밭을 갈 때 모서리부분의 갈리지 않고 남은 생땅.

37 (모내기를 하였거나 또는 씨뿌리기를 한 밭에서 싹이 나왔을 때) 죽었거나 빈 자리에 다시 심는 일.

38 해내거나 견디기에 좀 벅차다.

분조장의 반승낙을 받자 홍화숙은 모판쪽으로 총총히 달려갔다.

최정식은 미심쩍은 눈길로 그의 뒤모습을 따르다가 은애 엄마에게로 돌아섰다.

《믿어봅시다. 정 딸리면 다시 붙일셈치고… 그럼 은애엄마는 모뜨는데 가시우.》

홍화숙은 모를 나르는 청년을 붙잡고 보도랑[39]을 가리키며 뭐라 하더니 모내는 기계가 들어선 논쪽으로 급히 멀어져갔다.

1분조논과 잇닿은 큰길쪽에서 승용차 멎어서는 소리가 들려왔다. 차에서 내린 경영위원회 위원장과 과장이 이쪽으로 다가왔다.

석근이와 인사를 나누고나서 모내기현장을 돌아보기 시작했다.

층하없이 튼튼히 자란 모들이 빈틈없이 들어찬 벼모판들, 미장칼로 다듬은듯 곧고 매끈한 논두렁들과 유리판처럼 네모반듯하게 수평을 고루어놓은 논판들, 물이 구을러내리는 논고[40]마다 알뜰하게 쳐놓은 물고바자들…

안개발이 걷히고 해빛이 부서져내리는 논판에서 모내는기계가 푸른주단을 펼치고있었다.

뿌리를 깨끗이 씻은 벼모들이 열 개나 되는 기계손에 물려 말큰한[41] 흙에 나란히 줄을 짓는 모습은 마치 신기한 동화속의 세계처럼 보는 사람들의 감탄을 불러일으켰다.

경영위원회 위원장은 만족한 모습으로 기계의 작업상태를 살피며 논두렁을 천천히 걸어갔다.

석근은 홍화숙의 일이 안심치 않아 가끔 뒤를 보았다.

인수로를 따라 모춤들이 줄지어 떠내려오고있었다.

홍화숙은 무릎은 걷어올리고 도랑에 들어서서 모뿌리를 씻느라 여념이 없었다. 한손에 여단씩 거머쥐고 첨벙거리다가 논두렁에 놓인 모함에다 던져 넣었다. 머리를 수긋[42]하고 량손으로 번갈아 던지는데도 모단들은 면바로[43] 모함속에 날아들어갔다 정말 기계같은 솜씨였다.

떠내려오는 모춤들이 보이지 않자 그는 허리를 폈다. 인수로를 거슬러 올라가던 그는 물밑에 가라앉은 모춤들을 건져내여 량손에 갈라쥐더니 모판쪽으로 부리나케 달려갔다. 웬일인

39 보도랑[보또랑] : 보물이 흐르게 만든 도랑. ㉾ 보물 : 보에 고인 물 또는 보에서 끌어대는 물. ㉾ 보 : 하천의 물면을 높여서 논밭에 물을 끌어갈 목적으로 하천을 가로막아 물을 잡아두는것 또는 그런 수리구조물, 콩크리트보, 나무보, 돌보, 나무와 돌로 만든 귀틀보, 쇠줄과 돌로 만든 돌자루보가 있다.

40 논고[논꼬]: 논의 물고.

41 연하고 부드러운 느낌이 날 정도로 말랑하다.

42 고개같은 것을 숙이는 모양을 나타내는 말.

43 바로 정면으로.

가싶어 석근은 눈더듬으로 그의 뒤를 좇았다.

《이걸 보세요. 모를 이렇게 흙덩어리채로 뜨는법이 어디있어요? 이 흙덩이들이 나르고 씻고 꽂는데 얼마나 큰 지장을 주는가 말이예요. 이것 때문에 랑비된 노력을 뜬 사람한테서 똑똑히 계산해야겠어요.…》

모를 뜨던 사람들이 그쪽으로 얼굴을 돌렸다. 목소리가 얼마나 쨍쨍한지 석근은 얼른 뒤를 돌아보았다. 다행히도 경영위원회 위원장은 발동소리때문에 듣지 못한듯 싶었다.

홍화숙은 다시 물길을 따라 내려오며 가라앉은 모들을 건져내여 흙을 씻느라 첨벙거렸다.

얼마 안있어 모들이 떠내려오기 시작했다.

《모가 내려가요. 좀 잡아주세요.》

홍화숙의 다급한 웨침에 석근은 황황히[44] 도랑에 뛰여들었다. 어느결에 왔는지 경영위원회 위원장도 바지를 걷어올리고 물에 들어섰다. 잠시후에 그가 땀난 이마를 훔치며 다가왔다.

《수고합니다. 아주머니, 이 일을 혼자서 하는가요? 분조장이 노력이 딸린다고 혼자 시킨 모양이구만…》

《아닙니다. 원래 둘이 하라는걸 제가 혼자서 해보겠다고 했습니다.》

풀어진 모춤들을 손질하며 그가 대답했다.

《그랬을 땐 무슨 타산이 있었겠지요?》

《사실은 품이 많이 드는 모뜨기에 한사람이라도 더 붙이자구 했었는데.… 물도랑을 따라 내려오면서 모춤이 말끔이 씻어지리라고만 생각하고 경영원장동지까지 발벗게 해서 안됐어요.》

그의 말에 경영위원회 위원장은 호탕하게 웃었다.

《시원한게 좋군요. 반장동무, 동무네 농장원들이 괜찮소. 일을 할줄 안단 말이요.》

그날 저녁 모내기준비정형을 료해[45]하느라 매 분조를 돌아보고난 석근은 작업총화에 모여앉은 1분조로 갔다.

농장원들이 분조장앞에 둘러앉아있었다.

어두워오는 기미를 느낀 개구리들이 첨벙― 첨벙― 물속으로 뛰여들었다. 멀지 않은 곳에서 벌써 《개골 개골》하고 저녁합창회의 발성연습이 시작되고 있었다.

44 당황하여 급하게.
45 사정이나 형편이 어떠한가를 알아보는 것.

매 사람들의 로력일을 불러주던 분조장이 홍화숙의 차례가 되자 잠시 동안을 두었다가 의논조로 물었다.

《아주머니가 오늘 수고가 많았는데 얼마나 평가해야겠는지 의견들을 말해보시우.》

분조장의 얼굴만 지켜볼뿐 모두가 조용했다.

작업복주머니에서 까만 비닐지갑을 꺼낸 홍화숙은 그안에서 손바닥안에 드는 자그마한 수첩을 꺼냈다. 별로 광택이 나는듯 싶어 눈여겨보니 얇은 비닐로 여러번 감싼것이였다. 홍화숙의 로력일수첩이였다. 그 수첩때문에 3분조장이 곤경을 치른적이 있었다 한다.

어느 여름날 분조원들과 함께 논김을 매던 3분조장이 때아니게 쏟아지는 소낙비에 온몸이 물참봉이던 로력일평가계산서 생각이 나서 꺼내보니 며칠동안의 계산서가 한줌의 종이떡이 되고말았다. 매일 통계원에게 집계되여야 하는 계산서를 며칠씩 묵이기가 일쑤였던 3분조장은 등이 달았다. 워낙 기억력이 좋다고 하는 그였지만 스무명도 넘는 사람들의 며칠동안의 가동로력을 되살려낼 재간이 없었다. 좋은 머리보다 서툰 문서가 낫다고 따로 적어둔 수첩이라도 있으면 다시 계산서를 정리하면 되겠지만 그것도 없으니 야단이였다. 그래서 적당히 꾸며가지고 통계원에게 주었는데 내막을 알리 없는 그는 그대로 10일공사판에 공시했다.

하루가 지나서 홍화숙이가 찾아와 자기의 로력일이 두공수나 많아졌는데 확인해보라는것이였다. 다른 사람들도 작아졌거나 많아졌다는것이였다.

홍화숙이 꺼내놓은 로력일수첩과 대조해보니 모든 것이 사실이였다. 그의 수첩에는 어느날 누구하고 무슨 작업을 했는데 로력공수는 얼마씩 받았다고 빠짐없이 기록되여있었던것이다.

3분조장은 사람들의 얼굴을 보아가며 적당히 공수를 매겨주었던것이다.

홍화숙이의 로력일수첩에 의해 그것이 알려지는 통에 3분조장은 로력일평가와 공시를 바로 할데 대한 문제를 취급하는 리적인 초급일군회의에서 비판을 받았었다.…

홍화숙은 그 수첩을 들여다보며 무슨 속구구[46]를 하더니 머리를 들었다.

《두사람몫을 했으니까 그만큼 주어야지요.》

다른 사람도 아닌 당자가 그렇게 나오는 바람에 분조장도 분조원들도 눈을 크게 떴다.

석근은 어이없는 눈길로 그를 지켜보았다.

《그러니 다 달란 말이지.…》

분조장은 혼자소리처럼 뇌이며 분조원들을 쳐다보았다.

---

46 속셈.

《제 생각엔 그것도 적다고 봐요. 그 일을 혼자서 보장했으니 하루종일 오죽했겠어요.》

아침에 홍화숙이와 함께 일하게 되어있던 은애 엄마가 하는 말이였다.

강영실이도 한마디 했다.

《홍화숙아주머니가 올리뛰구 내리뛴 덕에 오늘 첫날인데도 모내기계획을 넘쳐하지 않았나요. 저두 은애 엄마의 의견에 찬성해요.》

《오늘같은 날에는 두공수 주어도 아깝지 않지요.…》

이구동성으로 한마디씩 하자 1분조장의 검스레한 얼굴에 느슨한 미소가 어리였다.

《자, 그럼 그렇게 평가합시다.》

홍화숙의 얼굴이 미소로 환해졌다. 분조원들의 한결같은 칭찬에 기분이 떴는지…

그가 수첩을 펴들고 일어섰다.

《난 한공수뿐이고 나머지는 경영위원회 위원장 동지와 과장동지몫이예요.》

미소를 머금은 홍화숙의 얼굴이 발가우리해졌다.

《모춤을 물도랑에 날라다 넣으면 떠내려오는 동안 뿌리가 다 씻어져 건져내기만 하면 되리라고 타산했는데 흙덩어리가 달린 모 때문에… 다들 도와주지 않았더라면 내라고 무슨 뾰족한 수가 있겠어요.…》

모두들 고개를 끄덕였다. 석근의 마음도 한결 누긋해졌다.[47]

《그래도 아주머니는 두몫으로 평가합니다.》

분조장의 말에 홍화숙이 머리를 흔들었다.

《그건 안돼요. 그 로력공수가 하늘에서 떨어진건가요? 우리 분조 알곡생산계획에 맞물린 공수가 아닌가요. 나한테는 내가 번것만이면 돼요. 그이상은 절대로 받을수 없어요. 난 그저 우리 분조 모내기를 제철에 질적으로 끝내서 포기마다 실한 이삭이 맺히길 바랬을뿐이예요.》

싱갱이끝에 본인의 요구대로 한사람분인 1.5공수로 평가되였다. 드바쁘고 힘겨운 하루일의 피곤도 잊은듯 웃고 떠들며 마을로 멀어져가는 1분조원들을 바라보며 석근은 오래도록 움직일줄 몰랐다.

언제인가 3분조장이 홍화숙이를 두고 저 하나밖에 모르는 말썽군이며 타산쟁이라고 하던 말이 떠올랐다. 그가 아무 일에서나 남보다 타산이 많은것은 사실이다. 하지만 그것은 저 하나의 체면이나 리속을 위해서가 아니라 분조와 작업반이라는 집단의 일이 잘 되길 바라는것

47 누긋하다 : (성질, 기분, 감정이) 늘어지고 유하다.

이 그의 진속이 아니겠는가. 그것과 어긋나는 일 때문에 자주 마찰이 생기고 뒤소리를 듣는 게 아닐가 하는 생각이 들었다.

(같은 말도 하기탓이라는데 무슨 성미가 그렇게 돼먹었는지…)

석근이는 혼자 속으로 중얼거리였다.

*

드디여 가을걷이가 시작되였다.

석근은 강냉이가을부터 먼저 끝낼 계획밑에 거기에 력량을 집중했다.

땅에 기울인 노력의 대답인듯 잘 익은 강냉이들이 연방 들이닥쳤다. 분조별로 구획을 지어 놓은 창자앞의 넓은 마당에는 며칠어간에 강냉이사태가 났다. 나중에는 강냉이를 실은 뜨락또르가 빠져나갈 통로마저 막혀버릴정도였다.

그러던 어느날, 작업반 탈곡장에서는 뜻밖의 일이 생겼다. 1분조에서 전날밤에 강냉이 두 차를 탈곡장으로 실어보냈는데 부려놓은것은 한차밖에 안된다는것이였다. 한두가마니도 아니고 적재함높이의 두배나 되게 발을 치고 넘쳐나게 실은 이삭강냉이 한차가 없어졌다니 이 무슨 소린가?

석근은 급히 탈곡장으로 갔다. 얼핏 보기에도 스무차는 넘게 보이는 1분조 강냉이무지앞에 홍화숙이와 강영실이 서있었다.

저켠 3분조장강냉이무지옆에서는 3분조장과 마당관리원녀인(봄에 벼모판관리공을 하던 녀인이였다.)이 이쪽을 띄여보군 했다.

《강냉이가 한차 없어졌다는게 무슨 소리요?》

낯색이 어두워진 홍화숙은 강냉이무지에 눈길을 박은채 대꾸했다.

《어제밤 분명 두차를 실어보냈는데 오늘 낮에 들려보니 한차밖에 없지 않아요.》

그러니 홍화숙이가 발견했다는건가? 대체 무엇을 보고?…

어딘가 당황한 기색이였다.

홍화숙은 머리를 좌우로 흔들었다. 그는 제앞의 강냉이 이삭무지를 손으로 가리켰다.

《이게 어제밤 만평틀에서 들어온 강냉이예요. 거기서 두차가 들어왔다면 이만한 무지가 하나 더 있어야겠는데 어디 있냐 말이예요?》

석근은 묻는듯 한 눈길을 강영실이에게 돌렸다.

강영실은 여전히 눈길을 떨구고 덤덤히 서있었다.

아무렴 밭에서 실어보낸 강냉이가 탈곡장에 왔겠지 다른데로 갔겠냐 하는 표정이였다.《거

만평틀 강냉이가 어쨌다고만 하지 말구 얼빤한[48] 소리만 하지 말고 똑똑한 증거를 내놓으란 말이요.》

3분조장은 떡 버치고서서 을러메였다.

홍화숙은 아래 입술을 감쳐물고 강냉이무지들을 돌아보기 시작했다.

2분조와 4분조 무지를 거쳐 3분조 무지앞에 이른 홍화숙은 공지[49]와 잇닿은 가녁[50]에 두드러져나온 이삭더미를 유심히 살피다가 물었다.

《이것이 어제 실은 강냉이인가요?》

마당관리원은 곱지 않은 눈매로 쳐다보며 고개를 끄덕였다.

홍화숙이 이쪽으로 다가올 때부터 눈살을 찌프리고있던 3분조장이 물밖에 던져진 가물치 모양으로 펄쩍 뛰였다.

《그럼 우리가 남의것을 실어다 놓았겠소? 보자 보자 하니까…》

홍화숙은 오금을 꺾고앉아 한이삭 한이삭 집어들고 들여다보았다.

《실컷 보구려. 이삭에다 이름을 썼소. 냄새가 다르오? 정말 골아프게 그러누만…》

3분조장이 코웃음을 쳤다.

홍화숙은 목깃에 걸쳤던 연보라빛 수건으로 허리질끈 동이어니 이삭들을 한아름씩 끄당겨 이쪽저쪽으로 헤쳐놓기 시작했다.

석근은 웬일인가 싶어 그리로 다가갔다. 강영실이도 스적스적 따라왔다. 우물을 파듯 무지를 우묵하니 헤쳐놓던 홍화숙이 강냉이 한이삭을 집어들고 이리저리 살펴보고나서 삼태기안에 놓았다. 희스무레하게 바랜 오사리를 말끔히 벗겨내고 풀을 먹인 흰명주오리같은 속오리만 씌워져있는 류달리 큰 이삭이였다. 무지를 헤치던 그는 얼마 안있어 그 비슷한 것을 또 골라내였다. 이렇게 하기를 몇번… 하나같이 멀쑥하고 탐탁해보이는 강냉이이삭이 삼태기안에 반쯤 들어찼을 때 그가 별안간 허리를 폈다.

《찾았어요. 이건 우리거예요. 어제밤 두 번째 차는 여기에다 부렸군요.》

《아니 뭘보구 1분조거라는거요? 뭘보구?》

밀쳐버리기라도 한듯 다가서는 3분조장의 옷자락을 마당관리원 녀인이 잡아당겼다.

홍화숙의 눈이 한순간 빛났다. 그는 발치에서 류달리 길어보이는 강냉이 한이삭을 집어들었다.

48 똑똑치 못하고 어리벙벙하다.

49 빈땅, 빈터.

50 (일정한 공간의) 중심을 벗어난 변두리는 한쪽 모퉁이.

《이건 내가 어제 만평틀 밭에서 강냉이를 따다가 너무 실해서 알수를 세여보고 도로 오사리를 쉬워서 동여맨거예요. 연구사처녀에게 보이자구요. 열여섯줄에 814알이였어요. 내 말이 틀리는가 세여보세요. 한알만 틀려도 이 한차를 3분조 강냉이로 인정하겠어요.》

목소리는 크지 않았으나 확신에 차있었다.

홍화숙이가 강냉이이삭을 3분조장에게 내밀었다.

3분조장이 내키지 않는 손으로 받아들고 세여보기 시작했다. 말그대로 지게다리라도 건너갈만큼 크고 말이발[51]같은 알들이 빼곡한 강냉이이삭은 틀림없는 814알이였다.

《도대체 어떻게 된 일이요?》

3분조장은 퀭한 눈으로 석근이만 마주 볼뿐 대꾸를 못했다. 강영실은 얼굴이 수수떡빛이 되었고 마당관리원녀인은 홀린듯이 강냉이이삭만 쳐다보았다.

이때 뜨락또르에 랭각수를 보충하려 물을 드러갔던 명국영이 다가와 이 사실을 알고 피씩 웃었다. 명국영은 강냉이 무지에 풀썩 주저앉았다.

《허 그러니 내 탓이요?

사실은 어제밤에 1분조에서 막차를 싣고 들어오는데 비꼬치[52]가 떨어지지 않겠소. 그래서 난 부려놓고 비를 맞히느니 실어놓은 채로 박막이라도 씌워놓았다가 다음날 아침에 부릴 생각으로 한쪽옆이 훤히 트인 3분조 무지옆에다 차를 세웠던거요. 1분조에 대자니 통로가 좁아져 이삭을 밟지 않고서는 들어갈수 없었단 말이요. 오늘아침 차정비도 할겸 일찍 나와보니 경비원들이 벌써 다 부리우지 않았겠소. 그들도 농산분조를 돕자고 한 일인데 누구네것인지 모르다나니 일이 별스럽게 되었단 말이요.》

명국영의 뜻밖의 실토에 바빠난것은 강영실이와 3분조 마당관리원이였다.

어쨌든 탈곡장에 들어온 곡식은 마당관리원한테 책임이 있으니 입이 열 개라도 할 소리가 없었던것이다.

《어쩐지 어제저녁보다 불어난것 같애서 분조장한테 얘기하던 참이였는데.…》

마당관리원이 변명조로 중얼거리자 분조장은 명국영에게 눈을 흘기였다.

《그러면 그렇다구 말을 해야지. 애매한 두꺼비 떡돌에 치인다고 이런 법이 어디 있소?》

그 말에 명국영이 제편에서 큰소리를 쳤다.

그러는 사이에 홍화숙은 헤쳐놓았던 강냉이를 얼추 모아놓고 3분조 무지와 린접한 곳에 쭈

51 말이발[말이빨]

52 떨어지는 비의 하나하나의 꼬치.

그리고앉았다. 한이삭 한이삭을 들어살펴가며 골라내여 골을 틔우고있었다. 그것을 지켜보던 3분조장이 다가섰다.

《됐수다. 아주머니, 그럴것없이 내 곡상 한차 돌려줄테니 어서 가보오. 공연한 수고 말고…》

《그런게 아니얘요. 이 강냉이는 〈ㅊ〉품종이고 3분조것은 〈ㅍ〉품종이니 자세히 보면 한이삭도 섞이지 않게 갈라낼 수 있어요.》

그제와 마당관리원과 명국영은 깨도[53]가 되는듯 마주보며 고개를 끄덕였다.

잠시후 뜨락또르가 강냉이 무지옆에 와 멎었다.

운전칸에서 내린 명국영은 제먼저 삼태기에 이삭을 무드기[54] 담아 적재함에 휘뿌려던졌다.

《아주머니, 용서를 비는셈 치고 넉넉히 돌려주겠다니까 그만 가보시우.…》

홍화숙은 자리를 뜰 생각을 안했다.

《이쪽에 갈라놓은것만 싣자요.》

그는 땀을 빨빨 흘리면서 그냥 갈라냈다.

삼태기에 담긴것도 유심히 살피다가 어떤 이삭은 골라내요 3분조무지에다 옮겨놓았다. 남의것은 단 한 이삭도 필요없다는 내심의 충동인듯 싶어 3분조장은 화가 벌컥 치밀어 홍화숙의 손에서 삼태기를 나꿔챘다.

《뭐가 아직 내려가지 않아서 생색이요? 이렇게 망신을 주어야 씨원하겠소? 이거나 저거나 무엇이 다른가 말이요? 까다롭다는건…》

3분조장은 서리맞은 무잎처럼 시퍼런 인상이 되어 발치앞의 강냉이를 와락 잡아챘다. 그 서슬에 좀전에 골라놓았던 큰 이삭이 저만치 굴러났다. 홍화숙은 창황히 그 이삭을 집어들었다.

숨가진 물건이런듯 찬찬히 쓰다듬었다.

하얗게 질렸던 그의 얼굴이 차츰 익은 고추빛으로 변해갔다. 3분조장에게로 향해진 그의 눈에 물기가 그렁하니 고여올랐다.

《너무 지나쳤다면 용서하세요.… 하지만 이 강냉이는 한이삭이라도 축나거나 보태여져도 안되는 거예요. 먹는 문제를 풀자구 우리 과학자들이 뼈와 살을 깎으며 연구해낸 품종인네 수확고를 알려줘야 그들의 연구사업에 도움이 되고 우린 앞으로 더 많은 알곡을 낼게 아닌가요. 이것이 소란을 피우고 까다롭게 구는 것으로 되는가요.…》

---

53 ①깨달아 알아차리는 짐작 ②까무러친 상태에서 깨여나 조금 정신을 차리는것.
54 (쌓인 것이) 어지간히 많이.

그의 두볼을 타고 눈물이 흘러내렸다. 평소에 그처럼 이악스럽고[55] 랭정하게 보이던 그의 눈물앞에 모두들 어쩔바를 몰랐다. 명국영이가 조막손을 들어 모자자리에 눌리운 머리칼을 쑥쑥 문질렀다.

《아주머니, 내 생각이 짧았수다. 난 그저 팥이야 풀어져두 가마안에 있는걸 하구 대수롭지 않게 여겼댔수다.》

3분조장은 땅이 꺼지게 긴 숨을 내그으며 머리를 떨구었다. 마음이 헤픈 강영실은 불깃해진 두눈을 슴뻑이였다. 주변의 일에는 무관심한듯 강냉이이삭만 부지런히 담아올리던 마당관리원이 갑자기 기력이 진한듯 풀썩 주저앉았다.

《진짜 못돼먹은건 나였수. 이번 일은 제쳐놓고라도 봄철에 있은 일도 그렇지요. 그때 오리방목하러오던 벼모판에 들어간 소를 끌어내여 주인한테 찾아주자구 등넘어간 틈에 그 일이 벌어진걸 알면서도 제 고까운 생각만 하면서 여직껏 아닌보살하고 있었지요.… 나야말로 저 하나밖에 모르는 아무짝에도 쓸모없는 쭉정이였수다.…》

《!…》

석근은 새삼스런 눈길로 홍화숙을 바라보았다. 그런줄도 모르고 자신은 여태 그때의 일을 못마땅하게 생각해오지 않았던가. 오늘 일을 놓고도 생각되는것이 많았다. 석근이자신도 연구사를 잘 도와야 한다고 강조도 하고 윈심[56]도 써왔지만 저 홍화숙이처럼 이삭의 알수까지 세여가며 진심으로 돕지는 못했댔다.

명국영이가 손을 뻗쳐 삼태기안에 골라담았던 강냉이 한이삭을 집어들었다. 이삭의 무게를 가늠하듯 뭉틀한 손바닥에 올려놓고 추슬러보던 그는 오사리를 벗기기 시작했다. 한겹, 또 한겹… 줄사이에 배긴 수염까지 말끔히 뜯어낸 그는 그것을 홰불마냥 우뚝하게 세워잡고 앞으로 뻗쳤다. 다듬이방치[57]처럼 미끈하고 단단해보이는 이삭은 한낮의 해빛을 받아 금빛 윤기가 돌았다. 땅에 심어 가꾸었다기보다 세심한 조각가의 손에서 정교하게 다듬어진듯 볼수록 탐스런 이삭이였다.

명국영이가 혼자소리처럼 중얼거렸다.

《이렇게 잘된 이삭은 처음인걸…》 매포기마다 이런 이삭이 달리면 탈곡장이 그대로 낟알

55 ㉿ 이악 : ①직심스럽게 달라붙는. 품이 검질기고 끈덕진것 또는 그런 기풍 ②리속을 탐내여 몹시 심하게 구는것 또는 그런 못된 심보. ㉿ 이악하다 : 끝장을 볼 때까지 달라붙는 성품이 직심스럽고 끈덕지다.

56 혼자서 속으로 안타깝게 애쓰며 조바심을 내다.

57 ㉿ 방치 : 빨래나 다듬이질 같은것에 쓰이는 방망이.

산이 되겠군. 그땐 밤낮 실어도 못다 나르겠으니 바쁜건 이 조막손이뿐이로군.…》

《그때 가서 무지를 또 헛갈리면 안되겠어요!》

홍화숙이 밝은 어조로 하는 말에 즐거운 웃음이 터졌다. 언제 다투었던가 싶게 밝게 웃는 홍화숙을 부러웁게 지켜보던 강영실이가 짐짓 입을 열었다.

《이렇게 지내놓고 보면 모든 일이 바로 되게 하자구 그처럼 아글타글 한건데.… 같은 값이면 웃는 낯으로 듣기좋게 말해버릇 하라요. 그것 때문에 애써 일하고도 아픈 말을 듣지 않나요.》

홍화숙의 얼굴에서 웃음기가 서서히 가셔졌다.

《나도 그런 생각을 했어요. 공연히 중뿔나게[58] 나서서 미움을 사지말자구… 하다가도 그런 나때문에 나중에는 이삭이 작아지고 쭉정이가 생긴다고 생각하니 자다가도 정신이 번쩍 들군 했어요.…》

그의 얼굴이 수집음을 타듯 발가우리해졌다.

《…그때마다 난 우리가 심어가꾸는 매 곡식포기마다 다 충실한 열매를 맺게 하자면 나부터가 자나깨나 농장원의 본분을 안고사는 마음으로 알알이 영글은 이삭으로 되어야 한다고 생각했어요.》

석근은 천천히 고개를 끄덕였다.

농장원들의 꿈이고 희망인 탐스런 열매는 저절로 차례지지 않는다. 저 홍화숙의 말처럼 마라의 쌀독을 책임졌다는 자각과 아름다운 지향으로 매개 농장원들이 하나의 영근이삭이 되어야 할것이다.

밝게 웃으며 땀을 씻고있는 저 홍화숙이처럼…

*

어둠이 깃든지도 지나서야 1분조장이 돌아왔다. 털모자에는 성에가 하얗게 불렸다.

《…글쎄 퇴비실사를 여러조로 나누어 하다나니 들것마다 담는 량이 다르고 퇴비질평가도 제나름으로하보니 공정치 못했지묘. 일전에 나두 그걸 생각은 했었지만 농사문화계에 그쯤이야 하고 스쳐버렸댔지요. 홍화숙이가 그걸 꺼들었지요.[59] 그래서 같은 규격의 맞들이[60]를

58 ①(관계없는 사람이) 당치 않은 일에 참견하는 것이 주제넘다 ②엉뚱하고 부당하다.

59 ①안이나 속으로 끌어들이다 ②원료나 연료, 제품 같은것을 확보하여 가져다놓다.

60 ①맞잡이 ②《들것》을 이르는 말.

만들어 수량확정과 질평가를 다시 하다나니 이렇게 늦었소. 그건 그렇구 반장동문 누굴 분조장 시켰으면 좋겠소?》

《글쎄요.…》

석근은 일부러 딱한 대답을 피했다.

《반장동무는 어떻게 생각할지 몰라도 난 그 홍화숙이가 적임자라고 보는데…》

《예?!》

《그러니 반장동문 반대라는거요?》

석근은 침묵을 지켰다. 아바이의 말을 통해 자기의 견해가 옳았는가를 확인하고 싶어서였다.

《…우리 초급일군들이 사람들의 일본새와 마음속까지도 정확히 들여다보고 평가하는 눈을 가지지 않는다면 어떻게 되겠소? 협동경리가 남의 등에 업혀사는 사람들에게 좋은 환경을 마련해주자고 생긴건 아니지 않소. 그런 면에서 난 그가 얼마든지 분조관리제의 원칙과 새로운 경제관리체계의 요구에 맞게 분조를 이끌어나가리라 믿수다. 지금 우리 농장원들이 이런 사람을 초급일군으로 내세우길 바라고 있단 말이요.》

《고맙습니다. 실은 저두 같은 생각이였습니다.》

《허. 그런걸 난 반장동무가 반대하지 않을가 하고 조바심을 쳤지요. 허허…》

석근은 존경의 마음을 가지고 아바이를 바라보았다. 자기 역시 시대와 대중이 바라는 그런 일군이 되어야 한다는 자각이 가슴을 쳤다.

그들이 선전실을 나서려고 할 때였다.

출입문이 열리더니 뜻밖에도 3분조장이 들어서는것이였다. 그의 솜옷깃에서 은쪼각같은 눈가루들이 전등빛에 반짝거렸다.

《이 밤중에 무슨 일이요? 날씨두 찬데…》

그는 아랫목에 자리를 잡고 앉아 입을 열었다.

《내 지금 리당위원회에 들렸다 오는 길이요.》

《?…》

《분조장사업을 인계하게 해줄것을 제기했소. 그리고 홍화숙아주머니를 3분조장으로 보내줄것을 제기했소.… 난 3분조에 그냥 눌러앉아서 이제부터라도 알찬 일본새[61]를 배우고싶소.

61 일본새[일뽄새] : 일하는 본새나 모양새.

하루이틀 생각해본게 아니니 그렇게 하도록 해주었으면 하오. 부탁이오.》

3분조장의 목소리에는 진심이 어려있었다.

《허, 그럼 야단인걸, 난 홍화숙이를 놓아주지 못하겠는데…》

1분조장의 말에 그는 열띤 어조로 대꾸했다.

《어찌겠소. 미운놈 떡한개 더 준다고… 날 좀 도와주시오.》

아바이와 석근은 마주보며 웃었다. 웃음 끝에 가슴이 찡 울렸다.

《아무래도 안되겠군. 강영실이를 홍화숙이만 한 재목으로 키운 담에 분조장을 인계할수밖에…》

《!…》

잠시후 세사람은 희뿌연 어둠속에 잠긴 밖으로 나섰다.

여전히 맵짠 눈보라가 기승을 부리고있었으나 그들의 가슴은 봄날의 훈향[62]속을 걷는듯 후덥게[63] 달아올랐다.

---

62 훈훈한 향기.

63 ①훗훗하게 덥다 ②(느끼는 감정이) 절절하고 뜨겁다.

스물한발의 《포성》(1)

– 안변청년발전소 군인건설자의 일기중에서 –

한 웅 빈

1. 군대와 사민[1]은 어떻게 다른가

6월 13일

군대와 사민이 어떻게 다른가. 유치원생에게나 적당할듯 한 이 물음에 대답하는것이 결코 쉽지 않다는것을 나는 오늘 비로소 알게 되였다. 글쎄 신병훈련을 강한 《우》로 마치고 군인선서를 하여 진짜배기군인이 되고 게다가 여기 발전소 100리 물길굴공사장에서 벌써 한주일나마 발파가스와 착암[2]기소리, 뿌연 버럭[3]물에 절어 신대원냄새도 어지간히 빠졌다고 생각하고 있던 오늘에야 말이다.…

《동문 군대요, 사민이요?》

성난 소대장의 물음에 나는 가장 씩씩하게 대답하려고 애 썼다.

《군댑니다!》

군대의 지휘관들이란 대답을 어물어물하면 더욱 성을 내는 공통점을 가지고 있다. 이것은 신병훈련기간에 충분히 체험한바였다.

그러나 소대장의 시꺼먼 눈섭은 나의 가장 씩씩한 대답에도 불구하고 화살처럼 우에로 치달아 올라 갔다. 좀 더 성이 나면 그 눈섭은 이마에서 튀여 나가 화살처럼 날아 가 버릴것 같았다.

---

1 《일반사회성원》을 군복무자에 상대하여 이르는 말.

2 바위를 뚫는것.

3 광산이나 탄광에서 쇠돌이나 석탄을 캘 때 나오는 쓸모없는 잡돌이나 잡것.

《군대? 군대라면서 그 꼴이요? 그래 동무생각엔 군대가 사민과 다른 점이 무언것 같소?》

《…》

그걸 모를 사람이 어데 있겠는가.

그러나 진작 대답을 할려고 하니 무엇부터 말해야 할지 혼탕이 되여 버려 갈피를 잡을수 없었다. 다른 점이 너무도 많았다. 우선 옷차림에서부터 완전히 다르다. 사민은 옷이고 모자고 신발이고 마음 내키는대로 입고 쓰고 신고 하지만 군대는 오직 군복, 군모, 군화만을 착용할수 있다. 입대하기전에 내가 일하던 작업반만 해도 신발들이 몽땅 제각기여서 얼굴을 쳐다보지 않고도 누가 앞에 서 있는지 알수 있었다. 그러나 군대에서는 어림도 없다. 물론 발이 굉장히 커서 해마다 두번은 사관장을 애 먹인다는 우리 분대장만은 례외이지만…

《한—심하군!》

소대장의 긴 탄식이였다. 그는 분대장에게 턱으로 나를 가리켜 보였다.

《이 동무에게 우리가 처음 왔을 때 이야기를 해주오.》

분대장은 그때 나의 목달개[4]를 달아 주고 있었다. 내가 목달개를 다느라고 군복을 이리 뒤집고 저리 뒤집으며 끙끙대는것을 보고는《무슨 놈의 목달개 다는 본때가 그래? 한시간이 걸리겠군. 군대는 무슨 일이든 빨랑빨랑 해치울줄 알아야 해. 담배 한대 피우는 사이에 말이야.》하고 제앞으로 휙 끌어 갔던것이다. 그는 군복을 한번도 뒤집지 않고 목달개를 달아 나가며 지채없이 이야기를 시작했다.

《그—럼 이야기해 볼가? 우리가 여기에 처음 왔을 때 뭐가 있었는지 알아? 동무생각엔 뭐가 있었을것 같아?》

《…》

내가 그것을 어떻게 안단 말인가.

《간단하게! 무슨 서론이 그렇게 기오?》

소대장이 툭 내쏘듯 말하자 분대장은 한숨을 쉬였다.

《그럼 서론은 그만 둡시다. 계발식으로 해볼가 했는데… 에— 우리가 여기 처음 왔을 땐 무엇이 있었는가 하면—》

그는 그 수수께끼로 나를 꼭 골탕 먹이고 싶은듯 말꼬리를 길게 끌었으나 소대장을 흘깃 보고는 스스로 대답했다.

4 맞섶양복의 목깃에 대는 좁고긴 천.

《아무것도 없었어. 물과 돌, 흙, 이게 전부였단 말이야. 비까지 내렸구… 그러니 동문 우리가 천막을 치고 병실부터 전개했을거라고 생각하겠지?》

하고 그는 내가 그렇다고 대답하기라도 한듯 통쾌하게 부정하였다.

《천만에! 그따위는 우리 생각속에 애당초 없었어. 우린 갱굴진[5]을 위한 박토[6]작업부터 시작했단 말이야. 알만 해? 전투부터 시작했다 이거야! 그건 왜서인가? 병사는 전투를 위해 있는것이구 사는것이거든. 싸우지 않으면 병사는 죽은것과 같단 말이야.》

병사는 전투를 위하여 산다. 그러니 이것이 사민과 다른 점이라는것일가. 그러면 사민은 뭐 놀기 위해서 사는가. 사민들도 일을 한다. 그리고 자기들이 하는 일을 전투라고 부른다. 《70일전투》, 《100일전투》, 《200일전투》… 좀 많은가. 그들이 하는 일도 어버이수령님의 유훈관철이며 위대한 장군님의 명령지시관철이다. 그런데…

《안되겠소. 말로 해서는…》

소대장이 머리를 흔들었다.

그사이 분대장은 목달개달기를 마쳤다. 5분도 채 안 걸렸는데 반듯하게 달아 놓았다.

《알만 해?》

목달개를 어떻게 달아야 하는지는 알만 했지만 말로써 안되겠다던 소대장의 말뜻은 알수 없었다. 다른 무엇으로 깨우쳐 주겠다는건데 그게 무얼가?

그런데 소대장은 더 말없이 나가버렸다. 이제 오겠지. 내가 군대와 사민이 어떻게 다른가를 대뜸 알게 될 그 무엇인가를 가지고… 나는 이렇게 생각했다.

그러나 소대장은 시간이 이슥히 지나도록 다시 나타나지 않았다. 그러는 사이 교대시간이 되였다.

산중턱에 펑— 하니 뚫려 있는 갱입구, 그곳으로부터 산허리를 휘감으며 뻗어 나간 희슥희슥[7]한 버럭장, 덜컹거리며 굴러 가는 광차의 행렬, 교대시간마다 지심깊이에서 먼 포성처럼 울려 나오는 발파소리, 산의 입김처럼 갱구로 느릿느릿 흘러 나오는 습기찬 발파가스… 이것이 내가 이제부터 군사복무를 해야 할 초소였다.

갱구주위에는 자그막씩한 가설건물들이 몇채 서 있는데 그것은 소대별 공구창고와 탈의실, 세면장이다. 그와 좀 떨어 져 꽤 큼직하게 지은 건물은 압축기실로서 24시간을 거의 압축

5 (굴모양을 이루면서) 땅을 파들어가는것.

6 깊지 않은 지하유용광물을 채취하기 위하여 로천채굴장에서 땅겉면층을 파제끼는 일 또는 그 흙.

7 색갈이 드문드문 좀 허옜거나 이따금 허연색이 드러나는 모양을 나타내는 말.

기의 동음과 진동에 휩싸여 있다.

내가 탈의실에서 작업복을 갈아 입고 나왔을 때도 압축기는 변함없이 돌아 가고 있었다. 그런데 창고에서 착암정대[8]들을 둘러 메고 나오던 분대장이 무슨 생각이 들었는지 나를 손짓하여 부르더니 압축기실 창문으로 끌고 갔다. 창문으로는 더운 공기가 몰려 나오고 있었다.

분대장은 창턱에 팔꿈치를 올려 놓으며 손가락으로 압축기를 가리켰다.

《저게 뭔지 알아?》

나는 어깨를 으쓱했다.

《압축기지요 뭐.》

《누가 그걸 묻는가? 저것 말이야!》

그제야 다시 보니 그의 손가락은 압축기가 아니라 그밑의 기초를 가리키고 있었다. 손가락 끝에는 착암기기름이 묻어 있었다. 분대장은 착암조장이였다.

《기초지요. 콩크리트기초.》

《맞았어! 그런데 콩크리트를 뭘로 만드는지는 아나?》

픽— 하고 웃음이 나왔다. 완전한 유치원생으로 아는 모양이다.

《모래, 세멘트, 자갈이지요.》

《알긴 아누만! 그런데 여기 어데서든 모래를 본적이 있나?》

《모래요?》

나는 생각해 보고 놀랬다. 모래를 본 기억이 전혀 없었다. 진흙과 석비레[9], 바위… 골짜기의 물도 바위돌들사이를 흐르고 있었다. 바닥도 바위돌투성이였다. 그래서 골계수[10]들은 샘물처럼 맑았다.

《없지? 없을게야. 이 근처엔 모래가 없어. 이건 지질학적으로 확인된거야.》

아하, 이야기는 이제 시작이구나. 나는 드디여 알아 차렸다. 나를 《유치원식문답》에 끌어들인것은 이야기를 위한 준비였던것이다.

《그런데 압축기를 설치하려면 기초콩크리트를 쳐야 하고 기초콩크리트를 치려면 모래가 있어야 하는데 여기엔 모래가 애당초 없다 이거야. 있다는건 흙과 돌뿐이고 그런데다 압축기

---

8 정대란 《정》을 통속적으로 이르는 말.

9 돌이 풍화되어 생긴 흙. 생석회와 섞어 반죽하면 굳어지는 성질이 있다. 벽돌. 블로크. 기와 같은것을 만들어쓰거나 도로를 포장하는데 쓴다. 색갈은 붉은색. 누런색. 희끄무레한색 등이 있다.

10 '골계수' 가 아니라 '골개수' 라고 표기해야 함. ㊟ 골개수 : 산골짜기로 흐르는 강이나 개울의 물.

기초는 고강도콩크리트로 하여야 하거든. 실어 오려면 석삼년이 걸리겠고. 물론 석삼년이야 아니지. 보름이나 한달쯤 걸리겠지만 우리한텐 석삼년맞잡이거든. 기다린다는건 말도 안되는것이였지. 지질학적으로는 모래가 없다고 했지만 우린 모래를 찾아 냈고 사흘만에는 기초콩크리트를 멋들어 지게 완성했다네.》

《어데서 찾았습니까? 지질학적으로도 없다면서?》

《만들어 냈지.》

《모래를 만들어요?》

허튼 소리로밖에 들리지 않았다. 분대장은 원래 허튼 소리를 잘했다. 허튼 소리로 소대를 웃겼고 떠들썩하게도 했다. 모래란 오랜 세월 풍화과정이 만들어 내는것이다. 그런데 사흘동안에 모래를 만들어 냈다구?…

《만들어 냈다니까. 모래를!… 산등으로 골짜기로 몽땅 훑었지. 물이 마른 골짜기를 파보기도 하고… 없더구만. 학자선생들이 거짓말을 한게 아니더란 말이야. 그래서 우린 모래란 무엇인가 하는걸 연구해 보았지. 그랬더니 놀랍게도 모래나 돌이나 흙이나 다 원래는 같은 물질이였다는 결과가 나오는게 아니겠나. 돌이 좀 굵게 깨지면 자갈이 되고 가루처럼 바스라지면 흙이 되구 알갱이로 깨여 지면 그게 바로 모래고. 흙이구 자갈이구 모래구 돌이 깨여 져서 만들어 진것이더란 말이야. 이 지구도 원래는 하나의 돌덩어리였을게거든. 안그래?》

분대장은 하나의 울퉁불퉁한 돌덩어리였던 지구가 쏟아 지는 운석비와 솟구쳐 오르는 화산으로 모래와 흙의 지층을 만들어 가던 혼돈의 시대를 그려 보기라도 하는듯 눈을 쪼프리고 앞을 바라 보았다.

《그래서요?》

《그래서?》

분대장은 자기의 환상에서 빠져 나오기 싫은듯 여전히 한눈을 쪼프리고 앞쪽만 보고 있었다.

《바위를 깨뜨려 모래를 만들었지. 큰 놈은 자갈로 쓰고 가루는 내버리구.… 여－!》

그는 갑자기 버럭 소리질렀다. 나는 깜짝 놀랬다.

《정희! 그 정대를 어데 가져 가?》

그가 이제껏 눈을 쪼프리고 보것은 수억만년전의 지구가 아니라 공구창고였던것이다. 공구창고에서는 강정희라는 갈데 없는 녀자이름을 가진 상등병(초급병사)이 정대를 이것저것 만져 보다가 한대 끄집어 내여 들고 있었다. 그는 마주 소리쳤다.

《이거야 못 쓰게 된 정대가 아닙니까? 지레대를 하나 벼릴려고[11] 그럽니다.》

《정신 없는 소릴! 그건 수굴정대를 만들거야. 그 자리에 도루 넣어 두라구!》

《알았습니다!》

그제야 분대장의 쪼프렸던 눈이 제대로 되였다.

《그랬더니 얼마나 멋쟁이모래가 되였겠나? 사령관아바인 직접 나와 보구 아주 만족해서 〈역시 군대가 군대야.〉 하였다네.》

그제야 나는 그 이야기가 소대장에게서 지시 받은《처음 왔을 때 이야기》의 계속임을 깨달았다.

《이런 말을 들은적이 있나? 〈100리물길굴을 관통하기전에는 조국의 푸른 하늘을 보지 말자!〉 이건 우리 소대 소보[12]원이 전투소보에 썼던 말이야. 어때?》

《정말 멋 있습니다!》

나는 진심으로 감탄했다. 그러나 분대장은 쯧하고 혀를 찼다. 《멋 있다구? 멋 있는게 문제가 아니야. 그 말이 우리 군인 건설자들의 심정을 그대로 담고 있다는게 중요한거야. 알았나?》

《예.》

《예?》

분대장은 또 한번 혀를 찼다.

《무슨 대답이 그래?》

나는 얼른 자세를 바로 잡고 규정대로 대답했다.

《알았습니다!》

《그래야지. 군인은 뭘 하고 있든 군인이여야 해. 잠을 자도 웃기는 소리를 하고 있어도 군인이여야 한단 말이야.》

이야기가 하도 동서남북을 왔다갔다 하여 미처 따라 가기 어려웠다. 어떻든 이 이야기도 역시 군대가 사민과 어떻게 다른가를 알게 해주려는것이리라.…

그때 모엿구령이 내렸다. 갱에 들어 갈 시간이 된것이였다.

소대장의 말은 길지 않았다. 원래 긴 말을 좋아하지 않는 성미 같았다.

《오늘 소대의 전투임무는 어제와 같소. 특별히 강조된 것은 버럭을 완전히 처리하고 발파하는것이요. 때문에…》

그는 말을 결속할 때면 거의 어김없이 《때문에》라는 말을 썼다. 그 말이 나오는것은 이야

---

11 (날이 무딘 도구를) 불에 달구어서 날이나 끝을 두드려 날카롭게 만들고 열처리를 하다.

12 그때그때 기동성있게 알리는 간단한 보도.

기가 곧 끝난다는것을 의미했다.

《락석작업이 끝나면 지체없이 일을 시작해야겠소.》

…동발[13]들과 레루[14]길에서는 물기가 번질거렸고 배관들에서는 압축공기 흐르는 소리가 성급하게 칙칙거렸다. 천반[15]에서 물방울이 뚝뚝 떨어 졌다. 온몸을 휘감는 탁하고 습기찬 발파가스…

《저— 소대 전투소보원이 누굽니까?》

나는 동발에 부딪치지 않으려 머리를 잔뜩 수그리고 걸으며 같이 가는 강정희상등병에게 물었다. 그가 왜 그런 녀자이름을 가지게 되였는지는 분대장이 나에게 이야기해 주었었다. 그의 집에는 아들만 다섯이였는데 아버지는 딸이 하나 있기를 바랐고 여섯째가 태여날무렵에는 정희라는 이름까지 지어 놓았다. 그런데 아버지는 여섯째가 태여나기전에 갑작스런 병으로 세상을 떠났고 여섯째는 유복자로 태여났다. 이번에도 또 아들이였다. 그러나 아버지가 유언으로 남긴 이름이라고 하여 그는 정희라는 이름을 가지게 되였다는것이다. 이름과 반대로 그에게는 녀자 비슷한데라고는 전혀 없었다. 크지 않은 키에 거의 4각형에 가까운 다부진 몸, 게다가 말주변이라군 영 없어서 한마디한마디 할 때마다 고통스러운듯 씨근거리군 하였다.

이때도 그는《전투소보원?》하고 반문하더니 몇걸음 지나서야 한숨을 쉬듯 씨근거리며 대답했다.

《내가… 소보원이야.》

《예?》

나는 놀라지 않을수 없었다. 말주변이라군 도무지 없고 하루종일 가야 몇마디밖에 하지 않는 이 상등병이 전투소보에 그처럼 멋 있는 말을 썼단 말인가. 남의 마음속을 알아 보려 우정[16] 말주변이 없는척 능청을 부리는것이 아닐가 하는 의혹조차 들었다.

뒤에서 광차 내려 오는 소리가 들렸다. 나는 동발에 붙여서 늘인 배관우에 올라 섰다. 광차가 잔등을 스치듯이 하며 내려 간 뒤에도 나는 그냥 배관을 타고 걸음을 옮겼다. 광차가 또 자나갈것 같아서였다.

13 갱이나 굴이 무너지지 않게 버티는 기둥.

14 철길에 까는 일정한 모양으로 된 긴 강쇠. 차량의 무게를 직접 받아 침목에 전달하여 차바퀴가 굴러가는 방향을 잡아준다.

15 ①광석이나 석탄을 캐내는 굴의 웃쪽면 ②천정.

16 일부러.

그때 쾅— 하고 배관 두드리는 소리가 뒤에서 울려 나를 화닥닥 놀라게 했다.

《거 배관 타고 가는게 누구야?》

나는 굴러 떨어 지듯 배관에서 내려 섰다. 성이 잔뜩 난 사관이 스파나[17]를 들고 뒤에 서 있었다. 그는 한바탕 욕을 퍼부을 기색이였으나 간데라[18]불로 나를 비쳐 보고는 흥 소리를 냈다. 《신대원이로군.》 하는 뜻이였다. 음성이 낮아 졌다.

《이 압축공기배관은 사람으로 말하면 갱도에선 숨줄이라고 할수 있어. 그런데 숨줄을 밟고 다니면 어떻게 되겠나? 흔들려서 련결부분들이 벌어지고 바람이 새게 돼. 그러잖아도 막장에선 바람이 약하다고 노상 불평인데.》

그의 옆구리에서는 가방이 데룽거리고 있었다. 수리공이겠지.

《알았나?》

잔뜩 주접이 들어 서 있던 나는 서둘러 대답했다.

《알았습니다!》

순간 나는 동발에 머리를 호되게 쫓고 주저앉아 버렸다.

《아이쿠!》

그는 놀란듯도 하고 어이없어 하는듯도 한 얼굴로 나를 보았다.

《갱안에서 노상 그렇게 차렷자세를 하다간 하루 못 가서 머리가 감자자루처럼 될거야. 동문 함선에서 해병들이 어떻게 인사하는지 아나?》

그는 내가 신병훈련기간 분동작[19]으로까지 배운 팔을 쭉 펴서 꺾어 올리는 거수경례가 아니라 팔꿈치를 허리에 붙인채 손만 들어서 이마에 갖다대는 묘한 경례를 해보였다.

《이건 배갑판이 좁기때문이야. 그런데 우리 갱도는 천반이 낮단 말일세. 차렷자세는 마음속으로 취하면 돼.》

그는 스적스적[20] 걸음을 옮기다가 앞에 서 있는 강정희상등병을 보고는 손가락으로 이마를 쿡 내질렀다.

---

17 나트를 채우거나 뽑는데 쓰는 나사틀개. ㉾ 나트 : 볼트의 나사부에 틀어맞출수 있는 나사구멍이 있고 바깥면은 륙각, 사각, 둥근형 등으로 되여있는 부분품. 높이는 흔히 볼트의 머리보다 약간 낮은데 형태에 따라 다르다. 사각나트. 륙각나트. 홈나트. 나비나트. 둥근나트 등이 있다.

18 카바이드가스에 불이 달리도록 쇠붙이로 만든 등.

19 일정한 동작을 익히는 훈련에서 그 동작을 이루는 하나하나의 요소들을 따로따로 나누어서 하는 동작 또는 그 개별적인 요소.

20 힘들이지 않고 좀 느릿느릿 행동하는 모양을 나타내는 말.

《상등병이 있으면서도 음—》

강정희 상등병은 뭐라고 알아 듣지 못할 말을 씨근거리듯 웅얼대며 씩— 웃기만 했다. 사관이 앞으로 사라지자 나는 강정희상등병에게 물었다.

《누굽니까?》

《몰라? 중대 위생지도원[21]이야.》

《수리공이 아니구요? 스파나까지 들었던데요.》

《사람의 탈도 보고 설비의 탈도 보고…》

그는 잠시 후 갑자르듯 한마디 더 붙였다.

《지도원은 뭐나 다 사람의 몸처럼 보지.》

하긴 공기배관을 숨줄이라고 했지. 메고 있던건 수리가방이 아니라 위생가방이였구나.…

《재미 있는 사람이구만요.》

《그래.》

그는 왜서인지 갑자기 우울한 어조로 말했다.

《앞서라구. 내가 뒤에서 가지.》

뒤에서 따라 오며 내가 더는 실수하는 일이 없도록 보살펴 주겠다는 뜻이였다. 사실 상등병은 전사의 교육교양을 책임진다. 규정에 그렇게 있었다.

뒤에서 갑자기 꺼지는듯 한 한숨소리가 들렸다. 왜 저렇게 한숨을 쉴가. 갑자기 우울해 지고… 다시 한번 한숨소리가 들리더니 강정희상등병이 불쑥 물었다.

《나하고 같이 가기가… 재미 없지?》

《예?》

나는 너무도 의외의 물음이여서 돌아 보았다. 그는 그냥 걸으라고 손짓을 하였다. 나는 다시 걸음을 옮겼다.

《재미 없을거야.… 이상하거던… 아무리 재미 없는 이야기두 분대장동지가 하면… 재미 있는데… 내가 하면 아무리 재미 있는 이야기두… 재미 없어 지거든.》

나는 하마터면 웃음을 터뜨릴번 하였다. 롱담인 줄 알았던것이다. 그러나 머리를 돌리자 너무도 진지한 표정과 부딪쳐 나는 당황하지 않을수 없었다. 얼른 되돌아 서며 얼토당토 않

21 ①인민군대안의 초급군의성원 ②위생과 관련된 일을 맡아하는 지도원.

은 말로 굼때버렸다.[22]

《그런거야 뭐랍니까. 큰 일도 아닌데…》

《…》

나는 급급히 걸음을 옮겼다. 뒤에서 그의 중얼거리듯 말하는 소리가 들렸다.

《큰일이야… 아니지. 그렇지만… 아니, 그건 중요한거야.… 중요하구 또… 젠장!》

그 어조에서는 너무도 깊은 생각과 또한 자신에 대한 유감스러운 감정이 가득 담겨 있어 나는 대답할 말을 찾을수 없었다.

그의 말뜻을 나는 얼마후에야 깨닫게 되였다.

드디여 막장에 이르렀다. 그런데 막장에는 마치 소대장이 특별히 강조한 사항에 도전이라도 하는듯 한 정황이 조성되여 있었다. 버럭이 있는 곳까지 10m나마 되는 구간에 레루길이 없었던것이다. 레루가 보장되지 못해서였다. 이러루한 일들이 요즘은 드물지 않다고 한다. 《지금은 모든것이 부족해.》 하고 강정희상등병은 말했다. 그러나 일은 해야 한다. 전교대에서는 한줄로 늘어 서서 리레[23]식으로 버럭을 날라다 광차에 실었다고 한다.

우리 소대는 그들보다 3~4m 더 늘어 난 거리로 버럭을 날라야 했다.

(오늘 버럭처리를 다 하긴 틀렸구나.)

나는 거의 천반에 닿도록 쌓여 있는 버럭을 보며 생각했다.

레루길이 있어야 할 10여m구간에는 전 교대에서 놓은 침목들만 정연한 종대를 이루고 늘어 서 있었다. 그것만 보아도 전교대에서 얼마나 레루를 고대하였는지를 짐작할수 있었다. 레루만 있으면 우리 소대는 버럭을 얼마든지 처리할수 있었다. 그러나 레루는 없었다. 10~15m나 날라다 실어서는 저 버럭을 다 처리할수 없다! 그러나 그것은 우리 소대의 책임으로 될수 없다. 레루를 보장 못한 일군들의 책임이다! 나는 이런 생각을 하며 소대장을 보았다. 다른 대원들도 소대장을 보고 있었다.

소대장은 광차가 멈춰 선 레루길끝에 서서 막장의 버럭더미를 바라보고 있었다. 그러더니 레루길 없는 침목을 밟으며 막장으로 갔고 그곳에서 광차를 바라보았다. 마치 거리를 가늠해 보기라도 하는듯 했다.

나는 그가 《별수 없구만! 레루장을 만들어 낼수는 없는거고. 여기서 광차까지 쭉— 늘어 서

22 ①불충분한대로 이럭저럭 메꾸거나 치러넘기다 ②(맞다든 그자리를 모면하기 위하여) 슬쩍 둘러맞추거나 대강 치르다.
23 이어달리기.

오. 개미역사[24]라도 해봐야지.》 하고 말하리라고 생각했다. 다른 말이란 할수 없는 정황이였다.

그런데 소대장은 바닥을 가리키며 명령했다.

《침목들을 몽땅 들춰 내오.》

화풀이라도 하려는듯 했다.

전 교대에서 정연하게 박아 넣었던 침목들은 잠간사이에 다 뚱겨 져 나왔다.

소대장은 두팔을 앞으로 내밀어 광자로부터 자기 발밑까지 두 개의 가상적인 직선을 평행으로 그어 보였다.

《파고 침복늘을 든든히 박아 넣소!》

그는 침목을 레루장으로 전환시키려는것이였다!

이렇게 되여 나는 전후복구건설시기 이야기를 쓴 책들에서나 읽었던 나무레루길을 여기 100리물길공사장에서 눈으로 직접 보게 되였고 나무레루길로 버럭을 실어 나르게 되였다.…

버럭은 푹푹 자리가 났다. 발파전에 버럭을 깨끗이 처리할수 있다는 확신은 시간마다 굳어져 갔다.

만일 침목마저 없었더라면 어쩔번 했는가. 그야말로 속수무책이였을것이다. 아니, 아니다! 그런 경우에도 소대장은 역시 그 어떤 방도를 찾아 냈을것이다. 나에게는 이렇게 생각되였다. 소대장에게는 난공불락이라는것이 없을것이라고…

막장은 언제나 석수에 젖어 있다. 굴속에는 가물철이란 없다. 천반에서도 벽에서도 바닥에서도 늘쌍 석수가 흐른다. 산의 내장속에 얼마나 물이 많은지를 나는 여기에 와서 알게 되였다.

그런데 이날은 석수가 별로 더 많이 흐르는것 같았다. 양수기가 물을 계속 뽑아 내고 있을것인데도 발밑에서는 물이 그냥 질벅거렸고 얼마후에는 발등까지 물에 잠겨 들기 시작했다. 처음은 일하는 정신에 그것을 깨닫지 못했다. 《침목레루》가 물때문에 뜨기 시작할 때에야 우리는 막장에 물이 차오르고 있음을 깨달았다.

《양수기가 고장났습니다!》

밖에서 들어 온 강정희상등병이 소대장에게 보고했다. 소대장이 그를 양수장에 보냈던 모양이였다.

24 개미가 수많이 달라붙어 하는 일과 같이 《많은 사람이 한곳에 달라붙어 야금야금 해제끼는 방식으로 하는 일》을 비겨 이르는 말.

우리 갱은 내리갱이였다. 양수기가 멎으면 막장에는 물이 시시각각으로 차오른다. 정도가 지나치면 일할수 없게 되는것은 두말 할것 없다. 소대장의 입가에 굵은 주름이 잡혔다.

《수리하고 있겠지?》

《시간이 걸리겠답니다. 날개를 교체해야 한답니다.》

《…》

소대장은 불어 오르는 물을 묵묵히 내려다 보며 서 있었다.

한 구대원이 투덜거렸다.

《녹았구만! 오늘 일은 다…》

그는 자기 말에 스스로 놀랜듯 말을 뚝 끊고 입을 다물어 버렸다. 소대장이 휙 돌아 보았던것이다. 눈섭이 우에로 치켜 올라 갈듯 움칫거렸다. 그러나 곧 소대장은 아무 말도 못 들었다는듯 평온한 기색으로 돌아 갔다.

《작업속도를 더 빨리! 광차에 버럭과 물을 같이 퍼담소!》

광차바가지에 버럭과 물이 함께 쏟아 져 들어 갔다.

《물 더! 흰쌀 한말에 좁쌀 한말이 들어 간댔어!》

아까 투덜댔던 구대원이였다. 그는 자기 실언을 보상하려고 서두르는것임을 누구에게나 빤드름했지만 소대장은 진짜로 감탄하는듯 목소리를 높였다.

《흰쌀 한말에 좁쌀 한말이 들어 간다? 그러니 버럭 한광차안엔 물이 두 광차쯤 들어 가지 않을가?》

와— 하고 웃음이 터졌다. 그 구대원은 소대장의 《감탄》과 소대의 웃음에 완전히 활기를 되찾았다.

《소대장동지, 제가 학교 다닐 때 뭘 제일 잘했는지 압니까?》

《숙제를 틀리게 하고 변명하는것이 아니였소?》

《야— 소대장동지, 너무 그러지 마십시오. 얼결에 한마디 잘못한걸 가지구…》

또 웃음. 그러자 구대원은 가장 큰 칭찬이라도 받은듯 벙글거려 댔다.

《그래 뭘 제일 잘했소?》

《수영이였습니다!》

《아주 좋구만! 오늘은 수영을 톡톡히 해야 할것 같은데.》

소대장의 말은 과장이 아니였다. 물은 발목을 넘어 서고도 계속 불어 올랐다. 좀 더 시간이 지나면 《수영》을 해야 하리라는것이 불 보듯 명백했다.

그런데 탈은 《수영》을 하기전에 생겼다. 물이 불어 오르면서 《레루토막》들이 제각기 떠올라 레루길을 엉망으로 만들어 버리기 시작한것이였다. 제자리에 억지로 눌러 넣으면 용수철에 튕기기라도 한듯이 불끈불끈 솟아 올랐다. 나무가 물보다 가볍다는것이 얼마나 저주스러웠던가! 나는 침목을 박아 넣고 손을 떼기 바쁘게 밤물고기처럼 튀여 오르는 그놈에게 턱주가리를 든든히 얹어 맞았다.

이젠 별수 없구나 하는 생각이 턱주가리의 얼얼한 느낌과 함께 스며들었다. 그래서인지 갑자기 나에게는 모든것이 꿈만하게 아니 꿈처럼 느껴지기 시작했다. 뿌연 물은 걸쭉한 기름처럼 다리를 감고 도는데 수면에 간데라불빛과 전등불빛이 어려 물은 맹렬히 소용돌이치는것같이 보였다. 수면에서 반사된 불빛은 천반과 옆벽에서 어지러운 무늬를 그리며 부산스레 흔들렸다. 천반과 옆벽이 흔들리는듯 했다. 바닥도 흔들리는듯 했다. 머리가 갑자기 어지러워지면서 메스꺼움이 치밀었다. 팔다리의 맥이 삽시에 쭉— 빠져 나갔다. 내가 왜 이럴가. 착암기소리와 말소리가 아득히 멀어 지며 귀가 멍멍해 졌다. 뒤이어 눈앞이 새까매 졌다.

《이 친구 왜 이래?》

하는 강정희상등병의 놀랜 소리를 들으며 나는 철썩 넘어 지고 말았다. 옷으로 스며 드는 차거운 물의 감촉과 야릇한 안도감을 느끼며 나는 의식을 잃었다.…

정신을 차렸을 때 나는 눈앞에서 위생지도원을 보았다. 식초냄새가 지독하게 풍기고 있었다.

《정신이 좀 드나?》

《내가 어떻게 된겁니까?》

《별 일 아니야. 가스에 취했던거야.》

발파가스에 취해서 넘어 진것이였다. 머리가 깨여 져 나가는듯이 아프고 계속 구역질이 났다.

위생지도원은 내 코에 마개를 연 병아구리를 가져다 댔다.

《숨을 크게 들이 쉬라구.》

코구멍이 바늘로 찌르는듯 했고 눈물이 쑥 나왔다. 병에는 농도 높은 식초에 적신 솜이 들어 있었던것이다.

《그냥 들이 쉬라고. 계속! 그러면 좀 나아 질거야.》

시키는대로 했더니 그의 말대로 좀 나아 지는듯 했다.

내옆에는 두명의 구대원이 동발에 기대여 앉아 있었다. 그들도 역시 발파가스에 쓰러졌던 모양이였다. 그들은 머리를 몇번 흔들어 보더니 옆에 놓인 밥국통에서 뿌연 물을 한식기씩 퍼서 꿀꺽꿀꺽 들이켰다.

《동무도 마시라구.》

식초가 좀 많이 들어 간 김치물인데 그 맛이란 어떻다고 말하기 어려운 기묘한것이였다. 시큼한가 하면 떫고 그런가 하면 쓰기도 하고 송진냄새도 났다. 세상에 없을 괴이한《김치물》이였다.

이것이 위생지도원의 발명품이며 중대에서는《가스해독제》라고 부르는것임을 나는 알아차렸다.《저친군 저걸로 박사가 되겠다는거야.》하고 분대장은 말한적이 있었다.《한모금 마시면 깨끗이 해독되는걸 꼭 만들겠다는건데 좋다구 하는건 죄다 쓸어 넣는다네. 아마 좋다구만 하면 양재물도 서슴없이 쓸어 넣을거야.》하고는 내가 눈이 둥그래서 쳐다보자 픽− 웃었다.《걱정할건 없어. 그렇게 만든걸 저 친군 제가 먼저 뒤 식기쯤 마시고는 눈을 뜨부럭거리며 서너시간씩 기다려 보니까.》

바로 그 물건이였다.

두 구대원은 그 발명품에 정신이 든듯 입가를 쓱쓱 문대고는 비틀비틀 일어 났다.

《걸을만 한가?》

위생지도원의 물음에 그들은 손을 홱 젓고 걸음을 옮겼다. 나는 소대가 우리를 데리고 나가지 않은것이 이상스럽게 생각되였다. 소대는 철수했으리라고 생각했던것이다.

그런데 두 구대원은 입구쪽이 아니라 막장쪽으로 가고 있었다. 위생지도원이 나에게 눈짓으로 그들을 가리켰다.

《따라 가라구.》

그제야 나는 두 구대원이 막장으로《전투를 계속하러》들어 간다는것을 깨달았다. 소대는 여전히 막장에 있는것이였다. 나도 그들을 따라 갈수밖에 없었다. 머리속에서 뇌수는 수은덩어리처럼 이구석 저구석으로 굴러 다니는듯 했고 다리는 후들후들 떨리며 접철처럼 접혀 들려고만 했다. 지도원이 너무하다는 생각이 들었다. 아무데나 털썩 드러누워 버리고 싶었다.

그러나 두 구대원은 그냥 가고 있었다. 나도 그냥 따라 갈수밖에 없었다. 그냥 걸으니 얼마간 나아 지는것 같았다. 마침내 나는 막장에 이르렀다.

막장은… 허나 그것은 막장이 아니였다. 물주머니였다. 물은 이미 허리를 치고 있었는데 소대는 그 물속에서 첨벙거리고 있었다. 진짜《수영》을 하고 있었다.

나무레루는 이미 없어 졌고 광차는 레루길이 끝난 막장에서 15m나 되는 거리에 못 박혀 서 있었다. 그런데 소대는 무엇을 하고 있는것일가.

나는 처음에는 그들이 무엇을 하고 있는지 깨닫지 못하였다. 자맥질이라도 하듯이 물속에서 버럭을 담아서는 연신 한곳에 쏟아 놓고 있었다.

소대장이 소리쳤다.

《출발!》

출발이라니? 철수명령일가. 아니였다. 소대는 모두 버럭더미에 달라붙어 밀기 시작하였다. 소대장은 버럭더미에 출발구령을 내린것이였다.

그러자 놀랍게도 버럭더미가 쑥― 쑥― 앞으로 움직여 나가는 것이 아닌가. 마치 환상영화의 한장면을 보는것 같았다.

잠시후에야 버럭이 떼목우에 실려 있음을 알아 보았다. 동발과 침목으로 무은 떼목, 나무레루를 쓸수 없게 되자 소대는 물을 레루길로 전환시킨것이였다. 《물레루》였다!

광차바가지에는 전투소보가 걸려 있었다.

《우리에게 불가능이란 없다!

불가능한것이 있다면 그것은 조선말이 아니라고 하신 최고사령관동지의 명언을 실천으로 받들자!》

불가능이란 없다. 그렇다. 난공불락이란 없었다!

《소대장동지!》

누군가의 커다란 목소리다. 나는 아직 구대원들의 이름도 얼굴도 다는 몰랐다.

《왜 그러오?》

《물이 더 불었으면 좋겠습니다!》

《그건 왜?》

《떼목이 더잘 뜰테니까요!》

《인차 소원대로 될게요!》

웃음소리, 소대는 그 사이 줄곧 웃기만 했던듯 했다. 떼목이 광차곁에 이르자 버럭을 옮겨 싣기 시작하였다. 와당탕 쿵당거리는 소리…

강정희상등병은 《전투소보》를 벗겨 들고는 몇줄써서 다시 걸어 놓았다. 말할 때에는 한마디한마디를 꿈뜨고 힘들게 하던 그가 글에서는 여간 빠르지 않았다.

《명령을 수행하기전에는 쓰러질수 없다!

가스에 취해 쓰러졌다가 다시 일어 나 전투에 참가하고 있는 전사 박철동무!》

그런데 왜 내 이름만 있을가. 두 구대원의 이름은 왜 없을가. 다음순간 나는 스스로 그 리유를 깨달았다. 구대원에게서는 이런 일이 례사로운 일로 되여 있는것이리라.

《소대장동지!―》

떼를 밀고 들어 가면서 분대장이 옆에서 밀고 있는 소대장을 보지 못하기라도 한듯 굉장히 큰 소리로 불렀다. 나는 그가 왜 그렇게 높은 목소리로 찾았는지를 알아 차렸다. 자기가 이제 할 말을 온 막장이 다 듣게 하려는것이였다.

《제가 뭐가 되고 싶었는지 압니까?》

《동무도 수영선수가 되고 싶었소?》

분대장은 그런 물음만을 기다렸던듯 큰 소리로 부정했다.

《아닙니다! 류벌공[25] 입니다!—》

소대장은 크게 웃었다.

《희망이 성취된걸 축하하오!》

《소대장동지 건강을 축복함!》

와— 하는 웃음소리. 나도 웃었다.

옆에서 요란한 한숨소리가 들렸다. 강정희상등병이였다. 그는 분대장을 한껏 부러움이 실린 눈으로 쳐다보고 있었다. 이때는 그의 심정이 리해되였다. 나도 부러웠다. 큰 소리로 기지 있는 롱담을 하여, 소대가 모두 크게 웃게 하고 싶었다.

분대장은 한대 생각이 난듯 주머니에서 담배를 꺼냈으나 곧 랑패한 기색으로 집어 던졌다. 물에 죽탕이 되였던것이다. 누구나 모두 같았다. 소대장도 다를바 없었다.

그때 강정희상등병이 씨근거리며 말했다.

《젖지 않은 담배가… 있습니다.》

그의 안전모속에서 마른 담배가 나왔다. 담배갑은 한바퀴 죽— 돌았다. 나에게 왔을 때는 한대밖에 없었다. 나는 강정희상등병에게 내밀었다.

《피우십시오.》

그는 머리를 흔들었다.

《나는 안 피워.》

《예?》

분대장이 나의 어깨를 툭 쳤다.

《알고 있으라구. 저 친군 담배를 피우면 안돼.》

《예?》

《규정을 어길수 없거든!》

분대장은 담배연기를 길게 내뿜었다.

《담배공급을 받으려 련대에 갔더니 량식공급장이 명단을 보다가 뭐랬는지 알아? 〈강정

25 떼몰이공. 참 떼몰이 : 흘러내리는 물을 리용하여 떼목을 몰아서 물아래로 내려보내는 일.

희? 동무네 정신 있소? 이 공급장의 목이 날아 나게 하자는 거요? 녀성에게 담배를 공급하라는건 우리 인민군대 후방규정에 없단 말이요! 〉 하고 빽— 그어 버리고 말았으니까!》

말이 끝나기도전에 웃음이 터졌다. 그중에서도 제일 크게 웃는것은 강정희상등병이였다. 그는 자기로 하여 소대가 크게 웃게 된것이 더없이 기쁜듯 입이 귀밑으로 돌아 갈 지경으로 웃고 있었다. 이때 나는 아까 입갱할 때《그건 중요한거야.》하던 그의 말이 문득 떠올랐다.

웃음, 이것이 없다면 몇개의 간데라불이 뿌옇게 불어 오르는 수면을 비치는 좁은 막장, 그 속에서 물에 허리까지 잠그고 버럭을 담는 막장은 얼마나 스산할것인가. 절망속에서 허우적이는듯이 보였을 것이다.…

분대장은 떼를 밀고 들어 가며 노래를 뽑았다.

어야 더허야 어야 더허야

그는 이 노래를 끄집어 내려고 류벌공이야기를 꺼냈던것인지도 모른다. 그러자 마치 모두들 분대장처럼 류벌공이 되기를 희망했던듯 목청을 합친다.

압록강 2천리에 노를 저어라
얼음장을 헤치면서 떼는 흐른다

좁고 어두운 막장에서 울리는《압록강 2천리》는 신비한 힘을 가진듯 하였다. 이 노래가 이때처럼 구성지게 들린적이 나에게는 아직 있어 보지 못했다. 강정희상등병의 목소리가 류달리 두드러 지며 청청하게 울렸다. 말 한마디 하기도 힘들어 하던 그의 입에서 노래소리는 사품쳐 흐르는 급류처럼 흘러 나오고 있었다.

백두산의 나무로구나 천년이나 자란
이깔나무[26] 참나무는 떼를 지어서

26 북부의 높은 산지대에 자라는 잎지는 키나무의 한가지. 키는 40메터까지 자라며 잎은 연한 풀빛인데 바늘모양이고 짧다. 봄에 꽃이 피며 9월에 솔방울 같은 열매가 열린다. 해볕을 좋아하고 추위에 잘 견디며 나무질이 소나무보다 굳다. 건축, 동발, 전선대 등에 쓰인다. ㊟ 키나무 : 해마다 추위나 건조기가 닥쳐올 때 잎이 말라죽거나 떨어지는 나무.

순간 누구도 뜻하지 않았던 쟁쟁하고 맑은 처녀의 목소리가 웅글은 노래소리들우로 새처럼 나래치며 막장을 울려 우리모두를 깜짝 놀라게 하였다.

혜산 초산 돌고 돌아 몇밤−새웠나

련대군의소의 간호원이였다. 현장치료차로 나왔다가 우리들속에 뛰여 들었을것이다. 누구도 알지 못했다. 그가 언제부터 우리와 함께 일하기 시작했는지를. 갸름한 얼굴에서는 튕겨오른 물방울들이 간데라불빛에 반짝거리고 있어 마치 눈물에 젖은듯이 보였다.

의주 가면 진달래꽃 피여 나리라

그때 내 눈에 왜 눈물이 핑− 돌았는지 나도 알수 없다. 노래속에 떼를 밀고 나가니 불현듯 나의 발밑에서 2천리 장강이 출렁이며 흘러 가고 미구에 눈앞에서 진달래와 철쭉꽃이 핀 강변의 아름다운 벼랑이 솟아 오를듯 한 환각을 느꼈다.…

《간호원동무가 노래를 정말 잘하던데? 가수가 왔다가 울고 가겠어!》

일을 마치고 나오면서 간호원에 대해서 누구나 한마디씩 했다. 그때 소대장이 지나가는 말처럼 불쑥 말했다.

《그 동무 학교때부터 노래를 잘 불렀소. 중앙축전에도 한두번만 참가한게 아니고. 가수가 될줄 알았는데 군복을 입었거든.》

《예?!》

강정희상등병이 깜짝 놀랜 얼굴로 소대장을 쳐다보았다.

《그 그럼 아는 사이입니까?》

소대장은 눈이 휘둥그래서 쳐다보는 강정희상등병의 안전모채양을 쿡 눌러 눈아래까지 씌워 놓았다.

《그랬을것 같다.− 이 말이요!》

와− 하고 웃음이 터졌다. 소대장도 익살에서는 누구에게 뒤지지 않았다. 어찌 보면 군대생활의 언어는 익살로 충만되여 있는듯 했다.

소대장은 이제야 수리가 끝난 양수장을 지나면서도 아쉬움이나 불만이 아닌 말로 소대전체를 유쾌하게 했다. 양수기 돌아 가는 윙 소리에 귀를 기울여 보고는 이렇게 말했던것이다.

《1소대는 수영훈련을 못하게 됐군!》

우리는 1소대에 막장을 인계했던것이다. 막장에서는 발파소리가 울리고 있었다. 쿵 쿠쿵…

병실에 돌아 와서야 나는 소대장이 군대와 사민이 다른 점이 무엇인가 묻던 생각이 났다.

교대시간을 1시간가량 앞두고 휴식할 때 소대병실주변을 돌아 보던 중대장이 장마가 예견되니 병실주변 배수로를 깊숙이 파야겠다며 래일 아침에 검열하겠다고 하였다. 나는 분대장에게 말했었다.

《언제 한다는겁니까? 교대를 끝내면 새벽일텐데…》

바로 이 말을 병실에 들어 오던 소대장이 들었다. 그의 눈섭 끄트머리가 화살처럼 우로 치켜 올라 갔다.

《동문 군대요, 사민이요?》

군대와 사민은 어떻게 다른가. 오늘 하루전투를 끝내고 돌아 온 지금에야 나는 소대장이 왜《말로써는 안되겠소.》하였던지를 깨달았다. 오늘의 전투가 바로 그 대답이였다.…

나는 이제까지 왜 이 발전소건설을 군인들이 해야 하는가 하는 의혹을 가지고 있었다. 그러나 지금은 알만하다. 그것은 바로 이 공사는 명령앞에서《알았습니다!》한마디밖에 모르는 사람들만이 할 수 있기때문이였다. 모든것이 부족하고 없는것이 더 많은 이 시기《고난의 행군》의 나날에는…

이 일기에 한마디 더 부언하고 싶은것은 아침에 중대장이 소대병실주위를 돌아 보고 배수로를 잘 팠다고 아주 만족해 하였다는것이다.

(다음호에 계속)

대학시간

오 광 철

인생은 순간마다 결론이라는 말이 있다. 흘러가는 생의 순간순간들에서 운명의 자리길이 그어지고 한생이 결정되는것은 다름아닌 인생의 고유한 리치일것이다.

바로 그것으로 하여 조국이 아끼는 우수한 아들딸들의 생은 그 생의 어느 한시간, 어느 한 순간을 들여다보아도 그 옹근[1] 한생을 평가할수 있고 결론할수 있는 것이다. 여기에 한 처녀 과학자의 대학생활 한순간을 돌이켜본다.

*

정옥은 밤을 맞은 도시의 활기와 안식의 정취가 묘하게 어우러지는 창밖을 내다보며 앉아 있었다.

불을 환히 켜고 달려가는 궤도전차의 경적소리가 아래층 어딘가에서 누군가가 열정적으로 타는 피아노소리에 섞여 들려왔다. 거리에는 벌써 장식등의 불빛들이 명멸하기 시작했다. 도시가 뿜어내는 그 영광스러운 불빛속에 싸여 지나가고 지나오는 사람들이 순간에 하나의 류성들처럼 빛을 내뿜으며 가까와지고 멀어지는듯하다.

고집스럽고도 열렬하게 생활을 추구하는 그 낯익고도 활기찬 거리속에서 정옥은 아버지만을 찾고 기다리고 있었다.

(아버지는 왜 아직 돌아오지 않을가? 강좌장선생님의 박사론문은 어떻게 되였을가?)

정옥은 오늘 아침《나는 오늘 나자신과 한번 싸워보겠다》하는 의미심장한 말을 남기고 집을 나선 아버지가 몹시도 불안했고 기다려졌다.

밤을 샌 피로가 부석부석하게 매달려있던 아버지의 얼굴.

그때 정옥은 아버지의 책상우에 더운 김이 피여오르는 차잔과 함께 방금 마지막문구를 써

1 제대로 다 있는 조금도 축나지 않은.

넣은 자기의 학사론문을 올려놓았었다. 그순간에 그는 아버지의 책상우에 펼쳐진 소책자를 띄여보았다. 그것은 허주성강좌장선생의 박사론문 개요였다.

짜릿한 기쁨과 감동이 정옥의 몸을 훑어 지나갔다. 정옥은 자기의 학사론문에 대하여서는 감감 잊어버리고 스승의 그 박사론문에 마음을 빼앗기고 말았다.

《아버지! 혹시 아버지가 이 론문심사를 맡은게 아니예요?》

눈빛을 빛내이며 정옥은 물었다. 아버지는 말없이 고개를 끄덕였다. 그의 유별나게 긴 오른쪽눈섭 한오리가 무거운 상념에 눌리운듯 아래로 한껏 드리워져 자기 책상우의 두 론문을 미묘하게 더듬과 있었다.

자기의 눈빛을 상대방에게 잘 드러내지 않는 과묵하고 침착한 성미의 아버지였지만 그 순간 정옥은 아버지가 허주성선생님의 박사론문을 자기일처럼은 기뻐하지 않고 있다는것을 알아차렸다.

알길 없는 서운함과 의문이 정옥의 가슴에 흘러들었다. 말없이 아버지를 지켜보던 그는 아버지의시선이 창턱에 놓여있는 화분에 가닿아있는것을 알아보았다. 순간 그는 자기가 왜 저 화분을 아버지 방에 가져다 놓았을가 하고 생각해보았다. 그러나 언제 무엇때문에 저 화분을 이 방에 가져다 놓았는지 떠오르지 않았다.

요즈음은 학사론문의 완성을 위해 낮과 밤을 잊고 애쓴 정옥이였다. 아마도 그래서 아버지가 가꿔줄 손을 잃어버린 저 화분을 자기 방에 가져다 놓은것이지 모른다.

그 순간 정옥이의 눈앞에선 저 류다른 인삼화분과 이어진 못잊을 추억이 5년이라는 그 짧지 않은 세월을 이끌고 와서는듯 했다…

정옥이 대학입시시험을 치고온 며칠후였다.

허주성강좌장이 아버지를 찾아왔다.

《딸을 우리 대학에 시험치워 놓구는 한번두 찾아안오나? 건방진걸! 딸을 자동화공학에 시집 보내기가 그렇게 헐헐할[2] 줄 알았나? 지참품도 없이…》

허주성은 집에 들어서자마자 버릇처럼 아버지를 시까슬렀다.[3]

아버지는 뜨직뜨직[4] 응수했다.

《중학교 최우등졸업증을 〈지참품〉으로 첨부했는데… 보겠나?》

---

2 매우 헐하다. ㊟ 헐하다 : 힘이 들지 않아 어렵지 않다.

3 남의 비위를 상하게 놀리다.

4 (말이나 동작이) 좀 느리고 더디다.

《거기다 자동화연구소 실장이고 박사라는 아버지의 간판두 첨부했으니 문제 없다 이건가?》

《또 있지! 거기 강좌장이 나의 막역한 친구라는 것이 가장 리상적인 지참품이고 또…》

아버지는 여전히 정색하여 말을 씹었다.

《또 뭔가?》

《우아한 자세와 세련된 용모는 말없는 추천장이라구 우리 딸이 그런 면에서 꼭 알맞는다구 생각하네.》

《뭐?!》

허주성은 그만에야 폭소를 터뜨렸다. 아버지도 웃었다. 문밖에서 듣고 있던 정옥도 그만 웃고 말았다.

그 웃음 속에서 그들모두는 정옥의 대학입학을 스스로 시인한것이였다.

《제 딸이 미인이라는 자랑인데… 바로 그 미인이기때문에 힘겨운 미지의 세계인 자동화공학자로 키우는걸 삼가하라는 대학의 의견이야. 그저 시집갈 때 필요한 〈지참품〉으로 정옥이의 대학졸업장이 필요하다면 이제라도 좀 편한 학부로 옮겨줄 용의가 있어. 그래놓고보면 거뭐 우아한 자세요. 세련된 용모요 하는 자네 말이 그렇게 틀린 말은 아닐세.》

《그럼 한잔 하면서 자식의 독자성 자립성은 학문의 자유에서부터 시작된다는데 대하여 가르쳐주지.》

두사람은 서로를 마주보며 소리내여 웃었다.

이윽고 두사람은 성의껏 차린 음식상앞에 마주 앉았다. 정옥이 술을 부었다. 허주성이 정옥의 대학입학을 축하해주었다.

《학철이, 정옥일 부디 자동화공학자로 키우겠다면 한가지 약속할게 있네.》

《?!》

《이제부터 정옥이의 〈양육권〉을 나에게 넘겨야 한다는 그걸세.》

《뭐?! 허허… 심각한 론린데…》

《아니, 아버지로서는 외동딸은 진짜 공학자로 키우기는 힘드네. 너무도 힘들구 생소한 길이야.

내가 정옥일 어디에 데려가든 또 끼니를 굶게 하거나 잠을 못자게 하든, 필요하다면 매도 들수 있다는걸 자네는 알아야 하네.》

허주성은 진심으로 말했다. 아버지는 잠시 말이 없었다.

《허허… 자네야말로 입학통지서 하나루 내 딸을 빼앗아가는셈이구만.》

《돌려줄 시한부를 약속할수 있네.》

《언제?!》

《박사가 된 다음에.》

《정신나간 소리!》

아버지는 소리쳤다.

《너무 오래네!》

《좋네. 그럼 학사가 된 다음에.》

《동의하지. 대신 똑똑히 키워내지 못하면 〈손해배상〉을 톡톡히 받겠네.》

두 친구는 마주 보며 웃었다.

《무엇으로 받겠나?》

《절교하걸루!》

그러면서도 아버지는 허주성의 손에 자기 손에 덧놓고는 꽉 잡아주었다.

두 친구는 기쁘게 술잔을 들었고 정옥의 대학입학을 축하하여 노래까지 불렀다.

> 꽃이 피는 봄이면 꽃이 그리워
> 단풍나무 한그루 하소연하네
> 봄이여 봄이여 내 잎새에도
> 한떨기 꽃을 피게 해주렴.
> …

허주성강좌장이 자기가 제일로 사랑하는 이 노래를 불렀고 아버지가 따라했으며 정옥이 기타반주를 했다. 그 노래뒤끝에 허주성강좌장은 주머니에서 까만 빛이 도는 자르르한 씨앗들을 꺼내들었다.

《인삼포자들세.》

《?!》

《사실 이건 비웃을지 모를 이야긴데… 상징주의자라구 말이야. 언젠가 내가 대성산에 올라갔다가 산삼을 캤다구 벅적 떠드는 사람을 만나지 않았겠나? 나이가 좀 지숙한[5] 사람인데 너무 좋아하니 사람들이 모여들어 그 사람이 캤다는 산삼을 구경했어. 대성산에서 산삼을 캤다는게 얼마나 희한한 일인가? 모양은 꼭 산삼모양인데… 사람들은 저게 정말 산삼일가 하구

---

5 순박하고 수수한.

웅성웅성했네.》

아버지와 정옥은 어느 사이에 허주성의 그 이야기에 끌려들었다.

《하지만 그 사람은 산에서 캤으니 산삼이라고 기뻐하면서 갔어. 그때 그 사람뒤에 서있던 약초분야에 조예가 있는듯한 한사람이 말하더군.

저건 분명 인삼인데 아마 특이한 곡절루 여기 대성산에서 자라게 된 모양이라구. 그런걸 저 사람은 산삼으로 알고 기뻐하는거라구 하더군.

하지만 저렇게 산삼을 찾았다구 기뻐하는 마음이 진짜로 산삼을 쓰는것처럼 보약이 되기때문에 사실을 밝히지 않았다구 하지 않겠나.

그 다음부터는 우스운 일이지만 나도 이따금 대성산에 올라가는 기회가 생기면 풀숲에서 그런 산삼을 찾게 되거든.》

세사람은 다같이 웃었다.

《난 사람들이 산삼을 찾았다는 그 거의 동화적이기까지 한 기쁨이 언제나 우리 가까이에서 계속 있었으면 하네. 그래서 난 우리 집에도 그렇구 내가 제일 사랑하는 제자들에게두 인삼을 한번 가꿔보라구 권고하군하네. 그렇게 해서 대성산 같은데 옮겨심어 놓으라구 말이네. 그게 진짜 수십년후에는 산삼이 될지도 모르고 또 산삼을 찾았다고 기뻐하는 사람들이 생길게 아닌가.》

강좌장은 웃었지만 아버지와 정옥은 웃지 못했다.

《그리구 우리 지식인들에게 흔히 생기는 그 생활에 대한 방심, 자기 학문밖에 모르는 그 독선적이고 일면적인 생활관을 깨뜨리기 위해서두 화분 몇 개쯤은 가꾸어야 한다구 생각하네. 난 정옥이에게두 이 인삼을 가꿔보라구 권고하고싶다. 아니, 교육자로서 첫 과제를 주는것이라구 생각해두 무방하지.》

그렇게 되여 정옥의 집에 저 인삼화분이 생겨났다. 한생을 그렇게 남을 위하여 살아온다고 해도 과언이 아닐 허주성강좌장이였다.

그는 교육년한 30여년이 훨씬 지나도록 자기의 박사론문을 쓸 생각을 하지 않았다. 그리하여 학계에는 허주성선생님의 여러 제자들이 그가 새로 개척한 콤퓨터조종분야의 어느 한 과목교재를 박사론문으로 제출했던것이였다.

새 과목의 개척은 하나의 발명이나 발견처럼 피타는 탐구와 뼈아픈 노력을 동반해야 하는 법이다. 그것이 최신과학기술을 상대로 하는 과목일 때에 그는 과학자로서의 고충과 교육자로서의 진통을 동시에 체험해야 하는것이다.

그리하여 허주성강좌장선생님은 반대했지만 그가 수년세월 노력하여 완성한 콤퓨터 조종분야의 새 과목 교과서는 제자들의 응당한 지지속에 박사론문으로 제출된것이였다. 그것을 다름아닌 아버지가 심의하게 된다.

그 기쁨과 그 추억속에서 정옥은 아버지와 함께 연약하고 외롭지만 푸르게 자라는 인삼화분을 오래도록 바라보았다.

《아버지, 난 강좌장선생님이 조국을 떠나기전에 박사가 되였다는 소식을 들었으면 해요. 한생 남을 위해 〈산삼〉을 캐야 한다고 말이예요. 아버지! 내 생각이 무리한건 아니지요.》

정옥은 아버지의 얼굴을 바라보았다. 아버지는 그 시선을 피하며 책상우에 놓인 친구와 딸, 스승과 제자의 론문들을 내려다보았다.

《네. 학사론문은 보지 않아도 될거라구 생각한다. 너를 키운 강좌장선생의 심혈이 비낀 론문이니… 오늘 심의에서 이 박사론문이 통과된다면 그건 곧 네 학사론문의 통과로도 되겠지.》

아버지는 자리에서 일어섰다. 딸의 소원과 의문이 엉킨 눈길을 피하듯 창문쪽으로 걸어갔다.

새벽의 운무속에 벌서 일과를 시작하는 궤도전차의 활기로운 동음이 울려왔다.

《아버지?!》

《나는 오늘 나자신과 한번 싸워보겠다.》

《?!》

…

불을 켜지 않은 빈 방의 고즈넉한 정적속에서 자꾸만 머리를 쳐드는 불안감을 털어버리듯 정옥은 도리머리를 저었다.

(아니야! 강좌장선생님의 박사론문이… 그 론문이 부결되리라고 생각하기조차 죄스러운 생각이야.)

정옥은 마음속으로 고집스럽게 되뇌였다.

아버지가 어떻게 그런분의 가슴에 아픈 자욱을 낼 수 있단 말인가? 눈물이 핑 어릴것만 같은 격정속에 오늘 아침에 본 강좌장선생님의 모습이 생생하게 떠올랐다…

허주성강좌장은 칠판에 마지크를 꾹 댄채 까딱 않고 굳어져 있었다. 조종대상의 ㅅ방정식을 써나가다가 무춤하고 굳어진 그 마지크에서 푸른색 액이 흘러나와 매끈한 칠판에 눈물인양 서서히 흘러내렸다. 학생들은 모두 숨을 죽이고 앉아 움직이지 못했다.

그들은 지금 등을 돌리고 선 강좌장선생님의 그 꾹다문 입술우로 홍건이 내배는 땀기며 깊숙이 패여져 흠칫흠칫 떠는 주름살들을 똑똑히 보고 있다.

그들은 얼마전 강좌장선생님이 난치의 병마로 더는 교단에 설수 없는 몸이라는 진단을 받았으며 바로 그 한사람의 귀중한 교육자를 위해 우리 당이 수만금을 들여 외국의 어느 한 병원에 그 치료를 위탁했다는것도 알고 있었다.

해당 기관에서는 지금 강좌장선생님에게 하루빨리 치료를 떠날것을 요구하고 있다. 치료를 예약한 병원측에서도 교환병력서의 상태를 보아 치료를 조속히 해야 한다고 주장하고 있다고 했다.

그러나 허주성강좌장은 그 출발날자를 자꾸만 뒤로 미루고 있었다. 그들, 다름 아닌 정옥의 졸업반학생들을 위하여 인간으로서 낼수 있는 마지막힘을 다 짜내고 있는 강좌장선생님이였다.

그들의 학급은 졸업을 앞두고 모두가 학사학위를 쟁취할것을 결의하였다. 그것은 그들의 대학에서 조국에 드리는 첫 학사학급으로 될것이다.

그것으로 하여 허주성강좌장은 학생들의 학사론문을 다 완성시키고야 병치료를 떠날것을 결심한것이였다. 바로 저렇게 굳어진 모습이 인간으로서 이겨낼수 있는 육체적고통의 그 마지막계선에서 몸부림치고 있는 모습이였다.

학생들은 모두가 눈물을 머금고 입술을 깨물면서도 숨소리없이 앉아있었다. 그것은 강좌장선생님이 요구한 강의자세이기도 했다.

잠시후 강좌장선생님은 또다시 아무 일도 없는듯 설명을 해나갔다.

정옥은 눈물겨운 생각으로 목이 콱 메였으나 온몸이 귀가 된듯한 심정으로 선생님의 매 마디마디를 새겨가고 있었다.

문득 그의 옆에 네모반듯하게 접은 하얀 종이쪽지가 와닿았다. 돌아보니 차호남이 읽어보라고 눈짓으로 종이쪽지를 가리켜보인다.

정옥은 쪽지를 펼쳤다.

《정옥동무, 강좌장선생님에게 더운 물을 드렸으면 해. 우리 교실 내 가방속에 보온병이 있어.》

정옥은 호남을 바라보았다. 로동생활경력을 가진 그는 정옥의 학급에서 그중 나이 많은 축에 속한다.

많은 사람들의 호감을 자아내는 그 시원시원한 얼굴이 어서 그렇게 하라고 조용히 웃으며 눈짓을 해 보인다. 언제나 필요한 곳에서 필요한 생각을 먼저 해낼줄 알며 바로 자기자신도 그것을 알고 있고 또 자부하고 있는 그런 온화하고도 자신만만한 얼굴이였다.

그를 두고 학급동무들은 《현재완료시칭》이라고 불렀다. 그들이 늘 가까이 대하는 외국어의 시칭변화중의 하나를 따서 그에게 붙인 이 별호에는 호남의 남다른 성격이 잘 표현되여 있다고 정옥은 생각했다. 바로 그러한 그가 지금 힘겨워하는 강좌장선생님에게 더운 물을 떠다 드릴것을 요구하고 있는것이였다.

왜 이자리에서 오직 그만이 이런 응당하고도 필요한 생각을 해낸것인지 몰랐다.

그 순간 그는 자기를 얼핏 스쳐 지나가는 강좌장선생님의 눈길을 보았고 왜서인지 흠칫 놀라며 굳어졌다.

그는 누구보다도 강좌장선생님을 잘 안다.

허주성강좌장은 강의시간에 반복해 불러주는 법을 몰랐다. 반복해 불러줄것을 요구하는 학생도 좋아하지 않았다. 대학생들은 강의시간에 정신을 바늘끝같이 집중하고 있어야 한다는것이 그의 주장이였다.

《13개 이상의 단어로 된 문장을 귀로 들었을 때에는 그 의미를 포착하기가 힘듭니다. 또 어떤 말을 사이를 두지 않고 몇초이상 계속해도 역시 그 리해의 실마리가 끊어집니다.

나는 이 모든것을 고려하여 설명할것입니다.

강의시간의 고도의 집중력! 나는 이것을 대학생의 가장 큰 장점이라고 믿습니다.》

학생들에게 늘 이렇게 말해오던 강좌장선생님이였다. 바로 그러한 강좌장선생님의 눈길을 보는 순간 정옥은 또다시 그러한 엄한 요구성을 본것만 같아 가슴이 뜨끔해났다.

그는 굳어진채 움직이지 못했다. 뒤에서 조급해하는듯한 호남의 소곤거리는 재촉이 날아왔다. 그러나 정옥은 선뜻 움직이지 못했다.

모진 병마와 싸우며 강의를 해나가는 지금에도 넥타이매듭 하나 늦추지 않고 몸자세 하나 흐트러뜨리지 않으려 애쓰는 강좌장선생님앞에 죄를 짓는것만 같았다. 그는 돌아보지 않은채 조용히 머리를 흔들어보였다.

뒤쪽에서 질책하는듯한 한숨소리가 들려왔다.

호남은 조용히 자리에서 일어나 허리를 있는 힘껏 꼬부리더니 강의실을 빠져나갔다.

한껏 조용하고도 민첩한 그 동작에 정옥과 몇사람을 내놓고는 누고도 그를 알아보지 못했다.

이윽고 그는 더운 김이 몰몰 솟아오르는 물고뿌를 들고 들어왔다. 그는 죄송스러운듯 고개를 수긋한채[6] 그 물고뿌를 교탁우에 조용히 올려놓았다.

순간 교실은 물을 뿌린듯 조용해졌다. 학생들모두가 긴장해져 강좌장선생님과 모락모락 김이 오르고 있는 몰고뿌 그리고 들어가야 할지 아니면 서서 꾸중을 기다려야 할지 몰라 주밋거리는[7] 호남을 지켜보았다.

---

6 ㉬ 수긋 : 고개 같은것을 자꾸 숙이는 모양을 나타내는 말.

7 자꾸 주밋주밋하다. ㉬ 주밋주밋 : 망설이며 머뭇거리는 모양을 나타내는 말.

순간 허주성강좌장은 당황해진듯 싶었다.

어떻게 처신해야 할지 떠오르지 않는듯 그 물고뿌만을 지켜보았다. 그러나 몹시도 힘겨운듯 저도 모르게 터갈라진 입술을 감빨았다.

이윽고 그의 얼굴에 거의 부끄러움을 타는 어린애의 표정과 류사한 홍조가 떠돌더니 속삭이는듯한 목소리가 흘러나왔다.

《고맙소!》

학생들은 마음속으로 안도의 숨을 내쉬였다.

그리고 다행스럽고 고맙기까지 한 마음으로 더운 물잔에 손을 가져가는 강좌장선생님을 지켜보았다. 많은 학생들이 그런 생각을 해낸 차호남에게 미소를 보냈다.

그가 아니라면 누구도 강좌장선생님의 강의시간에 그런 용단을 내리진 못했을것이였다. 역시 그는 나무랄데 없는《현재완료》였다.

다만 정옥만이 고통으로 뻐근해오는 가슴으로 그 강좌장선생님을 지켜보고 있었다.

(미안합니다. 선생님!)

정옥은 조용히 되뇌였다. 그는 다음 시간부터 자기가 꼭 약차를 만들어 선생님의 교탁우에 올려놓으리라 마음다졌다.

그러나 선생님이 그것을 받아주겠는지 자신이 생기지 않았다. 필경 다음부터는 엄하게 만류할것이며 또 올려놓는다고 해도 거기에 눈길 한번 보내지 않을것이다. 결국 몸부림하듯 강의를 해나가고 있는 강좌장선생님앞에 제자로서의 성의와 도리를 표시할수 있었던 기회는 오늘의 이 자리 한번뿐이였는지도 모른다.

오직 호남만이 그것을 느꼈고 실행한것이다.

그의 마음을 아는듯 모르는듯 강좌장선생님은 강의를 계속해나간다. 교탁의 물잔에서 더운 김이 모락모락 솟아오르고 있었다…

문득 방안에 불이 켜졌다. 아버지가 들어선것이였다. 정옥은 그제야 자기가 눈물이 그렁해진채 앉아있었다는것을 깨닫고 급히 눈굽[8]을 훔치며 일어섰다.

당황함과 부끄러움에 그의 얼굴은 붉어졌다.

아버지는 그런 딸을 저으기[9] 놀란 시선으로 지켜보았다.

---

8 눈구석이나 눈의 가장자리.

9 꽤 어지간히 또는 얼마간.

《왜 그러느냐 정옥아?》

《아버지!》

정옥은 부끄러움과 그리고 기대가 엉킨 눈빛으로 아버지의 얼굴을 더듬었다. 그러는 딸의 마음을 알아차린듯 아버지의 얼굴에 한줄기 미소가 흘러갔다.

《정옥아, 강좌장선생의 박사론문은… 통과되였다.》

《예?!》

오래도록 기다렸고 또 그토록 예상했던 대답이였지만 정옥은 그 대답의 충격을 이겨내지 못하고 흠칫 놀라기까지 했다. 아버지의 얼굴을 꼼꼼히 살피고 그 모든것을 확인하자 정옥은 왜서인지 또다시 불쑥 눈물이 솟구쳤다. 정옥은 손끝으로 눈굽에 고여오르는 눈물방울을 훔쳤다.

《왜 우느냐? 기쁜 소식인데…》

《그저요. 왜 그런지 울고파요. 선생님이 얼마나 기뻐하시겠어요.》

정옥은 또다시 눈굽을 찍어냈다. 아버지는 그런 딸의 어깨를 말없이 두드려주고는 자기 방으로 갔다.

잠시후 아버지방에 들어서던 정옥은 옆에 낀 가방을 놓을념도 못한채 우두커니 서있는 아버지를 보았다. 그 아버지의 시선은 창턱우에 놓여있는 인삼화분에 가닿아 있었다.

무엇인가 해소할길이 없고 또 쉽게 터놓지도 못할 그 어떤 괴로운 상념에 시달리는듯한 모습이였다. 그순간 정옥은 강좌장선생님의 박사론문이 통과되였다는 기쁜 소식도 아직은 자기 가슴속에서 무엇인지 알수 없는 불안과 위구를 깡그리 몰아내지 못했다는것을 느꼈다.

《아버지.》

정옥은 조심히 불렀다. 여전히 그 화분에서 눈을 떼지 않은채 아버지는 걱정 말라는듯 고개를 끄덕여보였다.

《아버지, 무슨 일이 있었나요? 아버지의 얼굴색이… 난 아침부터 불안했어요.》

아버지는 깊은 상념에서 깨어난듯 몸을 움쭉였다.[10]

《정옥아! 왜 그런지 저런 인삼을 산삼으로 알고 기뻐서 캐갔다는 그 사람의 일이 생각나는구나. 그는 그것이 산삼인줄 알고 정말 무한히 기뻤을게다. 하지만 그건 분명 산삼이 아니라 인삼이였다.》

10 움쩍 : 조금 움직이는 모양을 나타낸 말.

《?!》

《정옥아, 너한테 할 말이 있다. 거기 좀 앉아라.》

정옥은 까닭모를 두려움에 몸을 떨며 자리에 앉았다. 아버지는 말없이 담배를 피워물었다.

파르스름한 연기가 그들사이에서 그물거렸다.

이윽과 아버지는 딸의 학사론문을 집어들었다.

《생산공정의 콤퓨터조종체계구성에서 제기되는 몇가지 문제》라고 쓴 겉표제를 이윽토록[11] 들여다본다.

《아침에 내가 말했지. 강좌장선생의 박사론문이 통과된다면 그것이 곧 너의 이 학사론문에 대한 인정으로 될거라구. 그래! 난 강좌장선생의 박사론문을 손들어 찬성했다. 하지만 난…난 그것 때문에 이 마음이 괴롭구나.》

정옥은 흠칫했다.

무엇인가 예감을 지나 어느덧 현실로 다가오는 엄청난 불행을 보는듯 했다. 그것은 파르스름하게 피여오르는 담배연기처럼 그를 휩싸안으며 점점 다가오는 무형의 압박이고 두려움이였다.

아버지는 자기를 지켜보는 딸의 시선을 마주보더니 결심한듯 한결 빠르고 정확하게 말을 이었다.

《강좌장선생이 교과서에 집필한 콤퓨터조종체계는 한마디로 〈ㅍ〉체계에 관한거다. 결국 네 학사론문도 바로 그 〈ㅍ〉체계에서 출발한것이구… 물론 콤퓨터가 출현한 다음부터 수십여년간 세계는 〈ㅍ〉체계를 공인된 체계로 일러왔고 리용해왔다. 하지만 지금 세계에선 콤퓨터기술부분에서 〈ㅍ〉체계로부터 〈ㄱ〉체계로 방향을 전환하고 그에 따라 새로운 망을 꾸리려는 시도들이 뚜렷해지고 있다.》

순간 정옥은 흠칫 놀랐다. 강좌장선생님에게 닥친 무서운것을 분명 보았고 그래서 무턱대고 강좌장선생님을 지키고싶은 조급한 열망에 사로잡혔다.

《하지만 그것이 아직 학계에 공인된거야 아니지 않나요. 추상이거나 가설 혹은 부분적인 시도단계들일수도 있지 않아요. 그 가설이나 시도들이 실용화되자면 아직은 많은 시간이 필요할거라고 난 생각해요.》

아버지는 천천히 고개를 끄덕였다.

11 꽤 깊도록.

《옳다. 아직은 그것이 과학계에서 눈에 잘 띄지 않는 부분적인 시도들이다. 진통도 있고…》

아버지는 《ㄱ》체계에로의 방향전환을 시도하고 있는 어느 한 나라의 과학단위와 여러 회사들의 실례를 들었다.

《〈ㅍ〉체계는 콤퓨터가 선택되면 그 콤퓨터에 맞는 프로그람밖에 리용할수 없다. 그러나 서로 다른 종류의 콤퓨터와 프로그람을 마음대로 선택하여 쓸수 있게 되어있는 리용자위주의 〈ㄱ〉체계는 많은 우점이 있다. 〈ㄱ〉체계에 따라 여러대의 콤퓨터로 분산콤퓨터망을 꾸리면 전체 콤퓨터들을 하나의콤퓨터처럼 관리운영할수 있고 콤퓨터들의 모든 자원을 공동으로 리용하게 된다.

우린 이 점을 중시해야 한다. 다 개발되고 공인된 다음에 따라가자면 우린 또다시 몇 년을 뒤떨어진다.》

아버지와 딸사이에 침묵이 흘렀다. 불안하고도 조급하며 사연깊은 침묵이였다. 그 침묵을 먼저 깬것은 아버지였다.

《오늘의 과학은 〈빛속도〉로 발전하고 있다. 온갖 가상과 예언이 현실로 되는 시대다. 여담같지만 한마디 하자. 20세기의 첫 문어구에 들어서던 1901년 1월초 어느 한 나라 신문에는 20세기 과학기술의 발전과 그에 의하여 일어나게 될 사회생활의 23가지 문제에 변모를 예언한 기사가 실린적이 있었다. 이 신문을 읽은 사람들은 놀랐다. 과연 그것이 실현될가 하고 의문을 품었다. 그런데 1981년 어느 한 나라 잡지에는 1901년에 예언한 23가지 문제들이 80년이 지난후 어떻게 실현되였는가를 비교론평한 론문이 실렸다.

놀랍게도 20세기말도 아닌 1980년대에 벌써 이 예언들이 현실로 되였을뿐아니라 적지않은 예언들은 그보다 훨씬 앞섰다는것이다. 너도 알겠지만 과학과 기술의 발전은 시대마다 다르다. 사진의 단순한 원리가 실제로 쓰이게 될 때까지는 100여년의 시간이 걸렸지만 집적회로가 실제로 쓰이게 될 때까지는 고작 몇 년이 걸렸다. 이것을 너무도 잘 알고 있는 우리가 어떻게 자기자신을 속이는 짓을 할수 있겠니?》

아버지의 손끝에서 하얀 재가 구붓하니[12] 매달린 담배대가 시름겹게 연기를 피워올렸다.

그 손끝이 가볍게 떨리더니 담배재가 흐트러져 땅바닥에 떨어졌다. 무엇인가 다시는 돌이킬수 없는 처절한 모습을 상기하게 하는 광경이였다.

아버지와 딸은 거기에 그 어떤 커다란 의미가 깃들어있기라도 한듯 오래도록 그것을 내려

12 조금 굽은듯 하다.

다보았다. 아버지가 무겁게 입을 열었다.

《정옥아, 지금 일부 대학졸업생들을 보면 도무지 대학공부를 한 젊은이들 같지 않아서 안타까울 때가 드문하구나.[13]

사회에 나와서는 다시 배워서 시작하는 형편이니… 대학에서 배워주는 학문의 높이에 도달했다는 그 만족감과 스승들에 대한 맹목적인 존경,

과학은 시간이 다르게 계속 전진하는데 일부 우리대학들에선 이런 만족의 시간들이 아직도 흘러가고 있으니…》

아버지는 말을 더듬었다. 항변할길 없는 사실앞에 정옥의 가슴은 타들었다.

《물론 나도 인정과 도의에 못이겨 원칙에 양보했다. 무서운 병마와 싸우며 조국을 멀리 떠나있을 사람이라는 생각에… 그의 인생도 황혼기라는 생각에… 그 박사론문을 통과시켰지.

난 아마 죽을 때가지 이것 때문에 괴로움에 시달리게 될게다. 하지만 너만은… 대학생인 너만은 그러지 말거라. 고정불변한 답보로 받은 백개의 성공보다는 새발자욱을 내짚다 받은 한 개의 실책이 더 귀중하다는 걸 명심해라.

그게 바로 전진이야. 그러자면 스승의 그 지식만으로 만족해서는 안된다. 한걸음이라도 앞으로 나가야 한다. 그런 전진의 시간이 매 대학생들에 의해서 한시간, 두시간 하다못해 5분, 10분씩이라도 당겨진다면 그만큼 조국이 전진하게 된다.》

아버지는 엄해보이는 시선으로 딸을 지켜보았다. 정옥은 두려운 생각으로 몸을 떨었다.

《아버진… 저에게 무엇을 요구합니까?》

더듬거리듯 정옥은 물었다.

이제 더는 그것을 명백히 하지 않고는 견디지 못할것만 같은 정옥이였다.

아버지는 잠시 침묵했다. 이윽고 한마디 한마디를 음미하듯 천천히 말했다.

《이 학사론문을 포기해라!》

《예?!》

정옥은 소스라쳤다.

《물론 강좌장선생님이 알면… 그는 괴로워 할거다. 과학자로서, 교육자로서 그는 너무도 많은것을 잃게 되기 때문이다.》

아버지는 별이 총총한 창밖에 오래도록 눈을 주었다.

---

13 어떤 사실이 자주 있다.

《래일 낮 우리 연구소에서 〈ㄱ〉체계를 도입하려고 애쓰는 과학단위와 생산단위의 연구사, 기술자들의 발표회가 진행된다. 과학기술통보사에서 보내준 록화자료들도 방영된다. 네가 여기에 꼭 참가하거라. 꼭!》

아버지는 마지막말에 힘을 주었다.

《하지만… 강좌장선생님에겐… 알리지 말거라. 원칙상 알려야겠지만… 난 용기가 나지 않는구나. 하지만 너만은… 믿겠다.》

아버지는 다시금 그 인삼화분에 눈을 주었다.

정옥도 그 화분을 바라보았다.

아래층에서 아까부터 울리던 피아노소리가 주변이 고요해지자 더 뚜렷하고 더 열성적으로 울려왔다. 놀랍게도 그 선율은 허주성강좌장이 즐겨부르는 《단풍은 붉게 타네》의 선률이였다…

바로 그것으로 하여 정옥의 번민은 시작되였다.

다음날 아침 무서운 병마와 싸우며 제자들의 론문완성에 필요한 강의를 해주는 강좌장선생님의 모습을 보며 정옥은 무서운 고민과 방황을 느꼈다. 정옥은 보지도 듣지도 못한채 앉아있었다.

문뜩 강좌장선생님의 목소리가 귀에 들려왔다.

《정옥동무, 이 조종××××의 기본정수계산방법을 설명해보시오.》

정옥은 깜짝 놀라며 자리에서 일어섰다.

어느새 강좌장선생님은 정옥의 학사론문의 기초로 되는 부분을 강의하고 있었던것이였다.

어망결에[14] 일어나기는 했으나 당황함과 부끄러움으로 정옥은 아무것도 가려볼수 없었고 대답할수 없었다. 정옥은 얼굴을 붉히며 서있었다.

허주성강좌장의 얼굴에 노여운 빛이 스쳐지나갔다.

강좌장선생님이 제일로 총애하는 제자의 이러한 실책은 본인보다도 학급동무들을 더 당황하게 만들었다. 문제의 정수를 알려주는 속삭임소리가 여기저기서 울려왔다.

그중에서도 차호남의 목소리가 더욱 뚜렷하게 들려왔다. 그는 일어선 정옥의 뒤에서 강좌장선생님의 눈에 띄지 않도록 주의하며 책으로 메가폰을 만들어 속삭이고 있는것이였다. 하여 정옥은 자기가 대답하여야 할 문제의 본질을 인차[15] 알아차렸다. 그러나 그는 대답을 하지

14 얼떨결에.

15 이내.

않았다. 대답할 요점을 알려주는 호남의 목소리는 더욱 뚜렷해졌으나 정옥은 고개를 들지 않았다.

《앉으시오.》

저으기 서운해하는 목소리였다. 정옥은 숨막힐듯 한 수치와 죄스러움을 안고 자리에 앉았다.

…

오후 자체학습시간에 호남은 정옥을 조용히 불러냈다.

《어떻게 된거요. 정옥동무? 동무가 대답 못할 정도의 문제는 아닌데…내가 귀띔해주던 말을 못들었소?》

《들었어요.》

정옥은 조용히 한숨을 내쉬며 대답했다.

《?!》

《난 강의시간에 딴 생각을 했댔어요. 그런데 어떻게 아닌보살하구…》

《정옥동무! 우리 때문에 그렇게 애쓰는 강좌장선생님의 마음을 다름 아닌 동무가 섭섭하게 해드려서야 되겠소. 그런 때에야 어떻게 해서든 대답하구 봐야지. 그렇게 매 순간순간을 완성하구 나가야 자기자신에게도 그리고 다른 사람들에게도 훌륭한 결실을 줄수 있지 않을가?》

《현재완료시칭》이라는 그 별호가 다시금 생각났다. 아마도 호남은 이러한 노력으로 모두에게 호감을 주는 나무랄데 없는 인간으로 사는것인지 모른다. 자기과목에 대한 긍지가 남다른 과목교원의 학과소론문초고를 제출할 때에는 그 론문마감에 자기가 론문초고를 제출할 때에는 그 론문마감에 자기가 론문초고를 완성한 시간을 새벽 몇시 몇분이라고 꼭 적어놓는 것을 잊지 않는 호남이였다.

정옥은 그의 그러한 성격이 부럽기도 했다.

《그런데 딴 생각이란건 뭐요? 강의시간엔 대포알이 터져두 모른다던 동무가 아니요.》

호남은 인상좋은 미소를 첨부하며 물었다.

정옥은 입술을 깨물며 말이 없었다.

《허허… 내가 알아선 안될 일인 모양이지.》

《아니예요.》

정옥은 끝내 아버지와 자기사이에 있었던 일을 이야기하고야 말았다. 그는 자기의 이야기를 듣는 호남의 얼굴이 평소의 그답지 않게 컴컴하게 질리는것을 알아보았다.

《〈ㄱ〉체계란 말이지?! 〈ㄱ〉체계!》

호남은 한참후에야 다시금 침착한 표정과 몸자세를 되찾았다.

《그래 동무생각은 어떻소?》

정옥은 발끝을 내려다보며 대답을 못했다.

《정옥동무, 물론 동무의 심정은 리해되오.

하지만 학급동무들을 대표해서 내가 부탁하오.

제발 그 〈ㄱ〉체계에 대한 연구토론이 있다는 연구소에 가지 마오. 그 생각을 잊어먹소. 응?! 될수록 빨리 그리고 철저하게 잊어버려야 하오.》

호남의 마지막말은 거의 위혁적으로[16] 울렸다.

《동무가 론문을 포기하구 그 원인을 공개하면 동문 오늘날에 도덕적인 지탄을 당하게 될 거요.》

《예?!》

《그렇소! 강좌장선생님의 가슴에 가장 큰 상처를 입히게 될거구… 또 동무는 우리 학급이 대학의 첫 학사학급으로 되여 졸업하는 영예를 빼앗을거요. 무엇 때문에 자기자신을 그렇게까지 학대할 필요가 있겠소. 오늘날에 도덕적으로 지탄을 당하구… 대학생으로서 얻을수 있는 명예를 다 얻지 못하구… 동무 혼자만 후보학사로 졸업할게 아니요. 그래 이게 아름다운 일이요?

동무자신에게나 우리에게 그리고 강좌장선생님에게… 또 오늘에나 래일에나 아름다울수 있는 일인가 말이요? 잘 생각해 보오.》

정옥은 자기의 마음속을 그대로 들여다보며 읽는듯한 호남의 말이 두려우면서도 고마웠다.

자기자신이 그렇게 반박할수없는 론리앞에 어쩔수 없이 지고싶었다.

《호남동무. 고마워요! 사실 나도 괴로워요. 이제 한시간후이면 연구소에서 토론회가 진행될텐데…》

《자기에게 충실하오. 정옥동무. 해주고싶은 말은 이거요. 강좌장선생님과 동무자신을 생각해서라두 〈ㄱ〉체계를 잊어버리오. 대학을 졸업할 때까지만이라두… 응?! 자, 그렇게 하지?》

호남은 긴장한 눈빛으로 정옥을 지켜보았다.

말없이 서있던 정옥은 힘들게 그러나 뚜렷하게 고개를 끄덕여보였다.

《고맙소! 야, 동문 정말 사람의 가슴을 철렁하게 하는덴 뭐가 있구만. 늦과일은 서리를 맞

16 ㊟ 위혁 : 위협.

아야 달구 명예하고 사랑은 곡절을 겪어야 완성된다는건가? 결국 삼단론법으로 따지면 사랑과 명예는 다 늦과일이다 이렇게 되누만. 하하…》

호남은 소리내여 웃었다.

《동무나 나나 다 늦과일인 모양이요.》

호남은 자기의 이 의미심장한 말에 스스로 즐거워진듯 했으나 정옥은 맥인 진한 사람모양으로 서있었다. 호남은 달래듯 입을 열었다.

《어쩌겠소. 자동화공학이란 그런 학문인걸.

항상 발전하지. 그래서 나만 해도 이 자동화공학에 한생 종사할 용기도 능력도 없고 또 의사도 없소. 아마 날 어느 대학교원으로 배치할것 같소. 그게 나한테 제일 합당할것 같애.》

정옥은 놀란듯 호남의 얼굴을 지켜보았다.

교원?! 정옥은 그 소스라치도록 두려운 의미를 아프게 곱씹었다.

《교원?!》

우리 동무들중에도 각 대학의 교원으로 일할 동무들이 있을것이다. 문득 아버지의 목소리가 귀전을 쳤다.

《과학은 시간이 다르게 계속 전진하는데 일부 우리 대학들에선 이런 〈만족〉의 시간들이 아직도 흘러가고 있으니…》

정옥은 숨이 가빠올랐다. 바로 자기가 선 이 자리에서 그 구태의연한 시간이 다시금 이어지고 있다.

자기의 가슴속에서 슬며시 눈을 뜨고 자기를 똑바로 지켜 보는듯한 엄한 눈길.

그것은 아버지의 눈빛 같기도 하고 어디선가 많이 보아왔던 낯익은 사람의 눈빛 같기도 했다.

지어는[17] 놀랍게도 그것이 허주성강좌장의 눈빛같기도 했다.

그것은 지나온 나날들에 그에게 아름다운것, 옳은것을 가르치던 사람들의 눈빛이였고 그것으로 하여 눈을 뜬 자기 자신의 량심의 눈이였다.

바로 그런 눈으로 정옥은 호남의 얼굴을 처음이라도 보는듯 바라보았다. 언젠가 허주성강좌장이 하던 말이 류다른 의미를 띠고 안겨왔다.

《그 동무에 대해선 나도 참 종잡기가 어렵소.

---

17 = 지어. 주로 토《까지, 조차, 마저, 도》등이 붙은 단어의 앞에 쓰이여 《더 나아가서》, 《더우기》, 《또한》, 《놀랍게도》 등의 뜻으로 앞에서 든 사실뿐아니라 새로이 들어서 보여주는 사실을 두드러지게 내세우며 강조할 때 쓰인다.

제일 힘든 과목시험을 앞두고는 강좌사무실 지어는 우리 집까지 찾아와 모를 문제들을 묻곤 하는데… 아마 열번두 더 찾아올거요. 공부를 참 직심스럽게[18] 하는 동무로구나 하고 생각했는데 어떤 때는 시험성적이 생각했던것보다 퍽 떨어지거든. 하지만 찾아와서 물어보던 그 성의를 생각하면 생각을 달리하게 된단 말이요.》

정옥은 모두에게 호감을 주던 그에 대해 의문을 품게 되는 자신을 발견하였다.

그는 분명 훌륭한것, 아름다운것을 느낄줄 아는 인간이다. 그러나 그는 그 훌륭한것, 아름다운것을 저 하나만을 위한 리기적이고 타산적인 생활로 이어 가고 있다. 그저 오늘 하루하루를 편하고 무난하게 넘기려는 그《노력》, 그《현재완료》.

하다면 나는 지금 그와는 무엇이 다르며 그와 나자신이 학급동무들마저 끌고 어디로 가려하고 있는것인가? 모르고서는 어쩔수 없다고 할테지만 알고서야 어떻게 자기자신과 동무들과 그리고 가장 힘에 겨웠던《고난의 행군》의 나날 절절한 소원과 사랑으로 우릴 키운 조국을 기만할수 있으랴?

정옥의 숨결이 흐느낌마냥 떨렸다. 눈물이 쏟아질듯 한 얼굴로 그는 속삭였다.

《호남동무. 우리가… 우리가 지금… 옳은걸가요?》

《뭐?!》

정옥은 그 대답이 씌여져 있기라도 한듯 운동장 한쪽을 뚫어지게 바라보았다. 그러자 그 순간 호남에 대한 불신의 감정을 지나 다름아닌 자기자신에 대한 의혹과 렬등감이 못견디게 솟구쳐올랐다. 자기가 그동안 무엇을 배웠으며 무엇을 할수 있는지조차 알수없고 따라서 그 어떤 자그마한 용기도 내지 못할듯 싶은 무력감이 그의 온몸을 칭칭 얽어맸다. 그는 반발하듯, 모지름쓰듯[19] 머리를 흔들었다.

《아니예요! 못하겠어요. 난 정말 못하겠어요.》

몸부림하듯 하는 정옥의 그 모습에 호남의 얼굴은 굳어졌다.

《모르고서는 어떨지 몰라도 알고는 그렇게 못하겠단 말이예요.》

정옥의 눈가에 눈물까지 핑 서려돌았다.

《우린 조국이 가장 어렵던 때 대학공부를 했어요. 수많은 공장의 불빛은 꺼졌었지만 우리 대학들의 강의실불빛만은 꺼지지 않았아요. 몇 개의 공장은 돌렸을지도 모를 그 귀한 자금이… 굶어서 쓰러진 사람들의 생으로 어어졌을지[20] 모를 목숨같은 식량이 우리들에게 돌려졌

18 한번 마음먹은 그대로 꿋꿋이 지켜나가는 대바르고 꾸준한 태도가 있다.
19 괴로움을 견디여내거나 무엇을 이루려고 기를 쓰다.

어요. 래일에 앞서기 위해서! 래일에 잘 살기 위해서!

조국의 이 진정을 단 한순간이라도 깨닫고 단 몇분이라도 조국의 과학을 앞으로 떠민 시간을 가지고 대학을 졸업해야 할게 아니예요.》

그는 이미 호남에게가 아니라 자기자신에게 말하고 있었다. 그의 눈앞에는 호남이 아니라 주저하고 망설이는 연약하고 무기력한 한 처녀대학생이 서있었다.

《뒤떨어졌다는걸 아는것만으로는 부족해요.

의문과 불만족이 없는 고정불변한 대학시간, 전진이 없는 대학시간은 천시간이 흘러갔다고 해도 무의미한거예요. 우린 대학졸업이라는 그 인생의 출발시간을 과거가 아니라 오늘, 아니 미래의 과학에 맞추어야 해요. 이것이 우리 장군님의 강성대국건설의 시간표구 의지예요.》

호남은 얼굴이 컴컴해진채 말없이 서있었다.

오랜 시간이 흘러서야 짜내듯이 물었다.

《그럼… 어쩔테요? 강좌장선생님이…》

그는 스스로도 자기의 이 말이 김이 빠져 버렸음을 느꼈는지 의미없이 한손을 쳐들었다가 맥없이 내리워버렸다.

《그럼 마음대로 하오. 난 해줄 말은 다 해주었소.》

정옥은 목이 타드는듯한 안타까움속에 오래도록 망설이다 입을 열었다.

《호남동무, 전…론문을 포기하겠어요.》

그 순간 호남은 흠칫 놀랐다.

《강좌장선생님에겐…》

그는 오래동안 바재였다.[21]

《새로운 내용으로 더 완성하기 위해서라고만 말하겠어요. 하지만 연구소에서 진행되는 연구토론회에는 이제 가겠어요. 이제 40분후이면…》

문뜩 다급한 발자욱소리가 들려왔다. 학급의 나이어린 한 녀동무가 얼굴빛이 까맣게 질려 뛰여온다.

《강좌장선생님이… 정신을 잃고 쓰러졌어요.》

순간 정옥과 호남은 흠칫 하며 굳어졌다.

---

20 ㊟ '이어졌을지' 의 오기인 듯 함.

21 ①부질없이 오가며 서성거리다 ②마음이 놓이지 않거나 미련이 있어 자꾸 망설이면서 머뭇머뭇하다 ③맘이 내킨대로 선뜻 행동하지 못하고 자꾸 재다 ④마음이 진정되지 않아 이 생각 저 생각하다.

《어디서?》

《저기 콤퓨터실습실에서… 콤퓨터를 다루다가…》

《그럼 빨리 진료소로 가오. 빨리!》

정옥과 호남은 콤퓨터실습실로 달려갔다.

허주성강좌장은 실습실의 안락걸상에 정신을 잃고 누워있었다. 영문을 알수 없는 도형들이 펼쳐진 콤퓨터의 화면에서 야릇한 형광빛이 쏟아져나와 그의 수척한 얼굴을 모질게도 부각시키고 있었다.

《강좌장선생님의 주머니에 비상약이 있을수 있소. 좀 찾아보오.》

차호남의 목소리가 침착하게 울렸다. 몇학생이 강좌장선생님의 주머니를 더듬었다. 몇봉지의 각이한 약들과 함께 언제 넣은것인지 모를 시들시들한 귤 반쪽이 나졌다.

아마도 식사조차 못하는 강좌장선생님에게 안해나 자식들이 넣어준 귤일것이다. 그러나 그것조차 편히 넘길 수 없어 저렇게 주머니속에서 시들고 있는것이다.

정옥은 그 시들어가는 귤쪼각을 외면하고 싶었다.

그러나 그 귤쪼각은 모질게도 눈을 잡아끌었다.

고통인지 공포인지 알수없는 감정으로 숨이 차오르고 눈앞이 캄캄해졌다.

그 순간 건반을 누르자 콤퓨터의 화면에서 알길 없는 도형들은 사라져버리고 경쾌한 화면음악이 쏟아져나오기 시작했다.

호남이 그쪽에 대고 언짢은 눈길을 보냈다.

그러나 콤퓨터를 정지시키려던 학급동무도 그리고 호남과 정옥도 그 순간 모두 굳어지고 말았다. 화면에 현시된것은 정옥의 학급동무들이 강좌장선생님이 이따금 피곤을 풀라고 마련한 다매체프로그람《노래하는 선생님》이였다.

그것은 어느 한 성악배우가 출연하는 화면에서 그 배우의 얼굴을 강좌장선생님의 얼굴로 바꾸어놓은것이였다.

단풍이 붉게 타는 맑은 시내가에서 강좌장선생님은 불타는 단풍잎을 주어든다. 생의 무한한 의미를 더듬는듯한 그 숙연한 얼굴…

가슴속 깊은 곳에서 은근히 울려나오는 서정가요…

그 성량이 풍부하고 아름다운 목소리…

> 꽃이 피는 봄이면 꽃이 그리워
> 단풍나무 한그루 하소연하네…
> …

생에 대한 무한한 사랑과 애착으로 충만된 그 젊고(학생들은 강좌장선생님의 젊은 시절의 모습으로 선택했다) 행복해 보이는 얼굴, 단풍이 불 타는 아름다운 산을 배경으로 커다랗게 다가오며 절절한 소원을 담아 노래 부른다.

온갖 열매 주렁진 가을이 오면
단풍나무 설레네 더욱 간절히
가을아 가을아 내 아지[22]에도
향기론 열매 맺게 해주렴
…

선생님의 두리[23]에 하나 둘 날아내리는 붉은 단풍잎, 그 단풍잎들속에는 선생님의 제자들의 모습이 새겨져 있었다.

그 사랑하는 제자들, 그 작열하는《단풍》속에 웃고 있는 선생님의 모습, 그 단풍속에는 다름아닌 정옥의 얼굴도 있었다. 정옥은 제발 콤퓨터를 꺼달라고 애원하고 싶었다. 자기가 더는 견딜것 같지 못했다. 그는 울고만 싶었다.

아! 인간이 이렇게도 괴로울수 있단말인가?!

의사가 달려오고 승용차가 왔다.

《자, 빨리 병원으로.》

차호남이 강좌장선생님을 부축한채 옆좌석에 앉으며 하는 말이였다.

정옥도 저도 모르게 승용차의 문고리를 잡았다.

강좌장선생님과 병원에 함께 갈 마음이였다.

그 순간 그는 차호남의 눈길과 부딪쳤다. 호남의 얼굴에 반가운 기색이 확 피여올랐다.

《병원에 가겠소?!》

그 반가운 미소를 보는 순간 정옥은 굳어졌다. 그제야 이제 30분후 시작될 그 연구토론회를 생각했던것이였다.

정옥은 묻는듯 호남을 바라보았다. 그러나 호남은 아무 말도 하지 않았다. 그러나 정옥은 호남의 눈빛에서 이런 목소리를 분명히 들은듯 했다.

22 식물의 어린 가지나 가는 가지.
23 하나로 뭉치게 되는 중심의 둘레.

《그래 어디로 가겠소? 병원이요 아니면 연구소요?》

정옥은 숨막힐듯한 안타까움을 느꼈다. 호남은 그를 똑바로 지켜보았다.

두 눈빛의 대화는 계속되였다.

《지금껏 자기가 한 모든 말을 책임지오. 동문 아까 훌륭하게 말했소.》

《호남동무, 하지만…》

《인간적으로 파멸되면서라도 꼭 가야 할 길이라면 가오. 그러나 그 값은 너무도 비쌀거요.》

정옥은 고개를 떨구었다. 저도 모르게 스르르 승용차 문손잡이를 놓았다. 그것은 몇초 되나마나한 사이에 있은 일이였다.

그를 지켜보던 호남은 안에서 승용차문을 쾅 하고 닫았다.

《동문 오늘을 후회하게 될거요. 언젠가는 자기가 떳떳하고 아름다울수도 있었었다고 후회하는 〈과거〉형이 될거요.》

정옥은 호남의 이런 목소리를 분명 들은듯 했다. 승용차가 한줄기 가벼운 연기를 남기며 달려가 버렸다.

《아니, 선생님! 호남동무!》

정옥은 저도 모르게 승용차를 따라 몇걸음 달렸다. 그러나 승용차는 벌써 저쪽에서 동체를 번뜩이며 속도를 놓는다.

망연하게 서있던 정옥은 따거운 눈물이 핑하고 서려도는 눈길을 푸르른 하늘로 쳐들었다.

가없이 푸르른 하늘이 그를 굽어본다. 끝간데없이 펼쳐진 조국의 푸른 하늘이…

정옥은 그 하늘가에 자기의 고맙고 소중한 사람들의 얼굴을 하나하나 그려보았다. 오늘은 자기를 원망할지도 모를 그 모든 얼굴들이 그 조국의 하늘가에서는 환하게 웃는듯 하였다.

그것은 바로 래일의 우리 조국의 푸른 하늘이였다.

지금보다 더 푸르고 오늘보다 더 넓어질 조국의 하늘…

한줄기 뜨거운 눈물이 주르르 그의 볼로 흘러내렸다.

(선생님! 용서하십시오. 연구토론회가 끝나면 꼭 선생님에게 가겠습니다. 선생님!)

*

연구토론회는 끝났다. 정옥은 격전을 치르고 난듯이 온몸이 땀에 젖어 텅 빈방에 서있었다.

아직 꺼지지 않은 록화텔레비존의 대형화면에서 쏟아 져 나온 푸른 빛이 그를 휩싸안고 있었다.

아버지가 다가왔다. 모든것을 다 알아차린듯 말없이 딸의 어깨를 힘주어 그러쥐였다 놓았다.

그리고 딸이 채 리해하지 못했거나 미처 적어놓지 못한 자료들을 보충해주고 그 리해와 연구에 도움이 될 자료들이 입력된 콤퓨터자기원판들을 안겨주었다.

그렇게 퍽 오랜 시간이 흐른뒤 아버지와 딸은 방을 나서기 위해 돌아섰다. 그 순간 두사람은 다같이 숨을 훅 들이키며 놀라 멎어섰다.

차호남의 부축을 받으며 문가에 들어서는 허주성강좌장을 본것이였다.

그 얼굴은 땀에 젖어있었다. 그러나 그토록 땀에 젖은 얼굴은 차거운 빛으로 질려있었다.

네사람의 각이한 눈빛들이 서로 오고가고 부딪치고 또 서로 피하고 따라가고 했다.

《홍, 그러니 이젠 딸의 〈양육권〉을 도로 찾아간다 이거구만.》

노여움인지 비웃음인지 모를 강좌장의 야릇한 어조였다. 아버지는 눈에 띄게 허둥거렸다.

《그런데 정당하진 못하구만. 정옥이가 아직 학사는 못된것 같은데…》

여전한 어조, 여전한 얼굴빛이다.

《주성이!》

《그만두게!》

허주성강좌장은 조용히 부르짖었다.

《자넨 이 허주성이가 한푼값도 못되는 산 〈인간〉으로 남아있게 하려했어. 그 〈인간〉이 옛날에 영 놀고 먹지 않았다는 표적으로 박사메달을 달아주려 했지. 그러니 이젠 병을 고치고 와서 대학정문에 그 박사메달을 달고 지나간 시대를 조상하는 비석처럼이나 서있어야지. 그렇지?!》

자기를 가까스로 다잡는 모지름이[24] 똑똑히 느껴지는 어조였다.

《문제를 너무 극단으로 몰아가지 말게.》

《그만두게.》

허주성강좌장은 낮으나 예리하게 부르짖었다.

《자네하고는 죽을 때까지 말 한마디 안하겠네.

당장 내 박사론문을 취소해. 난 그런걸 바라지 않아. 자네가 진짜 내 친구라면 이 허주성이가 뒤떨어질가봐 뺨을 쳐서라두 이런 장소에 불러야지. 인간 허주성의 감정따위가 다 뭐야. 응?! 조국의 교육과 과학이 왔다갔다 하는데… 자네두 이젠 늙구 페물이 되고 마는구나. 보기

24 괴로움을 견디여내거나 무엇을 이루려고 안타까이 모대기는 것. ㉾ 모대기 : 괴롭거나 안타깝거나 하여 이리저리 몸을 비트는것.

도 싫네. 내 앞에서 당장 사라져.》

아버지는 눈을 꾹 내려감았다. 참을수 없는 고통에 몸부림치듯 아버지의 그 한오리 긴 눈섭이 흠칫흠칫 떨었다. 그러나 아버지가 다시 눈을 떴을 때 정옥은 그 한오리의 긴 눈섭이 우로 한껏 쳐들려 자기의 친구를 고요히 더듬는것을 똑똑히 알아보았다.

그것은 분명 고마움과 감동, 한없는 우애의 열렬한 호소였다. 아버지는 허주성강좌장의 어깨에 한손을 묵직하게 올려놓았다. 그러나 허주성강좌장은 그 손을 쌀쌀하게 내리워버렸다.

잠시 손을 내리드리우고 서있던 아버지는 천천히 방을 나갔다. 그 다음은 침묵, 정옥은 고개를 떨군채 서있었다. 자기에게 와닿는 강좌장선생님의 시선을 분명 느꼈다.

죄의식인지 부끄러움인지 모를 혼탁된 감정들이 온몸을 쿡쿡 치받으며 지나자 그는 이 순간 자기가 앞뒤로 비칠비칠[25]하는듯한 어지럼증까지 느꼈다. 허주성강좌장의 목소리가 울려왔다.

《정옥이!》

정옥은 힘들게 고개를 들었다. 그 순간 그는 환한 미소가 어려있는 스승의 얼굴을 보았다.

그 환한 얼굴, 이 시각 그는 모진 병마를 깨끗이 털어버리고 그 기쁜 소식을 정옥에게 알리기 위해 여기와선것 같았다. 그래서인지 그 강좌장의 옆에선 차호남은 별로 초췌해진듯 싶었다.

《고맙다, 정옥이!》

강좌장은 조용히 중얼거렸다.

《선생님!》

정옥은 겁먹은 목소리로 불렀다.

《정옥이, 조국의 발전을 위해 우리 대학생들이 스승을 따라 배울뿐아니라 그 스승을 앞서나가야 한다는걸 넌 보여주었다. 고맙다!》

《선생님!》

《인삼을 길러 산에 심는다구 산삼이 되는게 아니였다. 산삼을 스스로, 오랜 세월 누구도 모르는 심산속에서 자라는거다.

그래! 자기 스스로의 노력과 몸부림이 자신의 재부가 되고 자양이 된다는걸… 그래야만 앞설수 있다는 걸 너도 알고 나도 배웠다. 우리 진짜 〈산삼〉을 캤다.》

25 몸을 바로 가누지 못하고 이리저리 쓰러질듯이 다리를 매우 비틀며 걷는 모양을 나타내는 말.

가늘게 떨리는 강좌장선생님의 목소리였다.

《선생님…》

정옥은 목메여 불렀다. 눈앞이 확 흐려들었다.

《나도 사실은 〈ㄱ〉체계에 대한 초보적인 리해는 있었다. 그런데 그걸 두려워서 지켜봤지.

자, 정옥이 네가 알고 배운 오늘 연구토론의 내용들을 나에게 강의해다오. 오늘은 네가 내 스승이 되고 내가 네 제자가 되자꾸나, 응?!》

《선생님?!》

정옥은 소스라쳐 뒤걸음까지 쳤다. 강좌장선생님에게 애원하듯 고개를 가로 저어보았다.

《안됩니다! 제가 어떻게?!》

그러나 강좌장은 웃으며 책상쪽으로 걸어갔다.

《선생님!》

정옥은 강좌장선생님의 팔을 붙잡았다.

《이러지 마십시오. 제발! 예?! 차라리 절 욕해주십시오.》

허주성강좌장의 얼굴에 엄한 빛이 흘렀다.

그는 지그시 힘을 주어 정옥에게 잡힌 팔을 빼냈다.

《넌 무슨 소릴 하는거냐? 무슨 생각을 하느냐 말이야? 나라 대 나라의 경쟁은 대학생 대 대학생의 경쟁이야. 대학생은 마땅히 스승을 룽가한것을 죄스러워 할게 아니라 법도로 긍지로 여기구 더 한껏 올라서야 해. 정신차려라! 지금 이 순간도 과학은 전진하고 있다. 그 과학을 우리는 명실공히 조국의 과학으로 만들어야 해. 자, 정옥동무! 푸른 깃을 활짝 펴야지.》

허주성은 힘겹게 걸어 책상에 가앉는다.

책을 펼쳐놓고 안경을 꺼내여 닦아낀다.

만년필을 꺼내여 써본다.

마치 강의를 받는 대학생마냥.

《선생니임—!》

정옥은 끝내 눈물을 쏟으며 오열하고 말았다.

컴컴해진 얼굴로 우둑히 선 호남은 숨이 끊어진듯 기척이 없다. …

그 30분간 정옥은 허주성강좌장의 스승이 되였다.

제자는 강의를 했고 스승은 강의를 받았다.

그 길지 않은 시간의 의의를 그들자신인들 바로 알수 있었으랴? 다만 그것은 우리 조국의 시간, 우주강국들을 순간에 따라잡고 우리 조국의 지혜와 힘을 저 우주에 선언한 조국의 영광찬란한 시간만이 소리높이 증명할것이였다.

*

그로부터 몇년후 20대의 젊은 나이에 조국의 첫 인공지구위성《광명성 1호》의 발사에 크게 기여한 리정옥에게 박사의 학위를 수여하는 모임이 있었다. 이 모임에서 허주성강좌장은 자기의 사랑하는 제자의 박사메달을 뜨거운 손길로 쓸어보았다.

장마당

북한에서는 국영상점을 통한 공식적인 유통망 이외에 사적 유통시장은 공식적으로 금지되어 있으나, 장마당이 중요한 유통 시장으로 자리잡고 있다. 장마당은 본래 농민시장에서 유래된 것이다. 농민시장은 1950년 북한의 농민시장에 관한 규정에 의하여 허용되었는데 대도시나 군지역에서 협동농장이 쉬는 매달 1일과 11일, 21일에 농민들이 농장에서 생산한 채소나 참깨, 가내부업으로 키운 돼지나 닭고기 등의 잉여 농축산물을 거래하는 10일장 형식이었다. 이 농민시장은 종래 경제사정에 따라 규제와 허용이 반복되었다. 북한 당국은 이 장마당에서 개인이 경작한 채소나 가내수공업을 통해 만든 수공품을 매매할 수 있도록 하고 쌀과 같은 곡물거래는 금지하였다. 그러나 식량난이 심각해지는 1993년부터는 이것도 허용되었으며 일일장으로 상설화되었다.

최근에는 지방은 물론 평양 등 대도시에도 사람들의 왕래가 잦은 곳이면 보따리장수들이 모여 장마당을 형성하였다. 장이 서는 시간도 과거에는 주로 오전 10시부터 오후 6시까지였으나, 지금은 밤 9시 이후에도 장이 계속된다.

이 장마당에 나오는 매물에는 여러 가지 유형이 있다. 텃밭에서 가꾼 채소 등의 잉여농산물은 말할 것도 없고, 주민들이 식량을 구하기 위해 집에서 들고 나온 이불이나 그릇 등도 있다. 중앙도매소 출하원과 출하도매소 물품 인수자가 짜고 빼돌린 물품, 간부들이 이를 눈감아주는 대가로 뇌물로 받은 물품, 군대에서 빼낸 식량 등이 이곳 장마당의 보따리장수들을 통해 판매되고 있다.

경제난이 심화됨에 따라 전문직종인 과학자, 의사, 기술자까지도 생계유지를 위해 개인 돈벌이에 여념이 없다. 이들 과학자나 기술자들은 직장에서 물품 원료를 빼내거나 시장에서 구입한 다음 자신들이 보유한 기술로 생활용품을 만들어 장마당에 판매하고 있다. 북한의 장마당에는 이들이 만든 생활용품들과 각종 화학제품들이 즐비하여 돈만 있으면 구하지 못할 물건이 없다고 한다.

국가의 공식적인 배급체제가 마비된 후, 장마당은 주민들의 생존을 위한 유일한 방편이 되었다. 최근 북한 전 주민들이 소비하는 식량의 60%, 생필품의 80%가 거래되고 있으며, 떡과 엿, 사탕은 물론 거래금지품목인 술과 담배가 공공연히 매매되고, 금이나 골동품, 일본의 유명 브랜드 제품, 전자제품도 이곳에서 거래되고 있다고 한다. 이곳에서 거래되는 물품의 가격은 대부분 국정가격의 수백 배에서 수천 배에 이른다.

–자료제공 : 『북한정보총람 2000』, 국제정보연구원 편, 1999.

'냉동(冷凍)거리 정전동(停電洞) 메뚜기시장'은 북한주민들이 정한 북한 장마당의 주소이다. 이 표현은 춥고 어두운 곳에서 단속의 눈길을 피해 이리저리 뛰어다니며 장사해야 하는 현실을 압축한 것이다. 장마당에는 매일 '폭풍(비상)'이 예정 없이 일어난다. 폭풍이 불면 장사꾼들은 팔던 물건을 다 숨기고 재빨리 어디론가 숨어버린다. 안전원들이 가고 나면 인민들은 '오빠시'보다 더하다고 욕을 한다. '오빠시'는 일제 시대를 배경으로 한 북한 영화에 나오는 악질 일본 순사의 이름이다. 어찌나 악독하고 사람들을 못살게 굴었던지 북한 주민들 치고 '오빠시'를 모르는 사람은 없다고 한다. 오죽하면 주민들이 안전원들에게 '오빠시'라는 별명을 붙였을까.

－자료제공 : 북한인권정보센터

제2장 :: 꼬뮨식 사랑의 이념과 열정

[발제 : 글을 읽기 전에]

최인훈의 소설 『회색인』에 나오는 다음 대목은 사랑과 혁명에 대한 청춘의 의미를 압축하고 있다. "사랑과 혁명, 젊은이들이 삶을 걸만한 가치가 있는 것은 이 두 가지뿐이다". 사랑과 혁명의 열정이 등가적 가치를 지니고 있다는 이 말이 과연 북한의 젊은 이들에게도 적용될 수 있을까.

이런 의문을 던지는 이유는 간단하다. 북한의 젊은이들은 우리와는 너무나 다른 세계에 살고 있다는 인식 때문이다. 우리가 생각하는 북한의 모습은 국가와 당 중심의 집단적 생활과 철저한 통제(5호담당제나 여행허가제), 감시과 폐쇄된 생활 등으로 이해되어왔다. 이러한 환경 속에는 인간적인 삶과 감정은 결코 있을 수 없다고 우리는 생각한다.

물론 북한 체제는 개인의 삶보다는 국가나 당 중심의 지배구조를 가지고 있다. 특히 사회주의적 인간형을 구현한다는 기치 아래, '문화혁명' 을 경험한 북한 인민들의 의식 속에서 '개인적 사랑' 은 부르조아적인 사치쯤으로 치부되어 온 것이 사실이다.

그러나 최근 북한 사회에서 일어나고 있는 조심스러운 변화 중 하나가 개인적인 감정의 세계에 대한 부분적인 인정과 이해이다. 북한 소설 등에서 '사랑' 에 대한 새로운 이야기가 등장하는 것은 그 단적이 예이다. 80년대 중반 이후 두드러지게 나타난 이러한 경향은 남대현의 『청춘송가』, 리태윤의 『사랑』 등이 대표적이다.

이들 작품에서는 남녀 간의 사랑에 대한 개인적인 대화나 육체에 대한 노골적인 표현까지도 그대로 서술되어 있다. 또한 공장이나 농장 등에서 벌어지는 연애사나 남녀 간의 은밀한 감정도 비교적 구체적으로 묘사되고 있다. 북한문학에서 이러한 개인적 감정의 표현과 사랑 이야기의 등장은 분명 새로운 것으로 우리에게 북한에 대한 새로운 이해를 요구하고 있다.

그러나 이와 같은 변화는 아직까지 부분적이거나 조건적이다. 그들은 아직도 여전히 사랑을 묘사할 때도 개인적인 감정보다는 당과 사회 중심의 틀 안에서 그리고 있다. 국가나 사회의 가장 기본적인 '세포' 로서 가정이 존재하며 당을 위한 사랑만이 가치를 부여받는다. 결혼은 '혁명 사업'의 하나이며 '동지적인 결합'을 전제로 이루어지고 있다.

최근 남북한의 대화와 외교적 접촉 과정에서 우리는 북한의 새로운 이면을 부분적이나마 접하게 되었다. 언젠가 이루어야 할 통일을 위해 많은 노력이 필요하겠지만 그들의 일상과 정서를 이해하고 통합하는 과정 또한 무엇보다도 중요한 일이다.

그런 의미로 북한이란 폐쇄된 사회 구조 안에서 '사랑'이라는 개인적인 감정의 문제가 어떻게 이해되고 있는지 살펴보는 것은 의미있는 일일 것이다. 그것은 결국 남북한 젊은이들의 새로운 교감을 위한 의사소통의 하나가 될 수도 있을 것이다.

이 장에서 다루게 될 몇 개의 작품들은 이러한 의사소통의 하나라 할 수 있다. 좀더 적극적인 작품읽기와 상호토론을 통해 북한 젊은이들과의 감정적인 연대감을 확인해 보는 것도 이 장의 목적 중 하나이다. 어쩌면 '사랑'이라는 주제는 남북한 젊은이들이 공유할 수 있는 가장 확실한 동질성이 아닐까 한다.

···› 생각해 보기

나를 부르는 기적소리

▶ 분단 이후 남북은 반세기가 넘는 세월동안 서로 다른 체제 속에서 살아왔기 때문에 서로 다른 사회적 가치를 추구하게 되었다. 이로 말미암아 남북주민들 간의 이해를 어렵게 만들어 놓았다. 이러한 이념의 차이에도 불구하고 '사랑'이라는 개념은 인류에게 공통으로 주어지는 본질적인 감정이자 축복이라 할 수 있다. 그렇기 때문에 닫힌 체제 속에 살아가고 있는 북한의 사회 내에서도 사랑은 분명히 존재할 것이다. 《나를 부르는 기적소리》에 형상화된 사랑의 모습과 1980년대 최대 최고의 판매부수로 독자를 사로잡은 서정윤의 《홀로서기》의 형상화된 사랑의 모습에 대해서 그 공통점과 차이점에 대해서 서로 비교해보자.

차번호 《만-하나》

▶ 북한의 남자들은 배우자로 '평양처녀'를 일 순위로 꼽는다고 한다. '평양처녀'가 기득권과 생활을 보장해 주기 때문이다. 우리 남한에서도 경제적인 능력이나 좋은 조건을 가진 배우자를 선호하고 있다. 만일 여러분이 배우자를 결정해야 한다면 가장 먼저 고려하는 기준은 무엇인지, 그리고 소설에서는 그 기준이 무엇이었는지 함께 이야기해 보자.

▶ 《차번호 《만-하나》》에서 주인공 혜선과 라준섭은 집짓기 건설 현장에서 처음 만나 사랑하는 사이가 된다. 남한으로 보자면 직장 동료 간의 연애이야기라 할 수 있다. 직장 동료 간의 사랑이나 캠퍼스 커플 등 우리의 연애 모습과 소설에 나타난 북한의 연애 모습을 비교해 보자.

삶의 향기

▶ 《삶의 향기》에서 '안천주 교수'와 그의 아들 '영호' 사이에는 분명한 세대차이가 존재한다. 부자간 세대갈등이 어떤 차이에서 기인하는지 그들의 결혼관을 중심으로 비교해 보고, 아울러 안천주 교수가 아들의 결혼관에 동의하는 과정에 대해서 살펴보자.

▶ 정현철의 《삶의 향기》와 박완서의 《엄마의 말뚝》에 나타난 여성의 사회진출에 대해 각각 어떤 시각을 가지는지 공통점과 차이점에 대해서 살펴보자.

행복의 방아

▶ 소설 《행복의 방아》에서 주인공 림성철은 도시에서 농촌으로 '농장활동'을 온 엘리트 대학생이다. 그에 비해 여주인공 송경심은 농장에서 반장으로 일하는 시골처녀이다. 이는 요즘 남한의 TV 드라마에서도 흔히 볼 수 있는 러브 스토리의 주인공들이다. 남한의 러브 스토리와 소설 《행복의 방아》의 스토리를 비교해 보고 우리 시대 북한식 러브 스토리에 대해 함께 이야기해 보자.

▶ 소설 《행복의 방아》에서 여주인공 송경심은 림성칠의 건강한 육체에서 인간에 대한 신뢰를 가지게 된다. 그러나 남녀 간의 육체에 대한 느낌은 또 다른 감정을 내포하고 있는 것이 사실이다. 소설에서 말하는 것처럼 육체가 순전히 인간에 대한 믿음의 대상일 뿐인지 각자가 생각하는 바를 함께 이야기해 보자.

나를 부르는 기적소리

안순희

나밖에 몰라
우리 건설장 지날 때면
기관사 그 총각
왜 그리 기적소리 높이는지

나만이 알아
바람처럼 지나면서도
기중기우의 나를 향해
왜 그리 정답게 손젓는것인지

날마다 이맘때면
순간도 어김없이 만나는 우리
기차를 몰며 기중기를 몰며
얼굴도 익히고 마음도 알았지

조국의 재부를 나르는 기쁨에
그리도 크게 웃는 그 마음도
이 땅에 솟아나는 재부의 높이를
기중기 큰 팔에서 가늠하는 그 심정도

함께 만나 약속은 없어도 나는 알아
지구를 세바퀴나 돌았다고
언젠가 신문에도 났던 그 총각
이제 또 그만큼 돌기전에는
아마도 나를 찾지 않으리란 걸

조국이 그토록 바라기에
철길우에 청춘을 바치는 그
조국이 그토록 사랑하기에
나도 정이 가는 그

기적소리 울리며 그가 갈 때면
함께 가는 내 마음 소중히 담아
꽃다발 조용히 흔들어주지
물론 아무도 모르게

나밖에 몰라
멀리서 들려오는 저 기적소리가
그 총각이 나를 부르는 소리인줄을…
나만이 알아
내 가슴에 간직된
그 총각의 목소리인줄을…

차번호《만-하나》

김 창 수

1

혜선이가 도로 건설장에 갑자기 이름이 난것은 처녀로서 대대 참모장이라는 큰 책임을 걸머졌거나 남달리 아름다운 용모때문이 아니였다.

그것은 얼마전 누군가가 평양—남포고속도로건설청년돌격대 대장에게 요즘 어느 대대나 려단에서도 선뜻 맡아 안기 꺼려하는《만—하나》지점 로반[1]공사를 바로 그 처녀참모장(대대장은 결원이였다.)만은 기다린듯 덥석 받아 안을것이라는 편지를 낸 후부터였다.

《만—하나》지점 로반공사란 15호지구 한길 땅밑에 너비 20m, 길이 40m 정도로 썩돌[2]이 깔려 있어 먼 후날 만에 한번 조금 침하될지 말지 하지만, 그래도 다 파내고 성토공사[3]를 하기로 했다고 해서 그렇게 부르는 말이였다.

편지에 자기 이름을 밝히기 꺼려 한것을 보면 틀림없이 그 처녀한테 뭔가 숨겨야 하는 애틋한 감정을 품고 있는 청년 같은데 대장은 그런것은 전혀 개의치 않고 혜선이를 즉시 불렀으며 처녀가 수리소대나 하나 꾸려 달라는 제기외에 다른 아무런 의견도 없어 하자 과시 우리 도로건설장의 녀걸이라면서 대대를 당장《만—하나》지점으로 이동시키라고 명령했다.

혜선이네가《만—하나》지구로 떠나던 날 건설장의 많은 청년들은 저 아름다운 처녀지휘관을 슬그머니 영광의 언덕우에 올려 세운 그 엉큼한 청년은 누구일가, 그런데 처녀자신도 몰라 무척 궁금해 해서 많은 지휘관들이 그 청년을 은근히 찾고까지 있다니 이런 기대가 가는 사랑 실화극이 어디 있느냐고 사뭇 기뻐들 했다.

그러나 하루가 지나고 닷새가 돼와도 그 청년은 그 이상 더 얼굴을 내밀지 않는 것이여서 건설자들의 부풀어 올랐던 기대도 어느덧 실망이라는 아쉬운 심정으로 바뀌고 마는것이였다.

---

1 도로포장층을 밑받침해주는 흙층.
2 '푸석돌' 의 준말.
3 흙쌓기 공사.

그런데 먼 하늘의 별 같이 쉬 나타나지 않을것 같던 그 은둔자는 전혀 예상치 않았던 날에 뜻밖의 일로 불쑥 나타났다.

그것은 혜선이네가 썩돌층을 다 파낸 다음 흙으로 묻을것인가 돌로 메울것인가 하는 문제를 진지하게 론의하던 저녁작업총화[4]모임때였다.

이웃인《청춘려단》에서 느닷없이 간밤에 그곳《만－하나》대원들이 끌어 간 자기네 차를 당장 내놓으라는 전화를 걸어 왔다.

혜선은 한길 뛰며 놀랐다.

차라니? 지금도 문밖 마당엔 이곳 돌격대가 무어질[5] 때 받은 화물차 한대밖에 없지 않는가.

《아, 우린 그 차를 요구하는게 아닙니다.》하고 그 곳 려단에서는 얼마전에 자기들은 성안 중기계공장에서 폐기한 낡은 차를 한대 인계 받았다는것, 그러나 거기 수리소대에서도 짬이 없어 고쳐 주지 못하겠다고 해서 우선 차번호만 먼저 떼오고 두루 수소문하는 중인데 놀랍게도 간밤에 그 차가 다른데도 아니고 바로 그 수리소대마당으로 옮겨 앉았다는것, 차번호는 여사여사하니[6] 일이 더 복잡해지기 전에 어서 조용히 돌려 주는게 좋겠다고 슬며시 위협했다.

혜선이가 억[7]이 막혀 굳어져 있는데 이런 때면 언제나 그 청 높은 목소리로 한몫하군 하는 안전참모가 송수화기를 앗아 쥐더니 전화통이 깨여져 나가게 고아 대기[8] 시작했다.

《수리소대… 소대장 없어, … 여, 직일병,[9] 동무네 거기 지금 끌어다 놓은 차번호가 뭐야?》

《적재함까지 뜯어 놔서 잘 모르겠습니다.》

《뭐, 벌써?… 참모장동무, 이걸 어쩝니까?》

《아, 어쩌면 그런 짓을!… 꿈에선들 만에 한번 그런 생각을!… 수치예요!》

처녀책임자의 분개하는 리유가 안전참모의 피를 더 끓게 한듯 그는 거의 폭발적으로 울리는 어조로 다시 웨쳐 댔다.

《건 어쩌자고 끌어 왔어?》

직일병은 순순히 전날 자기네는《청춘려단》동무들이 부탁하는 헌차수리를 문전거절했다는것, 그런데 어제 평양시사단에서 일하다가 여기 수리소대로 넘어 온 라준섭이라는 청년이 그

4 사업이나 생활의 진행과 그 결과를 분석하고 결속지으며 앞으로의 사업과 생활에 도움이 될 경험과 교훈을 찾는것.
5 ㊟ '명령에 의해 만들어지다' 의 의미.
6 이러저러하다.
7 '가슴이나 마음속' 을 이르는 말.
8 ㊟ '고함치다' 의 북한말.
9 ㊟ '일직병' 의 북한말.

사실을 알자 그런걸 마다해서야 되겠느냐면서 제멋대로 넌떡[10] 끌어다 놓았노라고 실토했다.

안전참모는 그 싱거운 지원자를 당장 불러 오라고 소리쳤다.

잠시후 수화기에서 라준섭의 목소리가 울려 나오자 그는 더 숨 넘어 가게 고아 대기 시작했다.

《왔으면 도와 줘야지 이런 법이 어디 있소? 남들은 대장한테 편지까지 내면서 우릴 돕지못해 안타까워 하는데 동문…》

《허허… 그런 건 저 한테 말 안해도 됩니다.》

《동문 그 청년과는 너무 대조적이구만!》

《허, 글쎄 저한텐 그런 얘길 안 해도 된…》

《여보!》

그는 더 거친 숨결을 송화구[11]에 퍼부어 댔다.

《그거야 어디 꿈속에서인들 만에 한번 할수 있는 짓인가 말이요?》

《아, 그건 혜선 참모장의 말 같구만요.》

《아니, 이 사람이?》하며 안전참모는 구멍이 숭숭한 송화기를 무섭게 노려보았다.

《만에 한번…꿈속에서도 그 하나를 소홀히 해서는 안된다는것이 그 동무의 좌우명이여서 오늘도 그런 말을 했을것이라는 짐작이 간단 말입니다.》

《아니?》

안전참모는 잊고 있던 그 어떤 중대한 생각이 불시에 떠오르기라도 한듯 가볍게 탄성을 올렸다.

《게다가 인젠 《만—하나》지점을 타고 앉았지, 요즘은 대대도 《만—하나》대대로 부른다니 더더욱 말 안해도 다 알만 하단 말입니다.》

안전참모는 드디어 그처럼 기다리던 사랑실화극이 시작되고 주인공도 지금 막 등장하는것 같았던지 여지껏 죽어라 구박하던 송화기를 별안간 껴안듯 소중히 감싸 쥐고 있었다.

《전해 주십시오. 이 라준섭이도 대대가 지닌 《만—하나》칭호가 얼마나 소중한것인가를 잘 알고 있다구요.》

안전참모는 송수화기를 서둘러 놓더니 희열에 들뜬 어조로 웨쳤다.

《그 사람입니다!》

---

10 너털웃음을 치면서 너스레를 늘어놓는것.

11 전화기나 전신기들에서 입에 대고 말을 하는 기구.

《엉? 누구?》

지휘관들의 눈길이 안전참모의 얼굴에 쏠렸다가 다시 일제사격으로 휘뿌려 지듯 혜선의 얼굴로 옮겨졌다. 그러나 처녀는 이미 그들의 떠들썩하는 소리나 반가움에 찬 눈길들을 느낄 경황이 아닌듯하였다. 그의 섬세하게 정돈된 얼굴 매선[12]마다에선 아픔과도 같은 고뇌의 빛이 떠올라 설레이고 있었던것이다.

순간 지휘관들은 깨진 사랑이로구나 하는데 생각이 이른듯 서로 마주 보며 당황해 했다.

혜선이도 한동안 이런 때 맞는 표정마저 지울수 없어 하더니 가까스로 입을 열었다.

《작년에 사귀였댔는데… 괜찮은 동무랍니다. … 모임이나 끝내고 더 얘길 하던지요?》

지휘관들은 무슨 얘기를 더 하겠느냐고 웅얼웅얼 대답했다.

《그럼 공사문제나 다시 토론해 보자요.》

혜선이가 감사한듯 이러자 지휘관들은 하나같이 다시는 그 라준섭이라는 청년에 대해 관심을 가지지 않겠다는 맹세라도 다질것 같은 낯빛들을 지으며 바투[13] 다가앉는것이였다.

그러나 모임이 끝나고 밤이 이슥했을 때 안전참모를 비롯한 몇몇 지휘관들이 이러저러한 구실을 만들어 가지고 그 청년을 보기 위해 수리소대로 향하는《배신행위》를 감행할 줄이야. 처녀가 어찌 알았으랴.

모든데서 뛰여난 사나일것이라고 다소 주눅마저 들어 찾아 갔던 그들은 거기서 너무도 예상 밖의 청년과 마주서게 되는 바람에 다시금 마음들을 종잡을수 없어했다.

키도 별로 크지 않고 생김새도 그러루한[14] 청년을 보았기때문이였다.

정녕 어째서 자기네 미인이 저런 남성적인 중량감마저 없어 보이는 청년과 가까이 지냈댔을가?

혹시 저 청년한텐 녀자의 마음을 휘여 내는 무슨 남다른 재간이라도 있는 모양인가?

2

라준섭이라는 청년이 혜선의 심장을 집게마냥 틀어잡았던것은 작년 여름 선미리 지구에서 만세대 살림집 건설에 쓸 골재 생산전투를 진행할 때였다.

그날 준섭은 정전으로 골재 세척기가 멎는 바람에 건너편 산기슭에 있는 변전소로 급히 달

12 ㉠ 하나하나의 선

13 (두 대상이나 물체사이가) 매우 가깝게

14 그러한 정도로 엇비슷하여 특별한것이 없다.

려가지 않으면 안되게 됐었다.

그는 가까이에 사람이라고 보이는것은 지금 한창 전주대우에 올라 모자를 삐딱하게 제껴 쓰고 있는 나어린 전공[15]뿐이라 그리로 달려가며 소리쳐 물었다.

《여, 왜 전기를 안주며 그래?》

《…》

전공은 한번 흘낏 내려다 볼뿐 응답이 없었다.

《벙어리야?》

《…》

《귀머거리야?》

《…》

《너 우리 돌격대에 끌구 가서 속바지까지 쫄딱 벗기구 볼기를 쳐야 정신을 차리겠어?》

전공은 그제야 일을 끝낸듯 돌처럼 떨어져 내렸다.

준섭은 그가 상할것 같아 껴안으려 했다.

그 순간 전공은 온몸으로 홱 뿌리치며 웨쳤는데 그것은 놀랍게도 남자의 목소리가 아니였다.

《다치지[16] 말아요!》

준섭은 대번에 진주대처럼 굳어졌다.

흑진주 같은 눈이며 꽃살처럼 살짝 밖으로 번진 살눈섭[17]…

《아, 아 난 그만 녀성일줄은 모르구…》

준섭이가 어쩔바를 몰라 하자 혜선은 깔끔했던[18] 눈꼬리에 다소 부드러운 빛을 담으며 말했다.

《그렇더라도 인사말쯤은 할수 있지 않아요?》

《정… 정말이지 미안하오. 사실… 난 이런 실수는 처음이지요. 그리구… 자강도 사람이고.》

혜선은 서글픈[19] 미소를 짓더니 말했다.

《뭐 이런데까지 와서 자강도 사람 자랑인가요?》

준섭이가 뭐 못할 말이라도 했느냐고 불만이 버글거리는 낯빛을 짓자 혜선은 대형 변압기

15 전기시설의 가설과 관리 및 수리 작업을 전문으로 하는 로동자.
16 무엇으로 무엇을 대서 건드리다.
17 속눈섭.
18 깐깐하고 까다로울사하다.
19 섭섭하고 언짢다.

쪽으로 향하며 아주 멸시조로 말했다.

《그런 자랑은 딴데나 가서 하세요.》

《아, 신분을 밝힌다는게 그만…한데 무슨 사고가 생긴게 아니요? 기사검정시험까지 치른 사람이니 뭐 좀 도울수 있을런지도 모를거요.》

준섭은 어째서 자기가 연방 제 자랑 섞여 가면서 끝내 뻗치길[20] 하려 하는지 아직은 그 리유를 알수가 없었다.

혜선은 그러는 그가 가긍했던[21]지 다시 멈춰 섰다.

《뭐 기술 도움까지는… 이 왕 변압기속에 빠진 나트[22]를 건지는 일이니까요.》하고 혜선은 나트를 그대로 두고 전기를 투입하면 불이 날수 있다고 덧붙였다.

《그런즉 변압기 밑으로 기름을 다 뽑았다가 다시 넣어야 할테니 오죽 어렵겠소.》

준석은 한사코 참네[23]하려 들며 어서 기름 담을 버치[24]들이나 내오라고 다그쳤다.

《아이참, 바쁘다면서 언제 버치놀음까지…》

《아니, 그럼 무슨 다른수가?》

홀연 혜선은 량볼을 능금처럼 붉히며 대답했다.

《그냥 훌[25] 뛰어들죠.》

《뭐 뭐 그냥 훌?》

《네, 들어가서 발로 이렇게…》

혜선은 한쪽 발가락으로 집어낸다는 행동을 해보이며 까르르 웃었다.

준섭은 불쑥 그것은 너무도 녀성적이 못된다는 생각이 들어 퍼르르 화를 냈다.

《싹 거두시오. 그렇지 않으면 남잘 부르던지.》

혜선은 지금 모두 지하도에 들어가 바쁜 전선 보수작업을 하고 있어 사람이 없노라고 대답했다.

《그럼 버치놀음을 할밖에, 한 시간도 안 걸리겠는데!》

혜선은 웃음을 거두며 나직이 말했다.

---

20 굽히지 않고 내버티다.

21 불상하고 가엾다.

22 너트. ㊟ 너트 : 보통 육각형 또는 사각형으로 되어 있는 암나사. 볼트, 곧 수나사에 끼워서 기계 부품 따위를 고정시키는 데 씀.

23 (무슨 일에)참가하여 관계하는것.

24 자배기보다 좀더 크고 깊게 만든 질그릇.

25 주저하거나 아까워함이 없이 결패있게 행동하는 모양을 나타내는 말.

《그런데… 혹시 알겠어요. 그 사이 어디서 이기던 몰탈[26]이나 뽑던 쇠물이 잘못되겠는지?…》

준섭은 가슴이 울려 와 잠시 곧추[27] 여겨 보았다.

《질이 좀 떨어질수도 있겠지요. 그렇지만 그거야 뭐 만에 한번 그럴지말지한 일인데 녀성의 몸으루 기름목욕할 생각까지 해서야?…》

《… 만에 한 번…》

혜선은 그 어떤 잊지 못할 정다운 이름이라도 외우듯 그윽한 낯빛으로 이르더니 숲속으로 흘러내리는 시내물 같은 소리로 계속했다.

《정말이지 그건 만에 한번 그럴지말지 할 거예요. 그렇지만 전 요즘 왜 그런지 만번속의 한번이라는 그 하나가 사실은 소홀히 해서는 안될 가장 소중한것이 아닌가 하는 생각이 들군 하지 않겠어요.》

《!》

다시금 커다란 북채로 가슴을 치는것 같은 충격이 준섭의 흉벽을 세차게 울렸다.

《그래서 자리를 어서 좀 피해 달라는건데… 무슨 볼일이 있다구 그냥 남아 있는건지 모르겠어요.》

《아, 아 난 뭐 볼게 있어 남아 있는게 아니라 아무래도 그 일은 내가 해야 할 일 같아서… 그렇소. 그 기름목욕은 내가 할테요!》

준섭은 자신의 뜻하지 않은 결심에 스스로 감동이 커서 적이 열띤 어조로 웨쳤다.

혜선은 눈을 끄게 뜨며 어째서 동무가 그 험한 일을 하려는가고 물었다.

《나도 모르겠소. 그저 하고 싶구만!》 하고 준섭은 처녀가 만류할 사이도 없이 자신의 결단성을 시위나 하듯 단숨에 옷을 벗어 붙이기 시작했다.

그만 놀라움에 굳어져 있던 혜선은 사나이가 빤쯔[28]를 아주 버리게 될것이 아쉬워선지 잠시 그것마저 벗을 기미를 보이자 비명을 올리며 돌아 서 발을 굴렀다.

《아, 아 내 그만…》

준섭은 큰 실수를 할번 했다는 생각이 들어 화닥닥 대형 변압기우로 뛰여 올라갔다.

이윽고 뚜껑을 힘주어 밀어 제낀 후 바삐 안으로 몸을 숨기였다. 온몸에 미끈미끈한것이

26 ㉾ 석유나 목재 등을 건류할 때 나오는 액체. 즉 타르의 일종.
27 굽거나 구부러지지 않고 곧게.
28 아랫도리에 입는 짤막한 속옷.

감촉 되자 별난 목욕도 다 해본다는 생각이 들어 저도 모르게 웃음이 나갔다.

대뜸 처녀의 의아쩍어 하는 소리가 들려 왔다.

《왜 웃는 거예요?》

《세상에 없는 일 같애서 그러오.》

《호… 그러니 인젠 세상에 대구 자장도사람이라 큰 소릴 쳐도 되겠어요.》

《아니 동문 혹시 그 곳 사람이란 소릴 영웅이란 소리와 같이 보는게 아니요?》

《그래요. 그걸 모르구 함부로 입을 딱딱 벌리고 다니는 사람들은 배안의 미물[29]이라고 생각해요.》

《아, 아니 그럼 내가 배안의 미물?》

《호호…》

《핫핫…》

준섭은 웃음을 그 무슨 대화처럼 주고받으며 혜선이 말하던대로 발가락 더듬질을 시작했다.

이윽고 발가락에 작고 딱딱한것이 감촉되는 순간 준섭은 《찾았다.》 하고 환희에 넘쳐 웨쳤다.

변압기 너머에서도 처녀가 기뻐 뭐라 웨치며 박수를 치는 소리가 봄바람처럼 날아 왔다.

준섭은 홀연 자기와 저 처녀가 지금 단순히 나트만을 찾았기에 이리 좋아 하는것이 아니지 않는가 하는 생각이 들었다.

정녕 저 처녀도 지금 물불을 같이 헤쳐 갈만한 미더운 길동무를 만났다고 믿기에 저리 기뻐하는것이 아닐까?

참말로 처녀는 준섭이가 이튿날 변압기상태료해[30]라는 구실을 코에 걸고 다시 찾아 가니 기다린 듯 반기였으며 자기 가슴속에서 타오르기 시작한 련련한[31] 마음마저 숨기려 하지 않았다.

결국 자기들 두 사람은 어제일로 하여 남들이 년을 두고서도 그처럼 넘기 어려워하는 리해와 믿음의 계선[32]을 단숨에 뛰여 넘은것이였다.

형언할수 없는 행복에 휩싸인 준섭은 어느 하루도 번지지[33] 않고 처녀를 찾아 갔다.

---

29 ㉠ '기생충, 즉 한심한 인간이다' 란 의미를 비유적으로 표현한 말.
30 사정이나 형편이 어떠한가를 알아보는것.
31 미련이 남아서 잊지 못하는.
32 경계선.
33 ㉠ 빠지지.

점심때까지도 찾아 가군 하여 사람들을 놀래웠다.

그들은 처녀가 귀찮아 할수 있다고 념려했다.

그러나 웬걸, 처녀쪽에서 더 자주 만나고 싶어 하는 낯빛인데다 어느 날엔 속옷 일절이 든 비닐구럭[34]까지 내밀었다. 빤쯔만 당그렇게 내밀기가 멋해서 정성품이 커지고, 그것을 기뻐하는 마음 또한 앞산만 해진게 틀림없는것 같았다.

서로의 마음속에 사랑의 불이 일어도 크게 인것이였다. 이미 두 심장 사이에는 그 어떤 실금[35] 같은 간격도 존재하지 않는다는것이 확실했다.

그리하여 준섭은 혜선이를 안지 일주일도 채 안되던 어느 날 그 없는 자기 앞날을 단 하루도 생각할수 없게 된 자기 마음을 어서 털어 놓아야겠다고 생각했다.

너무 서두르지 않는가 하는 느낌도 없지 않았으나 요즘 교대자가 곧 나온다는 소문도 있는 때에 언제 남들처럼 달놀이서껀[36] 다해가며 본적지랑 출생지까지 루루이[37] 알아본단 말인가.

그것은 도리여 모욕으로 될것이였다. 정녕 전날의 그런 믿음 외에 무엇이 더 필요하단 말인가.…

하물며 수도의 맑은 정신과 문화로 교양되고 닥달[38] 된 평양처녀임에야.

석양노을이 서툰 화가의 그림처럼 별로 벌거우리하던[39] 저녁무렵이였다.

준섭이는 자기와 함께 앞산 쪽으로 걷는 혜선의 얼굴에도 이제 있게 될 자신의 운명적인 고백을 미리 짐작이나 하는듯 내내 도화색[40]으로 물들어 있는것이여서 가슴속에서 깊숙이 간직하고 있던 말들을 별로 어렵지 않게 털어 놓을수 있었다.

…내가 지금 제일 기쁜것은 평양처녀를 한생의 길동무로 삼은것이다. 생각해 보면 나는 이미 퍽 오래전부터 평야처녀를 반려로 삼고 남다르게 일해 보려 한것 같다. 그러니만큼 이것은 요즘 일부 청년들이 일시적으로 어려워진 생활 때문에 먹을 알을 노려[41] 수도 처녀를 택하려는것과는 본질적으로 다르다. 아무리 한바리에 실어[42] 심술궂게 동일시하려 한다 해도 만

---

34 그물같이 떠서 무엇을 넣게 만든 물건.
35 가늘게 그은 금.
36 ㊂ 서껀 : 체언 뒤에 두루 붙어, '여럿 가운데 함께 섞어서' 의 뜻을 나타내는 보조사.
37 일일이. 하나하나.
38 고난을 이겨낼수 있게 단련하거나 단련되는것.
39 벌건 빛이 은은하다.
40 복숭아꽃과 같은 색갈.
41 ㊂ 알을 낚아채가는 날짐승에 비유한 것.
42 이것도 저것도 다 같은것들이여서 가릴것 없이 꼭같이 함께 처분하다.

에 한번 비슷할지 말지 할것이다. 하지만 지금 내 마음은 푸른 하늘을 통째로 그러안은[43]것처럼 환희롭기만 하다.

그리고 또 뭐라 불같은 말을 하려는 때였다.

느닷없이 혜선이쪽에서 무엇에 짓눌린듯한 목소리가 울렸다.

《그만하세요!》

돌아보던 준섭은 숨을 헉 들이 그으며 굳어졌다. 혜선의 얼굴에 싸늘한 살얼음이 져 가고 있었기때문이였다.

《아니?…왜 그러오?》

말없이 원망스레 올려 다 보는 혜선의 눈에서는 커다란 눈물방울이 솟아 떨고 있었다.

준섭은 잡았던 황금새를 놓치게 된 때와 같은 심정이여서 다시금 왜 그러느냐고 소리쳐 물었다.

혜선은 금시 큰 울음이라도 터질것처럼 입술을 일그러뜨리더니 힘들게 한마디 내뿜었다.

《아, 난 자강도 사람이…》

준섭은 그가 삼켜 버린 말들을 당장 끄집어내기라도 할듯이 눈을 불구슬마냥 번쩍거렸다.

《자강도 사람이 어떻다는 거요? 함부로 입에 올리기엔 너무 값지다 하지 않았소?…침 발린 소리였소?》

《아, 아니예요. 어쩌면 그렇게 단순하게만…》

혜선은 숨 가빠 견딜수 없는듯 자리를 떴다. 준섭은 억이 막혀 섰다가 화닥닥 달려가 막아서며 피줄이 끊기는것 같은 어조로 물었다.

《도대체 동무한테 내 모를 무슨 궁냥[44]이 있다구 이러는거요?》

《아, 우린 만나지 말걸 그랬어요.》

《뭐요?》

준섭은 한순간 온 천하를 향해 자기를 좀 도와달라고 웨치고 싶은 강렬한 충동마저 느끼였다.

정녕 가슴에 숯덩이가 들어앉는것만 같은 순간이여서 그는 다시금 성난 호랑이처럼 울부짖었다.

《내 잘못되는걸 보자고 이러는거요?》

《지금은 몰라야… 그렇게 안될거예요.》

43 그러당겨 두팔로 안다.

44 사물을 처리하거나 밝히거나 하기 위하여 이리저리 깊이 헤아리는 생각.

준섭은 그가 자기를 점점 더 요지경 속으로만 밀어 넣는것이여서 참말로 머리를 바위에 짓쫗기라도[45] 할것처럼 벌겋게 달뜬[46] 눈을 무섭게 굴리였다.

그러나 혜선은 그가 이제 무슨 엄청난 일을 벌린다 해도 자기는 이미 아무 상관없다는듯 단호히 자리를 뜨며 말하는것이였다.

《다시 찾지 말아 주세요.》

준섭은 자기 머리우에서 어떤 거대한 폭발이라도 일어나는듯한 감을 느꼈다.

그 다음 아무것도 보이지 않고 아무런 생각도 떠오르지 않았다.…

살폭[47]마저 줄어드는 이틀이 지난후 준섭은 더이상 이렇게 이를 사려물고[48] 홀로 고통을 참아 낼수만은 없다고 단정했다.

하여 그는 혜선이와 살든 죽든 결판을 볼 비장한 결심을 안고 다시 변전소로 찾아 갔다.

그런데 이런 청천벽력 같은 일이라고야…

준섭은 아마 그가 하늘나라에서 왔다가 돌아 간 선녀라 한대도 그처럼 놀라지 않았을것이였다.

그럴수밖에 그는 거기서 혜선이도 자기가 사는 자강 사람이며, 요즘 그 땅에 중소형발전소들이 우후죽순처럼 일떠서는[49]것과 관련하여 변전변압시설물을 익히려 몇달전부터 실습을 와 있었고, 여직껏 련수동에 사는 삼촌네 집에서 다니다가 바로 오늘아침 철수해 갔다는, 꿈에서도 예상치 못했던 소식에 접했기때문이였다.

준섭은 크나큰 놀라움속에서도 그가 바로 자강도 사람이기에 그 낱말에 담겨진 의미를 그리도 잘 알고 있었으며 입빠르게 함부로 자랑부터 하려 드는것을 그처럼 질색했다는것과 자기는 그 모든것을 철부지 눈으로 바라보다나니 다 익어 가던 사랑마저 그르쳤다는것을 명백히 깨달았다. 그 다음 자신의 이런 실수를 놓고 무슨 큰 과오처럼 여기며 아던[50] 정, 보던 정 없이 떠나가버린 혜선이에 대한 불만과 자기는 그야말로 부당하게도 비싼 값을 치르고 있다는 억울한 마음이 가슴 한가득 멀기쳐[51] 오르는것을 억제할수 없었다.

---

45 함부로 마구 찧다.
46 열기가 올라서 진정하지 못하다.
47 살의 넓이나 무게.
48 생각이나 사념에 깊이 빠져 있는 상태.
49 기운차게 벌떡 일어서다.
51 ①멀기가 일어 세차게 설레이거나 움직이다 ②(어떤 생각이나 감정 등이) 세차게 움직이거나 뒤설레이다. ㊟멀기 : 바람이 불다가 멎거나 매우 약해질 때 또는 갑자기 일어나는 바다의 큰 물결.

준섭은 사랑을 어서 되찾아야겠다는 촉급한 심정에 몰리며 그대로 변전소 앞마당에 쪼그리고 앉아 서둘러 편지를 쓰기 시작했다.

《… 너무하오. 동무가 여기 사람이 아닌것이 사실이라면 그 순간 거기에 실었던 내 마음도 진심이 아니지 않겠소. 완전한 실수가 아니겠는가 말이요. 구태여 그 실수속에 잘못이라는것이 있다고 한다면 그것은 아마 몇백년후에 가서 만에 한번 결함으로 자랄지 말지 한 그런것일거요. 게다가 난 이미 나의 그 마음이 너절한 정신들과는 비슷도 하지 않을뿐만아니라 비슷한것이 있다 한대도 그럴지 말지한 만개들중의 하나일것이라는데 대해서 설명했소. 그렇소. 동무가 나쁜것은 만에 한번 그럴지 말지 한걸 가지고 생사람의 간을 말리는거요. 칼로 찔러야만 살인인줄 아오? 이건 더 고약한 살인이요. 진짜 간이 말라 죽는 사람을 보지 않겠거들랑 어서 생각을 돌려주기 바라오!》

준섭은 변전소 사람들한테서 혜선의 주소를 물어 편지를 부쳤고 회답이 없으면 자기가 직접 찾아가겠다는 전보까지 쳤다.

그래서인지 혜선의 쪽에서는 인차[52] 답신을 보내 왔는데 섭섭하게도 거기엔 여전히 차거운 쇠붙이로 엮어 놓은것 같은 랭담한 글만이 적혀 있었다.

《… 진짜 살인자라 한대도 할수 없습니다. 왜냐면 저는 언젠가도 말씀 드렸지만 만에 한번 그럴지 말지 하다고 보는 그 하나가 실지로 오갈데 없는 그 사람의 진짜 마음이라고 믿고 있으니까요. 아니 확신합니다. 평양처녀의 도움을 받아 쉽게 한위치를 차지해 보려는 동무의 그 생각은 딴 사람의 마음이 아니고 동무의 진짜 마음입니다.

동무는 절대로 실수하지 않았습니다. 동무는 만번속의 한번이라고 등한하며[53] 그 하나를 버렸지만 실은 이 세상에서 가장 아름다운 마음을 버렸습니다.…》

준섭은 한순간 자기 이마를 정바로[54] 내치는 호된 타격에 정신이 아찔해지는것을 느꼈다.

그는 동무들 보기가 부끄러워 밖으로 달려나가 온밤 골을 싸쥐고 몸부림쳤다.

사랑을 잃은 대신 강편쪽[55] 같은 새 생활신조가 골풀이[56] 치며 골수에까지 스며드는 운명적인 순간이였다.

50 '알던' 의 오식으로 여겨짐.
52 이내.
53 (어떤 일에 대해) 관심이 없다.
54 옳고 바르게.
55 ㊟ 강철조각.
56 화를 참지 못하고 아무에게나 풀어버리는 짓.

3

혜선이는 준섭이가 자기 대대에 나타난것이 반갑지 않았다.

아무리 한번 달라붙으면 재가 될 때까지 타는 성미래도 이거야 너무 철면피하지 않은가. 게다가 헌차 따위나 끌어 들여 소동을 피우며 여한을 풀자고 드니 이런 시시한 사람이 어디 또 있단 말인가.

혜선이는 이제부터 그의 존재를 매일 매 시각 몸 가까이 느껴 가며 일해야 한다는것이 무엇보다 불쾌했다.

그러나 조금후 그의 머릿속으로 요즘 많은 청년들이 저마다 달려오는 이곳 건설장이니만큼 준섭이 출현문제를 놓고 그렇게까지 자신과 련결시키며 마음을 쓸 일이 아니지 않는가 하는 생각이 들었다.

정녕 그도 우리 시대 청년인만큼 그 나름대로의 뜻이 있어 달려 왔는지 뉘 안단 말인가.

혜선은 꼭 그럴것이라고 자신에 대한 기만을 느껴가며 생각했다.

하여 그의 가슴속에는 단념이라는 차디찬 얼음장이 더욱 두텁게 깔리고 전투 임무수행이라는 총검 같은 서리찬 기상만이 번뜩이는것이였다.

《20세기를 대표할만한 만년대계 창조물을!》

이리 뛰고 저리 달리는 처녀지휘관의 몸에서는 이런 호소가 써붙인 구호에서보다 더 힘 있게 울려 나오는듯 하였다.

빈틈 없는 지휘, 타끓는《강계정신》[57]이 불러 오는 속도전의 된바람, 공사의 높은 질!

대대는 모든데서 으뜸이였다.

그래서 건설장의 많은 돌격대원들은 마치 지평선우에 떠오른 신기루라도 바라보듯 혜선이네 대대 쪽을 바라보았으며 확성기에서 그들의 소식만 울려 나와도 그 어떤 우아한 세계에 잠기게 하는 훌륭한 노래라도 듣는듯한 낯빛들을 짓군했다.

대대를 이런 선망의 언덕우로 밀어 올리자니 혜선의 마음고생은 물론 육체적신고[58]도 말이 아니였다.

요즘 그에게는 전에 없이 엎드려 자는 버릇이 생겼는데 그것은 썩돌이 든 마대를 등에 둘

57 ㊟ 1990년대 말 안팎으로 체제붕괴까지 거론되던 북한당국이 체제 유지와 경제난 극복을 위해 주민들에게 요구했던 당대의 시대정신이자 경제 회생의 기치를 말한다.

58 ㊟ 육체적 고통.

러지고 온종일 달리다나니 등어깨에 온통 멍이 들어 도무지 바로 누워 잘수가 없기때문이였다.

그만이 아니라 모든 대원들이 그랬다. 그러나 그들은 자신들의 터진 어깨보다 썩돌에 터져 나간 마대들을 먼저 깁지 못해 안달아 했다. 낮에는 달리느라 짬이 없어 그들은 달빛 아래서 마대를 기웠으며 설핏한 자동차꼬리등 불빛만 보여도 그리로 달려 가 꿰진 구멍들을 기웠다. 고향으로 돌아 갈 때 입으려던 옷들도 아까와 않고 싹둑 잘라 기웠다. 그러면서도 그들은 헌걸차게[59] 웃으며 그 어떤 전쟁사에 남을 전투에 대해 얘기하듯 《마대전》이라고 불렀고 그 말이 조선말 사전에 없어 이다음 후대들한테 전해지지 못할것 같아 은근히 서운해 했다.

통이 큰 인간들이 모인 통이 큰 전투장이였다.

그러나 좀스런 인간들도 더러 있어 누구를 걱정해 주는체 하며 자신들의 속마음을 터놓는 때도 없지 않았다.

《참모장 동무, 차라는 건 후방 물자 운반 때문에 늘 나가 있구 마대조차 성한게 한짝 없는데… 어쩌자고 가만있습니까?》

《요즘 지하수가 터져 구조물 공사까지 벌리고 있는데 마대 같은거야 왜 어서 좀 보내달라구 제기하지 못합니까?》

혜선은 그들과 주고받는 말로 해서 쉬고 싶은 생각이 날가 겁이라도 나는듯 마대목을 더 바짝 당겨 쥐고 달리며 대답했다.

《전 동무들이 오늘 아침에도 마대를 백번 넘어 기워 가지고 나왔다는 걸 모르지 않아요. 그렇지만 조금만 더 참자요. 지금은 썩돌을 운반해 내자니 힘들지만 묻을 땐 돌이 아니라 흙으로 하기로 했으니 한결 쉬울거예요. 정말이지 저도 지금 우에다 막 제기하고 싶은걸 겨우 참고 있답니다.》

사실이였다. 간밤에도 혜선이는 대장한테 운수 기재가 없어 《만-하나》지점 매몰공사를 돌이 아니라 흙으로 하기로 했다는걸 아는가 하는 소리가 혀끝에까지 와닿는것을 아픔 참듯 꾹 참고서 그저 대대장이나 어서 좀 보내주면 좋겠다는 제기만 하고 말았었다.

그런데 혜선의 마음을 알아서인지 이튿날 점심때 대장이 자기차에 콩 한자루와 함께 마대 한통구리[60]를 싣고 왔다.

운전수가 내려 놓는 마대통구리를 기쁜 얼굴로 바라보고 있던 혜선의 눈은 불시에 뒤집힐

59 기운이 매우 크고 힘있는.
60 ㊟ 한광주리.

듯 커졌다.

깁고 또 기워 자기네들 것처럼 성하다고 볼수 없는 마대들이였기 때문이였다.

대장은 루추해서 면구한 듯 두손을 맞비볐다.

《콩은 비지를 해서 뒤끼[61] 좀 먹여 보라구. 마대는 간밤 손질을 해보니 몇번은 더 쓸것 같구 해서 가져 왔소.》

혜선은 마음이 처절해 나기까지 하여 눈을 슴벅이며[62] 서 있었다.

대장은 어깨에 난 상처에 바를 좋은 약이 지휘부 군의소[63]에 도착했노라는 소식을 전한 후 은근한 어조로 계속했다.

《대대장을 속히 보내달랬지.… 음, 대대장말이요. 준섭 동무가 어떻소?》

《준섭 동무?》

혜선은 이 순간 참말로 대장이 말하는 준섭이라는 사람이 누군지 리해 하지 못했다.

《요즘 헌차수리에 여념 없는 동무 있지 않소.》

순간 혜선의 머릿속으로는 자기의 자랑스럽지 못한 옛사랑이 비릿한 냄새처럼 떠올랐으며 자기를 골리고 있는 대장에 대한 노여운 생각이 단[64] 가마 속의 기름처럼 끓어올랐다.

그러나 혜선은 격정을 애써 눌러 가며 대장이 어째서 때와 장소도 가림이 없이 이런 싱거운 롱담을 할가 하고 놀랍게 올려다 보았다.

그런데 대장은 한사코 진지한 낯빛으로 어서 대답하란듯 눈 박아 바라보는것이여서 혜선은 그만 왈칵 터져 오르는 설음을 참아 낼수가 없었다.

《아이 무슨 말씀을 그렇게 하시는겁니까? 그 동무한테 어디 그런 자격이 있다구… 게다가 어쩌면 그렇게 시치미를 뚝 따구… 그런 실없는 말씀을 하시려면 오지 마십시오. 흑-》

《허, 난 준섭 동무하구 그 정도일것까지는 모르구… 아, 운전수동무, 뭘 하고 있소?》

혜선이가 어떻게나 숨이 끊어지게 설분[65]하던지 대장은 조금만 더 시간을 끌면 그가 진짜 절명이라도 할것 같은 느낌이 들어 바삐 차에 올랐다.

혜선은 차안으로 사라지는 그를 향해 준섭 동무를 대대장으로 보내려면 자기를 먼저 떼버리라고 웨칠가 하다가 뭔가 불쑥 목구멍을 가로 막는것이 있어 입을 다물어 버리고 말았다.

---

61 ㉠ 두어 번의 끼니.

62 (눈까풀을 움직이어) 눈을 감았다 떴다 하다.

63 부대나 연합부대 또는 그와 같은 급의 부대들에서 조직하는 치료기관.

64 ㉠ 열기로 달아오른.

65 분한 마음을 푸는것.

대장은 지금껏 단 한마디의 롱담도 하지 않았다는 생각이 서느러운[66] 리성의 바람을 몰아오면서 활 열렸던 설음단지뚜껑도 다시 얼른 닫아 주었기때문이였다.

혜선은 자기가 좀 헤덤볐다[67]는 생각이 들어 대장을 다시 붙잡으려고 했으나 차는 이미 휘발유 탄 냄새를 들씌우며 거대한 포알같이 내닫고 있었다.

아, 대장동진 준섭동물 잘 모르길래 그랬을 텐데.… 내 왜 옛 감정을 눌러가며 차근차근 설명해 주지 못했담.…

그리고 혜선은 속이 시원해지도록 다시 만나고 싶지 않은 사람에 대한 자신의 립장을 명백히 했지만 도리여 자기는 그렇게 한것으로 하여 이제 준섭이를 직접 만날수밖에 없게 되었다는것을 크나큰 슬픔을 느껴가며 생각했다.

그럴수밖에 그 일로 하여 준섭이가 이제 대대책임자가 되여 자기곁으로 올수 있다는 사실이 다시 밀어 넣을수 없는 물속의 공처럼 명백한 현실로 불거져 올랐는데 어떻게 그냥 어제날의 인상만 가지고 대처해 나갈 작정을 할수 있단 말인가.

《만−하나》대대의 명예와 래일을 위해서도 준섭이를 직접 만나야 했으며 그가 여전히 치졸한 세계에서 헤매고 있다면 직방들이[68]로 대대를 떠날것을 요구해야 했다. 그 다음 대장을 만나 《만−하나》대대를 어떤 높이에서 보살펴 줘야 할 의무가 그에게 걸머져 있는가를 눈물을 흘려 가며 말할것이였다.

혜선은 이 모든것이 자기의 예상대로 진행될것이 뻔한만큼 래일 중으로 무조건 다 결속[69]해 버리리라 굳게 결심했다.

4

그러나 혜선은 그때로부터 나흘이 지난 후, 그것도 한밤중에야 준섭이를 만나러 갈수 있었다.

그 사이 쉬 나다니기 멋한 일이 하나 생겼던것이다.

혜선은 전날 지하수 때문에 바삐 놓는 구조물 주변 한군데 토질이 별로[70] 무른것이 걱정이

---

66 서늘한. ㊟소설에서는 냉정한의 의미.
67 공연히 바쁘게 서둘다.
68 에돌리거나 망설이지 않고 곧바로.
69 결론을 짓는 일.
70 따로 특별히.

여서 나무 기둥들이라도 박을양으로 려단제재소 마당에 참나무들을 실어다 놓았었다.

그런데 현장방송에서는 어쩌자고 그러는지 별안간 그 참나무들을 박달나무들로 둔갑시키더니만 이런 만년대계 고임돌이 어디 있느냐고 냅다 떠들어 대기 시작했다.

혜선은 닭의 살이 돋는것만 같아 곧 송수화기를 들고 사실대로 방송해 줄것을 요구했다. 그런데 이번에는 이처럼 겸손한 지휘관이 어디 또 있겠느냐고 노래까지 받쳐가며 더 열을 올리는것이였다.

혜선이 참을수 없어 막 찾아 가려는데 시공참모[71]가 그의 팔소매를 조심히 쥐더니만 제재소마당에 박달나무들이 나타난것은 사실이라 했다.

혜선은 열길 뛰며 누가 그랬느냐고 물었다.

그러나 며칠이 지나도 그 소행의 임자는 알 길이 묘연했다.

남의 등에 업혀 산에 오른것 같은 생각…

남의 얘기 사흘 안한다고 그 말도 사흘쯤 지나니 즘즛해졌다.[72]

하여 혜선은 이 밤에 망신보따리에서 풀려난듯한 심정을 느끼며 총총히 떠날수 있었던것이다.

옥사봉 아래 별빛을 이고 다소곳이 엎드려 있는 수리소대 작업장이 보이자 혜선은 홀연 가슴이 전기에라도 닿은듯 찌르르해 나는것을 느끼였다.

준섭이… 그가 와 있다고 하기에 한번도 가보지 못한 작업장이였다.

아마 얼굴이 놋양푼처럼 둥그런 수리소대장이 그의 고충을 제 먼저 알아차리고 은혜라도 베풀듯 이제부터 수리소대일은 자기한테 다 맡기고《만－하나》공사에만 전념하라고 말하지 않았더라면 혜선은 남몰래 괴로와 했을런지도 몰랐을것이였다.

이른 봄이라 퍼렇게 언 밤하늘에서는 별들이 찬바람에 씻기우며 부서지듯 줄곧 떨었다.

수리소대쪽으로 부지런히 걷던 혜선은 문득 이쪽을 향해 논두렁길로 한쪽 다리를 끌듯 하며 헐금씨금[73] 다가오고 있는 수리소대장을 보자 멈춰 섰다. 소대장도 그를 띠여[74] 본듯 더 바삐 다가오며 자기네 소대로 기어이 오는가고 묻더니 다소 덜퉁한[75] 어조로 계속했다.

《거… 그 친구 틀려 먹었던데요.》

---

71 공사 시공 일을 책임지고 있는 참모.
72 한창 벌어지던 어떤 현상이 멎어지고 좀 뜸하다.
73 숨을 가쁘게 쉬며 씨근거리는 모양을 나타낸 말.
74 눈결에 슬쩍 여겨보다.
75 성격이나 행동 같은것이 찬찬하고 깐깐하지 못하다.

혜선은 밑도 끝도 없는 그의 말이며 한쪽 다리를 저는것이 놀라와 눈을 크게 뜨고 서 있었다. 소대장은 한쪽 신발이 없어 다리를 전다는듯 양말만 신은 발을 들었다 놓으며 계속했다.

《이게 다 그 친구 때문이라니까요.》

《도대체 누굴 그렇게 욕하는 거예요.》

《누구겠습니까, 라준섭이지.》

혜선은 대뜸 숨소리마저 가무리[76]였다.

그리고 그는 이 쌀쌀한 한밤중에 소대장을 맨발로 걷게 만든 준섭의 잘못이 어떤것인지 아직은 알수 없었으나 가렵던 곳을 긁어 주는것만 같아 저으기 개운해 나는것을 어쩌는수 없었다.

혜선은 자기가 래일중으로 대장까지 다 만나게 될런지는 모른다고 생각하며 어서 계속하라는듯 수리소대장의 얼굴을 곧추 바라보았다.

… 수리소 대장은 오늘 지하수 때문에 서둘러 놓고 있는 배수로구조물공사장에 이동수리를 나갔었다.

그는 그곳에서 타입전투[77]에도 참가하여 일을 돕던 중 그만 몰탈 속에 한쪽 신발을 먹히웠다.

그곳 대원들은 좋아라 웃으며 새 신발을 당장 가져다 준다고 법석했다.

바로 그때, 어디 갔다 오는지 송탄유냄새가 물씬 풍기는 배낭을 걸머진 준섭이가 그들 앞에 우뚝 막아서며 신발을 몰탈속에 묻어 놓고 새 신발을 가져 온다는게 무슨 소린가, 어서 몰탈이 굳어지기 전에 그것을 찾아내야 한다면서 속히 삽들을 들라고 웨쳐 댔다.

대원들이 얼떠름해[78] 하자 그는 더 큰 소리로 웨쳐 댔다.

《구조물이 병 들수 있단 말이요!》

《콩크리트가 병 들다니?》

《핫하—》

드디어 모두 요절할듯 웃어 대는데 지원자 라준섭은 여전히 쑥스러운줄도 모르고 더 피대를 돋구는것이였다.

《콩크리트 구조물이란 보긴 돌덩이 같애두 사람의 몸과 비슷하오. 온도가 40℃만 넘어두 뚝 빠개져[79] 나가구!》

---

76 감추다.

77 ㉭ 콘크리트 혼합물이나 그 밖의 재료를 일정한 곳에 처넣거나 다져넣는 공사.

78 ㉭ 좀 얼떨떨한.

79 (단단한 물체가)두쪽으로 갈라져 조각이 나다.

《…》웃음소리가 잦아 드는것이 알렸다.[80]

《그러니 구조물속에 신발이 하나 잠겨 있는게 몸뚱이 안에 파편이 하나 박혀 있는것과 뭐가 다르겠소. 언젠가는 앓을수 있소.》

《허허참, 그거야 몇백년후 만에 한번 그럴지 말지… 답답하구만!》

누군가 껄껄 웃어 대며 이러자 준섭은 자기가 결사로 겨뤄야 할 적수를 드디어 골라잡기라도 한듯 그 앞으로 무섭게 다가들더니 돌부시는[81]것 같은 어조로 말했다.

《만-하나》대원의 입에서 그런 쓸개 빠진 소리가 나오다니?… 동문 여기 있을 자격이 없소!》

대뜸 자라목이 되는 그의 모습은 가엾었다.

준섭은 한마디 더 할듯하더니 그의 삽자루만 나꿔 채듯 빼아 쥐고 수리소대장을 향해 물었다.

《일하던 곳을 딱히 찍어 줄수 없겠습니까?》

순간 수리소대장의 눈에서는 자기 얼굴을 개떡으로 만들어 놓은데 대한 분격의 웨침 이상의것으로 빛 발쳐 나오고 있었다.

그러나 준섭은 그따위것은 다 자기가 알바가 아니란듯 모탈을 뚜지며[82] 돌아가기 시작했다.

수리소대장은 그가 자기 얼굴을 직접 뚜지며 돌아간대도 이처럼 창피하지 않을것 같았다. 그는 더 이상 참아 낼수 없어 자리를 뜨고 말았다.…

기대를 가지고 귀를 기울이고 있던 혜선은 갑자기 실망스러운 마음이 밀물처럼 밀려드는 바람에 숨을 내그으며[83] 어깨를 떨구었다.

그러나 수리소대장은 더욱 불만이 부엏게[84] 내돋힌 어조로 말하는것이였다.

《정말 민한[85] 친구더구만요. 참모장동무가 왜 한사코 그 친굴 싫다 하는지 다 알듯 하…》

비릿한 역겨움이 불쑥 목을 밀어 올리는 바람에 혜선은 저도 모르게 웨쳤다.

《그런건 탓 하는게 아니예요.!》

《아니?》 놀라는 그의 모습이 더 역겨웠다

정녕 혜선은 어떤 난쟁이와 여지껏 시시덕대며 즐거워 한듯한 수치감을 금할수 없었다.

수리소대로 올 때까지 소대장에게 눈 한번 주게 되지 않았다. 대신 그가 그처럼 타매하던[86]

---

80 모르던것을 깨닫다.
81 (참) '부수다'의 잘못된 표현.
82 (참) 꼬챙이나 뾰족한 것으로 쑤시고 파는 모습.
83 (참) 숨을 내쉬며.
84 (참) 변명, 핀잔, 추궁 같은 것을 하는 것이 어지간히 심하다.
85 (참) 어리석은.
86 안 좋게 여기며 욕함.

준섭이가 혐오스러운 너울을 한꺼풀 벗어 붙이며 눈 바투[87]로 움씰 다가오는것을 뿌리칠수 없었다.

이 예상치 않았던 마음속 잔파도는 소대장이 신발을 바꿔 신으려 숙소로 가고 자기 홀로 수리소대 작업장을 돌아보다가 대대의 수치로 락인된 헌차 앞에 마주 섰을 때 아주 큰 격랑으로 일어 번지고 마는것이였다.

차는 이미 헌차가 아니였으며, 어떤 너절한 마음이 있어 끌어 왔다고 보기에는 너무도 깊은 정성이 처처마다에 깃들어 있었던것이다. 그리고 쪽무이[88]마냥 숱한 판자들을 이어 알심있게[89] 세면으로 둘러 친 적재함이며 이제 차번호를 새길양으로 파랗게 칠한 것이며가 한 인간의 새로와 진 참마음에 대하여 너무도 많은것을 속삭여 주며 은근히 빛을 뿌리고 있었기때문이였다.

혜선의 마음은 더욱 큰 파도를 타고 마구 뒤흔들리기 시작했다.

그는 자기가 자책으로 끝날 마감을 예감하며 조바심을 느낀다는것을 알았으나 강하게 부정했다.

(아니야. 나는 그만 조금 놀랐을뿐이야. 그렇잖구. 저 차를 봐도 그래. 대대장이 된다니까 우리 대원들의 환심을 살 심산으로 저렇게 잘 고쳐 왔겠지. 아무렴 주인에게 돌려 주자고 그랬겠어. 그 동문 이번에도 생활에서 만에 한번쯤 어지러운 생각을 품는건 결함이 아니라고 보는 자기 인생관을 다시금 낱낱이 드러내 놓은거야. 그런데도 대대장 자격이 있다구? 우리 대댈 뭘로 만들려구? 대장동지가 눈이 멀었지.)

혜선은 자기가 이런 사색을 더듬으며 마음속 신념도 새로 더 굳히였고 결심 또한 가슴속 깊이 새로 더 뭉그려[90] 넣었다고 생각했다.

그러나 잠시후 혜선은 아직 뭔가 미진한것이 있는것 같은 심정을 어렴풋이 느끼며 그 자리를 떠나지 못하고 있는 자신을 발견하자 사뭇 놀라며 어리둥절해지지 않을수가 없었다.

왜 그럴가? 이번에도 자기 멸시를 받게 되는 준섭이가 불쌍해서일가?

혜선은 아마 그 순간 까닭없이 자기 등 어깨 쪽에서 아픔이 되살아 나고 아직은 며칠 좋이 펴내야할 썩돌무지[91]가 눈앞에 덩그렇게 떠오르지 않았더라면 새차나 다름없이 된 저《헌차》

87 아주 가깝게.
88 여자의 머리쪽처럼 반득하게.
89 ㉾ 야무지게.
90 뭉쳐서
91 돌무지를 강조한 말.

때문이라는 생각을 전혀 못하였을런지도 몰랐을것이였다.

그랬다. 자기는 준섭이를 속시원히 떼버리는 대신 저 훌륭한 운수기재는 영 잃어 먹어야 하는것이다.

아쉬움이라 하기에는 너무도 검질긴[92] 유혹이 강행군의 나날에 그리운것이 턱없이 많아진 녀지휘관의 심장을 덥석 문것이였다.

혜선은 조금 후에야 그것이 준섭의 병든 사상이 자기의 의식 속에도 기여 든것이라는것을 알았는데 깨닫는 순간 어떻게나 놀라웠던지 앗 소리를 치며 그 자리에 주저앉을번 하였다.

정녕 그는 그때 병실로 갔던 수리소대장이 자기 곁으로 바삐 다가오며 말을 걸지 않았더라면 그 자리에 퍼더앉아[93] 울음을 터뜨렸을런지도 몰랐을것이였다.

《견물생심이라고 차가 쓸만해 가니 마음이 달라지는게 아닙니까?》

혜선이가 당황해 하자 소대장은 노래라도 부르는것 같은 어조로 계속했다.

《하기야 손수레가 님보다 더 그리운 때 누군들 탐내지 않겠습니까. 그래서 전 전날… 《청춘려단》으로 분연출[94]도 했댔습니다.》

혜선은 질책과 호기심이 뒤엉킨 눈길로 돌아보았으나 소대장은 여전히 찰진 어조로 말했다.

《마침 거기 려단장이 소환되고 내 친구인 참모장이 대리사업을 하고 있어 별로 어렵지 않게 대답을 받아 낼수 있었습니다. 준섭동무의 수고를 봐서 차는 우리가 아주 쓰기로!》

혜선은 또 한 걸음 그한테로 이끌려 가는 자신을 뚜렷이 의식하며 다소 거칠게 말했다.

《그 동무의 생각이 어쩔지는 모르구 제멋대로 그래서야 쓰겠어요?》

《뻔하죠. 흙운반 분대쯤 하나 맡기면야… 사람이란 워낙 자신부터 생각하기 마련이 아닙니까.》

혜선은 다시금 난쟁이와 마주 섰는것 같은 심정을 뚜렷이 의식했다. 그러나 자기는 어째서 아까와는 달리 그냥 코를 맞대고 서서 그한테서 뭔가 더 알아보지 못해 감질이 나 하는지 통 알수가 없었다.

《그런 생각을 그 동무도 하고 있으리라고 믿는건 주관이예요.》

《헛 참, 제 낯내기[95]밖에 모르는 친구가 자기 분댈 망신바가지에 들게 하자구 차를 남 줘

92 몹시 끈기 있고 질긴.

93 다리를 되는대로 뻗고 아무렇게나 앉다.

94 분장하고 연기함.

95 ㊟ 사람들 앞에 자기의 이름을 날리고 내세우려고 하는 것.

요? 그 공명심 누구도 감히 흉내를 못 낸다니까요.》

혜선은 드디어 한결 가벼워진 마음으로 자리를 뜨게 되는 자신이 너무도 놀라와 다시금 버럭 중[96]을 냈다.

《설혹 그렇더라도 동지에 대해서 그렇게 말하는 건 실례에요.… 내부문건들이나 좀 봅시다.》

수리소대장은 그제야 자기네 녀지휘관이 그 아무리 겉으로 아달맹이[97] 차돌인 체해도 자기는 이미 허물어 내리기 시작한 그의 가슴속 모든 곳을 다 들여다보고도 남았다는듯 활짝 웃으며 자기 방으로 앞서 달려 들어 가는것이였다.

5

방에 따라 들어와 소대장이 내놓는 문건들을 쥐려고 손을 내밀던 혜선은 책상우에 이런데선 좀 해 볼수 없는 원고지가 눈에 띄우고 뒤이어 거기에 마지크[98]로 휘갈겨 쓴 굵직한 글발도 밝히자 저도 모르게 읽기 시작했다.

— 실화문학. 건설장의 자랑 라준섭동무 —

혜선의 마음이 화약처럼 터지는데는 별로 시간이 걸리지 않았다.

소대장이 서류장 문을 닫고 돌아서기도 전에 그의 뒤통수를 호되게 후려치며 터져 올랐던 것이다.

《여우가 아니고서야 어떻게 이럴 수 있어요?》

《아니? 왜 그럽니까?》

혜선은 말없이 지시손가락[99]으로 원고지를 찔렀다.

《아, 그건… 대장동지의 글입니다!》

혜선은 갑자기 둔한 타격이라도 받은듯 아찔했다.

그래서 그는 대장이 《청년전위》사의 청탁을 받고 이 글을 썼으며 준섭이를 데리고 있는 자기한테 방조[100]를 받고 싶어 아까 저녁때 원고를 보내왔으나 자신은 우선 정식 돌격대원이 아

96 ⓐ 화. 노여움.
97 ⓐ '안성마춤' 의 평북 방언.
98 ⓐ 필기도구인 매직펜.
99 지시하는 손가락. 곧 둘째 손가락.
100 ⓐ 거들어서 도와주는 것.

닌 사람을 내세우려 하는것이 마음에 안 들고 원형[101] 또한 잘못 잡은것 같아 아직 읽지도 않았노라는 수리소대장의 말을 꿈결에서처럼 간신히 알아들었다.

혜선은 대장의 마음을 알아보기 위해서도 어서 원고를 읽어 보아야겠다고 생각했다.

그러나 머리 속이 온통 뒤죽박죽이 된 때문인지 거기에 뭐라 씌여 있는지조차 가려 볼수가 없었다.

그런데 그 글줄들에서 박달나무라는 글발이 얼핏 망막을 스치는 순간 매우 놀랍게도 모든 것이 갑자기 별발이 고른 날 목표를 내다 볼 때처럼 선명하게 보이기 시작하는것을 어쩌는수 없었다.

… 나는 그때 준섭 동무에게 박달나무 기둥들을 박는다고 참나무 기둥보다 얼마나 더 로반 기초가 좋아지겠는가, 그저 조금밖에 나아질게 없으니 고생할 생각 말고 어서 차 수리나 끝내라고 했다. 그런데 말없이 돌아갔던 그가 그 밤으로 자기 고향 림산사업소[102]로 떠났을 줄이야. …

나는 그때 그의 두 손을 힘주어 잡으며 물었다.

《어쩌면 그리 만년대계정신이 투철한가?》

그는 쑥스러운듯 뒤더수기[103]를 긁으며 대답했다.

《한 녀성한테서 배운건데… 사랑까지 잃으면서 말입니다.》

《엉? 사랑까지 잃으면서?!》

나는 그 순간 만세대살림집건설 때 친구로 사귄후 여기까지 그를 데리고 온것을 매우 기쁘게 생각했다. 사실 나는 그를 내곁에 두고도 싶었거니와 그에게 꼭 알맞는 일감이 생겨 불렀던것이다.

그런데 이런 난감한 일이라고야… 그 일감엔 자기보다 더 알맞는 녀성이 있다고 한사코 거절해 나서고 있으니… 자기는 그저 평대원으로 일하면서 그 녀성한테서 더 배우겠다는것이다.…

혜선은 자기가 원고를 읽다가 언제 밖으로 나왔는지 기억나지 않았다. 단지 문을 열었을 때 그림자가 자기보다 먼저 밖으로 멀리 앞서 달려 나가던 생각만이 날뿐이였다.

그리고 언제 려단제재소로 향했는지도 기억되지 않았다. 그저 그 애물단지인 박달나무들을 제 눈으로 직접 확인해 봐야겠다는 생각만이 머리속에 꽉 차 있을뿐이였다.

---

101 ㉾ 소설의 문맥상 '라준섭'을 소설의 주요 인물 원형으로 한 것을 의미함.

102 나무를 키우고 보호하는 일을 하는 사업소.

103 '뒤덜미'를 이르는 말.

어둠이 모든것을 겹겹이 에워싸고 있어 그 나무들을 인차[104] 알아 볼수가 없었다.

더 다가가니 희벗한 것들이 보였다.

그런데 누군가 거기서 허리를 접이칼처럼 굽히고서 무슨 일인가 하고 있었다.

누굴가?

문득 혜선은 자기 코밑으로 송탄유 냄새가 훅 끼쳐 오자 화뜩 놀라며 굳어졌다.

송탄유… 배낭에 지고 나타났더라는 수리소대장의 말… 뒤이어《준섭이다!》하는 소리가 뢰성처럼 귀청을 메웠다.

혜선은 달아나야겠다고 생각했다. 그러나 발이 얼어붙은듯 통 움직여 낼수가 없었다.

밤인것이 얼마나 다행인지 몰랐다.

그러나 그는 먹물을 풀어 놓은것 같은 어둠속에서도 준섭이가 지금 박달나무들에 송탄유를 알심 있게 칠해 가고 있는 모습을 똑똑히 보았으며 과일향기마냥 은은히 풍겨오는 그의 만년대계정신도 너무도 잘 감수[105]할수 있었다.

좀후에 혜선은 도망치듯 자리를 떴다.

그는 그길로 공사장으로 달려 나가 썩돌 마대를 둘러지고 우황 품은 황소[106]마냥 … 씨근거리며 달렸다. 다시는 준섭이를 만나려 하지 않을것이다. 그 엉큼한 대장도 만나려 하지 않을것이다.

대대장으로 올테면 오고 보낼테면 보내라지.

그러나 준섭이는 절대로 스스로 찾아오진 못 할것이였다. 그저 영원한 문전 기권자로 살다 떠나가 버리고 말것이였다. 그러니 이것으로 전날계획을 종결 짓는수밖에… 후유, 강낭떡[107]이 속 달군다더니만…

혜선은 이런 생각을 하며 반 시간가량 더 일하다가 지휘부로 돌아 왔다.

먼지를 가볍게 털고 사무실로 들어서던 혜선은 보통키의 한 청년이 의자에 올라 서서 천정에 바로 매달렸던 촉수 낮은 전등을 밑으로 좀 내리우는 일을 하다가 싱긋 웃으며 아는 체 하자 잠시 누군가 하는 낯빛으로 서 있었다. 그러다가 홀연 송탄유 냄새가 가볍게 풍겨오고 그 청년이 벗어 놓은 신발 곁에 몰탈을 뒤집어 쓴 또 한짝의 신발도 눈에 띄우자 혜선은 소스라쳐 놀라며 하늘에서 내려오는 불벼락이라도 쳐다보듯 그 청년을 올려다 보았다.

---

104 이내.

105 ㉿ 감독하고 지키는 것.

106 ㉿ 소의 쓸개에 병으로 우황이 생겨서 괴로움을 참지 못하여 씩씩거리는 소리라는 뜻.

107 강냉이떡.

준섭은 여전히 웃고 있었다.

그러나 혜선의 가슴속에서는 경계심만이 날카롭게 살아 올라 바싹 당겨 진 활시위마냥 푸르르 떠는것이였다.

준섭의 눈동자도 천천히 굳어 지고 있었다.

하여 그들이 지키는 예리한 침묵과 허공중에서 부딪치는 눈길들로해서 방안공기는 부웅 소리가 날만큼 팽배해졌다.

만약 그때 준섭이가 의자에서 내려서려다가 뒤로 자빠질번하고 그 모습이 하도 위태로와 혜선이가 황급히 붙들려 하는 뜻밖의 일이 생기지 않았더라면 그들은 더 오래도록 불쾌한 침묵을 지키며 서 있었을런지도 몰랐을것이였다.

《아, 그러지 마십시오. 일 없습니다.[108]》

처지는 좀 바뀌였지만 너무도 첫 상봉때의 일을 방불케 하는것이여서 두 사람은 천리 멀던 자기들 사이가 퍼그나[109] 가까와 진듯한 느낌이 드는것을 어쩌는수 없었다.

《허, 이거 참… 이 건설장에서 다시 만날줄 모르구… 지금도 안 올수 없는 일이 생겨서 그만…》

준섭은 사죄라도 하듯 떠듬거리였다.

《안됐어요. 와 있다는걸 알면서도… 한데 안 올수 없는 일이 생겼다는 건? 송탄유를 칠했다는것까진 벌써 다 알고 있는데?》

혜선은 감사하나 이 밤중에 그걸 구실로 만나러 온것은 반갑지 않다는 기색을 로골적으로 드러내 보이며 물었다.

준섭은 대척[110] 않고 수리소 대장의 신발만 집어 들었는데 그 행동은 흡사 그따위나 알리려 한쪽 신발이 없이 다니는 사람을 뒤로 밀어 놓고 여기부터 올 위인인줄 아는가 한마디 맵짠 불만이라도 토하는상 싶었다.

잠시 후 준섭은 높지 않은 소리로 물었다.

《듣자니… 돌로 메우자는 론의도 있었다는데… 왜 부정 되였는지 전 그걸 알고 싶어 왔더랬습니다.》

혜선은 옛일과 관련된 말이 아닌것이 다행스러웠으나 그 말 뒤에 비낀 새로운 위험이 다시금 칼끝처럼 마음을 위협하는것이여서 여전히 쌀쌀하게 응답했다.

---

108 괜찮습니다.
109 몹시, 매우의 의미.
110 '대꾸' 를 달리 이르는 말.

《왜 랄게 있어요. 운수설비도 부족하니… 대신 딴 대책들이… 섰다는거야…》

혜선은 나무 기둥소리를 하기가 멋적어 이렇게 얼버무리고 말았다.

준섭은 손바닥만한데다 나무 몇대를 박을 차비를 해놓고 자랑질부터 하려 드는것이 부끄러운 듯 미간을 흐리며 계속했다.

《물는 전구역에 흐르던데…거기도 빼놓아선 안 될 줄로 압니다.》

《… 조금씩… 흐르는데도 말이지요?》

《조금씩 흘러두 흙은 물을 먹을것이구…그러면 청석 같은 돌에 비해 어방[111] 없이 약할것이라는거야… 아니 제 꼭 동무 앞에서 이런 말을 자꾸 해야 하겠습니까?》

혜선은 불쑥 서슬 푸른 날창 같은것이 눈앞으로 육박해 오는듯한 감을 느꼈다. 그는 분명 준섭의 눈길에서 옛 사랑의 여한이 아닌, 새로 움켜 쥔 신념을 절대로 포기하지 않으려 하며 그 어떤 일이 있어도 그것을 달리 하거나 새로 시작도 하지 않으려 하는 한 인간의 무쇠쪽[112] 같은 새 결심을 읽었던것이다!

하여 혜선은 몰리는 심정으로 황황히 말했다.

《다시 토론해 보겠어요. 아니 당장 제기하겠어요.》

혜선은 자기가 혀로 아니라 의지로 말한것은 세상에 태여나 이번이 처음이라고 눈물을 삼켜 가며 생각했다.

준섭은 기쁜듯 얼마간 명상에 잠겨 말했다.

《이제, 아마 사람들은 그 길로 해서 21세기로 들어서려 할런지 모를겁니다. 그처럼 깨끗한 길은 없을테니까요. 허—》

혜선은 한순간 자기 눈굽 쪽이 싸아하니 매워 나는것을 느끼며 섰다가 물었다.

《그런데 그 청석은 어디서 가져 온다는건지? 제 알기엔 5리 주변에는 없는것 같던데?》

《옳습니다. 10리밖에 있습니다. 돌 광산에서 버린.》

혜선은 불쑥 격한 걸음으로 다가섰다. 10리가 5리보다 그리 먼게 아니라는 준섭의 늘어진 어조가 그의 분통을 터뜨렸던것이다.

《어쩜, 그리 쉽게? 지금 운수기재도 없이 어떤 고생들을 하고 있길래 그렇게 홀?》

혜선이가 진짜로 울부짖고 싶어 하는 말들은 토막 나 버리고만 그 뒤 말들에 더 많이 남아 있는듯하였다.

111 가까이나 부근.

112 ㉠ 무쇠조각.

《아, 아 저도 실은 차 수리나 끝내고선 썩돌이랑 같이 나르면서 토론해 보자 했댔습니다.》

준섭은 당황해 하며 계속했다.

《그런데 매몰공사가 당장 시작되겠더군요. 그래 이렇게 홀 달려든 겁니다. 여기야 만에 한 번 그럴지 말지 한 것두 천 만금으로 소중히 사주는《만－하나》본적지가 아닙니까.》

혜선은 준섭이가 뭔가 드센것으로 입은 물론 사유하는 기관들마저 다 봉쇄해 버렸다는 생각이 들었다. 실상 지금 그의 뇌리 속에서 사색의 점선을 가까스로 긋고 있는것은 자존심이 물어 뜯기운듯하여 몹시 불쾌하다는것과 옛사랑을 잊지 못해 하는 말을 한마디도 듣지 못한 것 때문에 매우 서운하다는것뿐이였다.

준섭은 얼떠름해 하는 그와 더 마주서 있고 싶지 않은듯 서둘러 밖으로 나가버리고 말았다.

그가 전등을 밑으로 내려놓은 탓으로 방안은 대낮처럼 밝았으나 혜선은 천길 나락 밑에 홀로 나앉은듯 못내 어둡고 무거웠다.

6

요즘 혜선이네 대대에서는 찾는것이 돌이였고 안고 다니는것이 돌이였다.

현장휴게실을 헐고 그 밑에 고였던 돌들마저《만－하나》공사장 주변에 몽고[113] 있어 사람들은 감동을 금할수 없어 했다.

《정말 만년대계 영웅들이요!》

어디서나 그들에 대한 칭찬이였다.

그러나 사람들이 떠들수록 사뭇 옹색해 하는 사람이 있었으니 그는 혜선이였다.

그는 어째서 자기가 준섭이와 약속한대로 돌 광산에 청석을 날라 올 생각을 않고 공사장 주변에 널려 있는 얼마 되지 않는 돌로 우선 대치하려 하는지 아직은 그 리유를 잘 알수가 없었다.

그러나 오늘 아침 수리소대 부소대장으로부터 준섭이가 이자 막 차수리를 아주 다 끝내고서《청춘려단》에 차를 인계하는 간단한 모임을 하나 조직해 줄것을 제기했다는 전화를 받았을적에 자기는 여지껏 남모르게 기다린것이 바로 그 차였으며 만약 그것이 자기네 공사장으로 못 오는 경우 자기는 청석문제를 다르게 결심할 속심으로 그랬다는것을 너무도 명백히 깨달았다.

한순간 뜨스한 홍조가 볼을 스쳤다.

113 모으고.

그러나 그것은 너무도 짧은 순간에 불과했다.

가슴을 헤집듯 하며 달려드는 준섭이에 대한 야속한 감정이 너무도 강렬했기 때문이였다.

(애당초 마주 서지부터 말았어야 하는건데… 모든건 그저 수리소대장때문에…)

혜선은 오늘의 이 수치를 몰아 온것이 바로 그 수다쟁이 때문이라는 생각이 새삼스러워 그만 지금 회의중이라는것마저 잊고 어성을 높였다.

《당장 소대장을… 바꾸지 못하겠어요?》

부소대장은 잠시 둘러 댈 말을 고르는 기미더니 지금 전화를 바꿀 형편이 못돼서 그런다고 했다.

혜선은 더 바싹 약이 올라 소리 질렀다.

《비굴하게 피할 생각말고 당장 나서라 해요!》

《야, 정말 … 쓰러진 그 동물 업구… 려단 군의소로 가서 그러는건데…》

《뭐, 뭐 누가 어떻게 됐다구요?》

혜선은 급히 이쪽 귀로 송수화기를 옮겨오며 웨쳐 물었는데 그 모습은 흡사 연방 덮쳐드는 놀라운 소식들을 한쪽 귀로만 다 받아들이자니 너무 빼근해서 그러는상 싶었다.

부소대장은 소대장이 이 사실만은 아직 보고하지 말랬지만 할수 없이 알린다면서 준섭은 그 사이 몇밤을 새우며 차 수리에 정력을 쏟아 붓다나니 건강이 매우 나빠졌다는것, 《청춘려단》에 차 인계모임을 조직해 달라고 제기할 때에도 꺼져가는 소리로 겨우 말하더라는것, 그런데 소대장은 그 죽어가는 사람한테 어쩌자고 그러는지 욕설을 퍼부어 대며 멱살까지 들더라는것, 하자 준섭은 아연실색해 하더니 담배 불에 달렸던 재가 스러지듯 두 무릎을 푹 꺾으며 쓰러지더라는것, 소대장은 자기가 직접 들러 업고 려단군의소로 달리면서 참모장한테 차가 튀였다는 보고만 하라고 지시했다는것, 그러나 자기는 준섭이가 후송 중에 잘못돼도 그렇고 해서 그의 친구의 대장한테만은 사실대로 직보[114]했노라고 실토했다.

혜선은 한순간 예리한 면도 칼날로 심장을 북 내리 긋는듯한 아픔을 느끼였다.

전날밤 그를 만났을 때에도 자기는 분명 그의 입술에 퉁[115]이 진것을 보았었는데 어째서 그를 위한 인정의 문은 그리도 꼭 닫아 매놓고 있었던지 지금 생각해 봐도 부끄러워 견딜수가 없었다.

혜선은 죄스러운 어조로 지휘관들에게 말했다.

---

114 ㊟ 직접 상부에 보고하는 것.
115 입술이 부르튼 모양.

《안됐지만 얼른 군위소에들 좀 가주세요.》

그들은 밖으로 내던져진 사람들처럼 달려 나갔다.

혜선은 일어날 기맥도 없어 그냥 앉아 있었다.

(그 동문 왜 와가지구…)

원망으로 응어리 진 싸늘한 감정이 다시금 가슴속으로 기여 들어 자리를 펴는것이 알렸다.

그와의 일은 아무쪼록 이것으로 다 끝났으면 하는데 반시간만에 돌아온 지휘관들은 군의소에가서 준섭이라는 청년의 그림자도 못보고 왔노라고 했다.

(그럼 중도에 잘못 되기라도?)

혜선의 낯빛이 백자기빛으로 까지는 변하는데 홀연 그들을 놀래우며 전화 종소리가 다급하게 울었다.

대장의 운전수한테 온 전화였다.

그는 준섭이가 대장의 지시로 중도에서 지휘부 군의소로 실려 왔으며 지금 중앙병원의 유능한 의사들한테서 집중치료를 받고 있노라고 전한후 전화를 뚝 끊어 버렸다.

혜선은 랭담한 그 태도가 대장이 심사인것 같아 다소 옹색했으나 속으로 안도의 숨이 터져 나가는것을 어쩌는수 없었다.

《대장 동지가 수고한 것 같구만요. 우린 이번 일요일에 모두 다녀오도록 하자요.… 그러구 래일중으로 차 인계모임도 잘 해주구요. 어찌겠어요. 룡 가재미 알 빠지는것[116] 같구 사자어금이[117] 빠지는 것 같애두 참는수밖에… 대신 우린 청석문젠 걷어치우면 돼…》

혜선은 불쑥 하던 말을 끊고 깜짝 놀란 눈길로 지휘관들을 둘러보았는데 그 모습은 마치 이자 그런 덜 돼먹은 소릴 망탕[118] 한 사람이 누군가고 찾기라도 하는것 같았다.

그것은 실로 제 정신이 아니게 번민을 하는 사람이 아니고서는 그럴수 없는 행동인데다 청석문제로 자기네 착한 녀지휘관을 괴롭히고 있는 자가 누군인가를 비로소 똑똑히 알게 된 안전참모를 비롯한 몇몇 흙매몰 지지자들의 얼굴에는 당장 폭발하려는 험악한 기상들이 떠올랐다.

그러나 혜선이가 한손을 들어 자중하라는 행동을 해보이고 애써 생각을 더 해보려는 낯빛까지 짓는것이여서 그들도 별수 없이 분격을 눌러 참는것이였다.

---

116 중요한것이 없어진것을 비겨 이르는 말

117 어금니.

118 되는대로 마구

지금 혜선의 뇌리 속으로는 요즘 적지 않은 사람들이 내달리기만 한다면 비록 쌀 속의 뉘처럼 그냥 두고 오는것이 더러 있고 다소 매끈하지 못 한데가 간혹 있어도 서로 웃음으로 리해해 준다는 생각과 시련의 고개턱에서 참아 내기 어려워 얼마간 자신의 편안을 찾아도 비렬할뿐이라고 서로 즐겁게 용서해 준다는 생각이 서서히 흘러들고 있었다.

정녕 사람들은 엄혹한 이 강행군의 나날에 늦는것보다 더 빠른것을 보이지 않는것보다 더 보이는것을 바라면서 후대를 위한 만년대계니 뭐니 하는 아직은 봄노래와 같은 섬세한 감정보다 조국의 운명이라는 현실적이고도 거창한 리성에 더 빨리 익숙되는듯싶었으며 또 그렇게 사는것을 이 시대 인간들의 첫째가는 의무로 여기는듯싶었다.

여기까지 사색의 줄을 늘여 온 혜선에게는 드디여 요즘 준섭이를 새롭게 대하게 되면서 저도 모르게 얼굴을 붉히며 자신의 정신생활에 병이 들지 않았는가 은근히 불안해 하던 그 모든것들이 별로 의의가 없는 어리석은 일들로 여겨지고 마는것을 어찌는수가 없었다.

하여 혜선은 결연히 고개를 들었다.

《전 매몰작업을 원래 계획대로 하기로 결심했어요.… 그 새 참 안됐어요.》

흙매몰을 주장하던 지휘관들이 얼굴에는 억제할수 없는 기쁨의 물결이 떠올랐다. 그러나 힘겨워도 청석을 날라 올것을 주장하던 태반의 지휘관들의 얼굴에는 실망의 구름장이 무겁게 드리우는것이였다.

의견 론의도 없이 일들이 결정되기 시작했다.

래일중으로 매몰계획 문건을 다시 완비하는것은 시공참모한테, 매몰할 흙 견본을 피라미트 형으로 쌓아 놓고 모레아침중으로 대장까지 불러 다 놓고 최종합의를 보는 일은 안전참모한테 맡겨졌다.

혜선은 이제는 모든 일이 자기 예상대로 진행될것이라고 확신했다.

실상 일은 다 그렇게 돼가는듯 하였다.

그저 조금 달라진것이 있다면 최종합의를 한시간 앞둔 오늘 아침 대장이 자기는 너무 일이 바빠 딴 사람을 대신 보내겠다고 전화를 걸어 온것뿐이였다.

(참모장 동질 보낼려나?)하고 혜선은 생각하며 협의회에 오는 지휘관들의 점심준비 때문에 총총히 식당으로 달려 갔다.

잠간 들렸다 간다는것이 뭐가 다 넉넉치 못 한때라 반시간이나 지체되였다.

혜선이가 늦은 봉창[119]을 하려고 식당에서 나오는 길로 공사장을 향해 구을듯 달리는데 무

119 벌충.

슨 일이 생겼는지 안전 참모네들이 그쪽에서 장달음[120]해 오며 오지 말라고 웨쳐 댔다.

혜선은 자기 가슴속에서 벌써 판자 같은것이 나 떨어지는 소리를 들은것만 같았다.

아니나 다를가 안전참모네들은 닿는 길로 그를 사무실 안으로 끌더니만 라준섭이가 다시 나타났다고, 대장이 보낸 사람이 그라고 고아댔다.

《아니 그 동무야 입원?》

혜선은 숨이 꺽 막혀 말을 더 번질[121]수 없었다.

《입원이 뭡니까. 오늘 아침 최종 협의회가 있다는 소식을 듣자 점적[122]중에 있던 주사기마저 제 손으로 뽑아 버리고 대장동지방까지 기여서 왔더라는데.》

《이자도 지팽이에 겨우 기대서 있으면서 흙무지 속에 보이는 벼 뿌리 셋을 가리키며 《만-하나》대대가 언제 이렇게 티검불[123]에 휩싸였는가, 참모장을 당장 데려 오라구 불호령이 아니겠습니까?》

《?》

혜선은 이자 자기 머리 속에 흘러들어 온것이 실지에 있어서 말이 아니라 그 어떤 딴딴한 물체들이기나 한듯 지금 한창 바수어 리해하고 있는것 같은 표정을 짓고 서 있었다.

가슴을 울컥 흔들어 놓는 정상이여서 지휘관들은 다시 리성이라는 랭정한 계산의 저울대들을 잃고 웨쳐 대기 시작했다.

《도대체 그 사람이 무슨 권한으로 그럽니까?》

《흙으로 묻는다구 무슨 침하가 우려되며 무슨 만년대계가 망그러진단 말입니까?》

《그거야말로 몇천년후에 만에 한번 그럴지 말지 한건데 왜 그리 세차게 군답니까?》

《허락만 하십시오. 당장 내쫓겠습니다.》

《활[124] 들어내겠습니다.》

《그만들 해요.!》

명주필 찢는 것 같은 혜선의 목소리가 울리자 그들은 일시에 입들을 다물었다.

혜선은 자기가 해봐야 할 대상이 그들이기나 한듯 더 격한 어조로 힐책했다.

《내쫓긴 누굴 내쫓구 들어내긴 누굴 들어낸단 말이예요? 그는 우리 대대장으로 올 사람이

---

120 단숨에 냅다 달음박질치는것.

121 ㊟ 말이나 소리 따위가 널리 옮아 퍼지다.

122 ㊟ 한 방울씩 흘려 떨어뜨림. 링겔 주사를 맞고 있는 모습.

123 잡티가 많은 검불.

124 동작이나 행동이 좀 크고 활기있고 거침없는 모양을 나타내는 말.

예요!》

《??》

경악실색하는 소리가 들풀처럼 일었다.

이윽고 안전참모네들이 잔뜩 주눅이 든 낯빛들을 짓자 혜선은 모든 것에 초탈한듯 헌헌한[125] 어조로 입을 열었다.

《벌써, 알려주지 못해 안됐어요.[126]… 저도 그만 전날 그 동무가 후송될 때 그것으로 다 끝나는 줄 알구… 그러니 더 이상 떠들지 말구 그 동무 하자는 대로 해요. 몰랐더니…숨이 넘어가는 순간이 온다 해두 티없이 살려는데가 있는것 같애요.

그 동무에 비하면 전 아무래두… 그래요. 전 이만…》

안전참모네들의 얼굴에 결사로 만류하려는 낯빛들이 떠오르자 혜선은 다시금 채찍 같은 어조로 못 박았다.

《절, 붙들 생각 말아요. 저도 자존심이 있는 사람이구 모욕을 느낄줄 아는 인간이란 말이예요!》

그들의 흥분은 다시 압축공기마냥 눌리웠다.

《기다리겠는데 어서들 가주세요. 작별인사는 대장 동질 만나고 와서 따로 하겠어요.》

혜선의 움직일수 없는 결심을 읽은 지휘관들은 한숨들을 내그으며 고개들을 떨구었다.

7

혜선이가 해임 제의서를 옷 주머니 속에 밀어 넣고 자기 방을 나선것은 그때로부터 두어시간 실히 지난 뒤였다.

방안에 있을 때 까지는 잘 몰랐는데 이렇게 정작 대대를 떠나는 길에 나섰다고 생각하니 뼈 속까지 훑어 내리는 아릿한 심정과 봄빛을 물고 춤추는 초목들 앞에서까지 얼굴을 들수 없게 부끄러워지는 마음을 금할수가 없었다.

그는 무엇보다 딴사람도 아닌 준섭이한테서 이런 수치를 당한것이 분했다.

그리고 자기를 골탕 먹이는데 한몫한 대장도 한없이 원망스러웠다.

그래서 그는 려단장이 아니라 대장한테로 가 해임제의서를 내밀 되알진[127] 결심을 했는지

125 거침없이 시원한.
126 마음에 미안스럽거나 딱하다.
127 매우 힘차고 야무지게.

도 몰랐다.

그러나 생각처럼 안 되는것이 생활인지도 모른다.

벌판길에 들어서 걸음을 더 다우치던[128] 혜선은 저기 눈앞 나무 밑에 지친듯 쪼그리고 앉았다가 가까스로 일어서고 있는 사람이 준섭이라고는 전혀 생각지 못하였다.

그처럼 준섭은 옛 모습을 몰라보게 볼이 치이고[129] 피골이 상접했던것이다.

혜선은 준섭이가《기어이 떠나려는가요?》하고 물었을 때에야 소스라쳐 놀라며 멈춰섰다.

대뜸 숨결이 거칠어 지고 눈빛도 야멸차 졌다.

《그래서야 되겠습니까.》

준섭의 어조는 품행이 바르지 못한 학생을 타이르는 선생의 목소리여서 혜선은 대뜸 발끈했다.

《됐어요. 저에 대해선 그만 관심을 돌려줘도 되겠어요.》

혜선은 쏘아 붙이고 다기지게[130] 걸었다. 그래도 마지막 곧추치기[131]는 자기가 했다고 서글픈 쾌감을 느끼며 부러 활개까지 치는데 별안간 등 뒤쪽에서 벽력 같은 고함소리가 쩌엉 울리며 대기의 폭을 갈랐다.

《비렬하오!》

혜선은 어떤 보이지 않는 오라줄이 자기 목을 홀 옭아매고 잡아채는것같아 비틀했다.

뒤쪽에선 여전히 못된 짐승을 달아 맬 때가 아니고선 절대로 그렇게 욕할수 없을것 같은 격노한 어성이 연방 터져 오르고 있었다.

《정녕 동문 기름목욕도 선뜻 하려 들던 그 자강도처녀가 옳소?[132] 만에 한번일지라도 그 하나를 놓칠 때 세상에서 가장 아름다운 마음을 버리게 된다고 그처럼 절규하던 강계사람이 옳은가 말이요?》

혜선은 자기가 언제 돌아섰는지 알지 못했다.

이글이글 타 번지는 두점의 불덩어리를 보았을 적에야 자기가 준섭이와 마주 섰다는것을 알았다.

《변해도 분수가 있구 믿음을 저 버려두 정도가 있지 않소!》

---

128 재촉하는.

129 (얼굴이) 상하다.

130 다부지게.

131 권투타격법의 하나. 팔을 곧추 뻗치면서 상대자를 치는 타격법.

132 ㉾ 맞소.

혜선은 자기의 모습이 너무도 왜곡되게 그려지고 있는것이 참을수 없어 맞소리 쳤다.

《도대체 누굴 어떻게 보구 함부로 그런 소릴 하는거예요?》

자기 쪽에서도 꽤 여문소리가 튀여 나갈것이라고 믿었던 혜선은 그 울림이 너무도 질그릇 울리듯 틉틉해서[133] 다시금 혼신의 힘을 다해 울분을 밀어 올렸다.

《제가 어제날과 무슨 차이가 그리 있다구 개 패듯 하는가 말이예요?》

《차이가 있소. 있어도 수치스러운 차이가!》

혜선은 그의 불칼 같은 어조에 그만 말문이 꺽 막히고 마는것을 느꼈다. 토해 버리지 못한 억한 심정은 그저 가슴속에만 요동칠뿐이였다.

준섭은 불쑥 어떤 정신적인 구토감이라도 느끼는듯 턱을 밑으로 내려 긋고 있더니 안타까이 계속했다.

《동문 정녕 지금 빛이 빠진 보석처럼 쓸모없는 유리알이나 다름없이 된 자신을 느끼지 못한단 말이요?》

혜선은 어떻게나 억울한지 가슴 밑바닥이 툭 갈라지며 피방울까지 빠지지 내배는[134]것 같았다.

하자 준섭의 누가엔 다시 화광과 같은 것이 어려 왔다.

《아프더라도 들어야겠소. 왜냐면 동무가 버린 그 신념은 너무도 소중한것이기 때문이요. 그렇소.

만에 하나… 바로 그 하나가 실지로 오갈데 없는 우리 청년전위들의 가장 순결한 량심이구 자기를 송두리채 바쳐 장군님을 받드는 충실성이요. 바로 그 하나가 장군님을 결사옹위하구 강성대국을 안아 오는 실제적인 힘이란 말이요!》

《어—》 혜선은 준섭이가 자기 흉관 속에서 조을고 있던 마음속 금선들을 한꺼번에 다 건드려 온몸으로 장중한 선률이 메아리쳐 가게 해주는듯함을 느끼며 저도 모르게 탄성을 내뿜었다.

참패라는것은 이미 말할 여지도 없는것이였다.

천하를 향해 보짐을 이렇게 바꿔질수도 있느냐고 울부짖고 싶은데 그 하늘가 어디선가에서 울려오는것만 같은 준섭의 의미심장한 목소리가 계속 울렸다.

《난 동무가 다른 건 몰라두 그 하나마저 버릴 줄 모르는 정신때문에 장군님의 돌격대인 우리 조선청년들이 그처럼 훌륭하구 위대하다는걸 알았으면 하오!》

---

133 ㊟ 무겁고 답답하다는 의미.

134 (액체가) 속에서 겉으로 배여나와서 젖다.

떠나는 소리가 들렸다.

그러나 혜선의 눈에는 아무것도 보이지 않았다.

그는 자기가 눈물을 평평 쏟고 있다는것을 알자 허둥지둥 수풀속으로 뛰여 들었다.

해 묵은 쑥내가 쑵쓸히 풍겨오는 둔덕에 엎드려 시간 가는 줄도 모르고 울었다.

과연 내가 언제 먼지 한점 묻을세라 깨끗한 량심을 지켜가는 우리 청년들의 순결미를 내 자신한테서가 아니라 준섭에게서 찾아보는 너절한 인간이 돼버렸단 말인가.

언제 이 가슴속에는 수치스러운 세계만이 타버린 폐허같이 거멓게 남았단 말인가.

혜선은 다시 돌아갈수 없는 그 맑고 긍지 높던 세계엔 대한 그리움으로 하여 가슴이 아파 더 섧게 울었다.

중낮쯤 됐을 무렵 혜선은 대대를 떠나기전에 마지막으로 진실로 사심 없는 일을 하나 해놓고 싶은 충동에 떠밀리며 중앙지휘부를 향해 다시금 곧바로 걷기 시작했다.

대장은 지휘부 마당에서 이곳 지휘관들과 함께 금시 실어 온듯한 헌차 바퀴 달린 손수레들을 이리저리 굴려 보다가 정보[135]로 다가 오는 혜선이를 흘깃 쳐다보더니 별안간 누구에게라도 없이 화를 냈다.

《글쎄 어째서 이런 것까지 그 동무가 해야 하는가 말이요?》

지휘관들이 뭐라 웅얼웅얼 사죄하는데 대장은 더 벌컥 성을 냈다.

《어서들 싹 사라지기나 하오!》

혜선은 지휘관들이 떠나며 자기를 향해 어서 같이 피하자고 손짓들을 했으나 못 본듯 내처 대장 곁으로 다가갔다.

대장은 그가 곁에 와 섰다는것을 뻔히 아는것 같은데 눈길도 안 돌리고 손수레만 이것저것 굴려보더니 불쑥 물었다.

《멋있지?》

혜선은 뭐가 멋있는지 또 그런 대답을 할 계제도 아니고 해서 대척[136] 않고 서 있었다.

그러자 대장은《정말 멋있단 말이야.》하고 스스로 대답하더니 눈길은 들었으나 여전히 그를 보지 않으면서 물었다.

《그래, 무슨 일이요?》

---

135 보통걸음보다 힘있고 절도있게 팔과 다리를 움직이며 걷는 걸음.
136 대응. 대꾸.

《저… 언젠가 제기하시던 그 동무를 어서 대대장으로 보내 달라 말씀 드리려구…》

대장이 우뚤[137] 놀라며 그제야 곧바로 쳐다보다 혜선은 한발 다가들며 열싸게[138] 부르짖었다.

《그때 마음이 아니란걸 믿어 주시기 바랍니다! 그 동무한테서 배우겠습니다.》

《떠나진 않구?》

《전사로 일하겠습니다!》

대장은 그의 동그랗게 영글어진 눈에서 새로운 결심을 읽은듯 고개를 끄덕끄덕 하더니 말했다.

《그렇지만 늦었소.》

《네?》

《그 동문 오늘 아침《청춘려단》려단장으로 임명됐소.》

《아, 아니 그럼 우리 대댄 어떻겝니까? 우리 대대엔 그 동무가 있어야 합니다. 아이 내 왜 그때 제껵 받아 물지 못 했을가? 대장동지 당분간이라도 우리 대대에 있다 가게 해주십시오. 새 대대장을 찾을 때까지 만이라도, 네?》

대장도 저으기 감심된[139] 낯빛으로 섰더니 새 대대장도 이미선정 되였노라고 대답했다.

《그렇습니까. 그렇지만 어디 그만한 동무야 있겠습니까, 뭐,》

혜선은 더 말할 홍미조차 없어 하는데 대장은 그제야 대화에 열을 내며 한걸음 다가들었다.

《준섭 동무가 추천한 동무요, 난 결사 반대 했지만.》

《그것 보십시오. 대장동지가 결사로 반대한 사람이 무슨 구실을 제대로 하겠습니까.》

《?》 혜선은 굳어졌다.

대장은 지꿎은 낯빛을 거두며 계속했다.

《그렇소. 오늘아침 중앙 지휘부에선 혜선 동무를《만－하나》대대 대대장으로 임명했소.》

《아, 아니, 제가 어떻게?》

혜선은 놀라움에 휩싸여 몸둘바를 몰라했다.

《할 수 있소. 준섭이와 같은 진짜배길 키워 낸 동무가 아니요.… 이 손수레들을 보우. 차를 고쳐내는 그 어려움속에서두 자기 고장 다이야[140]공장을 비롯해서 각 기업소들에 수백통의 편지를 내여 청석을 날라 올수 있도록 수십대의 손수레들을 만들어 보내오게 한걸.》

---

137 갑자기 힘을 쓰거나 놀래여 몸을 움직이는 모양을 나타내는 말.
138 참 열정적으로.
139 감동을 받아 깊이 마음에 느낌.
140 차바퀴의 바깥둘레에 끼우게 된 바퀴테.

혜선은 준섭이가 진실로 만년대계 창조물을 건설 하는데서 사는 보람을 찾고 있다는 느낌이 새삼스러워 다시금 두눈에 뜨거운것을 함빡 담았다.

《게다가 … 청춘려단장으로 임명되자 곧 자기 려단에 호소했소. 《만—하나》대대에 차를 돌려 주자구. 청석을 가득 싣고 가서 아주 주자구!》

혜선은 자기 가슴에 울컥 벌물처럼 넘쳐 나는 격정을 이겨 낼수 없어 흑하고 느껴 울었다.

《그래 이런 진국을 키워 낸 동무가 그들 다시 따라 잡지 못한단 말이요? 《만—하나》철학이 누구것이였길래? 분하지도 않은가, 엉?》

혜선은 그의 꾸밈없는 위안과 질책이 고마와서 어린애처럼 소리내 울며 연방 고개를 끄덕거렸다.

혜선은 자기가 언제 정든 공사장으로 돌아왔는지 알지 못했다.

돌아오는 동안 눈부신 해살이 아지랑이와 어울려 일렁거리며 내내 그의 온몸을 감싸고 돌았다. 그가 환희에 넘쳐 공사장으로 들어서는데 낯익은 대원들이 와— 떠들며 반대쪽 길가로 달려가고 있었다.

거기로는 화물차 한대가 달려오고 있었는데 그 우에는 하나같이 환한 청년들이 올라 있었다.

혜선은 눈물이 핑 고여 오르는 속에서도 길둥그렇게[141] 잘 생긴 한 청년의 모습을 분명히 포착했다. 하자[142] 이름 할수 없는 감정의 잔파도가, 언젠가 대형 변압기곁에서 처음으로 맛보았던 그 봄 물결같은 따뜻한 파도가 다시금 가슴속에서 일어 번지는것이 알렸다.

느닷없이 준섭이가 웨치던 말이 되살아 왔다.

《… 바로 그 하나가 실지로 오갈데 없는 우리 청년전위들의 가장 순결한 량심이구… 충실성이요.…장군님을 결사 옹위하는… 실제적인 힘이란 말이요!》

그래, 소금이 쉬고 순금에 녹이 쓸고 이 세상 모든것이 달라진다해도 준섭 동무가 믿고 우리 청년전위들이 사랑하는 이 신념은 내 가슴속에서 다시는 퇴색하지 않구 죽지도 않을거야!

공사장으로 다가오는 준섭이네들이 탄 차 앞에는 이 나라 청년전위들이 더 높은 세계로 들어서는 인생차 번호인양 《만—하나》라고 쓴 하얀 글발이 은은히 빛을 뿌리고 있었다.

---

141 기름하고 둥그렇다. ㉟ 기름하다 : 좀 긴듯하다.

142 어떤 것.

삶의 향기

정 현 철

달포동안의 출장에서 돌아오는 길인 안천주교수는 언제나처럼 발자국소리도 조용히 집에 들어섰다. 너렁청한 전실에 앉아 무엇인가 골똘히 들여다보고있던 안해는 벌써 남편의 체취를 느끼고 얼른 일어서며 반겼다.

《지금 오세요!》

《잘 있었소?》 안천주교수는 그윽히 미소를 지었다.

《헌데 영혼 어디 갔소?》

《아직 들어오지 않았어요.》

남편의 외투를 받아들던 그 녀자는 문득 생각났는지 방금 보다가 방바닥에 놓은 손바닥만한 사진을 집어들었다.

《그건 무슨 사진이요?》

《…》 안해는 대답에 앞서 사진부터 넘겨주었다. 아들 영호가 웬 처녀와 다붓이 앉아 찍은 것이었다.

《대학동창인가?》

《아니요.》

《그럼?》 안경알 너머에서 바라보는 안천주의 눈은 커다래졌다.

《영호의… 애인인 것 같아요.》 남편의 안색을 살피며 머밋머밋 말하는 그 녀자의 눈에는 무엇인가 간절히 기대하는 빛이 어리여 있었다.

《이 처녀가?…》 안천주는 두눈을 쪼프리고 다시 사진을 들여다 보았다. 《음…》하고 가슴속에 생겨난 감정의 반응인 듯 고개를 끄덕이였다. 그리고는 좀 여유를 두고 생각하고 싶은 듯 천천히 걸어 벽 한면이 보이지 않게 책으로 꽉 들어찬, 그리하여 더 깊은 정숙이 깃들어보이는 서재의 쏘파에 가서 앉았다. 갑자기 오랜 출장의 피로가 몰려오는듯 안경을 벗어 옆원탁우에 놓고는 쏘파에 깊숙이 몸을 묻으며 지그시 눈을 감았다. 그러자 눈확이 더 우묵해진 것 같았고 휘연히 벗어진 이마도 더욱 넓어진것 같았다. 시원히 트인 그 이마로 끝없는 생각이며 감정이 줄달음쳐가듯 세줄기의 주름살이 깊어지면서 꿈틀 살아움직이였다. 음… 언제인가 이 애비가 소개해준 처녀는 보지도 않겠다던 녀석이…

《거뭐… 어제까지 주소와 이름조차 몰랐던 처녀를 이제 만나서 문득 사랑한다는게… 전 소개받는 것이 싫습니다.》

당돌한 아들의 목소리가 아직도 귀전에 쟁쟁하다. 그런데 정말 제절로 이 처녀를 깊이 사귀었단 말이지…

안천주는 자기의 마음이 기쁜 것 같기도 하고 불쾌한듯싶기도 하였다. 분명한 것은 허전한 감정뿐이였다. 결국 아들의 문제에 아무런 역할도 놀수 없는 아버지로 된 것이 아닌가. 아들은 딸없는 집에서 저 하나만을 어자어자 키워선지 어릴 때부터 아버지의 말을 도전적이리만큼 잘 받아들이지 않았다.

지금도 기억에 생생하지만 아들이 아홉 살에 잡히던 해의 어느날이였다. 아들은 학습반에 갔다오더니 골살을 찌푸리며 다리를 살룩살룩 절었다.

제 어머니가 어푸러질 듯 발을 부여잡으며 왜 그러는가고 물으니 발에 난 티눈을 칼로 우벼내여 뽑았다는 것이였다. 정말 왼쪽 새끼발가락에는 누구의 샤쯔를 찢어낸듯한 천쪼박이 감겨져있었는데 피물인지 약물인지가 빨갛게 물들어 있었다. 안천주는 아들을 앉혀

《아프지 않더냐?》

《아팠어요.》

아들의 눈언저리는 빨갛게 부어 있었고 시꺼먼 손으로 어리저리 씻은 듯 눈물자욱이 어지러이 그려져 있었다.

《그런데 왜 파냈느냐?》

《보기 싫어서요.》

《누가 그걸 알기나 하느냐?》

《제가 알지 않나요. 티눈이 있으면 먼길을 걷지못한대요. 우리 반 애들이 그랬어요.》

《허, 그녀석…》

웃어 넘길수밖에 없었다. 십분 그럴수 있고 또 그럴 나이가 아닌가. 아홉 살에는 아홉동네의 마음을 산다는데 그걸 생각해보면 아픔은 약과인셈이였다. 그러나 안천주는 또 그러지 못하게 단단히 엄포를 놓는 것을 잊지 않았다.

《그렇게 생살에 칼을 대면 쇠독이 올라 죽을수 있다. 알겠니? 이렇게 퉁퉁 부어서.》

그러나 아들은 얼마후 쉽사리 떨어지지 않는 티눈을 다시 칼로 우벼내고 이번에는 전지약을 터쳐 그속에 있는 하얀 가성소다를 넣었다. 제 동무들한테서 그렇게 하면 뽑을수 있다는 말을 들었다는 것이였다. 애어린 발은 인차 퉁퉁 부어올랐고 끝내 병원으로 실려가고야 말았다. 며칠이 지나서 퇴원할 때 안천주는《이번에 혼났지?》하고 은근히 다짐을 두려고 했다. 아들은 고개를 끄덕이였다.

《하지만 티눈을 떼지 않았나요. 그리구 양재물이 티눈뿌리까지 죽인다는 것두 알았구요.》

반짝이는 아들의 눈은 오히려 뻐기는 듯 기뻐하고 있었다. 그것은 제 주장으로 쟁취한 첫 승리였던 것이다.

《그래 당신은 그애 일을 어떻게 생각하오?》

안천주는 슬며시 눈을 뜨고 어느새 따라와 옆에 서있는 안해를 올려다 보았다.

《어떻게 생각할게 있어요? 그애가 좋다는데… 난뭐… 반대없수다.》

《허, 참…》 안천주는 놀랐다. 무슨 문제든 물으면 나야 뭐 당신이 좋다면 나도 좋지요 하는 식으로 남편의 의사만을 쫓군하던 물에 술타고 술에 물탄 것 같던 안해가 언제부터인가 제 주장을 세우기 시작한것이였다.

《그래 당신 그 처녀를 만나봤소?》

《아니… 그저 애한테 들었어요.》

안해는 대답하고나서 저로서도 무엇인가 불만족한 듯 《하지만》하고 계속하여 말하고 싶은 심리를 그윽한 눈에 먼저 내비쳤다.

《당신두 한번 그애 일기장을 보시면… 전 방을 거두다가 우연히 읽게 됐어요.》

《일기장? 허… 엉터리군… 일기장이나 봐가지고 어떤 처년지 알겠소. 그리구 아무리 제자식이라도 일기장을 본다면 긍정이 안되지.》

안천주는 원탁우에 놓인 새달의 공학잡지책을 끌어당겨 무심히 한장한장 번지면서 계속해 물었다.

《그런데 그녀석의 애인이라는 처녀는 어디 있다오?》

《같은 연구소에서 일한댔어요.》

《같은 연구소?》 그 말이 불러낸 아슴푸레한 추억의 한 생활을 바라보는 듯 그는 두눈을 가느스름히 쪼프리며 창문쪽으로 고개를 돌렸다. 문득 외태머리의 동실한 얼굴이 물우에 비친 보름달처럼 우렷이 떠오른다.

30여년전 학위론문준비때문에 서너달동안 지방의 어느 기계공장에 나가있던 안천주는 옆방에 설계실에서 사도공으로 일하는 한 처녀를 알게 되었다. 조용하고 섬세한 처녀였다. 글씨도 또 얼마나 곱게 옥필로 쓰는지 몰랐다. 안천주는 전쟁때 부모를 잃고 공장합숙에서 생활하는 처녀에게 독신생활에서 제기되는 자질부레한 일들을 부탁하군했다. 처녀는 매번 상냥히 들려주었다. 이러한 일들이 여러번 반복되는 과정에 안천주는 그 처녀에게 마음이 끌림을 어쩔수없었다.

그러던 어느날 공장에서는 야회를 갔다. 점심식사후에 부서별로 오락회가 벌어졌는데 제일 인상 깊었던것은 둥그렇게 원을 그은 안에서 남자들이 수건으로 눈을 가리고 사람을 찾는 유희였다. 보지 못하는 남자들은 소경막대질하듯 헛손질을 하며 녀자들을 찾고 녀자들은 안 잡히려고 요리조리 피해달아났다.

《처녀들은 잡히우는 총각에게 시집을 가야 돼.》

누군가 롱담으로 이렇게 선언하자 《그래요. 그래.》하고 모두들 좋아라 맞장구를 치며 떠들썩 웃어댔다. 그런데 안천주는 사도공처녀만 따라갔다. 자기가 폭로될가봐 손으로 입을 싸쥐고 캐들캐들 웃으며 눈먼 남자들을 놀리면서 이쪽저쪽으로 피해달아나던 처녀는 옷섶에 불이 당긴듯 당황해났다. 뒤로 물러서도 옆으로 달아나도 그는 마치 눈뜨고 보는 듯 정확히 자기만 따라오고 있는 것이 아닌가. 저 동문 수건밑으로 다 보는 모양이야. 이러다 잡히면 어쩌나… 아이, 망칙해! 그러나 처녀는 곧추만 따라오는 안천주에게 끝내 잡히고야 말았다.

《잡았다! 가만, 내 색시감이 누군가?》 안천주는 짐짓 누군지 모르는 사람처럼 시치미를 떼고 수건을 벗으며 필요이상의 큰 목소리로 너스레를 떨었다.

야회가 끝난 서느러운 저녁 안천주는 처녀와 단둘이 걸어 공장으로 돌아오고 있었다. 승벽내기로 울어대는 매미들은 마치 안천주에게 가슴속 말을 망설이지 말고 남자답게 빨리 하라고 부추기는 것만 같았다. 마침내 안천주는 우뚝 걸음을 멈추었다.

《저 순희동무!》

마주서자 처녀는 키가 더 작아보였다. 하지만 크고 단 참외가 있을가? 단 참외에도 쓴 꼭지가 있는 것이다.

《나와 함께… 평양에 올라가지 않겠소?》

경험이 없는 그는 직판 이렇게 묻고 말았다.

《평양에요? 거긴 왜요?》

처녀는 너무나 천진했다. 그러나 졸지에 눈앞으로 다가온 제 운명의 어떤 예감에 소스라치듯 잔약한 어깨를 떨었다. 두려움이 가득찬 듯 울롱해서 올려다보는 눈길은 꽃꽃이 얼어붙은 것처럼 까딱 움직이지 않았다.

《전… 전 사도공인데요?…》

처녀는 뒤걸음칠 자세로 봉긋한 가슴우에 두손을 모아잡으며 숨이 찬 듯 소곤거렸다.

《난 뭐 사도공이… 더 좋더구만.》

《?》 처녀는 의혹어린 눈을 삼박거렸다. 이렇게 잘 생기고 또 훌륭한 미래까지 약속된 연구사선생이 나를 안해로 삼겠다는건가?》 사랑이란 이처럼 하늘에서 뚝 떨어지듯 졸연간 부닥치는것인가?

《전 아직… 잘 모르겠어요. 뭐가뭔지… 좀 생각해볼 시간을…》

처녀는 쫓기듯 허둥지둥 합숙으로 달려와 뜨겁게 달아오른 얼굴과 달랠길 없이 두근거리는 가슴을 이불속에 감추고 하염없는 생각속에 빠져들어갔다. 아, 어떻게 해야 하나? 불현 듯 자기의 도움이 요구된다는 연구사선생을 따라나서는 것이 그 어떤 도덕적 의무감에 맞는 것이 아닐까 하는 생각이 사도공으로서 남을 돕는데 습관된 처녀의 가슴속에 봄싹처럼 살포시 솟아올랐다. 그 선생은 지금 어려운 론문을 써야 한다고 했지… 아이 어쩔가?

이런 처녀에게 며칠후 안천주가 찾아왔다.

《난 래일 평양으로 올라가오. 전번날은 너무 마련없이 말했는데… 천천히 생각해보고 결심을 주오. 하지만 난…》 그는 근심이 산같은듯 부지중 한숨을 내쉬며 구슬피 어깨를 쳐뜨렸다.

《동무를 믿겠소!》

순간 처녀는 뜨거운 정을 느꼈다. 도토리알같이 홀앗이 살면서 기대일 언덕과 품이 그리웠던 처녀에게는 자기의 정을 붙일 그 믿음이 귀중했던것이다.

그리하여 그들은 두알배기 밤알처럼 오붓이 쌍을 이루었다. 훌륭한 안해는 행복의 절반이라고 착실한 주부로 된 그 녀자는 안천주가 쓴 수많은 론문들과 교과서집필초고들을 알뜰히 정서해주기도 하고 필독문헌들을 구해오기도 했다. 훌륭한 남편뒤에는 훌륭한 안해가 있다고 단 한마디의 불평도 말함이 없이 애오라지 남편의 연구사업과 뒤바라지에 뼈와 살을 아낌없이 깎아 바치는 그 헌신성이 있어 안천주는 그렇듯 젊은 나이에 박사론문을 제출할 수 있었으며 오늘까지 창조의 빛나는 탑들을 성과적으로 쌓아올릴수 있었던것이다. 그리고 말다툼 한번 없이 살수 있었다.

그리하여 안천주는 아들에게도 안해와 같은 처녀를 붙여주려 했던것이다. 처녀의 아버지와는 오래전부터 잘 아는 사이였다. 몇번 그의 집에 갔다가 부모들의 후덕한 마음과 처녀의 깐진 일솜씨가 마음에 들어 아버지들끼리 먼저 말이 오갔던것이다. 그런데 아들은 제 어머니가 옆에서 《아버지가 약속까지 하고 왔다는데…》하고 조심스레 곁들여서야 마지 못해 도의적으로 한번 만나본 것으로 그쳤으니… 이애비의 립장을 딱하게 만든것은 그런대로 참고 리해한다해도 겉봄에도 매우 숙부드럽고 차분하여 남편의 연구사업을 적극 도와줄수 있을것 같은 처녀를 외면한것은 정말 분한 노릇이다. 확실히 아들에게는 과학탐구를 생의 중심에 놓고 그것을 위해 모든 것을 다 바칠 투철한 각오가 부족한것 같다. 과학자는 사생활과 사랑에 귀중한 시간을 빼길 권리가 없다. 옛사람들도 이르기를 자기 평생은 부지런하기에 달렸다고 하지 않았는가. 찬성할수는 없지만 세계과학계에 뉴톤, 아이자크와 같이 85살의 일기로 생을 마칠때까지 독신으로 생활한 사람도 있었으니 아마 그런데는 자기 뜻의 성공을 위한데도 목적이 있었을 것이다. 그런데 아들은… 그녀석은 어릴 때부터 들뜨기 잘하여 쩍하면 무슨 들놀이나 극장구경을 가자고 조르군했다. 대학에 다닐때는 또 써클을 한답시고 밤새껏 제 방에서 기타를 뚱땅거렸는가하면 시를 읊는다며 목이 쉬도록 열을 올리기도 했었다. 그러면서도 공부만은 잘했다. 매 학기마다 땅땅 여문 최우등을 했던 것이다. 온도계처럼 예민하여 그렇듯 쉽게 반하고 감동하기도 잘하는 녀석이 한창 나이에 처녀와의 련애에 깊이 빠져들어가는 날에는 많은 정열과 시간을 잃어버릴것이다. 안천주는 바로 이것이 걱정스러웠다. 청춘의 사랑을 반대할수는 없지만 너무 풍덩 빠져서, 들떠서 과학과 시간을 잊어서는 안된다고 이녀석에게 풋정이 들었을 때 명심시켜야 해, 옥으로 만든 등잔이라고 기름을 넣어야 불이 켜질수 있듯이 아무리 머리가 비상하더라도 열심히 공부를 해야 빛을 낼수 있는 것이다. 그런데 또 엇서지 않을가?

안천주는 은근히 걱정스러웠다. 중학교를 졸업할 때도 이 애비의 도움을 받을수 있게 공업대학을 지망하라고 귀에 못이 박히도록 말했지만 그녀석은 개성이요, 자립성이요 하면서 제 주장대로 기계대학에 입학했지, 참 누굴 닮아서 그렇게 고집이 센지… 물은 길을 째는 방향으로 흐르고 호박넌출은 올리는대로 모양이 잡혀진다. 이것을 오랜 교육자의 경험으로 굳게 믿어온 안천주였으나 아들의 경우는 특수하다고 할수밖에 없었다. 아버지의 권한도, 교육자의 경험도 아들앞에서는 무력함을 인정하지 않을 수 없게 되자 그는 속절없는 한숨이 새여나왔다. 아들 하나 키우기가 수수 한말 실에 꿰는 것보다 힘들다는 말이 과연 옳은것 같다.

그는 딱히 어떻게 하겠다는 생각도 없이 움쭉 일어서 아들의 방쪽으로 천천히 걸어갔다. 아들의 책상에 가서 앉은 안천주는 두툼한 책갈피에 무엇인가 삐여져나오게 끼워있는것을 보았다. 무심히 책을 펼치여보니 봉투에 넣은 사진 두장이였는데 그것 역시도 좀전에 본것과 꼭같은것이였다. 이 녀석이 사진을 찾아서 아직 처녀에게 주지 못한모양인가 하고 생각하면서 책을 덮으려던 안천주는 날자들이 적혀있는것이 얼핏 눈에 띄워 다시 눈박아 보았다. 일기장이였다. 일기장을 보면 다 알게 될거라던 안해의 말이 떠오르면서 구미가 당겼다. 그러나…

안천주는 애써 마음을 다 잡으며 얼굴을 돌려버렸다. 어렸을 때는 일기 쓰는 법을 가르쳐주느라고 가끔 보군했지만 지금은 선뜻 눈을 줄수가 없었다. 도로 책을 덮으려던 그는《아버지가 돌아오시면…》하는 글발이 눈을 끌어 저도 모르게 한줄 또 한줄 읽기 시작했다.

… 아버지의 출장기일도 끝나가고 있다. 돌아오시면 과연 우리들의 사랑에 어떤 립장을 취하시겠는지?… 어머니는 긍정하셨다…

허, 하고 안천주는 고개를 들었다. 처녀와의 사이가 벌써 부모들의 승인을 요구할 정도로 가락지에 보석과 같이 됐단말인가? 도대체 이녀석이 어떤 처녀를 사귀고 있기에…? 안천주는 당금 알지 않고서는 견딜수가 없었다. 그것은 단순한 호기심이기전에 아버지로서의 응당한 의무이며 관심이라고 그는 고쳐 생각했다. 그런데 여기서부터 읽어서는 아무것도 알수 없지 않는가. 그는 두달전부터 처녀를 사귀기 시작했다던 안해의 말이 생각나 지나온 날자들을 거슬러 오르며 일기장을 슬쩍슬쩍 번져 나갔다. 그런데 너무 많이 번져져서 서너달전의 일기가 펼쳐졌다. 하지만 그것도 알고 싶었던 것이였다.

… 시간과 장소까지 약속해놓은 아버지의 체면 때문에 도덕적으로 만나줘야 하는 딱하고 거북한 의무를 무거운 배낭처럼 등에 진 나는 만나자바람으로 돌아서 올수가 없어 처녀와 잠시나마 이야기를 나누지 않을수 없었다. 아니, 총각으로서 처녀에 대한 호기심도 없지 않았다. 바쁘실텐데 나와 주어서 고맙다는 나의 인사에 처녀는《아이, 이런 약속에야 뭐… 통일거리 건설지원사업을 하는걸 말하고 나왔어요.》하면서 생긋 웃는 것이였다.

그러나… 그런 적극성에도 불구하고 우리의 대화는 어색하게 자주 동강이 났다.

헤여질 무렵 나는 집에서부터 생각한 문제를 지나가는 말처럼 한마디 슬쩍 물어보았다.

《동문 앞으로 뭘 할 생각입니까?》

《뭘 하다니요?》

《무슨 희망과 뜻을 가지고 있는가 하는…》

《아이참, 녀자들이야 뭐 제가 하고싶은들…》 하고 처녀는 녀성으로 태여난데 대한 그리고 피할길없는 그 운명에 순종할데 대한 무력함과 나약성을 그 무슨 억울함처럼 자존심도 없이 부끄럼조차 느끼지 못하면서 드러내놓았다. …

안천주는 일기장에서 눈길을 떼여《허, 녀석두》하고 허거프게 웃어버렸다. 도대체 녀자에게 무슨 큰뜻이 있겠다구… 물론 이 세상에 꿈이 없는 사람은 없을 것이다. 하지만 그것을 실현할 의지와 열정 그리고 시간이 문제다. 도무지 녀인들의 생활을 모르거던. 아이들을 훌륭히 키우는 일이며 가정의 화목과 알뜰한 꾸림이 곧 녀성의 희망중에서 큰몫을 차지한다는 것쯤이야 알고 있어야 할게 아닌가. 그러나 아들은 계속하여 이렇게 썼다.

… 뜻이 없으면 많은 경우 신념화된 제 주장도 없으며 이런 녀성들은 대체로 남편의 말을 고분고분 잘 따른다. 무조건 받아들이고 맹목적으로 추종하는건 두사람이 힘을 합쳐 사회의 한세포를 이루는 것이 아니다. …

안천주는 그만 골살을 찌푸리며 일기장을 쓴외보듯했다. 움쭉 일어서 방안을 걸었다. 괴벽한 녀석같으니… 안해가 남편의 말을 잘 듣는것이 왜 약점으로 된단말인가?

안천주는 자기와 아들사이에 가로놓인 큰 시대의 거리를 이 순간 다시한번 재여보지 않을수 없었다. 그것은 단순히 지향에서만이 아니라 사고와 리해, 신조까지를 포함한 생활의 모든 령역에서의 거리였다. 하긴 피줄을 이어받아 생김새가 같다고 생활판까지 같을수야 없지 않겠는가.

아들은 성질부터 달랐다. 다분히 감성적이고 열광적인 다혈질이였다. 그런 풍부한 감정은 아마 제 어머니에게서 유전적으로 이어받은것인지도 모른다. 물론 안천주도 처음엔 안해에게 그런 예술적인데가 있으리라고는 전혀 생각지 못했다.

안해가 갓 살림을 차리느라 아직 직장에 들어가기전의 일이였다. 안천주는 무엇을 급히 찾으려고 안해의 장을 뒤적이다가 몇장의 그림들을 발견했다. 생활의 이모저모를 담은 것인데 빨간 단풍잎새들이 명랑한 해빛과 속살거리며 뛰노는 나무아래서 한가정이 오붓이 둘러앉아 식사를 하고 있는 그림은 특히 생동했다. 구도가 째이고 명암대조가 뚜렷한 것은 물론 매 인물의 성격과 함께 통일된 정신적련계이며 심리를 밝은 색갈로 조화롭게 잘 살려냈다.

《당신 이런 그림들은 어디서 났소?》 안천주는 상점에 갔다 돌아오는 안해에게 물었다.

《아이 그런…》 안해는 황급히 그림들을 빼앗듯이 하여 도로 장에 넣는것이였다.

《허허 왜 그러오?》

그러자 안해는 야속한 눈길로 할 깃 남편을 바라보는것이였다.

《참, 당신두 그건 제가 그린거예요.》

《그게 정말이요?!》 안천주는 매일 코맞대고 살아오면서도 안해의 재간을 전혀 모르고 있는 자신이 허구펐다.

가만, 그런데 그때 안해가 훌륭한 그림을 그린것처럼 혹시 아들이 좋은 처녀를 사귀고 있는 것은 아닐가? 안천주는 홀연히 떠오르는 이런 막연한 생각에 기대를 걸고 싶은 심정이였다. 좋은 처녀라면 아버지로서 누구보다, 무엇보다 기쁜일이 아니겠는가. 안천주는 그 주관적희망에 한사코 매달리게 되는 자신이 엉터리라고 생각하면서도 다시 일기장에 눈길을 주었다.

… 그 처녀. 평범한 실험공처녀가 문득 나의 생활속으로 아니 심장속으로 뛰여들줄은 어제까지도 몰랐다. 이달 《발명》잡지에 나의 첫 발명이 실리여 온 연구소가 축하해주러 찾아왔었다. 하루종일 흥분된 목소리로 들끓던 내 방은 퇴근시간이 되어서야 안정이 깃들었다. 나는 첫 발명자의 긍지와 기쁨을 다시금 맛보고 음미하며 창밖을 내다보고 있었다. 문두드리는 소리가 났다. 이 저녁에 또 찾아온 사람은 누굴가?

화학실험공처녀가 문앞에 서 있었다.

《한가지 토론하려고 찾아왔어요.》 처녀는 방에 들어서며 말했다.

《토론? 무슨 문젠데?》 이렇게 묻는 순간에야 나는 처녀의 손에 이달 《발명》잡지가 쥐여있는 것을 알아보았다.

《(자동균압조절기)를 읽었어요. 그런데 용수를 쓰면 가성소다의 뜨거운 물김을 항시적으로 받는 조건에서 수명이 한달정도밖에 안되지 않을가요?》

아하, 그렇지! 나는 얼굴이 확 불타올랐다. 내가 그걸 생각지 못했구나! 나는 처녀를 고맙게 바라 보았다. 우에 착 올려붙은 휘우듬한 속눈섭이 길어선지 유별히도 까만 눈이 또렷이 빛나는 처녀!… 이 동무 이름이 무슨 수미던지?… 그런데 난 왜 이처럼 단순한걸… 아니 소홀히 했다. 압이 자동조절될수 있는 원리만 생각했지 얼마나 오래 쓸수 있는가 하는데 대해서는 확실히 관심을 돌리지 않았어.

《고맙소, 수미동무!》

나는 나를 깨우쳐준 처녀가 실험공이라는 것이 선뜻 믿어지지 않았다. 축하한다는 례의적인 말 한마디 없이 직선적으로 자기의 의견을 말하는 이 처녀를 나는 지금까지 그저 우리 연구소의 많은 실험공중의 한사람이라는 정도로밖에 관심을 돌리지 않았었다.

《그래서 제 생각엔…》 하고 처녀는 가지고온 종이 한 장을 꺼내 놓은 것이였다. 여러 가지 모양의 그림이 그려진 것이였다. 그것은 도면이였다.

《용수철 대신 이렇게 고뿌모양으로 된 피스톤을 물에 엎어놓으면…》

처녀의 론리는 째여있었다. 아마 오늘 하루동안 이 문제를 생각했는지도 모른다.

우리는 열렬히 토론하다가 밤이 깊어서야 퇴근길에 나란히 섰다. 처녀는 들가방을 들었는데 책을 어찌나 빼곡이 넣었는지 쟈크도 채우지 못한 채로 벌어져 있었다.

《대학엔 왜 안갑니까?》

나는 처녀가 그냥 실험공으로 있기에는 너무 아쉽다는 생각이 들었다.

《다녀요. 지금 공장대학졸업반이예요.》

《아 그렇소?!》

나는 처녀와 함께 걷는 시간을 연장하고 싶어 될수록 천천히 걸었다. 처녀도 같은 심정인듯 걸음을 빨리하지 않았다. 말없는 이 공통된 심리가 느닷없이 나의 가슴을 설레게 했다.

《저도 올해엔 가스불에 의한 열처리개조로를 꼭 성공시켜야겠는데…》

애틋한 념원처럼 울리는 처녀의 말은 높지 않았으나 가수의 노래소리보다 더 열렬하고 더 뜨거웠다. 그 뜻은 또 얼마나 훌륭한 것인가, 열처리개조로가 성공하면 많은 전기를 절약할수 있다는 것을 나는 이미 말을 들어 알고 있었지만 이 처녀가 창안하고 있는줄은 몰랐었다. 나는 그를 돕고 싶었다.…

안천주는 읽기를 그만두고 고개를 들었다. 음… 긍정할만 했다. 인생은 짧지만 희망은 크다고 처녀로서 얼마나 장한 일인가. 인간이라면 특히 청년이라면 누구나 쉽게 공감하고 반할수 있는 처녀였다. 하지만… 그렇지만 생활은 순간의 공감과 감동의 련속으로만 이루어질수 없는 것이다. 더욱이 가정생활에서는 예상치 않았던 난관들이 많이 제기되는것이다.

오래전 일이지만 안해는 아들애가 계속 앓아 자주 결근을 했다.

《여보 어쩌면 좋을가요? 이젠 직장사람들 보기가 부끄럽고 미안해요.》

속상해하는 안해의 축간 얼굴을 보는 안천주의 가슴은 아팠다.

《그럼 애를 일정하게 키울 때까지 다른 직장에 나가지.》

그리하여 안해는 미술창작사를 그만두고 시간을 많이 낼 수 있는 동출판물보급원으로 들어갔던 것이다. 했지만 아들이 다 커서 다시 창작사에 들어가려 했을 때는 안천주의 학위론문집필이 한창 절정에 이르러 안해의 방조가 절실히 필요되였었다.

《래년까지는 제출해야겠는데…》

안천주가 근심처럼 이렇게 말하자 남편을 돕는 것을 안해로서의 본분으로, 미덕으로 생각하며 살아온 안해는 본때있게 그림을 그려보겠다던 꿈을 가슴속에 아수히 묻어둔채 그냥 출판물보급원으로 일하고 말았던 것이다. 그후에는 일정하게 나이도 있는데 이제 무슨 일을 치겠는가 하는 생각으로 이러저러한 욕망을 다잡은 모양이였다.

이것은 어쩔수 없는 안해들의 생활이 아닐가? 그런데 아들이 과연 그걸 알고나 있는지? 동정과 공감이 사랑의 이웃이라고 쉽게 반했지만… 달과 사랑은 둥그래졌다가는 인차 기울어지는 것이다. 그래서 련애는 사람의 눈을 멀게 하고 결혼은 다시 눈을 뜨게 한다고 하지 않는가. 이미 엎지른 물을 보고 후회해서야 무슨 소용이 있으랴…

안천주는 그만 일기장을 덮고말았다. 움쭉 일어서 뒤짐진채 창문가에 다가섰다. 창밖에선 눈이 펑펑 쏟아져내리고 있었다. 밖에 나가면 무거운 머리가 거뜬해지고 답답한 가슴도 시원히 열릴것 같았다.

함박눈은 하늘공중을 가득차 메우며 고즈넉이 내리고 있었다. 엊저녁에 우렷이 떠올랐던 휘영청 밝은 달은 보이지않고 은초사같은 담담한 빛발만이 보유스름한 눈발속에 엇비스듬히 꿰지르며 은은히 흘러내리고 있었다. 어디를 둘러보나 온통 하얀 눈, 빛나는 눈세계 뿐이였다. 대낮같이 밝았다. 눈밟히는 뿌드득소리가 밤거리의 고요를 가벼이 흔들어 놓는다. 안천주는 청신한 공기를 욕심껏 들이키며 고개를 쳐들었다. 소담한 눈송이들이 이마며 볼이며 눈썹에 살풋이 내려앉으면서 간지럽힌다. 요즘 젊은이들은 생활을 너무 랑만적으로 생각하거던… 그는 속절없이 갈마드는 가슴속 생각에 다시 고개를 짓수굿하고 벌써 신발을 푹신히 잠그는 눈을 내려다보며 호젓이 걸었다.

《호호호!》

무중 청아한 웃음소리가 날아와 안천주의 가슴에 안겼다. 안천주는 인츰 머리를 들었다. 두 청춘남녀가 눈싸움을 하며 이쪽으로 달려오고 있었다. 총각은 눈송이를 빚어들고 따라오고 처녀는 그냥 숨찬 웃음을 쏟아놓으며 요리조리 피해 달아난다. 감빛 마후라가 목에서 거의 다 풀어내린줄도 모른다. 쫓기던 처녀가 문득 멈춰서더니 정갈한 눈우에 손가락으로 무엇이라고 재빨리 휘갈려썼다. 그리고는 빨갛게 언 앙정스런 두손으로 잽싸게 눈송이를 차돌처럼 빚어 정신없이 따라오는 총각을 향해 힘껏 뿌려던졌다. 총각은 따라오기를 멈추지 않은채 슬쩍 몸을 돌려 피하다가 그만 얼굴에 보기좋게 얻어 맞았다. 그 서슬에 흠칫 멈춰섰다. 퉤 하고 입으로 흘러드는 눈물을 내뱉으며 손으로 얼굴을 훔치였다.

《호호호》 처녀의 청청한 웃음소리에 내리던 눈송이들이 흩날리며 하늘하늘 춤추는듯이 생각되였다. 이때 총각이 또다시 꿈작스레 달려들었다. 허리를 갑신갑신 꺽으며 고소히 웃어대던 처녀는 그만 기급하여 혼비백산 도망치기 시작했다. 그러나 얼마를 못가서 끝내 총각에게 붙잡히고야말았다. 처녀는 눈을 안맞으려고 고개를 숙인 채 두손을 황황히 내저으면서 방어태세를 했다. 총각은 꽁꽁다진 눈으로 어디를 맞힐가 이러저리 약한 구석을 노리며 위협하다가 마후라가 풀리고 고개를 숙이여 하얀 목이 상큼히 드러난 곳에 닭알같은 눈송이를 슬쩍 밀어넣었다. 《어머나!》하고 처녀는 후닥닥 뛰여오르며 진저리를 쳤다. 차거운 눈송이가 따스한 잔등으로 선뜩히 흘러내리는지 털어버리려 콩콩 토끼뜀을 했다.

《하하하!》

총각의 통쾌한 웃음소리가 밤하늘에 경쾌히 날아올랐다. 그러자 하늘이 흔들리며 배꽃같은 눈송이들이 더 많이 떨어져내리는것 같았다.

《허허허!》

안천주도 시름을 잊고 구수히 웃어댔다. 얼마나 재미난 유희인가, 사랑스러운 젊은이들이였다. 정녕 청년들의 사랑유희가 없다면 유정한 이밤의 풍경이 파괴될것이 아닌가. 이 거리의 아름다움은 그들을 위하여 만들어지고 그들이 있어 더 서정에 넘친듯싶었다. 보송보송한 눈송이들이 가로수가지들과 전차선에 소복이 쌓이였다. 입으로 후 불기만해도 후더분한 그것들이 무덕무덕 떨어져 내리며 찬연한 은가루를 그 무슨 꽃보람처럼 뽀유스름히 날릴 것 같았다.

안천주는 가슴이 후련했다. 근심은 웃음소리에 불리워 가뭇없이 날아가버린듯싶었다. 청청한 공기와 청춘들이 이 거리에 뿌려놓은 사랑의 향기때문인지 머리도 청신해졌다. 그는 정찬 눈길로 두 청춘남녀를 바라 보았다. 호협한 총각은 눈우에 곱게 핀 만병초처럼 저쯤 뒤에 떨어져있는 감빛 마후라를 가지러 껑충껑충 달려갔다. 갈 때처럼 즐겁게 뛰여와서는 처녀의 홀싹한 목에 마후라를 따뜻이 둘러주는데 처녀는 또 총각의 얼굴에 흘러내리는 눈들을 살뜰히 닦아준다. 허, 사랑은 겨울에도 얼지 않은다더니… 안천주는 빙그레 웃음을 머금었다. 문득 부러운 생각이 가슴 한구석에서 아련히 솟아 올랐다. 우린 저런 좋은 때가 없었지… 그러자 허우룩한 감정이 가슴을 알알이 파고든다.

호함진 눈은 여전히 신비가 깃든 듯 싶은 뿌유스름한 하늘에서 땅우로 하염없이 내리며 안천주의 머리와 어깨에 다보록히 쌓이고있었다. 안천주는 무심중 청초한 눈우에 씌워진 글을 보았다.

《성공하는 날 대답하겠어요!》

아까 뛰여가던 처녀가 돌연 멈춰서서 휘갈려 쓴것이였다. 총각이 무엇을 물었기에?… 그리고 무엇이 성공하는 날인가?

어디선가 유난히도 그윽한 선율이 들려와 안천주는 즐거운 생각을 아수히 버리고 고개를 들었다. 정다운 녀인의 따뜻한 미소같은 민요가락이 불밝은 다층살림집 창문에서 흘러나오고있었다. 민요의 가락을 홍겨웁게 뜯어내는 가야금의 헌줄소리는 섬세한 반음들과 잔잔한 여운으로 기막히게 그윽했다. 그 부드러운 선율은 함박눈마저 솔곳이 귀기울이며 명상속으로 빠져들아가게 하고 교교한 밤거리에 절세의 아름다움을 불러내는 듯하면서 안천주의 가슴속에도 속속들이 무녹아드는것이였다.

《참, 좋은 밤이군》 그는 느닷없이 중얼거렸다. 정다운 사람과 다정히 속살거리며 팔을 끼고 끝없이 걷고 싶은 거리였다. 이 시적인 밤 사람들은 무엇을 하는지, 사람들이 연연히 밤의 정서, 이 신비론 고요함을 즐기지 않는 것이 안천주는 아쉬웠다. 가슴속에 기쁨처럼 가득찬 생의 환희와 젊음을 되찾는듯한 열정의 감정이 어느새 어떻게 싹터 올랐는지 인차 깨닫지 못했으나 그 부드럽고도 달짝지근한 매혹속에 몸을 맡긴채 끝없이 취하고싶었다.

문득 뒤쪽에서 들려오는 걸걸한 목소리가 그의 어깨를 가벼이 건드렸다.

《안교수선생이 아니시오?》

돌아보니 뜻밖에도 같은 대학의 후보원사다. 어디를 갔다오는지 옆에는 유난히 정갈해보이는 눈을 소복이 쓴 부인과 그의 아들딸이 서있었다. 후보원사는 안천주에게 가족들을 소개인사 시키고 나서 어디를 가는길인가고 물었다.

《예… 하긴 이런 밤풍경에 취하지 않을 사람이 어디 있겠습니까 허허허.》

《예, 좀… 산보를 하느라고…》

《그러데 어디를 이렇게 온 가족이…?》 이번에는 안천주가 물었다.

《예, 이 사람이…》하고 후보원사는 제 부인을 돌아보았다.

《어제 박사증을 받았지요. 그래 청류관에 가서… 허허》

《아, 그렇습니까? 축하합니다!》

안천주는 례의적으로 웃으며 천연스레 말했으나 가슴속엔 크낙한 감동의 물결이 출렁했다. 정녕 이 녀성이, 이 부인이 박사가 됐단말인가? 아들딸들을 이렇게 의젓이 키우면서도…!

안천주는 따뜻한 인사말을 남기고 돌아서 가는 행복한 가정을 하염토록 바라보기만 했다. 한 가정이 다붓다붓하게 서서 가는 오붓한 모습은 얼마나 보기 좋은가. 하얀 비로도천처럼 함함한 눈우에 네쌍의 발자국이 나란히 찍히고 있었다. 모양도 그 보폭도 서로 다른 발자국이였다.

안천주는 그옆에 호젓이 찍힌 자기의 발자국을 이윽토록 내려다보았다. 흘연 황혼과도 같은 한산한 고요가 깃든 널다란 방에 애모쁜 마음으로 초연히 앉아있을 안해가 생각났다. 왜 혼자 나왔을가? 이 유정한 길을 함께 걸었더라면 안해가 얼마나 좋아했을것인가. 그러자 밀물처럼 차올랐던 다함없는 즐거움은 흔적없이 사라지고 썰물이 진 황량한 바다기슭처럼 쓸쓸함과 고독감이 가슴에 남았다.

정말 그랬더라면 안해의 얼굴에 병색처럼 오래전부터 깃들기 시작한 고독이며 애수의 그림자가 말끔히 가셔졌을것만 같았다. 안해에 대한 미안한 생각이 가슴 한복판을 날카롭게 째며 알알하게 솟아올랐다. 우린 언제한번 다정히 걸은적이 없었지. 보통날엔 물론이요, 일요일이나 명절날에조차 정답게 서본적이 없었어. 불현 듯 언젠가 우리 가정은 사진첩하나 만들지 못하겠다고 불평하던 아들의 목소리가 귀가를 아프게 울리며 되살아났다.

내가 너무 안해와 생활에 무관심한 것이 아닐가? 생각이 여기에 닿자 안천주는 난생처음으로 자기의 생활관을 의심했다. 앞서가는 저 후보원사는 안해와 가정에 얼마나 잘 어울리는가. 그런데 난 한가정속에서 살면서도 안해와 아들이 무엇을 생각하고 무엇을 희망하는가 하는 것을 리해하려고조차 하지 않았지, 어느해인가 아들이 미술박물관에 구경을 가자고 조르던 일이 생각났다.

《아버진 그렇게 한가한 시간이 없다》 별로 바쁜일이 없었지만 안천주는 타성적으로 돌아앉았다. 그러자 아들은 안천주가 쓴 교과서초고를 정서하고 있는 제 어머니에게 매달렸다.

《그럼 어머니와 둘이서 가시자요. 자꾸 봐서 안목도 넓어지고…》

했지만 안해는 무둑히 쌓여있는 원고를 바라보며 가만히 숨을 내그었다.

《어머닌 정말… 언제까지 가정의 이 무거운 짐만 지고…》 아들은 피끗 안천주를 돌아보고나서 격발된 감정으로 주저없이 말했다. 《왜 사회의 몫은 생각지 않은시나요?》

《그건 무슨 소리냐?》 안천주가 저윽 놀라며 물었다.

《네 어머니도 직장에 나가서 사회적인 몫을 하고있지 않느냐?》

《하지만 어머니의 재능과 희망에 맞지 않는 일이 아니나요.》

《허허, 우리 영호가 대단한 리론가가 됐는걸…》

아, 난 왜 그때 아들의 말을 철이 없고 달아오르기 잘하는 아이의 밸풀이로만 생각하면서 아무런 뜻도 없는 것으로 밀어버렸던가, 평범한 생활속에서 0은 보통 없다는 것을 뜻한다. 하지만 진정 0이 아무런 내용도 없는것인가? 온도계에서 0도는 0도이상의 온도보다는 낮고 0도이하의 온도보다는 높다는 것을 의미한다. 그리고 그날 안해가 짓눌린 한숨을 내쉴 때 나는 그의 마음을 헤아렸어야 할것이 아니였는가. 예로부터 녀자가 한숨을 쉬여도 땅이 석자나 패인다고 했다. 《가장 심각한 진리는 가장 평범한 생활속에 있다.》 누구의 말이던지?… 안천주는 불현듯 방금전에도 아들의 일기를 끝까지 읽지 않고 나온것에 생각이 미쳐 서둘러 집으로 발길을 돌렸다.

… 매 사람에게는 자신에 대한 의무가 있다. 그러나 남편의 직위와 명예 그리고 성과속에 자기의 인격도 묶어지도 있는듯이 생각하면서 사회앞에 지닌 제 의무를 다하기 위해 애써 노력하지 않는 녀성들, 시집을 가면 남편에게 자기의 희망이며 신념까지 다 용해되고 맡겨버리고마는 그런 녀성들이 아직도 시대의 수치로 남아있으니… 더욱 유감스러운 것은 지금도 녀자에게 무조건 복종할것을 요구하며 또 그렇게 고분고분하는 녀성을《괜찮은 안해》라고 생각하면서 칭찬까지 하는 일부 사람들의 뿌리깊은 관념이다. 그런 사람들의 결혼은 결합일뿐이지 사랑의 승화이고 열매는 아니다. 호상성이 없는 일방의 내조는 본질적으로 예속이며 불평등이다.…

안천주는 눈길을 들었다. 허, 이건 또 무슨 뚱딴지같은 소린가? 아니, 아까 읽던 곳이 여기가 아니지…

그는 날자들을 더듬어보며 일기장을 반대로 번져나갔다. 그래, 여기쯤 된다.

… 며칠째 감기와 싸우며 수미동무의 가열로개조를 돕기 위해 문헌들을 연구하느라 밤을 세웠다. 그리하여 마침내 우리는 오늘밤 시험해보기로 약속했던 것이다. 재료를 가지러 남포에 간 수미가 돌아올 시간을 기다리는데 진득진득한 진눈까비가 푸듯푸듯 날리기 시작하더니 저녁무렵에는 정이월에 렴치도 없이 보슬비로 변하여 부슬부슬 뿌려지지 않는가.

나는 수민의 우산까지 들고 집을 나섰다. 전동차를 탄 다음 승강구에서 내리니 지하역 입구에 우산을 둘씩 든 사람들이 새까맣게 서있었다. 할머니도 있었고 소년단원들도 많았다. 녀인들의 얼굴도 보이지만 점잖게 뒤전에 서있는 남자들이 더먼저 눈에 띄운다. 자기들의 아버지며 어머니 그리고 남편과 안해가 비를 맞을가봐 마중 나와 기다리는 사람들이였다. 뜨겁게 아끼는 이 마음들이 바로 준엄한 날엔 우산으로서가 아니라 한몸으로 제 한가정뿐 아니라 우리모두의 조국을 철벽같이 보위할것이다.

수미는 재료배낭을 메고 책가방을 든 채 찬비를 함초롬히 맞아서왔다. 그런데도 나부터 걱정한다.《왜 이렇게 얼굴이 수척해졌어요? 입술까지 부르텄구만요.》

《허허 그저 바람 때문에…》 나는 재료배낭을 받아 메고서 아무렇지 않다는 것을 보여주기 위해《자, 어서 갑시다.》하고 갑작스레 걸음을 뗐다.

순간 눈앞이 아뜩하여 이마에 손을 가져다대며 무춤 섰다. 무지개빛 어둠이 꿰뚫어볼수 없게 줄기줄기 눈앞으로 겹쳐들면서 나를 얽매듯이 휩싸안았다. 물속에 노근히 가라앉듯 정신이 혼곤해졌다.《아이 왜 그러세요?》꿈결속에서처럼 의식의 한귀퉁이를 들추고 아슴푸레 들려오는 수미의 목소리에 밀리우듯 나를 감쌌던 어둠은 서서히 걷히고 눈앞이 차차로 밝아졌다. 비로소 나는 며칠동안 입맛을 잃고 식사를 재대로 하지 못한데다가 갑자기 움직이여 빈혈이 왔었다는 것을 깨달았다.

《아, 아무렇지도 않소.》

나는 강잉히 앞서 걸었다. 비는 어느새 그치고 대신 바람이 불었다. 길은 삽시에 얼음판이 되였다. 기름을 바른 듯 가로등불빛에 번들거렸다. 맞받아불어치는 고추바람에 숨이 턱턱 막혔다. 뺨이 알알했다. 눈물이 솟구쳐올라 슴벅이면 아래우 눈썹이 첩첩히 맞붙는다. 수미는 벌써 입술이 새파랗게 얼었다. 촉촉이 젖었던 그의 외투는 소가죽처럼 뻣뻣하게 얼어서 보기만해도 등어리에 찬서리가 돋았다. 나는 얼른 외투를 벗어 수미에게 덧입혀주었다. 종아리까지 푹 가리우고 손도 안보이게 후렁했다.

《허허, 그러고보니 꼭 희극배우같구만.》 쾌활히 롱담을 뿌려대던 나는 문득 맑은 이슬이 흥건히 고인 수미의 눈과 마주쳤다. 그 은구슬같은 눈물속에 네온등불빛이 청보석처럼 령롱히 빛나며 떨고있었다. 그 눈물너머에서 무엇인가 열렬히 타오르는가 하면 녹아드는것 같기도 하고 무엇을 애절히 하소연하는듯싶기도 했다.

《동문 정말…》 동실하고 보드러운 아래턱이 바르르 떨리고 코구멍이 알릴듯말듯 벌름거리는듯싶더니 수정같은 한줄기 눈물이 빨갛게 언 뺨으로 소리없이 스르르 흘러내렸다. 인간은 한잔술에도 눈물난다고 했다. 그 다함없는 감동의 소리없는 분출이 그대로 뺨에 얼어붙을 것같아 나는 얼른 씻어주고싶었지만 못본듯 돌아서고 말았다.

아니다. 뜨거운 눈물은 얼지 않는다!

《자, 빨리 가기요.》 나는 피로에 호졸곤해진 그에게서 가방까지 빼앗듯이하여 들었다. 무거웠다. 하루동안 갔다오면서도 책가방은 언제나 손에서 떨구지 않는다. 그 나이또래의 처녀들은 맵시나는 작은 가방을 들고 또는 메고 핸들핸들 뽐내듯이 다니는데… 언제나 배불러 모양도 곱지 못한 이갈색가방을 사시절 들고 다니지, 향기론 분곽이 아니라 책이 가득찬 가방이다. 하루의 시간표만이 아니라 미래에로 줄달음치는 그 아름다운 꿈이 다 들어있는것이다. 그래서 무겁고 그래서 걸을 때 한쪽 어깨가 기울어져 몸의 균형이 잡혀지지 않지만 힘든줄도 모르고서 희망에 넘쳐 밤낮으로 공부하며 탐구하는 처녀다. 이런 열화와 같은 처녀를 사랑하지 않는다면 그리고 쟁취하지 못한다면 나는 과연 어떤 사람이겠는가… 물론 여기에는 가정생활에 대한 구체적인 설계와 타산이 없다. 그런 사랑이 있다. 삶의 본성적요구인 사랑은 그 어떤 론리나 타산보다 훨씬 강하다. 무엇이 계산된 사랑이라면, 한쪽의 리기적인 목적때문이라면 그것은 벌써 참사랑이기를 그만둔것이다. 서로가 의지되여 서로의 뜻을 꽃피워주는 사랑, 나는 단 하루를 살다 죽는대도 이런 사랑속에 행복하고싶다!…

허, 정말… 안천주는 숨이 차올라 안경을 벗어 책상우에 놓았다. 사랑에 미쳤다하기에는 너무나 감동적이였다. 숭고하기까지 했다. 그런데 아까는 무엇이 나로 하여금 아들을 못마땅히 생각하게 하였는가?

아들이 나처럼 살기를 바랐으나 나의 요구를 뿌리치고 불같이 사랑한 것이 불만의 원인이였단말인가? 자신의 생활관이 아들의 그것에 비해 비할바 없이 왜소하다는 것을 안천주는 서글피 깨달았다. 이제는 남같지 않는 처녀를 다시 보고싶어 그는 손수건으로 안경알을 깐깐스레 닦고는 눈으로 가져갔다. 음 눈이 초롱초롱 빛나는게 똑똑하겠군. 이악하겠어… 안천주는 둘사이의 관계를 적극적으로 긍정해주고 싶어 책상우에 눈길을 내리웠다.

… 아버지의 출장기일도 끝나가고있다.

일기는 어느덧 안천주가 처음 본곳에 이르렀다.… 돌아오시면 과연 어떤 립장을 취하시겠는지? 어머니는 긍정하셨다.

몰라보게 달라지신 나의 어머니!… 처녀때 사도공으로 함께 일하던 어머니 동무 한분이 기술혁신자대회에 참가하려 평양에 올라왔다가 우리 집을 다녀간후부터 더욱 변하신 어머니였다.

어머니는 우리들의 사랑이야기를 다 들으시고 하많은 가슴속 생각을 펴내듯 목이 메여 소원처럼 간절히 말했다.

《사랑해라! 사랑으로 그 처녀의 장한 뜻을 꽃펴줘라!》

이것이 희망을 이루지 못한 어머니의 애바른 마음이요, 눈물에 젖은 평생의 바람이라고 생각되자 나는 목이 꽉 메였다. 이 세상에 어머니의 눈물보다 뜨거운것은 없다. 어머니의 소원보다 더 간절한것도 없다. 아, 인간에게 물처럼 아니 공기처럼 매 순간마다 필요한 사랑, 그 사랑에 한평생 굶주려온 나의 어머니!…

아아, 하고 안천주는 흐느껴 공기를 들이키며 가슴에 손을 얹었다. 정말로 안해는 사랑없이 뜻도 없이 30여년간을 호젓이 살아오지 않았는가, 아니 뜻이 있었다. 희망이 있었다. 안해의 장에 있던 그림들, 그 훌륭한것들이 왜 장속에만 갇혀 있어야 했는가. 얼마나 잘 그렸던가, 그러나 그 희망이며 그 재간이 이 남편의 성공을 위한 일방적인 뒤바라지속에 파묻힌 것이다.

안천주는 두려운 마음으로 아들의 일기를 계속해 읽었다.

… 여기에 어머니의 책임은 없는가?… 진정한 사랑을 위해서만도 우리 가정은 돌이켜볼 여지가 많다.… 나는 나의 모범으로 부모님에게 가정에 대한 관점을 우리 시대의 높이에서 검토할 기회를 주고 싶다.

녀성들이 시집을 가는 것은 남편의 뒷받침 하나 때문도 아니며 자식을 잘 키우는 한가정의 행복만을 위해서도 아니다. 사회의 세포를 풍부히 하고 튼튼히 다지며 사랑의 더 큰 힘으로 더 많은 일을 하자는데 기본이 있는것이다.

요컨대 가정이 창조적 삶의 터전으로 되어야 할 필요가 여기에 있는 것이며 부부는 종속이 아니라 동등한 자격과 의무로서 서로 돕고 이끄는 동지적 관계로 되어야 할 리유도 여기서부터 비롯되는것이다. 평등은 사랑의 가장 견고한 기초이다. 과연 지금 어느 누가 《… 안해는 남편에게 무조건 복종할 의무를 진다.》는 나뽈레옹법전과 남편은 안해를 지배해야 한다는 3강5륜의 봉건유교사상이 오래전에 벌써 휴지쪼박이 되어 시대밖으로 내버려졌다는것을 모르겠는가, 하지만 아직도… 아직까지도…

안천주는 끝내 더 읽지 못하고 안경을 벗었다. 그래, 아직까지도… 그리하여 안해는 한평생 나 개인의 사도공에 불과했지… 안해가 써준 그 수많은 원고들의 첫장에 그 녀자의 이름이 나란히 오르지 못하였다. 과연 훌륭한 남편뒤에 훌륭한 안해가 있다는 말이 일방의 희생적 뒷받침만을 의미하는 것일가? 안해란 무엇이고 가정이란 무엇인가?… 안천수는 뼈저린 자책에 가슴이 미여지는 듯했다. 그런데 그릇된 우리의 삶은 이미 유희를 위하여 그어졌던 둥그런 원안에서부터 시작된 것이 아닐가? 누구의 제의에 의하여 그어졌던간에 그 금을 기뻐하며 리용한 내가 아닌가.

불현 듯 눈싸움을 하던 청년들과 눈우에 제 고유의 발자국들을 나란히 그리고 뚜렷이 찍어나간 후보원사의 가정이 정서적의미만이 아닌 삶의 본뜻을 가지고 새롭게 눈앞에 떠올랐다.

사람은 자기의 개성화된 장점들과 가능성을 가지고 이 세상에 태여났다. 그것을 꽃피우려는것은 자주적이며 창조적인 인간의 생명적지향이요, 누구도 빼앗을 수 없는 신성불가침이 아닐가? 새싹과도 같은 인간고유의 개성은 태여나 8개월이면 벌써 보이기 시작한다고 했다. 그런데 난 그 독특하고 귀중한 가지들을 전정하여 내모양으로 만들려 하지 않았는가. 제집안 식구들이라고 모두 공통분모로 만들려한것이다. 이 얼마나 어리석고 무서운 일인가. 아, 이것은 죄악이다!

안천주는 그만 얼굴을 싸쥐였다. 왜 여태껏 여기에 주의를 돌리지 못했는가. 진정 둘이 합쳐 하나를 성공시켰다고 둘다 꽃피우지 못한 정당한 리유로 될수 있는가? 아니 매 사람에게는 자기의 몫이 있으되 그것은 가정의 몫과 함께 사회의 몫이다. 사회적 인간의 본성적요구인 이 몫은 시대와 조국 앞에 엄숙히 지니게 되는 누구도 대신할 수 없고 또 그래서도 아니되는 공민의 신성한 의무이며 도리일것이다. 따라서 그것을 다하지 못했을 때 그가 누구든 삶의 모체인 당과 수령 앞에 제구실을 못한 불효자로 되는 것이며 슬프게도 이 세상에 태여난 의의를 상실하고 마는것이다. 함박눈이 저 창가에 붙었다가 물이 되어 흘러내리는 의미조차 못가지고…

그렇다. 명실공히 부부는 어느 한쪽이 자신을 잃고 또는 희생시켜 하나될 것이 아니라 둘이 서로 도와 더 커진 하나가 되어야 한다. 그렇게 건설된 가정, 창조의 제몫을 바치려 열렬한 사랑으로 서로 돕고 이끌며 피타게 노력하고 있는 가정이 우리 사회를 더욱 튼튼히 하는 충실한 세포로 될 수 있는것이다. 그리고 바로 그렇게 사는데 우리 시대 삶의 뜻이 있고 가정의 사명이 있는 것이아닐가?

《일기장을 봤어요?》

어느새 방에 들어선 안해가 조용히 다가섰다.

《봤소.》 안천수는 의자등받이에 몸을 기대며 눈을 감아버렸다. 안해는 더 묻지 않았다. 말은 입으로만 하는 것이 아니다.

복도쪽에서 발자국소리가 들려왔다. 두사람은 동시에 귀를 기울이였다. 점점 가까워지는, 커지는 귀에 정익은 발자국소리.…

《영호예요.》 안해가 속삭이듯 말했다.

《그래, 나도 알고 있소.…》

정녕 안천주는 가슴속에 쿵쿵 울려오는 그 힘찬 발자국 소리를 듣고있었다.

행복의 방아

리 성 식

《할머니, 저 달속에 무엇이 사나?》

《토끼가 산단다.》

《토끼는 뭘 하나?》

《절구질을 한단다. 엄마토끼랑 아빠토끼랑 둘이서 흰쌀을 찧어 땅에서 사는 착한 사람들이 먹으라고 뿌려준단다. 그래서 저렇게 하늘에서 눈이 내리지 않냐. 넌 이담 크면 엄마토끼가 되어 달속에 올라가살거라.》

《아빠토낀 누가 되고.》

《너한테 필요한 사람이 되지.》

《그건 누구나?》

《랑군님이란다》

《랑군이란 뭐나?》

세월이 흘러 천진한 손녀는 처녀로 자라 고향마을 작업반장이 되였고 할머니는 달나라에 올라간 손녀를 보지 못한채 세상을 떠났다.

송경심작업반장은 미모의 처녀였다. 그는 인물이 잘났다기보다도 매력있게 생겼다는 말을 듣는 그런 형이였다. 작업도 가정환경도 각이[1]한 총각들이 그의 주변을 항상 맴돌았고 찾아드는 소개자들로 하여 집문돌쩌귀[2]가 다 닳아빠질 정도였다.

했건만 경심은 매번 같은 대답만 외웠을[3]뿐이다.

《전 일을 더 하고 가겠어요.》

1 서로 다른.

2 문짝을 문설주에 달아서 여닫게 하기 위한, 쇠붙이로 만든 암수 두개로 된 한 벌의 물건.

3 입버릇처럼 늘 말하다.

그러던 경심이앞에 한 싱검둥이[4] 청년이 나타났다. 농업대학을 졸업하고 1년간 현실체험[5]을 내려온 림성철이었다. 경심이네 반에 농장원으로 배속되여 일하게 되여있었다.

《반장동문 옛말[6]이나 동화책을 몹시 좋아했겠군요. 아니 애착정도가 아니라 작가가 될 꿈을 안고 몇편 쓰기도 했을겁니다.》

인사 끝에 불쑥 건네온 그의 말이 경심을 놀래웠다. 자기 부모밖에 모르는 비밀이였기때문이다.

《하지만 학교에선 문학소조[7]가 아니라 다른 걸 요구 했을겁니다. 예술과 체육이 절반씩 배합된 그런…》

(성철은 후날 경심의 다정다감한 눈빛과 매출[8]한 몸매를 보고 그걸 짐작했노라고 솔직히 고백하였다.)

감탄할만한 예측이였다. 경심은 중학교때 예술체조[9]를 했었다.

《동문 군대때 정찰부문에 있었지요?》

《아니요. 공병에서 복무했답니다. 숱한 총각들이 반장동물 따라다녔겠는데...세상 못난이들 같으니라구. 난 그럴 시간이면 저 산에 올라가 풀이라도 몇단 베였을겁니다.》

그 소리는 그만에야[10] 경심의 자존심을 건드렸다.

경심은 당장 창고에 가 낫을 한가락[11] 꺼내왔다.

《요즘은 풀베기철이니 이 일밖엔 할게 없군요. 분조는 맘대로 택하세요.》

《나처럼 키가 큰 사람이 분조장을 하는 분조가 있는가요?》

《있어요. 량기택아바이[12]가 분조장을 하는 1분조… 그럼 오늘부터 그 분조에 배속되여 일하세요. 저기예요.》

성철은 1분조 작업장인 선아봉[13]등판으로 흔연히 떠나갔다.

---

4 ㉶ 싱거운 사람. 말이나 하는 짓이 멋쩍은 사람.

5 ㉶ 북한에서는 대학 재학 기간 중 6개월에서 1년 동안 공장이나 농장 등에서 의무적으로 노동활동을 하도록 하고 있다.

6 옛날이야기.

7 작은 조직. ㉶ 북한에서는 혁명적 역량을 강화하기 위해 생활 기초단위에서부터 전 국민을 조직화하고 있다. 대표적인 소조 조직으로는 3대 혁명소조가 있다.

8 ㉶ 맵시가 있으며 야무진 모양.

9 ㉶ 북한에서 당 창건일이나 김일성, 김정일 생일 등 특별한 행사 때 주로 펼쳐지는 집단체조를 일컫는다.

10 마침내.

11 이름수의 단위로 쓰인다. ㉶ 량을 나타내는 단위가 붙은 수.

12 (나이가 지긋한 남자)를 친근하게 이르는 말.

13 ㉶ 평안북도 구성군에 있는 봉우리 중 하나.

경심은 자기가 지나친것 같아 오후에 우야[14] 시간을 내여 그한테 올라갔다. 도소재지가 고향인데다 고등중학교를 졸업한 후 군사복무를 거쳐 대학을 다녔으니 무슨 농사를 해봤겠는가, 아마 지금쯤 나무그늘속에 들어앉아 입건사[15]를 잘못한 자신을 탓할거야. 래일부턴 부업분조로 돌려주자.

했었건만…

성철은 옷을 활활 벗어 던지고 런닝그[16] 바람으로 일을 하고있었다. 땀이 목살이며 잔등으로 줄줄 흘러내리는것도 쏠쐐기[17]며 따벌이[18] 악스레[19] 쏘는것도 아랑곳 않고 수풀속에 몸을 잠그고 낫을 와짝[20] 후려나간다.

그는 경심을 띄여보자[21] 빙그레 웃었다

《고맙습니다, 반장동무! 앞으로도 주저하지 말고 아무 일이나 막 시켜주십시오. 제가 현실체험을 실속있게 할수 있도록 말입니다.》

해가 뉘엿해져 일을 끝내고 나란히 앉았을 때 경심은 미안한 심정으로 말을 나누었다.

《풀베기가 힘들지요?》

《아무렴 먹는 문제를 푸는 일인데 헐하겠습니까.[22] 앞으로 더 힘든 일이 나서리라고 생각합니다. 가을걷이, 영양단지[23]찍기… 어느것이나 헐치 않지요.》

《그런줄 알면서 하필 농업대학을 다녀요. 다른 대학도 많은데…》

《반장동문 어째서 농업전문학교를 다녔습니까. 사범대학이나 예술부문대학을 갈수도 있었겠는데.》

《…》

《반장동무한테 한가지 량해를 구할게 있습니다. 키 큰 사람 싱겁지 않은데 없다고 하는데 나도 키가 커서 좀 싱거운데 앞으로…》

---

14 ㉾ 이렇게 저렇게 해서.
15 ㉾ 말로 인하여 문제가 생기지 아니하도록 말을 조심하는 것.
16 런닝샤쯔의 준말.
17 ㉾ 여름철 풀 속에 사는 벌레의 일종.
18 땅 속에 집을 짓고 사는 벌의 한 종류.
19 극악스럽게.
20 힘차게.
21 먼발치에서 얼핏 보다.
22 힘이 들지 않고 어렵지 않다.
23 모를 기르기 위하여 영양 물질이 많이 섞인 흙으로 만든 흙덩이.

《그럼 소금을 쳐주어야겠군요.》

두사람은 마주보며 웃고 말았다. 웃음소리는 둘의 간격을 허물며 산판[24]으로 메아리쳤다.

경심은 비로소 성철의 모습을 유심히(아직 어떤 청년도 그렇게 본적이 없었다) 뜯어보았다.

후리후리한 키, 넓은 어깨, 두글두글[25]한 눈망울… 남자답게 생겼다는 인상보다도 활발하면서도 가식이 없을것 같다는 느낌이 앞섰다. 은근히 믿음이 갔다. 성철의 얼굴이며 목에서 주륵주륵 흘러내리는 땀방울들이 경심이 마음속에 구슬처럼 안겨들었다.

성철이는 제대군인의 완강한 기질과 대학졸업생으로서의 해박한 지식을 농사일에 바쳤다.

가을걷이가 시작되자 성철은 누구보다도 마음이 들떠 노상[26] 벌에서 살았다. 분조장 량기택은 누구보다도 좋아했다. 분조원들도 떨쳐나[27] 부쩍 열성을 내였다.

농팔부위원장(경심이네 작업반 담당이였다)까지도 예없이[28] 흐뭇한 미소를 지었다. 경심이는 말없이 그를 떠밀어주었다. 하건만 성철은 그것이 마음에 차지 않았다.

《반장동무한테 충고할게 있습니다.》

그 날… 두 사람은 달래강가에 서있었다.

넓고 긴 밭이 그들의 발밑에 누워있었다. 온통 모래투성이인 《사막틀이》[29]였다. 세정보[30]반 … 부업분조 비경지[31]다.

이랑우로 우죽비죽 솟은 콩그루터기며 여기저기에 지저분한 잡초덤불을 더듬던 성철이 한숨을 내쉬였다.

《만약 이 밭이 반장동무네 터밭이였다면 이 꼴이 되도록 내버리진 않았을겁니다. 밭 석정반이면 못해도 강냉이 서른다섯톤은 날텐데》

경심은 마음이 꽁해져 눈을 깔끔히 치켜떴었다. 우리가 이 《사막틀이》를 수확이 높은 강냉이 밭으로 만들기 위해 얼마나 애써왔는지 제가 알기나 하는가? 숱한 노력을 들인 흙깔이[32], 산더미 같은 거름, 값비싼 비료, 품종 좋은 강냉이 종자. 그 모든것이 매해 7~8월의 홍수앞에

---

24 ㊟ 벌목 또는 그러한 일을 하는 곳을 가리키는 강원도 방언.
25 보기좋게 굵직굵직하다.
26 늘. 항상.
27 떨쳐나서거나 떨쳐일어나다.
28 ㊟ 지금까지 없던.
29 불모지. 모래땅.
30 땅의 넓이를 나타내는 이름수의 단위. 한정보는 3,000평이다.
31 경작이 안된 땅.
32 ㊟ 객토(客土)의 북한말.

서 순식간에 물거품이 되어버렸다는걸 알았으면 아마…

경심이 속생각을 들여다본듯 성철을 명령조로 뇌였다

《우선 룡소[33]하구의 꺾임돌이[34]부터 없애치웁시다.》

꺾임돌이란 달래강 상류와 동암천이 합류하는 합수목 위쪽의 흐름 구간이다. 장마 때면 그곳에서 방향을 돌린 탕수[35]가 합수목으로 곧장 달려들어 제방을 넘고 허물고 하여《사막틀이》를 휩쓸군하였다.

물론 경심이네도 물길을 돌릴 생각을 못한건 아니였다. 공사량이 방대한데가 바쁜 영농공정에 몰두하다보니 선뜻 나서지 못하였다.

성철은 누가 뭐라고 하든 계획된 일을 빈틈없이 밀고나갔다. 군당 책임비서를 만나 강하천정리사업소의 불도젤[36]을 동원시키기로 승인을 받았다. 화약과 발파심지를 얻자고 먼 광산에도 다녀왔다. 그사이 군농기계공장에서 약속대로 흙깔이에 필요한 부속품들을 가공해주었다.

성철은 드디어 발파심지에 불을 달았다.

쾅! —

물길돌림공사장에서 울린 발파소리는 온 마을에 메아리쳤다.

경심은 일단 판이 커지자 강심[37]을 먹고 앞장에 나서서 뛰였다. 농경지 1만 5백평, 아니 알곡 서른다섯톤을 얻기 위한 자연개조투쟁에로 반원들을 불러일으켰다. 한쪽으론 물길공사를, 다른 한쪽으론 박두한 흙깔이의 삭도화[38]를 진척시켰다.

그 무렵 새해를 맞으며 당보, 군보, 청년보들에 공동사설이 실렸다.《고난의 행군》을 승리적으로 결속하는데서 농업생산이 가지는 중요한 의의에 대하여 밝힌 공동사설은 청춘의 가슴을 들끓게 하였다.

어느 날 선아봉에서 삭도기둥을 세우려 올라갔던 성철이 신덕벼랑아래에 미끄러져 떨어졌다.

성철이 부축을 받으며 마을로 돌아올 때 그는 롱담인지 진담인지 분간키 어려운 소리를 하였다.

33 폭포가 떨어지는 바로 밑에 깊이 패여 물받이로 되여있는 웅뎅이.
34 물길이 꺾여 돌아 나오는 곳.
35 흙탕물.
36 불도저
37 이악스럽게 도사려가지는 굳은 마음.
38 기계 버킷에 오르내리는 데 필요한 줄이 따로 있는 삭도.

《하마트면 농업전선의 영예군인[39]이 될번했는걸. 내가 만약 영예군인이라면 시집오겠다는 처녀가 있을가요?》

《그건 우리 녀성들에 대한 모욕이예요. 림동무가 만약 영예군인이라면 전 기를 써 따라가서라도 동무의 반려자로 될거예요.》

경심이 진심으로 준 대답이였다.

이튿날 그들이 일생을 약속하며 산에서 내려왔다는 소문이 돌아 두사람을 난처하게 만들었다.

선아봉 원토장[40]에서부터 흔들레벌 한가운데까지 늘인 삭도선을 따라 흙 가득 실은 쇠바가지가 둥기둥둥 춤추며 떠오던 날 경심은 땀흘린 보람과 창조의 긍지를 가슴뿌듯이 느꼈다.

《좋지요. 반장동무?》 성철이가 능글거렸다.

《좋아요!》

경심은 까르륵 웃으며 눈깔린 들판을 달리였다.

햇솜같은 함박눈이 풍년을 예언하듯 펑펑 쏟아져내리고있었다.

문득 세상 떠난 할머니의 옛말이 생각났다.

《흰쌀을 찧고 찧어 땅에 사는 착한 사람들에게…》

(저 펑펑 쏟아지는 눈이 몽땅 쌀이였으면…)

언젠가 들은 농팔의 힐난이 귀가에 살아울린다. 《물론 공상이야 좋지. 하지만…》

(우린 그 공상을 현실로 펼쳐놓을거예요.)

우리라고?! … 우리라?! … 나와 성철동무를… 아이참, 내가 무슨… 경심은 황망히 도리[41]를 저었다.

1월, 2월… 강추위와 눈사태에 정력을 반나마 소모하다나니 물길돌림공사를 30프로도 못한채 로력을 떼여 영양단지찍기에 들어가야 했다. 다시금 3월 중순… 벼모판씨뿌리기를 시작했다. 몸뺄새없이 련속적으로 들이닥치는 영농공정앞에서 누구보다도 당황한 사람은 성철이였다. 그는 물길공사를 7월 장마전까지 끝낼 가망이 없다고, 그러면 곬이 없는 강물이 마구 범람해 벌판의 포전[42]들을 통째로 삼킬거라며 근심하였다. 호미난방[43]격이 되어 어쩔바를 몰

39 군사복무기간 부상을 입고 제대되여 국가적배려를 받는 사람

40 ㉠ 객토의 재료가 되는 흙을 쌓아 둔 곳.

41 싫거나 부정하는 뜻을 나타내기 위하여 머리를 좌우로 흔드는것.

42 강이나 갯가에 있는 밭.

43 ㉠ 虎尾難放. 한번 잡은 호랑이 꼬리는 놓기가 어렵다는 뜻으로, 위험한 일에 손을 대어 그만두기도 어렵고 계속하기도 어려운 상황을 비유적으로 이르는 말.

라하던 성철은 이제라도 공사를 중지하고 강을 본래대로 놔두는게 낫지 않겠느냐고 의논해 왔다.

경심은 눈살이 꼿꼿해서 쏘아 붙였다.

《이렇게 될수도 있었다는 걸 예상 못했댔어요?》

《솔직히 말해 이럴줄을… 농사일이란 참…》

《림동문 농장원들에 대한 믿음부터 가져야겠어요. 불가능 때문에 서슴거리다[44]가도 필요에 의해 일단 시작낸 일은 몸이 열쪼각 나도 끝내고야마는게 우리 농장원들이예요. 처음부터 그들과 합심할 궁린 안하고 혼자서… 독불장군이라는데…》

경심은 땅이 풀리자 청년돌격대를 무어가지고[45] 매일 야간전투를 벌렸다.

성철이도 결코 속이 꽁한 남자는 아니였다.《첫걸음부터 단단히 가르침을 받습니다. 허허.》

*

송경심은 누구보다도 봄을 사랑하는 처녀였다.

뾰족뾰족 움트는 벼싹, 푸르러지는 들, 하늘에선 종달새가 노래하고 뜨락또르[46] 달리는 전야에선 온갖 꽃이 피여나 향기를 풍기는 향촌… 이 모든것은 봄에 있기때문이다.

한편 봄은 그한테 가장 바쁜 계절이기도 했다. 논밭갈이, 씨뿌리기, 모옮기기… 절기를 다투는 그 순차적인 영농공정들이 그를 쓰러뜨리기라도 할듯 파도식으로 들이닥치고 지나가군 하였다. 허다한 일감들이 그의 손을 기다렸고 발길을 재촉했다.

《봄에 하루 놀면 겨울에 열흘 굶는대요.》

연분홍빛 잠자리수건[47]이 나풀거리는곳에선 이런 챙챙한 목소리가 종종 울리군 했다.

밭이랑으로, 논두렁으로 콩콩 뛰여다니는 처녀의 살결은 볕에 타고 벌바람에 끄슬려 가밋해[48] 졌고 그 다정다감한 빛이 언제나 남실거리던 반달눈엔 피발이 다 생겼다.

하루는 읍에 들어갔던 성철이 채양넓은 태양모와 색안경을 사 갖고 와 경심이 앞에 내놓았다.

44 자꾸 머뭇머뭇하다.
45 아랫사람을 다스리다.
46 ㉾ 트랙터의 러시아식 조어.
47 잠자리날개처럼 환히 비치고 하르르한 얇은 수건. ㉾ 북한에서 농사일 할 때 주로 머리에 쓰는 수건.
48 까무스름하다.

《쓰십시오. 미를 아낄줄도 알아야지요.》

《고맙긴한데 전 이런걸 좋아 안해요.》

경심은 듣기 좋게 거절하였다.

성의를 무시당한 성철은 멋쩍게 웃었다.

《아직도 전번 일이 속에 맺혀있는게 아닙니까? 쑥 내려가도록 침을 한대 놔줄가요?》

《천만에요. 물분해되어 흘러나간게 언젠데요.》

물론 롱담이였다. 하지만 롱담속엔 진담이 어려 있는 법이다…

오늘은 그 말썽거리 《사막틀이》에 강냉이파종을 하는 날이다.

《자, 나가자—》

여기서 소리치면 저기서 기꺼이 맞받아웨친다.

《나간다아—》

한 사람이 한 이랑씩 맡아잡고 웃고 떠들면서 와짝닥[49] 일손을 놀려나간다. 처음 밭머리를 출발할 때는 일직선이던 횡렬이 점차 시간이 흐름에 따라 대각선으로 변하는가 싶더니 어느새 날개짓는 갈매기 모양으로 달라진다.

앞서거니뒤서거니 하는 일군들속에서 송경심반장이 일솜씨가 그중 두드러지게 나타났다. 그는 생김새 그대로 동작이 아주 유연하고 재빨랐다. 호미자루를 감아쥔 손이 허공에서 가벼이 반원을 그리자 갸름한 쇠날이 경쾌한 음향을 내며 이랑흙을 움푹 파제낀다. 기다렸다는듯 다랑치[50]안에 들어갔던 왼쪽손이 살짝 나오며 오그렸던 줌[51]을 펴자 도글도글 영근 샛노란 강냉이 알이 다그륵 떨어져내린다. 그의 길고 날씬한 다리가 일정한 보폭으로 내짚어지며 오이씨같은 발을 감각적으로 끌자 발모서리에 밀린 흙밥[52]이 구멍속에 떨어진 강낭알을 알맞춤이 덮는다. 갈매기형의 머리부위를 차지했던 경심은 맞은편 밭머리에 다달으자 숨 한번 돌림없이 맨 꼬리를 차지한 성철의 이랑을 맞잡아축냈다.

성철은 엉치가 하늘로 치솟도록 기다만[53] 허리를 짓숙인채 엉기적거리는데 종자다랑치가 두 다리새에서 흔들거린다. 동작은 별로 굼뜨지 않았는데 종자가 랑비되는게 아깝다고 구멍안에 한 알 두 알 정확히 세여 넣다보니 남보다 뒤떨어졌다. 하긴 농사가 처음인 그가 어떻게

49 거침없이 매우 많이씩 자꾸 나아가거나 늘어나는 모양을 나타내는 말

50 ㊟ '바구니' 의 평북 방언.

51 ㊟ '주먹' 의 준말

52 괭이, 호미, 삽 같은 것으로 한번에 떠내거나 갈아 엎는 덩이진 흙.

53 어지간히 긴.

손이 재봉침같은 녀인들을 당하랴.

《아무래도 반장이 림선생을 영원히 맡아야겠수다. 흐흐.》, 《춘향이 리도령 마중간다아—》

누가 이래서 웃음통이 와자르르 터졌다.

그래서야 경심이가 마중 나오는걸 안 성철은 무척 미안해하였다.

《이거 정말 신세를 어떻게 갚는다…》

아낙네들은 그 값으로 재미나는 이야기나 한마디 하라며 떠들었다. 사실 남자한테 종자 다랑치를 채워 밭이랑에 들여세운 그자체부터를 죄스러워하는 녀인들이다. 옆에 서서 아무렇게나 몇마디 번지며 일동무만 해줘도 감사할 정도였다. 그러면서 좀 쉬우기도 할겸.

《봉이 김선달이가 말입니다.》

옛날 평양에서 세상 유식하다고 뽐내던 어떤자를 골탕 먹인 이야긴데 제법 귀맛을 돋군다.

…

《나리님, 세상에서 제일 귀중한것이 무엇이옵니까?》

김선달이 이렇게 묻자 《나으리》는 단마디명창으로 대답한다.

《그거야 쌀이지.》

《아니올시다.》

《그럼 황금과 보석 이라는건가? 그것도 먹은 다음에 필요한걸세.》

《금과 보석도 아니올시다.》

《에그, 김선달인지 김앉은달인지 하는게 《나리》보다도 모르누만요.》

입빠른 앵두집며누리가 쫄딱 나선다. 누군가의 호미끄트머리가 그의 넓적한 등을 슬쩍 찌른다.

《바로 이거올시다.》

김선달은 이파리가 길고 깔깔한 풀을 한줌 내놓는다.

《오호라, 산삼이였구만.》

《아니였습니다. 여러분들이 한번 알아맞혀보십시오.》

성철은 아낙네들한테 이야기를 통채로 꺼내넘긴다.

경심은 그의 능청스러운 모습을 훔쳐보며 혼자 웃었다. 저렇게 또 옛말을 기름기돌도록 엮어대는건 처음 본다.

(그 뚝쟁이[54] 분조장아바이가 홀딱 녹을만도 해.)

---

54 성격이 무뚝뚝한 사람을 낮잡아 이르는 말.

경심은 첫날 성철을 1분조에 배속시킨것은 본인이 키 큰 분조장을 요구하기도 했거니와 기본은 싱검둥해보이는 그가 일욕심많고 손탁[55]센 량기택한테 들어가야 농사도 생활도 옳게 배울것 이라는 속생각에서였다. 헌데 결과는 꺼꾸로 되여 그 껑두룩한[56] 분조장은《림선생…》으로 성철을 깍듯이 존대하며 분조운영을 통째로 내맡기다싶이한다.

따르릉—

자전거종소리가 일터의 홍취를 깨치였다.

농팔부위원장이《사막틀이》에 나타났다.

《신선놀음에 도끼자루 썩는줄 모른다더니 참.》

기가 막히여 혀를 차던 농팔은 경심을 불러 세웠다. 대뜸 어성을 높였다.

《동문 농사군이요, 아니면 들놀이나온 사람이요? 귀한 종곡[57]을 이런 모래땅에 묻어버리고 어쩌자는 거요?》

《왜 버린다고만 생각합니까? 싹트고 자라면 알찬 열매를 맺을텐데…》

《허— 동화적이로군.》

《난 우리 생활의 전부를 하나의 동화처럼 생각하는 때가 있어요. 새것을 부단히 창조하는 줄기찬 투쟁속에서 우린 나날이 새로운 행복을 마련해가지 않나요. 그 행복의 열매를 얻기 위해 우리는 흙깔이도 하고 물길공사도 하고있어요.》

《흙깔이나 했다고 가물[58]을 이겨낼것 같소? 저 위쪽 꺾임목은 사방 파헤쳐놨으니 빨리 정리 작업을 해야지 장마가 지면 이 달래벌이 물속에 잠길수 있소.》

《그건 념려마십시오. 대책을 세웠으니까요.》

성철이가 끼여들며 경심을 옹호했다.

그러자 농팔의 미간에서 갈매기가 련줄 날아올랐다.

《동문 농장원으로 현실체험을 내려왔으면 농장원답게 시키는 일이나 착실히 할것이지말이야 무슨 자꾸…》

《나라의 쌀독을 책임진 주인인 농장원이 그 쌀독을 채워가는 일을 놓고 누가 시킨다고 하고 안시키나고 안하고 하겠습니까.》

---

55 ㉟ '손아귀' 의 북한말

56 키가 멋없이 큰.

57 종자가 되는 곡식.

58 가뭄.

모욕감을 누르며 저력[59]있게 대꾸하는 성철이다.

그의 배허벅[60]밑에서 데롱거리는 종자다랑치를 건너다보는 농팔의 눈에 야릇은 색조가 비끼였다.

《긴장한[61] 식량 문제를 어쩐다며 돌피알[62]까지 따들이던[63] 사람같질 않군. 여하튼간에 여긴 비경지니 팥이나 메밀을 심소. 안전한 소출을 낼수 있도록.》

《주식작물인 강냉이를 심어야 합니다. 부지런한 농군에겐 일기변동과 나쁜 땅이 관계없지 않습니까?》

《원 참, 소발통[64]같은 고집이로군.》

농팔부위원장은 입을 쓰겁게[65] 다시고만다. 성철이네의 주장을 도저히 꺾을수 없음을 깨달았던지 아니면 좀더 도수를 높였다간 젊은이들한테서 현대관료주의란 비판을 받을것 같아서였던지 그는《어쨌든 일이 잘못되는 경우 랑비된 종곡에 대해선 책임을 지라.》며 오금을 박고 인츰[66] 자리를 떴다.

따르릉…

그 어떤 운명의 예고인 듯 자전거종소리가 귀따갑게 울리였다.

그 순간 경심이와 성철의 눈길이 마주쳤다.

(어떻게 하잡니까?)

(어떻게 하긴요. 일단 시작냈던 일이야 끝까지 해야죠.)

경심이 먼저 일하던곳에로 총총히 들어갔다.

성철이도 뒤따라 들어섰다.

강냉이심기는 다시금 진행되였다

녀인들은 아까 그 풀이 무슨 풀이냐고 마저 대 달라며 졸랐다.

《벼포기였습니다. 그걸 내놓으며 김선달은《나으리, 이게 바로 쌀 조상이올시다. 그러니 이게 쌀보다도 중하지요.》하고 한꼴 먹였답니다. 알곡도 기실은 곡식에서 나오는것이니 아주

---

59 듬직하고 무게있는 밑힘.
60 ㉶ 허벅다리 쪽에 가까운 아랫배를 뜻하는 북한말
61 ㉶ 소설의 문맥상 '심각한' 의 의미로 여겨짐.
62 ㉶ '혈액 세포' 의 북한말. 여기서는 돌맹이 하나 하나의 의미.
63 거두어들이다.
64 소발굽.
65 마음이 달갑지 않고 언짢다.
66 ㉶ '이내' 란 뜻의 함경도말.

머님네들— 우리가 심고 가꾸는 이 일이 얼마나 중요한지를 알겠지요?》

이야기를 끝내며 완만한 동작으로 호미질을 해나가는 성철의 자세와 표정은 제집 터밭에 앉아 제 좋아하는 곡식을 심는 시골로인처럼 편안하고 태연하기 그지없었다.

경심은 성철의 옆이랑을 타고나가며 그가 말하는 정신에 놓치군하는 빈구석을 남모르게 살짝살짝 뒤거둠[67]해 주었다. 성철의 터실터실 꺼멓게 탄 얼굴이며 호미날에 찍혀 천을 감싼, 손가락이 경심의 눈뿌리를 아프게 찔렀다.

*

새각시마냥 얌전히 찾아들어 조심스레 새싹을 움틔우던 봄은 5월에 들어서자 열광적인 애무로써 이 땅을 살찌웠다. 밀보리가 파릇파릇 돋아나던게 엊그제 같은데 어느새 농장벌엔 벼모 옮기는 철이 닥쳐왔다.

… 오늘도 모를 내는 논판에서는 대오의 선두기인양 분홍색 잠자리수건이 나붓기고있었다.

송경심은 팔에 지그시 힘을 주며 모내는 기계를 운전해나갔다. 앞을 겨냥하며 방향을 잡다가는 이따금 고개를 젖히고 청제비 날아예는[68] 푸른 하늘을 살며시 바라보기도 하는 곱살한 얼굴에선 희열의 미소가 생긋 피여난다. 그 미소는 이따금 진중한 표정으로 변하여 이미 해놓은 일과 앞으로 해야할 일을 그려본다.

한두해전까지만 해도 경심은 농사일을 단순히 나라의 쌀독을 채워가는 사업이라고만 생각했었다. 그러다 《고난의 행군》[69]이 시작되면서부터 인식이 달라졌다. 원쑤[70]들은 악랄한 경제봉쇄책동으로 사회주의 내 나라를 말살하려고 한다. 경제… 그중에서도 먹는 문제는 가장 초미의 문제다. 그래서 어떻게 해서나 농사를 잘 지어 올해에 《고난의 행군》을 승리적으로 결속짓는데 크게 기여하자. 이런 숭엄한 감정과 굳은 결심을 안고 농장원들의 앞장에서 《돌격 앞으로!》가 아니라 《나를 따라 앞으로!》를 마음속으로 웨치며 풍요한 가을을 향해 달리고 또 달리는 그였다.

옆배미에선 림성철이 소로 판대기써레[71]를 치고 있었다.

67 일의 뒤끝을 거두어 마무리 하는 솜씨나 모양새.

68 (날아가다)를 옛스럽게 이르는 말.

69 ㉾ 김일성 사망 후 북한의 경제사정이 매우 어려워지자 이를 극복하기 위해 김정일이 내놓은 구호.

70 해를 끼치여 피맺힌 원한이 사무쳐 용서할수 없는 자.

71 판대기로 만든 써레. ㉾ 써레 : 밭이나 논을 고를 때 쓰는 큰 빗모양의 농기구.

살찐 황소를 이리저리 능숙하니 몰아가면서 바닥매[72]를 고루는데 그 솜씨가 설농군[73] 찜쪄먹을 정도다. 무거운 써레틀을 헝그러이[74] 들었다놨다. 조절하는 울툭불툭 근육살 뻰친 팔뚝이며 굵은 다리통 그리고 넓적한 잔등에서는 청춘의 혈기가 왕성히 흐른다. 하면서도 이따금 부하가 걸릴 때면 어딘가 말째하는[75] 몸놀림이다.

성철은 경심이와 눈이 마주칠 때면 손시늉으로 자기가 쓰고 있는 채양모를 가리켰다.

경심은 웃으며 살살 도리를 젓는다.

《넨장, 자존심두… 생긴 값을 한다니까.》

성철은 입안 소리로 투덜거리며 애매한 써레만 들었다놨다 한다.

그의 마음속에서는 시가 울리고있었다.

봄을 사랑하는 처녀는 하늘의 종달새
처녀를 사랑하는 총각은 땅우의 황소

누런황소가 주인의 애끓는 마음의 메아리를 낀듯 음머-- 구을진 영각[76]을 지른다.

경심이 논머리에 이르러 기계를 돌릴 때였다.

농팔부위원장이 털썩거리며 나타났다.

《반원들은 한곳에 인차 모이도록 하시어.》

무슨 중요한 일이 생긴가부다 예감하며 기계서 내린 경심은 그의 손에 들려 있는 모내기와 관련한 기술상식침투제강을 띄여보자 저도 모르게 마음이 꽁해졌다.

농팔은 쩍하면 분조장이상 초급일군들이나 농장원들을 모여놓고 회의하기를 좋아한다. 출석까지 그어가며 빠짐없이 불러앉히고 장황히 력설을 늘여댄다.

《에— 다들 알다싶이 올해 농사를 잘 짓자면...》

《다들 알다싶이….》란 자기가 말하고저 하는 뜻을 청중들이 이미 알고있다는걸 안다는 소리인것이다. 한다면 구태여 반복할 필요가 뭐란말인가? 쓸데없이 랑비되는 숱한 로력과 아까운 시간들...

72 논바닥.
73 ⓐ 어설픈 농사꾼.
74 동작이 어렵지 않고 여유롭게.
75 거북하고 불편해하는.
76 ⓐ 소가 길게 우는 소리.

경심이 그때문에 서슴거리는데 오가는 말을 들은 성철이 그들한테로 다가왔다.

《제가 매 분조마다 다니며 하겠습니다.》

《참, 동문 대학졸업생이지.》

농팔은 반기는 태도였다. 《사막틀이》에 펼쳐진 옥토와 강냉이 초기작황(아주 좋음)을 보면서 또 오직 알곡[77]증산에 청춘의 모든 것을 바쳐가는 경심이네의 투쟁 모습을 목격하면서 뭔가 감득 되는바가 있었던지 그들을 대하는 투가 전같지 않았다.

성철은 쉴참마다 이웃분조로 떠나군했다. 일 시작할 무렵이 되여 뛰여오군 하는 그의 얼굴엔 땀이 질벅하였다.[78]

오후 휴식 참이다.

경심은 분조들의 벼모뜨기정형[79]을 알아보느라 들길을 걷고 있었다.

밭머리를 지나느라니 기분이 더없이 상쾌해진다. 모내기전에 옮겨 심은 어린 강냉이들이 어느덧 뿌리앓이[80]를 끝내고 땅살[81]이 한껏 올랐다. 제법 기름기 도는 이파리를 실바람에 하느적이며 애교를 부린다. 《날 좀 안아주고 가세요!》

(모내기나 끝내고 보자. 요즘은 그럴 시간이 없구나!)

경심이 수로를 건너 쇠뚝[82]에 올라설 때였다.

감홍에 뜬 남자의 말소리가 들려왔다.

《하하 요것들이 참, 빨리두 크는데, 그래 뭘 먹구 싶냐?》

너머켠 《사막틀이》 이랑머리에 림성철이 앉아 있었다. 그의 손 줌안에는 어린 강냉이포기가 안기여 한드작 한드작 어리광을 부린다. 그 소담한 곡식포기는 풀물이 들고 흙냄새가 벤 작업복차림으로 밭속에 들어앉은 청년한테 놀라울 정도로 어울렸다. 저녁 해의 불그레한 빛살은 밭머리수로에서 반사되여흐르면서 파아란 강냉이이파리와 보위색[83]옷자락 그리고 듬직한 어깨우의 반고수머리카락을 감돌며 어리광치는데 그 칠색령롱한 후광에 휩싸인 성철의 모습은 경심의 마음을 야릇하니 흔들었다.

77 벼, 보리, 강냉이, 밀, 콩과 같은 낟알로 된 곡식을 통털어 이르는 말.
78 물기가 매우 많아 몹시 질다.
79 벼모판에서 모를 뜨는 틀.
80 ㉾ 발아.
81 땅의 기운의 받은 모양.
82 밭이나 논의 가에 있는 뚝.
83 군대의 옷이나 군사기재들의 색갈이라는 뜻으로 풀빛, 누런 풀빛에 재빛이 섞인 색을 이르는 말.

언젠가 성철은 서른한살의 총각인 자기를 걱정해 주는 사람들앞에서 반롱조로 말했다고 한다.

《그럼 여러분들이 대상을 한명 선정해주십시오. 현실체험 내려왔던 기념으로 이곳에 처갓집을 완전히 말가두고[84] 갈 생각입니다.》

《농사짓는 처녀라두 일 없수?》

《농사군 처녀가 어째서요, 천하지대본의 주인인데… 나이는 스물일여덟쯤 되고 분조장이나 작업반장 같은 초급일군을 하는…》

《그런 처년 오봉리에 경심 반장밖엔 없는데 혹시 그를 맘에 둔게 아니우?》

량기택 분조장이 그 일을 전하며 넌지시 중뜨었을[85] 때 경심은 깔깔 웃으면서 대답했다.

《그가 오봉리사람만 되란다고 하세요.》

그렇게 될수가 없었기 때문이다. 성철은 이제 현실체험이 끝나면 대학으로, 그다음엔 새 배치지로 가야 될 몸이다. 영원히 고향마을에서 살아갈 결심을 안은 경심한테는 사람보다도 그것이 선차적 문제였던것이다.

인기척을 느낀 성철이 강냉이포기와 떨어져 일어났다. 자기를 지켜보는 경심을 본 그는 당황해하였다. 경심의 봉싯 솟은 가슴아래로 매력있게 흘러내린 잘쑥한 허리며 미출하니[86] 다듬어진 아래 도리를 스치던 그의 눈길이 초점을 잃고 허둥거렸다.

《제가 이거… 자유주의를 자꾸 하는게 아닙니까?》

《무슨 그런 말씀을… 쉴참에 쉬지도 못하게 분조별 기술학습까지 맡겨서 정말 안됐어요. 주인집 어머니의 말에 의하면 식사도 제대로 안하고 잠 잘 땐 앓음소릴 세게 낸다던데 본인이 건강에 주의하세요.》

성철이와 헤여져 최뚝길을 걷는 경심의 마음은 왜서인지 싱숭생숭해졌다.

그는 추억속의 할머니와 이야기를 나누었다.

(어때요, 할머니? 이자 그 사람이 꽤 달속의 아빠토끼가 될것 같아요?)

《그건 네가 기준점을 어떻게 세우는가에 달려 있단다.》

(저의 기준점은 나라에 필요한 사람이예요. 현시대의 진짜배기 주인인… 그런 남자만이 나한테도 필요한 사람이 될 거예요.)

---

84 ㉶ '정해놓고' 의 의미.

85 넌지시 생각을 알고 보는 것.

86 맺힌데나 구붓한데가 없이 곧다.

《여하튼 서둘러라, 애야. 호박은 늙을수록 맛이 있어도 처녀는….》

(할머니두 참…)

경심은 순간이나마 온갖 시름에서 해탈되여 잊을수 없는 할머니의 손목을 잡고 꽃이 피고 나비가 나는 동화속의 무릉도원을 거닐었다.

성철이가 꺾임돌이의 공사장에 나가 매일 야간작업을 한다는 걸 경심이 안것은 며칠 후 였다. 그 《개인영웅주의》에 대해 따끔히 충고를 줘야겠다고 은근히 벼르던 중인데 성철이 덜컥 앓아누웠다. 너무도 몸을 혹사시켰던것이다.

경심은 죄의식을 금할수 없었다. 본토배기인 자기들이 주인구실을 쓰게 못하여 한해 잠간 와있다 갈 사람한테 이것저것 부담을 주고 고생만 시켰다는 자책이 가슴에 걸려 내려가지 않았다.

어느날 저녁 경심은 성철이 병문안을 갔다.

숙소집 대문을 넘어서는데 머리우에서 가름대의 방울이 딸라랑… 울렸다. 그 순간 보이지 않는 집 차단봉이 앞을 막았다.

딸라랑, 딸랑… 방울소리는 묻는다.

《출입 리유는?》

손에 든 닭알꾸레미[87]가 통과증이 됐는지 아니면 마음속의 호소가 감동을 시켰는지 그 《차단봉》은 서서히 들리웠다.

이불속에 누워 있던 성철은 경심이가 들어서자 침대 안벽에 붙였던 종이장을 당황히 뜯어 내리다가 실수하여 흘렸다.

연필로 속사한 그림이였다. 모내는 기계를 몰아 나가는 처녀— 잠자리수건, 반달눈, 잘쑥한 허리…

사진속의 자기를 보는듯하여 경심은 귀밑이 빨개졌다.

방안은 발 옮겨짚을 자리도 없었다. 《작물학》, 《비료학》, 《토양학》, 《농기계편람》 등의 기술서적들, 각종 모양의 유리그릇들, 벼라별 기계부속들…

침대머리맡에는 고열로 신음하는 속에서도 그리고 지우고 하던 축력식[88]김매는 기계도면이 널려있었다.

밖에 나와서도 집에 들어와서도 심지어는 병석에 누워서도 농업생산을 위해 애쓰는 그 모

87 꾸려싼 물건.
88 가축을 동원하는 역학동력식.

습은 경심의 심정을 아릿하니 적시였다.

… 경심은 대문 방울의 경쾌한 음향을 안고 숙소 집을 나섰다.

샘골 버들방천쪽에서 누군가의 건드러진 노래 소리가 울려왔다.

가을을 그리는 청년은 땅우의 뜨락똘[89]
청년을 그리는 처녀는 하늘의 뻐꾹새

훈훈한 밤바람에 능수버들이 춤을 춘다.
봄, 열정의 봄!
황금가을을 안아올 희망의 계절…

6월 7월... 물바께즈[90]를 이고지고 힘겨이 달리며 왕가물[91]과의 투쟁을 벌릴 때도 그리고 삼복철의 폭양아래서 키넘게 자란 강냉이밭속을 헤가르며[92] 비료주기를 할 때도 또한 전투장에서 일하고 자고 하며 장마전으로 물길돌림공사를 끝낼 때도 경심은 곁에 성철이가 있음으로 하여 힘든줄을 몰랐고 마냥 즐거움에 넘쳐 작업반 사업을 밀고나갔다.

그러던 8월 초순…

*

림성철을 소환하는 지령이 내려왔다

아무때건 그는 자기네 마을을 떠나갈 사람이라는 인식을 갖고 있은 경심이였으나 그 순간이 닥쳐오자 속이 철렁해졌다. 비로소 성철이라는 인간이 자기 가슴속에 어느새 안겨들어 뽑아내기 힘들 정도가 되었음을 깨닫고는 안타까운 한숨만 남모르게 쉬였다.

경심은 언젠가 성철이 자기 방에 가져다 걸어준 그 채양모를 벗겨 쓰고다녔다. 마직막으로나마 그의 성의를 받아주고싶어서였다.

성철이가 떠나게 된 날 아침부터 비가 내렸다.

89 ㉯ '트랙터' 의 러시아식 조어.
90 ㉯ '바스켓' 의 일본식 조어
91 ㉯ 극심한 가문을 일컫는 북한말.
92 헤쳐가르며.

채찍같은 비가 온종일 쏟아졌다.

래년에 없는 큰물[93]에 대한 비상경보가 방송에서도 알리고 전화로도 알려왔다.

성철의 일로 하여 마음이 허전해지고 생각이 어수선해진 경심은 할바를 잊고 작업반실에 멍해 들어 박혀있다가 중낮무렵 벼락치는 소리를 듣고서야 펀뜩 제정신으로 돌아왔다.

그는 황망히 앞벌로 뛰쳐나갔다…

농장원들과 함께 밭머리 둘레로 물빼기 도랑을 쳐나가던 경심은《사막틀이》의 어느 한곳에 이르러 못박혀버렸다. 모내기철의 언젠가 림성철이 어린 강냉이를 어루쓸며 속삭이던 곳이였다.

경심은 그때의 그 강냉이일지도 모를 개꼬리[94]가 노릿하니 패고 이삭수염이 맺힌 곡식포기를 매만지며 한동안 움직일 줄을 몰랐다.

이제 열흘만 있으면 햇강냉이 맛을 보련만…

성철은 합수목제방에다 소달구지로 돌을 실어다 부리고 있었다.

비에 화락하니[95] 젖은 맨옷바람이였다.

망짝[96]같은 돌을 혼자서 힘겹게 들어옮기는 그를 젖어드는 심정으로 지켜보던 경심은 총총히 다가가 일손을 도왔다.

《고마워요. 림동무!》

《허허 무슨 말을 그렇게 하오. 응당 내가 할 일을 하는데…》

막돌로 보호뚝을 쌓고난 그들은 뚝막[97]에 들어앉아 잠시 숨을 돌렸다.

세차지는 비발을 물끄러미 내다보던 경심이 쓸쓸한 어조로 뇌였다.

《이제 가면 다시 안오겠군요. 고향이 도소재지인데다가 또 형님네들도 중앙기관의 중요한 직책에 있으니 아마…》

《…》

막안에 한동안 침묵이 흘렀다. 벼짚나레[98]를 엮어 씌운 지붕을 때리는 비소리만이 단조롭게 울리였다. 풀밭 어데선가 불안스레 씨르럭거리는 벌레의 울음소리가 들려오며 애달픈 감정을 자아냈다.

---

93 ㊟홍수.

94 ㊟ '옥수수의 수꽃이 피는 꽃이삭' 을 일컫는 북한말.

95 (옷 같은것이) 물이 뚝뚝 떨어지게 흠뻑 젖은 모양을 나타내는 말.

96 묵직하고 둥글넓적한 물건 등을 이르는 말.

97 뚝에 세운 막집. ㊟ 막집 : 임시로 간단하게 꾸민 집.

98 벼짚으로 엮은것.

막기둥에 비스듬히 기대 앉아 눈을 슬며시 감고 무슨 상념엔가 잠긴듯하던 성철이 문득 침묵을 깨치였다.

《어쨌든간에 전 농업전선에서 일생을 보낼 결심입니다.》

《…》

《식량!… 난 이것을 오늘의 이 준엄한 《고난 행군》 시기에 내 조국을 지키는 총포알이라고 생각합니다. 그러니 그런 《총포알》을 마련하는 농업 이상 중요한 분야가 어디 있겠습니까.》

(!.…)

경심은 감동하여 애틋한 미소를 보냈다. 옳아요, 저는 그렇게 생각해요, 지난 전쟁 때 총을 쥐고 전선으로 나갔듯이 오늘날 손에 쟁기를 쥐고 논밭에 서는 사람이 진정으로 나라를 위할 줄 아는 공민이라고 말할수 있지 않겠어요.

《허허. 이거 우리가 마치 영원한 리별이라도 하는 사람들처럼 심각해졌군요. 반장동무가 땅과 곡식을 사랑하듯이 나도 그걸 귀중히 여기는 사람이니 앞으로 다시 만나게 될겁니다. 참, 그때 또 소금을 쳐주겠다고 그러진 않겠지요? 하하.》

《아이참, 무슨…》

성철의 가벼운 롱으로 분위기가 일변되었다.

경심은 꺼득꺼득 웃는 그를 곱게 흘겨보았다.

《하긴 동문 소금을 또 쳐야겠어요. 그러니 꼭 다시 오세요. 오지 않으면 제가 소금자루를 지고 찾아갈줄 아세요. 호호.》

경심은 그와 오래도록 함께 있으면서 시대에 대하여 그리고 생에 대하여 많은 이야기를 나누고 싶었으나 다른곳의 일들이 걱정되여 할수없이 일어났다.

자기의 파란 비옷을 벗어 성철이 앞에 내놓았다.

《입고 일하세요. 그러단 감기 들겠어요.》

그는 비속을 걸으면서 생각했다. 아무래도 가야될 사람인데 웃으며 보내자. 우리 마을에 와서 그간 많은 수골 했는데 송별상이라도 따뜻이 차려주고.

이 분조 저 분조를 다니며 피해방지를 지휘하던 경심은 저녁무렵 기진한 몸을 가까스로 움직여 작업반실로 들어왔다.

뜻밖의 일이 그를 기다리고 있었다.

림성철이 무너져내리는 제방들에 몸을 다치여 리진료소로 업혀간것이다.

경심은 가슴이 철렁해졌다.

그 길로 진료소에 달음쳐올라갔다.

성철은 없었다. 상태가 중하여 군병원으로 후송되였었다.

의사의 말에 의하면 옷을 벗겨보니 복부와 하체에 군대때 입었던 상처 자리가 험하게 있었다는것이다.

《그는 영예군인이였수다. 발전소건설장에서 전우들을 구원하고 부상을 당했던… 우리가 너무도 림선생을…》

성철을 업고 왔던 량기택이 울먹이며 한장의 편지를 내주었다.

— 경심동무

인사를 못하고 갑니다. 저한테 많은것을 배워주고 따뜻한 관심을 돌려준 동무를 영원히 잊지 않겠습니다.

부디 건강하여 아름다운 그 모습으로 향촌의 꽃으로 남아 있기를 바랍니다. —

림성철은 그렇게 마양마을[99]을 떠나갔다.

그를 꽃수레가 아닌 담가[100]에 실어 떠나보낸 심한 자책과 비통한 심정을 이기지 못해 경심은 반원들 앞에서 끝내 눈물을 쏟고야말았다.

그날 경심은 진료소뜰안에서 깊은 생각에 빠져 있는 농팔부위원장을 만났었다.

대학으로 올라간 성철이한테서는 그후 아무런 소식도 없었다.

그가 없어진 다음에야 경심은 자기가 얼마나 큰 그의 후원속에서 사업했는가를 그리고 마을 곳곳에 특히는 자기의 심장에 남겨진 그의 자욱이 얼마나 진한것인가를 절감하였다.

달 밝은 어느날 밤 풍작 이룬 곡식밭머리를 걷던 경심은 둥기둥기 헤엄쳐가는 황금빛 달속에서 빙그레 웃고 있는 림성철을 보았다.

성철은 절구공이[101]를 들고 어서 와 쌀 방아를 찧자며 자기를 손저어 부르지 않는가!

환각에서 깨여나는 순간 경심은 폭포쳐드는 그리움을 걷잡지 못해 팔뚝같은 이삭들에 몸을 실으며 어깨를 들먹였다.

《할머니— 전 아빠토끼를 찾았어요. 하지만 그는 갔어요. 나한테 필요한 사람이기전에 나라에 필요한 사람이니까요.》

떠나간 련인을 다시 붙들어 올 힘이 그한테는 없었다.

손녀의 행복을 바라던 할머니도 그 일만은 할수 없었다.

처녀는 때늦은 애정을 곡식포기에 그대로 쏟아부으며 풍요한 가을을 향해 일해 나갔다.

---

99 ㉾ 함경북도 무산군 동쪽에 있는 원목산지인 마양노동자군.

100 들것.

101 절구질할 때 내리찧는 공이.

*

년로보장[102]으로 넘어간 관리위원장대신 새 관리위원장이 임명되여왔다.

군당책임비서가 그를 승용차에 태우고 내려와 부임인사를 시켰다.

연미색 제낀옷[103]을 단정히 차려입은 새 관리위원장이 들어섰을 때 장내에는 탄성의 물결이 일렁이였다.

《림선생! — 아니, 이런…》

량기택분조장이 벌떡 일어나며 소리치는 바람에 회의실이 떠나갈듯 웃음바다가 펼쳐졌다.

송영심반장은 모임이 언제 끝났는지 자기가 어떻게 관리위원회 마당을 벗어났는지 전혀 의식하지못했다.

놀라움속에 환희속에 줄곧 마음이 둥 떠 낟알향기 넘치는 들판을 걷고 또 걷다가 작업반실에 들어오니 하늘에서 내려온듯 림성철이 환하게 웃으며 일어나는것이 아닌가!

《그간 잘 있었소, 반장동무!》

《오셨군요!…》

《경심동무가 소금자루를 지고 힘들게 찾아올가봐 제가 먼저 이렇게 왔습니다. 욕하지 않겠지요?》

《!…》

그 날밤 경심은 꿈에서 할머니를 보았다.

할머니는 달속에서 행복의 방아를 찧고있는 자기들을 축복해주고있었다.

---

102 ㉵ 나이가 많아 노동을 할 수 없는 사람들을 집에서 편히 쉬도록 국가가 보장해 주는 북한의 사회제도.

103 바깥쪽으로 제껴지고 목과 앞가슴쪽이 벌어지게 만든 양복.

공휴일

북한의 '사회주의로동법'(1978. 4)은 "국가적으로 제정된 명절날과 일요일은 쉬는 날로 한다"(제64조)고 규정하고 있다. 김일성 · 김정일 생일이나 노동당 창건일 · 정권수립일과 같은 국가적 명절, 보건절 · 교육절 · 출판절 등의 사회적 명절, 국제부녀절 · 국제노동자절 · 국제아동절 등 국제적 명절, 음력설 · 단오 · 추석과 같은 민족명절의 네 가지로 구분되며 일반적으로 '명절'로 통칭되고 있다.

이들 명절은 노동 여부와 의미에 따라 다시 '공휴일'과 '휴식일', '기념일'로 나뉜다. 공휴일은 노동 없이 쉬는 날로 우리의 법정 공휴일과 같다. 휴식일도 법정 공휴일에 포함되어 하루 쉬지만 휴식일을 전후한 가까운 일요일에 보충노동을 해야 한다는 점에서 일반 공휴일과 구별된다. 기념일은 산업별 직종에 따른 사회적 명절과 기타 역사적 의미를 기리는 각종 경축일을 말한다. 사회적 명절에는 해당 부문의 근로자들만 간단한 기념행사를 갖고 하루 쉰다.

북한에서는 일요일에 누구나 다 쉴 수 있는 것은 아니다. 일반 근로자들은 도(직할시)별로 지정된 요일에 쉰다. 평안북도는 화요일, 함경남도는 목요일, 함경북도는 수요일에 쉬며 일요일에는 정상 근무한다. 전력이 부족해 전체 산업체가 동시에 조업할 수 없는 현실에 따른 고육책으로 북한에서는 이를 '교차생산'이라고 한다.

일요일에 모두 쉬지 못하는 것은 군도 마찬가지이다. 일주일에 하루씩 쉬는 것은 사회와 다를 바 없지만 대신 군단(軍團)별로 쉬는 요일이 다르다. 인민군에서는 군단별ㄹ 일요일을 대신해 쉬는 날은 '작전 일요일'이라고 부르며, 그 전날은 '작전 토요일'이라고 한다. 작전 토요일에는 사회의 토요일처럼 정치학습을 한다. 군단 단위로 '작전 일요일'을 적용하고 있는 것은 전군이 일제히 일요일에 쉬게 되면 전력에 공백이 생기게 된다는 것이다.

–자료제공 : 통일부 북한자료센터

[발제 : 글을 읽기 전에]

2003년 대구 유니버시아드 대회 기간 중 우리에게 가장 인상 깊었던 장면은 북한에서 온 '미녀 응원단' 과 그들이 비에 젖은 김정일의 초상화를 보며 울던 모습이었다. 남한 사람들에겐 너무나 낯설고 이질적인 그 모습은 북한 사회에서 김정일이 어떤 존재인가를 상징적으로 보여주었다. 그것은 수령 혹은 위대한 영도자로 불리는 김일성과 김정일이 북한 사회에서 어떤 위상을 지니는지를 실감하는 대목이었다. 북한에서 수령의 존재는 가히 신의 위상에 맞먹는다 해도 과언은 아니다. 실제로 군조직은 물론 정치, 경제, 사회 모든 영역에서 수령은 최고 결정권자이며 인민들의 생활과 정신 속에도 절대자로 존재한다.

역사적으로 김일성이 해방 이후 북한정권을 장악할 시기, 그의 존재를 대중적으로 각인시키기 위한 대중 선전 활동의 하나로서 수령의 영웅 형상화 작업이 시작되었다. '불멸의 영웅', '위대한 태양' 과 같은 단어들도 바로 이때 나온 것이다. '솔방울로 쌀을 만든다' 는 수령의 영웅형상화는 1946년 2월, 단 20일 만에 단행된 토지개혁의 주역에 대한 문예적 칭송의 하나였다. 하루아침에 녹화(綠花)되는 영홍 대평야, 전에 없던 전기 보일러, 연기가 솟아나기 시작하는 공장의 굴뚝 등 눈앞에서 빠르게 변하는 세상을 보며 당시의 북한 문인들은 이러한 현실 위에 한 명의 영웅을 탄생시켰다. 그가 바로 김일성이었다.

김일성을 영웅화하고 대중적인 선전 작업에 앞장 선 이들은 조기천이나 이찬과 같은 시인들이다. 그들은 [김일성 장군의 노래] 등의 시를 짓고 노래를 만들어 북한 전역으로 확산시켰다. 그 후 북한의 문학예술인들은 김일성의 북한 권력 장악과 맞물려 너나 할 것 없이 '김일성 영웅만들기' 에 적극적으로 참여하게 된다.

그 결과 김일성은 단순한 정치적인 권력자에서 북한을 '지상낙원' 으로 만들어 줄 위대한 영웅으로 북한인민들에게 인식된다. 이는 물론 정권 이데올로기의 일부였지만 그 효과는 가히 절대적인 것이었다.

우리는 이미 김일성이 신적인 존재가 아님을 잘 알고 있다. 그러나 문제는 김일성이라는 한 개인의 능력을 넘어 북한 사회에서 김일성의 위상과 그를 따랐던 북한 인민들의 의식 속에 각인되어 있는 김일성이란 존재이다. 체제 선전과 권력 강화를 위한 수령영웅화 속에는 현재 북한 사회를 이끌어 가는 또 다른 정신적 구조가 있다는 것이다. 그것은 때로는 현실을 이기는 힘으로 작용하면서 북한 사회의 현실을 왜곡하는 일종의 자아최면적인 기능을 하고 있다.

김일성이 사망한 지 벌써 10년이 넘었다. 그러나 그의 유훈 정치는 권력 세습을 통해 지금도 계속되고 있다. 김일성과 김정일로 이어지는 권력 구조에서 현재의 북한 사회가 어떤 방향으로 나아갈지, 그리고 김일성의 유훈 정치가 핵위기 등 산재한 남북한의 위기 상황에 어떤 영향을 미칠 지 우리의 현실적 관심은 거기에 있는지도 모른다.

북한 권력의 재생산과 체제유지의 한 가운데 수령의 존재가 있다. 북한의 보는 또 하나의 관점으로 수령의 의미를 다시 한번 생각해 보는 것은 의미있는 일이다.

···› 생각해 보기

김일성장군의 노래

▶ 시 〈김일성 장군의 노래〉는 한국전쟁 당시 인민군들이 즐겨 부른 노래였다고 한다. 집안의 어른이나 주위에서 이 노래를 들었던 기억이나 알고 있는 사람이 있는지 알아보자.

거룩한 자욱

▶ 《거룩한 자욱》에서 김일성의 어떠한 이미지를 강조하고 있는지, 이러한 이미지를 강조하기 위해 작가가 김일성의 모습을 어떻게 묘사하고 있는지 정리해 보자.

▶ 북한 문학 작품 속에 나타나 있는 김일성의 모습과 김정일의 모습을 비교해 보고, 이들 모습의 공통점과 차이점에 대해 정리해 보자.

눈보라 만리

▶ 《눈보라 만리》에서는 김정일을 어떤 방식으로 부각되고 있는지 양덕삼 노인 일가를 통해서 이야기해보자.

▶ 《눈보라 만리》와 북한이 처했던 '고난의 행군'은 어떤 상관관계를 지니는지에 대해서 알아보자.

김일성장군의 노래

이찬

장백산 줄기줄기 피어린 자욱
압록강 굽이굽이 피어린 자욱
오늘도 자유조선 꽃다발우에
력력히 비쳐주는 거룩한 자욱
아 그 이름도 그리운 우리의 장군
아 그 이름도 빛나는 김일성장군

만주벌 눈바람아 이야기하라
밀림의 긴긴 밤아 이야기하라
만고의 빨치산이 누구인가를
절세의 애국자가 누구인가를
아 그 이름도 그리운 우리의 장군
아 그 이름도 빛나는 김일성장군

로동자대중에겐 해방의 은인
민주의 새조선엔 위대한 태양
이십개정강우에 모두가 뭉쳐
북조선 방방곡곡 새봄이 온다
아 그 이름도 그리운 우리의 장군
아 그 이름도 빛나는 김일성장군

거룩한 자욱

박 유 학

강을 따라 굽이굽이 뻗어오른 길은 좁고 험하였다. 승용차는 자갈많은 강변길을 울리면서 천천히 달려갔다.

량강도와 함북도일대를 현지지도하시고계시는 경애하는 수령 김일성원수님께서 차안에 계시였다.

차창밖으로는 양들이 풀을 뜯고있는 나지막한 언덕들이 소리없이 오르내리면서 지나갔다. 이따금 차창에 키낮은 소나무들과 강냉이밭들이 가리우고 물에 젖은 돌벼랑이 막혔다가는 시원히 푸른 공간이 열리면서 다시낮은 풀언덕이 계속되군하였다. 차안은 자주 어두워졌다 밝아졌다 하였다. 수령님의 얼굴에도 생각깊은신 표정이 어리였다.

수령님께서는 어제 신문에서 젖소관리를 특별히 잘하여 많은 젖을 짜내고있는 옥천리 소방목공 남혜경이에 대한 기사를 읽으시고 그 처녀를 만나시려고 가시는길이였다.

경애하는 수령님께서는 유리를 내려놓은 차창으로 강을 내다보시였다. 넓고 흰 강바닥에 많지 않은 물줄기가 흘러내리고있었다. 강물은 낮은 곬을 따라 강 저편으로 치우쳐 흐르고있었는데 거기에는 군데군데 허물어진 강언덕의 낭떠러지들이 솟아있고 장마때 밀려온 큰 돌들이 물속에 곰처럼 웅크리고있었다.

《이 강이 옥낸천이요?》

수령님께서 생각에 잠기시여 나직히 물으시였다.

《그렇습니다. 이 강을 따라오르면 비류산골짜기가 열리고 거기서 좀 더 가면 혜경이 일하는 방목지가 보입니다.》

옆에 앉은 군당[1]위원장이 말씀올렸다.

경애하는 수령님께서는 여전히 강을 바라보시였다.

《그 처녀는 동북에서 나왔다지?》

《그렇습니다.》

---

1 군을 단위로 하여 조직한 당조직, 《군당위원회》를 이르는 말.

《나이는 스물 세살이고?》

《예.》

수령님께서는 알릴락말락 고개를 끄떡이시며 의자등받이에 몸을 기대시였다.

혜경이!…

잊지 못할 그 이름을 마음속으로 불러보시는 그이의 심정은 저으기 설레이시였다.

경애하는 수령님께서는 항일무장투쟁시기에 중대장으로 싸우다 희생된 한 혁명전사의 딸을 벌써 스무해 가까이 찾으시고계시였다.

어제 옥천리 소방목공 남혜경이에 대한 기사를 읽으셨을 때 그이께서는 저으기 흥분하시였다. 어쩌면 이름도 나이도 다 같은 이 처녀가 그이께서 찾으시는 유자녀[2]일수 있다는 생각이 문득 드시였던것이다.

그리하여 수령님께서는 혜경이의 소관리 형편도 들어보시고 그를 직접 만나보시기도 하실겸 현지지도과정에 옥천리에 들리시기로 작정하신것이였다.

어느덧 혜경이를 생각하시는 그이의 눈앞에는 아득히 흘러간 그날의 가슴저린 추억들이 떠오르기 시작하였다.

××목재소 지하공작원 오윤심이 사령부에 찾아온것은 1940년 11월이였다.

윤심은 지하공작원임무를 마치자 사령부에 급히 알려야 할 적정[3]보고를 가지고 지체없이 공작지를 떠났다. 적들의 감시는 매우 삼엄하였다.

윤심은 끝없이 펼쳐진 밀림의 바다속을 걷고있었다. 그는 한시도 긴장을 놓을수 없었다. 등에는 세살난 어린애가 업혀있고 품에는 지하조직의 공작보고가 있었다.

당시 적들은 광활한 지대에서 소부대활동을 하고있는 항일유격대를 《토벌》하려고 지구《토벌대》와 소지구《토벌대》, 《유격토벌대》까지 만들어가지고 혈안이 되여 날치던[4] 때였다.

윤심은 끝내 적의 《유격토벌대》에 걸려들었다.

밤이였다. 추격이 시작되였다.

윤심은 있는 힘을 다하여 숲속을 지르고 골짜기를 빠져나왔다. 화전촌의 두서너 불빛이 언덕밑에 반짝거리고 석포강의 소란한 물소리가 후려치듯이 안겨왔다. 윤심은 강뚝으로 달려

2 당과 수령, 조국과 인민을 위하여 싸우다가 희생된 혁명가. 애국렬사들의 아들딸.

3 ①주로 전투환경이나 대전상태에서 적의 행동이나 상태 또는 그 정형 ②적이 나타나거나 적과 맞다든 정황.

4 몹시 날뛰며 돌아치다. ㊟ 돌아치다 : 몹시 바쁘게 서두르며 이리저리 왔다갔다 하다.

가며 배를 찾았다. 문득 삿대가 가로질린 배 한척이 갈밭속에 있었다. 윤심은 미처 배에 오를 념을 못하고 첨버덩거리며 갈밭속을 밀고 달려나갔다. 사품[5]치는 물이 허리에 차올랐다. 윤심은 허겁지겁 고물[6]에 매달렸다. 물살은 급하고 배는 더디게도 움직였다. 강뚝에 다달한 적들이 왁작 고아치며 총을 쏘기 시작한다. 세상모르는 어린것은 아무리 달래여도 울기만 하였다. 적의 총알은 우박처럼 날아왔다.

벌써 총알에 삿대가 부러지고 배전이 구멍나고 치마폭이 찢겨 달아났다. 배간에는 물이 차올랐다.

윤심은 당황하고 급박하여 두손으로 물을 푸기 시작하였다. 세찬 물결에 배머리가 돌아갔다.

윤심은 피여오르는 물속에 발목을 잠그고 황급히 어둠속을 돌아보았다. 갈밭숲 여기저기서 적의 총구가 내뿜는 짧은 불빛들이 보였다. 산채로 잡으라고 고아치는 부르짖음은 강안에 꽉 찼다.

어떻게 하는가?…

윤심은 눈앞이 막막해졌다. 물이 차오르는 배를 더이상 저어갈 힘도 없었고 어깨를 넘는 물을 아이를 업고 건늘수도 없었다. 이대로 가다가는 조직의 보고도 전하지 못한채 아이도 윤심이도 다 잡혀죽을수 있었다.

그렇다면?… 윤심은 빠른 물살에 걷잡을수 없이 떠내려가는 배전을 붙잡고 복잡한 생각을 누벼가고있었다.

이제는 아이와 헤여지는수밖에 다른 길이 없었다. 혁명가로서, 어머니로서 할수 있는 길은 이것밖에 없었다. 윤심은 입술을 부들부들 떨며 강아래를 내려다보았다. 여기서 조금만 내려가면 벌목촌이 있고 거기엔 나루가 있었다. 배가 가라앉지 않고 내려만 가면 혜경이는 구원될수 있을것이였다.

윤심은 어깨를 허비는 어린것의 손을 꽉 움켜잡았다. 가슴이 찢어지는것 같았다.

적들의 총소리, 고함소리는 각일각[7] 지척으로 가까와졌다. 윤심은 마지막으로 헤여지는 어린것에게 젖 한모금이라도 빨려주고싶었으나 그럴 경황이 못되였다.

그는 마음을 다잡고 풍덩 물속으로 뛰여내렸다. 얼음같이 찬 물이 온몸을 휘감았다. 놀란 어린것이 어머니의 목을 그러안았다. 윤심은 숨이 막혔다. 떨리는 손으로 물속에서 띠개를 푼

5 물살이 계속 부딪치며 세차게 흐르다.

6 배의 뒤가 되는 부분.

7 시간이 흐름에 따라 더욱더.

윤심은 가슴앞으로 아이를 돌려안았다. 그리고 한손으로 배전을 잡아당겼다.

어머니의 모진 마음을 알아차린듯 어린것은 공포에 질려 윤심의 저고리앞섶을 움켜쥐었다.

《혜경아, 혜경아!》

윤심은 가슴에서 떨어지지 않으려고 발버둥치는 어린것을 억지로 떼여 배간에 들여놓았다. 그리고는 어린것의 몸부림을 보지 않으려고 눈을 감은채 배전을 확 떠밀었다.

《엄마—》

어린것의 애처로운 비명소리가 비수처럼 날아들었다. 윤심은 주저 앉을듯이 허둥거렸다. 가슴을 치고 어깨를 넘는 물이 사정없이 윤심이를 덮치였다. 그러나 윤심은 넘어지지 않았다. 주먹을 부르쥐고 입술을 깨물며 일어난 윤심은 단호히 적들을 쏘아눕히며 강을 건너가기 시작하였다.

그렇게 크고 깊은 강은 아니였다. 그러나 윤심은 천신만고로 그 강을 건너갔다.

총소리, 물소리, 바람소리… 강안에 차고넘치는 모든 소음이 윤심에게는 죄다 어린것의 울음소리로만 들려왔다.

시간은 얼마나 흘렀는가!

윤심은 숨가쁘고 지친 몸을 가까스로 움직여 대안[8]의 물버들을 휘여 잡았다. 땅우에 올라선 윤심은 몸의 균형을 잡을수 없었다. 휘청거리는 다리에 젖은 치마가 휘감겼다. 젖은 저고리앞가슴도 바람에 선뜩거렸다. 윤심은 경황없이 앞섶을 더듬었다. 저고리 한쪽 고름이 떨어져버렸다. 가슴이 철렁하였다. 어머니품에서 떨어지지 않으려고 몸부림을 치던 어린것이 고름을 움켜쥔채 가버린것이다.

《혜경아!》

윤심은 금시 물속으로 뛰어들듯이 팔을 벌렸다. 강물은 대안의 물버들숲처럼 컴컴하였다. 노호하는 물소리는 귀를 멍멍하게 만들었다.

윤심은 정신없이 아래로 내리달렸다. 어둠속의 나무가지들이 채찍처럼 후리쳤다. 윤심은 땅우에 쓰러지고말았다.

《혜경아, 이 어미를 용서해다오. 혜경이 아버지, 저를 용서해주세요!》

윤심은 일어섰으나 앞이 보이지 않았다. 걸을수가 없었다. 다래와 머루와 칡넝쿨이 엉키고

8 (강, 호수, 바다의) 맞은편 기슭.

아가위[9], 조가시가 찔리는 숲속을 윤심은 아픈줄도 괴로운줄도 모르고 걸었다.

그러다가도 문득 고름이 떨어진 앞가슴으로 찬바람이 불어지날 때마다 윤심은 소스라치듯 걸음을 멈추었다. 그리고는 한참씩 지나온 숲속을, 캄캄한 어둠속을 망연히 들여다보았다.

바람이 불고 수림이 설레였다. 밤하늘에는 별도 없었다. 어디나 캄캄한 어둠뿐이였다. 그 어둠속 보이지 않는 공간속에서 락엽이 떨어져내렸다.

아프고 괴로운 가슴속을 허비며 떨리는 곡조가 솟아올랐다.

바람차고 눈쌓인 황막한 광야에
흰옷입고 떠난 사람 얼마이던가

입에서가 아니라 심장 속에서, 눈물만이 아니라 피까지도 흐르는 비통한 호소, 비분의 호소가…

녀인은 고름없는 저고리앞섶을 움켜쥐고 또다시 밀림속을 헤쳐가기 시작하였다.

장군님께서는 작은 불무지[10]를 사이에 두고 오래동안 윤심이와 마주앉아계시였다. 수령님의 앞에는 공작보고를 싸가지고 온 아이의 빈띠개가 놓여있었다.

밖에서는 바람이 불고 장풍자락이 팔럭거렸다.

(아이는 어디로 흘려보내고 이 띠개만을 들고왔단말인가!)

말없이 윤심이를 내려다 보시는 그이의 심중은 아프시였다.

장군님께서는 천천히 일어서시여 풍막밖으로 나오시였다. 새벽이였다.

눈이 오고있었다. 이해의 첫눈이 내리고있는것이였다.

장군님께서는 하염없이 천막앞을 거니시였다.

2년전, 지금보다 조금 이른 가을철에 윤심은 혜경을 업고 밀영에 찾아왔었다. 강호의 소환을 앞두고 그의 일을 대신할 윤심이를 장군님께서 불러주셨던것이다.

적들의 경계를 헤치고 먼길을 걸어온 윤심은 몹시 지쳐있었다. 그러나 그보다 더 지친것은 혜경이였다. 돌도 채 차지 못한 어린것이 보름가까이 편한 잠 한번 자보지 못하고 어머니 등

9 아가위나무의 열매. 먹을수 있으며 약으로도 쓰는데 맛이 시다 ㉾ 아가위나무 : 중부이북의 산골짜기나 집근처에 절로 나는 잎지는 나무의 한가지. 잎은 닭알모양인데 깃모양으로 얕게 째졌다. 5월에 흰꽃이 피며 9월에 열매가 붉게 익는다.

10 우등불이나 모닥불을 피워놓은 무지. 불무더기. ㉾ 우등불 : 주로 한데에서 추위를 막기 위하여 나무토막이나 땔나무 같은것을 쌓아놓고 피우는 불.

에 업혀오느라니 오죽이나 힘들었으랴.

장군님께서는 혜경이를 안으시며 네가 벌써 어머니 등에 업혀 혁명을 시작했다고 말씀하시였다.

그날 장군님께서는 윤심이에게 과업을 주시면서 혜경이를 품에 안으시고 오래 숲속을 거니시였다. 머루알같은 까만 눈으로 줄곧 장군님을 올려다보며 욕심스레 주먹을 빨던 그 애의 귀엽던 모습이 지금도 눈앞에 선하시였다.

손끝으로 볼을 건드리면 그것이 젖꼭지인줄 알고 입을 벌리던 혜경이, 나무우에서 새가 울어도 그 애는 팔을 벌리고 밝은 해빛이 눈을 스쳐도 방긋방긋 웃군하였다.

《이 애가 뭘 달라고 손을 내미는데 어쩐다?… 여긴 솔방울밖엔 없고…》

장군님께서는 붓꽃 한송이를 꺾어 어린것의 손에 쥐여주시였다. 그리고 꽃을 물자고 입을 벌리는 어린것의 보동보동한 손을 사랑스레 잡으시고 말씀하시였다.

《오랜만에 나를 찾아온 너에게 이 붓꽃밖에 쥐어줄것이 없구나. 이제 조국을 광복하고 돌아가면 너희들에게 이 세상의 모든것을 다 안겨주마.》

장군님께서는 천천히 걸음을 옮기시며 어린것을 달래시듯 조용히 자장가를 불러주시였다.…

그런데 그 애가 어디로 갔단말이냐?

어머니의 고름을 움켜쥐고 석포강물우에 울며 떠내려갔을 그 애의 모습이 너무도 눈에 생생하시여 장군님께서는 선자리에서 움직이시지 못하시였다.

혁명은 너무나 비싼 대가를 치르고 전진하고있다. 아버지를 잃고 어머니를 잃고 형님, 동생, 누나를 다 잃고 피바다에 눈물을 뿌리며 떠나온 우리 혁명가들이 그 얼마나 많은가!…

피로 물든 삼천리, 폭압과 탄압의 쇠사슬에 묶이운 조국강토…

장군님의 마음은 비분에 사무치시고 가슴속에서는 분노가 용솟음치시였다.

실로 반만년의 유구한 우리 조국력사에 이같은 민족수난은 있어보지 못했다.

장군님께서는 윤심이의 마음속에서 순난당한 조국의 아픔과 그것을 딛고 일어선 혁명가의 굳센 의지를 보시였다.

믿음이 가시였다. 혁명에 모든것을 바친 그의 마음이 뜨겁고 그의 절개가 고결한 그만큼 전사를 아끼시는 장군님의 심정은 열렬하시였다.

문득 장군님께서는 어디선가 가까와오는 발자국소리를 들으시였다.

《누구요? 윤심동무요?》

《그렇습니까, 사령관동지.》

《그런데 왜 나왔소?》

《사령관동지, 날이 추워지기 시작합니다.》

장군님께서는 어슴푸레 드러나기 시작한 수림의 우듬지[11]를 바라보시였다. 말씀이 없으시였다.

차라리 그가 장군님 앞에 눈물을 보이고 맘껏 울음이라도 터뜨렸던들 이다지 마음 저리시지 않으셨을는지 모른다.

장군님께서는 고개를 드시고 눈오는 하늘을 바라보시였다. 쏟아지는 눈발은 보이지 않으나 어두운 공간에 부드럽게 차있는 어떤 미묘한 가락이 들리고있었다. 그 미묘하고도 은근한, 그래서 오히려 더 마음을 산란케 하는것 같은 그 음향은 끝내 그이의 가슴속에 더욱 눈물을 뿌리고야말았다.

윤심이를 재봉대원들의 천막에 보내신 장군님께서는 사령부통신원을 찾으시였다.

《석포강나루에 내려가보시오. 강호중대장이 도착하기전에 어린것의 행방을 알아야겠소.》

강호중대장은 윤심이의 남편이였다. 장군님께서는 처창즈방향에서 활동하고있는 강호중대장에게 새로운 임무를 주시기 위해 그를 사령부로 부르신것이였다.

《사령관동지, 꼭 찾아보겠습니다.》

장군님께서 잠못드신 이 밤을 역시 뜬눈으로 밝힌 통신원이였다. 그이의 얼굴에 비낀 심뇌의 빛을 가슴아프게 바라본 통신원은 고개를 숙이고 눈오는 밀림속을 걸어갔다.

새로운 임무를 받게 될 강호중대장은 이튿날 아침에 나타났다.

머리에 커다란 털모자를 쓰고 허벅다리에 목갑총[12]을 드리운채 눈을 차며 걸어오는 중대장의 모습은 억세고 담차[13]보였다.

장군님께서는 너무도 반갑고 기쁘시여 두팔을 벌리시고 마주 걸어나가시였다.

《강호동무!》

《사령관동지!》

장군님께서는 숨차게 뛰어온 중대장을 힘껏 안으시였다.

《이게 얼마만이요? 옹근[14] 한해나 헤여져있었구만.》

중대장은 눈에 덮이는 모자를 밀어올리고 대답을 올리려 하였으나 목이 메였다.

---

11 나무꼭대기의 끝부분.

12 모젤권총을 나무로 만든 집에 넣은 권총이라는데서 이르는 말. ㉟ 모젤권총 : 반자동식권총의 한가지. 사격거리가 비교적 길다. 크기에 따라 여러가지 호수가 있다.

13 겁이 없으며 대담하고 다기지다. ㉟ 다기지다 : 담차고 야무지다.

14 제대로 다 있는 조금도 축나지 않은.

《그래 중대동무들은 다들 건강하오? 정치지도원동무는 어떻게 지내오?》

《중대에 대한 걱정은 조금도 마십시오. 모두들 건강합니다.》

《하긴 동무도 건강이 좋아졌소.》

장군님께서는 팽팽한 가슴앞으로 엇갈려 돌아간 가죽띠를 바라보시며 크게 웃으시였다.

사령부 풍막안으로 들어오신 장군님께서는 눈에 축축해진 중대장의 외투를 받아 한쪽에 개여놓으시고 그와 마주 앉으시였다. 쉴새없이 껌벅거리는 중대장의 그 특징적인 큰 눈을 바라보시는 장군님의 얼굴에는 미소가 어리여있었다. 한동안 중대장과 이야기를 나누신 장군님께서는 보초소로 내려가시였다. 사령부통신원은 아직 돌아오지 않았다. 통신원이 돌아오기까지 몇시간을 그이께서는 보초소주위를 거니시였다. 끝없는 공간에 가득히 차흐르는 눈은 장엄하고도 어떤 목메이는 생각을 불러일으키시였다. 그이께서는 이 나무, 저 나무로 천천히 옮겨가시며 눈덮인 가지들을 잡으시였다.

오래 헤어져있던 동무들이 모처럼 한자리에 모이게 되였다. 그런데 아이의 행방을 아시지 못해 반가운 상봉을 마련해주시지 못하시는 이순간의 장군님 심정은 과연 어떠하시랴… 그이께서는 고요히, 소리없는 밀림을 둘러보신다. 뿌연 눈발속에 솟아있는 산들은 어쩐지 천천히 낮아지는것 같았고 밀림은 줄기차게 쏟아지는 눈사태 저쪽으로 멀어져가는것 같았다. 벌써 산언덕과 골짜기와 숲의 들쑹날쑹한 굴곡들은 평평히 메워지기 시작하였다.

장군님께서는 걱정이 드시였다. 숲속의 길들이 죄다 메워지고 방향조차 알수 없게 되면 통신원도 언제 돌아올지 모르는것이다. 다행히 통신원은 무사히 돌아왔다. 그러나 혜경이 소식은 끝내 알아오지 못했다.

장군님께서는 비분과 통분함에 잠기시여 통신원의 보고를 받으시였다. 애처롭고 참혹한 정경이 보이는것 같으셨고 분노가 솟구치시였다. 그이께서는 답답하시고도 비분강개한 심경속에 한동안을 무겁게 서계시다가 걸음을 떼시였다.

천막으로 돌아오신 장군님께서는 강호더러 사냥을 나가보자고 하시였다. 강호에게는 뜻밖의 말씀이시였다. 그러나 전혀 아무런 사정도 알지 못하는 강호는 즐겨 장군님을 따라나섰다.

장군님께서는 숙영지의 뒤등성이로 오르시였다. 거기에는 우산모양으로 눈을 뒤집어쓴 작은 개암나무들이 펼쳐져있고 검푸르게 보이는 이깔나무[15]숲이 묵묵히 눈속에 잠겨 서있었다.

15 북부의 높은 산지대에 자라는 잎지는 키나무의 한가지. 키는 40메터까지 자라며 잎은 연한 풀빛인데 바늘모양이고 짧다. 봄에 꽃이 피며 9월에 솔방울 같은 열매가 열린다. 해별을 좋아하고 추위에 잘 견디며 나무질이 소나무보다 굳다. 건축, 동발, 전선대 등에 쓰인다. ㊟ 키나무 : 해마다 추위나 건조기가 닥쳐올 때 잎이 말라죽거나 떨어지는 나무.

언덕밑의 개울에서는 물소리가 들리고 젖빛같이 부드러운 물김이 피여오르고있었다.

장군님께서는 개울을 건너 맞은편 등성이로 오르자고 하시였다.

강호는 미끄러운 강 언덕을 절반 지치면서 내려갔다. 발밑에서는 조약돌이 밟히고 눈우에 머리칼처럼 돋아난 속새풀들이 옷자락을 스쳤다. 개울을 건느려고 징검다리처럼 놓인 돌을 건드려보던 강호는 물속을 들여다보기 시작하였다. 바닥이 말갛게 보이는 물속에서 번쩍번쩍 은빛을 내는 잔고기들이 빠른 속도로 오르내리고 가재들이 뭉툭한 집게발들을 벌리고 느리게 돌바닥을 기여다니고있었다. 이따금 기슭에서 떨어져들어간 뿌연 눈들이 덩어리가 되여 흔들흔들 움직이면서 떠내려오고있었다.

갈수록 커가는 즐거움과 누를길 없는 감격이 북받쳐올라 강호는 반달음쳐 둔덕으로 올라갔다.

강호의 유쾌한 모습을 대하시자 그이께서도 마음이 가벼워지는것 같으시였다. 사실 장군님께서는 기분을 전환하시고싶으시였다. 그러지않고는 강호의 마음도 즐겁게 해주기 어려우셨고 그를 위로하실수도 없으시였다.

장군님께서는 큰걸음으로 성큼성큼 산마루로 오르시였다.

《딱, 딱, 딱》

갑자기 딱따구리의 나무쫏는 소리가 밀림을 울리기 시작하였다.

《쉬쉬쉬, 후유후유 후유후유—》

고요히 정적속에 잠들었던 밀림이 일시에 활기에 찬 소음을 울리며 설렁대기 시작하였다. 나무우에서 눈들이 흩어져내리고 삭정이[16]들과 묵은 솔방울들이 떨어졌다.

강호는 털모자의 귀덮개를 말아올리고 귀를 기울였다. 분명 어디선가 노루의 울음소리가 울린것 같고 가까운 숲을 건드리며 지나가는 짐승의 살그락소리를 들은것 같았다.

《이것 보오, 강호동무!》

저만치 앞서신 장군님께서 부르시였다. 강호는 펄썩거리며 뛰여올라갔다. 놀라운 광경이 벌어졌다. 눈우에서 무엇인가 딩굴며 갈갬을 친 자리가 있었던것이다.

《새끼곰들이 놀았소.》

분명히 두마리의 새끼곰이 엄지[17]를 따라나왔다가 엎치락뒤치락한 자리였다.

한놈은 산마루로 또 한놈은 산중턱으로 달아났다.

16 살아있는 나무에 붙어있으면서 말라죽은 나무가지.
17 다 자라서 새끼나 알을 낳을수 있는 짐승.

《어느놈을 따라갈가?》

장군님께서는 옆구리에 한손을 짚으시면서 물으시였다. 강호는 한번에 두놈 다 잡고싶다고 말씀올렸다.

《이런 땐 한놈을 쫓아야지 두놈을 따르다간 다 놓치고마오.》

장군님께서는 산마루로 오르시였다. 강호는 곰의 발자국을 사이에 두고 장군님 옆에서 걸었다. 그의 마음은 창공으로 훨훨 날듯이 기뻤다. 장군님을 모시고 나온 오늘의 사냥은 영원히 잊지 못할 크낙한 즐거움으로 될것이였다.

《강호동무!》

《예?》

그는 습관적으로 허벅다리의 목갑총에 손을 가져갔다.

《동무가 ××목재소 지하공작임무를 마치고 밀영으로 들어온것이 언제였더라?》

《38년 12월이였습니다.》

《그렇지, 벌써 두해가 가까워오는군.》

장군님께서는 감개무량하시였다.

《어제 그쪽 조직에서 보고를 가지고 공작원이 들어왔소.》

강호의 얼굴에는 놀라움과 의혹, 아지 못할 기대가 한꺼번에 떠올랐다.

《긴급한 적정보고를 가지고 왔소. 그 동문 그동안 아주 잘 싸웠소.》

《사령관동지, 누가 들어왔습니까?》

강호의 가슴은 울렁거리기 시작하였다.

장군님께서는 어깨우의 목갑총끈을 바로잡아놓으시면서 웃음어린 눈길로 잠시 강호를 바라보시였다.

《윤심동무가 왔소.》

《예?!》

강호는 눈속에 발을 묻은채 멎어섰다.

《동무를 불렀는데 마침 윤심동무도 왔구만. 이제 내려가면 만나보시오. 그동안 윤심동무가 보내준 공작보고들은 국경연안의 적 군수집결처들과 병영들을 소멸하는데 커다란 도움을 주었소. 지하공작 2년동안에 몰라보게 자랐소. 장한 일이지. 사람들은 투쟁속에서 성장하고 있소. 우리 혁명은 이렇게 줄기차게 자라나고있는것이요.》

강호는 갑자기 심장이 멎는듯한 충격을 받았다. 가슴이 뛰기 시작하였다. 그는 고개를 숙이고 어쩔바를 모르며 옷섶의 눈을 털었다.

《강호동무.》

어느새 누운 측백나무 저편으로 돌아가신 장군님께서 부르시였다. 강호는 무릎까지 차오르는 눈을 헤치면서 장군님 옆으로 뛰여갔다. 가슴에 사무치는 행복과 함께 갑자기 더위를 느낀 강호는 모자를 벗고 땀을 씻었다. 그의 눈에는 광채가 어리고 김이 서린 얼굴은 붉어져 있었다.

《저 앞을 좀 보오.》

강호는 그만 큰소리로 환성을 울릴번하였다. 등판이 편편한 커다란 엄지곰이 새끼곰들을 량옆에 거느리고 산마루로 오르는것이 보였다. 엄지를 따라가는 재빛의 새끼곰들은 역시 장난바치들이였다. 천천히 느린 걸음으로 걸어가는 엄지의 앞뒤를 쉴새없이 돌아가며 훼방을 놓고 그러다가는 도토리처럼 내리막을 굴기도 하였다. 그때마다 엄지곰은 발을 멈추고 새끼들이 따라오기를 기다렸다가 눈에 쌓여 하얗게 된 장난바치들을 핥아주기도 하고 발로 툭툭 털어주기도 하면서 다시 나란히 눈속을 걸어가군하였다.

《우리 나라 백두산지대에 분포되여있는 갈색곰이요. 발바닥이 넓고 눈이 작은게 특징이지.》

《성미도 온순합니다.》

《그건 어떻게 아오?》

《곰의 굴에서 한번 자본적이 있습니다.》

장군님께서는 놀라와하시였다.

《그것참 희한한 이야기로군.》

《지난 여름에 있었던 일입니다.》

강호는 기분이 들썩해졌다.

《지방공작을 나갔다 돌아오던길에 비를 만났댔습니다. 그래서 어느 바위굴에 찾아들어갔습니다. 아무도 없는줄 알고 한잠 자고나니 곰이 옆에 웅크리고 앉아있지 않겠습니까.》

《저런 곰이 보초를 서주었군.》

유쾌한 웃음소리가 밀림속을 울려갔다.

장군님과 이야기를 하고있는 사이에도 곰은 등성이를 넘어갔다.

강호는 깜짝 놀라 장군님을 쳐다보았다. 그러나 장군님께서는 벌써 거기에 대해서는 잊으신듯 골짜기아래로 걸음을 돌리시였다.

강호는 발이 옮겨지지 않았지만 그이를 따라나서는수밖에 없었다. 그는 차츰 빈손으로 돌아오는 이 사냥에 이상스런 예감을 받았다.

강호는 좀 주저하며 그러나 용기를 내여 말씀드렸다.

《무슨 피치 못할 사정이나 생긴게 아닙니까?》

장군님의 얼굴에는 문득 지울수 없는 서글픔이, 가슴을 답답하게 누르는 괴로움이 스쳐지났다.

장군님께서는 강호의 어께우에 손을 올려놓으시였으나 말씀을 못하시였다. 다시 걸음을 옮기신 그이께서는 눈에 덮여 땅우에 낮추 드리운 나뭇가지를 흔들어 눈을 털어주시고는 먼 앞만 바라보시였다.

《윤심동무가 어린것을 잃고 빈몸으로 돌아왔소.》

강호는 가슴이 철렁하였으나 완강히 아무 기색도 나타내지 않았다.

장군님의 표정은 엄숙해졌다.

《마음을 굳게 가지고 내 이야기를 들소, 강호동무.》

그러나 장군님께서는 내처 말씀을 못하시였다.

강호는 경건히 그이를 우러렀다.

《저에게 미치는 개인적슬픔이 무슨 큰 슬픔이겠습니까? 저는 어떤 일에도 견디여낼수가 있습니다.》

장군님께서는 눈속에 멈추어서서 움직이지 않는 강호의 팔을 다정히 잡으시였다.

《걸으면서 이야기하지, 걸으면서…》

눈은 갈수록 더 많이 내렸다. 하늘은 온통 줄기차게 쏟아지는 눈의 흰 세계였다. 고요히 귀를 기울이면 대기를 스치며 흐르는 눈소리가 금시 솨— 하고 들려올듯싶었다. 나무우에서는 때없이 풀썩풀썩 눈이 무너져내리며 나무가지들이 흔들렸다.

장군님께서는 마치 쏟아지는 눈사태에 호흡이 가쁘시기라도 하신듯 사이사이 숨을 돌려가시며 오래 말씀하시였다.

장군님의 모자우에는 두텁게 눈이 쌓이고 어깨를 지나간 목갑총끈은 깊이 패워들어가 있었다.

강호는 묵묵히 말이 없었다. 애처롭게 가슴을 찢어주던 생각은 이미 지나갔다. 쓰라린 시련이 지나간 마음속에는 다만 허전하고 쓸쓸한 여운만이 남아있었다. 그러나 이 마음속의 사라져가는, 하나 오래도록 조용히 가슴을 허빌것 같은 그 여운도 그렇게 오래 가지는 못했다.

사방 어디라 없이 눈꽃이 흩날리는 산정의 눈길에 깊은 심려에 잠겨 서계시는 장군님의 모습을 다시 우러르는 순간 강호는 무어라 말못할 한량없는 숭엄함과 목메이는 격정을 안고 번쩍 고개를 들었다.

《사령관동지, 준엄한 혁명의 길우에 무슨 희생인들 없겠습니까? 함께 손잡고 싸우던 귀중한 혁명동지들도 수없이 잃은 저희들입니다. 어린 딸 하나 잃은 슬픔이 무슨 큰 슬픔이겠습니까.》

《강호동무!》

강호는 헉 하고 바람을 삼키며 눈을 슴벅[18]였다.

《하도 혁명이 귀중하고 조국이 귀중하기에 가슴에 사무치는 모든 슬픔을 묵묵히 참고 이기는 혁명가들이지만 우리가 당한 가슴아픈 참상이야 어찌 잊을수 있겠소. 우리는 일본제국주의를 타도하고 조국을 광복해놓고도 혁명의 길우에 쓰러진 전우들과 희생된 우리의 사랑하는 부모처자들을 오래오래 잊지 못할것이요.》

《사령관동지!》

강호는 그만 위대한 장군님의 품에 얼굴을 묻고 울음을 터뜨렸다.

딸 잃은 괴로움에서만이 아니였다. 한 전사의 신상에 미친 아픔을 덜어주시려고 그토록 심려하시며 사랑과 온정을 안겨주시는 그이의 한없는 고마움에 목메여올랐던것이다.

(사령관동지, 진정 사령관동지를 위해서라면 이 생명이 다하는 마지막순간까지도 불굴의 용사로 싸우고 사령관동지를 모시고라면 이세상의 한끝까지라도 웃으며 가겠습니다.)

끝없이 흐느끼는 강호의 등을 더듬으시는 장군님의 눈시울도 젖어들기 시작하시였다.

이날밤 장군님께서는 보초소를 돌아보시고계시였다. 한 보초소에 이르신 그이께서는 높지 않은 음성으로 물으시였다.

《어떻소, 정황이 없소?》

《없습니다.》

장군님께서는 한쪽 무릎을 눈속에 굽히시고 한참동안 수림속을 살펴보시였다.

《눈오는 날에는 모든 물체가 움직이는것처럼 보이오. 총소리를 잘못냈다간 귀중한 동무들의 휴식을 방해할수 있소.》

《알았습니다.》

다음날 아침, 장군님께서는 정치원더러 며칠동안 정치학습을 계속하라고 말씀하시였다. 그리고 경위중대[19]장에게 몇명의 대원을 주이 적의 배후를 치고 돌아오라는 임무를 주시였다.

장군님께서는 몹시 바쁘신 시간을 보내시였다. 우선 강호와 윤심이를 즐겁게 해주시기 위해 다채로운 사업들을 조직해주시고 그들과 자주 만나 담화하시느라 시간이 없으시였으며 력사적인 소할바령회의[20] 이후 광활한 지대에서 소부대활동으로 들어간 초시기[21]의 투쟁을

---

18 눈까풀을 움직여 눈을 감았다떴다 하다.

19 항일무장투쟁시기 : 조선인민혁명군의 사령부를 호위하는것을 기본사명으로 하는 중대.

20 위대한 수령 김일성동지께서 조국광복의 대사변을 주동적으로 맞이할데 대한 전략적방침을 제시하신 력사적인 조선인민혁명군 군정간부회의. 1940년 8월 10일부터 11일까지 돈화현 소할바령에서 진행되였다. 위대한 수령님께서는

지도하시기 위해 백두산동북부의 수림속에 머물러계시는 이 며칠동안에도 여러곳에 통신원을 보내시여 투쟁을 지도해주시였다.

장군님께서는 강호에게도 앞으로 백두산서남부지대에서 투쟁을 벌린데 대한 구체적인 과업을 주시고 여기서 부닥치게 될 난관과 사업들에 대해 상세한 가르치심을 주시였다.

어느덧 강호중대장이 사령부를 떠나게 되였다. 천막앞에는 경위중대원들과 재봉대원들, 작전대원들이 나와있었다. 재봉대원들속에는 군복입은 윤심이도 서있었다.

장군님께서는 강호중대장과 함께 나중에 장풍속에서 나오시였다. 유격대원들이 강호중대장을 에워쌌다. 강호중대장이 작별인사를 나누자 장군님께서 말씀하셨다.

《윤심동무도 함께 따라오시오.》

재봉대원들이 윤심의 등을 떠밀었다.

《가야 해요. 중대장동지를 기쁘게 해드려요.》

윤심은 처녀시절에조차 느껴보지 못한 수집음과 행복을 안고 사령관동지의 뒤를 따라갔다. 장군님께서는 윤심이를 중대장과 나란히 앞에 내세우시였다.

《윤심동무, 저 앞의 골짜기둔덕까지 중대장동무를 바래다드리시오.》

장군님께서는 한손을 드시어 이깔나무숲언저리에 길게 옆으로 뻗은 눈부신 흰 언덕을 가리키시였다.

두사람은 눈물에 젖은 얼굴을 들어 사령관동지를 우러렀다.

장군님께서는 대견히 미소를 지으시였다.

《어서 갔다오오. 어서!》

그들은 고개를 숙이고 걸어갔다.

장군님께서는 그들의 모습이 보이지 않을 때까지, 그리고 윤심이가 돌아올 때까지 한자리에 오래 서계시였다.

잠시후 사령부도 천막을 걷고 행군길에 올랐다. 두줄로 늘어선 길지 않은 종대였다. 기관총을 세운 대오의 앞에는 붉은기가 날리고 뒤에는 재봉대원들이 따라갔다. 행군때이면 언제나 그러하시듯 장군님께서는 대오의 앞에서 뒤로, 뒤에서 다시 앞으로 오가시며 대원들을 보살피시였다. 그이께서는 처음으로 배낭을 지고 총을 멘 윤심의 곁에서 잠간씩 걸음을 멈추시

회의에서 《조국광복의 대사변을 준비있게 맞이할데 대하여》라는 보고를 하시였다. 회의는 우리 인민의 항일무장투쟁을 그의 종국적승리를 위한 새로운 전략적단계에로 발전시키는데서 전환적인 계기로 되였으며 세계인민들의 해방위업과 국제반파쑈투쟁의 강화발전을 힘있게 추동하는데서 중요한 사변으로 되었다. ㊟ 사변 : 사회적으로 중요한 일.

21 첫 시기. 처음.

고 그의 불편해하는 행군자세를 바로잡아주시였다.
《행군이 힘들지 않소?》
《힘들어도 참고 견디여내겠습니다.》
《앞으로는 시련이 더 많을것이요.》
《그래도 견딜수있습니다, 사령관동지.》
장군님을 우러르는 윤심이의 얼굴에는 소녀처럼 붉게 홍조가 떠돌고 있었다.
《동무의 밝은 얼굴을 보니 내 마음도 밝아지는군. 기쁘오.》
장군님께서는 붉은 기폭이 날리는 대오의 앞쪽을 바라보시며 윤심에게 힘을 주시듯이 말씀하시였다.
《이런 땐 노래를 부르는게 좋지!》
누군가 대렬속에서 선창을 떼였다.

칼바람 추운 겨울 물러갈 때에
꽃피워줄 붉은 바람 일어났도다

목메이는 감격과 사무치는 격정을 안고 윤심이도 유격대원들도 따라불렀다.

산을 넘고 물을 건너 온 지구우에
륙대주와 오대양은 붉어지노니

대오는 산을 넘고 골짜기를 지나 밋밋한 등판에 이르렀다. 여기서 대오는 잠간 멈춰섰다. 사령부와 재봉부대가 헤어져야 하는것이다.
장군님께서는 재봉대를 안전지대로 보내시고 항일유격대의 소부대들을 지도하시기 위해 적들의 《토벌대》가 욱실거리는[22] 백두산 동북부의 수림속을 계속 행군하실 계획이시였다.
장군님께서는 떨어지기 아쉬워 울먹이고있는 재봉대원들의 손을 하나하나 뜨겁게 잡아주시였다.
《울지들 마시오. 이제 멀지 않아 또다시 만나게 될것이고 해방된 조국으로 웃으며 돌아갈

22 자꾸 욱실욱실하다. ㊟ 욱실욱실 : 여럿이 한데 많이 모여 우그우글 들끓는 모양을 나타내는 말.

터인데 우리 웃으면서 헤어집시다.》

그러나 윤심이와의 이 리별이 마지막리별이 되실줄이야 어찌 아셨으랴.

장군님께서는 광복된 조국으로 돌아오는 혁명가들의 대오에 강호중대장과 윤심이가 없어 헤아릴수 없는 아픔과 심중의 괴로움을 느끼시며 마음속으로 눈물을 흘리시였다.

………

승용차는 높지 않은 언덕을 톺아오르고[23]있었다. 길좌우에는 이랑이 짧은 서덜밭[24]이 펼쳐져있었다. 거기서는 몽당수수와 콩들이 자라고있었다. 바람이 불 때마다 콩이파리들이 번져져서 흰 파도이랑이 일어나고 탐스러운 수수이삭이 설레였다.

강에서는 빨래하는 녀인들의 물방치소리가 청청 들려왔다. 웃통을 벗어버린 사내애들이 반두질[25]하는 모습도 보였다.

남혜경…

경애하는 수령님께서는 다시 그 가슴아픈 회상을 이어가시였다.

강호중대장을 보내시고 재봉대와도 헤여지시고 백두산수림속을 행군하시게 되셨을 때 장군님께서는 걸음이 옮겨지지 않으시여 다시 석포강류역으로 대원을 파견하시였다.

그러나 장군님께서는 그때부터 옹근 두해나 지난 뒤에야 그 애의 소식을 아시였다.

혜경이는 죽지 않고 기적적으로 살아있었다. 석포강류역의 양가촌 마을농민이 죽음을 무릅쓰고 아이를 구원한것이였다.

농민의 행방은 알수가 없었다. 어디론가 몸을 숨겨버린것이였다. 혜경이가 죽지 않고 살아있다는것만도 장군님께는 크나큰 위안이되시였다.

해방된 조국에 돌아가면 혜경이를 꼭 찾자, 석포강물우에 울며 떠내려간 그 불쌍한 어린것을… 윤심이와 강호의 가슴에 고이고 맺힌 쓰라린 아픔과 눈물도 씻어주고… 얼마나 좋으랴!… 두고두고 옛말을 하면서 살아보자고 마음속으로 생각하시였다.

그런데 윤심이도 강호도 오지 못하고 혜경이마저도 오늘까지 찾지 못하신것이다.

얼마나 많은 나날을 수령님께서는 그 애때문에 심려하셨는가! 윤심이를 생각하시여도 혜경이가 떠오르고 강호를 생각하시여도 그 애가 그리워지시였다.

---

23 (가파른곳을)톺아서 밟아 발을 옮겨 디디며 오르다. ㊟ 톺다 : (주로 가파론곳을 오르내리려고)조심스럽게 발자국을 떼며 힘들게 더듬다.

24 강가나 내가의 돌이 많이 깔린 땅에 있는 밭.

25 반두로 물고기를 잡는 일. ㊟ 반두 : 얕은 개울물 같은데서 물고기를 잡는 작은 그물의 한가지. 그물의 두끝에 막대기를 대서 그것을 손잡이로 하고 그물을 벌리여 끌게 되여있는데 가운데가 우묵하다.

경애하는 수령님께서는 해빛에 번뜩이며 흐르는 강물을 하염없이 바라보시였다. 묵묵히 명상에 잠긴듯한 외나무다리가 지나갔다.

《저것이 옥천리관리위원회입니다.》

무릎우에 손을 올려놓고 단정히 앉았던 군당위원장이 말씀올렸다.

수령님께서는 토방이 달린 기와집 한채를 바라보시였다.

차가 멎자 키가 크고 얼굴이 강파로와[26]보이는 관리위원장과 손에 철필을 쥔 부기원처녀가 뛰여나왔다.

경애하는 수령님께서는 관리위원장을 차에 태우시고 다시 떠나시였다.

승용차는 방목지로 들어가는 골짜기어구까지 올라갔다.

수령님께서는 차에서 내리시여 돌많은 산골길을 걸으시였다. 날씨는 무더웠다. 땅에서는 열기가 오르고 나뭇잎들은 번들번들 진을 흘리고있었다.

수령님께서는 이마의 땀을 훔치시면서 자주 골안[27]을 올려다보시였다. 걸음보다 마음이 앞서시였다.

드디여 방목지에 이르시였다. 작은 시내가 흐르는 골안이였다. 잡관목들을 깨끗이 처낸 풀판은 탐스럽게 푸르렀다. 그 풀판 여기저기에 소들에게 그늘을 만들어주는 큰 소나무들이 서있었다. 마침 소들이 풀을 먹으러 개울로 내려오고있었다. 코뚜레도 고삐도 없는 소들은 야생하는 들소의 무리들 같았다. 흰저고리에 풀판처럼 파란 치마를 입은 처녀가 긴 회초리를 휘두르며 소들을 몰아오고있었다. 개울바닥에 내려오신 경애하는 수령님께서는 다가오는 처녀의 얼굴을 유심히 바라보시였다. 처녀는 명랑하게 노래를 부르면서 뛰여왔다. 그는 소들이 물에 들어서지 못하도록 회초리를 휘두르면서 물가에 한줄로 세워놓았다. 물속에 소들의 그림자가 비껴 물빛이 온통 불그레해졌다. 소들은 조심히 발을 옮겨놓으면서 땀난 주둥이로 물냄새를 맡더니 숨가쁘게 들이키기 시작하였다. 먼저 물을 마신 소들은 채찍의 세례도 아랑곳않고 물속에 들어가 더운 가슴을 식히고있었다. 처녀는 돌아가며 소들의 잔등에 물을 끼얹기 시작하였다. 해볕에 달아오른 등에 물을 받자 소들은 어질게 주둥이를 드리우며 느침[28]을 흘리면서 낮게 소리를 내였다.

처녀는 물이 흐르는 소들의 목을 그러안고 맑은 목청으로 웃었다.

《야, 이것들이 그저 막 좋대요!》

---

26 ①몹시 가파르다 ②몸에 살이 없다 ③성질이 팩하고 깔깔하다 ④인정이 메마르고 야박하다.

27 골짜기의 안 또는 골짜기의 깊숙한 안쪽.

경애하는 수령님께서는 사람들을 둘러보시며 유쾌하게 웃으시였다. 그리고 강변의 조약돌을 밟으시며 올라가시였다.

인기척에 놀란 처녀는 이쪽을 돌아보았다. 순간 처녀는 물을 걷어차면서 한걸음 물러섰다. 너무도 갑자기, 너무도 뜻밖에 경애하는 수령님을 뵈온것이였다.

《수령님!》

처녀는 환희에 벅찬 감격으로 환성을 울렸다. 물밑은 물때가 오른 돌들이 깔려있었다. 흥분한 처녀는 한손으로 치마자락을 걷어쥐고 넘어질것처럼 비칠거렸다.

《이리 나오라구, 어서.》

수령님께서는 처녀에게 손을 내밀어주시였다. 처녀는 물묻은 손을 치마자락으로 훔치며 어쩔바를 모르다가 어망결에[29] 그이의 손을 잡았다. 그리고 돌우에 올라섰다. 건강하고 탄력있는 처녀의 몸에서는 싱싱한 풀냄새마저 풍기는것 같았다

경애하는 수령님께서는 해빛에 감실감실하게 탄 처녀의 통통한 손을 잡으시였다.

《어제 신문에서 동무네 소식을 읽었소. 장한 일들을 하였소.》

순진한 처녀의 눈에 환희의 불꽃이 빛났다.

《수령님, 저희들은 해놓은 일이 별루 없습니다.》

처녀는 다만 탁아소, 유치원 어린이들에게 우유를 더 많이 먹일데 대한 수령님의 가르치심을 받들고 일을 좀 시작해보았을뿐이라고 말씀올렸다.

수령님께서는 그래 일해보니 어떤가, 젖소에게 꽤 젖을 많이 냄직한가고 물으시였다.

어쩌면 신심보다도 호기심이 어린것 같은 처녀의 눈에 생각깊은 표정이 비껴갔다.

《이제는 소들이 우리 지방 기후에 익숙돼가기 시작합니다. 그런데 아직 젖통이 크지 못하고 한번에 짜는 량이 적은게 탈입니다.》

《그래서 어떻게 하나?》

《저희들은…》

처녀는 좀 자신없이 말씀드렸다.

《젖을 많이 내게 하느라고 자주 뜨물을 받아다 먹입니다. 그리고 하루에도 몇번씩 젖통이 불기만 하면 아무때건 짭니다.》

《동무들은 참 그럴듯한 생각을 했소.》

---

28 끈적끈적하고 길게 흐르는 침.

29 얼떨결에.

뜻밖에 경애하는 수령님께서 치하하셨다.

《젖소는 관리하는것도, 젖짜는것도 다 특성에 맞게 해야 하오. 동무들의 경험은 젖소를 치는 다른 농장들에게서 본받을만한 가치가 있소.》

처녀의 얼굴에는 막을수 없는 기쁨이 피여났다. 그는 첨버덩 물에 들어가더니 점박이 한놈을 끌어다 앞에 세워놓았다.

《이게 젖이 잘 납니다.》

수령님께서는 한창 푸살이 올라 통통한 소잔등을 쓸어보시였다.

《협동농장들에서도 자체로 젖소를 쳐서 유치원, 탁아소 아이들에게 우유를 먹일수 있겠습니다. 아주 좋은 경험입니다.》

경애하는 수령님께서는 일군들에게 말씀하시고나서 처녀를 바라보시였다.

《동북에서 나왔다지?》

《예.》

《이름은 남혜경이고?》

《그렇습니다.》

《고향은 어데나?》

처녀의 얼굴에는 호기심이 떠올랐다.

《한곳에서만 살지 않아서 똑똑한곳이 없습니다. 그저 양마강기슭의 류벌[30]촌에 있었습니다.》

《석포강쪽에서는 살지 않았나?》

《거기서는 살지 않았습니다.》

《여기 좀 앉으라구, 앉어!》

경애하는 수령님께서는 먼저 돌에 걸터앉으시며 무릎우에 팔굽을 고이시였다. 처녀는 치마폭으로 무릎을 감싸고 그이의 앞에 앉았다. 반쯤 고개를 숙이고 조약돌을 만지작거리고있는 처녀를 머리우에서부터 굽어보시며 수령님께서는 마음을 울렁이시였다.

《아버지는 언제 돌아가셨나?》

《제가 한살때 집을 떠났습니다.》

《한살 때?… 그래 어머니는?》

---

30 떼몰이. ㊟떼몰이 : 흘러내리는 물을 리용하여 떼목을 몰아서 물아래로 내려보내는 일.

《여섯살때 양마강에서 잘못되였습니다.》

《세살때가 아니구?》

처녀는 놀라운 눈으로 그이를 바라보았다.

《아닙니다.》

처녀는 고개를 숙이고 손바닥으로 무릎을 쓰다듬었다.

수령님께서는 자리에서 일어서시였다. 한동안이나 그이께서는 말씀없이 거니시였다.

《어디 좀 더 자상히 말해보지, 응 혜경이!》

어린 처녀의 대답에 혹시나 기대를 품으시고 수령님께서는 긴장속에 서계시였다.

《어머니는 소개양이라는 지주놈한테서 머슴을 살고있었습니다. 지주놈은 양마강너머에 아편밭을 가꾸고있었는데 장마통에 마름을 시켜 사람을 실어나르다가 배를 뒤집어놓고 숱한 사람들을 죽였습니다. 어머니도 그때 잘못되였습니다. 여섯살난 제가 어머니시체를 건져놓은 갈밭에서 울던 생각이 납니다.》

《…!》

경애하는 수령님께서는 불시에 마음이 허전해지는것을 어찌하실수 없으시였다. 틀림없이 혜경이라고 믿으시고 찾아오신것은 아니였으나 마치도 큰 기대를 가지셨던 일이 수포로 돌아가신것처럼 서운하시였다.

수령님께서는 이런 걸음이 벌써 한두번이 아니시였다. 혹시나 하는 기대를 품으시고 찾아가셨다가 섭섭한 걸음을 돌리신 일이 수십번도 더 되시였다. 사람을 띄워 알아보신 일은 헤일수도 없으시였다. 그이께서는 만경대혁명학원창립식에 나가셨을 때에도 그리고 그후 학원학생들을 만나시는 자리에서도 여기 혜경이란 애는 없느냐? 동북에서 나온 애는 누구냐? 하고 자주 물으시였다.

그러나 혜경이는 오늘까지도 나타나지 않았다. 하루도 한달도 한해도 아닌 많고많은 나날 그 애를 두시고 심려하셨던 그 모든 일들이 생각나시며 그이께서는 가슴이 아프시였다.

《내 혜경이한테라도 이야길 해야 되겠구만. 혜경이도 불쌍하게 자랐지, 어리서 부모들을 다 여의고…》

수령님께서는 다시 돌우에 앉으시여 처녀의 손을 잡으시였다.

사람들은 모두가 긴장해졌고 숭엄해졌으며 가슴이 뜨거워졌다. 수령님께서는 군당위원장도 관리위원장도 다 옆에들 와 앉으라고 하시였다. 그리고 동무들도 다 알아야 할 사연이고 잊지 못할 이야기라고 하시였다.

사람들은 숨소리마저도 죽이고 경건히 그이의 말씀을 듣고있었다.

백두산동북부의 수림속을 울리던 총소리, 아이들의 울음소리, 녀인들의 비명소리… 눈오는 숙영지와 잊지 못할 사냥터, 강호며 윤심이와 헤여지시던 때의 가지가지 눈물겹던 이야기들…

세월은 흘렀으나 어제일처럼 눈앞에 생생히 떠오르는 그 모든 추억들을 더듬으시려니 그이께서는 자연 눈언저리가 붉어지시고 음성은 갈리시였다. 아버지, 어머니도 오지 못한 조국에, 그러나 그들의 념원이 꽃피고 열매맺고, 그래서 더욱 귀중한 이 조국에 그들의 어린 딸마저 돌아오지 못한다면 그 절통함을 어디에 다 하소할수 있겠는가고 그이께서 말씀하셨을 때 사람들속에서는 흐느낌소리가 터져올랐다.

《그런데 아무리 세상을 뒤져도 강호중대장의 딸은 나지질[31] 않소. 그 애만 찾아놓으면 내 마음이 그처럼 아프지는 않겠소.》

어디선가 바람이 불어왔다. 숲이 설레고 풀잎들이 흔들렸다. 골짜기의 풀판 한끝에서 문득 어미를 찾는 송아지의 울음소리가 매—하고 길게 들렸다.

《수령님!》

모두가 눈물을 흘리는 가운데 처녀가 불쑥 일어섰다. 처녀의 맑은 두눈에서 끝없이 솟아나는 눈물이 볼을 타고 흘러내렸다.

《제가 그 동무를 찾겠습니다.》

《뭐 동무가!》

《예, 제가 찾겠습니다. 찾을수 있습니다.》

경애하는 수령님께서는 처녀의 얼굴을 이윽히 바라보시다가 웃으시며 말씀하시였다.

《어떻게 찾는다고 그러나, 동무는 못찾아.》

《수령님, 제가 소식을 내보겠습니다. 아는분들도 있고 동무들도 많습니다.》

수령님의 심려를 조금이라도 덜어드리고싶어 몸달아오른 처녀의 진정을 들으시자 그이의 마음도 후더워지시였다.

《그러자구, 동무가 찾으면 나한테 알려주고 내가 찾으면 동무한테 알려주고… 그래서 아버지, 어머니의 뜻을 꼭 잇게 해주어야지.》

《예, 꼭 그렇게 하겠습니다. 제가 먼저 찾겠습니다.》

처녀는 흐르는 눈물도 씻을념을 못하고 방긋 웃었다.

《기쁘오. 강호의 딸은 못찾았지만 그 애를 만난것만치나 기뻐. 훌륭한 처녀를 알게 된것이 기쁘구만. 혜경이 같이 착하고 일 잘하는 동무를 만나기 위해서라면 이보다 더 먼길도 오

31 잃었던것이나 보이지 않던것이 나타나다.

겠소.》

수령님께서는 진정으로 만족하시였다. 이제는 떠나시는 걸음조차 가벼우실것 같으시였다. 이 처녀를 생각만 하셔도 언제든 기쁘실것 같으시였다.

경애하는 수령님께서는 혜경이도 강호중대장이나 윤심이같은 혁명선렬들을 잊지 말고 그들의 정신을 이어 훌륭한 혁명가가 되라고, 우리의 모든 세대들이 바로 그렇게 성장해야 한다고 간곡히 말씀하시였다. 그리고 소방목경험도 더 쌓고 더 많은것을 짜내며 혜경이의 소방목경험을 온 도에 일반화하자고 말씀하시였다.

경애하는 수령님께서는 방목지를 떠나가셨다.

처녀는 골짜기끝까지 그이를 따라갔다. 그리고 경건한 옷깃을 여미고 경애하는 수령님을 바래드렸다.

얼마나 거룩하시고 위대하시고 자애로운신 우리의 수령님이신가!

경애하는 수령님을 눈물속에 우러러 선 방목공처녀의 가슴은 이 순간 말못할 감격의 소용돌이로 굽이치고있었으니 그것은 이 땅에 오지 못한 영웅투사들과 그들의 어린 딸의 마음까지도 합쳐 위대한 수령님을 높이 모시고 영원히 따르는 조국의 영원한 딸이 되곺은 간절한 생각이였다.

며칠이 지나갔다.

위대한 수령님께서 혁명전사의 유자녀를 찾으시려고 옥천리를 다녀가셨다는 소식은 삽시에 온 도안에 퍼졌다. 사람들은 누구나 없이 흥분하였다. 위대한 수령님의 한없는 사랑과 은정에 목이 메였다.

현지지도사업을 끝마치시고 도당에 돌아오신 위대한 수령님께서는 1961년 한해의 농업부문사업을 총화[32]하는 농업일군협의회를 소집하시고 뒤이어 교육일군열성자회의를 지도하시였다.

경애하는 수령님께서는 매우 만족하시였다. 도내의 인민경제 여러 부문사업과 함께 교육사업에서도 천리마운동이 힘있게 일어나고있었다. 2일간에 걸치는 회의에서 많은 교육일군들의 토론을 들어시면서 그이께서는 후대교육에서 교원들의 책임성과 그들의 역할이 대단히 높아졌다고 생각하시였다.

32 사업이나 생활의 진행정형과 그 결과를 분석하고 결속지으며 앞으로의 사업과 생활에 도움이 될 경험과 교훈을 찾는것.

위대한 수령님께서는 회의에서 우리 조국의 미래인 후대교육사업에서 성과를 거둔 도안의 교육일군들을 축하하시고 청소년교육에서 나서는 중요한 문제들을 말씀하시였다.

회의를 끝마치신 수령님께서는 곧 평양으로 올라가실 계획이시였다. 이런 때 한 로인이 수령님을 찾아왔다. 칠순이 넘은 로인이였다. 로인은 경애하는 수령님께서 떠나신줄 알고 100리를 내내 마음조이며 왔다고 말씀드렸다.

수령님께서는 인자하게 미소하시며 로인을 휴게실로 안내하시였다.

《앉으시오. 편히 앉으십시오.》

경애하는 수령님께서는 로인을 안락의자에 앉히시고 친절히 담배를 권하시였다. 그러나 로인은 담배를 받을념도 못하고 경모에 찬 마음으로 한동안 그이를 우러르다가 중요한 사연이 있어 찾아왔다고 말씀올렸다.

《말씀하십시오. 무슨 일이십니까?》

경애하는 수령님께서는 안락의자의 팔걸이에 팔굽을 고이시며 너그러운 표정을 지으시였다.

《수령님께서 옥천리를 다녀가셨다는 소식을 저도 들었습니다.》

로인은 흥분하여 턱을 가볍게 떨면서 말씀올렸다.

《수령님께서 옥천리에 오셔서 하신 말씀을 들었을 때 저는 가슴이 달아올라 안절부절 못했습니다. 이건 분명 우리 애를 두고 하시는 말씀이구나 저는 이렇게 생각했습니다.》

《로인님, 무슨 말씀이십니까?》

경애하는 수령님께서는 적이 놀라우신 눈길로 로인을 바라보시였다.

《수령님, 제가 그날밤 석포강에서 그 애를 건졌습니다. 총에 맞아 거지반 물에 잠긴 배안에서 우는 애를 구원했습니다. 그애의 손에는 저고리고름이…》

《…!!》

수령님께서는 자리에서 일어서시였다. 형언할수 없는 복잡한 감정의 파문이 그이의 얼굴에 떠올랐다.

《말씀하십시오, 로인님. 어서 말씀하십시오.》

그러나 로인은 말씀드릴수가 없었다. 후들거리는 손으로 저고리 안주머니에서 흰 명주천에 자그맣게 접은 물건을 꺼낸 로인은 가까스로 눈물을 삼키면서 수령님께 올리였다.

경애하는 수령님께서도 그것을 받아드시였으나 펴보실 생각을 못하시였다. 너무도 뜻밖에, 그러나 언제 한번 잊어본적 없는 혁명전사의 그 유물을 받아드신 수령님의 손길은 떨리고 안광은 번쩍이시였다. 방안은 숭엄해졌다. 침묵은 한동안이나 계속되였다. 이윽고 수령님께서는 천천히 명주천을 헤치시였다. 거기에는 마치도 선혈처럼 붉은, 그러나 이제는 많이 색이 바랜 자주색고름이 개여져있었다.

경애하는 수령님께서는 오랜 세월 농짝밑에서 종이장처럼 얇게 잠이 든 고름을 조용히 집어드시고 하염없이 쓸어보시였다. 너무나 눈에 익은 고름이였다.

윤심이의 저고리에 한쪽밖에 달려있지 않던 그 자주색 고름이였다. 고름 없는 저고리 앞섶을 움켜쥐고 설음을 참느라 애쓰던 그 밤의 윤심이 모습이 선하시였다.

그 어떤 곤난도, 희생도, 슬픔도 다 이겨내며 장군님 따라 혁명을 하겠다고, 기어이 조국을 광복하겠다고 굳은 맹세다지며 떠나갔던 혁명전사… 온갖 시련과 투쟁 속에 흘리온 그의 생애는 너무나 짧았고 또한 너무나도 간고했었다.

《로인님, 사연을 좀 더 말씀해주십시오. 그 밤의 이야기를 더 듣고 싶습니다.》

경애하는 수령님께서는 진정으로 로인의 이야기를 듣고싶으시였다. 온종일이라도 사랑하는 혁명전사들을 생각하시며 추억속에 잠기시고싶으시였다.

그러나 로인은 쉽게 말씀드리지 못했다. 눈에는 눈물이 흘러 주름 깊은 얼굴로 굴러내리고 있었다.

백두산 벌목촌의 가난한 벌목군이였던 로인은 그날밤 총소리에 놀라 강으로 달려나갔다가 우연히 아이를 건지게 되였다. 우는 아이의 손에 쥐어져있는 저고리고름을 발견했을 때 로인은 가슴이 철렁하였다. 사연을 다 알수는 없었으나 필경 나라를 찾는 의로운 일에 몸바친 한 어머니를 생각하였다. 로인은 죽음을 각오하고 아이를 구원했으며 왜놈들의 수색을 피해 그 날밤으로 벌목촌을 떠났다.

그때로부터 정처없는 방랑의 눈물겨운 생활이 시작되였다. 부모도 없고 이름도 모르는 어린것을 등에 업고 거칠은 이국의 산야를 그 얼마나 헤매고 돌아갔던가!…

더듬거리는 로인의 이야기를 들으시던 그이께서는 로인의 손을 꽉 잡으시고 고개를 숙이시였다.

《로인님은 혁명가입니다. 로인님의 이 은혜를 무엇으로 갚겠습니까!》

《수령님!》

로인은 어깨를 떨며 흐느끼기 시작하였다.

경애하는 수령님의 안광에도 눈물이 어리였다.

한동안 뜨거운 감격과 기쁨과 행복의 소용돌이속에 시간이 흘러갔다.

경애하는 수령님께서는 아직도 흐느끼는 로인을 조용히 진정시키시고 혜경이 소식을 물으시였다.

그러자 감격의 눈물이 채 마르지 않은 로인의 얼굴에 막을수 없는 기쁨이 떠올랐다.

《수령님, 그 애가 이번 교육일군열성자회의에 참가하였습니다.》

《예? 회의에 참가했다구요?》

《예! 제가 그 애의 이름을 몰라 미영이라고 지었습니다. 그 애를 동미영이라고 부릅니다.》

경애하는 수령님께서는 로인의 손을 다시한번 꼭 잡으시였다.

《로인님, 그 애가 어제 회의에서 토론을 했습니다. 상평인민학교 모범교원이 아닙니까?》

이번에는 로인이 어리둥절하였다.

경애하는 수령님께서는 자리에서 일어서시였다. 몹시 흥분하신 표정으로 방안을 거니시였다.

《나는 그 애가 혜경인줄 몰랐습니다. 그 애의 토론을 듣고 너무 감동하여 나는 당중앙위원회의 이름으로 감사를 주었습니다. 그러면서도 혜경인줄은 몰랐습니다.》

로인은 다시한번 목이 메였다. 눈언저리가 붉어졌다.

세상에 이처럼 기쁘고 영광스러운 일도 있단말인가!

어느덧 휴게실문이 열리고 복도를 울리는 빠른 발걸음소리가 들려왔다. 혜경이를 데리러 일군들이 떠나가고있는것이다.

경애하는 수령님께서는 마음을 진정하시지 못하시였다. 이제는 정말 혜경이를 만나게 되누나 하는 형언할수 없는 감격과 함께 그렇게도 사연 많은 이야기와 추억을 남긴 그 애를 보시기만 하셔도 목메이실듯한 격정이 사무치는것이였다.

수령님께서는 한동안 창턱을 짚으시고 플라타나스의 넓은 잎새가 바람에 실렁이는 정원을 내다보시다가 조용히 로인에게 물으시였다.

《로인님, 그 애가 어떻습니까? 어릴때의 모습은 몹시도 귀여웠는데…》

경애하는 수령님의 음성에는 간절한 그리움이 울리고있었다.

《애가 여간만 착하지 않습니다. 마음이 곱고 일도 그렇게 잘합니다. 학교마을에서 15리 떨어진 세집마을 아이들의 학습지도를 위해 기울인 노력만 해도 여기서는 다 이야기할수 없습니다.》

《혜경이가 어머니를 닮은 모양입니다. 그 애의 어머니가 그렇게 살틀하고 훌륭하였습니다.》

경애하는 수령님께서는 휴게실바닥을 조용히 옮겨디디시며 생각에 잠기시였다.

오늘은 참으로 기쁘고도 생각 많은 날이였다. 얼마나 많고많은 나날을 수령님께서는 전사의 딸을 두고 심려하셨는가.

드디여 밖에서 승용차 멎는 소리가 들려왔다. 경애하는 수령님께서는 마음이 급하시여 창문을 여시고 밖을 내다보시였다. 마침 차에서 혜경이가 내리고있었다. 흰저고리에 분홍치마를 받쳐입은 참하고 귀엽게 생긴 처녀였다. 어제 연단에서 눈물을 흘리며 토론하던 그 산간

인민학교 녀교원이 틀림없었다. 자주 눈이 막혀 학교에 못오는 산간마을 세집 아이들을 위해 어린 녀교원이 기울인 성스러운 노력을 두시고 수령님께서는 이 동무가 혁명가요, 이 동무가 바로 교육자요, 나는 이 동무의 모범을 전국의 교원들이 본받을것을 호소합니다! 라고 치하하시며 손수건으로 눈구석을 누르시였다. 그런데 그 사랑스러운 녀선생이 수령님께서 그처럼 안타까이 찾으시는 혜경이였단말인가?…

경애하는 수령님께서는 솟구치는 흥분을 애써 진정하시며 계단을 오르는 처녀를 내려다보시였다.

잠시후 휴게실로 혜경이가 들어섰다.

조용히 저고리앞섶을 더듬고 부푼 치마를 쓸어내린 처녀는 깊이 허리를 굽혀 어버이수령님께 눈물겨운 인사를 드리고있었다.

방안은 일시에 격한 감정으로 술렁이다가 물을 뿌린듯이 고요해졌다. 금시 두팔을 벌리시고 달려나가시며 맞으실것 같던 수령님께서는 격한 표정을 지으시고 처녀의 얼굴만 이윽히 바라보시고계셨다.

침묵은 한순간 계속되였다. 수령님의 표정은 깊고 조용하였으나 끝없는 사색의 파문이 지나갔다.

드디여 수령님께서는 눈을 슴벅이시였다. 세월은 아득히 흘렀어도 잊지 못할 사랑하는 혁명전사의 그 모습이 너무도 력력히 처녀의 자태속에 비끼여있었다.

이게 윤심이가 왔느냐, 혜경이가 왔느냐!…

수령님께서는 두팔을 벌리시고 혜경이의 어깨를 와락 품어안으시였다.

《혜경아!》

처녀는 수령님의 가슴에 얼굴을 묻고 어깨를 떨며 흐느끼기 시작하였다.

수령님께서는 앞이 보이지 않으시였다.

《너는 어떻게 이제야 왔느냐? 내가 얼마나 너를 찾았는지 알기나 했느냐.》

《아버지, 아버지!》

목메인 처녀의 울음소리는 꿈속에서처럼 들리고 수령님께서는 수건으로 눈물을 닦으시였다.

《강호동무, 윤심동무! 동무들이 오지 못한 조국땅에 와서 혜경이를 만나오…

어머니 가슴을 허비고 갔던 이 애를 오늘에야 찾았소!》

흐느낌소리는 더 높아지고 수령님께서는 목이 메이시였다. 휴게실 안의 모든 동지들이 눈물을 흘렸다. 위대한 수령님을 모신 인민의 행복, 자애로운 수령님을 모신 인민의 감격속에 그들은 울고울었다.

시간은 흘러갔다.

경애하는 수령님께서는 처녀의 손을 잡아 로인의 옆에 앉히시고 이제는 살아온 이야기나 해보라고 하시였다.

처녀는 아직도 눈물에 젖어 말을 제대로 잇지 못하면서 어머니 가슴에서 발버둥치며 떨어지던 그 밤의 어렴풋한 인상과 고마운 로인의 은정을 생각하며 오래오래 흐느끼며 말씀드렸다.

경애하는 수령님께서는 가벼운 한숨을 지으시고 그 옛날 밀림속에서 자장가를 불러주시듯 처녀의 어깨를 쓰다듬으시였다.

이제는 다 흘러간 옛날의 이야기다. 그러나 이 기막힌 회포를 오늘에야 풀게 되고 오늘에 풀고도 그날처럼 잊지 못할 아프고 소중한 이 추억이 세월과 함께 덧없이 흘러가버리지는 않을것이다.

수령님께서는 창가로 다가가시였다. 한창 숲을 이루고 일어서는 새 도시우에 9월의 밝은 해빛이 찬란히 넘치고있었다.

참으로 간고했던[33] 그날이 있어 오늘이 있고 투사들의 피어린 싸움의 길이 있어 오늘의 이 행복이 열리여있음을 우리 혜경이는, 우리 젊은 세대들은 언제나 잊지 말아야 한다.

수령님께서는 한손으로 창턱을 짚으시고 조용히 로인에게 물으시였다.

《로인님, 제가 이 애의 아버지가 되여도 섭섭하지 않겠습니까?》

로인은 어떻게 대답을 올렸으면 좋을지 몰라 그저 안락의자의 팔걸이만 쓰다듬었다.

《제가 섭섭하다니요? 그럴수 있겠습니까. 이 애가 수령님 곁에 있는다면 그처럼 큰 행복이 어디 있겠습니까?》

《아닙니다. 그렇지 않습니다.》

수령님께서는 부드러운 안면에 너그러운 표정을 지으시고 말씀하시였다.

《로인님께서는 얼마나 정을 붙인 앱니까? 다만 내가 이 애의 옆에서 아버지, 어머니 사랑을 대신해주고싶고 이 애의 장래까지도 걱정해주고싶어 그럽니다. 로인님도 평양에 올라가십시다. 가까이에서 서로 오가며 한집안식구처럼 지냅시다.》

로인은 고개를 숙였다. 아무 말씀도 드릴수 없었다. 이 순간의 자기 심정을 나타낼 그 어떤 표현도 로인은 찾을수가 없었다.

33 어려운 난관과 고생스러운 시련이 많다.

이 기쁘고 행복한 순간에 경애하는 수령님께서는 문득 송수화기를 드시더니 옥천리 소방목공 혜경이를 찾아달라고 하시였다.

며칠전 산간의 방목장에서 그 처녀와 나누신 약속을 수령님께서는 잊지 않으시고계시였다. 아니, 잊으실수 없으시였다. 수령님께서는 조국광복의 위대한 성전에 고귀한 생애를 바친 투사의 딸과 함께 바로 그처럼 키워야 할 이 나라의 귀중한 딸이 또 먼 방목지에 있다고 언제나 생각하시고계셨던것이다. 이 나라의 모든 아들딸들이 바로 그들처럼 성장하고있었다. 조선은 참으로 위대한 어버이를 모신 행복한 사람들의 조국이였다.

눈보라 만리

권 정 웅

눈보라!

눈보라!

대소한무렵의 눈보라

모래알같이 깔깔한 눈보라가 산허리를 휘감고 돌아 간 길바닥이며 벼랑끝에 일어 선 바위벽들을 사정없이 휘갈겨 대고 있다. 모든것이 뽀얗게 흐려 져 아무것도 보이지 않는다.

강계시를 벗어 난 두대의 승용차는 북으로 북으로 달리고 있었다. 차들은 길바닥이 온통 눈에 덮여 마치 물마루를 타고 넘는 쪽배처럼 이리기우뚱 저리기우뚱 하면서 가까스로 비탈길을 톺아 오르고 있다.

앞차의 뒤자석에는 경애하는 김정일동지께서 앉아 계시였고 그 왼쪽에는 이곳 도당일군이 앉아 있었다. 며칠전에 자강도에 오신 김정일동지께서는 먼저 여기 가까이에 있는 공장기업소들을 돌아 보셨고 오늘은 장강지구에 있는 중소형발전소건설현장을 돌아 보기 위해 길을 떠나시였다.

그이께서는 한껏 긴장해 져서 조향륜[1]을 돌리고 있는 운전사의 몸동작을 주의깊이 지켜 보고 계시였다. 그러다가 앞이 트이고 길바닥이 평평해 지자 옆에 앉아 있는 도당일군을 여겨 보군하시였다. 몸집은 그닥 큰편은 아니였지만 사색적인 눈이며 의지가 어려 있는 굳게 다물린 입모습 같은 것을 보면 오래동안 사업에서 단련된 원숙한 일군이라는것이 잘 나타나 있었다.

눈보라가 약간 즘즉해[2] 지면서 앞길이 훤히 열리게 되였을 때에야 김정일동지께서는 도당일군에게 말을 건네시였다.

《왜 그렇게 심각해 있습니까? 혹시 어제 공장을 돌아 본 그때문이 아닙니까?》

그이의 물음에 도당일군은 어색한 표정을 지으며

《별로 생각하는것이 없습니다. 그저 어떻게 하면 이 난국을 타개할것인가 하는 생각뿐입

1 [操向輪] (다듬은 말로) (방향) 손잡이.

2 어떤 일이 있은 뒤 일정한 시간이 흘러 조용하다.

니다.》라고 말씀 올리고 나서 한마디 보태였다.

《어제 말씀하신것 있잖습니까. 〈고난의 행군〉의 돌파구를 우리 도에서부터 열어 제끼게 하자는 그것말입니다. 우리가 과연 이 어려운 시기에 전국의 맨 앞장에 서서 나갈수 있겠는지, 그리고 제가 알기에는 우리 도당사업은 락후한 축이지 절대로 앞선 대상으로는 될수 없다고 생각합니다. 그래서 말입니다.》

이것은 솔직한 고백이였다. 간밤에 한잠도 자지 못하고 생각한 결론인것이였다.

사실 이 도당일군은 이토록 솔직한 바로 그점이 남다른 매력이라고 할수 있고 그래서 더욱 기대가 가군 하는것이였다.

《그렇단 말이지요. 그 심정이 리해됩니다. 그러나 나는 어제 몇 개 공장을 돌아 보고 나서 그렇게 로출시키고 보니 마음이 한결 가벼워 졌습니다. 이미부터 마음속으로 구상해 오고 그렇게 떠밀어 준것이 옳았다는 생각이 들고 신심이 생깁니다.》

《그런데 제가 그 기대에 보답해 낼수 있겠는지 걱정이 됩니다.》

《그렇다면 벌써 좋은 결과가 오리라는것은 확정적입니다.》

그이께서는 도당일군의 팔목을 잡아 흔들어 주며 만면에 웃음을 지으시였다. 도당일군은 순식간에 붉게 상기된 얼굴을 옆으로 돌리였다.

대화는 더이상 계속되지 않았지만 김정일동지께서는 내심으로 더 많은 설명을 하시였다. 이제 적절한 기회가 생기면 그것을 다 펼치게 될것이였다. 수령님을 모시고 오래동안 사업한 그는 경제사업에서나 그밖에 어떤 중요한 문제가 제기될 때면 늘 크게 한몫씩 맡아 해제끼군 하였다. 몇해전에 그가 이 도에 온 다음부터는 산간도이고 경제문화적으로 악조건이여서 이것이 걸렸소, 저것이 걸렸소 하던 이전의 만성적인 조건타발이 거의 없어졌던것이다.

(그렇다!) 하고 그이께서는 사색을 계속 펼쳐 나가시였다. 어찌하여 산간도이고 이것저것 악조건이 겹쳐진 여기 이 도를《고난의 행군》의 돌파구로 설정하게 되였는가.

악조건이 겹쳐 진 것은 사실이지만 그대신 여기에는 선진적로동계급이 집중되여 있다. 바로 그 점을 고려하여 그이께서는 돌파구로 지목하게 되신 것이다.

흔히 생각할수 있는것처럼 일이 잘되고 조건이 좋은곳으로 선정하여 본보기로 내세운다면 누구인들 그렇게 못하겠는가. (나는 그와는 반대이다. 철저히 반대!)

누구나 손쉽게 할수 있거나 이미 거의다 되여있는데를 찍어 전형으로 내세워 본받으라고 한다면 그것은 창조가 아니라 소개나 안내에 불과한것이다. 그이의 령도에서 기본은 가장 긴요한 대목에 력량을 집중해서 한 고리를 돌파케 하고 그것을 본보기로 전 전선을 공격에로 일제히 진입시키는것이였다.

《고난의 행군》이라고 사람들이 부르게 된 이 어려움은 어데서 온것이며 이것을 타개하기 위한 방도는 과연 무엇인가. 제국주의자들의 우리에 대한 고립압살책동은 벌써 반세기 가까이 계속되고 있다. 그것이 90년대에 접어 들면서 특히 이전 쏘련이 붕괴되고 사회주의나라들이 하나 둘 련이어 무너져 지구상에 이제는 더 이상 사회주의가 실체로 남아 있는 것이 몇개밖에 없다고 단정하게 되자 우리에 대한 공격이 더 고압적으로 가해 지고 있다. 미제가 우리에게 가해 오는것은 한편으로는 힘에 의한 즉 군사적위협이며 다른 한편으로는 경제봉쇄로써 우리에 대한 목조르기를 하여 내부분렬을 일으키게 하려는것이다. 이외에도 사상문화적 침투로 내부부식에 인한 자멸을 가져 오게 하자는것이 그들의 의도이다.

여기에 겹쳐서 최근년간 계속되는 자연재해는 실로 치명적인것이였다. 서해곡창지대인 평안남북도, 황해남북도에 지난 수십년간에 있이 보지 못했던 큰물이 져서 논밭이 밀리고 수많은 마을이 물에 잠기였다. 더구나 작년에 있은 서해안 해일 피해는 100년만에 처음 있은 큰 재난이였다.

이렇게 되여 우리의 출판보도물들에서 식량난과 경제의 급격한 침체, 이를 극복하기 위한 간고성을 항일혁명투쟁시기에 가장 어려웠던 100여일의 고난의 행군을 오늘에 비유하게 되였던것이다.

몇해째 계속되는 이 간고하기 이를데 없는 정황에서 벗어나는 묘술은 무엇인가? 있다면 어떻게 언제면 벗어 날수 있는가?

적들은 이런 형편을 누구보다도 잘 알고 있다고 자처한다. 현 북조선을 이제 구원할 힘은 이 세상 그 어디에도 없다, 그 어떤 위인이나 기적도 이것을 절대로 타개하지 못한다고 단언하고 있다.

지구우의 모든 사람들, 이를테면 선진적리념의 숭배자들이거나 아니면 그의 동정자들도 그리고 그것의 방관자들조차도 누구나 다 철통같이 뭉치였던 북반부의 공산주의가 어떻게 붕괴되여 종말을 고하는가를 이제 인차[3] 보게 될것으로 알고 있다. 이것을 기성화해 놓고 놈들은 1년이나 기껏해서 2년안으로 된《북조선붕괴》의 시간표를 짜놓고 매일매일 지켜 보고 있다.

여기에 이에 대한 하나의 일화가 있다.《케도》가 우리의 동해안 어느 지구에 발전소를 건설해주기로 약속하고 이른바 그 부담금을 유관국들에 부과하게 되였다. 그때 남조선괴뢰측에서 자기네부담이 너무 많다는데 대하여 의견을 제기하자 미국측은 지금 액면상으로는 그렇게 보일수 있다, 그러나 두고보라, 이제그 발전소를 건설하노라면 그것이 채 완성되기도전에 북조선은 무너져 없어진다, 그러면 결과에 가서는 어느 누구에게 발전소를 건설해 준 것이

3 이내.

아니라 당신네 지역에 건설한 것으로 될것이다. 그러니 결국 호박이 덩굴채로 자기 마당안에 떨어지는 셈으로 된다.

이 웃지 못할 이야기는 일본에 있는 조선족의 어느 한 시사론평가가 워싱톤에서 열린 초청 강연에서 대조선정책작성자들에게 한 소리이다.

한껏 사색에 잠기셨던 경애하는 김정일동지께서는 입가에 빙그레 미소를 짓고 달리는 차 창밖을 내다보시였다. 젊음이 넘친 불그스레한 얼굴에는 흥미 있는 유모아를 들으신 때처럼 웃음이 넘쳐 흘렀다.

(시간은 이제 만천하에 조선혁명가들이 이런 정황에서 어떤 기적을 창조해 내는가를 보여 주게 될 것이다.그렇다. 지금 우리는 참기 힘들 정도의 어려움을 겪고 있다. 그러나 우리는 이를 사려 물고 일어설것이다. 그리고 계속해서 륭성번영하는 내 나라를 건설하기 위해 억세게 앞으로 달려 나갈것이다. 두고 보라!)

그이께서는 땀이 내밴 손을 수건으로 훔치고 나서 옆에 있는 도당일군의 팔을 건드리시였다.

《이제 발전소건설장까지 가자면 얼마나 더 걸리면 됩니까?》

《날씨가 이렇지 않으면 한시간이면 넉넉합니다. 그런데 길에 눈이 쌓이다 보니 참...》

《가만 저게 뭡니까? 사람이 아닙니까?》

김정일동지께서는 차창을 내다보면서 손짓을 하시였다. 운전사는 속도를 한껏 늦추며 앞을 주시 하였다. 눈보라가 하얗게 날리는 길앞에 새까만 그림자가 어른거리고 있다. 얼핏 보면 벼랑턱에서 굴러 내린 바위돌 같기도 하고 꼼지락꼼지락 움직이는것을 보면 혹시 앞서 간 자동차에서 짐짝이 떨어져 바람에 펄럭이는것이 아닌가도 생각되였다.

《차를 세우시오, 분명히 사람 같소.》

그이께서는 운전사에게 말씀하시였다.

운전사가 문을 열고 밖으로 나갔다. 뒤따라 도당일군도 내리였다. 잠간 지체했다가 돌아온 운전사는 왕청같은 일이 생겼다면서 말하였다.

《아이들이 썰매를 끌고 갑니다. 큼직한 배낭하나를 올려 놓고 두 아이가 밀고 끌고 하는데 길이 미끄럽다 보니 온통 사람인지 눈덩인지 모르게 됐습니다. 길을 비키라고 했으니 가도 될것 같습니다.》

혼자소리 비슷한 운전사의 말에 그이께서는 고개를 돌려 의아해하시였다. 《아이들이? 이 근처에는 인가가 없잖습니까?》

《한 오리 더 가면 동네가 있다고 합니다.》

《무엇 때문에 가고 있는지 알아 봤습니까?》

《그저 배낭을 가져 간다면서…》

《가만 있소. 내가 좀 알아 봐야겠소.》

《제가 다시 알아 오겠습니다.》

더 만류할 사이도 없이 김정일동지께서는 차에서 내려 급히 아이들에게로 다가가시였다.

온통 범벅이 되여 눈덩이인지 사람인지 분간할수 없게 되였다.

《얘들아, 너휜 어데서 오는 아이들이냐?》

그이께서는 두 아이중에 약간 키가 커보이는 아이의 팔소매를 잡아 일쿠시였다.

《우리요? 우린 요아래 남석마을에서 살아요. 우린 저기 안골로 가고 있어요.》

《안골? 그래 여기서 얼마나 되기에…》

《몰라요. 자꾸 가면 돼요. 썰매가 자꾸 자빠져서 그래요.》

《그래? 넌 몇 살이냐. 인민학교지?》

《예, 난 10살인데 4학년이구 요거 동생은 여섯 살 유치원 높은반입니다.》 단발머리 처녀애는 목도리아래굽을 헤치며 구슬을 굴리는것 같은 또랑또랑한 목소리로 대답하였다.

그러다가 어린것 둘이 다 일제히 장군님앞으로 다가서며 목도리를 풀어 헤치더니 정중히 머리를 숙여 인사를 올리는것이였다.

《장군님! 안녕하십니까?》 인사를 받으신 그이께서는 처녀애의 머리를 쓸어주시면서 미소를 지으시였다.

《오! 너희들 참 똑똑하구나. 어데 좀 보자. 이 배낭에는 뭐가 들어 있기에 이러니. 무거워 보이누나.》 이러시면서 그이께서는 귀염성스럽게 생긴 어린애의 볼을 만져 보시였다.

그러는 동안에도 사정 없는 눈보라는 어린애의 솜저고리 앞섶이며 썰매우에 놓인 배낭끈을 사정없이 잡아 채군 하였다. 그통에 눈보라를 피하기 위해 모재비로 돌아 섰던 처녀애는 귀염성스럽게 턱을 들며 말하였다.

《배낭에는 신문하구 책이 들어 있어요. 점심전에 안골마을에 가져 가야 돼요. 늦어 지면 안 된다고 해서 우리가…》

《오! 그렇니?》

김정일동지께서는 놀라시였다. 아이들 장난같던 보잘것 없는 생활세부속에 이토록 크고 엄청난 일이 깔려 있으리라고는 전혀 상상할수 없으시였던것이다. 신문과 책이 들어 있다. 점심전에 가야한다. 실로 놀라운 일이다. 그러나 그보다 더 놀라운 것은 이토록 귀중한 일이 어떻게 되여 엄혹한 날씨에 애어린 이 아이들이 그 부담을 걸머지게 되였단 말인가?

《그래 어머니는 농장원이냐?》

《아닙니다. 우편통신원이예요.》

《오 그렇지. 그래… 아버지는?》

《없습니다.》

이때 누나옆에 서 있던 눈이 큰 사내애가 《누나야, 아버진 인민군대였지?》 하고 말하였다.

《넌 가만 있어.》

김정일동지께서는 배낭아구리를 헤쳐 신문룽구리를 하나 끄집어 내시였다. 새벽차에서 내려 금시 아랫단위에 넘겨 놓은듯 하였다. 아직 잉크내도 채 가시지 않은 오늘호 신문이다. 신문퉁구리 밑에서는 월간잡지 《조선문학》과 그밖의 여러 월간지들이 들어 있었다. 그이께서는 그 어디에서나 볼수 있는 범상하기 이를데 없는 신문장을 한참이나 내려다 보시였다. 눈가루가 뽀얗게 앉은 신문장은 마치 살아 있는 날짐승처럼 화락화락 소리를 내며 떨었다. 옆에 서서 광경을 지키고 있던 도당일군은 아이들의 어깨를 다독여 주면서 《너희들은 참 기특하다. 용타.》라고 하였다. 그러는 음성은 약간 떨리였다. 그는 어린 아이들에 의해 운반되고 있는 출판물이 마치 자기의 잘못에 의해 저질러 진 일처럼 가책을 느끼는것 같았다.

《얘들아, 저기 차에 올라라. 데려다 주게 하마.》

김정일동지께서 한손에 하나씩 아이들을 이끌어 뒤따라 오던 수행차 있는데로 가시였다. 도당일군은 배낭과 썰매를 집어 들고 따라 섰다. 차에 앉자 아이들의 눈은 금시 밝아 져 새별처럼 반짝이였다. 두 어린것은 너무 좋아 어쩔바를 몰라하였다.

김정일동지께서는 고드름처럼 꽁꽁 얼어든 아이들의 손을 움켜 잡으시고 입김을 불어 주시였다. 그리고는 그 손을 자신의 볼에 가져다 대시였다.

《그래 어머니는 어데 가셨지?》 구름처럼 피여 오르는 의문들중에 단 몇가지만이라도 풀지 않고는 참아 낼수 없으시였다.

《어머니하구 할아버지는 아침 캄캄해서 손달구지 끌고 나가셨는데 아직 안들어 오셨습니다.》

《밭에 나가 뭘하기에, 눈이 이렇게 덮였는데…》

《퇴비운반한답니다.》

《퇴비? 그래 아버지는 안계신다지.》

《네! 아버진 인민군대였습니다.》

맑고 순진하던 처녀애의 눈에 금시 눈물이 가랑가랑 괴여 올랐다. 더 이상 캐물으면 울음보가 당장 터질것 같았다.

(어째서… 무슨 사연으로 인민군대였다는 아버지가 없는가.)

그이께서는 운전사에게 아이들이 요구하는 지점까지 데려다 주자고 이르고 앞차에 오르시였다.

승용차는 이리저리 바퀴가 지치였지만 그래도 잠간사이에 아이들이 말하는 안골이라는 동리에 이르게 되였다. 차가 멎었다. 아이들도 내리고 배낭과 썰매도 부리워 졌다. 도당일군은 썰매우에 배낭을 올려 놓고 자빠지지 않게 잘 동여 주었다.

그이께서 잘 가라고 머리를 쓸어 주시는데 처녀애는 발을 모으고 서서 머리를 깊이 숙여 인사를 올리였다. 동생도 같은 례를 하였다.

문이 닫기였을 때 두 어린것들은 손을 흔들며 소리를 질렀다. 《장군님! 장군님!》 하고 웨치는것 같았다.

《어떻습니까? 아이들의 소행을 보고 느껴 지는 점이 없습니까?》

아이들과 헤여져 산굽인돌이를 하나 지났을 때 김정일동지께서 나직이 물으시였다.

《생각되는바도 많지만… 너무 충격이 커서 머리가 숙어 질뿐입니다. 밭에 나갔다는 어머니를 대신해서 열살 되나마나한 어린것들이… 눈보라치는 벌판, 썰매에 얹은 신문배낭, 참으로 제가 무엇을 얼마만큼 자기 사업을 잘못하고 있는가 하는 것을 잘 알수 있었습니다.》

도당일군은 하얗게 질린 얼굴을 돌리며 코멘소리를 내였다.

《잘못하고 있다구요?》 김정일동지께서는 팔을 들어 흔들면서 큰소리로 말씀을 이으시였다. 《나는 그와 달리 생각합니다. 우리 당의 의도와 목소리를 전하는데 있어서 당원들이나 일반 근로자들 뿐만아니라 저렇게 어린 아이들까지 제할바를 찾아 하고 있습니다. 이것은 어떤 우연이나 한갖 가정륜리에 의해 이루어 지고 있는것이 아니라 우리 당에 대한 믿음과 인민들의 기대와 신망에 의해 이렇게 되고 있다고 보아 집니다. 그 신문보따리는 그냥 두었다가 몇 시간후에 어머니가 밭에 갔다 돌아 와서 날라 가도 무방할것입니다. 그러나 아이들은 그것이 빨리 전해 질수록 좋다는 것을 알고 있습지다. 항일무장투쟁시기 근거지에서 아동단원들이 련락쪽지를 나르다가 일제군경들에게 체포되여 목숨까지 바친 일이 있잖습니까. 지금 우리 아이들도 그렇게 자라고 있습니다. 오늘 이런 일이 저절로 이루어 졌다고 생각하면 큰 잘못입니다. 물론 이런 일이 없도록 사전에 대책을 세우지 못한데 대해 가책을 받아야 합니다. 그것은 그것 대로 좋습니다. 그러나 우리는 거기에서 이름할수 없는 그 어떤 힘을 느낄수 있습니다. 우리의 정치사업이 사람들속에 깊이깊이 먹어 들어 갔다는것을 의미합니다. 나는 요새 군대에서 나온《당이 결심하면 우리는 한다.》이 구호에서 크게 힘을 얻고 있습니다. 이렇게 놓고 볼 때 오늘 이 눈보라 치는 길에서 만난 아이들이 또 하나의 다른 힘을 느끼게 한단 말입니다. 아 아! 저건 또 뭡니까?》

갑자기 말씀을 중단하고 그이께서 몸을 앞으로 솟구시였다. 때마침 승용차가 령길에 접어들어 급한 경사지에 들어 서고 있었다.

《빵! 빵!》

경적이 울리였다. 그러나 앞을 꽉 채운 손달구지행렬은 좀체로 길을 열어 내지 못하였다.

《야, 이거 야단났군.》 운전사가 모자채양을 밀어 올리면서 혼자소리를 한다.

《경적을 울리지 말고 차를 세우시오.》

그이께서는 단호하게 제지시키였다.

운전사는 순간에 얼굴이 하얗게 질리였다. 사람들에게 길을 비키라고 함부로 경적을 울려서는 안된다는 것, 농촌길에서 물탕을치면서 차를 빨리 몰거나 특별한 경우가 아닌데 현관앞까지 바싹 차를 들이 세우는것 같은 일을 그이께서는 그렇게도 싫어 하신다는 것을 잘 알면서도 정황이 급하고 보면 이렇게 좋지 못한 습성이 나타나군 하는것이였다.

승용차앞에는 남석마을 5작업반에서 떠난 퇴비운반 손달구지들 백여대가 길이 미끄러워 령탁에 몰키게 된것이다.

차에서 내리신 김정일동지께서는 도당일군의 안내를 받으며 농민들이 있는 곳으로 다가가시였다.

《오늘은 저분들한테 인사라도 하고 가야겠습니다. 엊그제 우시군방면으로 갈 때는 시간이 바빠 지나쳤는데 그것이 몹시 후회되였습니다.》

《네! 그게 좋겠습니다.》

거름을 운반하는 사람들은 각양각색이여서 참으로 볼만하였다. 태반이 젊은이들인데 얼핏 보기에는 여자들이 더 많은 것 같았다. 개중에는 나이 많은 늙은이들도 있고 학생아이들도 끼여 있었다. 거의다 손달구지인데 어떤 사람은 썰매에 싣기도 하고 또 어떤 사람은 마대에 넣은 것을 나뭇가지에 올려 놓고 발구[4]처럼 질질 끄는가 하면 또 어떤 젊은축들은 배낭에 넣은 것을 두개 겹쳐서 등에 지기도 하였다.

그들은 승용차가 나타나자 급기야 절벽을 이룬 산락[5]으로 모두 피해 섰다. 맨 꼬리에서 힘겹게 따라 가던 한 로인이 앞으로 다가 오시는분이 오매에도 그리던 경애하는 김정일장군님이시라는것을 알아 보았다. 로인은 두팔을 쳐들고 《김정일장군 만세!》를 소리 높이 부르며 달려왔다. 그 통에 백여명이나 되는 군중이 일제히 삥 둘러 싸며 소리높이 환호성을 올리였다.

김정일동지께서는 두번세번 허리를 굽히는 로인의 팔을 붙잡고 그만하시라고, 인사는 제가 먼저 올려야 하지 않겠느냐고 하시면서 송구스러운 표정을 지으시였다. 온 골짜기에 메아리를 일쿠면서 환호성은 오래오래 울려 퍼지였다. 그이께서 손을 높이 들어 흔들며 그만하라고, 그만 그쳐달라고 여러번 간청해서야 얼마후 잠잠해졌다.

---

4 부림소나 말에 메워 짐을 나르는 기구. 흔히 단단한 참나무를 다듬어 만드는데 땅에 닿는 긴 채가 있다.

5 [散落] 흩어져 떨어지는 것.

군중속에서 어느 한 젊은 녀인이 썩 나서더니《자 그만들 하고 제자리에들 돌아 가 길을 냅시다. 승용차가 빨리 지나가야 합니다.》

이렇게 되여 혼잡을 이루었던 분위기가 어느정도 수습되기 시작하였다.

《로인님은 년세가 어떻게 되였길래 이렇게 추운날 험한 길에 나서시였습니까?》

김정일동지께서는 보위색솜덧저고리를 입은 로인의 손을 잡고 길가에 있는 돌등으로 이끄시였다. 그리고는 담배갑을 꺼내 한대 권하시였다.

《여기 앉으셔서 담배를 태우십시오. 마침 휴식시간이라니까.》

《아니 저… 저한테도 담배가 있습니다.》

로인은 당황해 하며 사양하다 못해 끝내 받아들었다.

푸르스름한 담배연기가 바람을 타고 어깨우로 훠훠 날아 넘어 간다.

《이렇게 날씨가 좋지 않은데 마을근처 어느 가까운데서 일하는것이 좋지 않습니까?》

그이께서는 담배를 같이 태우면서 로인의 일거일동을 주의깊이 살피시였다. 그렇게 된것은 행렬의 맨 뒤꼬리에서 힘 겹게 따라 가는 것을 보았을때 한쪽다리를 절뚝절뚝 절고 있는것 같이 느끼시였기때문이였다.

《하긴 그렇기도 하지요. 그런데 이런 진거름은 이렇게 추운 날 다루는 것이 더 좋습니다. 그리고 대소한무렵이다 보니 어디 따스한 날을 고르게 되였습니까. 그러나 괜찮습니다. 모두 올해는 먹는 것을 꼭 해결해야겠다는 열성이 대단하다 보니.…》

그때 도당일군이 끼여 들었다.《아버님! 미처 뵈온적 없습니다. 저는 도당에 있는 사람입니다.》이렇게 시작해서 인사차림을 하고 나서 일군은

《아버님이 혹시 이 남석마을의 전쟁로병 양아바이가 아닙니까?》하고 물었다.

《옳습니다. 제가 양덕삼입니다. 그런데 한번도 만난적이 없는 저를 어떻게 아십니까.》

《두루 알게 되였지요. 락동강전투에서 대퇴에 관통상을 입은 영예군인이라지요. 그 불편한 몸인데도 농장에서 일하신다는 말을 들었습니다.》

《어쨌거나 이제는 아무 쓸모가 없는 늙은이지요. 허허.》

김정일동지께서 로인님께 대해서 한층 더 흥미를 가지신다는 느낌을 받자 도당일군은 좀 더 자세한 내용을 첨부하였다. 환갑을 넘을 때까지 이곳농장의 모범작업반장이였다는것과 부대로력으로 넘어 가서는 군대에 있는 아들이 두번이나 데리러 온것을《천하지대본》인 농사에서 손을 뗄수 없다면서 그대로 눌러 있는거며 이 근방에서는《잘될거다로인》이라는 별호가 붙은 락천가라는것까지 말씀 올리였다.

《아! 아들이 군대에 있단말입니까?》하고 김정일동지께서는 고개를 끄덕이며 뒤를 이으시였다.

《그러면 아들이 있는데 가서두 기운껏 일이야 할수 있잖습니까? 늙으시면 아무래도 자녀들의 도움이 필요하겠는데요.》

이렇게 되자 로인은 어깨를 들었다 놓으며 한숨을 길게 내쉬였다. 왜 그런가 해서 여겨 보니 눈굽에 송진같이 진득해 보이는 눈물이 괴여 오르는것이였다.

분위기가 순간에 긴장해 졌다. 한참만에야 로인은 담배를 다시 붙여 물고 나서 입을 열었다.

《내게 아들이 있었지요. 그러나 지금은 없습니다. 전사했습니다. 안변발전소 물길공사를 하다가 천반이 무너지는데 깔렸지요. 중대장이였습니다. 그저 그렇게 됐습지요. 나는 이전에 3년동안 꽝꽝 총을 쏘는 전쟁을 했지만 지금은 포성이 없는 전쟁을 하고 있잖습니까. 전쟁인데 어찌 희생이 없을수 있겠습니까. 말을 듣자니까 그때 우리 아이는 천반이 무너질 때 제꺽 바깥쪽으로 뛰여 나오면 살수 있었는데 막장에 대원들이 있기때문에 그들을 데리러 들어 갔다고 합니다. 막장에 있던 대원 열두명을 다 밀어 내고 우리 아이와 또 다른 한 대원이 돌에 깔렸다고 합니다. 그래서 난 내 아들이 죽은걸 슬퍼하지 않습니다. 대원들을 위해 자기 생명을 내댄게 장해서.…》

아바이의 눈굽에서는 굵다란 눈물방울이 볼을 타고 주르르 흘러 내리였다.

김정일동지께서는 로인을 꼭 부둥켜 안으시였다.

아바이의 비통한 가슴을 얼마만이라도 진정시켜주어야겠는데 어떻게 달리 할 도리가 없으시였다.

그 순간 그이께서는 가슴에 꽉꽉한 그 무슨 돌덩이 같은 것이 마쳐 온다는 느낌을 받으시였다. 그러나 그런것에 관심할 여념이 없으시였다. 너무나 숭엄하고 고결한 인간의 모습앞에 머리가 숙어질뿐이였다. 아들의 죽음에 대하여 전혀 슬퍼하지 않는다는 그 의지앞에서는 눈물도 어쩌는수가 없는 모양인지 하염없이 볼을 적시는것이였다. 포옹은 몇초동안 계속되였다.

전쟁로병은 얼결에 저지른 자기의 언동이 경애하는 장군님의 아픈데를 혹시 건드리지 않았나 해서 약간 어색한 낯을 지으며 앉았던 자리에서 훌쩍 일어났다.

그때였다. 로인의 솜저고리안에서 무엇이 툭 떨어 져 내리더니 땅바닥에 드르르 굴렀다. 그것은 맥주를 넣었던 병이였다.

아구리를 종이로 막았던 것이 땅에 부딪쳐 빠지면서 병안의것이 주르르 흘렀다. 당황해 난 로인은 병을 집어 들고 재빨리 마개를 막았다. 그러나 아구리에서 걸죽한 그 무엇과 함께 강냉이알이 몇개 땅에 흩어진것이 보이였다.

《그게 뭡니까?》

그이께서는 한걸음 다가서며 물으시였다.

《아 아니, 아무것도 아닙니다.》

《강냉이죽이군요.》

《네? 하긴뭐… 아무거나.》

촉망중에 대답이 제대로 나가지 않았다. 로인은 보여서는 안될 것을 보이기나 한것처럼 황급히 병을 다시 솜옷안쪽으로 깊이 밀어 넣더니 한쪽손으로 그것을 붙잡는것이였다. 병안에서 흘러 나온 강냉죽, 시커멓게 질리는 로인의 얼굴, 거기에서 모든 것을 다 읽으실수 있었다. 그러나 그중에서도 가슴에 품어 죽이 식지 않기를 바라는 그 심정, 그것은 누구때문이며 무엇때문인가.

한편 도당일군은 추운데 더 이상 지체하지 말고 손달구지행렬을 빨리 뽑으라고 지시하였다.

그렇게 되자 손달구지대렬 중간쯤에서 어떤 녀인의 목소리가 들리였다. 《자! 여러분, 빨리 자리를 뜹시다. 기운을 내자요. 자! 일어들 나시라요. 행군 시작! 노래를 부릅시다.》

녀인의 목소리는 기승을 부리는 바람을 압도하면서 멀리까지 울려 퍼지였다.

전쟁로병이 그 녀인쪽을 얼핏 돌아 보더니 장군님 앞으로 한걸음 나서면서 말하였다.

《저기서 고함치는 저 아이어미가 우리 며느립니다. 저게 글쎄 남편이 죽자 이 늙은걸 부양하겠다고 강원도에서 여기루 옮겨 오지 않았겠습니까. 녀자애 하나 사나애 하나 오누이를 데리고 왔지요. 직장에 다니면서 아침 저녁으로 농장일을 돕습니다. 금년에는 힘껏 농사를 지어 식량을 꼭 해결한다며 저렇게 뛰지요. 그런데 글쎄 속병이 좀 있어서 아침도 건넸수다. 그래 내가 아침을 가져다 준다는게 날씨가 추워서 얼가봐.…》

이렇게 되여 김정일동지께서는 마지막 의문하나까지 풀수 있으시였다. 그리하여 로인의 손을 잡고 놓을수 없으시였다. 이런 정황과 이런 인간에게 무슨 말로 위안을 해야 할것인가!

《로인님, 감사합니다. 이렇게 뚫고 나아갑시다.》

《무슨 말씀인지 뜻을 알겠습니다. 걱정마십시오. 최고사령관동지! 우린 지금 참기 어려운 곤난을 겪고 있습니다. 그러나 우리는 꼭 승리합니다. 전쟁때 우리는 정찰임무를 받고 락동강을 건너갔다가 부상당한 발을 끌고 기여 돌아 왔습니다. 〈김일성장군의 노래〉를 부르면서 기고 또 기였지요. 그래서 부대를 찾아 와 싸워 승리했구요. 미국놈들이 고립압살이요, 사회주의붕괴요 하고 나발을 분다지만 장군님만 계시면 우리는 꼭 이깁니다. 지금 먹을것이 바르고[6] 없는 것이 많아 고생이지만 우리는 참고 견딜수 있습니다. 우리 걱정은 마시고 부디 이 추운데 나다니시지 말아 주십시오.》

로인은 머리를 깊숙이 숙이며 인사를 드리였다.

6 (방언)부족하다.

김정일동지께서는 달구지행렬이 언덕밑으로 갈라 져 끝이 보이지 않을 때까지 오래도록 길가에서서 손을 저어 주시였다.

승용차는 눈가루를 뽀얗게 말아 올리며 예정한 로정을 따라 달리였다. 산굽이를 에돌아 무연한 벌판이 나설 때까지 그이의 시야에서는 주름이 한 벌 덮인 전쟁로병의 얼굴이 지워지지 않았다.

그이께서는 문뜩 조국해방전쟁시기와 그 이후에 여러번 들으실수 있었던 수령님의 말씀이 떠올랐다. 수령님께서는 곤난이 있을 때마다 조국해방전쟁시기 《법동로인》이야기를 자주 하시였던 것이다. 전략적인 일시적후퇴시기라고 한다.

수령님께서는 전선시찰을 하시기 위해 강계에서 떠나 랑림산줄기를 타고 남으로 나가시는데 어느 산굽이에서 달구지를 몰고 가는 한 로인을 만났다고 하시였다. 어데서 오는 로인님인데 이 캄캄한 밤중에 길도 험한데 어데로 가십니까 라고 하니까 로인의 대답이 나는 강원도 법동에서 오웨다. 지금 강계로 가는 길이야요라고 하더라는것이다. 《강계는 무엇하러 가십니까. 천리도 더 되는 먼길이데－》라고 하시니 《길이 먼게 무슨 상관인가요. 강계에 가서 김일성장군님의 소식을 듣자고 합니다.》 그래 《무슨 용무이기에…》하고 재차 물으시니 《별거 있습니까. 김일성장군께서 계시면 우리는 꼭 이깁니다. 그래서…》라고 했다는것이였다.…

이 함축된 몇마디 대화에는 전쟁, 그것도 형용키 어려운 일시적인 전략적후퇴시기를 이겨내는 우리 인민의 자기 수령에 대한 믿음과 신뢰가 한껏 어려 있는것이였다. 력사는 마침내 법동로인의 소망을 그대로 보여 주었다. 자기 수령에 대한 인민의 신뢰 이것이 힘이 되고 의지가 되였으며 그것이 전체 인민의 가슴속에 끝없는 애국심이 솟구쳐 오르게 했고 무비의 희생성과 용감성을 불러일으켰던 것이다.

하다면 법동로인이나 방금 령마루에서 만난 강계의 전쟁로병이 무엇이 다르단 말인가!…

김정일동지께서는 달리는 차창을 내다 보시면서 깊은 사색의 골짜기로 한걸음한걸음 찾아들어가시였다. 온몸에서는 확확 열기가 나고 가슴속에서 주먹 같은 것이 흉벽을 탕탕 두드렸다. 분명히 전쟁로병은 이렇게 말했었다. 《장군님, 지금 먹을것이 바르고[7] 없는것이 많아 고생입니다.… 그러나 장군님께서 계시기에 우리는 마음이 든든합니다. 우리는 꼭 이깁니다.》

인민들이 자기의 령도자에게 보내는 끝 없는 신뢰심, 용암처럼 끓어 번지는 충성심, 이것은 그 어떤 힘도 이겨 내지 못한다. 그리고 령도자가 인민에게 보내는 믿음과 신뢰, 이것은 그 어떤 힘으로도 끊어 버리지 못한다. 인민과 령도자, 그것을 하나로 융합시킨 신념과 의지의

7 흔하지 아니하거나 충분할 정도에 이르지 못하다.

힘, 이것은 그 어떤 물리적힘도 당해 내지 못한다. 하여 법동로인이나 강계로병이 말한것처럼 구경에는 우리가 꼭 이긴다 라는데로 가닿게 되는것이다. 어떤 혁명투쟁에서나 승리하자면 적을 타승할수 있는 힘이 있어야 한다. 힘! 어떤 사람은 정의 그 자체가 곧 힘이라고 하였다. 또 어떤 사람은 돈이 힘이다, 그것이면 못해낼 일이 없다고 하였다. 또 어떤 사람은 나라와 민족의 힘은 령토의 크기와 인구가 많은가 적은가에 있다, 그리고 또 힘이란 천문학적수자에 이르는 발동기의 마력수나 사단이나 군단의 수효에 있다고 하였다. 그리고 또 티엔티나 플루토니움만이 모든 힘을 제압하는 최고최대의 힘이라고 하였다.

이것들은 각기 제나름으로 어느 정도 옳을수도 있다. 하지만 여기서 사회적 정치적힘을 말할 때 한 민족이 하나의 령도자를 중심으로 사상의지적으로 단합되였을 때 그 힘은 그 어떤 물리적힘도 당해 내지 못한다.…

(그렇다! 이것은 진리이며 론의할 여지가 전혀없는 법칙인것이다.)

그이께서는 하얗게 눈에 덮인 산발이며 세찬 바람을 이기느라고 모재비로 잔뜩 기울어 진 나무들을 오래도록 바라보고 계시였다.

이윽해서 그이께서는 차에서 내리시였다. 강계를 떠날 때 예정하였던대로 중소형발전소를 돌아보기 위한 첫 대상자에 와 닿았던것이다.

김정일동지께서는 솜옷앞섶을 활짝 열어 제끼고 강기슭에 새로 일떠세운 발전소를 바라보시였다.

*

몇군데의 발전소를 다 돌아 보신 김정일동지께서는 서산에 해가 뉘엿뉘엿 져 갈무렵 귀로에 오르시였다. 왔던 길을 되짚어 가기 때문에 전보다 다를것이 없지만 마음이 가벼워 그런지 길이 편안하고 승용차가 한결 헐하게 달리는것 같으시였다. 아침부터 저녁까지, 아니, 거슬러 오르면 자강도에 오신 그 순간부터 여러개의 공장, 기업소, 농장과 중소형발전소들을 돌아 보시였는데 그 모든단위들이 그이께 기쁨과 만족만을 드리였다.어데를 가보나 사람들이 환희에 끓고 있으며 공장과 일터를 알뜰히 거두고 분주히 뛰고 있었다. 몇 달전까지만 해도 그이께서는 아닌게아니라 자강도문제로 시름이 가슴에 가득 괴여 있었다. 들려 오는 말에 의하면 자강도는 다른데와 달리 식량사정이 더 어렵고 공장이나 기업소들은 거의다 비정상 상태에 빠졌다고 하였다. (어떻게 시작해야 할것인가? 자강도는 다른데와 달리 험준한 산이 대부분이고 따라서 교통도 불편하다.…)

이렇게 자문하기를 몇 번… 그러나 그이께서는 자강도로동계급을 믿으시고 《고난의 행군》

을 이겨낼 방향과 방도를 가르쳐 주시였으며 아무리 바쁘시여도 결단코 자강도를 찾아 가야겠다는 결심을 굳게 하시였다. 바로 어느곳보다 힘든 조건에서 《고난의 행군》을 하기 때문에 가보아야 하고 바로 그렇기때문에 거기서 옹벽을 뚫고 나갈 틈바구니를 찾아 내야 한다. 자강도는 이름 있는 혁명사적지인것이다. 수령님께서는 어리신 나이에 배움의 천리길, 광복의 천리길의 자욱을 여기 자강도에 남기시였다. 그리고 압록강을 넘나 드시며 광복운동을 맹렬히 전개하신 김형직선생님의 혁명활동과 일제경찰에 체포되였다가 구사일생으로 탈출하신 연포리주막집이야기도 여기서 그리 멀지 않은 곳에서 생긴 일이다.

전쟁시기에는 수령님께서 그토록 엄혹한 일시적인 전략적후퇴를 이 자강땅에서 겪으시였으며 전쟁국면을 결정적으로 전환시켜 전쟁의 최종적승리를 가져 올 구상을 짜신것도 바로 여기가 아니였던가.

(이러한 자강도가 그래 오늘의 이 《고난의 행군》을 이겨 내지 못한단 말인가. 그때 그 사람들, 그 후손들이 살고 있는 땅이고 보면 그 정신 그 신념이야 어데로 갔겠는가!)

김정일동지께서는 예측하신 자강도에 대한 이 믿음과 기대는 마침내 이 며칠간의 현지지도로 해서 추호의 편차도 없이 명중하였다는 것이 실증되였다. 공장이나 기업소, 농장 어데를 가보나 《자력갱생만이 살길이다.》라는 구호를 걸어 놓고 힘차게 일을 하고 있었다. 중소형발전소건설 즉 100%의 자력갱생 그것이면 전기는 해결이다. 다음은 농업인데 진거름을 나르는 그들은 꼭 풍작을 안아올것이다. 우선 사람들이 모두 생기발랄하고 패기에 넘치는 것이 좋았다. 어데서나 볼수 있는것처럼 남자나 여자, 늙은이나 아이들이 모두 그 불굴의 의지와 기개로 살며 투쟁하는 것이 좋았다.

그것이면 다가 아닌가. 인간은 그 사상에 의해 평가되고 사회와 집단과 민족은 그것을 지배하는 사상에 의해 결정된다는것을 누가 인정하지 않으랴.…

김정일동지의 옆에 앉아 줄곧 침묵을 지키고 있던 도당일군이 말씀드리였다.

《아까 말씀하신대로 썰매를 끌고 가던 그 아이들의 집을 꼭 방문하시겠습니까? 남석마을에 들리자면 여기서 갈라져 들어 가야 합니다.》

《꼭 만나 보아야겠습니다. 집에 무슨 일이 있는지 알아 봅시다.》

마침내 갈림길이 나졌다. 승용차는 속도를 한껏 늦추었다.

《무슨 사연이 꼭 있을겁니다. 그렇지 않다면야 왜 어린것들이 그러고 있겠습니까? 아버지도 없다는데… 가봅시다.》《운전사동무, 좌측으로!》

도당일군은 손을 들어 가리키였다. 갈림길에서 고작해야 천메터 되나마나한 곳에 남석리가 자리잡고 있었다. 도당일군이 차에서 내려 우편통신원네 집을 물었더니 바로 차를 세운 길가집 새로 지은 문화주택의 웃집이라고 알려 주었다.

김정일동지를 모시고 현관앞에서 주인을 찾았더니 안에서 《누구시오.》하는 인적기가 있더니 웃도리에 팔을 꿰며 로인 하나가 달려 나왔다.

《아!》 그이께서 먼저 알아 보고 놀라움을 표시하시였다. 《아니 이런!》 상대방도 그 자리에서 굳어졌다. 그 로인은 령길에서 만났던 그 전쟁로병이였다.

도당일군이 길을 내주며 《로병아바이네 집이 이집입니까. 며느리가 통신원이라는 이 집…》라고 물었다.

《옳습니다. 우리 며느리가 그걸 하고 있지요.》

로인은 사연을 알수 없어 당황해 몸둘바를 몰라하였다. 쌍방이 다같이 너무나 우연한 일에 놀라움과 감격을 표하면서 몇마디 이야기를 나누는 어간에 방안에 있던 아이들이 달려 나왔다.

처녀애와 사내애는 사람들 짬을 헤집고 장군님앞에 나서서 말끄러미 올려다 보았다. 그러다가 갑자기 두팔을 벌리고 《아버지!》하고 새된 소리를 지르며 장군님의 팔을 잡고 매달리는 것이였다.

김정일동지께서는 한쪽에 하나씩 두 아이를 단꺼번에 안아 들고 훌쩍훌쩍 추슬러 주시였다.

《아버지!》

《아버지장군님!》

그렇게도 육친이 그리웠던 아이들이다. 아이들은 볼을 맞비비기도 하고 또 손으로 목과 가슴을 쓸어 만지기도 하면서 좋아서 야단이다. 친아버지가 살아서 돌아 왔던들 이보다 감격이 더 클수 있을것인가.…

《야, 이 철부지들아, 그만하고 내리지 못할까.》

할아버지는 발을 구르며 엄포를 놓건만 어린것들은 막무가내이다.

사내아이는 장군님의 목을 꼭 그러안고 떨어 질줄 모른다. 마치 한덩어리로 녹아 붙은것 같았다.

이때 김정일동지의 눈굽에 진주알 같은 눈물방울이 볼은 타고 주르르 흘렀다.…

*

승용차는 강계시를 향해 달리고 있었다. 한낮에 좀 즘즉했던 눈보라는 다시 기승을 부리였다. 침묵은 계속되였다. 과묵하기로 소문난 도당일군은 아이들 그리고 전쟁로병이 살고 있는 집에서 받아안은 충격으로 해서 더더욱 입이 굳어 지고 말았다. 그렇지 않았다면 도당일군은 그이께 말씀 드릴 사연이 많고 많았다. 도안의 어려운 형편 그리고 여기서 벗어 나기 위한 구상들, 또 그밖에 사람들의 흉금을 울리는 공산주의미풍들, 선반기앞에서 숨지는 순간까지 일한 로동자이야기, 거름짐을 지고 땅에 쓰러 진 농장원이야기…

(그러나 우리는 일어 섭니다. 장군님 계시기에 우리는 힘이 솟습니다. 우리는 이깁니다. 꼭 승리합니다. 《고난의 행군》은 이제 마지막 대목입니다. 북대정자가 눈앞에 보입니다.)

《뭘 그렇게 생각하고 있습니까.》

김정일동지께서 도당일군의 팔을 건드리시였다. 와뜰[8] 놀라 명상에서 깨여 난 일군은 웃음을 지으며 나직이 대답하였다.

《오늘은 참 잊을수 없는 날입니다. 그래서…》

《그래, 자강도를 돌파구를 여는 첫 돌격전에 내세우자는것을 지금도 생각중입니까?》

《이제는 결심이 굳어 졌습니다. 오직 저는 장군님의 뜻을 받들자는것 그 하나뿐입니다.》

《내보기엔 자강도는 《고난의 행군》이 아니라 락원의 행군에 들어 섰다고 할수 있습니다. 공장은 살아 있습니다. 중소형발전소가 비 온뒤에 새순 자라듯 하고 있습니다. 우리 인민은 참 좋은 인민입니다. 영웅적인민입니다. 이것은 우리 인민들이 자기 제도, 자기당, 자기 령도자에 대한 신뢰에서 오는것입니다. 이것이 우리의 힘입니다. 만능의 보검이고 힘입니다. 나는 이것을 강계정신이라고 부르려고 합니다. 60년대에는 청산리정신, 90년대는 강계정신입니다.》

힘 주어 말씀하시며 그이께서만 볼수 있는 특유한 손세를 쓰시였다. 순간 그이의 눈앞에는 얼굴에 주름이 한벌 덮인 전쟁로병, 그의 억센 억양, 《…먹을게 바르고 없는 것이 많아 고생입니다. 그러나 장군님께서 계시기에… 우리는 꼭 이깁니다.》

그리고 《아버지》 하고 웨치며 가슴에 안기던 아이들… 《자! 기운을 내자요.》 손짓을 하며 웨치던 녀인의 목소리… 어느것이나 다 장군님자신께 보내는 인민의 신뢰와 기대들인것이다.

《차를 좀 천천히 몰아 주.》

김정일동지의 흠뻑 갈린 음성이다. 차창을 열고 손을 내대시였다.

눈보라!

눈보라!

앞이 보이지 않을 정도로 뽀얗게 흐려 지고 살을 에이는듯한 맵짠 추위이다.

하지만 여기에는 미구에 다가올 봄기운이 벌써 풍기고 있다는 것을 느낄수 있었다.

(이런 날 이런 길이라면 그것이 천리면 어떻고 만리인들 어떠랴!…)

8 갑자기 소스라치게 놀라는 모양.

속도전청년돌격대

북한은 청년들에 대한 사상교양과 노동력 확보 차원에서 돌격대를 조직해 건설현장에 투입하는데 그중 가장 규모가 큰 조직이 속도전청년돌격대이다. 속도전청년돌격대는 1975년 조직되어 그동안 도로, 발전소, 철도, 아파트 등 중요한 시설들의 건설을 도맡아 왔다. 속도전청년돌격대는 안변청년발전소, 영광청년양어장, 청년영웅도로(평양 남포간 고속도로), 평양만경대 학생소년궁전, 창광거리, 광복거리, 원산 금강산간 철도공사 등 860여 개의 주요시설물을 건설했으며, 1990년대 하반기 5년 동안 12만여 개의 청년돌격대가 경제 각 부분에 투입되었다.

속도전청년돌격대는 총 12개의 여단으로 구성되어 중앙에는 김일성사회주의청년동맹 직속기관인 속도전청년돌격대 지도국이 있다. 각 여단은 군사조직과 같이 대대와 중대로 세분화되어 있으며 지휘부에는 대열, 재정, 시공, 안전, 후방(후생), 자재, 운수 부서와 참모들이 있으며 기동예술선전대와 군의소도 있다.

한개 여단은 2천여 명 정도 규모로 5개 대대로 되어있고, 대대는 3개 중대, 중대는 3개 소대, 소대는 다시 분대로 나뉘어진다. 각 중대에서 남자는 40여 명 정도로 한 개 소대이고, 여자는 70~80여 명 정도로 두 개 소대로 구성되어 있다. 정규군은 아니지만 군사조직이기 때문에 항상 제복을 입도록 규정하고 있으며, 제복 왼쪽 앞가슴의 김일성배지 아래에 직급표식을 달아야 한다. 그리고 정면에 붉은 오각형 별이 달려있는 모자와 혁대를 항상 착용한다.

속도전청년돌격대 대원은 모두 미혼 청춘남녀들로서 고등중학교 졸업생들을 대상으로 한다. 속도전청년돌격대 지휘관들은 직접 각 지방을 다니면서 각 도 행정위원회와 시·군 행정위원회, 청년동맹조직 등을 통해 각 학교에 통보해 대원을 모집하고 필요한 인원을 보충한다. 학교별로 돌격대에서 요구하는 인원을 선출해 대상자에게 돌격대 입대를 설득하는데 돌격대를 기피하는 경향 때문에 거의 강제에 의한 경우가 많다고 한다. 이때 청년동맹지도원이나 담임교원의 눈 밖에 난 학생들이 주요 모집대상자가 되지만 간혹 스스로 자원입대하는 경우도 있다고 한다. 스스로 자원입대하는 경우는 대학에 가기도 어렵고 가정형편이 좋지 않은 학생들이 대다수이다. 그리고 조선노동당 입당에 관심이 높은 학생들이 자원하기도 한다. 군대나 돌격대 생활, 대학 졸업 후 3대혁명소조활동 등 특수한 조건이 아니면 조선노동당에 입당할 수 없기 때문이다. 특히 남성에 비해 여성은 군대 모집인원이 적기 때문에 돌격대에서 입당하는 경우가 많다.

돌격대 일반 평대원의 월급은 61원 정도이며, 간부들은 100~150원 정도이다. 돌격대는 인가에서 멀리 떨어진 산속에서 생활하기 때문에 돈이 있다고 해도 갈 수 있는 상점이나 살 만한 상품도 없다. 그리고 돌격대원들에게 나오는 노동보호물자라는 것이 있는데 제복과 신발, 벙어리장갑 등이다. 이 외에 맥주, 담배, 식용유 등의 식품 및 기호품들과 치약, 비누, 로션, 타월 등의 생필품들이 있기도 하지만 공급물자를 지원하는 사람들이 개인적으로 빼돌리는 경우가 많아 돌격대원들에게는 골고루 공급되지 못하고 있다고 한다.

-자료 제공 : 북한인권정보센터

제4장 :: 우리식 사회주의의 아이들

[발제 : 글을 읽기 전에]

우리는 흔히 '북한에도 아동문학이 있을까? 어린이들이 읽을 만한 동화가 있을까?' 라는 의구심을 가지고 있다. 북한에도 어린이들을 위한 잡지 《아동문학》, 《소년단》, 《새세대》, 《소년신문》 등이 있으며, 미래 사회의 주역인 어린이들의 교육을 중요한 문제로 인식하고 있다. 북한은 어린이들을 혁명위업의 계승자들이며, 사회주의의 전도와 주체혁명위업의 운명이 그들을 어떻게 키우는가에 전적으로 달려있다고 주장한다. 그러한만큼 북한의 아동문학에 대한 관심은 남다를 수밖에 없다. 아동문학이 어린이들에게 공산주의적 인간육성을 위한 당 정책을 가장 쉽게 전달할 수 있기 때문이다.

북한에서는 아동문학을 새 세대들이 혁명적 수령관을 확고히 세워 김일성과 김정일에게 끝없이 충성을 다하며 자신의 힘을 믿고 자기 운명을 자주적으로 개척함으로써 주체의 혁명위업을 대이어 완성하는 투쟁의 계승자로서 자라나도록 하는 데 이바지하는 문학이라고 정의하고 있다. 이처럼 북한의 아동문학론은 어린이들을 주체의 혁명 위업을 대이어 완성하는 투쟁의 계승자로서의 품성을 교양하는 문제와 잇닿아 있다. 그러기 위해서는 어린이들 스스로 책을 찾아 읽을 수 있도록 작품이 재미있어야 한다. 어린이들이 재미를 느끼고 스스로 책을 읽게 만들기 위해서는 어린이들의 나이와 사고방식, 심리적 특성, 그리고 그들의 생활과 언어가 반영된 문학작품을 창작하여야 한다고 주장한다. 그 구체적 방법으로 어린이들의 나이와 심리적 특성에 맞게 인물을 선택하여 간결하고 이해하기 쉽도록 묘사해야 할 뿐만 아니라 내용의 구성이 단순해야 하며, 특히 어린이들의 사고방식과 심리적 특성에 환상과 의인화 수법이 어울리므로 이러한 표현을 많이 사용할 것을 권장하고 있다. 즉 사상을 논리적으로 주입하려 하기보다는 어린이들이 흥미있는 형상 속에서 감성적으로 받아들일 수 있게 그리는 것이 중요하다는 것이다. 1990년대 이후 북한은 체제 위기 속에서 사회 내부의 충격을 수습하고, 대중을 보다 강력하게 결집하기 위해 변화하는 시대의 요구에 맞는 사상을 어린 세대들에게 교양하는 일을 강화한다.

2000년 6월 15일 남북정상회담이 이루어진 후, 정식 저작권 계약을 맺지 않고 남한에서 '도둑출판' 되어오던 북한의 저작물들이 북측 저작권자와 합법적 사용 계약을 맺고 정식 출판되기 시작한다. 역사적 사건과 인물을 바탕으로 한 북한 문학작품뿐만 아니라 어린이들을 위한 동화 · 설화 · 전설 등도 출간되어 남한에서도 북한의 아동문학을 쉽게 접할 수 있게 되었다. 남한에 주로 소개되는 북한 동화는 근면과 성실, 협동과 단결, 돈의 노예가 되지 않아야 한다는 등의 교훈적인 이야기가 담겨 있는 우화 작품들이다. 이러한 작품들을 통해 북한 동화는 '공산주의 선전물' 이라는 인식을 깨고, 북한 어린이들이라고 해서 우리와 다른 생각을 하는 것이 아니라 같은 것에서 즐거움을 얻는다는 것을 확인할 수 있는 기회가 된다는 점에서 그 의의를 찾을 수 있다.

참고문헌

김정일, 『주체문학론』, 조선로동당출판사, 1992.

김용희, 「『주체문학론』에 나타난 아동문학 접근방법 비판」, 김종회 편, 『북한문학의 이해』 3, 청동거울, 2004.

홍성식, 「'북한 동화 = 공산주의 선전물' 등식 깨지나 — 정식 저작권 계약 맺은 북측 동화, 남한에서 출판」, 『오마이뉴스』, 2006. 1. 16.

···› 생각해 보기

작전대의 불빛

▶ 북한 어린이들에게 김일성과 김정일은 절대적인 신적 존재이다. 우리 남한의 어린이들에겐 해리포터와 게임 속 영웅이 신화적인 존재라 할 수 있다. 만약 남북한 어린이들이 생각하는 신적 존재를 서로 바꾸어 본다면 어떤 반응을 보일까 함께 이야기해 보자.

해님의 미소

▶ 《해님의 미소》를 읽고 난 후, 먼 라틴아메리카에서 온 외교관의 딸 사르따에 대한 김정일의 관용을 북한 아동들이 어떻게 받아들이게 될 것인지를 서술해보라.

▶ 한기석의 《해님의 미소》에서 두 아버지, 즉 주인공 혜영이(사르따)를 예로 들 때 혜영의 친 아버지와 장군 김정일 사이에서 정체성 혼란이 일어날 수 있는지를 생각해 보자.

푸른 숲의 밀화부리

▶ 동화는 교훈을 전제한다. 《푸른 숲의 밀화부리》 또한 '용기와 지혜'라는 교훈을 담고 있다. 최근 유명한 판타지 소설 《해리포터와 마법사》도 이와 비슷한 주제를 담고 있다. 《푸른 숲의 밀화부리》와 《해리포터와 마법사》에서 주인공의 용기와 지혜가 돋보이는 장면을 찾아 함께 이야기해 보자.

▶ 동화나 우화는 동물들을 의인화 하는 경우가 많다. 《푸른 숲의 밀화부리》도 의인화한 동물들이 등장한다. 예를 들면 힘은 세지만 자기 밖에 모르는 곰과 멧돼지는 북한의 나태한 관료들을 의인화한 것이다. 동화에 등장하는 동물들이 의인화한 인물형은 어떤 것이 있는지 함께 알아보자.

작전대의 불빛

오홍수

별들도 단잠 든 깊고깊은 밤
최고사령부에 빛나는 불빛
김일성장군님 쪽잠마저 잊으시고
이 밤도 새 작전 펼치시지요

천리만리 비쳐가는 그 불빛아래
일당백 총창들이 번쩍이고요
500만, 300만 총폭탄부대
천만대적 몰려와도 끄덕없지요

우리 교실 창문이랑 야영의 길도
밝게밝게 비쳐가는 정다운 불빛
아름다운 새 거리랑 만풍년벌도
한품에 모두 안고 빛나는 불빛

백두의 노을처럼 온 누리를 밝히며
너랑나랑 친형제로 꽃피는 나라
행복한 대가정을 지켜주지요
통일된 새조선을 불러오지요

해님의 미소

한 기 석

《지지배배》,《지지배배》

한쌍의 청제비가 대사관 울타리 끝에 나란히 앉아 봄 노래를 부르고있었다.

(야, 고것 참!)

샤르따는 해맑은 얼굴에 웃음을 담뿍 싣고 정문을 향해 총총히 걸어나왔다. 동그스름한 어깨우에서 비로도[1]처럼 부드럽고 까만 머리칼이 춤추듯 나풀거렸다.

《얘야, 인차 돌아오너라.》

등뒤에서 울려오는 다심한 목소리에 소녀는 고개를 돌렸다. 새파랗게 물이 오른 정향나무[2] 가지사이로 어머니의 다정한 모습이 보였다.

샤르따는 희고 말랑말랑한 손을 나뭇잎처럼 가볍게 흔들었다.

《엄마, 공원에 가서 조금만 놀다 와요.》

대사관에서 얼마쯤 떨어진곳에 아담한 공원이 있었다. 그곳에는 소꿉동무들이 즐겨 모이군했다. 그가운데는 머나먼 라틴아메리카에서 온 금발머리 소녀 챤트네라도 있고 사막의 나라에서 온 흑인 소녀 모리암도 있었다. 그들은 모두 이웃 대사관에서 사는 아이들이였다.

얼마전에 샤르따는 주재국인 조선의 어린이 혜영이와 새로 사귀였다. 혜영이는 인형아기처럼 통통하고 눈동자가 새별같이 반짜이는 아이였다. 나이도 샤르따와 꼭같은 여섯 살이고 키도 비슷했다. 샤르따처럼 몸매가 날씬하고 춤도 곱게 췄다.

어제 샤르따는 그애에게서 백두산 고향집에 대한 노래와 춤을 배웠다. 오늘은 자기 어린 백조의 귀여운 모습을 담은 발레무용을 보여줄 차례였다.

고무공처럼 퐁퐁 튀여오르며 공원에 들어선 샤르따는 새싹이 파릇파릇 돋아난 봄잔디밭앞

1 ㊟ 비로도(포르투칼말 veludo). 우단.

2 정향나무. ㊟ ①산에 절로 나는 잎 지는 나무의 한 가지. 키는 10 메터 이상이고 잎은 닭알 모양인데 둥굴며 끝이 빨며 잎꼭지가 있고 마주 붙는다. 여름에 희고 잔 꽃이 다락다락 핀다 ② = 참정향나무 ③더운 곳에 사는 사철 푸른 나무의 한 가지. 키는 6 메터 가량 되고 잎은 길죽하고 마주 붙는다. 연한 붉은 빛의 꽃이 두세 개씩 모여 피는데 꽃봉오리를 약재로 쓴다.

에 섰다. 샤르따와 혜영이가 무릎을 마주하고 즐겨 앉군하는 정든 자리였다. 두 아이는 이곳에 《푸른 요람》이라는 이름를 달았다.

여기에 앉으면 주단처럼 폭신하고 생그러운 풀향기가 코등을 간지럽히는것이였다. 허리 잘룩한 왕개미가 더듬뿔을 휘저으며 발발 기여 다니는 모양도 재미나게 볼수있었고 심술꾸러기 사내애들의 훼방을 받지 않고 소꿉놀이도 마음껏 할수 있었다.

샤르따는 두다리를 쭉 펴며 풀썩 주저앉았다. 푸른잔디밭이 그의 몸을 부드럽게 안아주었다. 나지막한 생울타리를 따라 나란히 서있는 개나리꽃덤불에서는 노란 꽃송이들이 봄향기를 풍기고있었다.

마음이 상쾌해진 샤르따는 콩알시계를 살그머니 내려다보다가 눈이 올롱해졌다. 약속한 시간이 지났는데 혜영이의 모습이 보이지 않는것이였다.

(웬일일가?…)

샤르따가 고개를 갸웃거리는데 갑자기 눈앞이 캄캄해졌다. 보드라운 손이 둔눈을 꼭 가리운것이였다.

샤르따는 얼결에 두 손을 덥쳐잡으며 소리졌다.

《혜영이－》

《샤르따.》

두 아이는 즐겁게 마주 웃었다.

《늦어서 안됐어.》

혜영이가 얼굴을 살짝 붉히며 손등을 이마로 가져갔다.

《무슨 일이 있었니?》

샤르따의 긴 속눈섭이 우로 살짝 쳐들리였다.

《이모네 공장에 갔다 오는 길이야.》

《공장? 거긴 왜?》

혜영이는 동그스름한 얼굴에 정다운 웃음을 지었다.

《구경 갔댔지뭐. 우리 이모는 편직공장에서 일해. 거기서 지금 선물옷을 짓고있단다.》

《선물옷?》

샤르따의 머루알같은 눈동자에 호기심이 가득 실리였다.

혜영이가 하얀이를 드러내며 생긋 웃었다.

《샤르따, 넌 잘 모를거야. 아버지장군님께서 우리한테 옷이랑 신발이랑 선물을 보내주신단다. 뜨개옷을 보았는데 얼마나 고운지 몰라.》

《이것보다 더 곱니?》

샤르따는 혜영이가 입고있는 포근한 뜨개옷을 손으로 살며시 쓸어보았다. 감색바탕에 하얀 줄무늬가 새겨진 혜영이의 뜨개옷을 볼 때마다 정말 곱다고 생각하며 은근히 부러워하던 샤르따였다.

《더 곱지 않구. 난 그런걸 처음 봤어. 정말 멋있단다.》

혜영이는 자랑스러운 듯 방글방글 웃으며 계속했다.

《우리 이모가 그러는데 선물가운데 뜨개옷도 있구 조끼 달린 치마랑 꽃리봉이랑 별거별거 다 있대.》

샤르따는 부러움이 가득 담긴 눈으로 혜영이를 바라보았다.

《그걸 모두 장군님께서 주시니?!》

《그럼 뭐, 아버지장군님께선 우릴 제일 사랑하시니까.》

혜영이의 얼굴에서는 웃음이 사라질줄 몰랐다.

사르따는 두눈을 깜빡거렸다. 그도 《아버지장군님》을 잘 알고 있었다. 여러해동안 평양에서 대사로 일하고있는 아버지는 위대한 **김정일**장군님께서 자기에 가정에 돌려주신 배려에 대하여 거듭 들려주면서 조선어린이들과 친하게 지내고 조선말을 더 잘 배우라고 타이르군 하였다. 그래서 총기가 빠른 샤르따는 제 나라 말 못지 않게 조선말을 잘하게 된것이였다.

(야, 장군님께서 보내주시는 선물!…)

샤르따의 가슴속에는 부러운 마음이 샘물처럼 퐁퐁 솟구쳐오르고있었다. 그런데 혜영이는 샤르따의 마음을 아는지 모르는지 상글상글 웃더니 그의 손을 살며시 잡아당기는것이였다.

《자 오늘은 네 차례야. 어서 백조의 춤을 보여줘.》

하지만 샤르따의 머릿속에는 다른 생각이 꽉 차 있었다.

(옳지! 빨리 엄마 아빠 한테…)

샤르따는 두눈을 깜빡이다가 혜영이의 손을 냉큼 잡아 얼른 자기 이마에 댔다 떼며 엄살을 피웠다.

《아이쿠, 난 주살 맞아야겠어. 이마가 따끈따끈 해.》

그리고는 두주먹을 쥐고 공원밖으로 뽀르르 달음질쳤다.

(아니?!…)

혜영이는 멀어져가는 샤르따의 뒷모습을 바라보며 고개를 갸웃거렸다.

(저애 이만 쪼꼼두 따끈따끈한 것 같지 않은데?!…)

*

총알처럼 방으로 날아든 샤르따는 어머니의 허리를 꼭 그러안았다.

《엄마 나도 선물옷!》

《선물옷이라니?!》

어머니가 눈이 휘둥그래서 바라보았다.

《혜영인 이제 선물옷 받는대요.》

샤르따는 주전자물을 고뿌[3]에 따르듯이 공원에서 들은 이야기를 쪼르르 쏟아놓았다.

생각에 잠겨 있던 어머니가 트렁크안에서 여러 가지 새옷들을 꺼내놓았다. 눈처럼 새하얀 샤쯔, 가슴노리에 장미꽃을 수놓은 달린옷…

그러나 사르따는 고개를 살래살래 저었다.

문이 열리더니 아버지가 방에 들어서며 눈을 둥그렇게 떴다.

《아니, 이게 무슨 일이요?》

《아버지—》

샤르따는 응석을 부리며 아버지의 무릎에 감기였다.

《마침 오셨군요. 이 애가 글쎄…》

어머니의 이야기를 듣자 아버지는 머리를 끄덕였다.

《샤르따의 말이 옳소.

김정일장군님께서 조선의 어린이들과 학생들에게 선물을 주신다오. 외국에 나가 공부하는 류학생들에게까지 말이요.》

샤르따는 아버지의 목을 꼭 그러안으며 졸랐다.

《아빠, 나도 선물옷! 응.》

아버지는 샤르따를 이윽히 바라보더니 조용히 타일렀다.

《샤르따야, 그러지 말구 엄마랑 같이 여기서 좋은 것 골라 입어라.》

샤르따는 머리를 흔들었다. 아버지까지도 자기말을 들어주지 않으니 마음이 서글펐다. 뽀얀 우유빛 얼굴로 흰구슬알 같은 눈물방울이 도르르 굴러내렸다.

아버지의 얼굴에 엄한 빛이 떠올랐다.

《샤르따, 넌 정말 철이 없구나. 그 선물은 조선어린이들에게 주시는거란다.》

어머니가 조심히 말을 건넸다.

---

3 ㊟ 잔, 컵. 고뿌(일본말, koppu)는 컵의 일본식 표기가 남아 있는 형태. 북한말을 스스로 문화어라고 하지만 일본식 발음의 잔재가 아직 남아 있음을 볼 수 있다.

《샤르따 아버지, 조선동지들에게 한번 얘기해보지요. 어디서 꼭 같은것이라두 구할수 없겠는지…》

아버지는 잠시 창밖을 내다보더니 무겁게 입을 열었다.

《우리 때문에 조선동지들에게 폐를 끼쳐서야 되겠소. 지금껏 받아안은 은혜만도 산처럼 높은데…》

조금 지나 세면장으로 나온 샤르따는 창밖을 물끄러미 내다보았다. 정원에는 밝은 해빛이 넘쳐흐르고있었다. 봄물이 파랗게 든 정향나무밑에서 참새들이 날개를 파닥거리며 모이를 쫓고있었다.

방금전 아버지가 한 말이 다시금 귀에 쟁쟁 울려왔다. 그러자 가슴속에 고이 간직해주었던 이야기가 텔레비죤 화면처럼 되어 눈앞에 펼쳐지기 시작하였다.

외교사업을 하는 아버지를 따라 이 나라 저 나라로 다니던 어머니는 깊은 속탈을 만났다. 아무리 좋다고 하는 약을 다 써도 건강은 좀처럼 회복되지 않았다. 마흔살이 돼오도록 애기도 없었다.

그러다가 아버지가 평양주재 대사로 온지 이태만에 뜻밖에도 애기를 가지게 되었다.

사람들은 대사관에 경사가 났다고 조선의 물과 공기가 좋은탓이라고 만나면 그 이야기였다.

그런데 애기가 태여나게 된 바로 그날밤, 어머니는 심하게 앓기 시작했다. 헛소리를 치고 얼굴이 종이장처럼 하얘졌다. 심장도 제대로 뛰지 못했다. 어머니와 새로 태여나게될 애기의 생명은 초를 다투고 있었다.

바로 이러한 때 유능한 의사들을 실은 구급소생차가 대사관으로 달려왔다.

온 나라에서 벌어지는 일들을 손금처럼 헤아려보고계시던 경애하는 김정일장군님께서 뜨거운 말씀을 하시며 보내주신것이였다.

《무슨 수를 쓰든지 대사의 부인과 아이를 다 살려내야 하겠습니다.》

이튿날 새벽 문수거리에 높이 솟아있는 평양산원의 어느 방에서 아기의 첫 울음이 터져나왔다.

그 아기가 바로 샤르따였다.

보름이 지나서 샤르따를 품에 안고 산원을 나서던 아버지와 어머니는 젖내가 몰몰 풍기는 아기의 두볼을 다독이며 말했다.

《너는 언제든지 이 사랑의 집을 잊어서는 안된다. 그리고 어서 커서 김정일장군님의 은혜에 보답하거라.》

생각에서 깨여난 샤르따는 앵두알처럼 빨간 입술을 꼭 감쳐물었다.

(아버지 말씀이 옳아.)

*

이튿날이었다. 샤르따는 놀이감상점앞에서 혜영이를 만났다. 그애는 손에 자그마한 가방을 들고 어디론가 달랑달랑 걸어가고있었다.

《혜영아, 어디 가니?》

샤르따는 깡충깡충 그애곁으로 뛰여갔다.

《이모한테 심부름을 가. 일이 바빠서 집에오지 못한다는 련락이 왔단다.》

샤르따의 밤빛 눈동자가 팽그르르 돌아갔다. 그 모습은 만화영화에 나오는 령리한 너구리가 꾀를 생각해낼때와 비슷했다.

(옳지, 저앨 따라가면 선물옷을 구경할수 있겠구나.)

샤르따는 혜영이의 귀에 입김을 풍기면서 재빨리 소근거렸다.

《혜영아, 나도 같이 가자마.》

《너두?!》

혜영이는 놀란 토끼처럼 눈을 동그랗게 뜨더니 해쭉 웃었다.

《너 선물옷 보고싶어 그러지? 좋아.》

두 아이는 손을 꼭 잡고 사뿐사뿐 걸음을 옮기기 시작하였다.

푸른 물 출렁이는 대동강이 손바로 바라보이는곳에 3층으로 된 공장건물이 아담하게 솟아있었다.

아이들은 세멘트로 곱게 포장한 구내 앞마당에 머무르게 되였다. 혜영이는 이모가 무슨 일때문인지 자리를 비웠다는것이였다.

이제나 저제나 하고 현관문을 지켜보고있던 두 아이는 인차 갑갑증을 느끼였다.

하늘은 맑고 해빛은 눈부시게 밝았다. 이런 날에 어찌 오도카니 서만 있을수 있담.

혜영이가 먼저 얄팍한 입술을 벌렸다.

《우리 춤 출가?》

《응》

《무슨 춤?》

《백두산의 고향집.》

《좋아.》

그들은 눈길을 마주치며 생긋 웃었다. 구름 한송이 없는 하늘에서는 둥근해가 재미있다는듯 아이들을 굽어보며 벙글벙글 웃고있었다.

이윽고 두 아이는 노래를 부르며 나비처럼 팔랑팔랑 춤을 추기 시작했다.

고향집 고향집
백두산의 고향집[4]

발뒤축을 살짝살짝 들며 두손을 머리우로 곱게 흔들기도 하고 뱅그르르 몸을 돌기도 하며 춤에 반해버린 그들은 때늦게야 현관앞에 승용차가 멈춰서는 소리를 들었다.

얼결에 고개를 돌린 두 아이는 입을 딱 벌린채 굳어져버렸다. 까만 승용차문이 소리없이 열리더니 뜻밖에도 **김정일**장군님께서 내리시는 것이 아닌가.

장군님께서는 이미 차안에서 두 아이를 눈여겨보신 듯 부드러운 미소를 지으시며 손저어 부르시는것이였다. 아이들은 날 듯이 장군님앞으로 달려갔다.

《아버지장군님, 안녕하십니까!》

혜영이가 먼저 나부시 절을 했다. 사르따는 자기네 나라 풍습대로 두손바닥을 맞붙여 앞가슴을 대고 무릎을 살짝 굽히며 인사를 드렸다.

아버지장군님께서는 류다른 눈길로 샤르따를 바라보시고나서 혜영이에게 다정히 물으시였다.

《여긴 어떻게 왔느냐?》

혜영이는 노래를 부를 때처럼 앞가슴에 모아잡으며 차근차근 말씀올리였다. 심부름을 떠났다가 샤르따를 만나 함께 오게 된 일, 이모를 기다리다가 그만 춤을 추기 시작한 일…

장군님께서는 가볍게 고개를 끄덕이시더니 샤르따를 눈여겨보시며 혼자 말씀처럼 하시였다.

《선물옷을 구경하고싶어 왔단말이지.》

그순간 샤르따는 가슴이 설레였다. 자기도 혜영이처럼 무슨 말씀인가 드리고싶어 불쑥 입을 열었다.

《장군님, 전 장군님 잘 압니다.》

그리고는 두볼이 사과알처럼 빨개졌다.

아버지장군님께서는 빙그레 웃으시였다. 조선춤을 제법 곱게 추고 조선말을 또박또박 번지는 나어린 외국소녀가 기특도 하시고 그 말이 엉뚱스럽기도 하시였다.

《나를 잘 안다?》

---

4 ㊟ 김정일이 태어난 신성한 곳. 백두산에 있는 김정일이 태어났다고 주장하는 집.

장군님께서는 긴 속눈섭밑에서 생기있게 반짝이는 밤빛 눈동자며 뾰족하게 들린 코마루[5]를 정겹게 굽어보시였다.

《예, 아빠랑 엄마한테서 이만큼 들었습니다.》

샤르따는 발두축까지 들어올리며 두손으로 머리우에 큰 원을 그리였다.

장군님께서는 호기심이 동하신 듯 은근한 어조로 물으시였다.

《너의 아버지가 누구냐?》

샤르따가 마른침을 꼴깍 넘기는 사이 혜영이가 먼저 대드렸다.

아버지장군님께서는 뜻밖이신 듯 놀라신 표정으로 샤르따를 바라보시였다.

《그럼 네가 꾸마르대사의 딸이란 말이냐?!》

《예.》

샤르따는 무릎을 살짝 굽히며 생긋이 웃었다. 그의 가슴은 기쁨으로 가득 차올랐다. 장군님께서 아버지를 알고 계시지 않는가.

그런데 아버지장구님께서는 못내 반가와하시며 말씀하시는것이였다.

《그러니까 네가 샤르따구나.》

(야?!)

샤르따는 두손벽을 딱 마주쳤다.

(장군님께서 내 이름까지? !…)

너무 기뻐 숨이 꼴깍 넘어갈것만 같았다.

아버지장군님께서는 샤르따의 동그스럼한 머리를 따뜻이 쓰다듬어주시였다.

《네가 이렇게 컸단말이냐? 하긴 벌써 6년세월이 흘렀지. …》

장군님께서는 감개무량해하시며 주위에 둘러서있는 간부들속에서 부관아저씨를 찾으시였다.

《동무도 생각나오? 6년 전 있었던 그 일 말이요.》

《그때 대사가 찾아와 감격을 금치 못해하던 일이 지금도 눈에 선합니다.》

장군님께서는 고개를 끄덕이시였다.

《그런데 이애가 이렇게 자랐구만. 몸도 튼튼하구 얼굴은 또 얼마나 곱소.》

사랑이 넘치는 표정으로 샤르따를 대견하게 굽어보시던 장군님께서는 아이들의 손을 량쪽

---

5 ㊟ 콧등.

에 갈라쥐시며 정답게 말씀하시였다.

《그럼 우리 함께 옷구경을 하자.》

아버지장군님의 손을 꼭 잡고 걸음을 옮기는 샤르따와 혜영이의 얼굴에는 행복한 웃음이 함뿍 어려있었다.

공장안에 들어선 두 아이는 한자리에 서서 움직일줄 몰랐다. 넓고 긴 작업대마다에 고운 뜨개옷들이 저마끔 뽐을 내며 주런이 놓여있었다. 아침노을빛처럼 빨간 물을 들인 것, 진달래꽃처럼 연분홍색갈을 먹인 것, 그런가하면 꽃무늬를 놓은것도 있고 강아지나 토끼 장식을 단 것도 있었다.

《야, 곱다!》

샤르따는 털이 보르르한 수박색 뜨개옷을 가리키며 환성을 터쳤다. 뜨개옷 앞자락에서는 새끼곰이 하모니카를 불고 있었다. 장식이 얼마나 신통한지 사르따에게는 새끼곰이 부는 하모니카소리가 금방 귀전에 들리는것만 같았다.

《정말 멋있구나!》

혜영이도 손벽을 올리며 맞장구를 쳤다.

아이들이 기뻐하는 모습을 보며 빙긋이 웃으시던 장군님께서는 미소어린 눈길로 선물옷들을 바라보시며 나직이 물으시였다.

《혜영인 어느것이 마음에 드느냐?》

혜영이는 새별[6]같은 눈을 반짝이며 화려한 선물옷들을 둘러보다가 목란꽃무늬가 새겨진 빨간 세타를 가리켰다.

아버지장군님께서는 그것을 손에들고 펴시더니 친히 혜영이의 몸에 대보시였다.

《자, 어떠냐?》

어깨너비도 허리기장도 신통히 혜영이에게 딱 맞았다.

《장군님, 참말 좋습니다.》

혜영이의 입이 귀밑까지 돌아갔다. 샤르따는 너무 부러워 연송 입술을 감빨기도 하고 두눈을 깜빡거리며 고개를 갸웃거리기도 하였다.

빙긋이 웃으시며 샤르따의 모습을 넘겨다보신 장군님께서는 웃음담긴 어조로 넌지시 말씀하시였다.

---

6 ㊟ 샛별. 금성(金星), 계명성(啓明星).

《샤르따도 하나 골라봐라. 어느것이 마음에 들지?》

샤르따는 깡충 뛰여오를 듯 어깨를 솟구며 얼른 수박색 뜨개옷을 손짓했다. 하모니카를 부는 새끼곰장식이 있는 바로 그 뜨개옷이였다.

아버지장군께서는 고개를 끄덕이시더니 혜영이처럼 샤르따의 몸에 뜨개옷을 대보시며 간부아저씨들에게 말씀하시였다.

《보시오. 목란꽃무늬, 하모니카를 부는 새끼곰, 이게 바로 아이들의 동심입니다. 동무들이 이번 선물옷에 여러 가지 무늬와 장식을 놓게 한 것은 아주 잘한 일입니다. 아이들이 기뻐하니 얼마나 좋습니까. 하하하.》

못내 만족해하시며 호탕하게 웃으시는 장군님의 모습을 우러르며 부관아저씨는 속으로 뜨거운 것을 삼키고 있었다.

온 나라 어린이와 학생들에게 사랑의 선물을 안겨주도록 하시고 몸소 옷도안까지 보아주시며 아이들의 동심을 살려 꽃무늬도 놓고 장식도 달아주자고 하신분은 바로 장군님이시였다. 그런데 오늘은 또 생산정형[7]을 돌아보시기 위해 친히 공장을 찾으시고 어린이들의 밝은 얼굴에서 이처럼 기쁨과 만족을 느끼시는것이였다.

아버지장군님께서는 아이들을 앞세우고 천천히 걸음을 옮기시며 롱담을 하시듯 말씀하시였다.

《애들아, 이렇게 구경하는게 춤을 추는것보다 좋으냐?》

《예, 좋습니다.》

샤르따가 방긋 웃자 혜영이는 무슨 생각이 났는지 새물새물 눈웃음을 짓다가 입술을 곱게 벌렸다.

《장군님, 이앤 선물옷이야기를 듣자 약속두 잊구 공원에서 살짝궁 사라져버렸습니다.》

《약속두 잊구 공원에서 몸을 뺐다? 허허…》

아버지장군님께서는 혜영이의 이야기가 재미나신 듯 웃음을 머금고 아이들을 번갈아보시였다.

샤르따르가 귀밑까지 빨개진 얼굴을 숙이는데 혜영이는 어머니앞에서처럼 공원에서 있은 일을 미주알고주알 일러바치였다.

아버지장군님께서는 혜영이쪽으로 몸을 약간기울이시고 고개를 끄덕이기도 하시고 미소

7 ㊂생산 과정의 전체적 정황.

를 짓기도 하시였다.

《그러니까 사르따가 혜영이한테 빚을 진셈이구나. 응?》

장군님께서는 사르따의 어깨를 가볍게 건드리시며 웃으시였다. 사르따는 목덜미까지 빨개진채 몸을 움츠렸다.

아버지장군님께서는 천진스러운 그 모습을 보시는 것이 즐거우신 듯 소리내여 웃으시더니 사르따의 등을 따뜻이 두드려주시였다.

《걱정말아. 이제 그 빚을 갚을 때가 있을게다.》

아버지장군님께서는 아이들을 앞세우시고 작업대마다에 연송 덧쌓이는 선물옷들을 눈여겨 살피시며 걸음을 옮기시였다.

이윽고 완성직장을 다 둘러보시고나신 장군님께서는 사르따와 혜영이의 머리를 쓰다듬어주시며 뜻깊은 어조로 말씀하시였다.

《우리 다시 만나자, 응. 그때 나두 사르따의 춤을 구경하겠다.》

《야!》

사르따와 혜영이는 기쁨에 겨워 어쩔줄 모르며 아버지 장군님께 몇번이고 인사를 드리였다.

*

4월의 봄명절을 며칠 앞둔 어느날이였다.

넓고 탄탄한 길로 하늘색 승용차 한 대가 소리없이 미끄러져가고있었다. 폭신한 의자에 앉아 차창밖을 내다보는 사르따는 온몸이 둥둥 떠오르는 것 같았다. 꼭 꿈에 취한듯했다. 그러나 꿈이 아니였다.

조금전에 그는 경애하는 아버지 김정일장군님께서 보내주신 사랑의 선물을 받은것이였다. 샤르따뿐이 아니였다. 아버지, 어머니를 따라 평양에 와서 살고있는 여러나라 어린이들이 모두 외교단회관에 모여 선물을 받아안았다.

《아빠, 더 빨리 잉.》

샤르따는 운전대를 잡고있는 아버지에게 속도를 높이라고 졸랐다. 그의 곁에는 찬트네라와 모리암이 나란히 앉아있었다. 선물을 받아안고 감격을 금치 못해하던 외교단 성원들과 자녀들은 한결같이 존경하는 **김정일**장군님께 감사의 인사를 드리자고 하면서 세 아이와 샤르따의 아버지를 대표로 뽑았던 것이다.

승용차는 푸른 숲 우거진 어느 정원앞에서 멎었다. 부관아저씨가 그들을 맞아 안내하였다.

샤르따는 예쁘고 향기로운 꽃다발을 두손에 소중히 받쳐들었다. 대사관 온실에서 송이송이 골라 정성껏 엮은 것이였다. 시원한 기운을 풍기는 젓나무숲을 지나자 개나리며 철쭉, 진달래가 울긋불긋 피여난 꽃밭이 나타났다. 호듯호듯 내려쪼이는 봄빛을 받아 잎을 활짝 벌린 꽃송이들은 아이들을 반겨웃고있는것만 같았다.

문득 꽃덤불너머에서 우렁우렁한 음성이 들려왔다.

《샤르따가 왔다, 어서 만나봅시다.》

순간 샤르따의 두눈은 기쁨으로 반짝거렸다. 만면에 너그러운 웃음을 담으신 장군님께서 꽃밭사이로 천천히 마주오고계시였다.

《아, 장군님!》

샤르따는 한달음에 달려나가 향기 그윽한 꽃다발을 드리며 인사를 올리였다.

《경애하는 장군님, 우린 장군님께서 보내주신 선물을 받았습니다. 정말 고맙습니다!》

아버지장군님께서는 사르따의 두볼을 정답게 다독여주시고나서 찬트네라와 모리암에게도 따뜻한 웃음을 보내시였다.

꾸마르대사와 반갑게 인사를 나누신 장군님께서는 선물옷을 차려입은 아이들의 모습을 따뜻한 눈길로 굽어보시였다.

《그래, 모두 마음에 드느냐?》

《예》

아이들의 맑고 쟁쟁한 목소리가 노래소리마냥 울리였다.

아버지장군님께서는 사르따의 어깨를 끌어안으시고 아름드리 버드나무곁으로 걸음을 옮기시였다. 파아란 실버들가지들이 주렴발[8]처럼 드리운곳에 원탁과 등나무의자들이 빙 둘러놓여있었다.

곁에 앉아 장군님을 우러러보는 사르따의 갸름한 얼굴에는 류달리 밝은 웃음이 흐르고있었다.

귀엽고 아릿다운 그 모습을 바라보시는 장군님의 마음은 마냥 즐겁고 기쁘시였다. 장군님께서는 꽃무늬가 새겨진 유리고뿌에 빨간 단물을 따라주시며 샤르따를 향해 빙긋이 웃으시여였다.

《이젠 혜영이를 부러워하지 않아도 되겠구나.》

샤르다는 어깨를 흠칫하며 눈이 올롱해졌다. 가슴속에서 날새[9]가 포르릉 날개짓을 하는

8 구슬을 꿰여서 만든 발.

9 날아다니는 새.

것 같았다.

(아, 장군님께선 내 마음을 다 알고계셨구나.)

꼭 친아버지, 친어머니처럼 가깝고 정답게 느껴지는 장군님이시였다.

꾸마르대사가 감격을 누르지 못해하며 말씀올리였다.

《…장군님이 아니였다면 우리 애는 세상에 눈도 떠보지 못했을것입니다. 그런데 오늘은 또 이렇게 귀중한 선물까지…

이 은혜를 무엇으로 갚았으면 좋을지 모르겠습니다.》

아버지장군님께서는 자리에서 일어서려는 대사의 손을 따뜻이 잡아 끌어앉히시였다.

《대사선생, 이러지 마십시오.

어린이들이야 미래의 주인이고 귀중한 보배가 아닙니까. 그들을 위해서라면 조금도 아낄것이 없습니다.》

대사는 감동어린 목소리로 가슴속에 품고있던 생각을 그대로 터놓았다.

《장군님께서 어린이들을 얼마나 사랑하시는가는 저희들도 잘 알고있습니다. 하지만 솔직히 말씀드려서 이 애들이야 조선의 어린이가 아니지 않습니까.》

샤르따는 귀를 바싹 강구었다.[10] 어린 마음에도 장군님께서 어떤 말씀을 하실지 가슴이 두근거리였다.

아버지장군님게서는 천천히 꽃밭쪽으로 눈길을 옮기시였다. 연분홍진달래, 노란 개나리꽃들이 송이송이 활짝피여 저마다 예쁜 모습을 자랑하고있었다. 장군님에게는 자애로운 눈길로 아이들을 둘러보시며 말씀하시였다.

《어린이들은 나라의 꽃봉오리입니다. 이 세상에 천만가지 꽃이 있다 해도 이보다 소중하고 아름다운 꽃은 없을것입니다.

대사선생의 말대로 이애들은 나라도 다르고 피부색도 언어도 서로 다릅니다. 그러나 나느 우리 어린이들과 달리 생각치 않습니다.

이 땅에서 피는꽃은 다 아름다워야 합니다.》

아버지장군님께서는 잠시 대사를 바라보시고나서 아이들의 어깨에 손을 얹으시며 뜨겁게 말씀하시였다.

《애들아, 너희들은 조금도 구김새없이 곱게 피여나야 한다. 그래야 세계의 미래가 더욱 밝

10 주의하여 듣느라고 귀를 기울이다.

고 아름다워질것이다!》

(아!…)

아이들도 대사도 가슴을 들먹이며 장군님을 우러르고있었다.

잠시후 아버지장군님께서는 사르따쪽으로 몸을기울이시며 슬며시 귀속말을 하시였다.

《사르따 잊지 않았니? 오늘은 혜영이에게 진 빚을 갚아야지.》

사르따가 소스라치듯 놀라는데 장군님께서는 가볍게 손을 들어 잣나무숲쪽을 가리키시였다. 그곳에는 장군님의 부르심을 받은 혜영이가 있었던 것이다. 그쪽을 바라본 샤르따는 저도 모르게 깡충 뛰여일어났다.

꽃무늬선물옷으로 단장한 혜영이가 나풀나풀 걸어오고 있었다. 그애는 장군님의 모습이 보이자 구을 듯이 달려왔다.

《저런, 넘어질라.》

아버지장군님께서는 몇걸음 마주 걸어나가 그를 꼭 안아주시였다. 그러시고는 옷차림을 살피시고나서 만족한 웃음을 지으시며 샤르따쪽을 돌아보시였다.

《애들아, 어서 이리 오너라. 혜영이도 왔는데 기념으루 사진부터 찍자.》

《야!》

아이들은 함성을 터치며 장군님두리에 몰키였다. 그들이 부러워서인 듯 봄바람은 솔솔 불며 옷자락에 매달리고 수양버들은 흐느적흐느적 그네를 뛰기 시작했다.

행복에 겨운 아이들의 모습을 바라보는 꾸마르대사의 눈에는 물기가 핑 어리였다. 사진기를 들고 앞에 나선 부관아저씨들도 속으로 뜨거운 것을 삼키고있었다.

《자, 여기가 좋겠다.》

개나리와 철쭉꽃이 만발한 꽃밭앞에 이르신 장군님께서는 두팔을 활짝 벌리시고 아이들을 한품에 꼭 끌어안으시였다.

순간 아버지장군님의 환하신 얼굴에는 밝고도 따사로운 미소가 가득 어리시였다. 그 미소는 이 세상의 온갖 꽃들을 곱게곱게 피워주는 은혜로운 해님의 미소였다.

푸른 숲의 밀화부리

박길송

아름다운 꽃들이 만발하고 갖가지 나무들이 울창하게 들어선 푸른 숲에서 밀화부리가 어린것들을 데리고 살고 있었습니다.

새까만 털깃모자를 푹 눌러쓰고 연한 초록색에 재밤색조끼를 받쳐입은 밀화부리[1]는 노래의 명수로서 이름이 자자했답니다.

《끼끄끼끄 끼익

짝짜꿍 끄이 끼끄이》

밀화부리가 부르는 노래는 이름있는 가수들인 꾀꼴새[2], 뿔종다리[3], 검은머리촉새[4]도 따르지 못했습니다.

그들은 밀화부리의 고운 목청과 견주어보려 했으나 흉내조차 낼수 없었습니다.

꾀꼴새는《꾀꼴통》 검은머리촉새는《삐리삐이뱊》하고 투덜대며 밀화부리를 부러워했습니다. 그때면 더 신이 나서 노래를 불렀습니다. 푸른 숲이 들썩하게 말이예요. 밀화부리의 부리는 갈구리처럼 사납게 생겼습니다. 하지만 남을 절대로 해치지 않았습니다.

밀화부리의 집은 돌돌 흐르는 개울물을 지나 아찔하게 솟은 오리나무우에 있었습니다.

밀화부리는 어린것들을 무척 사랑했습니다. 마른날 궂은날을 가리지 않고 다리 긴 메뚜기를 쫓아 강기슭을 날아다니며 먹이를 모아서는 어린것들에게 날라다 먹이군하였습니다.

그러던 어느날이였습니다.

---

1 ㉾ 되샛과의 새. 수컷은 머리가 검은 남색이고 어깨깃은 노란 회갈색이다. 꼬리 위 털깃은 회색에 끝이 남색이고 나머지 깃은 잿빛을 띤 갈색이다. 암컷은 머리가 잿빛을 띤 갈색이고 꼬리 위 덮깃은 흰빛을 띤 잿빛이다. 강가의 숲이나 산속 낮은 나뭇가지에 사는데, 한국 · 동부 시베리아 등지에 서식한다.

2 꾀꼬리.

3 ㉾ 종다릿과의 새. 종다리와 비슷한데 몸빛은 잿빛을 띤 갈색이고 가슴에 진한 얼룩점이 있다. 부리가 크고 정수리에 갓털이 있다. 다른 종다리는 울 때에 갓털을 세우지만 이 새는 흰 털을 뿔처럼 뻗친다. 한국, 중국 동북부 등지에 분포한다.

4 ㉾ 되샛과의 새. 몸의 길이는 14cm 정도이다. 수컷은 등이 어두운 적갈색, 가슴과 배 쪽은 누런색이고 얼굴은 짙은 적갈색이다. 암컷은 머리가 잿빛을 띤 갈색이며 머리와 등 쪽에 세로무늬가 많다. 유라시아 대륙 북부에서 널리 번식하고 한국, 인도에서 겨울을 보낸다.

고소한 풀메뚜기를 한꼬챙이[5] 잡아가지고 오니 뜨락앞에 숯검댕이같은 검은 말뚝이 솟아 있는게 아니겠습니까?

밀화부리는 주춤 날개를 가두고 가만히 내려다 보았습니다.

(내가 다른 집에 왔나? 우리 집앞에는 말뚝이 없는데…)

이때 애기 밀화부리들이 쨱쨱 울지 않았던들 밀화부리는 집을 찾아 다른데로 날아갔을것입니다.

《귀여운 내 새끼들아, 오래 기다렸지.》 어린것들에게 먹이를 먹여주면서 밀화부리는 푸른 숲을 열바퀴도 더 돌아다녔건만 고달픔을 다 잊어버렸습니다.

먹이를 먹여주고 따스한 품에 애기를 하나씩 안아주던 밀화부리는 깜짝 놀랐습니다.

《얘들아, 어떻게 된 일이냐?》 애기들은 할딱할딱 바쁜 숨을 쉬며 열이 올라 머리가 따끈따끈했습니다.

《어떤 나쁜놈이 너희들을 엿보는[6]게 아니야. 놀란게 틀림없구나.》

밀화부리는 속이 뜨끔했습니다.

밀화부리는 집주위를 빙빙 돌면서 여기저기를 살펴보았습니다.

(참 별일이군. 분명 말뚝이 있었는데…말뚝이 발이 있어서 어딜 갔을까.)

밀화부리는 무슨 곡절이 있는것만 같았습니다. 저도 모르게 얇은 가슴이 막 떨렸습니다. 근심이 하늘만해졌습니다. 언제나 웃음과 행복만이 차넘치던 푸른 숲이였습니다. 아름다운 꽃이 피고 달콤한 향기가 가득차넘치는 푸른 숲이였습니다.

그런데 알수 없는 어떤 흉악한놈이 기여들었으니 앞으로 살아갈 일이 걱정되였습니다.

어느덧 밀화부리의 눈굽[7]엔 맑은 이슬이 한방울, 두방울 돋아나왔습니다.

순간 저도 모르게 《으흐흑》 하고 슬픔에 잠긴 밀화부리는 작은 어깨를 들먹이며 흐느끼고 있었습니다. 그때였습니다. 아름드리 썩은 나무가 꺾어지는듯한 《와지끈》 하는 소리가 나더니 얼룩곰이 뚱기적거리며[8] 기여나왔습니다.

얼룩곰은 울고있는 밀화부리를 보더니 두눈이 휘둥그래졌습니다.

《푸른 숲의 이름난 가수가 울기는 왜 우노?》 하지만 밀화부리는 얼른 대답치 않고 흐느끼기만 하였습니다.

---

5 가늘고 길면서 끝이 뾰족한 쇠나 나무 따위의 물건.
6 음흉한 목적을 가지고 남의것을 빼앗으려고 벼르다.
7 눈구석이나 눈의 가장자리.
8 뚱뚱한 몸으로 매우 둔하고 느리게 자꾸 기우뚱하다.

《어서 말을 해야 알지, 대관절 웬일이야.》 그러자 밀화부리는 눈물을 씻으며 집을 어떤놈이 엿보고있으니 가슴이 떨려 못살겠다고 이야기했습니다.

《그래 어떤놈이더냐?》

《몰라요. 보지는 못했어요.》

《에이구 분해라. 내앞에 맞다들기만 했다면 그저 이 주먹으로 요정[9]을 냈을걸.》 얼룩곰은 저울추같은 주먹으로 진대나무통을 두드리는데 산이 쩌렁쩌렁 울리였습니다.

얼룩곰의 큼직한 주먹을 처음 보는 밀화부리는 가슴이 섬찍했습니다. 하면서도 얼룩곰과 잘 사귀면 앞으로 그의 도움을 받을것 같았습니다. 그래서 밀화부리는 두근두근하는 마음을 진정하며 이렇게 말했습니다.

《야, 아저씬 힘장사겠네. 우리도 함께 살게 해줄수 없어요? 좀 마음편하게 살게요.》

《그래그래. 함께 살자꾸나. 내가 여기에만 있으면 어떤놈도 얼씬 못해. 어서 맘놓고 새끼들을 데리고 오라구.》

《네, 고마와요. 곰아저씨, 정말 고마와요.》

밀화부리는 봇나무중턱에 새 집을 짓고 애기들을 옮겼습니다. 그리고는 멀리까지 날아다니며 모기랑, 풀메뚜기랑 잡아다가 어린것들에게 먹였습니다.

애들은 무럭무럭 컸습니다.

그때마다 밀화부리는 《벌써[10] 곰결에 올걸.》하면서 기뻐했습니다.

그러던 어느 날이였습니다.

낮에 멀리까지 먹이를 구하러 갔다오고나니 피곤이 몰리여 밀화부리는 깜빡 잠에 빠졌습니다. 그런데 애기들이 소란을 피우며 깨우는것이 아니겠습니까.

《끼꼬끼꼬.》

밀화부리는 자지러지는듯한 애기들의 울음소리에 얼른 선잠에서 깨여났습니다.

어스름 달빛에 무엇인가 나무에 기여오르다가 스르르 미끄러져내렸습니다. 눈에서 불꽃이 일며 작은 대가리뒤에 긴 꼬리를 감추는걸 보니 분명 족제비였습니다. 순간 밀화부리는 큰소리를 쳤습니다.

《얼룩곰아저씨, 족제비놈이야요.》

그러나 얼룩곰의 코고는 소리만 들릴뿐 아무 응대[11]도 없었습니다.

---

9 ㊟ '요절' 의 다른 말.

10 이 전에.

11 부름이나 물음에 응하고 상대하는것.

《곰아저씨, 곰아저씨 야, 참 저놈이 달아나요.》 안타까이 두드리는 밀화부리의 슬픈 소리를 듣고 이윽해서야[12] 곰은 푸시시 눈을 떴습니다. 그리고는 버럭 소리를 지르는것이였습니다.

《웬일이야? 아참 곤하군, 지난밤에 늦게까지 가재잡이를 했더니…》

입이 째지게 하품을 하더니 얼룩곰은 다시 돌아누었습니다.

《얼룩곰아저씨, 야참 족제비놈이 왔어요. 저놈이 달아나요.》

《응? 그놈이 예까지 기여들었어. 어디있냐?》 얼룩곰이 뚱기적거리며 일어났을 때엔 족제비란놈은 벌써 멀리 달아났습니다.

(야?! 곰곁에 오면 그놈이 얼씬 못할줄 알았는데…)

온밤 뜬눈으로 밤을 세운 밀화부리였습니다. 이튿날 아침 아무 생각도 없이 낚시대를 메고 강가로 내려가는 얼룩곰을 물끄러미 바라보던 밀화부리는 여간만 섭섭하지 않았습니다.

(난 온밤 한잠도 못잤는데… 곰은 너무나 무정해. 힘센 자랑만 했지…)

곰과 함께 더 있을수 없었습니다.

곰을 믿다가는 마음놓고 살아가기는커녕 잠도 변변히 자지 못할것 같았습니다.

(어떻게 할가? 또 족제비란놈이 올것 같은데…)

이때입니다. 메돼지가 느닷없이 밀화부리곁으로 다가왔습니다.

메돼지는 밀화부리를 보자 함지박같은 배를 두드리며 이렇게 말했습니다.

《도토리를 몇되박 주어먹었더니 배가 묵직한걸. 야 밀화부리야 내 배가 멋있지.》 메돼지는 트림을 껄껄하며 밀화부리를 넌지시 올려다보았습니다.

《………》

하지만 근심에 싸인 밀화부리는 대답할 겨를이 없었습니다.

그러자 밀화부리의 얼굴을 물끄러미 바라보던 메돼지는 큰소리로 말했습니다.

《웬일이냐? 누구한테 매맞았니?》 밀화부리는 머리를 설레설레 흔들었습니다.

《그럼 웬일이냐?》 메돼지가 다우쳐[13] 묻자 밀화부리는 자초지종을 이야기했습니다. 밀화부리의 이야기를 다듣고난 메돼지는 《흐흐》 하고 웃었습니다.

《곰이 체통[14]이나 컸지 인정이 없다구, 근심 말구 가둑나무꼭대기에 집을 짓고 애기들을 키우라구, 내 이 버덩이발[15]만 봐두 떨지 않는 녀석들이 없어. 아예 념려 말라구. 대신 도토리나

12 어떤 일이 있은 뒤에 지난 시간이 꽤 오래다.

13 ⓐ '다그치다' 의 북한말.

14 몸통이나 몸집.

15 뻗니. ⓐ 뻗니: 뻐드렁니의 북한말

좀 떨구어주게나.》

메돼지는 버덩이로 억센 참나무뿌리를 와작와작 물어 끊었습니다.

(야, 메돼지 이발은 대단하구나. 저 이발한테는 정말 어떤 짐승도 달려들지 못하겠구나.)

밀화부리는 한숨이 호— 나왔습니다.

《고마와요. 인정많은 메돼지아저씨.》

밀화부리는 한시름 놓았다고 생각하면서 도토리나무에 집을 옮기고 애기들을 자래우기[16] 시작했습니다.

며칠이 지난 어느날이였습니다.

고추잠자리 몇마리를 잡아가지고 가볍게 날아오던 밀화부리는 애기들이 다급하게 우는소리에 귀를 강구었습니다.[17]

《짹짹—끼익, 끼익.》

밀화부리는 가슴이 철렁 내려앉는것 같았습니다. 허둥지둥 제정신없이 날아왔을 때에는 애기들이 한마리도 보이지 않았습니다. 고운 털만이 바람에 날아다닐뿐이였습니다.

《꿀꿀이아저씨, 우리 애기들이 모두 없어졌어요.》 밀화부리는 막 가슴이 터지는것 같았습니다. 참나무밑에서 생도토리를 까먹던 메돼지는 가느스름한 눈을 치뜨더니 《아니 그 애들이 방금까지 노래를부르며 좋아하던데.》하며 대수롭지 않게 대답해버렸습니다.

《야참, 한심도 하네. 나쁜놈이 온것도 모르는군요. 족제비놈이 온것 같아요.》

《아니 그래? 족제비란놈이 왔단말이냐? 그놈이 여기까지 기여들어.》

메돼지는 성이 나서 펄펄 뛰며 이발을 뿌드득 갈았습니다. 그때 나무뒤에 숨어서 기회를 엿보던 족제비놈이 상판대기를 이죽거리며 바위뒤로 뛰여 달아빼는것이였습니다.

(저놈이 어디에 숨어있었을가.)

한참 생각하던 밀화부리는 족제비란놈이 묘한 수를 쓴다는것을 알았습니다.

다행히도 애기들은 하나도 다친데 없이 다리뜀을 하며 바위짬[18]에서 기여나왔습니다.

《살았구나 살았어.》

밀화부리는 너무나 기뻐서 눈물을 흘리며 품에 와락 안았습니다.

(야, 이 귀여운것들아, 이제는 어떡하면 좋니? 곰도 메돼지도 크게 믿었는데 다 소용없구

16 ㊟ '기르다' 의 북한말.

17 무엇을 주의하여 듣느라고 귀를 기울이다.

18 바위틈.

나.) 밀화부리는 작은 가슴을 할딱거리며 또 눈물을 방울방울 떨구었습니다. 이때입니다. 산삼캐러 갔다오던 점박이사슴은 밀화부리가 슬피 우는것을 보고 눈을 슴벅이더니[19] 망태기를 바위우에 올려놓고 물었습니다.

《고운 새야, 무슨 슬픈 일이 있는 모양이구나. 내가 도울수 있다면 도와주자꾸나》

《점박이아저씨, 아저씨가 도울 일이라면 얼마나 좋겠어요? 이 동산에는 힘센 곰아저씨랑 메돼지랑 어쩌지 못하는데 마음 어진 아저씨가 어떻게 돕는단말이얘요.》

밀화부리는 그 사연을 단숨에 쭉 이야기했습니다.

밀화부리의 이야기를 다 듣고난 점박이사슴은 껄껄 웃었습니다.

《아저씬 남이 슬퍼하는데 웃고있어요?》 밀화부리는 점박이사슴을 의아하게 쳐다보았습니다. 점박이사슴은 더 크게 소리내어 웃더니 《글쎄 웃음이 안나오게 됐냐 말이다. 너는 왜 자기의 힘을 가지고 나쁜놈을 없앨 궁리를 못하니?》

《아니 내가 힘이 센 족제비놈과 어떻게 맞서 싸운단 말이야요?》

《허허, 그게 탈이거던. 네가 몸은 작아도 노래를 잘부르는건 이 동산에서 첫째로 손꼽히지 않느냐. 그처럼 힘은 약하더라도 지혜를 쓰면 큰 힘이 나오는걸 모르는구나.》

《내가 그놈을 참말 이길수 있을가요?》

《있지 않구. 잘 생각해보라구. 너의 날카로운 발톱과 갈구리같은 부리에 총명한 머리를 쓰면 족제비보다 더한놈도 이길수 있단다.》

이 말에 밀화부리는 문뜩 생각나는것이 있었습니다. 두눈이 별빛처럼 빛났습니다. 족제비란놈이 말뚝처럼 버티고서서 나무등걸처럼 자기를 위장하기 때문에 늘쌍 여기엔 속히운것이 분했습니다.

《옳지, 그것을 리용해서 내가 혼쌀[20]을 내줘야지.》

밀화부리는 그달음으로[21] 고기사냥군으로 이름난 너구리를 찾아갔습니다.

호수가에 낚시줄을 던지고 한곳에만 정신이 팔린 너구리는 밀화부리가 두세번 불러서야 뒤를 돌아보았습니다.

《아니. 밀화부리가 웬일이냐?》

밀화부리는 벙글써[22] 웃으며 《너구리아저씨, 예비낚시가 한개 없어요?》 하고 물었습니다.

19 ㊟ '껌빽이다' 의 북한말.
20 ㊟ '혼쭐' 의 북한말.
21 내친 그 걸음으로.
22 자주 벙글대며.

《왜?》

《저도 고기사냥을 해볼가 해서요.》

《허허, 밀화부리가 고기사냥을 한다?》

《네, 하루이틀 빌려줄수 없을가요?》

《거저도 줄라니 하루이틀 빌려야 못줄가. 옜네.》

《고맙습니다. 너구리아저씨.》 밀화부리는 인사를하고 자기 집으로 달아왔습니다. 집에 돌아온 밀화부리는 밤가루에 고기를 섞어 맛있는 고기떡을 두개 만들었습니다. 보기만 해도 군침이 돌고 먹음직스러웠습니다.

그날밤이였습니다.

어스름 달빛에 아래를 내려다보니 낮에 없었던 《말뚝》이 보였습니다.

밀화부리는 코웃음음을 치며 《말뚝》을 향해 말했습니다.

《족제비님, 배가 출출하지요.》

그 말에 족제비는 깜짝 놀랐습니다.

말뚝처럼 꼿꼿이 서있는 자기를 어떻게 알아보았는지… 그러나 족제비는 모른체하고 짐짓 말뚝처럼 서있었습니다. 그러자 밀화부리가 다시 말했습니다.

《족제비님, 요구되는것이 뭣이나요.》

순간 족제비는 그냥 말뚝인체 할수 없었습니다. 마침내 족제비는 《말뚝》 가면을 벗어던지고 흉악한 본성을 드러내놓았습니다. 족제비는 껑충껑충 캥캥하며 밀화부리를 위협했습니다.

《밀화부리야, 새끼 한마리만 내놔라. 내 말을 듣지 않으며 너까지 무사하지 못할게다.》 순간 밀화부리는 일부러 떨리는 목소리로 말했습니다.

《더 맛나는걸 대접하면 안돼요.》

하면서 고기떡 한개를 살그머니 땅에 떨구었습니다.

족제비는 조심스럽게 고기떡냄새를 맡더니 한입 먹어보는것이였습니다. 고소하고 맛있는 떡이였습니다. 순식간에 고기떡 한개를 다 먹어버린 족제비놈은 돌아갈념을 하지 않고 또 혀를 날름거렸습니다.

《자, 한개 더 맛보세요.》

밀화부리는 고기떡 한개를 마저 떨구었습니다. 고기떡맛을 들인 족제비는 닁큼[23] 한입에

23 우물쭈물하지 않고 단번에 빨리 하는 모양을 나타내는 말.

물었습니다. 그러자 족제비는 캥— 하는 소리와 함께 그 자리에서 뱅글뱅글 돌기 시작했습니다. 《에그그—》족제비는 큰 신음소리도 치지 못했습니다. 고기떡속에 노끈이 달린 낚시를 넣은것을 족제비는 알수 없었던것입니다.

낚시에 걸린대로 도망치려해도 노끈을 나뭇가지에 단단히 매놓았기때문에 꼼짝할수 없었습니다. 그때였습니다.

《이놈아, 이 원쑤놈아!》 성난 밀화부리는 족제비의 대가리를 쫏고 또 쪼았습니다. 《어이쿠》 몸부림치던 족제비는 마지막 안깐힘을 쓰더니 낚시를 입에 문채 그 자리에 퍼더버리고[24] 말았습니다. 밀화부리는 어디선지 힘이 막 솟아났습니다. 밀화부리는 저도모르게 《만세》를 높이 불렀습니다.

《만세!》《만세!》

어느새 날아왔는지 물촉새며 쇠찌르러기[25]들이 날아와 밀화부리를 축하해주었습니다. 얼룩곰과 메돼지도 찾아왔습니다.

《넌 참 용해. 어디서 그런 힘이 나왔니? 호르르빗》

휘파람새가 꽁지를 달싹거리며 물었습니다.

《참 부꾸럽지만 난 내게 이런 큰 힘이 있는걸 몰랐댔어. 마음만 먹으면 그 어떤 원쑤놈도 이길수 있다는것을 이제야 알았어.》

새들은 모두 머리를 끄덕였습니다.

메돼지와 얼룩곰은 아무 말도 없이 머리만 끄덕거렸습니다.

밀화부리의 아름다운 노래가 푸른 숲에 울려퍼졌습니다.

애기밀화부리들도 엄마를 따라 노래를 불렀습니다.

《끼꼬끼꼬—끼익

짝자꿍—꼬이끼꼬이—》

밀화부리는 노래를 신나게 부르며 푸른 숲을 더 알뜰하게 가꾸어갔습니다.

이때부터 푸른 숲에는 다시는 흉악한놈이 기여들지 못했습니다.

24 팔다리를 아무렇게나 뻗은 모양.

25 ㊟ 찌르레깃과의 철새. 몸의 길이는 20cm 정도이며, 수컷은 머리가 흰색이고 목 둘레는 검은 갈색이며 가슴과 배는 흰빛을 띤 회색이다. 그리고 북한 소설 중 《쇠찌르레기》란 작품도 있다. 이 작품은 월남한 조류학자 원병오 박사가 북녁의 가족에게 새를 통해 교신을 보낸 극적인 실화를 소재로 하고 있어 매우 흥미를 끄는 작품이다.

청소년의 학교생활

북한에서는 엄격한 조직이 모든 생활의 기초를 이루고 있으므로 청소년들의 활동들도 조직화 · 집단화되어 있다. 성별, 연령, 사회계층, 지역 등에 따라 조금씩 차이가 있지만 청소년들의 하루생활은 일반적으로 당에서 하달된 지시에 따라 이루어진다.

인민학교와 고등중학교의 수업은 오전 8시부터 시작하기 때문에 학생들은 대개 7시에서 7시 30분 사이에 집을 떠난다. 학생들은 동네의 일정한 장소에 모여서 인원확인과 복장검사를 한 후에 함께 등교한다. 개인행동을 했을 때는 상급생이나 담임교원에게 벌을 받는다. 학급장이나 학생조직장의 지휘로 인민학교와 고등중학교 학생들은 줄을 서서 합창을 하면서 학교로 걸어간다.

학교정문에 도착하면 소년단이나 사로청위원회 간부들로 구성된 규찰대가 공부할 준비상태, 머리와 복장검사, 특히 김일성배지 착용여부에 대한 검열을 한다. 모임장소에 모이지 않고 혼자서 학교에 온 학생은 규찰대에게 벌을 받느라고 학교 정문에 서 있게 된다.

학교에서의 일과는 아침모임시간부터 시작된다. 전교 학생들이 학급별로 줄을 서서 '배움의 천리길' 달리기를 한다. 달릴 때는 두 패로 나뉘어, '배움의 길', '천리길'이라는 함성을 번갈아 지른다. 그 다음에는 인민보건체조를 하고, 학교장이 전날에 일어난 비판 대상거리를 발표하고 훈계한다. 이때 잘못한 학생들은 강당 앞에 나가 비판과 벌을 받는다. 일주일에 한 번씩 청결위생검열도 하게 된다. 학급장이 인원점검을 한 후, 줄을 서서 교실로 들어간다.

학교수업은 인민학교가 하루에 4~5시간, 고등중학교 중등반은 6~7시간, 고등반은 6~8시간 정도 한다. 수업시간은 인민학교와 고등중학교 중등반은 45분 수업에 15분 휴식하며, 고등반은 50분 수업에 10분 휴식이다. 오전수업이 끝나면 12시부터 점심시간인데 집이 가까운 학생들은 집에 가서 먹고 오기도 하나 대부분은 집에서 준비해 온 곽밥(도시락)을 먹는다.

정규수업이 끝나면 담임교원의 지도하에 일일 또는 주간 생활총화 시간을 가진다. 이 시간에는 하루 또는 한 주일 동안의 생활을 반성하고 앞으로의 생활에 대한 결의와 각오를 발표한다. 학생 스스로가 자신의 잘못을 이야기하고 반성하기도 하나, 대부분 학급반장이나 줄반장들이 적은 것을 발표하여 비판한다.

생활총화가 끝난 후, 자율학습 또는 과외학습이 시작되어 집체복습과 개별적인 학습, 그리고 학업성적이 부진한 자들에 대한 집중학습이 이루어진다. 복습 끝에는 시험총화가 있어 그 총화에서 통과되지 못하면 늦게까지 교실에 남아 있어야 한다.

-자료 제공 : 통일부 북한자료센터

[발제 : 글을 읽기 전에]

북한은 해방 직후부터 여성 문제 해결을 매우 중요시하여 1946년 7월 '북조선의 남녀평등권에 대한 법령'이 공포된 것을 비롯, 다각적으로 노력한 역사를 가지고 있다. 당연히 여성문제와 관련된 사회적 관심을 담은 여러 문예 작품도 창작되었다.

북한의 여성문학에서 가장 두드러진 특징은 국가의 총생산력을 높이는 데 이바지하는 노동력으로서의 여성과 모성으로서의 여성을 그리고 있다는 점이다. 북한 여성들은 가정에서는 훌륭한 어머니로, 직장에서는 성실한 노동자로 일해야 하는 이중의 짐을 지고 있다. 북한에서 닮고 싶은 여성은 아이들을 많이 낳아 기른 '모성 영웅'과 북쪽 여성의 기상을 전 세계에 알린 '유도 선수 계순희'이다.

북한의 여성문학을 살펴보면, 먼저 사회적 활동 속에서 여성의 삶을 다루고 있다는 점을 발견할 수 있다. 미혼자와 기혼자간의 차이는 있긴 하지만, 기본적으로 북한의 여성문학에서는 사회활동을 하면서 독립적이고 당당한 여성으로 성장하는 모습을 주로 그리고 있다. '남녀평등권에 대한 법령'이 공포된 이후 북한 여성들은 기업소에서 남성들과 동일한 임금을 받으며 사회활동을 하였다. 그리고 한국 전쟁 후부터는 유휴노력의 활동이란 측면에서 여성들의 취업이 국가적 차원에서 장려되었기 때문에 여성들의 사회적 진출에 대한 문제는 제기될 수 없는 상황이었다. 물론 여성들이 사회 속에서 과연 자기의 능력에 걸맞는 지위에까지 오를 수 있는가 하는 문제는 여전히 남는 것이지만 일반 여성들이 사회적 활동을 원할 경우, 어떤 방식으로든지 그것이 충족되기 때문에 사회적 진출에서 좌절되는 여성들의 분노 같은 것은 작품 속에서 찾아보기 어렵다.

이 장에 실린 하정히의 《직장장의 하루》(조선문학, 1992. 8.)는 남편이 있고 두 아이의 어머니인 '김명옥'이 공장에서 직장장의 역할을 수행하면서 일어나는 갈등을 그리고 있다. 현재 우리 사회의 남녀 문제나 여성의 사회적 위상과 삶의 방식을 생각해 볼 때, 가사일과 직장일을 완벽하게 수행해야 한다는 '슈퍼우먼 콤플렉스'를 겪고 있는 김명옥의 모습은 우리에게 낯설음과 신선함을 동시에 안겨다 줄 것이다.

북한의 여성문학에서 발견할 수 있는 또다른 특징은 '모성으로서의 여성'을 강조하고 있다는 점이다. 북한에서 '일 솜씨가 좋은 여성들'에게는 '준마 처녀'라는 별명을 붙이는데, 이 '준마 처녀' 역시 나이가 차면 결혼을 하게 된다. 그리고 결혼을 하지 않는 여성들은 '이기적인 사람'으로 비난을 받게 되며, 결혼한 여성에게 출산은 의무로 간주된다. 특히 북한 여성들은 국가에서 아이들의 교육비를 부담하는 의무교육 기간이 11년(유치원 1년, 소학교 4년, 중학교 6년)이나 되는데, 아이를 낳지 않는 것은 이기심일 뿐이라고 생각하고 있다.

이 장에 실린 리라순의 《들꽃향기》(통일문학, 2006. 1.)는 33명의 고아들을 데려가 키워 2004년 12월 '모성 영웅' 칭호를 받은 서혜숙 씨의 이야기를 소재로 하고 있다. 서혜숙 씨는 한 인터뷰에서 "시집가서 아이 잘 낳고, 자식 많이 낳는 게 여자의 본분"이라고 강조한 바 있다. 이처럼 건강한 아이를 낳아 잘 키우는 일은 선군시대의 북한 여성에게 요구되는 덕목 중의 하나이다. 특히 뼈에 가죽만 붙은 아이들을 살리려고 피를 3번이나 뽑은 서혜숙 씨의 이야기는 북한에서 여성이 어떻게 국민으로 구성되는지를 잘 보여주는 예라고 할 수 있을 것이다.

참고문헌

이유진, 「조명애가 누굽니까? 여자는 세차야지!」, 한겨레신문 2005년 9월 21일자.

김성보 외, 「여성 해방과 사회주의적 슈퍼우먼」, 『북한 현대사』, 웅진닷컴, 2004.

···› 생각해 보기

아직은 말 못해

▶ 북한에서는 연애가 결혼으로 이어지지 못하면 '부화사건(간통사건의 북한말)' 화되어 처벌을 받게 되기에, 대부분의 연애는 공개적이기보다는 비밀리에 이루어진다고 한다. 그러나 1980년대 말 이래 젊은이들 사이에는 당국의 직·간접 통제에도 불구하고 연애와 결혼을 별개의 것으로 인식하는 풍조가 확산되고 있어 자유연애가 증가하고 있는 것으로 알려지고 있다. 《혼사' 말 났으니 말이지(1957)》와 《아직은 말 못해(1987)》는 각각 중매를 부정하면서 연애대상에 대해 노래한 작품이라 할 수 있는데, 이와 관련하여 북한의 결혼관에 대해서 알아보자.

혼사' 말 났으니 말이지

▶ 《혼사' 말 났으니 말이지》는 간혹 음절과 음절 사이에 작은따옴표(예 : 문' 고리, 중매' 군, 혼사' 말, 벌' 바람 등)가 들어 있는 경우가 있는데, 1992년도 발행된 『조선말큰사전』에서는 볼 수 없는 예이다. 이러한 작은따옴표가 사용된 이유에 대해서 북한의 맞춤법과 관련하여 알아보자.

보금자리

▶ 우리들은 가끔 신문이나 잡지에서 다른 이를 위해 물심양면으로 도와 준 사람들의 미담(美談)을읽게 된다. 그 글에서는 왜 이 일을 하게 되었는지 나름대로의 동기와 계기가 있다. 그렇지만 《보금자리》를 취재하는 소설가의 기록에서는 서혜숙의 선행(善行)에 대해서는 쓰고 있으나 서혜숙이 이 일을 하게 된 동기와 계기에 대해서는 전혀 언급하고 있지 않다.
그렇다면 우리들이 바라보는 선행(善行)과 서혜숙이 바라보는 선행(善行) 또는 북한에서 바라보는 선행(善行)에는 상당한 차이가 있음을 간접적으로 드러낸다고 할 수 있다. 그것과 관련있는 문장이나 구절 또는 어휘들을 찾아내어 정리해 보라.

▶ 부모는 한결같이 자식들이 훌륭한 사람이 되기를 원한다. 이는 보편적 심리이다. 그렇다면 《보금자리》에서의 모성영웅인 '서혜숙'이 바라는 훌륭한 사람이 가져야 할 가치관과 직업 등은 무엇이며 우리 부모님들이 나에게 바라는 훌륭한 사람이 가져야 할 가치관과 직업 등은 무엇인지 정리해 보고 그것이 어디에서 연유하는지 비교해보라.

직장장의 하루

▶ 이 소설의 주인공 김명옥과 남한에서 직장생활을 하는 주부를 대상으로 그들의 직장생활과 가정, 남편에 대한 생각 등을 비교 정리해 보자.

▶ 만일 여러분 자신이나 배우자가 능력있는 '캐리어 우먼'이고 가정과 직장 중 어느 한 쪽을 선택해야 한다면 과연 어느 쪽을 택할 것인지 함께 이야기해 보자.

아직은 말 못해

김기호

어머니는 오늘도
나를 불러 선보러 가라지만
내 가슴에 간직한 사연 어이 알랴
도시의 그 총각보다
탄캐는 동무를 마음에 둔줄

어이 알랴
일터에서 서로 도우며
나도 몰래 움튼 정
그 총각과 마주서면
이 가슴에 물결 출렁임을

아무도 몰라
석탄산 저너머
달이 솟던 그 저녁
남모르게 남모르게
채탄공[1]동무와 속삭인 사연

그 동무가 캐는 석탄이라면
나 혼자 다 실어내고싶고
혁신자 그 동무 가슴에

1 석탄 캐는 일을 하는 로동자.

내가 만든 꽃다발만 안겨주고싶은
가슴에 타는 이 마음

하지만 말못해
아직은 말못해
이해의 석탄 다 캐기전에
우리 사연 가슴 속에 묻어두자던
아, 그 약속이 소중해
아, 그 꿈이 소중해

혼사' 말 났으니 말이지

허 진 계

하루 열 두 번 문' 고리 닳도록
이름난 중매' 군 들락거려도
처녀의 마음 드놀지[1] 않았네.

…기왕 혼사' 말 났으니 말이지
누가 함부로 허락이나 하겠대!
가슴엔 벌써 짚어둔 이 있거늘

어머니는 딸의 속 모르시나봐…
삼단 같은 머리채 만져 주시며
덮어놓고 중매' 군 인사 드리라시네.

세상 딱한 노릇 이에서 더하리만
보리 파종 늦노라 이 핑게 저 핑게
처녀는 쏜살같이 벌판으로 내닫네.

…기왕 혼사' 말 나왔으니 말이지
산에는 할미꽃 들에는 종달이
벌' 바람 쏘이며 함께 자란 동무야!

떠꺼머리 총각이라 놀려 준 그대
가래' 줄[2] 당기며 승강이하던 그대만이
내 가슴에 불 단겨준 사랑이라네.

1 《들놀다》의 준말. ㊟ 들놀다 : 들썩들썩하면서 이리저리 흔들리다.
2 가래바닥 량 옆에 맨 줄. ㊟ 가래바닥 : 가래의 몸인 넓죽한 바닥. 우는 길게 가루가 되고 밑 끝에는 가래' 날을 끼운다.

보금자리

리 라 순

렬차에 오른 나는 흐뭇한 마음으로 취재수첩을 펼쳤다. 나의 앞자리에 앉은 20대의 젊은 군관이 내가 펼쳐드는 수첩에 흥미있는 눈길을 던졌으나 나는 개의치 않고 그냥 수첩을 번져[1] 나갔다. 이번 물길[2]공사장에 나가서 만났고 일을 함께 하며 친숙해진 그들은 앞으로 나의 소설의 주인공들이였던 것이다.

그들의 이름을 훑어가던 나는 문득 수첩 한귀[3]에 밑줄을 그어놓은 이름밑에서 눈길을 멈추었다.

《모성영웅 서혜숙!》

부모없는 33명의 아이들을 잘 키워 얼마전에 신문과 방송으로 소개된 녀성이였다.

나는 물길공사장에 나가기 전에 그를 찾아갔었다. 그러나 그를 만날수가 없었다.

《옆집에 사는 우리도 애어머니 보기가 힘들다우. 새벽부터 밤늦게까지 뛰여다니니…》

할머니는 그가 젖먹이아이들의 암가루[4]를 가지러 갔을거라고 하며 돌아오면 소학교아이들의 학습때문에 또 학교에 찾아가 담임선생을 만나야 할게라고 일러주었다. 그리고 짬[5]시간에는 갓난애기들의 기저귀와 숱한[6] 애들이 벗어던진 옷들을 빨아야 하며 저녁쯤에는 남새[7]상점으로 뛰여간다는 것이다.

비록 하루의 짤막한 일이지만 많은 아이들을 키우는 서혜숙의 수고가 헤아려지는 토막이야기였다.

나는 이제 돌아가는 길로 서혜숙을 찾아가리라고 생각하였다. 그때 앞자리에서 수첩을 슬그머니 넘겨다보던 젊은 군관이 불쑥 물었다.

---

1 한장씩 넘기다.
2 물이 흐르는 길. 《물을 다른 지역으로 끌기 위하여 설치하는 구조물》을 통털어 이르는 말.
3 한쪽 구석이나 한쪽 귀퉁이.
4 암죽을 쑬 수 있게 가공한 가루. ㊟ 암죽 : 낟알가루나 밤가루로 묽게 쑨 죽. 젖먹이에게 젖대신으로 먹인다.
5 어떤 일에서 손을 떼거나 딴 일을 할 수 있는 겨를.
6 (주로 《숱한》형으로 쓰이여) 썩많다.
7 부식물로 먹기 위하여 심어 가꾸는 밭작물 곧 《배추, 무우, 오이, 가지, 고추, 호박, 마늘, 파 같은 것》을 통털어 이르는 말.

《혹시 그 수첩에 적혀있는 이름이 서혜숙어머니가 아닙니까?》

나는 놀라운 눈길로 그를 바라보았다.

《그래요. 선구자동에 사는…》

《그러니 우리 어머니가 옳군요[8]!》

젊은 군관은 환성을 지르며 큰소리로 떠들었다.

그바람에 더욱 놀란것은 나였다.

(어머니라니?! 그럼?…)

무작정 반가운 생각이 앞섰다. 이 젊은 군관에게서 서혜숙에 대한 이야기를 들을수 있다는 기대가 나를 흥분시켰다.

《아들인가요?》

《예. 둘째지요. 그런데 우리 어머니 이름이 어떻게 그 수첩에?…》

《어머니에 대한 소설을 쓰려구요.》

《그러니 작가선생이군요!》

나는 가볍게 웃었다.

흔히 취재길에선 작가를 만나면 무턱대고 반가와하는 사람을 보게 되는것이 드문 일은 아니였던것이다.

군관이 물었다.

《우리 어머니를 만나보셨는가요?》

《아니, 찾아갔다가 만나지 못하고 그냥 돌아왔어요. 》

《그럴겝니다. 아이들때문에 항상 바쁘니까요.… 아이들을 위해서라면 돌우[9]에도 꽃을 피울 그런 어머니입니다. 정말 우리 어머닌 훌륭한 어머니지요. 나이도 성격도 취미도 다른 수십명의 아이들을 키운다는 것이 쉬운 일입니까. 하루 세끼 끓여먹여야 하는 어린이들이 있는가 하면 매일과 같이 옷을 빨아 입혀야 하는 조무래기들도 있고 엇[10]드레질[11]로 마음을 썩이는 머리 큰 아이들도 있었습니다.》

---

8 (감동사로 쓰이여) 《무엇이 자기 생각과 꼭 들어맞아서 신통하다는 느낌》을 나타낸다.

9 《일정한 곳이나 대상으로부터 높은쪽의 위치나 장소》(주로 평면이나 지대에서)를 아래쪽이나 낮은 데에 상대하여 이르는 말.

10 (동사나 형용사 또는 일부 명사의 말뿌리에 붙어) ①《어긋나게》, 《비뚜로》의 뜻.

11 ①드레로 물을 푸는 일 ②드레박질 ③드레로 물을 길어 그 무게를 헤아리듯이 《사람의 됨됨을 떠보는 것》을 비겨 이르는 말 ④《드레로 물을 긷듯이 들어올렸다 내려넣었다 하는 식으로 마음이나 기분을 흔들어 놓거나 움직여놓는 것》을 비겨 이르는 말.

그는 어린시절의 추억을 더듬는듯 생각에 잠겨 차장을 바라보았다. 나는 말없이 그를 지켜보았다. 약간 올려민듯 한 군모[12]밑으로 그의 고집스러워보이는 이마가 유난히 눈에 띄였다. 어렸을 때 어지간히 서혜숙의 속을 태웠으리라는 생각이 들었다. 나의 눈길을 느끼였는지 젊은 군관은 멋적게 웃으며 자리를 바로잡았다.

《전 선생님이 무슨 생각을 하고있는지 짐작합니다. 정말 애를 먹였지요. 철없이…》

그는 크지 않은 목소리로 이야기를 시작하였다.

1

… 그의 원래 이름은 정만이였다. 정만은 13살 때 부모를 잃고 6살 난 동생 윤미와 함께 서혜숙어머니의 집으로 왔었다.

그가 온 새 집에는 같은 처지의 아이들이 벌써 19명이나 있었다. 몇달밖에 안된 갓난애기 네명과 서너살자리 아이들이 여라문[13]명 되였고 일여덟살[14]난 장난꾸러기들과 자기 또래의 처녀애들이 몇명 있었다.

서혜숙어머니는 호기심에 싸인 아이들과 경계심을 늦추지 않고있는 정만을 둘러보며 미소를 지었다.

《자, 우리 집에 큰오빠가 생겼다. 모두 큰오빠 말을 잘 들어야 해요!》

《예!》

아이들이 큰소리로 대답했다. 이애들이 모두 내 동생들이란 말인가. 정만은 윤미의 손을 꼭 잡은채 한방이나 되는 아이들을 물끄러미 바라볼뿐이였다.

처음에는 좋았다. 잠자리가 따뜻한것이 좋았고 하루 세끼 더운밥 먹는것이 좋았다. 동생 윤미도 애들과 잘 어울려 놀았고 새 어머니도 다른 애들과 자기 형제를 차이없이 대해주는것 같았다. 하지만 습관처럼 몸에 밴 경계심은 사라지지 않았다.

그러던 어느날이였다. 집안에서 그림책을 보고있던 정만은 자지러지는듯 한 윤미의 울음소리에 화다닥 놀라 밖으로 뛰여나갔다. 윤미는 애들속에 둘러싸여있었는데 성국이라는 애가 자기의 바람개비를 가지고 논다고 윤미를 밀쳤던것이다.

12 (일정한 격식으로 제정된) 군이의 모자.

13 열남짓한 수.

14 일고여덟.

성국이는 아주 애기때 이 집에 왔었는데 8살이 되도록 서혜숙을 자기의 친엄마로 믿고있는 애였다. 그래서 다른 애들이 서혜숙에게 어머니라고 부르면 단번에 입을 삐죽하며《체, 자기 엄마래! 내 엄마인데.》하고 한사코 승벽[15]을 부리는 아이였다. 그래선지 그 애는 다른 애들과는 달리 떼도 잘썼고 아무때나 투정을 부리곤 했다. 정만은 눈이 시리게[16] 노는 그 애를 못본척 했으나 언제든지 혼내주리라고 벼르고 있었던 참이였다.

《야! 내 동생은 왜 때려?》

정만이의 눈찌[17]가 사나와졌다. 모여선 애들이 두려움에 차서 정만이와 성국이를 엇갈아 보았다. 정만은 다른 애들 뒤로 슬금슬금 숨어버리는 성국이에게 한주먹[18] 안겨주었다. 성국이는 크게 다치지도 않았는데 그 자리에 폴싹[19] 넘어졌다.

원래 약골이였던것이다. 그 자리에서 돌아선 정만은 상점으로 뛰여가 새 학습장과 연필을 사오라고 준 돈으로 바람개비 열개를 사다가 윤미와 작은 애들에게 골고루 나누어주었다.

(체, 그까짓 학습장…)

정만은 큰형인 자기가 동생들에게 좋은 일을 해준것이 기뻤다.

그러나 저녁이 되여오자 차츰 걱정이 앞섰다.

어머니가 사오라고 한 학습장은 정만이뿐아니라 다른 애들도 래일 학교에 가지고 가야 할 학습장이였던것이다.

그런데 그 돈을 다 써버렸으니…

아니나다를가 어머니의 된꾸중[20]이 그를 기다리고있었다.

《큰애가 그러면 어떻거니? 동생을 때리지 않나, 제마음대로 바람개비를 사지 않나… 이 집에 왔으면 모두 한형제나 다름없는데 봐라, 성국이가 저렇게 누워있지 않니.》

정말 성국이는 자리까지 펴고 누워있었다.

정만은 자기에게 등을 돌려대고있는 성국이를 흘겨보았다.

(엄살을 부리는거지…)

이때 성국이에게 사탕물을 먹이던 같은 또래의 은혜가 정만이에게 쏘아붙였다.

---

15 남에게 지기 싫어하는 성미나 버릇. ㊟ 승벽(을) 부리다 : 상대편에게 지지 않고 이기려고 기를 쓰다.

16 눈(이) 시다 : = 눈꼴이 시다. ㊟ 눈꼴이 시다 : 하는것이 같지 않아서 보기에 아니꼬운데가 있다.

17 흘겨 보거나 쏘아 보는 눈길.

18 ①한손의 주먹 ②(주먹으로 때릴 때)한번 때리는 주먹.

19 작은 것이 맥없이 자꾸 가볍게 주저앉거나 내려앉는 모양 또는 그 소리를 나타내는 말.

20 되게 하는 모진 꾸중.

《넌 잘못을 빌줄도 모르니? 어머니 속만 태우면서… 너 같은 애는 처음이야!》

《뭐라구?!》

정만은 자리에서 벌떡 일어섰다.

《윤미야, 가자!》

(여기 아니면 있을데가 없어서?!)

《정만아, 너 어딜 가려고 그러니?》

붙잡는 아이들을 뿌리친 그는 다짜고짜 동생의 손목을 잡아끌고 집을 나섰다. 고층살림집 모서리를 돌아섰는데 《정만아!ㅡ 정만아!ㅡ》하고 찾으며 허둥지둥 달려나오는 어머니의 모습이 희미한 불빛에 나타났다가 사라지였다.

…

젊은 군관은 젖은 눈을 손바닥으로 꾹 누르며 고집스러운 그 이마를 쳐들었다.

《미안합니다. 그때 일을 생각하니 그만… 철들고보니 부모없는 우리들에게 준 서혜숙어머니의 사랑이 얼마나 헌신적인것인지 깨닫게 되는것 같습니다. 그러나 어머니는 아이들을 그저 고와만 하지 않았습니다. 아이들이 잘못하면 조금도 양보하지 않았지요.》

그는 메고있던 전투가방에서 군사우편으로 온 여러개의 편지를 꺼내였다. 매 편지마다 보낸 사람의 이름이 적혀있었다. 일숙, 편숙, 단숙, 심숙, 충일, 성일, 다숙, 하일, 리숙, 라일…

《우리 큰애들의 이름의 첫 글자를 합치면《일편단심 충성다하리라》가 됩니다. 그리고 작은 애들은 방패, 보답, 서애, 조숙, 국일, 통일, 일숙… 그래서 윤미는 단숙이로, 성국이는 성일이로, 저는 정만이가 아니라 라일이가 되였답니다.》

그는 그중에서 제일 두툼해보이는 편지봉투 하나를 나에게 내밀었다. 리숙이의 편지였다.

2

나는 리숙이의 편지를 펼쳤다.

《…

오빠, 우리 33명의 형제중에서 또 하나의 총대병사가 된 오빠를 저는 자랑스럽게 여기고있어요. 오빠에 대한 긍지가 클수록 다 커서도 어머니의 속을 태웠던 제가 부끄러워요.

생각나세요? 제가 통계전문학교에 입학하고도 안가겠다고 떼쓰던 일이… 전 그때 어머니를 도와 동생들을 돌봐야 하기때문이라고 했지만 사실은 그게 아니였지요. 구역당 책임비서동지와 어머니가 공부하고싶어하는 저를 통계전문학교에 입학시켜주었지만 첫 등교를 했던 저는 그만 실망하고말았답니다. 중학교를 갓 졸업하고 전문학교에 온 처녀애들인데 모두 차림새들이 세련되고 자신만만한 표정들이였어요.

한 처녀애는 외국에서 사왔다는 고운 구두에 고급책가방을 들었는데 유난히 눈에 띄였어요.

나는 저도 모르게 나의 가방을 내려다보았어요. 낡은것은 아니지만 그 애처럼 멋있는것은 아니였어요.

(저 애는 부모가 있으니까!…)

30명이나 되는 숱한 아이들이 자라고있는 우리 집에서는 도저히 나를 저렇게 내세울수가 없는것입니다.

때없이 얼굴도 모르는 아버지, 어머니가 그리워졌어요. 그리고 그 처녀애[21]가 부러웠고요…

전 학교에 가기가 싫었어요. 자주 결석했지요. 어느날 어머니가 저를 따로 부르더니 묻더군요. 무슨 일이 있었는가고…

난 거짓말을 했어요. 머리가 좀 아파 그런다고…

어머니는 더 묻지 않더군요.

그저 말없이 방금 사온 우유가루와 암가루를 보관함에 차곡차곡 쌓아넣기만 했어요.

그 우유가루와 암가루를 보느라니 뭔가 생각키우는것이 있었어요.

(어머니는 왜 애기들이 먹고도 남을 우유가루를 많이 사올가? 여분의 우유가루를 사지 않으면 고운 구두와 가방을 살수도 있을텐데…)

또다시 우울해지고 서글퍼졌습니다.

(난 공부를 그만두겠어.)

속으로 결심은 이렇게 했지만 어째선지 눈물이 나왔어요. 하지만 저는 그런 내색은 하지 않고 열심히 아이들의 숙제 검열도 해주고 방청소도 부지런히 하였답니다. 어머니는 이따금 저를 한동안씩 지켜보군 하셨지만 아무것도 묻지 않았어요.

그러던 어느날 학급에서 옥실이라는 처녀동무가 찾아왔습니다. 한자리에 앉게 된 동무인데 내가 나오지 않아 데리러 왔다는것이였습니다.

(등교하지 않았다니?! 그게 무슨 소리냐?)

마침 그리 크지 않은 꾸레미[22]를 든 오빠와 함께 들어서던 어머니가 놀라서 나에게 따져물었어요. 전 입을 꾹 다물고 대답을 하지 않았어요.

---

21 《처녀아이》의 준말.

22 꾸려싼 물건.

《리숙아, 너 어떻게 된거니?》

오빠가 나에게 다가서며 조용하게 물었지만 그래도 전 여전히 눈을 내리깐채 대답을 피했었지요. 이제 얼마 안 있어 집을 떠나야 할 오빠였지만 앵돌아진 마음을 어쩔수가 없었던거예요. 그때 오빤 학급에서 제일먼저 군대에 탄원[23]하였던것입니다.

《어서 가거라.》

《싫어요. 전 어머니를 도와 동생들을 돌보겠어요.》

《원, 애두… 아이들은 이 어머니가 돌보지 않으리. 걱정말고 공부나 잘해라.》

어머니는 웃으며 내가 들고있던 방비자루를 빼앗고 등을 떠밀었습니다. 무슨 일인가 하여 문에 잔뜩 매달려있던 꼬맹이들이 좋아라 이 방 저 방을 올리뛰며[24] 내 교복과 학용품들을 하나씩 들고나왔어요.

《너희들 참 용쿠나.》

이런 광경을 처음 보는 옥실이가 밝게 웃으며 귀여운 꼬마들의 머리를 쓸어주었답니다. 낯모를 누나에게 칭찬까지 받은 국일이가 뽐내듯이 나에게 책가방을 내밀었어요.

《자, 이거 누나!》

나는 국일이가 내미는 책가방을 보자 그만 화가 치밀었습니다.

《이런 가방을 들고 어떻게 학교에 간단 말이야! 남들은 멋진 가방을 들고 다니는데… 차라리 공장에 나가 일하는게 낫지.》

국일이는 어째서 누나가 갑자기 성났는지 모르겠다는듯 흩어진 필기도구들을 주어모으며 이사람저사람 눈치를 보았어요.

《리숙아, 너 그게 무슨 소리야?》

놀랍게 부르짖은 사람은 어머니가 아니라 라일오빠였어요.

그제서야 아차! 하고 움츠렸으나 나는 이미 내친 걸음이라 그냥 투정을 부렸어요.

《싫어요. 이런 가방은… 제가 친딸이였다면 그랬겠어요. 책임비서동지에게 찾아가면 다 해결해줄텐데…》

나는 막아서는 오빠를 밀치고 나가려고 했었지요. 그때 오빠가 얼마나 무섭게 나를 노려보았던지 펴그나[25] 세월이 지난 지금도 잊혀지지 않아요. 그러나 저를 멈추어세운건 오빠가 아

23 절절한 심정으로 원하는 것.
24 아래서 우로 향하여 뛰다.
25 보통 정도를 훨씬 벗어날 만큼 꽤.

니라 어머니의 엄한 목소리였지요.

《게 섰거라! 누구를 찾아간다구? 너희들이 그런 특전에 습관될가봐 걱정을 해왔다만 이렇게 응석받이가 될 줄은 몰랐구나. 내가 너희들을 잘못 키웠어…》 어머니는 비칠거리며 몇발자국 옮기더니 그자리에 무너지듯 주저앉았어요.

라일오빠와 작은애들이 다급히 어머니를 부축했어요.

《너 정신있니? 부모없는 우리들을 키우시느라고 고생하시는 어머니에게 그런 가슴아픈 말을 마구 하다니… 지금 어머닌 병원에 입원하고있는 성일이에게 자기 피를 넣어주고 오는 길이야. 알기나 하니?》 오빠의 절절한 목소리는 눈물에 젖어있었어요..

나는 속이 뜨끔했어요. 내가 너무했구나 …

정신을 가다듬은 어머니가 내 손을 더듬어쥐였어요.

《아니다. 난 너희들을 데려오기만 했지, 너희들을 키워준 건 온 나라 사람들이란다. 온 동네, 온 구역이 너희들을 위해서 뛰어다녔지. 상점에 좋은것이 나와도 너희들에게 먼저 주었고 아무리 나라사정이 어려워도 너희들에게만은 쌀을 주고 학용품을 공급해주었고…

그런데 너희들은 그것을 응당히 받아야 하는 특전으로 생각하고있구나.》

어머니의 이야기는 평범한것이였지만 그것은 사실이였어요.

학교에서도 새 교복이 나오면 부모없는 아이라고 제일먼저 나에게 주었고, 교과서도 제일먼저 나에게만은 꼭꼭 주군했었지요.

그리고 내 생일이면 어떻게 알았는지 선생님과 온 학급아이들이 찾아왔고 저녁이면 구역당 책임비서동지도 오군 했었지요.

정말 그랬어요…

내가 발끝만 바라보며 손톱눈[26]을 썰고있는데 라일오빠가 나를 타일렀지요.

《리숙아, 우리가 도대체 뭐니? 우리가 뭐가 돼서 온 나라가 위해주어야만 하는가 말이다!》

너의 부모나 우리 부모가 나라를 찾으려고 피를 흘린 투사니, 아니면 조국을 위해 위훈[27]을 세운 영웅이니? 아니다, 그런데두 넌 돌봐주고 보살펴주는데 습관돼서 응석을 부리고… 투정질하고… 네가 자본주의나라에서 태여났다면 전문학교는 고사하고 거리에서 시들고말았을 거야.》

---

26 손톱 좌우쪽 귀의 살과의 사이.

27 매우 뛰여나게 세운 훌륭한 공훈.

진정을 담아 이야기하는 오빠의 목소리는 나의 가슴을 파고들었어요.

아무말없이 자리에서 일어난 어머니는 책상서랍에서 두툼한 책 한권을 꺼내놓았어요. 오래전부터 써오던《우리 가정수첩》이였답니다.

첫장을 펼치니 아버지가 어느 한 대회에 참가하여 높은 국가수훈의 영예를 지닌 사진이 있었고 그 다음장을 번지니 온 가정이 여러 출판물들에 소개된 이야기가 적혀있었어요. 또한 여러 성, 중앙기관들과 사회단체들에서 보내여온 지원품 명세들도 일일이 적혀있었고요.

《후날 너희들이 커서 어른이 된 다음 누가 너희들을 키우고 보살펴줬는가를 똑똑히 알려주기 위해 이걸 적어두었다.》

어머니는《우리 가정수첩》을 내앞으로 밀어놓았어요.

…그래, 우린 부모있는 아이들처럼 행복하게 자랐어! … 부러운것 없이…

오빠가 무엇인가 더 이야기하려는것을 어머니가 제지시키더니 아까 들고들어오신 작은 꾸레미를 제앞에 내놓으시였어요.

《리숙아, 내가 친어머니구실을 잘하지 못했구나. 좀 늦긴했지만 이 어머니의 성의로 알고 받아라.》

어머니가 안겨준 꾸레미를 풀어보니 내가 그렇게 부러워하던 고운 구두와 멋진 새 가방이였어요.

《아니?! 이건…》

나는 마음처럼 선뜻 손을 댈수가 없었어요.

어떻게 이런것이 나에게…

이때 옆에서 보고있던 옥실이가 부러움에 차서 감탄하지 않겠어요.

《야! 정말 곱구나.…》

그제서야 나는 옥실이를 곁눈질해보았어요.

그 애가 든 가방도 낡은 가방을 깨끗이 손질한것이였는데 그에 비하면 나의 가방은 얼싸하게 좋았고 새것이나 다름없는것이였지요.

그리고 그가 신고있는 신발도 구두가 아니라 앞등을 동그랗게 오려낸 수수한 편리화[28]였어요.

부모들이 다 있는 옥실이가 말이예요.

---

28 가볍고 신고 벗기가 편하게 만든 신. 신울이 낮고 발등이 드러나도록 신등이 없게 만드는데 신울은 주로 천으로 만든다.

어떻게 된것인지 몰라 서있기만 하는 나에게 오빠가 사실을 말해주었지요.

《자, 어서 신어봐. 어머닌 전문학교에 입학한 너에게 새 개방을 마련해주려고 하나밖에 없는 치마저고리를 팔았단다. 애기들에게서 여분의 우유와 암가루는 뗄수 없었구.》

《뭐라구요?》

그러니 어머닌 내 마음을 이미 다 알고계셨던거예요. 그런데도 친딸이 아니라고 어머니의 가슴에 못을 박았으니…

난 정말!…

나는 그만 어머니무릎에 얼굴을 묻었어요.

《어머니! 저를 용서해주세요!…》

나의 등을 쓰다듬는 어머니의 눈굽[29]에도 눈물이 맺혔어요.

《리숙아, 이 어머니에게 투정하는거야 뭐라냐? 다만 이 어머닌 너희들이 자기들을 안아키워준 고마운 이 제도와 우리 장군님의 사랑을 응당한것으로 여기는 배은망덕한 인간이 될가봐 그러는거다. 리숙아, 어머니가 너희들에게 말하고싶은것은 보답에는 높은 목표가 있어도 받는데서는 자그마한 요구도 있어서는 안된다는것이다. 이것을 꼭 명심하거라.》

나는 어머니가 우리 매 아이들 하나하나를 얼마나 사랑했고 훌륭히 키우려고 애쓰고있는지 그제서야 알게 되는것 같았습니다. 어머니는 우리 모든 아이들이 하나의 모양으로 되기를 바라셨던것입니다.…》

나는 리숙의 편지를 끝까지 읽지 않았다. 그것만으로도 아이들을 품들여 키우려는 서혜숙 녀성의 모습을 엿볼수 있었기 때문이다.

라일군관은 탁[30]우에 놓았던 편지들을 차곡차곡 묶어서 다시 가방에 넣었다.

《어머니에 대해서 어떻게 한두마디로 이야기하겠습니까! 피를 수혈해주고 병원으로 업고 뛰는 일은 가끔 있는 일이지만 생활은 평상시 구체적인것이지요. 작가선생은 자식들이 부모들의 결혼식을 차려주었다는 이야기를 들은적 있습니까?》

《부모들의 결혼식을요?》

나는 그가 다음 이야기를 계속하도록 방해하지 않고 그의 이야기에 귀를 기울이였다.

29 눈구석이나 눈의 가장자리.
30 《식탁, 원탁, 탁자, 탁구대 등》을 두루 이르는 말.

3

… 처음 서혜숙이 데려온 아이들은 방랑생활을 하다가 모여온 애들이여서 거칠고 거짓말을 하는 습관이 없어지지 않았다. 옆에서들 서혜숙에게 슬그머니 권고하였다. 왜 귀한 물건을 깊이 간수해두지 않는가고…

서혜숙은 웃었다.

제 자식들인데 무슨 열쇠를 채우겠는가고…

서혜숙은 가끔 돈가방도 경대에 그냥 놓고 나갈 때도 있었다. 그러나 다른 일은 없었다. 아이들은 그 자그마한 사실도 자기들을 믿어준다는 고마움의 표시로 받아들였던것이다. 어머니는 뿐만아니라 일상시 우리 아이들을 깨끗한 환경에서 키우려고 무척 애를 썼다. 깨끗한 환경이 아이들의 가정교양에 큰 영향을 준다고 여겼던것이다. 어머니의 꾸준한 노력으로 거짓말을 하거나 이불을 마구 쑤셔넣거나 남의 신발을 끌고다니는 아이들의 나쁜 습관들이 자연히 없어지게 되었다. 끝내는 마을사람들도 서혜숙녀성이 키우는 아이들이 다른 집애들보다 인사성이 밝고 정직한 애들이라고 칭찬을 아끼지 않았다.

믿음을 주고 진정으로 사랑하면 정이 통하는 법이다. 아이들은 키도 크고 생각도 커갔다.

어머니를 위해서 무엇이든 할수 없을가?

어느날 인민군대에 탄원하고 돌아온 라일이와 충일이가 사진첩을 뒤적이고있었다. 며칠후에 군대에 나가야 할 그들이여서 부모님들과 동생들의 사진을 가져가고싶었던것이다.

그런데 한참동안 사진첩을 뒤지던 충일이가 기웃거리며 혼자소리처럼 중얼거리였다.

《어머니, 아버지 결혼사진이 왜 없을가?》

사진을 고르고있던 라일이가 어처구니없는듯 충일이에게 눈을 흘기였다.

《넌 아버지, 어머니 결혼사진을 품고 군사복무를 하려니?》

《그런게 아니야. 다른 집들에 가면 사진첩 맨 첫장엔 부모들의 결혼사진이 있거든. 혹시… 아버지, 어머니는 결혼식을 못한게 아닐가? 우리가 처음 왔을 때 어머닌 처녀였구, 그후에 어머닌 아버지와 만났구…》

그제서야 라일이도 눈이 둥그래졌다. 충일이 말마따나 어머니가 그들을 데려온것은 10여년전 처녀때부터였던것이다.

그때부터 결혼식은커녕 그 비슷한것도 없었다. 아버지도 아무런 격식없이 나타났었다. 어느날엔가 갑자기 집에 들어서자마자 《이제부터는 내가 너희들의 아버지다.》라고 한것이 전부였다.

라일이와 충일은 서로 멍하니 마주보다가 결혼식사진이 있어야 할 빈 사진첩에 눈길을 떨구었다.

그러니 아버지, 어머니는 여직껏 결혼식도 못하고있었구나! 우리들때문에… 아, 우리 어머니!…

라일이는 사진첩을 탁 덮어놓고 벽에 걸어놓은 달력을 번지였다. 그리고는 아이들이 빨간 연필로 진하게 동그라미를 그려놓은 날자[31]를 손으로 짚었다.

《… 3월 29일! 이제 한주일밖에 안 남았구나.》

3월 29일은 서혜숙어머니의 생일날이였다. 30명이 넘는 아이들은 생일을 꼭꼭 차려주면서도 자기의 생일은 그냥 지나쳐온 어머니였다. 그래서 이번만은 어머니의 생일을 번지지말자고 달력에 표식을 해놓았던것이다.

골똘히 달력을 들여다보고있던 라일이가 큰소리로 아이들을 불렀다.

《얘들아, 다들 모여라.》

무슨 일인가 해서 꼬맹이들과 큰아이들이 모두 모여들었다.

《한가지 토론[32]할게 있다. 난 이번 어머니생일상에 아버지와 어머니의 결혼식상을 차려드리자는거다.》

《뭐?! 아버지와 어머니결혼식?…》

모여선 아이들이 영문을 몰라 서로 마주보았다. 라일이는 아이들을 둘러보며 다음 말을 이었다.

《얘들아, 어머니는 우리를 위해서 바칠수 있는 것은 다 바쳤어. 일생에 한번밖에 없는 결혼식도 못차렸구 또 정이 나누어질가봐 우리를 위해 제 자식도 바라지 않았어. 이런 어머니에게 우린 무엇을 해드린게 있니? 그래서 난 늦기는 했지만 이번 어머니생일날엔 우리가 어머니의 결혼식상을 차려드리자는거다.》

《찬성이야!》

《좋아! 우리모두 본때있게 결혼식상을 차려드리자.》

아이들이 합창하듯 목소리를 합쳐 소리했다.

라일은 저마끔[33] 떠뜨는 아이들에게 한손을 쳐들었다.

---

31 ①어느 날이라고 정한 날 ②(며칠인가의) 날의 수효 ③어느 해 어느 달의 몇일날인가에 해당하는 그날.

32 어떤 문제를 풀기 위하여 서로 토의하거나 상론하는것.

33 저마다, 사람마다 각각.

《그런데 이건 어머니생일날까진 절대비밀이야. 너희들 말했다간 알지? 가만두지 않겠어!》

라일은 애들에게 단단히 오금을 박아[34]놓고는 머리를 맞대고 큰애들끼리 오래도록 의논을 하였다.

토론이 되자 다음날부터 아이들은 분담에 따라 제각기 움직이기 시작하였다. 끌어들인것은 어머니 몰래 옷장뒤에다 감추어놓았고 꼼꼼한 일숙이는 장부정리를 하듯 수첩에 빠짐없이 적어넣었다.

드디여 기다리던 어머니생일날이 다가왔다.

그날 어머니는 마침 이른새벽에 새로 난 봄시금치를 아이들에게 먹이려고 시외농장으로 떠나고 없었다.

《리숙이, 넌 아버지에게 전화를 걸어야겠다. 오후에 빨리 들어오시라고, 그리고 단숙이는 밖에 나가 어머니가 오시나 보렴.》

라일이는 몇아이에게 임무를 주고나서 흐뭇한 마음으로 결혼식상을 받을 아버지와 어머니를 그려보았다.

(어머니가 깜짝 놀라실거야!)

흰바탕에 남색공단으로 가장자리와 옷고름을 장식한 반회장저고리를 입은 어머니는 한결 젊고 아름다와보일것이다. 그 반회장저고리도 어머니키와 비슷한 다른 녀인의 몸을 재서 아이들이 마련한 첫날옷이였다.

이때 방문이 벌컥 열리며 단숙이가 뛰여들어왔다.

《오빠! 큰일났어요. 《신랑》, 《신부》가 달아야 하는 꽃이 없잖아요. 꽃이!…》

꽃?!

라일은 벽에 걸어놓은 어머니의 결혼식치마저고리를 쳐다보았다. 정말 가슴에 달고 상을 받아야 하는 장식꽃이 없는 것이였다. 앞가슴에 꽃을 달지 않고 결혼식을 어떻게 한단 말인가.

야단났구나!

자리에서 벌떡 일어난 라일은 옷도 바로 입지 못한채 무작정 가까운 직매점으로 달리기 시작하였다.

(직매점에는 꼭 있을거야. 혹시 거기에도 없으면 어쩐다?!)

---

34 오금(을) 박다 : 남에게 함부로 말하거나 행동하지 못하게 단단히 이르거나 을러놓다.

라일은 직매점[35]에 들어서자마자 판매원에게 다우쳐[36]물었다.

《꽃이 어디 있어요?》

무엇인가 계산하던 판매원이 깜짝 놀라 헐썩거리는 라일이를 멍하니 바라보기만 했다.

《이거, 여기에 다는 이런 꽃 말이에요!》

라일은 쑥 내민 제 가슴과 판매원의 머리에 꽃을 장식하는 흉내를 내였다. 판매원은 그제야 알았다는듯 원주필뒤꼭지로 진렬장을 가리켰다.

《그런 장식꽃은 저기 있잖니?》

그리고는 머리를 숙이고 하던 일을 계속 하는것이였다.

《하나 주세요.》

판매원은 머리도 들지 않은채 재빨리 전표를 떼주었다. 전표를 받아들고 조급하게 출납으로 다가가던 라일은 그만 가슴이 철렁하였다.

덤비치며 나오다보니 돈을 가져오지 못했던것이였다.

(이걸 어쩐담!)

이제 다시 갔다가 오자니 시간이 없었다.

《저, 돈을 못 가지고 왔는데…》

라일은 딱한 표정으로 판매원을 바라보았다.

《그럼 얼른 갔다와야지.》

판매원은 여전히 계산기만 골똘히 들여다보며 례사롭게 대답했다.

《지금은 바빠서 그래요.》

《그럼 후에 사려무나.》

《안돼요. 오늘 당장 어머니결혼식을 해야겠는데…》

라일은 오히려 제편에서 골을 내며 볼부은 소리를 했다.

《어머니결혼식?!》

그제야 고개를 쳐든 판매원의 두눈이 휘둥그래졌다. 자식들이 부모의 결혼식을 해준다는것은 난생처음 듣는 소리인것이다.

《그래요. 어머니결혼식이예요. 우리를 데려다 키우시느라고 어머닌 결혼식도 못하고 살았

35 생사자인 기관, 기업소가 생산물의 일부를 직접 소비자들에게 파는 상점.

36 = 다그치다. ㊟ 다그치다 : 다그어 족치다. ㊟ 다그다 : 어떤 과정이 빨리 진척되도록 들이 조이거나 밀다.

거든요.》
그들의 남다른 사연을 알게 된 판매원은 라일이를 부둥켜 안았다.
《너희들이 참 기특하구나!》
판매원은 진렬장에 놓인 장식꽃 한조를 정히 꺼내여 그것을 라일에게 안겨주었다.
《고마와요! 다음번에 들리면 돈을 물게요.》
《일없다. 그건 걱정하지 말고 그냥 가져가거라.》
곱게 포장한 장식꽃을 가슴에 안은 라일은 가벼운 마음으로 집을 향해 줄달음쳤다. 그러나 집이 가까와오자 문뜩 다른 걱정이 그의 마음을 조급하게 했다. 결혼식상을 어떻게 차려야 하는지 알수 없었던것이다. 지금쯤 숱한 아이들이 큰상에다가 품들여 끌어들인 음식들을 마구 늘어놓고있을는지도 몰랐다. 그러면 야단인데… 빨리 가야지!…
그러나 그것은 공연한 걱정이였다. 숨이 턱에 닿아 들어서니 아이들이 오구구[37] 밀려나와 저마끔[38] 라일에게 알려주었다.
《오빠야, 책임비서동지가 오셨다.!》
《동사무장어머니도 오셨어요!》
방안에는 이밖에도 서혜숙녀성의 가정에 늘 관심을 두고 돌봐주고있는 여러 중앙기관 책임일군들과 봉사소소장들이 결혼식에 쓸 음식들을 한가득 부려[39]놓고 기다리고있었다. 그들은 아이들이 서혜숙녀성의 결혼식을 차린다는 기특한 소행을 전해듣고 저저마다 최대의 성의를 다해 결혼식상을 마련해가지고 찾아왔던것이다.
《고맙습니다.》
라일은 그들모두에게 꾸벅 머리숙여 인사하였다. 언제나 고마운 사람들이였던것이다. 그중에서도 구역당 책임비서는 아이들에게 할아버지처럼 가까운 사람이였다. 처음 아이들이 새 집에 이사했을 때 제일먼저 찾은 사람도 구역당 책임비서였다. 한 꼬마를 번쩍 들어 품에 안는 그에게 아이들이 누군가고 묻자 그는 빙그레 웃었다.
《너희들은 이제부터 나하고 친하자.》
그날부터 그는 아이들과 한식솔이 되였다.
설날에 제일먼저 찾아와 아이들에게 기념품을 안겨주는 사람도, 때없이 방문을 열고 들어

37 잘거나 작은것들이 한곳에 많이 모여있거나 모여 덤비는 모양을 나타내는 말.
38 저마다. ㊟ 저마다 : 사람마다 각각.
39 (짐을) 내려놓다.

와 아이들의 숙제장을 보아주는 사람도 바로 그였다.

《이번 일은 라일이가 선코[40]를 떼였다면서? 그래, 준비는 다 됐느냐?》

구역당 책임비서동지가 대견한듯 라일이의 어깨에 한손을 얹었다.

《예, 이젠 다 됐습니다.》

라일이는 장식꽃함을 들여다보며 즐겁게 대답했다.

《헌데 주인공이 아직 안 돌아왔구나. 허.》

그렇게 기다리던 어머니는 해가 기울어서야 나타났다.

《어머니가 오신다!》

어머니가 오는 골목을 지켜서있던 단숙이가 먼저 환성을 올렸다. 저보다 큰 남새보따리를 머리에 인 서혜숙이 넘어질듯 걸어오고있었던것이다.

《어머니!—》

기다리던 아이들이 와!— 하고 그애게로 달려갔다. 그를 에워싼 아이들은 저저마다 머리에서 짐을 내리우고 땀에 젖어 흙먼지로 어지러워진 어머니의 옷을 털었다.

그제야 숨이 나가는지 서혜숙은 두다리를 어루쓸며 시름없는 미소를 지었다. 점심밥도 건느면서 힘들게 이고온 시금치 나물이지만 아이들이 맛나게 먹을것을 생각하니 힘들었던것이 저절로 사라지는것만 같았던것이다.

《어머니, 어서 들어가십시오.》

앞에서 짐을 맞든 아이들이 서혜숙의 손을 이끌었다. 아이들과 함께 들어서던 서혜숙은 방한가운데 차려놓은 류다른 상을 보고 금시 눈이 휘둥그래졌다.

《이건 뭐냐?》

영문을 몰라 어리둥절해있는 어머니앞에 라일이가 조용히 나섰다.

《어머니, 오늘은 어머니생일날이예요. 자식들이 많다나니 우리 생일은 꼭꼭 차려주면서도 어머니생일은 늘 번져[41]왔지요. 저희들을 키우시느라고 10여년이 넘도록 결혼식도 못하고 아버지와 모여 살았는데 이젠 저희들도 철이 들었습니다.

그래서 이번 어머니생일날에는 저희들이 어머니의 결혼식상을 차렸습니다.

어머니! 어서 그 첫날옷을 갈아입고 우리 자식들의 성의를 받아주십시오.》

---

40 선코(를) 떼다 : (어떤 일을) 여럿가운데서 남보다 먼저 시작하다.

41 (일정한 동안을 두고 정상적으로 진행되는 일이나 생활을) 제대로 하지 않고 건너거나 거르다.

《결혼식이라니?…》

서혜숙은 너무도 뜻밖에 닥친 일이라 멍하니 아이들만 번갈아볼뿐이였다.

《혜숙동무, 아이들의 성의인데 어서 옷을 갈아입고 상에나 앉소.》

구역당 책임비서가 서혜숙의 등을 떠밀었다.

《어머니, 어서요!》

아이들은 어머니머리칼에 붙은 검불을 뜯어내고 머리를 빗긴 다음 새 반회장저고리를 입히였다.

그리고 서리꽃처럼 하얀 장식꽃으로 온몸을 장식하였다.

《그렇게 차리니 선녀같구만!》

결혼식을 축하해주러 온 사람들이 웃으며 한마디씩 하였다.

아버지, 어머니가 큰상에 나란히 서자 요란한 박수가 터지였다.

어머니의 눈귀[42]에 서서히 맑은것이 고여올랐다.

《어머니, 저희들의 밝은 웃음을 바라며 살아오신 어머니의 행복을 축하합니다!》

《고맙다! 애들아…》

둘러리를 선 충일이와 라일이의 눈가에도 눈물이 피여올랐다. 밤마다 울고있는 아이들의 눈물젖은 두볼을 닦아주며 따뜻이 품에 안아준 어머니… 울음을 달래느라 옛말을 들려주고 그 옛말을 자장가처럼 들으며 잠들어버린 아이들의 머리를 쓸어주며 오래오래 들여다보던 어머니… 그 아이들을 들여다보며 어머니는 이 애들모두를 옛말속에 나오는 착한 아이들처럼 그렇게 곱게곱게 키우리라 마음다지였는지도 모른다.

어머니의 결혼을 축하해서 부르는 아이들의 노래소리와 웃음소리는 밤깊도록 잦아질줄 몰랐다.

4

라일군관의 이야기는 나의 가슴에 깊은 여운을 남겼다.

옛날부터 부모가 자식을 키워 결혼식을 차려주는것은 례사로운 인간륜리이다.

하지만 자식들이 부모의 결혼식을 차려주었다는 이야기는 오늘 온 나라가 화목한 대가정이

42 눈의 바깥쪽 구석 또는 그 언저리.

되여 서로 돕고 이끌면서 살아가는 우리 사회에서만 찾아볼수 있는 감동적인 사실인것이다.

《작가선생님, 어머니가 되기는 쉬워도 어머니구실을 하기는 힘들다는 말이 있지 않습니까. 참으로 어머니는 수많은 자식들의 투정질에도 노여움보다 먼저 마음편한 그들의 심중을 느끼며 위안을 찾았고 벗어던진 수십벌의 옷들을 빨면서도 훌륭하게 자라날 아이들의 모습을 그려보며 한밤을 지새기도 했습니다.

그때 어머니가 바란 훌륭한 사람은 자식들이 앞으로 우리 장군님을 보위하는 선군시대의 총폭탄용사로 자라는것이였습니다.》

아이들이 철들자 서혜숙어머니는 군사복무를 하는 가정의 맏이인 다숙누이와 자주 편지련계[43]를 가지고 모든 아이들이 그를 따라배우도록 이끌어주었으며 아이들과 함께 다숙누이의 초소로 위문편지를 써보내게 했다. 아이들은 크면서 총대의 귀중함을 가슴깊이 새기였으며 모두가 조국보위초소에 서는것을 가장 큰 희망으로 간직하게 되였다. 서혜숙어머니는 매 아이들의 수첩에 리수복영웅의 시를 적어주군 했다.

《나는 너희들이 자라서 모두 리수복영웅과 같이 되기를 바란다. 그래서 우리 장군님을 결사옹위하는 길에서 너희들이 육탄영웅, 총폭탄영웅이 된다면 이 어머니는 더 바랄것이 없다.》

어머니의 당부는 아이들의 가슴속에 깊이깊이 새겨졌었다.

한아이, 두아이… 어느덧 라일이를 비롯한 큰애들이 서혜숙어머니의 품을 떠나게 되었다. 조국보위초소로 떠나는 날 그들을 바래주러 나온 어머니는 의젓한 라일이의 군복입은 모습을 보며 때없이 손수건으로 눈귀[44]를 찍었다.

아마도 그 아들이 집을 뛰쳐나가 속을 태우던 일이 어제런듯 떠올랐던 모양이였다.

그런데 이제는…

《또 우셔요? 어머니…

…

리수복의 어머니처럼
장군님 기억하시는
그런 영웅의 어머니가 된다면

43 서로 끊을수 없는 관계가 맺어지는것 또는 그러한 관계.
44 눈과 귀.

너를 두고 늘 근심으로 희여졌던 이 머리가
그 순간에 검어지리라
…

어머니! 우린 어머니의 마음을 잘 압니다.

기다려주십시오! 이 아들들이 가슴에 훈장을 가득 달고 돌아오는 그날을!》

끝내 어머니의 두눈에서는 눈물이 흘러내리였다. 그 눈물은 이렇게 성장한 자식들에 대한 대견함이였으며 긍지높은 자랑이였다. 또한 그 눈물은 고향도 성격도 피도 다른 자식들을 하나의 무게로 달아 남부럽지 않게 조국에 바친 고결한 인간의 뜨거운 눈물인것이다.

한해, 두해, 세월이 흘러 어머니의 품에서 자란 아이들 15명이 조국보위초소에 섰다. 초소에서 편지가 올 때마다 어머니는 자기의 편지와 집에 남아있는 아이들의 편지를 함께 보내주군 하였다.

라일군관은 품속에서 정히 싼 가족사진 한장을 내놓았다.

《저의 어머니입니다. 앞에 주런이 서있는게 남아있는 동생들이고 어머니가 앉은 이 애는 다숙누이의 아들애랍니다.》

사진을 받아든 나는 이윽토록 서혜숙녀성에게서 눈길을 떼지 못했다. 안고있는 손자에게 무언가 속깊은 말을 하고있는것만 같은 그는 너무도 평범한 녀인이였다. 바로 이 평범한 녀인이 우리 시대, 선군시대의《모성영웅》으로 온 나라에 알려진 서혜숙영웅인것이다.

《어머니가 영웅이 되였다는 소식을 들은 저희들은 어머니에게 전화도 걸고 축하전보도 쳤습니다. 그랬지만 어머니의 사진이 실린 신문을 볼 때마다 그리움은 더 커지기만 했습니다. 온 집안이 한번 모여앉아봤으면!… 우리 33명의 형제들이 모여앉아본적은 단 한번도 없었거든요. 우리가 군대에 나온 다음에도 새 아이들이 왔으니까요. 꿈이였지요. 우린 군인이였습니다. 그런데 그 꿈이 현실로 될줄이야!…

… 최고사령관동지께서는 저희들의 이 소원을 헤아리시고 서혜숙어머니가 키운 33명의 자식들이 모두 모여앉아 영웅이 된 어머니를 축하해주도록 크나큰 사랑을 베풀어주시였습니다.

그래서 군사복무중인 저와 동생들이 명령을 받고 이렇게 각기 집으로 찾아가는 길이랍니다.》

《그랬댔군요.》

드디어 렬차는 평양역에 도착하였다. 서혜숙영웅에 대한 이야기로 시간가는줄 몰랐던 우리는 짐을 들고 승강구로 향했다.

《아, 저기 어머니가 마중나왔습니다. 저기!》

앞서가던 라일군관이 어린애처럼 환성을 올렸다. 그가 가리키는 역구내에는 영웅메달을 앞가슴에 단 서혜숙녀성이 아이들과 마중나와있었다.

《어머니!》

승강구에서 뛰어내린 라일군관이 어머니에게로 달려가려는 순간 렬차의 여기저기에서도 거의 동시에 젊은 군인들이 뛰어내리였다.

《어머니!》

《어머니!》

《어머니!》

두팔을 벌리고 마주오던 서혜숙녀성은 그만 열댓명의 군인들속에 묻혀버리고말았다. 저저마다 매달려 숨막히도록 포옹하고 끌어당기는 자식들에게 몸을 맡긴 영웅은 두볼에 흐르는 눈물을 닦을념도 않고 검실검실[45]해진 자식들의 얼굴이며 쩍 벌어진 어깨의 령장[46]을 어루쓸었다.

《모두가 용쿠나!…》

《어머닌 또 우시네.》

두줄배기를 단 어느 한 딸이 핀잔조로 나무라며 하얀 손수건을 꺼내 어머니의 두볼을 닦아준다.

《그래그래, 름름한 너희들의 모습을 보니 이 어머닌 그저 기쁘기만 하구나.… 어머닌 너희들의 그 어깨의 별을 더 자랑스럽게 생각한다.》

이때 제일 막내인듯 싶은 작은 총각애가 형님, 누나들을 비집고 어머니앞에 나섰다.

《어머니! 나도 크면 형님, 누나들처럼 군대가 될테야!》

자랑스러운 그 애의 청높은 목소리에 온 가족이 소리내여 웃었다. 한옆에 선채 웃고 떠드는 그들을 지켜보는 나는 저도 모르게 마음이 따뜻해지는것을 느끼였다.

구김살없이 자라난 저 아이들!… 떠나갔다가도 다시 기쁘게 돌아올 집이 있는 저 아이들!…

진정 그 품은 그들을 키워준 한 어머니의 품이기 전에 조국의 품, 위대한 장군님의 크나큰 품이며 영원한 그들의 보금자리인것이다. 그 보금자리를 지켜 한생을 바쳐온 서혜숙녀성은

45 꽤 거무스름하다.

46 군복이나 그밖의 일정한 제복의 옷깃에 붙이는 표식. 소속이나 직위 등을 나타내기 위해 단다.

진정 조국과 인민을 위해 헌신하는 선군시대 이 나라 어머니들의 참모습인것이다.

웃음소리가 떠들썩하는 가운데 건장해보이는 어느 아들인가 어머니를 업어보자고 등을 돌려대였다. 밝게 웃으며 그를 사양하는 서혜숙녀성의 얼굴에는 행복한 미소가 비꼈다.[47]

나는 오래도록 그들을 지켜보았다. 진정 그들의 모습은 온나라가 화목한 대가정이 되여 서로 돕고 이끄는 우리 시대의 참모습인것이다.

47 (어떤 감정이나 표정, 모습 같은 것이) 얼굴에 나타나다.

직장장의 하루

강 복 례

청춘의 열정과 로동의 희열이 약동하는 공장의 아침은 출근길에서부터 시작되는가싶었다. 방직공장으로 가는 산업동 네거리는 출근길을 재촉하는 젊고 발랄한 처녀, 총각들의 롱담과 익살, 인사말과 웃음소리로 차고넘친다.

활기에 찬 사람들의 흐름을 마중하듯 동쪽하늘에 솟아오른 태양은 황금빛 아침노을을 펼치여 온 누리를 붉게 물들였다. 대기는 맑고 신선했다.

하르르한[1] 진곤색 달린옷[2]을 가뜬히 입은 2직포[3]직장장 김명옥은 사람들의 물결을 뒤에 떨구며 걸음을 다그쳤다. 남편이 있고 두 아이의 어머니인 그는 언제나 아침시간이 제일 바빴다.

올해 인민학교[4] 4학년 학생인 맏딸 은희는 그래도 제손으로 학교에 갈 차비를 할수 있었지만 작년가을에 인민학교에 입학한 아들애 경수는 책가방을 메워 문밖으로 내보내기까지 일일이 어른의 손이 가야 하고 잔소리를 해야 한다.

농업대학에서 강좌장[5]으로 교편을 잡고있는 남편에게도 안해로서 마음을 써야 할 일이 한두가지가 아니였다. 그러니 언제 한번 바쁘지 않는 날이 있겠는가! 더구나 김명옥이 책임지고있는 2직포직장은 다른 직포직장들과 마찬가지로 수백대의 직기와 수백명의 종업원을 가진 큰직장이다. 공장에는 혼타[6]직장으로부터 완성직장에 이르기까지 수많은 직장이 있지만 그 모든 직장들은 결국 천을 짜는 직포직장들을 위해서 존재한다고 말할수도 있었다. 공장이 국가앞에 내놓아야 할 생산물은 꼬치나 실이 아니라 천인것이다.

김명옥은 방직공장에서 12년간 직포공으로 일했다. 그중 5년간은 일하면서 경공업대학에서 공부했다. 대학을 졸업한후 지금까지 직장장으로 일하고있다. 그는 대학에 다니면서 결혼

1 얇고 하늘하늘하는 종이나 천같은 것이 매우 보드레하다. ㉾ 보드레하다 : 꽤 보드라운 느낌이 있다.
2 웃도리옷과 아래도리옷이 하나로 잇달린 녀자옷.
3 직조, 천을 짜는 것.
4 초등교육을 실시하는 학교. 수업 연한은 4년이다.
5 고등 교육 기관이나 간부 양성 기관에서 강좌 사업을 책임진 교원.
6 방적 공장에서, 서로 다른 면섬유를 섞어서 타는 일.

했고 두 아이를 낳아 키웠다. 언제 한번 바쁘지 않는 때가 없었지만 직장장이 된후에는 그 책임의 중요성으로 하여 더 바쁘고 어깨가 무거웠다.

홍조가 비낀[7] 희고 갸름한 얼굴이며 숱많은 까만 머리는 녀성적인데가 있었지만 억실[8]억실하고 리지적인 눈은 상냥하다기보다 대바르[9]고 강직한 성미를 더 강하게 느끼게 했다. 하긴 그는 별로 상냥하지 못했다. 같이 사무실에서 일하는 책임기사나 통계원은 물론 늘 얼굴을 맞대야 하는 교대부직장장들도 그를 녀성으로 대하기보다 설비나 생산에 파고들면 용서가 없고 사정을 모르는 직장장으로 알고있었다. 가정생활은 그와 달랐지만 그는 때때로 아이들이나 남편을 위해서 마음을 써야 할 시간이 너무도 적은것이 안타까왔다.

오늘아침의 일도 그랬다.

아침상을 거두느라 부엌에서 어물거리는사이 남편이 아래방에서 큰소리로 물었다.

《여보, 흰 와이샤쯔들은 다 어떻게 했소?》

《빨아서 넣어두었어요. 왜 그래요?》

남편이 옷장을 뒤지는듯하더니 찾지 못했는지 신경질적으로 소리쳤다.

《어데 있단 말이요? 들어와서 찾소.》

김명옥은 행주치마에 손을 닦고 방으로 들어오며 무의식적으로 중얼거렸다.

《갑자기 흰 와이샤쯔는 왜 찾아요?》

《입어야 되겠으니 찾지 왜 찾겠소. 오늘 졸업반 학생들의 론문발표모임이 있단 말이요.》

남편의 음성은 벌써 곱지 않았다. 명옥은 흰 와이샤쯔 하나를 찾아냈으나 구김살이 가서 다림질을 해야 했다. 남편은 성이 나서 딸애에게 말했다.

《은희야, 다리미를 꽂아라.》

그리고는 다림질을 하기 위해 물그릇을 가지러 부엌으로 나가는 명옥이를 멈춰세웠다.

《여보, 당신의 일이 바쁘다는건 나도 알지만 그래도 필요한 옷이야 손질해두어야 하지 않겠소. 이건 초보적인 요구란 말이요.》

김명옥은 참으려고 했지만 그만 대답이 나갔다.

《내 잘못도 있지만 그런건 어제저녁에 말하면 되지 않아요.》

그 대답에 남편은 벌컥 성을 냈다.

《그쯤한거야 준비되여있어야지 일일이 말해야 되겠소?》

7 얼굴에 어떤 표정이 잠깐 드러나다.
8 얼굴 모양이나 생김새가 선이 굵고 시원시원한 모양.
9 ①주견이 똑바르고 세다 ②마음이나 품성이 곧고 바르다.

그러더니 무슨 생각이 들었는지 은희가 꽂아놓은 다리미줄을 잡아뽑고 늘 입고다니는 연회색샤쯔를 그대로 입었다. 그리고는 넥타이도 매지 않은채 나섰다.

남편이 가방을 들고 밖으로 나간후 김명옥은 한숨을 내쉬며 부엌에 우두커니 서있었다.

(이젠 직장장의 일을 그만두고 좀 한가한데로 일자리를 옮겨달라고 할가. 항상 자기가 다리미를 들게 되고 때로는 부엌일도 손을 대야 하니 신경질이 날수밖에 없지… 이젠 그이도 평교원이 아니고 강좌장이다… 그렇다고 내가 중요한 직장장의 일을 허술히 할수도 없지 않는가.)

어수선한 생각에 잠겨 진정하지 못하던 김명옥은 공장을 향해 걸음을 다그쳤으나 대학생들의 론문발표모임에 참가할 남편의 옷차림이 자꾸 마음에 걸렸다. 남편에게 안됐다는 미안한 생각과 사람들이 자기를 얼마나 욕을 하랴싶어 언짢은 생각은 머리에서 떠나지 않았다.

*

사무실에서 옷을 작업복으로 갈아입은 김명옥직장장은 작업장을 돌아보기 위해 사무실을 나섰다. 이것은 언제나 그의 아침 첫 일과였다.

수백대의 직기가 천을 짜고있는 아득히 넓은 작업장은 고르롭[10]게 울리는 기계소리와 직기사이를 누벼다니는 직포공들과 수리공들의 움직임으로 하여 이 아침도 변함없는 활력을 간직하고있었다.

작업장에 나서자 명옥은 집에서 있었던 불쾌한 일과 마음의 동요, 남편에 대한 미안한 생각들은 가뭇없이[11] 사라지고 다시 전신이 팽팽해지는 긴장을 느꼈다. 그는 직기사이를 누벼[12]다니는 직포공들과 수리공들의 옆을 지나 넓은 작업장을 한바퀴 돌았다.

밤교대가 짜놓은 천이 밀차[13]들마다에 산더미같이 쌓여있고 금방 기대[14]에서 떨어진 천퉁구리[15]들도 많았다. 허나 오늘아침부터 시제품생산에 들어가게 되여있는 기대들중에서 396호와 421호, 522호는 아직도 틀거리[16]를 바꾸지 못한채 멎어있었다.

---

10 한결같게 고른 느낌이 있다.

11 ①전혀 보이지 않아 찾을 길이 감감하다 ②눈에 띄지 않게 감쪽같다 ③자취가 조금도 없다.

12 이리저리 거리낌 없이 다니다.

13 밀어서 움직이는 작은 짐수레.

14 ①어떤 물품을 생산하는 공정에서 하나의 단위로 쓰이는 설비 ②《공작기계》나 《방직기계》등을 이르는 말.

15 퉁구리 : 일정한 크기로 묶거나 사리어 감거나 싼 덩어리.

16 틀, 기계나 장치.

시제품으로 짜야 할 새 룽직[17] 도투마리[18]가 다 오지 않았다는것이다.

명옥직장장은 급히 사무실로 발길을 돌렸다. 사무실에서는 책임기사와 통계원이 그를 기다리고있었다. 김명옥은 그들과 아침인사를 나누고 자기 책상앞으로 가서 의자에 앉으며 물었다.

《책임기사동무, 새 룽직 도투마리가 다 오지 않았더군요. 직포준비직장에 알아보았어요?》

《예, 아직 생산된게 없답니다.》

작년가을에 경공업대학을 졸업하고 공장에 배치되여와서 림시 기술준비실에 있다가 얼마전에 현장 책임기사로 내려온 윤영섭은 어질어[19]보이는 인상그대로 어줍게[20] 대답했다.

김명옥의 억실억실한 눈에 못마땅한 기색이 떠올랐다.

《그래 언제까지 기대를 세우고 기다려야 하나요?》

책임기사는 마치 자기의 잘못이기나 한것처럼 당황해하면서 대답했다.

《낮교대에는 기대를 돌리게 하겠답니다.… 그래서 좀 빨리 해달라고 말했습니다.》

김명옥은 자기도 모르게 목소리가 예리해졌다.

《그렇게나 말해서 준비직장 사람들이 뜨끔해할게 뭐예요. 구실이 없는 일이 있나요?… 책임기사동무, 이걸 알아야 해요. 직포준비직장이나 직포수리직장이 다 직포직장들을 위해서 일한다고 하지만 천을 직접 짜는 우리들처럼 안타깝지는 않아요. 목이 마른 사람이 먼저 우물을 판다구, 우리 자신이 먼저 보채고 독촉하고 뛰여다녀야 해요.》

젊은 책임기사는 대답을 못하고 얼굴이 불깃해[21]서 앉아있었다.

김명옥은 목소리를 좀 낮추어 말을 이었다.

《책임기사동무, 새 제품을 짜게 된 기대들은 어떻게 하나 빨리 다 생산에 들어가게 해야겠어요. 직포준비직장엔 나도 알아보겠어요.》

《예. 알았습니다.》

윤영섭은 조용히 대답하고 일어서서 밖으로 나갔다. 김명옥은 책임기사가 좀더 이악[22]하

---

17 《천 겉면에 빗줄을 나타내는 천》을 통털어 이르는 말.
18 천을 짜는 틀에서 날실을 감는 도구.
19 순하고 착하다.
20 (말이나 행동이) 둔한것 같고 자유로지 못하다.
21 (얼굴색이) 연하게 불기우리하다.
22 끝장을 볼 때까지 달라붙는 성품이 직심스럽고 끈덕지다. ㉾ 직심스럽다 : 한번 마음먹은 그대로 꿋꿋이 지켜나가는 대바르고 꾸준한 태도가 있다.

고 결패[23]있고 아글타글[24]했으면 하고 바라면서 한숨을 내쉬었다. 그는 통계원에게 어제 오후교대의 생산실적을 요구하고나서 수화기를 들고 직포준비직장을 찾았다. 마침 준비직장장이 나왔다.

《안녕하세요. 2직포 직장장입니다. 오늘아침부터 시험생산에 들어가야 할 새 룽직 도투마리가 아직도 다 오지 않아서 그럽니다.》

김명옥이 직포공으로 있던 시절부터 직장장으로 일하는 직포준비직장장은 무뚝뚝하게 대답했다.

《우리도 다 알고있소.》

김명옥은 침착해지려고 애썼다.

《직장장동지, 그 도투마리들은 언제 보내주겠습니까?》

《오후 교대에 보내겠소.》

김명옥은 긴장해졌다. 그는 목소리를 높였다.

《직장장동지도 직기 한대가 한교대만 서있으면 천을 얼마나 못짜는지 아시지 않습니까?》

《그건 내가 책임지겠소.》

김명옥은 준비직장장의 무책임한 대답에 코웃음치듯 말했다.

《직장장동지, 책임지는게 문제가 아닙니다. 우리가 늦장을 부리면 인민들에게 돌려져야 할 천이 그만큼 못나오는게 문제지요.》

준비직장장은 느닷없이 성을 냈다.

《그걸 내가 모르오. 직물조직이 한꺼번에 여러가지로 바뀌니 우리도 어쩔수 없지 않소. 너무 이악을 부리지 말고 좀 기다리오.》

《직장장동지, 우린 천을 짜야 할 사람들이니 이악을 부릴수밖에 없습니다. 이제 우리 책임기사동무를 거기로 보내겠습니다.》

《와보오. 다섯개 직포가 저마다 독촉인데 어디 와보오.》 하는수 없는지 직포준비직장은 탄식하듯 말했다.

김명옥은 10시부터 있게 될 부문별 소참모회의에서 직접 따끔하게 말하리라 마음먹고 수화기를 놓았다.

마침 교대를 끝낸 부직장장들이 가동일지며 인계인수대장들을 들고 사무실에 들어섰다.

---

23 우물쭈물하지 않고 결단성있게 행동하는 패기나 결기.

24 무엇을 이루려고 몹시 애쓰거나 기를 쓰고 달라붙는 모양을 나타내는 말.

김명옥은 밤교대 부직장장 조성만으로부터 설비가동정형[25]과 생산정형, 로동자들의 출근정형에 대한 보고를 받았다. 그는 부직장장의 보고에서 다기대공 한탄실이 벌써 이틀째 안나오는데 주의가 갔다.

《부직장장동무, 탄실이 왜 안나오는지 알아보았어요?》

조성만부직장장은 무뚝뚝한 성미그대로 시답지 않게 대답했다.

《아이가 아파서 병원에 입원했답니다.》

《예? 아이가 어떻게 앓는대요?》

김명옥은 금시초문이여서 다그쳐 물었다.

《모르지요. 아이들이야 쩍하면[26] 앓는걸요.》

그의 대답은 여전히 시답지 않아하는 내심을 그대로 드러냈다.

김명옥은 사업일지에 《탄실이 병원에 입원》이라고 적었다. 그를 찾아가보아야겠다는 생각이 들어서였다. 그가 사업일지에서 얼굴을 들자 조성만부직장장은 기다렸다는듯이 말했다.

《직장장동무, 탄실이같은 애기어머니들을 당분간 보조부문에 돌리면 어떨가요? 아이가 아파서 못나와, 나와도 탁아소에 다닐래 어데 일을 제대로 합니까?》

김명옥은 한 작업반에 애기어머니들이 두세명만 있어도 생산이 떨어진다고 작업반장들이 달가와 안하고 부직장장들도 골치거리로 여긴다는것을 알고있다. 하지만 그는 조성만부직장장의 제의를 받아들일수 없었다.

《부직장장동무는 잘못 생각하고있어요. 처녀들은 의례히 시집가기 마련인데 방직공장에서 애기어머니들을 보조부문에 돌리면 기능이 높은 기대공들을 다기대에서 떼게 된다는 말인데 그렇게 해서야 되겠어요. 그러지 않아도 기대가 늘어나서 기능공들이 더 요구되는데.》

《다른 직장에선 그렇게 하는데도 있던데요.》

조성만부직장장은 딱한듯이 대답했다.

《글쎄 다른 직장에선 그렇게 하는지 몰라도 난 그렇게 하지 않겠어요. 부직장장동무는 애기어머니들을 시끄럽게 생각하는 그 관점부터 고쳐야겠어요.》

김명옥은 부직장장들이 다시는 그런 생각을 못하도록 따끔하게 말했다. 그래선지 부직장장이 된지 얼마되지 않는 아침교대 부직장장은 그 일에 대해서는 말 한마디 하지 않았다.

조성만부직장장은 참지 못하고 지나가는 말처럼 한마디했다.

---

25 정형(情形) : 구체적인 형편이나 상태.

26 걸핏하면.

《이러나저러나 탄실인 공장을 그만두겠다는것 같습디다.》

《탄실이가 공장을 그만두어요? 누가 그래요?》

직장장이 하도 놀라서 묻자 조성만부직장장은 어물어물 대답했다.

《작업반에서 그런 말이 돌던데요.》

인계인수정형에 대한 보고가 끝나고 부직장장들이 작업장으로 나가자 김명옥은 잠시 생각에 잠겨 앉아있었다. 탄실이가 공장을 그만두다니…

김명옥은 아무리 생각해도 탄실이의 일을 리해할수 없었다.

그를 빨리 찾아가보아야겠다는 생각이 더 강해졌다.

전화종이 다급하게 울려서야 김명옥은 자기 생각에서 깨여났다. 10시부터 직포직장들의 소참모회의가 있다는 련락이었다. 김명옥은 수화기를 놓고 시계를 보았다. 그는 곧 사업일지를 들고 사무실을 나섰다.

*

산업동에서 대성동까지의 시내뻐스는 점심시간에도 사람이 붐비였다. 김명옥은 집에 들러 급하게 점심을 먹고 산업동 네거리에 나섰다. 초여름이라 하지만 한낮은 무척 더웠다.

사람들은 모두 더위를 피하려는듯 그늘을 찾았다. 그제야 김명옥은 날씨에 비해 자기 옷색갈이 너무 틱틱하다[27]는것을 생각했다. 마침 시내에서 나오는 대형뻐스가 정류소에 와닿았다. 붐비는 사람들속에 섞여 뻐스에 오르자 계절에 대한 그의 생각은 뒤전으로 물러섰다. 탄실의 어린애가 무슨 병으로 앓는지… 아이때문에 공장을 그만두겠다고 했는지… 궁금하기도 하고 초조하기도 했다. 처녀시절부터 다기대공으로 이름난 한탄실은 직장뿐 아니라 공장적으로도 귀중히 여기는 직포공이다.

탄실이와 같은 기능이 높은 직포공이 있어 직장장도 자랑스러운 때가 많았다.

병원 고유의 소독약냄새를 맡으며 복도에 들어서자 어린애를 안고 식당에서 돌아오던 탄실이 먼저 직장장을 알아보고 반기며 다가왔다.

《어마나 직장장동지, 바쁜데 왜 나왔어요?》

《아무리 바빠도 애가 아파 입원했다는데 나와보아야지… 영호야, 어떻니?》

김명옥은 탄실이 안고있는 어린애의 손을 잡으며 애가 알아듣기나 할것처럼 이렇게 물었

---

27 (주로 색갈을 나타내는 단어의 뒤에 쓰이여 앞에 오는 단어가 나타내는 색이) 산뜻하고 맑지 못하고 어둡고 컴컴하다.

다. 그런데 첫돌이 채 못된 사내애는 좀 해쓱해지기는했으나 앓는 아이 같지 않게 발쪽발쪽[28] 웃었다.

김명옥은 저절로 얼굴에 웃음이 떠올랐다.

《이녀석 아프다면서 웃긴.》

그는 또다시 어린애에게 웃음의 소리를 하고나서 탄실이와 같이 걸음을 옮기며 물었다.

《애가 무슨 병으로 입원했나?》

《그저께부터 소화불량증으로 앓기 시작했어요. 어제 오후에 열이 더 심해져서 입원했는데 밤에 집중해서 치료를 받고 이젠 퍽 나았어요. 인차[29] 퇴원하겠어요.》

《퇴원을 서두르진 말아요. 병원에서 일없다[30]고 할 때까지는 치료를 받아야 돼.》

그들은 같이 입원실에 들어섰다. 침대 넷이 놓여있는 양지바른 입원실은 밝고 따뜻했다.

김명옥은 창문곁에 있는 탄실이의 침대에 걸터 앉으며 어린애를 받아안았다.

《영호가 어머니를 놀래웠겠구나! 하긴 첫 아이때는 언제나 그런 법이야! 조금만 아파도 큰 변이 나는것 같지.》

직장장의 말에 탄실이도 마주앉으며 웃었다.

《정말 어저께는 얼마나 겁이 났는지 몰라요. 입원하라는 담당의사의 말을 듣자 난 정신없이 병원으로 달려왔어요. 그런데 밤에 점적[31]을 하니까 아침엔 열도 내리고 설사도 멎지 않겠어요.》

《첫 아이때는 그렇다니까. 아무튼 이제도 치료를 잘 받아야 해요.》

김명옥은 시름을 놓는듯한 한탄실을 타이르고 얼굴에서 웃음을 거뒀다.

《탄실이, 나 하나 묻겠어. 공장을 그만두겠다고 했다면서?》

탄실이는 어색한 웃음을 지으며 잠시 입을 다물고있다가 어렵게 말을 건넸다.

《영호 아버지가 공장을 그만두라고 해서…》

《남편이?》

김명옥은 놀라듯 되뇌였다. 그는 방금전까지도 그 말이 사실이 아니기를 바랬다.

한탄실은 직장장의 눈을 피해 시선을 떨구었다.

《그래 탄실인 어떻게 생각하나? 남편이 하라는대로 공장을 그만두겠어?》

---

28 이발(이빨)이 드러나 보일 듯 말 듯 작게 입을 벌리고 소리 없이 자꾸 웃는 모양을 나타내는 말.

29 이내, 그때에 곧 또는 지체함이 없이 바로.

30 괜찮다

31 ①한방울씩 물방울을 떨구는것 또는 그 물방울 ②《점적주입법》이나 《점적주사》의 준말.

탄실이는 한숨을 내쉬고 어물어물 대답했다.

《저도 어떻게 했으면 좋을지 모르겠어요.》

《탄실인 하루에 400메터씩 천을 짜는 다기대공인데 공장을 그만두고 집에 들어가면 뭘하겠어? 남편에게 매달려서 편안하게 살자는건가? 지금 온 공장이 천생산을 늘이겠다고 들끓고 있는데 공장의 자랑인 동무가 어쩌면 그런 생각을 다 하나. 아무래도 내가 동무의 남편을 만나보아야겠어.》

고개를 숙였던 탄실이 직장장을 쳐다보며 애원하듯 말했다.

《직장장동지, 남편도 남편이지만 제가 그이를 제대로 돌봐주지 못해서… 그러다나니 별치않는 일에 가정불화도 생기구 전 그게 안타까워요.》

김명옥은 불현듯 아침에 집에서 있었던 일이 생각났다. 그때 자기도 이제는 직장장의 일을 그만두고 편안한 일자리로 옮겼으면 하고 바라지 않았던가! 자신도 그랬으니 첫애기 어머니인 탄실이야 더 말해서 무얼 하겠는가! 그는 음성을 낮추어 탄실이에게가 아니라 자신에게 하듯 진지하게 말했다.

《탄실이, 나도 동무의 그런 심정을 충분히 리해해요. 나자신도 직장장의 일을 그만두고 시키는 일이나 했으면 하고 생각할 때가 한두번이라구. 하지만 우리가 쉬운 일자리나 찾고 남편에게 매달려 산다면 거기에 무슨 사는 보람이 있겠어… 잘 생각해봐요… 그럼 난 바빠서 가겠어.》

김명옥은 안고있던 어린애를 탄실이의 가슴에 안겨주고 일어섰다. 그는 어쩐지 할말을 다하지 못한것 같았으나 무슨 말을 더 해야 할지 인차 생각이 떠오르지 않았다. 탄실이는 대답이 없었다.

그는 밖으로 따라나와서야 조용히 입을 열었다.

《직장장동지, 저도 지금까지 공장을 떠난 자기생활을 상상하지 못했댔어요. 공장을 그만두면 제게 무슨 사는 기쁨이 있겠어요. 저도 그걸 알아요. 허지만…》

탄실이는 문뜩 말을 끊고 입을 다물었다.

《남편이 탄실이의 그런 마음을 리해해주지 못하는건 아닌가?》

김명옥은 탄실이의 얼굴을 찬찬히 보며 물었다.

《그렇지도 않아요. 애아버지도 공장을 아주 그만두라고 한건 아니예요. 아이가 클 때까지 얼마동안만…》

《그렇다면 탄실이는 어떻게 생각하나?》

탄실이는 말을 못하고 고개를 숙였다.

김명옥은 모든것이 명백해졌다.

《탄실이, 그러고보니 이건 남편들보다 우리 녀성들 자신의 문제가 아닐가? 집살림도 더 알뜰하고 깐지게[32] 하고 아이도 더 잘 키우고 그러면 어느 남편이 공장에서 큰일을 할수 있는 혁신자를 집에 들어와 놀라고 하겠어… 그런데 우리스스로가 사소한 곤난을 이기지 못해서 공장을 그만둘 생각부터 하니 이건 얼마나 의지가 약한 표현이나. 난 탄실이만은 매우 강한 사람인줄 알았댔어.》

탄실이는 고개를 들었다. 얼굴에는 계면쩍은 미소가 떠올랐다.

《직장장동지, 너무 근심하지 마세요. 생각해보겠어요.》

김명옥이도 웃음을 지었다.

《잘 생각해봐요, 그럼 치료를 잘 받으라요.》

그랬으나 뻐스정류소로 나오는 김명옥의 걸음은 가볍지가 않았다. 녀자들이 가정을 가지고 아이를 키우면서 공장에 나와 천을 짠다는것이 결코 쉬운 일은 아니다. 탄실이같은 기능이 높은 동무들도 시집을 가고 아이가 생기니 공장을 그만둘 생각부터 하고있지 않은가… 때문에 여기에는 우리 녀성들자신의 강한 의지와 함께 남편들의 리해와 적극적인 도움이 있어야 한다. 같이 나라와 인민을 위해서 일하는 혁명동지로서의 리해와 방조[33]가 있어야만 녀성들자신의 나약성도 극복해나갈수 있을것이다.… 앞으로 시간을 내여 기계공장에 다니는 탄실이의 남편을 꼭 만나보아야겠다

김명옥이 공장에 돌아와 직장사무실에 들어서니 책임기사와 통계원이 제각기 자기 책상에 마주앉아 일을 하고있었다.

김명옥은 외출복을 갈아입으며 책임기사에게 물었다.

《그새 무슨 일이 없었어요?》

《396호와 421호가 생산을 시작했습니다. 522호도 방금 도투마리가 도착했습니다.》

《그래요? 수고했어요.》

김명옥은 이렇게만 말했으나 어질어보이는 책임기사가 용케도 도투마리들을 빨리 받아왔다고 생각하니 마음이 가벼웠다. 그는 선자리에서 인차 작업장으로 나갔다. 책임기사의 말대로 396호와 421호 기대는 새 제품의 시험생산에 들어갔으며 522호 기대도 틀거리작업을 다 그치고있었다.

김명옥은 522호 기대앞에서 걸음을 떼여 작업장을 한바퀴 돌았다. 직포공들의 걸음도 빨

32 깐깐하고 이악하다. ㊟ 이악하다 : 끝장을 볼 때까지 달라붙는 성품이 직심스럽고 끈덕지다.
33 곁에서 도와줌.

랐고 수리공들의 일손도 민첩했다. 한편 생산된 천퉁구리들이 밀차에 실려 완성직장으로 운반되고있었다.

모든 교대들이 이렇게만 일해준다면 증산계획까지도 어렵지 않게 수행할수 있을것이다.

이렇게 생각하며 작업장을 돌아보고 사무실로 오던 김명옥은 어느 한 기대앞에서 걸음을 멈췄다. 수리공 김정남이와 직포공 허선애가 다투고있었던것이다. 김정남과 허선애는 다 같이 기능이 높은 우수한 수리공이며 직포공이다.

기계의 동음으로 하여 그들의 말소리는 알아들을수 없었으나 성난 얼굴표정으로 보아 다투고있다는것을 알수 있었다.

김명옥은 그들에게로 다가가서 기계소리를 누르듯 큰소리로 물었다.

《무슨 일이예요?》

두사람은 직장장을 흘깃 돌아보고 입을 다물었다. 허선애는 얼굴을 붉히며 자기 기대로 돌아갔다. 직장장앞에는 김정남이만 서있었다.

김명옥은 작업장에서 이야기가 제대로 될것 같지 않아 정남이의 팔을 잡았다.

《무슨 일인지 사무실에 가서 이야기하자요.》

김정남은 순순히 직장장을 따라왔다. 사무실에 들어서서 직장장이 자기 자리에 앉기도전에 그는 자기 요구를 제기했다.

《직장장동지, 교대를 바꿔주십시오.》

《교대를 바꿔요? 왜요?》

김명옥은 의아해서 그를 쳐다보았다.

《하여간 바꿔주십시오. 전 이 교대에서 일을 못하겠습니다.》

정남이의 태도는 단호했다.

《교대를 바꾸는 문제는 토론해야 돼요. 부직장장동무의 의견을 들어봐야겠어요… 그런데 선애하군 왜 싸워요?》

《직포공들도 기대관리를 잘해야지 기대는 어찌되던 천만 짜면 된다고 생각해서야 되겠습니까? 그래서 다퉜습니다.》

《정남동무의 말이 옳아요. 직포공들도 기대관리를 주인답게 해야 돼요. 그렇다 해도 잘 타일러야지 다투어서야 되겠어요? 나도 선애한테 말하겠어요.》

마침 아침교대 부직장장이 책임기사를 찾아 사무실에 들어섰다. 정남이는 자기 부직장장을 보자 얼른 돌아서서 작업장으로 나갔다.

교대부직장장은 아랑곳없이 책임기사에게 멀지 않아 있게 될 수리공들의 기능급수시험 세칙들을 문의하고 돌아섰다. 김명옥이 그를 불러세웠다.

《부직장장동무, 정남동무하구 선애가 다투길래 알아보려고 정남동무를 데리고 왔는데 그 동무는 무작정 교대를 바꿔달라는거예요. 무슨 일이 있었어요?》

부직장장은 짐작이 가는지 고개를 끄덕였다.

그 동무들은 서로 사랑하는 사이였습니다. 그런데 요새 선애네 부모들이 선애를 덕천인가 어데로 시집보내려고 한다는 말이 돌더니 그때부터 두사람은 쩍하면 다투군합니다.

《예? 선애가 덕천으로 시집간단 말이예요?》

김명옥은 뜻밖의 사실에 놀랐다. 그는 기다리지 못하고 따지듯 다시 물었다.

《부직장장동무, 선애가 정말 덕천으로 시집간대요?》

《글쎄 아직은 잘 모르겠습니다.》

《교대가 끝나면 선애를 나한테 보내주세요.》

부직장장이 대답하고 사무실을 나갔으나 김명옥은 한동안 그대로 앉아있었다.

선애만한 기능공을 키우자면 적어도 5~6년은 걸려야 한다… 공장대학에 다니는 정남이도 지향이 높고 열성이 있는 좋은 동문데 왜 그를 마다하고 덕천으로 시집갈려고 할가? 아무튼 선애를 만나보아야겠다.

*

아침교대와 낮교대의 인계인수시간이 박두해오고있었다. 교대당 생산량과 하루 총생산량이 종합되기까지 실히 한시간이 남았다.

이제 한시간후이면 교대당 생산량과 직장의 하루 총생산량이 종합된다.

통계원은 언제나 그러하듯 오늘도 한시간전에 교대의 기록공에게서 생산실적을 료해[34]하였다.

그는 사무실로 돌아와 다소 불안해하는 시선으로 직장장에게 말했다.

《직장장동지, 아침교대에서 계획[35]을 하려면 아직 3백메터를 더 짜야겠는데 아무래도 좀 긴장[36]할것 같습니다.》

김명옥은 고개를 끄덕였다. 직물조직이 바뀌는 조건에서 응당 있을수 있는 변화였다. 기능

34 사정이나 형편이 어떠한가를 알아보는것.

35 사회경제발전의 목표와 그 실현방도를 수자적으로 미리 예견해놓은것.

36 일을 순조롭게 넘기기 어려울 정도로 바듯하게 되는것 또는 그러한 상태.

이 높지 못한 직포공들은 직물조직이 바뀌면 얼마동안은 일손이 굼떠지기마련이다.

그러나 김명옥직장장은 긴장한 생산량을 앞에 놓고 이대로 방임해둘수가 없었다. 그에게 있어서 계획은 법이며 당적량심의 거울이였다. 어떤 일이 있어도 한시간내로 3백메터를 기대에서 떼내야 한다. 그는 자리에서 일어섰다.

《책임기사동무, 현장에 나가서 도투마리가 10메터씩 남은 기대를 30대만 골라냅시다. 그 30대에 힘을 집중해서 한시간후에는 3백메터를 완성직장으로 보내야겠어요. 책임기사동무는 1반에서 5반까지 맡고 나머지 작업반은 내가 맡겠어요.》

책임기사는 말없이 자리에서 일어섰다. 두사람은 같이 사무실을 나섰다. 잠시후 그들은 30대의 직기를 선발하였고 거기에 유능한 수리공들을 붙였다. 직장장도 책임기사도 현장에서 떠나지 않고 직포공들과 수리공들의 일손을 도왔다.

그리하여 시간이 되기전부터 기대에서 천퉁구리들이 떨어지기 시작했다.

직장장이 직접 천퉁구리들을 들고 완성직장으로 갔다. 시간은 빨리도 흘러갔다. 시간과 함께 천의 메터수도 늘어났다. 책임기사가 30대의 직기중 마지막 기대에서 떨어진 천퉁구리를 들고 완성직장 측정기앞으로 오자 가슴을 조이던 교대의 기록공이 환성을 올렸다.

《직장장동지, 계 356메터입니다.》

김명옥은 안도의 숨을 내쉬며 책임기사를 돌아보았다.

《책임기사동무, 수고했어요.》

교대간 인계인수가 끝난 오후 5시 직장의 하루 총생산량이 종합되였다. 통계원은 계획보다 넘쳐한 생산일보[37]를 직장장의 책상우에 갖다놓았다.

김명옥은 생산일보를 일별하고 일생산총화[38]를 위한 공장 참모회의에서 제기할 문제들을 사업일지에 적고있었다. 그러느라 사무실문이 열리고 직포공 허선애가 들어온것도 그는 미처 몰랐다.

《직장장동지, 절 찾았어요?》

책상앞으로 다가온 허선애의 목소리를 듣고서야 김명옥은 시선을 들었다. 퇴근할 차비인지 하늘색 나뉜옷[39]을 갈아입어 더 날씬하고 키가 커보이는 허선애는 언제보나 시원스럽고

37 하루의 생산정형을 적은 자료 또는 그에 대한 보고.

38 총화(總和) : 사업이나 생활의 진행정형과 그 결과를 분석하고 결속지으며 앞으로의 사업과 생활에 도움이 될 경험과 교훈을 찾는것.

39 양복저고리와 치마가 따로따로 나뉘여져서 한벌을 이루는 녀자양복.

활발한 인상을 주는 처녀였다.

김명옥은 그제야 허선애를 불렀던 생각이 났다.

《선애동무, 정말 부모님들의 요구대로 덕천으로 시집가려고 하나?》

직장장의 단도직입적인 물음에 선애는 얼굴이 발깃해졌으나 눈에는 터무니없어하는 웃음이 떠올랐다.

《아닙니다. 직장장동지, 난 부모님들에게 싫다고 말했어요. 내가 왜 나서자란 고향을 두고 덕천으로 가겠어요.》

《그렇다면 왜 정남동무를 멀리 하나? 그 동무는 열성이 있고 좋은 동문데, 그리고 이제 2년만 지나면 기사가 돼.》

《직장장동지두, 내가 그 동무에게 뭐랬나요. 제가 공연히 시뚝거리[40]지, 내 기대의 고장신호대는 보면서도 그냥 지나가니까 나도 화가 나지 않을게 뭐예요.》

김명옥의 마음은 흐렸던 하늘에서 금시 해빛이 비치듯 확 밝아졌다.

《그러니 정남동무가 공연한 트집이구나! 교대까지 바꿔달라고 하면서…》

《예? 그 동무가 교대를 바꿔달래요? 어이가 없구나!》

선애의 얼굴에서 웃음이 사라졌다. 그러나 김명옥은 명랑한 표정을 지으며 심각해진 선애에게 말했다.

《그럼 됐어. 정남동무는 래일 내가 다시 만나겠어, 일이 다 잘될거야. 피곤할텐데 어서 가봐요.》

《저도 만나서 말하겠어요. 난 그 동무가 그렇게 옹졸할줄은 몰랐어요.》

선애는 새침해서 돌아설려고 했다.

김명옥은 그를 불러세웠다.

《선애, 그건 옹졸한게 아니야, 사랑할 땐 별 오해가 다 생기게 돼. 정남동무를 만나서 공연히 오똘[41]거리지 말구… 그 동무는 좋은 동무야.》

선애는 언제 성이 났던가싶게 방긋 웃었다.

《직장장동지, 저도 알아요.》

김명옥은 사무실을 나서는 선애의 뒤모습을 바라보며 오늘 처음으로 시름이 놓이는 밝은 미소를 지었다.

---

40 시뚝거리다 : 마음에 언짢아서 토라지게 놀다.

41 방정맞게 갑자기 성을 내거나 화풀이를 하는 모양을 나타내는 말.

*

일생산총화를 위한 공장참모회의는 날이 퍽 어두워서 끝났다. 김명옥은 기사장[42]실을 나서자 또다시 직장으로 걸음을 다그쳤다. 오늘저녁에 제대군인[43]인 수리공 김성철의 결혼식이 있어 아무리 바빠도 결혼식에는 가야 했다.

더구나 김성철은 자재과에서 일하는 덕배아바이의 아들이다. 작년 여름에 제대해온 그는 수리공으로 배치되여 반년남짓하게 일했으나 열의가 높고 꾸준하여 남달리 일을 빨리 습득하였고 성실한 품성으로 하여 동무들의 사랑을 받고있었다.

김명옥이 직장사무실에 들어서자 통계원은 기다렸다는듯이 말했다.

《직장장동지, 결혼식에 늦지 않게 오시랍니다. 부직장장동지랑 기다리다 먼저 갔어요.》

김명옥은 낮에 결혼선물을 준비하라고 통계원에게 말했던 생각이 나서 물었다.

《통계원동무, 결혼선물은 어떻게 됐어요?》

《공장 상점에서 사왔습니다.》

통계원은 자기 철궤안에서 공예품같이 묘하게 만든 탁상시계와 리도령과 성춘향을 형상한 벽에 거는 희한한 공예품을 꺼냈다.

김명옥은 결혼선물을 보자 환성을 올렸다.

《결혼선물이 좋구만! 그럼 어서 포장해가지고 떠나자요.》

책임기사는 낮교대에서 해야 할 일이 있어 공장에 남고 통계원이 직장장과 같이 가기로 했다.

이윽고 김명옥직장장과 통계원은 결혼선물을 싼 보자기를 들고 공장을 나섰다.

둥실해진 달이 구름 한점 없는 하늘중천에 걸려있으나 밝은 가로등들과 고층아빠트 창문들에서 비치는 환한 불빛으로 하여 달빛은 무색해졌다.

두사람은 부지런히 걸어 공장 합숙을 지나고 산업동 네거리에 들어섰다.

김명옥은 잠간이라도 집에 들려 아이들에게 저녁 먹을 차비를 해주어야겠다는 생각이 들어 걸음을 멈추었다.

《통계원동무, 이 선물을 가지고 먼저 가요. 난 아이들에게 국수라도 바꿔다주고 가겠어요.》

---

42 공장, 기업소, 농장들에서 생산활동에 대한 기술적지도를 직접 책임진 행정적직위 또는 그 직위에 있는 사람.

43 일정한 동안 군대생활을 하다가 제대한 군인.

그리고는 돌아서서 집쪽으로 달려갔다. 그는 3층까지 올라가 문을 열고 현관에 들어서며 소리쳤다.

《은희야?》

《응. 엄마.》

열한살난 딸애가 부엌에서 얼굴을 내밀며 반겼다. 그런데 손에는 식칼이 들려있었다. 김명옥은 눈이 둥그래서 물었다.

《은희야, 너 뭘하니?》

《파 썰어.》

딸애는 자랑스럽게 대답했다.

《네가 뭘한다구?》

《아버지가 해보라고 했어.》

《아버지 오셨니?》

《응. 세면장에서 경수 씻어줘.》

김명옥은 남편이 어쩌다 이렇게 일찍 들어왔나싶어 의아해했다. 또다시 아침에 있었던 일이 떠 올랐고 남편에게 죄를 진것 같은 느낌이 들었다.

문을 열어놓은 방안에는 아이들의 책가방이며 그림책들이 마구 널려있었다. 김명옥은 얼른 신을 벗고 방으로 들어가 방안을 대충 치웠다.

공장에 나가면 수백명 로동자들을 지도하며 하루에도 수만메터씩 천을 짜는 직장의 직장장이지만 그도 집에 들어오면 한가정의 주부이며 안해이며 아이들의 어머니인것이다.

김명옥은 방안을 치우고나서야 세면장으로 나와 문을 열었다.

딸애의 말대로 남편이 아들애의 얼굴을 씻어주고있었다. 어머니가 세면장에 들어서자 경수는 잔뜩 비누칠을 한 얼굴을 돌리고 큰소리로 자랑했다.

《엄마, 철남이 나한테 졌다.》

《가만 있어. 얼굴이나 씻고 말해라.》

남편이 아들애의 머리를 돌리며 나무랐다.

김명옥은 남편에게 물었다.

《당신이 어쩌다 이렇게 일찍 들어왔어요?》

《더러 그런 때도 있지.》

남편은 대답하고나서 세면장에 들어서려는 안해를 만류했다.

《여보, 들어오지 마오. 방금전에 덕배아바이가 왔다 갔소. 직장장이 결혼식에 오지 않는다고 섭섭해하두만.》

《지금 가던 길이예요. 아이들에게 저녁 먹을 차비나 해주고 갈려고 들렸어요.》

《은희가 국수를 바꿔왔소. 그런건 이젠 은희한테 시키오. 곧잘 하던데.》

《그래요? 그럼 됐어요.》

김명옥은 기뻐하면서 세면장에서 나와 부엌에 들어섰다. 그리고는 딸애가 바꿔다놓은 국수를 그릇에 나누어담고 국수국물을 만들었다.

다 씻은 아들애를 데리고 세면장에서 나오던 남편이 나무라듯 재촉했다.

《여보, 빨리 가보오. 그래도 직장장이라구 로인이 찾아왔댔는데… 집일이야 집에 있는 사람이 하면 되지 않소.》

남편의 말에는 안해가 직장장으로서 지켜야 할 도리에 대한 타이름도 있었지만 가정일의 부담을 조금이라도 덜어주려는 성실한 마음도 비껴있었다.

김명옥은 가벼운 마음으로 일손을 놓고 방안으로 들어가 진록색 조선치마저고리를 갈아입었다.

그는 집을 나서면서 남편의 너그러운 리해와 성실한 마음을 다시금 가슴뿌듯이 느끼였다. 생각해보면 자기가 지금까지 6년동안 직장장으로 일할수 있은것도 남편의 이런 리해와 적극적인 도움이 있었기때문이 아닌가싶었다. 간혹 신경질도 부리고 짜증도 내지만 그것은 본질적인것이 아니다. 그도 안해가 직장장으로서 생산에서나 사람들과의 관계에서 미흡한 점이 없기를 바라고있으며 마음을 쓰고있는것이다.

김명옥은 자기가 아침에 품었던 마음의 동요는 스스로 자신을 구속한 나약한 마음이였다고 심심히 돌이켜보았다. 그래선지 한탄실의 남편도 반드시 리해하며 안해를 도와주리라고 그는 믿고싶었다.

결혼식집은 김명옥의 집에서 멀지 않는 방직공장 사택마을[44]의 한 다층주택 2층에 있었다.

김명옥이 문을 열고 현관에 들어서자 방안에서는 벌써 취기가 오른 사람들의 말소리가 새여나왔다. 부엌에서 일하던 성철이 어머니가 먼저 김명옥을 알아보고 방안을 향해 소리쳤다.

《원 이제야 오누만. 성철아, 직장장이 왔다.》

그러자 덕배아바이가 방에서 나왔다. 주름살 많은 로인의 얼굴에 행복한 웃음이 활짝 피여났다.

《직장장이 안온다고 욕을 했는데 이제야 나타났군.》

44 어떤 기관의 사택들이 있는 마을.

《덕배아바이, 오늘 기쁘시겠어요. 축하합니다.》

김명옥은 허리를 굽혀 로인에게 축하의 인사를 했다. 덕배아바이는 몹시 감동되여 김명옥의 손을 잡았다.

《직장장, 바쁜데 이렇게 와주어 정말 고맙소.》

그때 결혼식 례복을 차려입어 전에없이 키가 후리후리하고 잘나보이는 성철이 방에서 나왔다.

《직장장동지 오셨군요. 감사합니다.》

김명옥은 성철이를 축하해주고 덕배로인에게 이끌려 방으로 들어갔다. 넓은 방안에는 신랑신부의 상을 마주하고 상앞에 몇몇 사람들이 앉아있었다. 모두가 낯익은 공장사람들이였다.

그들속에 낮에 기대앞에서 다투던 수리공 김정남과 직포공 허선애가 나란히 앉아있었다. 김명옥은 인차 그들을 알아보고 이제는 자기가 김정남을 따로 만나지 않아도 되겠다는 생각이 피끗[45] 떠올랐다.

공장사람들이 마주앉은 상우에는 갖가지 음식들과 청량음료들, 유리고뿌[46]들이 놓여있었다. 김명옥직장장이 들어서자 유쾌해진 사람들의 시선이 일제히 그에게 쏠리며 반겨주었다.

김명옥은 사람들에게 답례를 하고 덕배로인이 이끄는대로 신랑신부의 상가까이에 있는 자재과아바이들 곁에 앉았다.

김명옥은 자리에 앉자 비로소 신랑신부쪽을 자세히 바라보았다. 연한 노을빛의 화려한 조선옷을 입은 신부도 고왔고 성철이도 오늘은 류달리 잘나고 의젓해보였다. 김명옥은 좌중을 둘러보며 기뻐서 말했다.

《동무들, 신랑신부를 축하해서 우리함께 잔을 들것을 제의합니다.》

좌석은 명랑해졌다. 모두가 신랑신부의 행복을 빌며 잔을 내였다.

김명옥은 다음으로 덕배로인의 잔에 술을 붓고 오늘의 그의 기쁨을 다시 축하해주었다.

덕배로인은 김명옥이 따라주는 술을 마시고나서 김명옥의 잔에다 술을 부으며 말했다.

《직장장, 이번엔 내가 직장장에게 술을 권하겠네. 직장장은 잊었는지 모르겠지만 나는 지금도 생각나네. 직장장이 책가방을 메고 학교에서 돌아와 어머니를 찾아 우리 혼타직장으로

---

45 어떤 생각이 갑자기 떠오르는 모양을 나타내는 말.

46 고뿌 : 유리, 사기, 비닐, 알루미니움 같은것으로 만든 운두 높은 잔. ㊟ 운두 : 그릇이나 모자, 신 같은것의 울이나 그 둘레. ㊟ cup의 일본식 발음.

오면 나는 늘 〈 명옥아, 너 왜 또 공장으로 나오니, 집에 가거라 〉하고 욕[47]을 하군했소. 그러던 명옥이가 이제는 우리 공장의 기둥이 되였소. 직장장, 그때 욕을 하던 이 덕배의 술을 받으라구.》

덕배로인의 얼굴에는 잊지 못할 추억을 더듬는듯 감개무량한 표정이 함뿍 어렸다.

김명옥은 자리에서 일어서서 로인이 부어주는 술잔을 들었다.

《덕배아바이 고맙습니다.》

그는 술잔을 든채 서서 감회깊은 어조로 말을이었다.

《아바이, 저도 기억이 생생합니다. 그때 우리 어머니가 일하던 혼타직장 직장장이였던 덕배아바이는 저를 욕도 했지만 저의 학습장을 보아주고 공부를 잘한다고 머리를 쓰다듬어주기도 했습니다. 저는 그 나날을 잊을수 없습니다.》

김명옥은 신랑신부쪽을 돌아보고 자기들의 이야기에 열이 오른 젊은이들을 둘러보며 조금 큰 소리로 말을 계속했다.

《동무들, 나는 오늘 기쁜날을 맞이한 신랑신부와 이자리에 온 젊은 동무들에게 하고싶은 말이 있습니다. 동무들은 덕배아바이나 여기 계시는 자재과아바이들의 지난날을 알아야 하며 잊지 말아야 합니다. 이분들은 전쟁시기에는 산골짜기에 방공호를 짓고 거기서 군복천을 짰으며 전후에는 재더미속에서 온갖 곤난을 무릅쓰고 공장을 일으켜세웠습니다. 그리고 우리 나라 방직공업을 오늘에로 발전시켜왔습니다. 한때는 직장장, 부직장장, 혁신자, 고급기능공들로 공장의 핵심이였고 기둥이였던 이분들을 우리는 존경해야 하며 잊지 말아야 합니다. 그리고 이분들의 뒤를 이어 공장을 굳건히 떠메고나가야 하며 우리의 방직공업을 더욱 발전시켜야 합니다. 우리는 온 나라 사람들을 더욱 곱게 내세우는 방직공이라는 영예와 책임감을 더 깊이 간직하고 천을 더 많이 짭시다.》

가슴에 북받치는 감격에 도취되여 김명옥은 마치 선동연설을 하듯 격동적으로 말했고 그 말은 사람들의 공감을 불러일으켰다. 젊은 동무들은 자기들의 이야기를 그치고 김명옥의 말을 주의깊이 들었으며 나이많은분들은 고개를 끄덕이며 다난하고도 보람찼던 자신들의 지난날을 회고하였다.

김명옥이 이야기를 끝내고 자리에 앉자 마침 공장회관의 손풍금수[48]가 왔다. 사람들은 흥성거렸다. 모두가 손풍금반주에 맞추어 노래를 부르고 춤들을 추었다. 추억의 노래들, 행복

47 나무람하고 꾸짖는것.
48 손풍금을 타는 사람. ㉺ 손풍금 : 바람집의 작용으로 혀(청)를 울려 소리를 내는 휴대용 건반악기. (= 아코디언)

의 노래들, 희망찬 래일에로 부르는 전투적인 노래들을 많이 불렀다.

로인들도 불렀고 젊은이들도 불렀다.

한공장 사람들이 모인 결혼 연회는 매우 흥겨워서 시간가는줄 몰랐다. 모두 유쾌한 기분으로 덕배아바이의 집을 나섰다.

김명옥은 공장 합숙으로 가는 직장의 수리공들이며 직포공들과 함께 걸어갔다. 그들은 직장장이 연설을 잘한다고 추어주[49]었고 직장장의 노래를 처음 듣는다고 신기해하기도 했다. 김명옥은 그들과 같이 롱담도 하고 웃기도 하며 떠들었다.

자기 집이 있는 살림집 앞거리에서 로동자들과 헤여진 그는 이제는 퍼그나[50] 한적해진 밤거리를 혼자서 천천히 걸었다. 몸은 가벼운 피로감에 휩싸였으나 결혼식 집에서 받은 환희에 찬 흥분이며 로동자들과 같이 걸으며 떠들썩 웃어댄 유쾌한 기분은 가슴속에 그대로 남아있었다.

김명옥은 부지중 아침부터 바삐 돌아친 하루동안의 일을 돌이켜보았다. 그렇다. 오늘은 바쁜 하루였다. 하긴 오늘만이 아니라 자기 일은 언제나 이렇게 바빴다. 수백명의 로동자들을 지도하여 하루에 수만메터씩 천을 짜야 하는 한개 직장의 직장장이니 언제 하루 바쁘지 않는 날이 있겠는가!

어제도 오늘처럼 바빴으며 래일도 모레도 이렇게 바쁠것이다. 그러나 이 바쁜속에 참된 삶의 가치와 보람이 있는것이 아니겠는가! 만일 자기가 한가한 일자리에서 남의 뒤꼬리나 따른다면 이런 삶의 환희와 보람은 결코 향유하지 못할것이다.

이렇듯 끝없이 솟구치는 흥분을 안고 걸음을 옮기던 김명옥은 자기집을 바라보았다. 불이 꺼져서 모든 창문들이 캄캄했으나 오직 한집 3층에 있는 자기집 창문에서만 불빛이 환하게 내비치고있었다.

김명옥은 자기를 기다리며 강의안을 쓰거나 책을 읽고있을 남편을 생각하며 기쁜 마음으로 걸음을 다그쳤다.

49 정도이상으로 칭찬하여주다.
50 퍽

북한의 보험

북한에도 온갖 보험이 다 있어 교통사고나 화재를 당하면 국가로부터 일정한 보상을 받을 수 있다. 자동차가 드물어 교통사고는 적지만 아파트 붕괴사고, 기차사고, 폭발사고 등이 끊이지 않기 때문에 북한 당국은 수시로 주민들에게 보험에 가입할 것을 홍보하고 있다.

북한 보험법은 보험의 종류를 인체보험과 재산보험으로 나누고 있다. 인체보험은 생명보험, 어린이보험, 여객보험, 재해보험 같은 것이고, 재산보험은 화재보험, 해상보험, 농업보험, 신용보험 등이다. 주택이나 토지 등의 사적 재산이 인정되지 않는 북한에서 재산보험은 주로 기관이 가입하게 된다. 해상보험과 신용보험 등 해외관련 보험은 대외보험총국에서 관할하고, 국내의 일반 보험 업무는 중앙은행에서 맡고 있다.

북한 보험법 제9조는 "보험자는 보험사고에 의하여 피보험자가 입은 손해 또는 피해를 보상하거나 보험기간이 끝나면 보험금을 내 줄 의무를 지며 피보험자는 보험보상을 받을 권리를 가진다"고 규정하고 있다.

북한의 직장인들은 대부분 인체보험에 가입되어 있으며, 보험료는 월 또는 분기별로 월급에서 공제된다. 그러나 대부분 근로자들은 보험 내용을 제대로 모를 뿐만 아니라 자신이 보험에 가입한 사실조차 잘 알지 못하고 있다. 직장에서 알아서 가입시키는 경우가 대부분이기 때문이다. 그러나 본인이 굳이 보험에 가입하지 않겠다고 고집하면 안 할 수도 있다.

인체보험은 계약기간이 3년, 5년, 10년짜리가 있으며, 만기 보험금액은 각각 300원 500원 1,000원 등이다. 보험료는 한 달에 3~8원 정도이며, 계약 기간 중 사망하거나 만기를 채울 경우 보험금을 받게 된다.

세대주가 사고로 사망했을 경우 보험금과 함께 유족들에게는 연금식으로 월급의 60% 정도를 지급한다. 세대주가 아닌 경우는 20~30원 정도가 지급된다. 사고로 부상을 당했을 경우에는 장애판정에 따라 연금 형태의 보험금을 받게 된다.

근무 중 순직했거나 상해를 입은 경우는 단순한 보험과는 다른 대우를 받는다. 근로자의 경우엔 공로자로, 군인은 영예군인으로 판정받게 된다. 사망이나 부상이 심한 특류의 경우 월 200~250원의 보상금과 함께 담당 의사가 지정된다. 3급(하반신 마비 등)은 월 150원 정도, 1~2급은 60~100원 정도이다. 노동 능력이 상실되지 않을 경우 경노동직장으로 옮기게 된다.

노동자들은 보험에 관심이 없다. 보험금을 타봐야 별로 도움이 되지 않기 때문이다. 웬만한 사람들은 보험보다는 훈장에 더욱 매달린다. 훈장 급수에 따라 식량과 연금이 지급되기 때문이다. 북한에서는 훈장만한 보험이 없다.

–자료 제공 : 조선일보 통한문제연구소(2001.12.18.)

[발제 : 글을 읽기 전에]

북한 체제는 작가들에 대하여 당이 요구하는 작품을 적시에 창작해내도록 창작지도 사업을 한다. 당은 작가의 사상적 무장을 적극 실천하도록 하기 위해 유일사상체제를 확신하도록 주도해왔다. 또 문학을 통한 정치실무적 준비를 위해 작가에 대한 교양사업을 실시하고 있다. 이를 통해 당의 문예방침을 철저히 관철시킬 수 있도록 문학인들을 지도한다. 북한 문학예술인들이 이러한 당의 정책에 반하는 창작 행위를 할 수 없도록 한 것이다.

당은 작가에게 제국주의 문화의 침투와 자본주의적 문예조류의 침투 및 복고주의를 반대하는 투쟁을 지도한다. 또 근로자들 속에서 문학예술의 후계자들을 체계적으로 육성하기 위해 노력하며, 세계의 모든 진보적이며 혁명적인 작가, 예술인들과의 연대성과 단결을 강화하기 위한 사업을 조직하고 진행한다. 이와 같은 사실은 국가로부터 문학예술이 관리 감독되며, 창작에 대한 검열과 감시 및 작품보급이 이루어지고 있음을 보여주는 것이다.

북한의 언론 출판 매체에 몸을 담고 있는 사람들은 북한 체제를 지키기 위한 문화전사들이다. 이런 까닭에 북한으로부터 유입된 다양한 매체 가운데 북한 사회를 살아가는 개인의 고민을 있는 그대로 살펴보기란 쉽지 않다. 북한 문학 속의 개인은 자기 자신을 위해 살아가는 것이 곧 사회주의 낙원 건설을 위한 목표와 같아야 한다. 하나의 독립된 인격체로서 북한 사회가 안고 있는 여러 모순과 맞서는 인물을 볼 수 없는 것도 이러한 까닭에서다.

그렇다면 북한 사회가 완벽한 사회로서 개인적 불만이 존재할 수 없기 때문일까. 북한 사회에서 생활의 진리는 어떤 것일까? 이러한 의문에 대한 답은 앞서 얘기한 북한 체제가 제시한 문학의 창작 방향에서만 찾을 수 있다. 그럼에도 불구하고 체제를 위한 문학에 반영된 일상의 주조, 그리고 분단의 저 편에서의 삶에서도 사람 사는 동네의 이야기와 노래는 있다. 북한 문학도 북한 사람의 생활 습성과 인정, 물태, 풍속 등을 담아내고 있기 때문이다.

북한 문학에서 생활인으로서 사회 속에 존재하는 평범한 주인공은 어떤 생각을 하고 있을까? 북한 사회는 아직도 혁명 중이다. 사회주의 혁명으로부터 개인의 의식 혁명에 이르기까지 투쟁의 대상이 끊임없이 만들어지고 있다. 북한 사회의 희망은 개개인의 희망과 부합해야 하는 사회다. 북한 사회에서 생활 속의 작은 영웅들은 삶의 현장에서 자기소임을 실천하는 모범적인 개인이다. 이러한 인물을 통해서 북한 사회 및 체제가 희망하는 방향이 제시된다.

···› 생각해 보기

비도덕인을 데려가는 집

▶《비도덕인을 데려가는 집》은 내러티브가 중심이 되는 서사양식과 시양식의 결합으로 이루어진 이야기시(narrative poem)라고 할 수 있다. 아울러 이 작품은 도덕적 양심에 대한 문제를 다루고 있다. 오늘날 우리 주위에서 실제 있었던 일을 대상으로 시적 형상화를 이루고 있는 작품들에 대해서 살펴보자.

스승의 모습

▶북한 사회에서 생활 속의 작은 영웅들은 삶의 현장에서 자기소임을 실천하는 모범적인 개인으로, 이러한 인물을 통해서 북한 사회 및 체제가 희망하는 방향을 제시한다. 〈스승의 모습〉에 나타난 스승에 대한 형상화를 통해서 북한 사회가 제시하고 있는 바람직한 인물상은 어떤 것인지에 대해 살펴보자.

이웃들

▶소설 《이웃들》은 북한의 야유회에 얽힌 에피소드를 그린 작품이다. 특히 야유회를 준비하는 과정에서 북한 사람들이 보여 주는 독특한 생활태도와 의식 등은 흥미롭다. 그 중에서도 1호집 '품질감독원'과 4호집 '식료독채 지배인'은 요령있는 사람과 원칙적인 사람을 상징적으로 대변하는 인물들이다. 이러한 인물형을 우리 주위에서 찾아 보고 북한에서는 이런 인간형에 대해 어떻게 생각하는지 소설을 통해 알아보자.

▶소설에 등장하는 직업들, 즉 '품질감독원', '랭동차운전사', '구역참판원', '기자' 등을 우리 남한의 직장이나 직업과 비교해서 이야기해 보자.

비도덕인을 데려가는 집

오 영 재

이것은
어느 한 공장에서 있은
한 젊은 현장기사가 체험한 일

하나의 중대한 연구과제를 안고
3년…
풀리지 않는 매듭을 안고
고심하며 또 3년

제 힘으로 이제 더 풀수 없어
그만 손맥이 풀리고말았을 때
마침 현장에 내려왔던
모교의 관록있는 한 교수
성심으로 제자를 도와
드디여 성공의 열쇠를 쥐여주었네

공장에 경사가 생겼네
온 나라의 과학계에까지
파문은 크게 일어
취재수첩을 펼쳐들고
촬영기를 번쩍이며
날마다 기자들이 그를 둘러쌌네

성공에 도취된 그 현장기사
그만 그를 도와준 교수마저 밀어던지고말았네
공정하게 교수의 공로를 말하기에는

차례진 영예가 너무 황홀한것이기에

사진과 함께
신문에 그 이름이 크게 나고
만나는 사람마다 보내는 열렬한 축하에
손이 아프기까지 한 그날 밤
그는 꿈을 꾸었네

…정갈한 은발에
근엄한 눈길을 지닌 한 로인이
문득 그앞에 나타났으니
그는 자기를 소개하기를
'량심의 상징' 이라고 했네

불현 듯 자기 몸이 자유롭지 못함을 느끼며
'량심의 상징' 을 따라
어느 문앞에 이르니
문패에 쓴 검은 글자가 띄였네
'비도덕인의 집'

이 세상의 한줄기 빛도 흘러들지 않는 집
거기엔 있었네
뢰물을 바친 사람, 받은 사람
나라에 올리는 통계보고에
공을 하나 더 친 공명주의자
웃사람에게 마구 대들고
녀성을 심히 모욕한 젊은이들
식당의 뒤방만 체면없이 출입한 사람들
등등…

둔중한 음향을 울리며
문이 닫기는 소리에

그날 밤의 꿈은
다행이도 여기서 깨었네

백발로인의 방문은
다음날 밤에도 있었고
그다음날에도 어김없이 꿈속에 '출근' 하여
또다시 끌어내갈 때
그는 막 울고싶었네

낯익은 문이 열리고
거기에 있는 '동료' 들의 눈길이 그에게 쏠리는데
그에는 아랑곳없이
머리를 박은 채
무릎꿇고 앉아있는 한사람이 있었네

그만 놀라움에 소리칠번했으니
그는 분명 자기를 도와준
모교의 교수였네
그도 무슨 죄를 범했기에
이런 집에 끌려왔단말인가

못박힌듯 방안에 선채
의아함에 두리번거리는데
량심의 상징인 그 할아버지의 말이
반올림하는듯한 웅글한 목소리로 울렸네

명심해 들으라, 그 사람은
수천명의 훌륭한 제자를 키워낸 이름높은 교수였지만
그중에 한사람
몹쓸 제자가 끼워있는 그것으로
그도 너와 함께 '죄인' 이 되었다

스승의 모습

김 철 민

이제는 퍽그나 늙으셨으리
그 숱좋던 쌍태머리[1]에도 서리가 내리고
유정하던[2] 눈가에도 실주름이 흘렀으리
허나 내 가슴속엔 오늘도 여전히
처녀선생님으로 남아있는 스승의 모습이여

손가락 그림자로
고양이도 그리고 망아지도 그리며
해빛과 장난을 못참던 그 시절
말썽많은 우리 학급
그렇듯 젊고 아름다운 처녀선생이
문득 배치되여왔거니

지금도 눈에 선해라
처음으로 교단에 나섰던 그 모습
호기심 많은 까만 눈동자들앞에
당황함을 참고서 짓던 그 미소

허나 우리는 차츰 알게 되지 않았던가
얼굴 먼저 마음이 아름다운 선생님

1 가랑머리. ㊟ 가랑머리 : 두 가랑이 지게 땋아 늘인 머리.
2 ①인정이나 애정이 있다 ②(따뜻한 감정을 일으킬 만큼) 정답다.

누나가 되어 어머니가 되어
기울인 그 진정…

이십리 먼 산골마을로
내 산수풀이를 도우려 찾아온 선생님
밤이슬에 젖은 치마폭을 감싸며
우리 집 불빛아래 앉을 때
어린 마음에도 쩌릿하던 날들이여

흐르는 세월과 함께
그날에 배운것은 하나 둘 잊혀져도
우리를 사람으로 만드노라
한창 좋은 그 나이에 까매서 뛰여다니던 그 모습은
철이 들수록 더 삼삼해지거니

내 오늘도 머리를 수그리노라
해비[3]에 곱게 씻긴 백양나무모
교문가에 함께 심으며
조국애의 뿌리를 내려주던 그 모습앞에
다 자란 우리를 그 백양나무아래서 바래우며

세상에 새 인간들을 낳은 기쁨이
두줄기 눈물로 내리던 그 모습앞에
아, 따르고싶고 본받고싶은 첫 모습으로
순진한 눈동자들에 비끼는 스승의 모습
세월도 그우에 선뜻 백발을 얹지 못해라
세상도 그 모습 차마 지우지 못해라

3 해가 나와 있음에도 불구하고 내리는 비.

하거니 선생님들이여
조국이 미래를 맡긴 귀중한분들이여
범상한 이야기래도 이것만은 명심해다오
후대들앞에 서있는 그대들의 모습
한생의 거울이 되여
그들과 한생을 함께 산다는 것을…

이웃들

최 성 진

우리 현관 7층 세대주들은 직종이 각이하다.[1]

1호집이 품질감독원이라면 2호집의 나는 기자이며 3호집 아바이[2]는 탄광기계공장의 오랜 로동계급인데 주물직장 고문격으로 일하고있다. 전쟁참가자인 아바이는 구역[3]인민참심원[4]이기도 하다. 그리고 4호집 세대주는 얼마전에 구역 식료독채[5] 지배인으로 임명되였고 5호집 젊은이는 랭동차운전사이다.

넉달전 같은 날에 우리는 새 아빠트[6]에 이사를 와서 다정한 이웃들로 되였다. 하지만 우리 7층 세대주들이 한자리에 모여앉기란 그리 쉽지 않은것이였다. 품질감독원은 때없이 출장이 잦은 사람이였고 나 역시 취재와 집필차로 금년에만도 여섯달이나 북방의 한 림산사업소에 줄창 나가살다가 들어왔다. 다른 세대주들도 사정은 마찬가지이다. 랭동차운전사는 하는 일이 돌아다니는 일이여서 때늦어 집에 들어오는 경우가 많고 식료독채 지배인은 항상 콩튀듯 뛰여다녀야 한다. 3호집은 3호집대로 분망한 나날을 보내는 아바이이다. 공장에서 새형[7]의 착암대차[8]를 만드는것과 관련하여 까다로운 주물품을 생산보장하는 일이 헐치[9] 않은데다가 이따금 인민참심원사업도 해야 하는것이다.

그러한 우리 세대주들이 지난 8 · 15날에는 이사를 온후 처음으로 랭동차운전사동무의 집에 모여앉아 료리전문을 나온 젊은 안주인의 음식솜씨도 칭찬을 하며 즐거운 시간을 보냈었다. 바로 그자리에서 다음번 명절에는 우리 7층 세대주들이 가족들까지 모두 데리고 미림갑

1 서로 다르거나 또는 제각기 다르다.
2 나이가 지긋한 남자를 친근하게 이르는 말.
3 시 아래에 조직된 행정구역단위 또는 그 기관.
4 형사 및 민사 사건을 심리 해결하는데 직접 참가하는 인민의 대표.
5 식료품점. ㉾ 북한에서는 독립채산제를 실시하는 상업유통의 한 단위를 독채라고 부름.
6 ㉾ 아파트.
7 새로운 형태의.
8 착암기를 설치하기 위하여 만든 대차. ㉾ 착암기 : 주로 암석에 구멍을 뚫는 기계, ㉾ 대차 : 차량이 레일 위를 달릴 수 있도록 차체를 지지하는 바퀴가 달린 차.
9 힘이 들지 않고 어렵지 않다.

문언제[10]우로 야유회를 나가기로 락착[11]이 되였다.

일인즉은 이렇게 시작된것이였다. 맹물만 마셔도 몸이 난다는 뚱뚱한 품질감독원이 그날 넙죽한 얼굴에 취홍이 도도해가지고 미림갑문이야기를 꺼내놓았다. 요즘 미림갑문쪽이 풍치[12]가 기막히다면서 새 유람선이 두척이나 떴는데 그것만 타면 봉화리까지 산천구경을 하며 갔다올수 있다는것이였다. 그래서 좀 아는 사람들은 휴식날이면 대성산이나 모란봉보다도 미림갑문으로 찾아간다고 했다.

그는 모두의 귀가 솔깃하게 미림갑문에 대한 《선전사업》을 하고나서 속심을 꺼내 놓았다. 오는 공화국창건기념일[13]에는 준비를 잘해가지고 가족들과 함께 거기로 놀러가자는것이였다.

《생활에 대한 요구수준이란 끊임없이 높아져야지요. 그런 의미에서 다가오는 국경절이야 방안에 틀고앉아 소주병이나 축내면서 쇨[14]수 없지요. 자, 그래 우리 7층 세대주들이 남보다 못한게 뭐겠소. 우선 이 집 새서방님만 보더라도 랭동차운전사겠다 더 말할것 없지요. 탄광기계공장아바이야 오랜 공로자이구 인민참심원이니까 구역관내에선 안통할데가 없을게 아니겠소. 게다가 식료독채 지배인아바이까지 움직이면 원 이런 정도이겠나요. 그러니 쪼물짝하게[15] 놀 생각은 말구 오는 명절엔 우리 동네의 잠재력을 한번 시위해보자구들요.》

그가 우리 세대주들을 렬거는 했지만 《쪼물짝하게 놀 생각을 말라.》고 한것은 식료독채 지배인을 골리는 롱말[16]이 분명했다.

그건 틀림없다. 신접살림인 랭동차운전사만해도 물좋은 생선류나 그러루한[17]것들이 생기면 이웃들에게 다문 몇마리씩이라도 나눠주어 맛보게 하는 성미이고 품질감독원자신은 지방출장길에 생긴 희귀한 특산물같은것들을 집집에 아낌없이 내놓는 인심후한 사람인데 식료독채 지배인한테서는 그런 일이 드문것이였다.

한번은 이런 일이 있었다. 어느날 우리 현관 세대주들 몇사람이 함께 출근길에 올랐는데

10 미림갑문이 있는 뚝.

11 어떤 일의 끝을 보거나 결정이 나는것.

12 ㊢ 멋진 풍경.

13 ㊢ 조선민주주의 인민공화국 창건 기념일은 매년 9월 9일이다. 북한에서는 이 날을 공휴일로 하고 대규모 거리행진 등을 통해 기념일을 선전하고 있다.

14 기념일을 맞이하여 지내다.

15 사람이 시원하게 트이지 못하여 옹졸하고 좀되다.

16 ㊢ 농담.

17 그와 엇비슷한.

품질감독원 그 량반이 속이 클클한[18]지 식료독채 지배인에게 지배인낯을 내지[19] 않겠느냐고 롱말로 걸고드는것이였다. 그때 지배인은 황황히 손을 내저으며《아이구, 여보. 말두 마오. 아직은 제구실을 못하는 지배인이라니까.》하고 말했다. 자기는 제구실 못하는 지배인이니 이웃들에게도 인사치레를 못한다는 뜻이거나 아니면 아예 무얼 얻어먹을 생각이나 말라는 의미같았다. 롱으로 하는 말을 듣고도 얼굴이 뻘개지며 바빠하는 이 고지식한 령감을 보며 능글맞게 웃던 품질감독원이 한수 더 뜰 생각을 했다. 그는 지배인령감과 갈라지자 나를 보고 이렇게 수군거리는것이였다.

《기자선생, 저 령감이 말끝마다 제구실 못하는 지배인이요 하면서 가난한체하는데 그 엉치[20]를 한번 든장질[21]해보라오? 그러면 쪼물짝한 령감이 마음을 쓸지 알겠소.》

품질감독원은 그래놓고 지배인을 만날적마다 정말로《든장질》을 해대기 시작했다. 식료독채를 타고앉은 지배인이란게 통은 병아리염통보다도 작다느니, 이웃사람 면무식을 영 하지 않다간 한현관[22]에서 다 살 줄 알라느니 하고.

그랬던 품질감독원이 이번엔 우리《동네》의 집단야유회를 발기한것이다.

그의 제의는 모두의 찬동을 받았다. 세대주들은 얼근해진 기분들이라 대뜸 거 좋수다 하고 환성을 질렀다. 그중에서도 3호집 주물공아바이는 그날에 자기가 천렵솜씨를 좀 보이겠노라고 장담을 했다. 그러지 않아도 갑문우에 요즘 강우레기[23]들이 나타나 낚시군들이 한창 재미를 본다고 하면서도 그럴 짬까지는 내지 못하던 아바이였다.

품질감독원의 제의는 특히 안해들과 아이들의 전적인 지지를 받았다. 우리 집 안사람과 인민학교 4학년에 다니는 딸애는 너무 좋아서 어쩔바를 몰라했다. 하긴 늘쌍 현지에 나가살다싶이하여 안해와 함께 딸애의 손을 잡고 유원지나 거리구경을 나다녀본적이 극히 드문 나였다.

우리 집 사람은 명절야유회준비를 미리부터 서둘렀다.

아마도 안해들이란 그런 일이라면 즐거운 부담으로 여기는 모양이다. 아직도 명절까지는 한주일이나 남았는데 가만 보니 식료매대[24]에 들려 빛다른[25] 식료품을 사오거나 지방의 친척

18 ㊂ 배속이 좀 빈듯하고 목이 텁텁하여 무엇을 시원하게 마시거나 먹고 싶은 생각이 있는.
19 생색을 내다.
20 엉덩이.
21 추동질하는 일을 비겨 이르는 말.
22 ㊂ 같은 현관문을 사용하다는 의미.
23 ㊂ 우레기 : 몸길이가 30센치미터 정도인 주로 바다 가까이에 사는 대가리가 도틀한 물고기.

네가 보내오는 특산물같은것들을 야유회용으로 저축해두는 눈치였다.

내가 그것을 느끼고《여보, 명절날에도 식료상점에서 의례히 다 공급해주겠는데 뭘 지금부터 그러오. 요란한 잔치라도 차릴것 같구만.》하면 안해는 안해대로의 생각이 있어 들으려고 하지 않았다. 우리 7층집들에서 모두 함께 나가는 야유회인것만큼 자연히 어느 집이 제일인가 말없는 경쟁이 되겠는데 기자선생네가 꼴찌를 해서야 되겠어요 하는것이였다.《다른 집들에 비해 우리 집은 특별히 준비를 잘해야지 등외 가작에도 당선되기 힘들어요.》안해의 말에 의하면 7층《동네》의 모든 집들에서 야유회준비를 벼르어[26] 하는 눈치라고 했다. 한아빠트의 같은 층에 이사를 와서 처음으로 조직[27]하는 명절야유회라 은근히 승벽[28]들이 작용하는 모양이였다.

우리 집 딸애는 매일 저녁이면 이웃집들의 야유회준비와 관련한《뷸레찐》[29]을 발표하군했다. 옆집의 숙희네는 랭동기안에 남방특산물인 무엇무엇을 넣어두었다느니 또 누구네는 신포에 사는 할아버지가 보내온 굉장히 큰 문어를 걸어놓고있다는 등.

그애는 집의 달력장에 매일매일 동그라미를 그으며 국경절을 손꼽아 기다렸는데 내가 북방의 림산로동자들과 작별하고 평양으로 올라온 다음 새로 번져놓은[30] 9월달 력서장[31]에도 여덟개의 동그라미가 생겨났다. 래일이 국경절인것이다.

직장에서 기념보고대회소식을 텔레비죤으로 청취하고 집으로 퇴근해오니 집에서는 벌써 명절날이다. 안해는 식료상점에서 주민들에게 특별봉사를 하는 고급식료품들을 받아다 펼쳐놓은채 부엌에서 분주탕[32]을 피웠고 옥림이는 새옷과 모자와 등산용배낭을 준비하느라 방안을 한가득 널어놓았다.

그날밤은 나도 편안한 잠을 자지 못했다. 한것은[33] 부엌에서 들려오는 칼장단소리며 지지고 볶는 료리냄새때문이였다. 아마도 안해는 음식을 한차판[34]쯤 지져낼 잡도리[35]같았다.

---

24 식료품을 놓고 파는 자리.
25 보통의 여느 것과는 다른.
26 무엇을 꼭 실현하려고 미리부터 마음먹고 조건이나 기회를 노리다.
27 앞으로 할 일을 짜는것.
28 승부욕.
29 ㊟ 블랙리스크의 러시아식 조어. ㊟ 블랙리스크 : 감시대상 명단이나 요주의 인물 명단 등.
30 종이장을 한장씩 넘기다.
31 달력.
32 몹시 분주하고 야단스럽게 소란을 피우는것.
33 그 까닭은.

참, 안해들의 이런 정력에는 놀라지 않을수 없다! 그네들은 남편들과 아이들을 위하는 부엌일이라면 온밤을 새워도 흥취가 나서 피곤을 모르는것 같다.

내가 아침에 늦어서 깨여나보니 안해는 밤을 꼬박 새운 사람같지 않게 어느새 명절옷단장에 화장까지 끝내고 옥림이의 옷차림을 봐주는데 여념이 없었다.

자연 이런 야유회에 자주 나가야겠구나 하는 생각이 들었다. 안해가 그렇게 환하게 차려입은것을 나는 이 근래에 와서는 처음 보는것 같다. 엷은 비로도치마[36]에 눈부신 다색단저고리를 입고 트레머리[37]를 한 안해의 모습이 한 십년은 더 젊어보인다. 사십대가 녀성의 전성기라는 말도 과시 옳은것 같다.

《여보, 빨리 일어나세요. 또 무슨 책이예요.》

딸애의 치마주름이 구겨졌다고 닦아세우던 안해가 머리맡의 소설책을 찾아드는 나를 보자하는 지청구[38]이다. 나는 그만 책을 놓고말았다. 그런데도 안해는 옆집의 주물공아바이네랑도 모두 떠날 차비라면서 의연히 부산스레 몰아댔다.

집을 나서려던 우리는 한가지 일로 하여 지체하게 되였다. 예상치 않게도 술때문이였다. 식료상점에서 받아온《송산술》병이 바닥 한구석에 놓여있는것이였다. 그《송산술》로 말하면 우리 구역 일군들이 애써 노력한탓에 차례진[39] 새로운 품종인데 식료공장에서 다량생산을 시작함으로써 뜻깊은 국경절을 맞으며 드디여 주민들에게 차례지기 시작한것이였다. 내가 그 술병을 왜 내놓았는가고 했더니 안해는 오늘같은 날에 하필이면 그런것을 들고 가겠느냐면서 가방을 열어보였다. 그안에는 정말 화려한 상표가 붙은 병이 두개나 들어 있었다. 안해가 언제 그런 희귀한것까지 구해두었는지는 모를 일이였다. 하지만 나는 어쩐지 그날만은 우리 구역일군들의 노력의 대가인 그 소박한 상표의《송산술》을 가지고 가고싶었다. 구역주민들의 생활을 위하여 아글타글[40] 애쓰며 뛰여다니는 우리《동네》의 지배인령감이며 주물공아바이에게 그 술을 한잔씩 부어 드리고싶기도 했다. 나는 끝내 안해를 설복하여 목이 긴 술병대신《송산술》을 가지고가게 하였다.

---

34 한차만큼의 단위.
35 단단히 벼르고 짜고들어 준비하거나 대책을 세우는것 또는 그런 준비.
36 벨벳비단 천으로 만든 치마.
37 가르마를 타지 않고 뒤통수 한복판에다 틀어 붙인 여자의 머리.
38 꾸지람.
39 일정한 차례나 기준에 따라 몫으로 배당되다.
40 무엇을 이루려고 몹시 애쓰거나 기를 쓰고 달라붙는 모양을 나타내는 말.

복도에서 우리는 5호집의 랭동차운전사부부를 만났다. 내외오누이라고 성격마저도 둘다 조용한 편인 이들 젊은 부부사이에 약간한 싱갱이[41]가 생기였다. 문밖을 나서는 멋진 양복차림의 남편을 따라나온 새색시가 훈장 달고가는것을 잊었다면서 국기훈장[42] 3급 하나를 내주는데 새서방은 그것이 정말 훈장임을 알자 바빠하며 나를 얼른 바라보았다. 새서방은 얼굴이 뻘겋게 되더니 안해쪽에 대고 재빨리 속삭이는것이였다.

《사람들이 웃겠소. 기념행사도 아닌데 훈장을 무슨 자랑거리처럼 달고간다고 그래.》

《어마나! 훈장이 어쨌다고 그래요. 오늘은 공화국창건기념일이 아니예요. 달고가셔야 해요.》

그들의 일을 지켜보던 나는 저도 모르게 속이 뭉클했다.

새색시의 말이 옳다. 오늘은 조국의 모든 공민들이 공화국을 축복해야 할 뜻깊은 국경절이 아닌가. 그 훈장 하나로 말하면 랭동차운전사가 깨끗한 량심과 성실한 로동으로 조국을 받들어온 공로에 대한 표창이 아닌가.

《운전사동무, 안해의 마음인데 달고가라구. 훈장이란 얼마나 자랑스러운거요.》 나는 자기도 모르게 조금 엄숙한 어조로 말했다.

품질감독원네 1호집 문이 열리였다. 마침 그네들도 집을 나서는참이였다. 요란한 가정이였다. 벌써 얼굴색이 벌깃해진[43] 품질감독원이 화려한 차림을 한 부인과 역시 아버지를 닮아 몸들이 좋은 아들들을 데리고 벅짝거리며[44] 집을 나서는데 매 사람마다 크고작은 구럭[45]이나 가방을 한두개씩 들었다. 중학교 졸업반에서 공부하는 맏이의 손에는 번쩍거리는 신형록음기가 들려있었다. 음향조절을 전혀 하지 않아 록음기가 터질듯 울려나오는《양산도》가락이 온 복도를 진감시켰다.[46] 옷차림이 요란스러운데 비하면 세련미가 덜한 안주인이《양산도》가락보다 더 큰 소리로 활[47] 열려진 자기 집 문안에 대고 막내녀석을 불렀다. 그러자 인차[48] 장난군으로 소문난 막내녀석이 쟈크투성이의 별난 가방을 멘데다가 자기의 키만한 기타를

41 서로 옥신각신하는 일.
42 ㊔ 혁명투쟁이나 건설사업 등에서 특출한 공훈을 세운 일군이나 집단을 국가적으로 표창하기 위하여 수여하는 북한의 훈장.
43 좀 벌거스름하다.
44 부산하게.
45 망태기의 다른 말.
46 크게 울려 뒤흔드는것.
47 ㊔ 활짝
48 이내.

안고 걸어나왔다.

랭동차운전사가 그들의 요란한 행차를 보더니 나를 향해 의미심장하게 웃었다.

《굉장한데요!》

《허허…》 나 역시 동감의 뜻으로 웃었다. 좋은 음악도 때와 장소에 어울리게 음향조절을 하지 않으면 어지러운 소음과 같이 들리는 경우도 있구나 하는 생각이 들었다. 음악은 인간의 로쇠를 막지만 어지러운 소음은 수명을 단축시킨다던 말이 떠올랐다. 그래서 록음기의 음향을 좀 낮추었으면 하고 생각하는데 랭동차운전사는 계단을 떠들썩거리며 내려가는 품질감독원네를 여전히 놀란 눈으로 바라보며 싱글싱글 웃는것이였다.

사실 그가 그렇게 놀랄만도 했다. 우리 집 안사람이 밤새껏 자지 않고 준비했다는것이 그리 크지 않은 가방 두개인데 랭동차운전사네는 우리보다 더 간소했다. 그가 식료부문에 종사하는 대형랭동차운전사이고보면 준비품이 요란할듯한데 새색시가 들고나온 들가방[49] 하나가 전부였다. 그런데 품질감독원네는 얼마나 요란한가.

아빠트아래에 먼저 내려간 품질감독원네가 집앞으로 지나간 길가에서 빨리 오라고 우리를 소리쳐불렀다. 그래서 가보니 뻐스 한대가 서서 우리를 기다리고있었다. 마침 미림갑문쪽으로 가는 뻐스인데 품질감독원이 풋낯[50]이나 아는 그 운전수와 사업[51]한것이였다. 려과담배[52]를 입에 문채 운전사가 바쁜일이 있는지 빨리들 오르라고 독촉했다.

《1호집 덕분에 호강하며 가게 됐군요. 이 신세를 어떻게 갚는다?》 주물공아바이네 마누라가 부한 몸을 뚱기적거리며[53] 뻐스안으로 올라와 좋아서 수선을 피웠다. 그바람에 품질감독원이 흡족해서 입이 커졌다.

《허, 그러지 마시라구요. 사실이야 운전사동무한테 고맙다는 인사를 해야지요.》

《옳수다. 그야 물론이구요.》

《정말 고맙수다. 운전사 동무!》

즐겁고 따뜻한 분위기가 흐르는가운데 3호집 마누라가 일동을 대표하여 운전사한테 진심으로 사의를 표했다. 그러자 또 여럿이 동을 달았다.[54]

49 들고 다니는 가방.
50 서로 낯이나 익힐 정도로 아는 사이.
51 목적이나 계획을 가지고 진행한 일.
52 필터가 있는 담배.
53 뚱뚱한 몸집을 매우 둔하고 느리게 기우뚱하면서 걷는 모양.
54 말을 덧붙여하다.

주물공인 3호집아바이 혼자 조용히 담배를 맛있게 피우고있었다. 언제 봐야 우리 7층《동네》적으로 제일 말수가 적은 아바이였다. 전쟁참가자이며 전후복구건설과 천리마운동을 거쳐 사회주의대건설에 이르기까지 간고하고 영광스러운 우리 혁명의 매 단계를 살아온 아바이는 그사이에 다 자란 아들딸들을 세간내고[55] 늘그막에 마누라와 단둘이 조용하게 산다. 그의 집에서는 시집간 딸들이나 한번씩 찾아오면 인적기[56]가 들릴뿐이였다. 오늘도 아바이네가 일행이 제일 단출한편이고 그만큼 가지고가는 꾸레미[57]도 소박해보인다. 그래도 아바이의 가방 한귀퉁이로는 조립식 낚시대가 비죽이 내밀려있다. 그자신은 회색잠바옷에 밀짚모자를 쓴것이 고급한 낚시군의 차림 그대로이다. 내가 보기에 아바이는 우리의 야유회보다도 천렵에 더 흥미를 두고있는것 같다. 다만 그의 마누라만은 독수공방처지에서 벗어났다는 기쁨에 들떠있는것이 헨둥했다.[58] 그는 젊은이들과 아이들속에 곧잘 어울려 웃고 떠들면서 좌중의 분위기를 밝게 해주었다.

뻐스는 4호집때문에 인차 떠나지 못했다. 왜서인지 그 집만이 나타나지 않는것이였다.

《쟈, 이거 식료독채에서 굉장스레 준비를 해가지고 나오려는가보군.》

품질감독원이 아빠트를 올려다보며 약간 짜증기가 어린 소리로 중얼거렸다. 뻐스운전사가 시계를 들여다보며 바쁘다는 소리를 했다. 그러지 않아도 어서 빨리 갑문의 풍치를 보고싶은 심정들이라 모두들 느렁뱅이 지배인령감네를 두고 불만을 토했다.

《이 아바이 벌써 취해서 녹아떨어진게 아니요?》

《원 그럴리가 있나요. 명절날이니까 좀 늦게 일어날수도 있겠지요.》

《그 아바이 매일 아침 마당청소는 먼저 일어나 하는걸 보문 그런것 같지도 않아요.》

《혹시 먼저 떠난게 아닐가요?》

《그럴수도 있겠수다. 새벽부터 그 집에선 조용하더라니까요.》

《그럼 공연히 기다리는게 아닌가. 아무래도 5호집 젊은이가 한번 수고를 하구레.》

4호집에 알아보러 올라갔던 랭동차운전사가 그 집의 마누라와 아이들을 앞세우고 나타났다. 지배인령감은 보이지 않았다. 체소[59]하면서도 고결한 인품이 엿보이는 안주인의 말이 세

---

55 한집에서 같이 살던 가족이 따로 살림을 차리고 나가다.

56 인기척.

57 꾸려싼 물건.

58 뚜렷하고 명백하다.

59 몸집이 작음.

대주가 새벽에 무슨 자동차걱정을 하면서 직장으로 나간 후 여직 돌아오지 않아 기다리는중이라는것이였다. 말을 듣고보니 그 집 아이들의 얼굴에는 그늘이 져있었다. 이런날 자기들의 아버지만이 없는것으로 하여 축잡혀버린[60]것이였다. 어린것들의 그런 얼굴색들을 보자 나는 속이 좋지 않았다.

(원, 지배인령감두, 오늘같은날에야 만사를 제껴놓고서라도 아이들을 기쁘게 해주어야지. 어디가서 돌아다닌단말인가!)

언제 나타날지 모르는 지배인령감을 모두 한정없이 기다리고있을수는 없어 우리는 그 집 식구들을 함께 태우고 먼저 떠났다.

큰길에 나서니 거리는 온통 명절일색이다. 화려한 옷차림을 한 사람들의 물결이 길들을 메우며 흘러가고 기관청사마다에는 공화국기발이 게양되여 서느러운[61] 바람에 천천히 나붓겼다. 기발은 집집의 로대[62]며 창문들에도 내걸리였다. 많은 추억과 사색을 불러일으키는 기발의 《바다》였다. 하지만 뻐스에 앉아가는 우리 일행은 즐겁기만한것이 아니였다. 지배인령감때문이였다. 4호집의 아이들은 행여나 아버지가 나타나지 않을가 하여 달리는 뻐스의 뒤를 돌아다보군하는데 그 아이들로 하여 차안의 분위기는 자연 어성버성해졌다.[63] 나는 또 속으로 지배인령감을 욕하기 시작했다.

지배인은 우리들이 호수가에 짐들을 내려놓은지 두시간이 지나도록 감감 무소식이였다. 그 령감을 빼놓고 우리끼리 야유회를 시작할수는 없는것이였다. 그러면 가뜩이나 울적해진 4호집 아이들의 마음이 어떠하랴. 그래서 모두들 지배인령감을 두고 걱정도 하며 짜증도 내다나니[64] 분위기는 도무지 밝아질줄 몰랐다. 그것을 느낀 품질감독원이 답답한 듯 손을 홱 내젓더니 큰소리로 떠들었다.

《쟈자, 자동차때문에 갔다니까 이제 한차판 싣고 척 나타날거우다. 두고보라니까요. 아무튼 우리 지배인령감이 오늘은 마음을 쓰려는게 분명하다니까요》 그는 4호집 아이들을 돌아보며 이상하게 한쪽 눈을 찌끗해보였다. 기다리기에 지쳐가는 사람들의 기분을 돋구기 위해 우정[65] 그러는것 같았다. 확실히 그의 말은 굴러가는 바퀴에 윤활유를 치는격의 작용을 했다.

---

60 남보다 못하거나 모자라는 약점을 잡히다.
61 서늘한 느낌이 있는.
62 여러층으로 된 건물에서 2층이상의 방밖에 따로 달아놓은 지붕이 없이 드러난 대.
63 분위기가 서먹서먹하거나 사람을 대하는것이 부자연스럽다.
64 참 내다가보니
65 일부러.

《허 한차판 싣고온단말이지. 좋구만.》

《지배인이라면야 그쯤해야지요.》

《그걸 어떻게 다 처리한다?》

《온, 걱정할거나 있수. 우리 새색시 새서방님의 잔치를 다시 차려보자구요?》

《그게 좋겠수다. 헌데 내 모르겠다 – 그 령감이 한차판 싣고 오기나 할결 그러나?》

《쟈 틀림없다는데, 이 품질감독원을 믿수다. 이제 두고보시라구들요.》

《그럼 기다리세. 좌우간 오늘 야유회가 굉장해지겠는걸.》

모두 흥에 겨워 떠들어댔다. 행복의 수레바퀴는 살살 굴러가는것 같았다.

그러나 나는 유쾌한 이야기판에 섭쓸리면서도[66] 은연중 마음한구석이 께름직했다. 그것은 지배인령감이 정말로 우리 현관 사람들을 위해 식료독채창고에 들리지않았는가 하는데서 오는 감정이였다.

무엇을 《한차판》 싣고온다는것은 당치않는 일이지만 령감이 큼직한 독채의 지배인이겠다, 술 몇병쯤이나 고급당과류같은 그러루한것을 얼마쯤은 내올수도 있는것이였다. 꼬장꼬장하고 고지식한 지배인령감이 비위살좋은 품질감독원의 롱말들을 곧이곧대로 받아들이고 오늘은 드디여 《큰마음》이라도 먹은것이라면, 그래서 야유회에 늦어지기까지 하는것이라면 참 얼마나 어리석은 일이랴.

내가 이런 심사에 빠져있는동안 3호집 주물공아바이는 말없이 낚시터를 찾아갔다. 언제나 조용히 지내는 랭동차운전자는 자기의 아름다운 젊은 안해와 무슨 말인가를 속삭이고있었고 품질감독원은 아낙네들과 아이들의 기분을 춰올리며 돌아치더니[67] 무슨 생각이 들었는지 유람선이 떠있는 잔교로 갔다.

거기 잔교에는 3대혁명붉은기를 수여받았다는 어느 건설사업소의 젊은이들이 유람선을 타려고 대기하고있었다. 품질감독원은 그들사이를 빠져 선장실로 올라갔다. 선장과 무슨 교섭을 하려는것 같았다. 참으로 우리의 1호집 사람은 지칠줄 모르는 활동가였다. 그는 대체로 자기를 언제나 깡그리 드러내고 남을 위해 뛰여다니며 헌신하는데서 기쁨을 찾는 그런형의 인간이였다. 이런 사람들은 우리 생활에 비타민처럼 필요한 활력을 보태주는것이다.

그런데 나의 마음 한구석에 생겨난 그 께름직한 생각은 도무지 사라질줄 몰랐다.

---

66 함께 섞여 휩쓸리다.
67 몹시 바쁘게 서두르며 이리저리 왔다갔다 하다.

나는 3호집아바이가 있는 물가로 갔다. 어쩐지 아바이의 곁에 있고싶었다.

아바이는 벌써 잔파문이 퍼져가는 수면우에 낚시줄을 드리우고 앉아있었다.

《와서 구경하오. 내 이제 큰놈을 하나 건져내리다.》 아바이가 나를 향해 일부러스럽게[68] 밝은 미소를 지어보이며 말했다.

《아바이.》

《왜?》

아바이는 나의 심중해진 낯색을 퍼뜩 건너다보았다. 나는 지배인에 대하여 어떻게 생각하는가, 오늘 야유회가 잘되여가는것 같은가고 물으려다가 아바이의 무척 선량해보이는 눈길에 질려 그만 단념했다.

나는 수더분하면서도 한편 많은것을 항상 사색하는것 같은 이 정확하고 깨끗한 아바이에게 조금전 생각을 그대로 털어놓을수 없었다. 산전수전을 겪을대로 겪어온 오랜 아바이앞에서 인간에 대한 결론같은것을 서뿌르게 말한다는것은 더없이 경솔한 처사일수 있는것이였다.

아바이도 나에게서 대답을 더 요구하지 않았다.

침묵하던 아바이의 두눈이 어느때부터인가 긴장해지기 시작했다. 그는 온 신경이 물 우에 쏠리면서 차츰차츰 흥분하는것이였다.

《허, 저걸 보오.》 그는 목소리를 낮추어 조심스럽게 속살거렸다. 《파문이 일지 않소. 우레기란놈이 놀고 있소. 미끼냄새를 맡은 모양이지. 음, 물마루로 올라오지 말고 아래로 내려가라. 내려가! 원, 뜬미끼만 찾아 헤매다니 멍청이같은놈들. 밑에 내려가야 먹이가 있지 음…음…》

나에게는 물우로 번져가는 파문이 류다른것으로 느껴지지 않는데 아바이는 고기의 움직임을 눈으로 보듯이 감각하고있는것 같았다.

그는 정말 낚시질에 옴해버리는[69]듯했다.

가없이 푸르고 높은 하늘에서는 커다란 태양이 솟아올라 불덩어리처럼 이글거리였다. 참 좋은 날이였다. 파문이 퍼져가는데 따라 느물거리는[70] 물마루[71]에 해빛이 부서지며 눈부시게 반짝이였다.

---

68 보기에 일부러 꾸며서 하는것 같은.

69 골몰하는.

70 능청스러운 태도로 행동하는 모양.

71 ㊟ 바다와 하늘이 맞닿은 것처럼 멀리 보이는 수평선의 두두룩한 부분.

빨간 라크[72]를 멕인 깜부기가 둥 떠서 기척이 없더니 갑자기 숨박곡질하듯 물속으로 사라졌다. 웬일인지 한동안 중얼거리던 아바이는 꼼짝하지 않았다. 무슨 생각엔가 빠져버린것이였다.

어인 일인가 해서 한순간 벙벙해있던 나는 급기야 《아바이!》 하고 소리쳤다. 그제서야 아바이는 흠칫 놀라며 줄을 힘껏 챘다. 하지만 늦었다. 고기란 놈은 미끼를 떼먹고 달아난것이였다.

《마수거리[73]를 놓쳤군요.》 나는 분해서 말했다.

그런데 아바이는 별반 아수해하는[74] 기색이 아니였다. 낚시를 손질하여 다시 던져넣고 덤덤히 앉아있던 아바이의 입에서 뜻밖의 말이 흘러 나왔다.

《저 품질감독원량반이 사람은 좋은데 롱말은 지나쳤거던. 지배인동무같은 사람앞에선 롱말도 그런 롱말은 하지 말아야 하는건데. 그 고지식한 령감이 공연히 마음을 쓰게 만들었어.》

《?》

《하지만 그 사람 지배인은 좋은 사람이야.》

《…!!》 아바이는 조금전 나의 그 침묵의 본질을 정확히 꿰뚫어보고있었던것이다. 예민하고 속깊은 아바이였다. 나는 무어라고 할말이 없어졌다.

갑자기 녀인들과 아이들이 있는곳에서 환성이 일어났다. 돌아다보니 품질감독원이 그네들속에 에워싸여 있다가 빠져나오는것이였다. 무슨 좋은 일이라도 생긴가보다.

《에, 힘들게 해결됐수다.》 낚시터로 기운차게 걸어오며 품질감독원이 말했다. 《스무명정도박에 더 탈 여유가 없는데 건설사업소 친구들한테 양보하고 나면 우리 자리가 없지요. 그런걸 그 친구들한테 량해를 구하고 겨우 유람선을 물려놨수다.[75]》 그는 제잡담[76] 뭐라고 중얼거리더니 시계를 보았다. 번번하던 이마에 주름살 두개가 생겨났다.

《쟈, 이 령감이 왜 아직 안나타나? 배가 열한시엔 떠나겠다고 했는데.》

《4호집 세대주야 지배인이니까 무슨 바쁜 일이 있어서 못오겠지요.》 언제 옆에 와섰는지 랭동차운전사가 한마디 껴들었다. 이 침착하고 조용한 젊은이의 어조에도 순탄치 않은 감정이 내풍기였다.

---

72 ㉆ 라크(lac)칠.

73 ㉆ 맨 처음으로 물건을 파는 일. 또는 거기서 얻은 소득.

74 아쉬워하는.

75 어떤 문제를 해결해놓다.

76 여러 말 할것 없이 바로 행동하는 옮기는것.

나도 속이 좋지 않았다.

《여보시오. 옆집 사람!》

《왜 그러시오?》

품질감독원은 나의 목소리에서 이상한 감을 느끼였던지 조심스레 물었다. 나는 생각했던 것보다 조용조용 말했다.

《이제말이요. 오늘은 모두에게 즐거운 명절이 아니요. 우리가 유람선에 먼저 오르는대신 저 건설사업소동무들이 남게 된다면 얼마나 서운해하겠소. 난 이렇게 생각하오. 양보는 그들이 해야 하는게 아니라 우리가 먼저 해야 한다고말이요. 어떻소?》

《그렇게 하지.》

낚시대를 들고있던 아바이가 한마디 비치였다. 나는 랭동차운전사의 마음을 리해하면서도 일부러 그에게 눈길을 돌리였다.

《새서방님 생각은 어떻소?》

《그렇게 합시다.》

품질감독원도 인사불성[77]은 아니였다.

《좋수다. 모두들 같은 생각같은데 그럼 취소를 하고 오지요.》 그는 선선히 말하면서 손을 홱 내젓더니 랭동차운전사를 향해 눈을 꿈뻑했다. 《대중의 의사인데.》 하고 말했다.

그가 이 말을 어떤 다른 감정을 끼여서 한것 같지는 않았다. 그래서 분위기는 한결 밝아졌다. 사람들이 한마음되여 서로 리해한다는것은 그것이 아무리 작은것이라고 해도 즐거운것이다.

《좋구만!》 주물공아바이는 무엇이 좋다는것인지 모를 애매한 소리를 한마디 중얼거리더니 주머니에서 《경축》 담배갑을 꺼냈다. 그는 5호집 새서방에 이르기까지 골고루 한대씩 권하고는 자신도 한대 붙여물었다. 바로 그 순간이였다. 물마루에 떠있는 깜부기만은 시야에서 놓치지 않고있던 그의 눈이 퉁방울같이 커지면서 번쩍하고 광채를 뿜었다. 그와 동시에 낚시대를 홱 들어올렸다.

낚시대가 금시 뚝 부러질듯 활등같이 휘여들고 팽팽 헹겨진[78] 낚시줄에 고기의 묵직한 요동이 실리는것을 알리였다. 아바이는 침착성을 잃지 않은 민첩하고 정확한 동작으로 낚시줄

77 예의도덕에 몹시 어긋난 행동이나 처신.

78 ㊟ 단단하게 당겨진

을 감다가는 조금씩 놔주군했다.

《우레기요! 어허, 이놈봐라. 그래그래… 음… 에크, 꽤 큰놈인걸.》

수면에 둥그런 파문이 일어나더니 허연 륜곽이 드러났다. 장관이였다. 인간의 지혜에 걸려들어 맥을 말짱 뽑은 두어뼘[79] 기장의 살찐 우레기가 기슭으로 순순히 끌려나오는것이였다. 그놈은 뭍에 떨어지자 퍼들쩍거리며 자반뒤집기를 했다.

《우리 로친한테 가서 회를 칠 준비를 하라고 이르게. 마수거리가 좋은걸보니 댓놈은 문제없다니까.》 낚시줄을 물속에 던져넣은 다음 흡족한김에 담배 한대를 새로 꺼내문 아바이가 유쾌하게 장담했다. 참 기막히는 일이 벌어졌다. 아바이가 담배 한대를 마저 태우기도전에 또 한마리의 커다란 우레기가 걸려들었다. 우레기는 련속 물려나와 30분도 되나마나한데 네마리나 잡았다.

아바이의 말에 의하면 굉장한 우레기무리가 명절을 축하하러 왔다는것이였다. 어쨌던 펄펄 뛰는 우레기가 소랭이[80] 하나는 넘쳐나도록 생겼으니 우리의 야유회가 볼만하게 됐다.

《아바이가 가방안에 낚시대 하나만 들고오시는줄 알았는데 이제보니 우리 《동네》적으로 제일 큰가방을 가져오셨수다!》

《역시 로동계급아바이가 무에서 유를 창조할 줄 아신다니까요!》

《낚시군들도 무슨 협회인지 동맹인지 하는게 있다더니 거기 가면 위원장쯤 하시겠어요!》

모두 아바이를 추어올리며[81] 즐겁게 웃었다.

이때 녀인들은 옥자갈이 한벌 깔린 평평한 공지를 차지하고 음식준비를 서두르고있었다. 날랜 손들은 벌써 료리감들을 손질하거나 곤로불을 피워올리였다. 유람선을 취소시킨 품질감독원은 또 거기에 끼여들더니 뭐라고 훈시를 하기 시작했다.

《저 광욱이 아버지는 직업을 잘못 선택했군요. 식당책임자를 하면 제격이겠는데요.》 랭동차운전사가 우레기꿰미를 들고가며 슬그머니 속삭였다. 나는 절로 웃음이 나갔다.

《허, 그런 것 같소.》

그러면서도 여전히 나의 마음 한구석에 남아있는 불안은 가시여질줄 몰랐다.

(지배인이 왜 아직 나타나지 않을가?) 하고 나는 또 생각했다.

해는 벌써 머리 우에 걸려있었다. 점심참[82]도 가까와오는것이다. 나는 그가 빨리 나타나기

79 엄지손가락과 다른 손가락과의 사이를 한껏 벌린 거리.
80 위가 벌름하게 생긴 질그릇.
81 추켜세우며.
82 ㉾ 점심 때.

를 기다리면서도 한편 나타날가 불안해하는 모순된 심리를 안고있는 자신을 느끼고 속으로 놀랐다. 내가 그 텁터부레하게 생긴 인간에 대하여 이렇게까지 속이 달도록 신경을 써볼 일이 있으리라고는 전혀 생각지 못했던것이였다.

나는 내자신이 그에게서 무엇을 바라고있는지를 분명 의식하고있었다. 그것은 소중한 감정이였다. 나는 3호집 아바이나 5호집의 새서방님도 나와 꼭같은 심정이라는것을 느끼고있었다. 그렇다. 그들도 아직까지 까닭모를 일로 하여 우리의 명절 야유회에 늦어지고있는 식료독채 지배인에 대하여 생각하고있는것이 틀림없었다.

이상야릇한 《주인공》인 지배인은 점심때가 다 되여 우리의 다정한 녀인들이 음식을 차려놓고 기다릴 때에야 나타났다. 그것도 보통의 행차가 아니였다. 자기 아버지만이 없는것으로 하여 내내 풀이죽어 있던 4호집의 중학생이 《어머니, 저기 아버지가 와요!》 하고 소리치기에 모두 큰길쪽을 바라보니 원 이게 뭔가! 하얀 도색을 한 식료품운반용자동차 한 대가 와닿았는데 미닫이식 차문이 열리면서 식료독채 지배인이 내리는것이였다.

열려진 문안으로 차에 가득 실은 지함들이며 병목이 비죽비죽 나온 비닐상자들을 보는 순간 가슴속에서는 커다란 담벽이 와르르 무너져내리는것만같았다. 멋모르는 아이들은 4호집의 기다리던 세대주가 왔다고 좋아들하지만 나에게는 꼭 주위에 어둠이 꽉 내려덮인것만 같이 생각되였다. 나는 이웃들의 굳건한 믿음을 저버린 지배인령감이 말할수 없이 미웠다. 어쩌면 우리 생활에 이런 일이 있을수 있단말인가! 원, 어쩌면!

나는 저도 모르게 사람들을, 정확히 말하면 우리 남자들을 둘러보았다. 모두들 엄청난 비애를 안고 있는 사람들처럼 침중해버렸다. 사람좋은 3호집 주물공아바이마저 부들부들 떨리는 손으로 황황히 담배갑을 찾았고 랭동차운전사는 자기의 새색시에게 뭐라고 조심조심 속삭이는것이였다. 그런데 1호집 품질감독원은? 그 사람만은 자기의 실없는 롱담의 엄청난 결과를 놓고 기뻐할것인가? 나는 심장을 도난당한듯한 분한 마음을 묵새기지[83] 못하면서 그를 찾았다.

품질감독원은 녀인들한테서 조금 떨어진 물가에 있었다. 그는 갑자기 진액이 다 빠져버리고 허울만 남은 사람처럼 보이였다. 가까이 다가오는 지배인령감을 두려운 눈길로 바라보다가 무너져내리듯 풀판에 주저앉았다. 나는 그의 얼굴이 컴컴하게 죽어드는것을 분명 보았다. 아무렴 저 사람도 우리 현관의 여느 사람들과 다를바 없지않는가. 우리와 같은 마음일수밖에

83 마음의 고충이나 홍분을 애써 참아 사그라뜨리다.

없지 않는가. 그런데 눈앞에 들이닥친 저 식료운반차는 도대체 어떻게 된것인가!

4호집의 막내인 중학생이 기고만장해져서 식료차안의 지함들에 손을 뻗치려 하자 지배인이 제지시켰다.

《이 녀석아. 그건 다치는[84]게 아니야!》

지배인은 사람들에게로 다가왔다. 그는 물녘에 차려놓은 음식가지들을 둘러보고나서 무슨 어마어마한 판결이라도 기다리고있는듯 주눅이 들어버린 우리 남자들을 보며 좀 이상스러워했다.

《이거 기다리게 해서 미안하구만.》 그는 우리 남자들의 심상치 않은 표정을 제나름으로 리해하며 말했다.《어제 저녁 우리 딸애가 직장에서 돌아오다 봤다는데 속도전청년돌격대 한개 소대가 구역 관내에 와서 급히 천막을 치더라오. 그게 사실이라면 그 친구들이 명절림박에 이동하느라 명절준비를 웬걸 변변히 했겠소. 그래 아침부터 독채에 나가 조직사업을 좀 하다나니[85]… 어찌겠소. 그들도 우리 구역의 주민인셈인데 한사람이라도 명절을 섭섭하게 쇠게 하면 안되지요.》

그가 무슨 변명이라도 하듯. 원 그 사람들도 명절을 쇠고 오던가 미리 올 게지… 하긴 돌격대니까… 하고 동[86]닿지 않게 중얼거렸으나 나는 그것을 조금도 탓하고싶지 않았다. 다만 그가 새벽부터 돌격대 한개 소대를 위해 운전사를 발동시키고 공급사업을 조직하며 뛰여다녔을 그 모든 수고가 헤아려져 머리가 숙여지는것이였다. 다른 사람들도 한동안 말이 없었다. 생각들이 깊어진것이였다. 문득 어디선가 멀지 않은곳에서 와— 와— 하는 환성이 들려 왔다. 꽹과리가 채랭채랭 울리였다. 사람들은 약속이나 한듯 일제히 소리나는쪽을 바라보았다. 해빛이 자글자글 끓고있는 상류의 푸른 언덕받이아래에는 돌격대원들이 살고있는 자그마한 가건물 한채가 서있었다. 그 지붕우로 하얀 공이 높이 떠오르군했다. 꽹과리소리와 청년들의 함성은 그 공과 함께 날아오르는것이였다. 어떻게 되여 나는 인제야 돌격대원들의 집을 알아보았는지 모를 일이였다.

《그러니까 저 차안의것들이 모두 돌격대원동무들한테 실어가는 식료품들이란말이요?!》

《그렇수다. 3호집 아바이, 참, 글쎄 나하나때문에 야유회가 너무 늦어질것같아 걱정을 했더니 저 운전사동무가 하는 말이 그러면 되겠는가고 하면서 우정 여기까지 와주지 않겠소.》

---

84 무엇을 건드리다.

85 ㉵ 하다보니.

86 앞뒤가 들어맞는 조리.

《좋은 사람들이지. 모두 좋은…》 아바이는 갑자기 몸이 불편스럽기라도 한듯 말문이 막혀버렸다. 수북한 그의 장미[87]가 떨고 울대뼈가 꿈틀거리였다. 한참후에야 아바이는 로동으로 커진 투박한 손으로 식료독채 지배인의 손을 꽉 쥐며 약간 짜증이 섞인것 같은 소리를 떠뜸거리였다.

《사람두… 제구실 못하는 지배인이란… 당치 않은 소리를 다시는 하지 마오. 당신이야말로 우리 구역의 착실한 주부웨다. 돌격대원들로 말하문야 그들도 우리 현관 사람들과 다름없소. 암, 한현관 사람들이나 같지 않구.》

아바이의 말을 들으며 나는 가슴이 후더워왔다.[88] 우리 구역의 주민이라. 그러니 저 지배인의 머리속에는 우리 7층 《동네》 사람들은 물론 방금 이동전개했다는 돌격대원 매명[89]에 이르기까지 자기가 책임지고 언제나 걱정하며 돌봐주어야 할 《우리 구역주민》으로 계산되여있는것이였다.

떠나가는 식료차를 바래워주고났을 때에야 누군가 출출하다는 소리를 해서 우리는 점심때가 되였다는것을 상기했다.

우리는 한가정처럼 녀인들이며 아이들과 어울려 깨끗한 자갈판에 둘러앉았다.

우리의 명절음식판은 요란했다. 산해진미가 다 있었다. 불고기며 갖가지 신선한 남새[90]료리며 편육접시들과 울긋불긋한 과일들과 그리고 지방특산물인 산채무침이며 문어료리며… 그 많은것들중에서도 주물공아바이가 낚아냈고 그 집 안주인이 솜씨를 보인 대동강의 우레기회가 이채를 띠였다.

《이거 굉장한데!》 누군가 흡족해서 부르짖었다. 그러자 음식판을 둘러보던 주물공아바이가 고개를 설레설레 저었다.

《아니야. 이거야 내인[91]들이나 좋아하는것들이지. 뭐니뭐니해도 우리 사내들한테야…》

갑자기 물목[92]이 터지듯 왁짜그르르하는 녀인들의 말소리에 아바이는 황겁해서 손을 홰홰 내저었다. 그저 남자들이야 갈데 있나요. 술이라면 오금을 못쓰지요. 에이구. 술취한 령감은

87 긴 눈썹.
88 후덥지근하다. 참 후덥지근하다 : 열기가 차서 답답할 정도로 더운 기운이 있다.
89 한사람 한사람.
90 푸성귀. 채소
91 집안 사람. 주로 여자들을 지칭함.
92 물이 흘러나가는 대목.

곁에 오는것도 싫수다. 원, 하고 한마디씩 했다. 말이 없는 녀인이란 입을 가리우고 부끄러워하는 5호집 새색시뿐이였다.

녀인들의 유쾌한 반응이 잦아들무렵에 식료독채 지배인이 자기의 크지 않은 비닐가방을 열었다.

모든 사람들의 눈길이 쏠리는가운데 지배인은 가방안에서 소박한 상표가 붙은 《송산술》 두병을 꺼내 놓았다.

《이거 세대주동무들한테 안됐소.》

그는 몹시 미안해하며 얼굴을 붉히였다. 《식료독채 지배인이라는게 같은 층에 살면서 인사치레도 변변히…》 하고 주저주저 말했다.

조용해졌다. 하긴 무슨 말을 더하랴. 우리의 지배인이 가져온 《송산술》 두병의 래력을 말하지 않아도 사람들은 다 아는것이였다. 그것은 바로 이번 국경절을 맞으며 그의 세대가 식료상점에서 받아온것이였다.

한동안 침묵이 흐르는가운데 그래도 먼저 이야기를 시작한 사람은 7층 《동네》의 년장자인 3호집 아바이였다.

《여보, 지배인동무. 그러지 마오. 뭘 미안해서 그러는거요. 말은 바른대로 사실이야 동무가 인민들에게 차례질 국가식료품을 당자들에게 골고루가닿기도 전에 지배인낯을 내려고 한짐 지고 여기에 나타났더라면 오늘의 야유회가 어떻게 되였겠소. 참 시시하게 되였을거란말이요.》

아바이의 두눈이 이슬에 젖어 번쩍이였다. 그것이 좌중의 기분을 숙연하게 했다. 아바이는 갑자기 쾌활한 미소를 띄우고 사람들을 둘러보았다.

《자, 뭣들 하고 있소. 우리 공화국의 국경절을 기념해야지. 이 주물공령감도 뭐 맨손으로 온줄 아오.》 아바이는 자기의 손때묻은 오랜 가죽들가방을 들추더니 같은 상표의 《송산술》을 꺼내들었다. 어이구, 이 정신을 보지. 나는 왜 그 생각을 잊고있었담. 나는 아침에 있었던 일이 떠올라 안해를 향해 의미있는 눈짓을 해보이고나서 《송산술》 병이 들어있는 가방을 찾았다. 그러자 모두들 일제히 가방속에서 례의 그 《송산술》 병들을 꺼내들었다.

《허허, 여보, 독채지배인, 이걸 보오. 당신이 늘쌍 《제구실못하는 지배인》이라고 하지만 결코 가난한 지배인이 아니란말이요. 당신이야말로 잘사는 지배인이지.》 3호집 아바이는 즐거운 마음으로 우리들을 둘러보았다. 《동무들, 이건 우리 구역에서 다량생산에 들어간 첫 《송산술》이요. 오늘은 우리들이 첫 제품을 받아안았지만 난 확신하오. 이제 우리 조국은 더욱 부유해질거요. 내가 왜 이렇게 장담하는가? 그건 바로 인민을 위해 진심으로 일할줄 아는 이런 일군들이 있기때문이요. 이런 일군들을 낳은 공화국의 앞날은 창창하오!》

우리 사나이들은 기쁜 마음으로 안해들이 부어주는 맑은 술을 받았다. 명절을 위하여! 고마운 조국의 번영을 위하여! 머리우로 솟아오른 술잔들에 해빛이 한가득 차서 반짝이였다.

축배의 잔을 기울이는 나의 눈에 문득 품질감독원이 비쳐 들었다. 그만은 잔을 들여다보며 움직일줄 모르는것이였다. 심란한 생각에 잠겨버린듯한 그를 보자 나는 이상하게도 마음이 더욱 즐거워졌다.

《자, 좋은 술을 어서 들자구요.》 나는 품질감독원의 옆구리를 슬그머니 툭 치고 나서 좌중에게 하듯 큰소리로 말했다.

록음기에서는 흥겨운 노래가락이 듣기 좋게 흘러 나오는데 잔교쪽에서 유람선의 긴 고동소리가 들려 왔다. 공화국기를 줄줄이 드리워 온통 명절장식을 한 화려한 유람선이 기슭을 떠나 푸른 호반을 향하고있었다. 배우에서는 아름답게 떨쳐입은 젊은이들이 우리를 향해 손을 저으며 뭐라고들 소리쳤다. 건설사업소의 로동자들이였다. 나의 눈길은 그들의 가슴마다에 번쩍이는 훈장이며 메달들에 가멎었다. 문득 아침에 남편의 가슴에 굳이 훈장을 달아주던 새색시의 마음이 헤아려지고 공화국기가 장식된 훈장의 의미가 새롭게 안겨오는것이였다. 그러자 나의 눈앞에는 야유회를 나오면서 보았던 공화국기의 《바다》가 떠올랐다. 그 무수한 기발들이 눈앞에서 기운차게 나붓기고 련이어 많은 생각들이 떠오르는가운데 나는 다정한 이웃들과 다름없는 사람들, 지난 몇달동안 정들여 사귀였던 평범하고 소박한 림산로동자들을 생각했다. 근면한 로동으로 한생을 성실하게 바쳐오는 그들이 오늘도 먼 북방의 산판에서 조국의 재부를 말없이 늘여가고있으리라.

결혼식

결혼식은 일반적으로 공휴일이나 근무시간 외의 시간을 택해 신랑 집이나 공공장소, 직장 회의실 등에서 거행된다. 평양에는 예식장이 경흥거리에 있는 경흥관과 대동강 구역에 있는 예식장 두 곳이다. 경흥관은 미국 달러나 일본 엔화를 가진 특수계층만 이용하는 곳이며, 대동강구역의 예식장은 간부자녀들과 부자들만이 이용한다.

평양에서는 보통 신랑측 가족과 신부측 가족이 한 곳에 모여 결혼식을 올리거나, 오전에는 신랑이 신부집에서 결혼식상을 받고, 오후에는 신부가 신랑집에서 결혼식상을 받는 형태로 진행된다. 신랑과 신부가 신부집에서 나와 신랑집으로 가면서 개선문이나 만수대 등지에서 기념사진을 찍고, 김정숙과 김일성가족의 묘가 있는 대성산 열사릉을 참배한다.

결혼식 날 신랑은 테트론 양복을 입고 왼쪽 가슴에 김일성배지를 달고, 신부는 연분홍빛 한복을 입고 오른 쪽 가슴에는 꽃을 왼쪽 가슴에는 김일성배지를 다는 것이 일반적이다.

결혼식의 사회와 주례는 결혼 당사자의 직장책임자 또는 당과 사회단체의 간부, 협동농장관리자 등이 맡는다. 신랑 신부가 동시에 입장하면 주례는 하객들을 기립시켜 '오늘 신랑 ○○○동무와 신부 ○○○동무는 친애하는 지도자 동지의 따뜻한 배려로 부부로서 결합하게 됩니다'고 성혼선언을 한다. 이어 신랑 신부가 '지도자동지에 대한 충성의 한길에서 영원한 부부로서 혁명의 가정을 꾸려 나갈 것을 다짐합니다'고 서약함으로써 식은 끝난다.

결혼식이 끝나면 신랑 신부는 3~4일의 휴가를 얻어 신혼살림을 꾸리는데 신혼여행은 거의 가지 못하며, 인근에 있는 김일성 동상을 찾아 헌화하고 경례하는 것이 관행이다.

결혼식 때 혼수는 신랑측이 신부의 손목시계, 반지, 옷감, 화장품, 신부의 가족과 친척에게 줄 옷감을 준비한다. 신부측은 신랑의 손목시계와 옷감, 이불채, 옷장, 이불장, 찬장, 부엌세간, 시부모와 형제의 예단, 책걸상을 준비한다. 이런 혼수를 구입하는 비용은 신랑측이 2천 원, 신부측이 4~5천 원 정도 소요된다고 한다. 그리고 고위당간부를 비롯한 상류층에서 신부의 혼수품 품목으로서 '5장 6기'라는 말이 있다고 한다. 5장이란 옷장, 이불장, 찬장, 책장, 신발장을 말하며, 6기란 텔레비전, 세탁기, 녹음기, 냉동기, 재봉기를 일컫는다. 북한에서는 이런 가전제품을 마련해오는 신부가 가장 인기 있다고 하는데 그 구입비용만 통상 2~3만 원 이상 든다고 한다. 일반 주민들로서는 외국에서 송금을 해주는 친척이 있는 경우를 제외하고는 이런 혼수품은 엄두조차 내기 어렵다.

–자료제공 : 통일부 북한자료센터

[발제 : 글을 읽기 전에]

북한에서도 고전문학이 있다(1946년에 발족한 작가동맹은 1961년 3월에 재발족하여 〈문예총〉의 산하단체로 편입되어 오늘날에 이르고 있다. 작가동맹에는 위원장 1명, 부위원장 2명을 비롯하여 각각 1명씩 서기장, 조직부, 신인지도부, 소설분과위원회, 시분과위원회, 희곡분과위원회, 아동문학분과위원회, 평론분과위원회, 고전문학분과위원회, 외국문학분과위원회 등이 있다. 또 산하 기관지 발행기구로서 문학신문사와 각 잡지, 즉 〈조선문학〉, 〈청년문학〉, 〈아동문학〉, 〈현대문학〉, 〈시문학〉, 〈국문학〉, 〈외국문학〉, 〈고전문학〉의 편집부들이 있다(김문환 편, 『북한의 예술』, 을유문화사, 1990)).

북한의 고전문학은 남한과 달리 북한 사회가 필요한 고전문학과 필요하지 않는 고전문학이 있다. 북한 체제와 이데올로기에 맞지 않다고 판단한 고전문학에 대해서는 '보존해두기만 하는 방식'과 '없애버리는' 방식으로 구분한다. 그렇다고 필요한 고전문학도 있는 그대로 세상에 내놓는 것이 아니라 북한 사회 실정에 맞게 개작하고나 변용하여 소개한다. 『춘향전』, 『장화홍련전』, 『심청전』, 『박씨부인전』, 『임진록』, 『장끼전』 등의 고소설을 비롯하여 향가, 고려속요, 민요, 한시 작품 등이 소개되기도 하지만, 판소리와 시조는 봉건적 양반층의 향유물이라 해서 보존하되 소개하지 않는다는 원칙을 고수하고 있다. 북한의 고전문학은 후대에 계속 이어받아야 할 것은 전통을 이룬다고 한다. 북한에서 전통이 되는 고전문학은 민족문화유산으로 '선행세대들이 역사적으로 내려오면서 계속 창조하여 후세에 물려주는 정신적 및 물질적 재부'라는 김일성의 교시를 그대로 받아들인다.

《문화예술은 민족과 동떨어진 것이 아니며 민족의 력사와 련결되여있습니다. 문화예술은 일정한 력사적 시대의 사회제도와 사람들의 정치생활, 경제생활, 생활풍습 같은 것을 반영하고있습니다.》(《김일성저작집》 25권, 24페지)

《우리는 민족문화유산에 대하여 허무주의적으로 대할것이 아니라 자라나는 새세대들에게 그것을 계급적 립장에서똑바로 알려주어야 하며 민족문화유산가운 데서 진보적이며 인민적인 것을 비판적으로 계승발전 시켜나가야 합니다.》(우와 같은 문헌, 25폐지)

문학에 대한 이러한 견해는 절대적 지침이다. 혁명적 문학예술전통은 민족문화유산의 핵이며 중추이기 때문에 질과 내용에서 민족문화유산의 최고봉을 이룬다고 한다. 김일성은' 민족문화유산인 고전문학도 진보적이며 인민적인 것을 현대적 미감에 맞게 비판적으로 계승 발전시켜야 한다.' 고 교시함으로써 북한 문학담당자들은 다산 정약용에 대한 과대평가라는 지적에 따라 바로잡았고 전통민요에 대한 재평가를 하였다. 또 '위대한 수령님' 이 '지난날 나쁜 놈들이 문화예술을 발전시키는데서 복고주의적으로 나갈 것을 주장한데 대하여 비판한 사실을 지적' 함에 따라 궁중 예술과 시조, 판소리, 기자조선설 등에 대한 평가와 처리를 분명히 한다. 그러나 판소리에 대해서 냉담하면서도 판소리계 소설인 『춘향전』과 『심청전』과 같은 작품은 조선 사회의 모순을 치열하게 파헤치거나 인민적 삶을 반영한 작품이라 하여 북한 나름대로 계승 발전시키고 있다. 이 장에서 소개되는 고전문학과 문학비평은 이러한 사실을 바탕으로 전개되고 있다.

···› 생각해 보기

자장가

▶민요 《자장가》와 2005년 8월에 '류경 정주영 체육관' 에서 조용필이 부른 북한 가요 《자장가》(아래 참고)를 비교해보고, 《자장가》로서 보편성을 지닌 작품은 어떤 것이며 그 특성이 무엇인지에 대해서 살펴보자.

(참고)

자장 자장 아가야 잠 잘 자거라
꿈나라로 가려마 내 사랑 아가야
꿈나라로 가려마 내 사랑 아가야
자장 자장 아가야 잠 잘 자거라
꿈나라로 가려마 내 사랑 아가야
꿈나라로 가려마 내 사랑 아가야
우우우 우우우 내 사랑 아가야

| 민요 : 조선문학(1966), 8기 |

자장가

아가 아가 울지 말아
밭에 가신 엄마 아빠
해 져서 어두워야
젖 먹이려 그 때 온다.
아가 아가 울지 말아,

아가 아가 울지 말아
해 지려면 아직 먼데
배ㄱ아도 참아야지
지주마님 욕한단다
아가 아가 울지 말아,

아가 아가 울지 말아
네가 슬피 울고 울면
내 눈에선 피물 난다
내 가슴은 안타깝다
아가 아가 울지 말아.

《춘향전》의 비판적 계승을 위하여

리갑기

《춘향전》과 그 유래

《춘향전》은 우리가 가진 문학 유산 중 대표적인 가치를 가진 탁월한 민족적 고전의 하나이다.

리조 시대는 예문[1]적 관심을 극도로 천시하는 유교 사상과 량반 계급의 전횡에도 불구하고 《춘향전》과 함께 《심청전》《홍부전》《장끼전》 등 서민 문학을 통하여 우리에게 서사 문학에 있어서도 적지 아니한 유산을 전승시키고 있다. 서민 문학에 한한 이상, 이것은 물론 유교 사상의 지주인 봉건 량반 계급에 대하여 근대 사상의 지지자로서의 서민 계급, 그중 중인(中人－리조 시기의 상인) 취미의 태동에서도 설명될 수 있으나 《춘향전》은 이들 리조 서사 문학의 가운데 있어서 그 내용의 풍부한 점에 있어서나 형식의 완미성은 물론 그 중 이 작품이 가진 시대적 전형성과 사회성은 우리 민족 고전에 있어서 대표적인 지위를 차지하게 하였다.

그뿐 아니라 《춘향전》은 다른 한편 그 높은 사상성과 예술성에 있어서 한개의 민족 고전으로서 세계의 많은 고전에 뒤지지 않는다. 만일 이 곳에서 19세기 전후로 산출되였던 서구라파의 많은 걸작들과 비하여 말하는 자기 있다면 우리는 이에 대하여 《춘향전》의 특이한 형식으로서 이들 문학에 비하여 조그마한 손색도 없다는 것과 함께 이를 산출한 쇄국 정책하에 있었던 리조 봉건 국가의 암흑성과 중세기적인 경제 상태에 언급하여야 할 것이다. 더욱 유교의 지배 하에 있던 당시의 사회적 조건을 이와 아울러 생각할 때 이러한 시대적 환경에서 이러한 대작품이 생산되였다는 것은 한개의 특이한 사실이 될 수 있으며 또한 조선 민족의 탁월한 문학적 소질을 말하는 좋은 증좌가 되는 것이다.

《춘향전》은 우리 조선 사람들에게 그중 많이 읽히여 온 작품이다. 이것은 가장 인민성을

1 기예와 문학.

가지며 사회적 시대적 성격을 가진 작품일쑤록 인민의 사랑을 받는다는 뚜렷한 례가 되는 바, 춘향에 대한 우리들의 애정은 《뿌쉬낀》의 《오네이긴》 쉑스피어의 《오피리아》 괴-테의 《도로데야》가 제각기 그 민족의 문학적인 자랑과 긍지의 대상인 것과 함께 또한 그들의 사랑을 받고 있는 것과 조금도 다름이 없는 것이며 또한 문학으로서도 큰 손색을 느끼지 않는 것이다.

그만큼 이 서사 설화는 그 사이 이야기 책으로, 창극으로, 노래로, 연극으로 수 많은 종류의 《춘향전》을 갖게 되였으니 그중 문학 작품의 형식으로 된 판본 활자본만 하여도 10수종에 달한다.

《렬녀 춘향 수절가라》-(전주 토판) 《고본 춘향전》 《수산 광한루기》 《시역별 춘향가》 《옥중화》 《옥중가인》 《옥중향》 《륜리 소설 광한루기》 《특별 무상 춘향전》 《오작교》 《춘향전》 《현토 한문 춘향전》 《언문 춘향전》 《한문가극 춘향전》 《회중 춘향전》

이와 같이 이 설화가 수 많은 이본을 가지게 된 것은 유일한 원본과 작자를 가지지 못한 것과 경술(1910년) 이후 출판업자들의 무책임한 수익 수단에 의한 이본의 란발에 의한 것이나 그중 오늘 우리들에게 문학사적으로 전적적 의의를 가진 것은, 역시 《전주토판》 《고본 춘향전》 《수산 광한루기》 등을 들 수 있다. 그러나 《수산 광한루기》는 《서상기》체의 한문 가극본으로 된 특수한 것이며 《고본 춘향전》으로 오늘 전하는 것은 신문관에서 제판 당시 지낸 부연과 내용에 손질을 많이 한 관계로 전적으로서의 가치가 소감된 것으로 하여 그 년대로나 내용으로나 많은 경우에 있어서 《춘향전》의 원본이라면 대개 《전주 토판》을 말하는 것이 통례로 되고 있다. 물론 원본 문제에 대하여서는 여러가지 주장이 있겠으나 이것은 본론의 론술의 목적이 아니니다. 그외에 《춘향전》은 《스프링 피피음》(춘향)이란 영역판이 있다.

이제 이상과 같은 이본 각극 창극 등 그 내용을 살피면 물론 수다한 차이가 있으나 《전주 토판》과 《고본》을 중심으로 이야기의 공통된 줄거리는 다음과 같다.

《교룡산과 적성강으로 삼남 명승의 이름도 높은 전라좌도 남원부, 때마침 5월 단오 록음방초 승화시에 그중에도 이름이 높은 광한루에 올라 춘흥이 도도하여 시를 읊으고 경승을 관상하는 풍류 소년이 있으니 그는 바로 당시 부사 리준상의 아들 몽룡이였다. 이 때 같은 곳에서 오작교를 건너 버드나무가 늘어진 시냇가에 그네를 즐기는 가인이 있으니 그는 바로 귀족의 로류장화로서 수청기생의 퇴물인 로기 월매의 딸 춘향이였다. 그는 인생으로 태여나자 당시의 계급적 신분 관계에 의하여 기생이 될 숙명에 있었으나 그의 아버지는 성참판이란 량반이며 그는 또한 기생 되기를 원치 않았다.

몽룡은 방자를 시켜 춘향을 불러 시와 노래에 즐기며, 그후 춘향의 집 부용당에서 가약을 맺어 그들의 사랑은 당시의 계급 관계의 그늘 속에서 날이 갈쑤록 깊어 갔다. 그러나 얼마 후 부사 리준상의 영전으로 몽룡은 아버지를 따라 한양(서울)으로 떠나게 되였으니 이 곳에 그들의 쓰라린 리별의 날이 닥쳐 온 것이다. 그리하여 몽룡은 거울을 춘향은 옥지환을 서로 바꾸고 두 사람은 다시 만날 날을 굳게 약속하였다. 그후 세월은 덧없이 흘렀다. 그러나 호사 다마로 춘향의 앞길에는 무서운 시련이 닥쳐오게 되었으니 그것은 신관으로 변학도란 자가 부임하게 된 것이다.

변학도는 불출세의 탐관이며 호색가로서 곧 춘향의 재색에 마수를 뻗치게 되였다. 그러나 정절을 표방하는 춘향은 이를 거부하였으며 변학도의 악형에 대하여《창가 출신의 천한 몸에는 정절의 자유조차 없느냐》고 외치여 죽음으로 항거하였다. 그리하여 춘향은 마침내 옥중에 갇히는 몸이 된 것이다. 그동안 리몽룡은 문과에 급제하고 호남 암행어사를 자원하여 다시 남원으로 내려오게 된다. 그리고 남원에서 삼문[2] 출도의 예정을 하고 거짓으로 걸인의 행색을 하여 민정을 탐색하였다. 그러나 한편 춘향에게 죽음의 날이 닥쳐왔다. 신관 변학도는 자기 생일 날 성대한 연회를 베풀고 그날로 춘향을 타살하려 하였다. 민정 탐색의 도중에 있던 리몽룡은 이 소식을 듣고 급거히 남원으로 들어오자 거지행세로 변학도의 잔치에 나타나《금준미주 철인혈》이란 시구를 지여 변학도를 비롯한 수령 방백을 놀래게 하였으며 춘향의 사형을 집행하려는 촌전에《엄행어사 출도》라는 마패 소리가 삼문을 진동하며 장면은 뒤집어져 변학도가 도리여 몽룡에게《봉고파직》의 처분을 받게 된다. 그리하여 형장으로 나가려던 춘향은 오래동안 오매에 그리던 리몽룡을 만나게 되였으며 죽음으로 항거하던 그의 투쟁은 승리를 거두었다는 것이다》

그 중에서도 유철준의《현토 한문 춘향전》을 비롯한 몇개의 이본에는 춘향을 리몽룡에 대하여《남주 미 창기》(남쪽 땅 아름다운 기생)으로 하여 춘향을 완전히 기생으로 하였으며 춘향으로 하여 옥중에서 변학도에게 탄원서를 내게 하며 리몽룡의 본처를 삼청동 김 모의 제3녀 운운하여 춘향을 그의 첩으로 만드는 등 이례의 것도 있으나 이러한 것은 이 작품을 량반 계급의 봉건 관념에 의하여 계약한 한 례로서 특별히 돌아볼 조건도 되지 못하며 여러 판본 사이에도 오류정 장면의 유무, 춘향과 리도령의 첫 대면의 장면의 차이 기타 인물 설정과 장면의 배치 관계에 있어서 많은 차이가 있으나 이는 주로 디테일의 령역에 불과하며 주제의 해석에 대한 고려를 좌우할만한 중요한 차이는 가지지 않았다.《춘향전》은 작가도 불명하며 그것이 산출된 년대도 확실치 않으며 어느것이 또한 그 원본이라고 주장할 유일한 전적도 없다. 그러나 이것은 조금도 괴이하게 생각할 문제는 아니다.《심청전》《홍부전》《장끼전》등 리조 서

2 봉건사회에서 : 궁전이나 관가건물의 앞쪽에 낸 문. 정문과 동 · 서의 사이문으로 되여있다.

민 문학의 개거가 이러한 유래를 가졌으며 그것은 서사기에 이르기까지 오랜기간을 두고 인민들의 집체적 참가 아래 형성된 구전 창작의 일반적인 특성의 하나로 보여지기 때문이다. 이것은 중국의 《수호지》《서유기》《삼국연의》등 대 문학에서도 그 례를 볼 수 있으며 괴-테의 《파우스트》나 쉑스피어의 제작들 중에도 그 소재에 전래적인 구전물이 많은 것은 널리 알려진 사실이다. 그러나 《춘향전》의 유래에 대하여서는 그 산생에서부터 여러가지 이설이 있다. 그중 중요한 몇개를 들어보면

1, 봉건 계급의 훈화적 요청에서 지여진 한문 소설에 유래했다는 설(김태준 저 《춘향전의 현대적 해석》)

2, 실제담을 소설화하였다는 설(룡인 사람 리참현 저 《이관 잡지》의 기사에 《춘향전》은 벽오-리시발의 실제담이라는 기록과 같은 곳에 이러한 사실이 박문수집에도 있다는 기록, 그리고 《계서 야담》에 《춘향전》은 로진의 사실을 소설화하였다는 기록에 유래한 것이다)

3, 샤마니즘적 전설에 유래한 것으로 보는 설(남원에 춘향이란 실제 인물이 있었으며 그는 원래 얼굴이 추하여 시집을 가지 못하고 자살하였다. 그로 인하여 원혼이 되여 그후 남원 부사가 오는쪽쪽 죽는고로 이 소설을 지여 위령한 탓으로 무사하게 되였다는 전설과 소설과 류사한 줄기를 가진 사실에서 리몽룡이가 끝내 돌아오지 않아서 원사하게 된 춘향의 원혼으로 지방 사람이 피해를 입게 되였으므로 리도령이 돌아오게 하는 이 소설을 지여 령혼을 위로하였다는 이 밖에 또한 몇개의 지방 전설에 유래한 것이다)

이상에서 제3에 관한 문제는 이 대작품의 관록과 봉건 조선의 샤마니즘적 성벽으로 추정하여 응당 있음즉한 전설이며 밀양 령남루의 《아랑》에 관한 전설, 진주 촉석루의 《론개》에 관한 전설과 함께 《춘향전》 자체가 남원 광한루의 전설로서도 볼 수 있는 것이며 제2 실제담의 유래는 어느 정도로 믿을 일인지 알 수 없으나 이 두 가지의 사실은 이 작품을 두고 제각기 그 결과가 인민의 집체적인 로력에 의하였다는 것을 거부하는 것은 아니다.

그러나 제1의 경우 — 김태준은 《춘향전》을 영종 정조(이하부터 영 · 정으로 략칭함)간의 량반들의 한문 소설에서 유래하였다고 하면서

《춘향전도 종래 유가의 권징적(권선징악) 의미에서 기녀까지에라도 정열을 고취하려던 상투적 염정소설》이 《순종, 헌종, 철종 이후 신제효 같은 광대들의 손으로 혹은 노래 부르는 기생 광대들의 입으로 자꾸만 부연해서……》

그리고 그 방증[3]으로 신위를 비롯한 몇 사람의 량반의 춘향전 관극시를 들면서 《춘향전》이

3 간접적으로 증명하는것 또는 그 증거.

량반들의 창작임을 주장하려 한 것이다.

이것은 오늘까지 나타난 《춘향전》의 유래에 대한 가장 그릇된 사설이다.

그뿐 아니라, 이곳에는 이렇다 할만한 아무러한 근거가 없다. 첫째 그가 례거한 몇개의 《춘향전》에 대한 관극시의 작자들은 전부가 《춘향전》이 이미 서사화하고 창극조에까지 등장한 영종 정종 이후의 사람들이며 더우기 광대 박만순이가 대원군의 총애를 받아 궁중에 불리워 가서 몇달씩이나 묵으며 《춘향전》을 비롯한 판소리를 하여 벼슬까지 한 것은 유명한 사실이다. 그 밖에 또한 《춘향전》에는 귀족 소설로서의 출발을 방증할 아무러한 전적도 없으며 문헌 연구가의 어떠한 부분에도 이에 류한 기록을 찾을 수 없는 것이다. 구태여 그 근거를 미루워 고찰한다면 《홍길동전》을 비롯한 몇개의 《작품》이 대개 원전이 한문으로 된 것이라는데 불과할 것이다.

물론 신위를 비롯한 몇 사람의 관극시는 광대들의 창극 《춘향전》의 구경에서 온 것임은 틀림 없는 사실이다.

다음으로 《춘향전》의 년대는 대략 18세기 중기 영, 정 전후로 보여지며 이것은 대략 일치된 의견이다.

현행되고 있는 《춘향전》의 각종 판본에서 설정한 시기를 보면 대다수는 《숙종 초》《숙종 대왕 직위 초》로 되였으며 일부 《인조 시절》《중종 직위지명년》과 례외로는 《수산 광한루기》의 《공민왕시대》로 되였으나 이는 모두가 영종, 정조 이전이다. 그리고 실제담의 주인공인 벽오 리시발과 옥계 로진이도 역시 그전의 인물들이니 이에 대하여 상기 김태준이가 인용한 신위의 순조 26년 춘하간 관극 절구 12 수중 춘향 관극에 언급한것이나 귤산 — 리유원의 《림하필기》에 나타난 춘향 가극을 본 이야기 그의 저서 《가오락부》에 나타난 춘향 관극조 옥산 — 장지완의 《광한루기》순조 시대 시인 조지삼의 《송남잡식》 중 《충양타령》에대한 기록 등 《춘향전》의 관극에 대한 기사는 모두가 정조 이후의 사실인 점으로 보아 대략 수긍되며 현행 《춘향전》 중 《전주토판》《고본 춘향전》의 가운데 영종 정조 간의 제반 시사와 풍습으로 추정되는 많은 기록이 또한 이를 증명하고 있다. 《대전통편》(1784년)에 대한 기록은 그중 한 례가 되는 것이다.

그러므로 이를 종합하여 생각하면 《춘향전》은 리조 봉건 사회의 하강기로 들어가는 숙종 전후로부터 당대 인민들의 계급적 감정을 반영하는 구비 문학으로서 출발하여 그후 백여년 동안 소위 《비관 리어》로서 인민들의 집체적 참여하에 발전된 것으로 보여진다. 그리하여 영, 정기에 이르러 리조 관권 계급의 붕괴와 인민들의 반항과 아울러 서민 계급의 문학적 예술적 요구에 따라 신제효를 비롯한 문학적 재능을 가진 사람들의 손에서 서사문으로 집성된 것에 틀림 없다.

물론, 《남훈 태평가》의 잡가중 소춘향가로 전해지는거나 전주토판이 《렬녀 춘향 수절가라》라는 그 표제와 달리 《상권》 미말과 하권 표제의 《춘향전》이란 것으로 보아 이미 그전부터 필사본 잡가 등으로 서사물이 전해지고 있었던 것만은 사실이다. 그러나 고창 사람 신제효(조선 창극의 리론적 실제적 조직자 순조 때 사람)가 춘향전 고본을 윤색하여 《남》 《녀》 《동》 세가지 창조로 만들었다는 것은 광대들의 구전으로 알 수 있는바(정로제 《조선 창극사》) 그로 보아도 춘향전의 문장으로 된 문학으로서 춘향전의 형성은 이 전후의 일로 보는 것이 타당하다.

그러므로 오늘 춘향전이 가지는 예술적 형식으로서의 완성은 대략 이들 영, 정 전후의 판본 편자나, 창극 작가들의 결과로 볼 수 있으나 이 작품의 사상적 예술적 성격은 이전에 대략 이루어지고 있었으며 사건의 프로트도 거의 완성된 것으로 보여진다.

《춘향전》은 이와 같이 다른 리조 서민 소설들과 함께 어느 한 사람의 창작이 아닌 것만은 분명하다.

오늘 고전 《춘향전》이 가지는 민주주의적 요소와 인민적 성격과 함께 이 작품이 가진 조선적인 형식과 그 정서는 이러한 창작된 경로에서 한층 더 높은 것으로 다듬어진 것이다.

춘향전의 주제와 시대상

《춘향전》이 가지는 주제의 사상성과 그 예술적 형상은 높은 사실주의적 문학으로서 무엇보다도 우리 문학의 력사에 선진적인 전통을 수립하였다. 춘향과 리도령의 신분이 다른 계급의 련애 관계를 줄거리로 하여 이 작품이 거둔 문학적 성과는 무엇보다도 리조 봉건 사회의 말로와 그를 둘러싼 당 시대의 사회적 모순을 계급적인 제관계에서 전형화하였으며 이러한 갈등과 사건의 발전을 통하여 인민의 목소리를 솔직하게 반영한 사실주의적 형상에 유래한 것이다. 영, 정 시대라면 뒤를 잇는 순조 헌종 철종 삼대를 두고 리조 봉건사회의 망국적인 락조기를 의미한다. 리시애의 란, 임진 조국 전쟁 — 병자호란 — 리조 중엽 이래 뒤를 이여 일어난 내난과 대외전쟁으로 말미암아 국내는 황폐화하였으며 인민의 생활은 극도의 빈궁에 빠졌다. 그리하여 숙종 때를 절정으로 하여 리조 사회는 급속도로 붕괴 작용을 일으켰으니 농민 생활의 파탄과 함께 그 모순은 영, 정 때에 이르러 최고조에 달한 것이다. 이곳에서 농민들의 반항이 시작되였다. 순조 초년 《홍경래의 란》에 이르기까지 각지에서 발발한 수다한 농민 봉기가 그것이며 그 중에서도 광주 장성 등지의 호남 지방이 가장 심하였다.

당시 농민들의 참담한 생활 형편은 순조 시대의 시인 리량연의 시 《전가고》(농민의 고통)

에 나타난 사실로만 보아서도 충분한 것이 있다.

《경전매전과 래세경하지 원생령리아 학서작관리》 — 밭을 갈고서도 다시 그 밭까지 팔아서야 납세를 물게 되니 래년이면 또한 어디 갈 밭이 있겠느냐 원컨대 령리한 아이를 낳아서 관리로나 만들었으면 — 하는 내용이다.

그러나 한편 탐관 혹리[4]들의 가렴주구와 농민들의 동향에 대한 정치적인 탄압은 멎지 않았다. 물론 《전가고》도 그간의 사정을 함께 말하고도 남음이 있다. 《춘향전》의 악한 변학도는 당대의 대표적 혹리로서 묘사되여 있으나 철종 2년 좌의정 김홍근의 《탐먹의폐》(탐관 오리의 폐단)에 나타난 《유결》《매임》《수뇌송》《위협취제》《환롱 창곡》《림본[5]취리》들의 《탐종별법》에 의한 횡험이 어찌 그 한 사람에게 한할 것인가 그리고, 김홍근의 지적을 빌 것까지 없이 《략탈과 다름이 없는》 그들의 뢰략[6]에 해를 입는 자는 《오직 천민》뿐인 것은 말할 것도 없다.

《금준미주천인혈 옥반가효만성고 촉루락시민루락 가성고처원성고》

변학도의 생연에 대한 리몽룡의 절구는 바로 전후의 사정을 말하여 남음이 없다.

이리하여 영종 정조 전후 봉건 관리들은 완전히 인민의 원망의 대상으로 되였으며 지배 계급과 인민간에 나타난 이러한 모순과 대립은 리조 사회의 붕괴를 위한 박차가 된 것이다.

《춘향전》이 가진 주제의 사상성과 그 적극성은 우에서 말할 바와 같은 당대의 시대상을 비추어 볼 때 한층 뚜렷한 것이 있다.

춘향은 변학도에게 외쳤다.

《수절에도 량반 상놈이 있느냐》

우리는 먼저 춘향의 이러한 항거에서 이 작품이 가지는 주제의 적극성과 높은 시대성을 본다.

무서운 사회적 계층과 정치적 경제적 중압 아래 신음하던 당대의 인민들이다. 가렴 주구의 장본인이며 관권의 권화이며 지주의 포악의 수호자이며 통솔자인 사도와 맞서 《대전 통편에 관정 발악이 그럴진대 유부녀 겁탈은 어떻게 하라고 했느냐》고 하는 춘향의 항거는 진정으로 그들의 가슴에 오래 묵히여 지고 있던 목소리가 아닐 수 없으며 출도전 어사가 그의 속리들에

4 낡은 사회에서 : 혹독한 관리.

5 ①낡은 사회에서 : 장사나 돈놓이할 밑천을 세우는것 ②봉건 사회에서 : 벼슬아치들이 환자쌀을 리용하여 농민들을 착취하는 고리대적 착취방법. 환자쌀을 비싼값으로 팔고 그 돈의 일부를 인민들에게 강제로 나누어주고 가을에 가서 햇곡식으로 받아낸다. ㊀ 환자 : 봉건사회에서 : 인민들에게 곡식을 꾸어주고 가을에 리자를 붙이여 받아들이는것 또는 그런 곡식.

6 뢰물을 강제로 받아 내는 일.

게 주는 선포와 방백들의 머리에 내려지는 륙모 방맹이 바람은 그들의 혁명적 충동에 대하여 한바탕의 하늬바람이 되지 아니 할 수 없었을 것이다.

《근일 세력지가가 략인처첩하여……추욕만단…》 — (요즘 세도를 쓰는 자들이 남의 안해를 노략질하여…… 여러가지의 추태를 부린다)

숙종 오년 남구만의 상서로서 《국조보감》에 나타난 기사로 보면 당시 량반 계급의 서민이나 농민의 부녀들에 대한 정조 유린은 변학도에게만 한한 것이 아니며 소위 《차역 고금소미문지사》(이 역시 옛날부터 듣지 못한 일)로서 경제적인 략탈과 착취와 함께 일반적으로 만연된 사실로 보여진다.

이곳에 우리는 춘향의 정조를 위한 투쟁 그 자체가 또한 사회성을 가진 연유가 있다.

이리하여 이 작품은 춘향의 변학도에 대한 투쟁을 통하여 당대의 계급적인 관계를 전형화하였으며 춘향을 모욕하였다는 것으로 리몽룡에게 가하여진 농민들의 폭행과 춘향을 성원하는 그들의 사발통문(리조 농민들이 폭도을 계획할 때 상호간에 비밀 련락을 한 방식) 그리고 최후로 춘향의 원통한 죄를 풀어줄 것을 호소하는 남원부 부녀들의 어사도에 대한 등장으로 춘향의 항거와 그의 투쟁에 대한 계급적 인민적 련계를 부여하고 있는 것이다.

이것은, 물론, 민정의 가는 곳에 대한 솔직한 반영임은 말할 것도 없다. 오늘날까지 우리들 가운데는 이 작품을 소위 사회소설로서 한 시대의 계급적 관계와 그 모순을 반영한 사회적 의의에 언급되였으며 그곳에 이 작품의 주제의 기본을 찾으려 하였다. 물론 《춘향전》의 주제가 사회성을 가졌다는 것을 인정하는 한에서는 바른 견해라고 볼수 있으나 《금준미주천인혈》은 적어도 이 작품이 가진 주제의 출발은 될 수 있었으나 목적은 될 수 없는 것이다. 따라서 이 작품이 가진 주제의 적극성은 한 시대의 계급적 제관계의 단순한 반영으로만은 볼 수 없는 것이다.

그러면 이 작품은 이러한 적극적인 창작 의도에도 불구하고 력사의 발전 법칙에서 보아 어찌하여 끝까지 인민의 힘으로써 작품의 결과를 해결하지 못하였는가 누구나 이곳에 한번 의문을 가지게 한다. 물론 이 작품은 이러한 의문을 해결하기 위하여서는 변학도의 대갈통과 동현이 역졸들의 륙모 방망이가 아니라 리도령의 멱살을 쥐던 농민들의 사발통문에 의하여 처리되여야 하며 그들의 지도자로서 중인(리조 시대 상인) 사상의 대변자가 나서야 할 것이다.

그러나 이곳에서 우리는 무엇보다도 먼저 이 작품이 조선의 민족 고전이라는데 류의하지 아니할 수 없으며 따라서 그것을 제약하는 조선 사회가 가진 력사적 환경의 특수성을 무시할 수는 없는 것이다.

첫째로 우리는 리조 봉건 사회의 특수성, 즉 다음 세대를 계승할 발전적 대립 요소로서 중인의 실력과 그것을 보장하는 전자본주의적 축적이 미약하였다는데서 설명되여야 할 것이다. 따라서 그곳에서는 다음 사회의 륜리를 제시하며 능히 력사를 예견할 진보적 계급의 태동이나 그것이 발전할 수 있는 객관적 조건을 가지지 못한 것이다.

둘째로 자연 경제의 조건하에서 농민이 혼자 혁명적인 주력이나 지도 력량이 될 수 없었던 곳에 있었다. 이곳에서 우리는 전봉준의 창의문을 상기하는 것도 무방하다. 최초 그들의 왕조에 대한 겸양은 다만 그것을 전술적인 수단으로만 생각할 수 없다. 리조 시기의 농민들에게는 목전의 사태에 대하여 그것이 어사이든 검찰관이든 눈 앞에 닥친 문제의 분풀이로서 충분하였다. 력사에 대하여 그들은 역시 잘 몰랐다. 많은 경우에 있어서 그들의 폭동은 경제적 성격을 넘지 못하였으며 왕조의 변혁도 결과에 있어서 《역성혁명》(어떠한 정치적 변혁이든 사회제도의 변혁보다 지배자의 《성》이 갈리는데 불과하였다)으로 알아온 그들이다.

소위 암행어사란 국왕의 밀령을 받아 가지고 지방으로 파견되어 행정 사정을 몰래 살피는 것이다.

물론 이것은 결과로 보아 소위 왕도 정치의 리상의 하나에 불과하였으나 혁명에 대한 리해와 객관적인 조건을 가지지 못한 당대 사회에 있어서는 능히 한 때의 미봉지책도 될 수 있었으며 또한 이런 곳에서 우리는 리조 봉건 국가의 자멸적인 특성을 찾는 것이다.

이곳에서 《춘향전》이 가지는 내용에 대한 민족적 내지 시대적 특수 사정에 의한 제약성을 볼 수 있으며 이것은 세계의 어떠한 민족 고전에도 통하는 일반적 특성이다.

그러나 《춘향전》의 시대는 한편 봉건 체제의 붕괴의 시작과 아울러 한편 미약하나마 근대적인 소유관계의 태동을 볼 수 있었으며 상품으로 팔것을 목적하고 생산된 수공업품이 일부 시민 생활에 흘러 들어오고 있었던 것만은 사실이다.

춘향의 방에 있는 가장집물로서 《룡장》《봉장》《화류문갑》《화문등미》《가께수리》와 춘향의 옷차림으로 《선천수주》《새백저》《육사란》《쌍문포》《고양사》《남봉항라》…… 등 의상에 나타나는 무수한 필육명 《과하주》《박문주》《포도주》《천일주》《백일주》《금로주》《회주》《연엽주》《약주》《송엽주》《자하주》 등 많은 주류에 《앵무배》《노자작》 등의 주배와 리도령의 대접을 위한 상 우에 놓인 음식으로 《다식》《오황당》《약과》《문어전복》《룡안여주》《오색정과》《화채》《청실내》《활실내》《생률》《징편》《수단》《경단》《호박대》《송기조악》《전골》《증배끼》《귤병》《염통산적》《양보끼》 등이 한 상에 높이고 《가리찜》《숭어찜》《매초리탕》《준시》《성치다리》 그밖에 수많은 료리 《청동화로》《산호병》《대모장도》《죽절병》…… 등 가구와 춘향의 장신구의 일부로서 《금봉차》《옥비녀》 귀에 《월기탄》 손에 《옥지환》 패물로서 《조롱금》《조롱옥》《밀화장도》《산호가지》《밀화불수》《옥나비》《진주월》《청강석》《자개향》《비취향》《인물향》 신발로 《테사혜》《당혜》《경혜》…… 등 이들 여러가지 수효에 달하는 생활 용품을 통하여 일부 유족한 유한 계급의 호화로운 생활면을 볼 수 있으며 우선

중인들의 구미에 맞는 예술 형식으로 조잡하나마 《춘향전》《심청전》을 비롯한 창극조의 대두까지 보게 한 것이다. 그러나 이곳에서 주목할 것은 이미 천주교의 사상적 침투가 국내의 일부에 전파되고 있음에도 불구하고 아직 이곳에 나타난 상품의 명칭에 《당혜》《당사》《영초단》 기타 약간의 중국제인듯한 물품을 제하고는 수입품으로 보여지는 물품이 하나도 없는 것이다.

역시 조선의 시민 계급의 전신은 자연 경제의 토대 우에서 능히 정치적 권력을 넘어다 볼만한 실질적인 세력을 가지지 못하였으며 그들의 상품에 대한 지배권도 쇄국적인 조건 하에서 지극히 지방적인 것으로 보여진다.

이것은 바로 조선 봉건 사회가 다음 사회로 이행할 자주적인 력량을 갖추지 못했다는 것을 의미하는 것이다.

우리는 이곳에서 한 시대의 탁월한 작품은 그 시대의 거울이 된다는 발작크의 작품에 대한 엥겔쓰의 평가를 상기할 필요가 있다.

《춘향전》은 그리하여 그 시대적인 주제와 함께 당대의 어떠한 사서, 어떠한 기록도 미치지 못할 리조 말기의 사회적 거울이 될 수 있는 연유가 있으며 또한 이것은 춘향전의 각색자나 윤색자에게 특별한 관심사가 되여야 할것이다.

춘향전의 인물과 사상

다음으로 《춘향전》의 인물 형상에 대한 능난하고 정확한 묘사는 작품의 주제를 발전시키는데 그 사상성과 예술성을 일단 명확하게 하였다. 이 작품에 등장하는 주요 인물들은 그리 많지 않으나 제각기 자기 계급을 대표한 전형성을 가지고 있으며 심각한 갈등을 통하여 매개 인물의 성격들에 뚜렷한 객관성을 주고 있다.

주인공 춘향은 반항과 비판의 정신의 체현자이며 그것은 한 시대의 분노와 비애를 목숨으로써 대변한 영웅적 인격을 대표하고 있다. 이것은 《춘향전》 작자들에게 당대의 인민의 리상을 구현한 인물로 되였으며 그들이 말한 《녀중군자》란 바로 이런 의미에서 해석되는 것이다.

그러기 위하여 춘향에게는 먼저 특출한 자질이 부여되고 있으며 또한 필요한 사회적 조건이 보장되고 있다.

첫째로, 그는 성참판이란 량반과 월매라는 퇴기 사이에 태여난 소위 《절름발이》 계급이라는 사실이다. 이와 같이 일반적이 아닌 그의 출신 성분은 그가 장차 진보성을 가지고 싸우기에 알맞은 사회적 일반성을 의미한다고 볼 수도 있다. 리조 봉건 사회를 통하여 오늘까지 기성 계급의 권위에 대한 반항자가 가족 관계에 있어서 대개가 서자의 출신이였으며 영, 정 전후 진보적 인테리로서《실학파》의 사이에도 동일한 사실을 찾을 수 있다. 그뿐 아니라 춘향에게 있어서도 그의 심리와 행동을 지배하는데 있어서 그가 가진 사회적 환경에 의한 계급적 감정은 항상 중요한 조건이 되고 있었다.

그의 계급적 감정은 변학도의 박해에 대한 폭발로서 절정에 달하게 되나 그때까지도 신분관계가 다르므로 하여 사랑하는 사람에게까지도 그러한 감정이 항상 깃들고 있었다. 그는 리도령의 청혼에 대하여《도령님은 귀공자요 소녀는 천첩이라 한번 탁정한 연후에 련하여 바리시면 일편단심 이내 마음 독수 공방 홀로 누워 우는 이내 신세 내 아닌 누가 알꼬 그런 분부 마옵소서》하며 역시 그곳에서도 그의 계급 감정이 앞서고 있으며 리별 당시에도《원쑤로다 원쑤로다. 존비 귀천이 원쑤로다》하고 그는 자기의 운명에 대하여 신분상의 유래를 저주하였다. 그리고 리도령에게 대하여서까지도《여보 도령님 춘향 몸 천하다고 함부로 버려서도……》하면서 자그마한 폭발을 일으킬 때도 있다. 이리하여 춘향의 계급 감정은 의식적인 단계에 도달하였다고 본다.

둘째로 인간으로서의 그의 특출한 자질이다. 이곳에서 우리는 그가 한 시대의 민족적인 전형으로 될 수 있는 다른 하나의 조건을 찾는 것이다.

그가 부모에게서 효성스럽고 남편에 충실하며 다감하고 시를 짓거나 고금의 문장에 통하는 한편 가사범절에도 득달한 — 월매가 항상《누가 내딸이라 하겠소》하는 그의 사람됨은 봉건 시대의 소위 부덕으로 일러지며 재색 겸비한 일반적 리상이나 우리가 이곳에서 간과할 수 없는 것은 이러한 그의 자질상 대전제를 토대로 하는 조선 사람으로서의 그의 높은 지각과 신조에 대한 강한 지향이 있다.

변학도의 강박에 항거하여《영천수 맑은 물에 이내 귀를 싯고지고 에그 더러운 말도 들었네 사또께서는 국록지신 되여서 출장입상 하다가 탈유지변 당하시면 한 목숨 아까워서 도적에게 항복을 하시겠소》한 춘향의 반발을 단순한 충신은 두 임군을 섬기지 않고 렬녀는 두 남편을 가지지 않는다는 유교 사상의 연원에서만 볼 수 있을가. 론개 계월향 등 민족적 녀성 전형은 그가 항상 추모하는 선렬로 되였다. 춘향의 정절 가운데 이들이 끼친 사상의 민족적인 자각과 그 련관성을 도외시 할 수는 없을 것이다.

그렇다면 어찌하여 춘향은 당초 호탕한 귀공자 리몽룡의 프로포즈에 대하여 스스로 모든 것을 제공하였을까. 물론 그가 아무리 총명하였다하드라도 이팔의 사춘기며 풍채가 놀랍고 인물이 남다른 귀공자에 대한 미혹도 없을 수 없었으나 그의 리지가 같은 량반 계급에 있어서도 어데인가 탈속하고 분방한 몽룡의 인격과 뛰여난 그의 학문에 공감을 갖게 하였으며 이러한 공감은 몽룡의 상식에서 벗어난 요청과 함께 그로 하여금 마침내 커다란 계급의 경계를 초월하게 하였던 것이 아닐까. 이곳에서 우리는 오히려 그의 다감한 정서 세계의 일면을 찾을 수 있다.

그러나 이 《녀중 군자》는 마침내 탐오자 변학도의 음학과 부정의와 마주치자 불길과 같은 항거가 폭발된다.

《수절에도 량반 상놈이 있소 ?》

춘향은 처음부터 죽음을 각오하였다.

이 소설의 갈등의 고리가 되고 있는 춘향의 정절은 정절 그 자체보다도 인격의 주장에 있었다. 인간적 평등 대우에 대한 춘향의 주장은 이제야 최후의 관두에 선 당대 인민의 구호가 아닐 수 없었다. 이곳에서 우리는 그에게서 끊임 없는 리성의 지향과 불타는 계급적 반발에 의한 불굴의 투지를 느낄 수 있다.

《리수제는 경성 사대부의 자제로서 명문 귀족의 사위가 되였으니 일시 사랑으로 로류 장화한 너를 일분 생각하겠느냐》

춘향은 또한 이와 같은 변학도의 사기에도 귀를 기울이지 않았다. 벌써 그의 정절은 리도령이 반드시 대상이 되여야 할 리유는 없었다.

무서운 시련이 그의 앞에 닥쳐왔다.

그러나 가렬한 형벌과 음혹한 옥고는 물론 옥중에서 그의 어머니가 변학도에 대한 귀순을 권함에도 불구하고 효도와 정절의 갈등 사이에 《차라리 불효가 될지언정 마음은 고칠 수 없다》고 하며 《일편단심》으로 이루어지는 그의 리지와 사상의 자률성을 꺾지 않았던 것이다.

그리하여 최후 순간에 이르러 이 정열의 화신은 거연[7]한 광망을 발휘하게 된다. 그는 옥중에서 최후의 희망으로 믿었던 애인이 령락한 걸인이 되여 돌아왔을 때 조금도 락망하지 않고 조용히 남의 자식으로서 또한 안해로서의 뒷일을 부탁하는 것이다. 고상한 그의 휴매니티의 완정—이곳에서 비록 리몽룡을 만나지 못하고 그냥 변학도의 손에 죽었다하드라도 우리는 그의 사상 의지를 통한 그의 승리를 볼 수 있으며 그를 둘러싸고 그를 성원하고 있는 인민의 승리의 래일을 보는 것이다. 《나의 무듬 비문에는 수절원사 춘향지 묘라 여덟자만 새겨주소…》하는 이 젊은 녀자의 최후의 유언에 대하여 한 시대의 선렬의 그것과 같은 비분하고 장렬한 감정에 사로잡히는것도 또한 이곳에 그 연유가있는것이다.

그러나 이곳에서 우리가 경계할 문제는 춘향의 헌신을 현실 부정의 정신으로 리해하기 쉬

7 거연히. ㊟ 거연히 : 알지 못하는 사이에 어느덧.

운 가능성에 있다. 물론 춘향이가 그의 높은 사상과 지조를 위하여 《황능묘에 가서 아황여영을 모시겠다》고 하여 일사의 각오가 있었으나 그것은 반드시 현실을 단념한 고고한 취미로서 해석될 리유는 없다. 춘향의 락천주의는 최후의 순간에 이르기까지 생애 대한 그의 희망을 버리지 않았다. 그는 앞길이 막연한 옥중에서 칼머리를 쓰고서도 리도령에 대한 추억과 절절한 련모로써 일관하였으며 그가 한양으로 편지를 쓰게 된 것도 기실은 현실의 희망에 대한 최후의 수단을 의미하는 것이다. 그리하여 소설의 대단원은 춘향의 현실 긍정의 정신에 대하여 또한 승리를 보장하는 것이다.

리몽룡은 대략 봉건적인 지배 체제의 붕괴와 량반 계급의 신분 관계와 그 경제적 토대의 동요와 파탄에서 나타난 상대적 진보성을 대표하는 의미에서 일반성을 가지는 인물이다. 리조 사회의 실제의 인물들인 《량반전》《도강록》의 작가 박연암이라든가 《홍길동전》의 작가 허균 등도, 근원을 따지면 역시 이러한 계렬로서 보여지는 인물들이다.

그의 부계는 연안 리씨, 외척은 청풍김씨로서 말하자면 리조시대의 귀족으로서 최고 가계를 의미한다. 그러한 그로서 당대의 엄연한 계급적 제도를 초월하여 창가의 딸과 백년 가약을 맺게 한 파격은 역시 자연 인간으로서 그의 성격의 여부의 문제가 아니라 영, 정 전후 리조 사회의 파탄과 보수적 제이데올로기의 동요에서 그 유례를 찾을 수있는 것이다.

더우기 고려 말에서부터 리조 시대에 이르기까지 혼인 관계에 있어서 량반과 춘향과 같은 《제인》출신의 신분과는 혼인 관계가 엄격히 금지되고있었다.

변학도가 만일 이러한 사회상을 의식한 곳에서 한번 더 발악하는 낡은 형의 량반이라면 리몽룡은 시류를 리해하는 새로운 타잎으로 볼 것이다.

그는 생래의 귀공자로서 《도량은 창해같고 지혜활달하고 문장은 리백이요 필법은 왕희지라》는 그의 탁월한 인품은 총명하고 기민하고 지성과 감성을 겸배한 춘향으로 하여금 일견에 이성적인 미혹을 느끼게 한만큼 호탕한 그의 성격과 뛰여난 풍류 문체가 또한 부패한 당대의 보수 사회의 번문 욕례[8]에 권태증을 느낄 것도 능히 생각할 수 있는 일이다.

물론 리몽룡의 진보적 경향의 태동은 광한루 사건의 이후 일이다. 춘향과 그와의 사이에 엄연하게 놓여진 장벽으로서 그는 비로소 계급 사회의 불평등을 몸소 느끼게 되였으며 시정 생활에 대한 접촉은 또한 이 상식에서 벗어난 귀공자로 하여 귀족 사회의 전횡에 대한 비판자로서의 길을 연 것이다.

8 번거로운 규정과 까다로운 례식이란 뜻으로 《번거롭기만 하고 아무 쓸데없는 허례허식》을 이르는 말.

그러나 그는 무슨 일에나 까다롭지 않고 호탕한 한편 또한 리지적이며 량심적인 인물형이다.

문과에 급제하여 임관이 될 때 호남 암행어사를 자원한 것도 아직 춘향의 원옥을 알지 못한 때인즉 남원 생활의 과거로 보아 유래 없는 일이 아니며 풍류 문체가 일세에 풍미할 귀공자로서 로류장화인 일 기녀와의 약속으로 문과 급제와 어사가 될 때까지 정절로 일관하였다는 것은 당대의 량반 제도에 대한 실천적 비판자로서만 설명될 수 있는 것이다.

그리하여 그는 끝내 춘향과의 맹세를 실천하였다.

그러나 그의 이러한 진보적 성격은 절대로 그가 당대의 사회 제도를 근본적으로 부정하는 것을 의미하는 것은 아니다. 그의 사상은 본래부터 그의 도덕적 자각에 의한 자률성에 유래한 것이며 그만큼 그가 처한 계급적 제약에서 벗어나지 못하였다.

그는 어떠한 경우에서나 자기의 특권 계급으로서의 지위와 위신을 버리려고 하지 않는다. 그의 량반 계급의 계률에서 벗어난 모든 행동은 많은 경우에 있어서 성격적 조건에서 유래하고 있으며 또한 그 결과에 대하여서는 항상 《량반 망신》 혹은 《신주 망신》이 될까바 하는 소심한 량반 관념에 지배되고 있다. 그리고 최후 경우에 다달으자 《족보에 이름을 떼고 사당에 창례를 시키지 않는다》는 계률의 앞에 벌벌 떠는 그였다.

그뿐 아니라 어사가 된 다음도 인민 생활에 대한 그의 리해와 동정은 진정하게 인민의 편에 선 것이 되지 못하였다. 왕에게 어사를 자원한 것까지는 좋으나 《대전 통편》의 충직한 집행자로서 선량한 관리의 립장에서 한 보도 더 나서게 하지 못한 것은 역시 우연한 일은 아니였다.

그리하여 마침내 수의사도로 동헌에 올라 앉자 춘향에게 《너 만연히 수절한다고 관정 포악하였으니 죽어 마땅하되 내 수청도 거절할까》하는데 이르러서는 일세의 《기남아》의 자족한 아이로니를 느낄 수 있으나 옛날 월매의 독촉에 바빠나서 《신주는 내 도포자락에 넣고 요여(신주가마)에 춘향을 태우자》고 당황하던 그에게 비하여 이제는 제자리를 찾아앉은것같은 위풍 당당한 그를 느끼게하는것이다.

그러나 그는 이 작품의 최후의 전환의 담당자이며 춘향의 운명의 해결자이다. 그만큼 그의 신분의 계급 관계에도 불구하고 전반의 이단을 걷는자 후반의 적발자로서 종시일관 진보적 립장을 갖게 되는바 이곳에 이 인물에 대한 사상적 문학적 긍정성이 있는 것이다.

리몽룡의 파탈이나 비판자로서의 그의 립장이나 그의 사상의 진보성을 과대 평가하는 것은 위험한 일이다. 최근 《춘향전》의 해석에 있어서 다소 이러한 경향이 있으나 만일 리몽룡의 사상에 혁명성을 부여하거나 그를 반역적 인물로 규정한다면 《춘향전》은 적어도 오늘의 그것과는 다른 내용을 가져야 할 것이다. 그가 만일 행동자였다면 그의 애정 문제는 당연히 그의 가정 관계에서부터 사회성을 가진 갈등으로 형성될 가능성이 있으며 이 소설에서 사건의 주요한 고리가 되고 있는 춘향과 리도령의 리별도 또한 생각할 수 없다. 문제는 그전에 벌써 《풍운아》 리몽룡에 의하여 기성 계급에 대한 그의 투쟁과 사회제도 그것에 대한 근본 문제도 발전되여야 할 것이다.

물론 최후의 단원도 어사 출도라는 궁색한 방법으로서 해결해야 할 필요도 없었을 것이다. 리몽룡은 어데까지든지 한개의 비판적인 인테리에 불과하다.

그가 광한루에서 《찬물도 선후》를 찾는 시정의 륜리에 따라 후배사령과 방자와 주석을 같이 하는 파탈은 사건의 장래와 그의 인품으로 보아 좋은 착상으로도 볼 수 있으나 어사의 입을 통하여 현대성을 가진 혁명적이며 계급적인 발언이 강박[9]되는 것은 프로트에 의하여 규정되고 있는 그의 성격으로 보아서나 또는 그가 가진 계급적 시대적 제약성으로 보아 깊은 고려가 있어야 할 것이다.

변학도는 《불탁불염 음학무도》한 위인으로 낡은 형의 량반의 대표자이며 부임하던 날부터 《환상 민폐 전결 부수피수 도안 대무읍사》(사도의 행정 임무에 대한 대전의 규정)의 처결은커녕 《기생도안》부터 들여놓고 《탐제호색》을 시사로 하는 가렴주구의 전형으로 등장한다.

그는 대략 심십 남짓한 인물로 보여진다. 이미 지방 관리로서 오랜 경력을 가지였으며 그로 인하여 이 압정자는 《탐제호색》에 량심의 최후의 파편까지 잃었을뿐 아니라 또한 그 길에 통한 인물이다. 그러므로 그는 자기의 육욕으로 하여 능히 관정에서 섬약한 소부의 몸에 선혈이 림림한 포악한 형을 가할수 있었던 것이다. 물론 그의 학정이 세상의 이목을 삼가지 않는 것은 말할 것도 없다.

이 인물이 오늘 무대에서 형상될 때 개거가 눈이 구리 구리[10] 하고 얼굴은 구레나루 수염을 뒤집어 쓴 금방 산적이 뛰여나와 사도의 의상을 훔쳐 입은 것 같은 인상을 주며 가극에서는 특히 《빼스》를 사용하고 있으나 이것은 큰 잘못이다.

그도 역시 량반이다. 그렇다면 이 인물의 부정적 형상은 반드시 낡은 량반으로서의 그 사회적인 면모에서 취급되여야 할 것이다. 이제 전주 토판에서 그의 인물 묘사를 보면 《문필이 유여하고 인물이 활달하고》라 하였으며 광대들의 《더늠》에 의하면 《얼굴 잘 나고 남여창 우조 게면조를 거침 없이 부르며 풍류속에 도저하고 돈 잘 쓰고 술 잘 먹고 일대 호걸남아》라고 하며 다 같이 량반 계급으로서 일반성을 가지였으며 다만 《삿증이 심하다》는 정도로 그의 호

9 강제로 위협하거나 내리누르며 요구하는 것.
10 몹시 구린내가 나는 모습을 나타내는 말.

색의 류례를 들고 있을 뿐이다.

우리는 이곳에서 망건 당이 매끈하고 옥색 도포에 다림 발이 반지르한 랭철한 그리고 그 길에 세련된 한개의 중년 인물을 상상할 수 있다. 그렇지 않고는 그의 풍모의 사회성은 물론 어린 소부에 대한 랭혈 동물과 같은 그의 가형부터 설명될 수 없을것이다.

변학도는 량반 의식의 대표자일 뿐 아니라 그는 또한 그 명예를위한 정력적인 옹호자이였다. 그는 량반의 명예를 훼손한다고보면 누구나 용서치않는다.

춘향이가 수절한다는 말을 듣자 리몽룡의 집을 가리켜 《그게 량반이면 어떻한 량반이라고 엄부시하요 미 장가에 화방 작첩하여 사자 할꼬》하며 춘향의 정절을 나무래고 그를 전하는 하리에게 《다시 그따위 소리들을 하면 죄를 면치 못하리》라고 호통하는바 이에 이르러서는 우리는 같은 량반 중에서도 그중 보수형의 인물로서의 그의 약여한 면목을 엿볼 수 있는 것이다.

월매는 귀족 계급의 로류장화로서 그의 륙십 평생을 두고 산전, 수전 가진 고비를 다 겪은 퇴기다. 어두운 가운데서 리도령에게 욕질을 하고 그의 잘못을 《그렇게 속히 풀일줄 알았드라면 욕을 좀 더 할걸-》하면서 궁색한 장면을 피해 가는 그의 능난한 가락은 그의 지난날의 생활과 경력의 편린을 보여주는 좋은 례가 될 수 있는 것이다.

그는 한 사람의 평범한 로기다. 그만큼 그는 세속적이며 또한 현실적이였다. 춘향에게 있어서는 지조에 대한 그의 리상이 한 목숨을 바쳐 오히려 뉘우침이 없을 수도 있었으나 사위가 거지가 되여 온 것을 보자 앉은 자리에서 칠성단을 차고 일어서며 그에게 또한 가진 구박을 다할 수 있는 것이 월매의 인간이였다. 딸에 비하여 그의 이러한 성격상의 대조는 반드시 년령이나 성벽에는 오는 결과로서만 볼 수 없다.

그러나 모성으로서의 월매는 오히려 그와 반대되는 감정에 서 있었다. 더우기 딸의 생애 그나마 특별한 그의 자질이 자기의 《운명》으로 말미암아 부당한 해를 받을 때 어머니로서의 그의 자격지심은 컸으며 그만큼 딸의 처지에 대하여 언제나 속죄적인 감정에 지배되고 있었다.

《누가 내 딸이라 하겠소》하는 월매가 항상 즐기여 하는 말은 그에게 있어서는 딸에게 대한 단순한 자랑이라기보다도 많은 경우에 있어서 자기의 신분에 대한 자책을 의미하는 것이였다. 이곳에서 현실적이며 타산이 높은 그로서 엄연한 계급적 장벽을 넘은 딸의 결혼에 그나마 요행을 바라던 그의 가냘픈 비애를 찾을 수 있다.

역시 모성이란 그만큼 숭고한 것이였다. 그러나 그는 어데까지든지 권세와 제도에 대한 비굴한 신앙자이였다. 딸이 《판경지 탄》 즉 리별의 비운에 이르자 《그러게 내가 뭐라드냐 언제는 지벌[11]을 먹고 살았느냐 제격에 맞는 놈이나 리별없이 사는게 제일이지》하는 그의 기민한 단념이나 옥중의 딸에게 귀순을 권할 수 있는 안이한 길은 권문 세도에 대한 불가 항력을 잘 아는 그로서는 또한 어찌할 수 없는 일이였다. 이곳에서 우리는 봉건 녀성의 세계관의 한 타잎을 볼 수 있다.

오늘 이 인물이 우리 무대에서 40내외의 중로인이며 그나마 인품이 없는 잡기의 퇴물로서 등장될 때가 많으나 이 역시 잘못이다.

춘향이가 월매에게 40 만득의 무남 독녀인 것은 어느 판본에서나 일치된 바이다. 그러면 그는 적어도 육순 내외의 나이여야 한다, 만일 그렇지 않으면 춘향의 어머니를 가엾이 생각하는 정이나 옥중의 유언에서 어머니에 대한 춘향의 절절한 배려에 실감이 오지 않으며《이 늙은 에미가 이 늙은 에미가—》하는 월매의 딸에게 대한 일관된 편애와 집착은 도저이 생활력이 왕성한 40대 중년 녀인의 감정으로서는 리해되지 않는다. 그뿐아니라 관기란 기생 중에서도 고유한 계층이다. 월매는 관기의 퇴물이며 그나마 최고층의 량반의 애첩이였다. 품격이나 외양부터 시정의 잡기와는 원체 구별이 되여야 하는 것이다.

방자는 이곳에서 풍자적이며 해학적인 비판자로 등장한다. 그는 관노의 싹으로서 량반 생활의 부엌이라면 하나에서 열까지 꿰여 들고 있으며 한편 시정과의 접촉에서 잔뼈가 굵어난 존재다. 이미 량반의 위신이 땅에 떨어지기 시작한 다음이다. 춘향에게《절름발이》량반이라는 독설이나 자기 상전에 대한 일관한 야유는 다만 관노로서의 익숙한 넋가락만이 아니다. 그곳에서 우리는 량반의 저락한 위신과 그들의 몽매성에 대한 시정 계급의 신랄한 풍자와 조소를 볼 수 있다. 그런 점에서 이 당나귀 마부는 유일한 시정인 의식의 대표자로서 역시 한개의 시대성을 대표하는 인물이다. 같은 량반에 대한 욕설이나, 농부들의 그것이 증상스럽고[12] 소박하고 저돌적인데 비하여 방자의 그것이 어데까지든지 세련되고 해학적인 유모어를 가지게 되는 것은 역시 그들 사이에 놓여진 계급적 차이에서 유래된 것으로 보아야 할 것이다.

《전주토판》에서는 나중 춘향의 편지 심부름을 하는것은 총각이라고 하여 방자로 되지 않고 있으나 이것은 역시 극적 일관성이나 방자에 대한 독자의 애착으로 보나 역시 방자인 편이 타당할 것이다.

향단은 춘향의 배종인물로 등장하며 리도령의 방자와 같이 봉건 소설의 주인공들에게 많이 볼 수 있는 부수 인물의 통례가 되는 것이다. 그러나 방자가 이곳에서 단순한 배종인물이 아닌 것과 같이 향단이도 역시 일정한 사상적 문학적 위치를 차지하고 있는 유력한 인물임은 말할 것도 없다.

11 낡은 사회에서 : 《지체와 문벌》을 아울러 이르는 말.

12 증상맞은 느낌이 있거나 대단히 증상맞다. ㊟ 증상 : (태도나 모양이) 언짢을만큼 징그러운데가 있다.

그는 마음이 곱고 순직한 녀성으로 봉건적 노비의 충실한 한면의 대표자이나 우리가 이곳에서 주의할 것은 춘향과 그의 사이를 일반적인 상전이나 노비의 관계에서 볼 수 없다는 사실이다. 이것은 물론 춘향의 특수한 신분 조건에 유래하는 것이나 그로하여 이 아씨와 몸종의 사이에는 지배나 굴종보다 그들 사이에 통하는 사회적 공통성에 의한 동정과 공감이 앞서게 된 것이다. 그리하여 그의 춘향에 대한 충직한 감정도 이러한 공감에 유래한 것이며 또한 그것은 리도령에 대한 춘향의 사랑에 대하여 진실한 동정자가 될 수 있게 하였다. 뿐만 아니라 춘향이도 항상 향단에게서 많은 것을 배우고 그의 동정과 공감에서 적지 아니한 위안을 얻고 있으며 자칫하면 고답으로 리상에만 치우치기 쉬운 춘향의 지향은 향단의 소박하고 실질적인 생각에 의하여 반성의 동기가 지여지고 있는 것이다.

이러한 관계는 춘향이가 옥중에서 리도령의 후사를 향단에게 부탁하면서 《네 마음 내가 알고 내마음 네가 알지 않느냐》하는 춘향의 향단에 대한 호소에서 여실히 나타나고 있다. 이곳에서 우리는 이 두 사람의 사이가 상전과 노비라기보다도 처녀시대에 서로 마음을 주고 받을 수 있는 절친한 동무의 사이로서 보아지며 향단을 노비의 일반성에서만 취급할 수 없는 고리가 있다.

향단이도 물론 천가의 출신인만큼 당대의 신분 관계에 대하여 자기 류의 불평을 가진 것은 말할 것도 없다. 춘향과 리도령의 사랑에 대한 그의 동정은 다른 한편 이러한 계급적 관계에 대한 그의 감정과 무연할 수 없었으며 방자가 춘향을 야유할 때 향단은《너의 도령님만 량반이지 우리 아씨는 량반이 아니더냐》하고 분개하는데 향단이다운 감정의 반발로 볼 수 있는 것이다.

오늘까지 《춘향전》의 각색자 개편자들에 의하여 쉬운 생각으로 방자와 향단에게 이상한 관계를 설정하는 례가 많으며 오늘까지 이러한 비속한 시도를 버리지 않는 례가 있다. 그러나 이것은 주로 작가들의 안이한 메로뜨라마적 취미에서 유래한 것이며 오늘까지 이 고전의 높은 경지를 저속화한 가장 큰 고리의 하나가 되고 있다.

물론 방자와 향단이가 사랑을 못하란 법은 없다. 그러나 만일 이 작품에서 그것이 용인된다면 《춘향전》은 주제나 구성부터가 달라져야 한다. 그곳에서는 당연히 춘향과 리도령의 사랑에 대하여 상놈끼리의 사랑으로서의 방자와 향단의 사랑으로서 주제에 새로운 면이 요구되는것이 문학의 상식이여야 한다.

가능한 것이면 아무것이나 걸어서 기여의 문제에 머리를 돌리지 못하는 것은 메로뜨라마의 본령이다.

물론 방자와 향단이가 방년의 남녀이니 방자의 눈짓이나 허튼 가락 정도의 윤색이라면 문제는 다른 것이다.

그 밖에 이 작품에는《왈자》《비두》《할량》《농부》등 수많은 방계 인물들에 의하여《전주》《반항》《충돌》《경별》등 갖은 방법으로 량반들에 대한 그들의 증오심을 로골적으로 표현하고 있다. 이곳에서 우리는 또한 량반들의 가렴 주구에 대한 인민의 원망을 드를 수 있다.

《손길만 희면 다 량반인가요. 이놈은 뜯어보니 움속에서 송곳질만 하던 갖바치 아들이 분명하오》하는 어사에 대한 농부들의 욕설과 춘향을 동정한 나머지《신사년 통에나 떨어졌으면 모르거니와 살아있고 그러면……》하고 리도령의 무심에 대한 그들의 저주는 그 대표적인 것이 될 수 있다.《신사년》이란 순조 21년 서울을 음습한 호렬자 소동을 말하는 것이며 갖바치란 백정 다음 가는 천민이다. 가히 그들의 저주와 원망이 얼마만큼 철저하였던가를 알수 있다. 그뿐아니라《할량》《왈자》들은 남원 본부를 습격하기로 하고 혹은 전라 53군 머슴들이 그를 위하여 사발통문을 돌렸다고 한다.

그리고 다음으로, 허봉사 목랑창 등 인물이 있으나 이역 다 제대로 당시의 량반 계급과 관권 사회의 비판자로 되고 있다. 허봉사는 점을 친다는 것이 현대적 기호에 맞지 않다는 것과 문학적 구성에 있어서 그리 중요치 않다는 리류로 왕왕히 무시되고 있으나 춘향이가 점을 친 복채를 내지 못할 때 그것을 사절하고 요지음 유래 모르게 쓰고 나서는 감투들이 많드라 이 다음 네가 수의 사또 마마나 되거든 어데 나 한데도 그런 감투나 하나 씌워주려므나 하는 신랄한 야유로서 당시의 관권계급의 매관과 그 부패상을 자기류로 폭로하고 있으며 목낭창은 받은 길로 벼슬을 하지 못한 소위 실의의 선비이며 그로하여 고관들의 소일 상대로 되는 사랑방 고문객으로서 그는 그런 의미에서 역시 당시 사회에 불평을 가진자임은 말할 것도 없다. 이러한 인물이 원래 성격이 단순할 수 없는 것은 말 할 것도 없다. 요즘 이 인물이 무대에서 왕왕히 간사한 인물로서만 형상되고 있으나《헤헤》하고 웃는 류의 아유가 그의 성격의 한 면임에는 틀림 없으나 그게 그의 성격의 전부가 아님은 말할 것도 없다.

춘향전은 이상과 같이 사건과 인물의 취급에 대한 종시일관한 사실주의적 수법에도 불구하고 부분적으로 근대 문학의 상식으로 보아 다소 부자연함이 없지 않다. 그러나 물론 그것은 주제 여부에 관련되는 중대한 문제는 아니다.

례컨대 전주 토판에, 처음 춘향이가 월매의 간청에 의하여 성참판과 빌어서 낳았으며, 성참판의《마마》로서 그와 월매와는 오랜 생애를 같이 한 것으로 되였으나 나중 월매의 진술에 의하면 성참판을 모신 것은 석달 바께 되지 않은 것으로 되였으며, 광한루의 장면이 날은 5월 5일로 되였으나 앞 뒤 서술상의 필요에 의하면 반드시 시간적으로 일돤되지 않은 점이나 춘향과 리도령과의 리별의 불기피성에 대한 사건으로서의 취급이 부족하다던가 전부사 리준상이 떠난 다음 변학도가 오기까지와 춘향의 재옥 기간등 시간 관계가 불확실한거나 주요한 디텔로서 어사도가《천기 루설》을 두려워 하여 방자에게(전주 토판에는 방자가 아니다. 따라서 이 문제는 없다) 편지를 주어 운봉영장에게 구금케 하였다는 인상을 주는 것은 어사 자체가 암행이며 운봉영장이 또한 그의 염찰의 대상인즉 도저히 그 련관 관계가 승인되지 않는 것들이다.

그중 주제의 해석상 중요한 련관 관계를 가지는 문제로서 주의를 요하는 것은 리도령에 대한 춘향의 혼인 관계다. 춘향이가 과연 리몽룡의 정실로 된 것인가 그렇지 않으면 그가 몇사람의《마마》중의 한 사람으로 보아진 것인가, 춘향은 이에 대하여 어떠한 태도를 취하였던가 이에 대한 관계가 무엇보다도 확실치 않다. 어사도가 되여서 내려올 때까지의 리도령의 행동에 대한 사건 서술이나 대단원 결과로 보아 확실히 춘향은 정실 관계로 취급되여 있으며 주제가 요구하는 력점으로 보아 그것은 물론 최선의 전제가 되어야 할 것이다. 그러나 때와 장소에 따라서는 반드시 그렇지도 않다.

그중에서 뚜렷한 것은 전주 토판 중 리별에 앞서 춘향의 리도령에 대한 간청에서도 볼 수 있다.

《-도련님 날만 믿고 장개 아니 갈 수 있소 부귀영종 재상가의 요조숙녀 가리여서 혼정 신성 할지지라도 아주잊든 마옵소서 도련님 과거하여 벼슬 높아 외방가면 실내 마마 치행 할제 마마로 내 세우면 무삼 말이 되오릿가 그리아러 조처하오》

이것은 그들의 관계를 당대의 신분 관계에 있어서 최선의 가능한 해결 방법이 될는지 모른다.

물론 이러한 부분은 작가의 의도나 주제의 방향과 상부되지 않는 것은 말 할 것도 없다. 그러나 일부다처가 량반 생활의 상식이며 춘향과 리도령의 혼인 관계란 원래 성립되지 않는 조건하에서 처 첩 여부의 문제가 큰 관심사가 되지 못하였을지 모른다.

물론 전주 토판에서도 이것이 그 대화에만 국한되는 한 부분적 사실임은 말 할 것도 없다.

그러나 이것은《춘향전》에만 한한 것은 아니다. 근대 사실주의에 의하여 작품상의 제문제가 앞 뒤의 련관이나 시간 관계가 과학적인 엄밀성에서 따져지기까지 문학이 가지였던 공통적인 약점에불과하다.

그런 점으로 보아 춘향전이 가지는 사실주의적 정신이나 수법에서도 당 시대의 어떠한 작품들에도 뒤지지 않는 것이다.

춘향전과 그 문학 형식

춘향전의 민족 고전으로서의 가치는 그 주제의 시대성이나 사상이 가지는 진보성에만 그치는 것은 아니다. 그것은 리조 서민 소설의 대표작으로서 또는 근대 문학의 전기적인 대 서사 작품으로서 민족적 전통을 계승한 탁월한 형식에 또한 그 의의가 큰것이 있다.

《춘향전》은 한개의 서사적인 소설이였다. 그러나 오늘 전해지고 있는 고본들은 주로 구상에 있어서 극적 요소가 풍부하며 형식에 있어서도 대부분 운문의 격조를 취하고 있다. 아직 영, 정 시기만 하여도 여전히 《가요》와 《전기》의 문장 형식으로 확실한 구별을 짓지 못하던 시대다. 이것은 산문의 지지자로서의 신흥계급의 태동이 약했던 것과 이 고본들이 주로 창극본 판소리책으로 요청이 되였던 까닭이다.

그러나 그곳에서나마 《춘향전》은 산문 정신에 의하여 일관되여 있다. 벌써 창극 자체가 중인 취미에 영합한 예술 형식인 이상 이것은 피치 못할 일이며 《춘향전》이 가지는 외설한 색정부나 경쾌한 해학은 근대 산문이 가지였던 발생 당시의 일반적 특징과 통하는 것이다.

그런 점에서 《춘향전》은 문학사적인 의미에서는 한개의 과도적인 의의를 가지는 것이다. 문학 형식으로서의 《춘향전》의 가치는 무엇보다도 그가 가지는 민족적인 전통과 그 성격에서 유래한 것이나 그에 앞서 우리는 이 작품이 종래의 봉건적 문학 형식이나 민요, 속요, 전설 등을 계승하여 이를 발전적으로 집성한 문학사적 의의에 언급해야 할 것이다. 리조 말기의 서민 소설은 대략 이러한 력사적 임무를 맡게 되였으며 그로 하여 제각기 형식상 도움을 얻었으나 그 결과는 역시 《춘향전》을 앞서는 자는 없었다.

《춘향전》에서 언급되는 소설이나 가사등은 방대한 것이있으며 그중 지문과 회화나 기타의 방식으로 이곳에 등장하는 가사만 하여도 다음 같은 많은 수효에 달한다.(시조 낙시조 장타령 후정화 선소리, 상두소리, 노래가락, 사랑가, 정짜노래, 궁짜노래, 천자타령, 말몰이노래, 영풍대, 농부가, 권주가, 죽지사, 매화곡, 춘면곡 처사가, 상사별곡, 환계타령)

그밖에 《청구영언》 《해동가사》와 함께 속담 민요 등에 이르기까지 완연히 재래의 봉건적 문학 형식을 집대성한 대저수지와 같은 감을 주는 것이다.

그와 동시에 작중에서 장기, 바둑, 골패 등 잡기에는 으레히 타령으로 이를 새겨가며 춘향이가 형장에서 매를 맞을때 읊으는 수풀이는 그중 인상적이나 이역시 봉건적인 타령의 한형식임은 말할것도 없다.

다음으로 이 작품이 가지는 많은 조선 말의 어휘와 류창한 사용이다. 이것은 이 작품이 갖는 형식상의 문제에 있어서 가장 큰 의의를 가지는 것은 물론이다. 《원님은 로망이오 좌수는 술망이오 아전은 고망이오 백성은 원망이오》하는 망자풀이 《놀음이 고름이오 풍악은 별악》 《정절, 수절, 성절, 덕절하니, 그런 잔 절을 말고 큼직한 해주 신당절이나 하려무나》하는 등 기교적인 경구나 《소경이 그르냐 개천이 그르냐》 《감투는 커도 귀가 짐작》 《청 편지 가져가니 매한개 더 때리드라》는 등등 수 없는 속담 기언을 작자와 작중 인물들이 자유 자재로 구사하고 있으며 이것은 경쾌한 그 어조와 함께 우리들에게 조선 말이 가지는 감정 세계와 함께 그 표현력의 다채로운 곳에 새삼스러운 것을 느끼게 하는 것이다.

이것은 이 작품이 가지는 민족적 정서의 높은 수준을 위한 가장 큰 고리가 되고 있는 것이며 오늘 우리 작가들이 자기의 창작에 있어서 풍부한 민족적 형식을 갖게 하는데 많은 것을 배워야 할 것이다.

그러나 우리가 이곳에서 간과할 수 없는 것은 문학 형식으로서의 춘향가는 조선 고가요들이 전통적 형식을 정당히 계승하고 있는 것과 동시에 벌써 그것은 새로운 서민의 문학으로서 종래의《3 · 4》내지《4 · 4》운운하는 조선 고전 가요의 형식을 전승하여 새로운 시대를 긋고 있는바, 이것은 조선 가요의 력사에서 중대한 의의를 가지는 것이다.

《춘향전》은 소설로서 그중 전주 토판은 가극의 음악적 요청에 의하여 형식에 있어서 서사시로서의 인상이 강한 것과 함께 다른 한편 그 구성의 희곡적 수법도 간과할 수 없다. 이것은 물론 장면 설정의 무대적 조건에서 재래된 것은 말할 것도 없다.

대략 그 형식은《산래도감》《배뱅이 굿》《꼭두각시》등과 규를 같이 하나《춘향전》의 구상의 극적 완미성은 거의 험잡을 곳이 없다고 해도 과언이아닐 것이다. 이에 대하여서는 근대극의 세례를 받은 당 시대의 어떠한 서구라파의 작품에 비하여도 손색을 느끼지 않는다.《광한루》에서부터 시작하여《부용당》《리별》《신관의 부임》《어사의 부임 도중 – 농부가의 장면》《옥중과 춘향의 집》《변학도의 생연》과《대단원》에 이르기까지 이들 장면으로서 이루어진 극적 일관성은 오늘 이 작품을 무대에 올리는데 있어서 구성상 큰 개편의 필요를 느끼지 않는 것만 하여도 능히 추찰할수있는일이다.

이리하여 그 사상에 있어서 민주주의적인 성격과 민족적인 전통을 말하는 독특한 형식에 의하여 마침내 우리 문학에 기념비적인 고전으로 되였으며 그와 함께 근대 문학의 전야에 있어서 리조 봉건 사회의 락후한 경제 제도를 토대로 한 잡다한 형식의 문학을 집성한 거대한 문학사적 의의를 거두게 된 것이다.

그 비판적 계승을 위하여

우리는 먼저《춘향전》의 바른 비판적인 계승을 위하여 오늘까지 이 작품에 내려졌던 여러가지 그릇된 해석에 대한 정당한 해석을 가져야 할 것이다. 그것은 주로 신소설 시기 전후로부터 나타난 수 많은 이본들의 편성과 그후 이 작품의 각색 윤색 개편 등에 드러난 일체의 속학적 경향을 의미한다. 앞에서 말한바와 같이 영, 정 전후의 시기까지를 이 작품의 설화로서의 형성기, 다음 순조, 헌종, 철종 삼대 사이를 문학적 완성기로 본다면 실로 경술 이후 8 · 15에 이르기까지는 이 작품에 대한 시련기이며 계약의 시기로 볼 수 있다.

그것은 이 작품의 주인공이 포악한 량반에게 받은 가렬한 형벌 이상으로 쓰라린 경향의 한 시기를 의미한다. 그중 이러한 시도는 대략 다음 두개의 방향으로 나눌 수 있다.

첫째는 춘향을 렬녀의 모범으로서 그의 헌신을 봉건 도덕의 복무로 하는 소위《륜리 소설》로서의 시도다. 이곳에서 작품의 주제는 정범조의 춘향에 대한 시가《부거생유니 불수유니탁》련꽃은 진흙에서 나지만 진흙의 탁한 것을 받지 않는다는 수신정신에서 출발하여 이러한 《선》은 어떠한 시련에도 불구하고 반드시 하늘의 갚음을 받게 된다는 보덕사상에 의하여 종말이 된다. 그리하여 춘향의 정절은 다만 그것이 유교 사상의 로고한 헌신자로서만 찬양되고 있는 것이다. 다음으로는《춘향전》을 한개의 염정 소설로 춘향을《전등야화》의 녀주인공이나《서상기》의 앵앵이와 같이 색정적인 면을 고조하는 다른 한개의 의곡이다. 그곳에서는 이 작품이 가지는 풍부한 서정과 고상한 감정 세계는 물론 일체의 정서를 염정 생활에다 부속시키려고 하는데 있다.

그중 전자는 한문판 소설과 주방으로 전하는 필사본, 그리고 한일 합병 전후의 이본으로서 특히《륜리소설》이란 방제를 붙인 자에게서 볼 수 있는 것이니 이것은 무엇보다도 이 작품의 주제를 봉건적 훈화와 리해에 부속시키려는데 있었으며 후자는 주로 시정의 색판본 류행 극단의 노래, 가극, 연극 등의 각본 등에서 볼 수 있는 특성인바 그것은 곧 타락한 시민 취미에 파고 들어 이 설화의 녀주인공을 출판 내지 흥행의 리윤 수단으로 팔아먹은데에서 유래한 것이다. 우리는 언제나 한개의 고전 작품을 두고 그오랜 력사에 있어서 그곳에 주어진 여러가지 다른 해석을 볼 수 있으며 그것이 언제나 한 계급과 한 시대의 리해 관계에서 연유한 것을 알고 있다. 물론 오늘까지《춘향전》에 대한 두개의 편견이 이에서 유래한 것은 말할 것도 없다.

그러나 오늘까지도《춘향전》을 렬려전으로 춘향가를 사랑가로만 인정하는 것은 의연히 많은 사람의 머리를 지배하고 있는 기성 관념으로 되여 있으며 이것은 또한 이 고전의 사상적 문학적 정신에 대한 정당한 인식을 방해하고 있다.

그러나 이것은 결코 이 고전이 오늘 우리 인민들의 가운데서 사랑을 받고 우리 문학의 높은 지위를 차지하고 있는 연유가 아닌 것은 말할 것도 없다.

《춘향전》이 가지는 기본 정신은 어데까지든지 그 인민성과 시대성에 있는바 그것은 우수한 고전의 많은 례와 같이 이 작품에 대한 어떠한 관념보다도 그것이 오늘까지 인민의 생활을 통하여 전승되고 일관된데서 볼 수 있다.

그것은 항상 그것이 인민적인 사상을 가지였기에 우리들을 바른데로 불러 일으켰으며 그만큼 그에 대한 인민들의 리해와 공감에는 또한 변함이 없었다.《춘향전》을 볼 때마다 그들은 어떠한 삼엄한 경계 속에서나 강렬한 제한 속에서도 춘향의 불타는 항거에 대하여 같이 주먹을 쥐고 같이 잇발을 깨물었으며 압제자가 넘어지는 최후의 장면에서 누구나 쾌재를 외쳤던

것이다. 그것은 바로 그들의 가진 사상 그것이기 때문이다. 그리하여《춘향전》은 일제의 팟쇼의 혹독한 가운데 있어서도 항상 조선 인민에게 민족적인 높은 자부심을 고무하면서 오늘까지 전해온 것이다. 물론 이것은 어떠한 속학적인 의곡이나 의식적인 곡해도 이를 말살할 수 없었던 것이다.

이리하여《춘향전》은 오늘에 이르러 영광스러운 새로운 시대를 맞이하였다. 한개의 고전에 있어서 우리들의 관심사는 그 작품이 가지는 민주주의적 요소에 있음은 일찌기 레닌 선생이 지적하신바이나 오늘 우리들의 미학적 사상적 요청에 대한《춘향전》의 고전적 의의는 물론 그 인민적 성격에 있음은 말할 것도 없으며 오늘 우리가 이 작품에 대한 비판적 계승은 이 작품이 가지는 민주주의적 정신의 정당한 발전에 있는 것이다.

《유산을 수호한다는 것은 결코 유산에 제약된다는 것을 의미하는 것은 아니다》(레닌)

이곳에 오늘 우리는 이 작품이 가지는 기본 정신에 대한 우리 시대의 기호와 미학적 요청에 의한 비판적 인식이 앞서는 연유가 있다.

문학예술의 유산과 전통[1]

후보원사, 교수, 박사 한중모

선행세대에 의하여 지난날에 이루어진 민족문화유산을 올바로 평가하고 계승발전시킬데 대한 사상은 위대한 령도자 **김정일**동지의 주체적문예사상에서 중요한 자리를 차지한다.

민족문화의 유산과 전통은 새로운 문학예술을 창조발전시키기 위한 귀중한 밑천이다.

새 시대의 요구에 맞는 훌륭한 문학예술은 지난 시기에 이룩된 문학예술 유산과 전통을 옳바로 계승발전시키는 토대우에서만 건설될수 있다.

위대한 령도자 **김정일**동지께서는 문학예술에 대한 주체적인 관점과 립장으로부터 출발하여 민족문학예술유산과 혁명적문학예술전통에 관한 독창적인 사상을 밝히심으로써 새로운 시대적요구와 인민대중의 자주적지향에 맞는 참다운 혁명적이며 인민적인 문학예술, 주체적인 사회주의문학예술의 건설과 창조에서 나서는 중요한 원칙적문제에 독창적이고 심오한 해명을 주시였다.

1. 민족문화유산의 계승발전과 주체적 문학예술의 건설

1) 민족문화유산을 옳바로 계승발전시키는것은 주체적인 사회주의문학예술 건설의 합법칙적요구

• 민족문화유산은 새로운 문학예술 발전의 디딤돌

위대한 령도자 **김정일**동지께서는 민족문화유산의 개념을 과학적으로 규정하시고 민족문

1 이 글의 원 제목은 『위대한 령도자 김정일 동지의 사상리론』으로 1996년 북한 사회과학출판사에서 출판되었다. 그 중 『문예학』1권에서 《문학예술의 유산과 전통》을 뽑았다. 김정일의 문학적 견해를 북한 학자들이 해설하는 형식으로 쓴 글이다.

화유산을 옳바로 계승발전시키는것이 주체적문학예술건설의 합법칙적요구이라는것을 밝히심으로써 유산과 전통을 옳게 계승발전시키는데서 선차적의의[2]를 가지는 문제에 심오한 해명을 주시였다.

위대한 **김정일**동지께서는 무엇보다도 문학예술발전의 력사적 과정의 일반적합법칙성에 대한 심오한 분석에 기초하여 새로운 시대의 요구에 맞는 문학예술은 민족문화유산을 디딤돌로 삼고 거기에서 진보적이며 인민적인것을 이어받아서 형성발전한다는데 대하여 과학적으로 밝히시였다.

문학예술의 발전은 끊임없이 변천하는 시대의 요구와 날을 따라 장성하는 인민들의 사상문화적요구를 반영하여 이루어진다. 그런데 시대의 변천과 인민의 요구에 따르는 새로운 문학예술의 발전은 결코 빈터우에서 이루어지는 것이 아니다.

새로운 문학예술은 언제나 선행시기에 이룩된 문학예술의 유산에 토대하여 발생발전한다.

위대한 령도자 **김정일**동지께서는 다음과 같이 지적하시였다.

《어느시대의 문학예술이든지 빈터에서 발생발전할수 없다. 선행세대가 이룩하여놓은 민족문화유산을 디딤돌로 삼고 그의 진보적이고 인민적인내용과 형식을 옳게 이어받을 때에만 문학예술을 자기민족의 지향과 요구에 맞게 발전시킬수 있다.》(《주체문학론, 57폐지》)

문학예술의 발전은 변천하는 시대의 요구를 반영하여 이루어지며 새로운 사회력사적현실은 문학예술의 새로운 성격을 규정하는 것만큼 문학예술발전의 매개 단계는 독자적이며 비반복적이다. 선행시기의 문학예술과 다른것이 없고 독자적이며 비반복성을 가지지 않는 문학예술은 전진하는 시대와 장성하는 인민의 지향과 요구를 반영한 새로운 문학예술이라고 할수 없다.

그런데 자기의 독자성과 비반복성을 가진 새로운 문학예술은 하늘에서 떨어지는것도 아니며 빈터우에서 솟아오르는것도 아니다. 새로운 문학예술의 독자성과 비반복성은 선행한 문학예술의 유산 가운데서 우수한것을 섭취하고 계승하며 진보적이며 인민적인 전통을 혁신적으로 발전시킨 결과에 이루어진다. 이것은 새로운 문학예술이 선행한 문학예술의 유산과 전통을 새로운 시대적요구와 변천된 사회력사적현실에 맞게 계승발전시킴으로써만 발생발전하게 된다는것을 의미한다.

문학예술발전의 이러한 일반적합법칙성으로부터 민족문화의 유산과 전통을 어떤 관점과

2 ㉾ "선차적"이란, 1차적 또는 우선적이란 뜻이다.

립장에서 대하고 그것을 어떻게 계승발전시키는가 하는것은 주체적인 사회주의문학예술의 건설과 창조에서 중요한 의의를 가지는 원칙적문제로 된다.

선행한 문학예술의 유산과 전통의 계승과 발전을 거부하고 새로운 문학예술을 만들어내겠다고 하는것은 황무지에서 수확을 거두겠다는것과 같이 황당무계한것이다. 과거의 문학예술유산 특히 고전문학예술의 사실주의적전통을 거부하고 말살하려는것은 부르죠아모더니즘문예조류[3]의 공통적인 경향으로 되고있다. 부르죠아모더니즘 문학예술인들은 지난 시기의 문학예술이 이룩한 성과와 경험을 배격하는 이른바 새로운것을 들고나옴으로써 문학예술을 파멸과 몰락의 구렁텅이에로 몰아넣었다.

과거의 유산이 가지는 의의를 부정하는 그릇된 견해는 모더니즘을 표방하는 부르죠아문학예술인들뿐아니라 《프로레타리아문화》를 건설한다고 자처하는 사람들속에서도 나타났다.[4] 그러한 실례로 지난날의 문화유산이 프로레타리아트에게 《무익》하며 지어 《유해》하다고 하면서 선행한 문화와 동떨어진 그 어떤 특수한 《프로레타리아문화》를 인공적인 방법으로 창조해야 한다고 한 로씨야의 《쁘롤레뜨꿀뜨》[5]의 극단적인 주장을 들수 있다. 이것은 사회주의문화건설이 합법칙성에 완전히 배치되는것으로서 리론적으로 부당하며 실천적으로 유해한 망발이였다.

반만년의 유구한 세월 한강토에서 단일민족으로 살면서 민족문화를 찬란히 꽃피워온 우리 인민의 문학예술의 력사는 선행세대에 의하여 이룩된 유산과 전통을 계승하여 부단히 발전시켜온 과정이였다.

조선인민은 오랜 옛날부터 노래와 춤을 좋아하였고 훌륭한 문학과 미술을 창조하였으며 문학예술의 모든 부문에 걸쳐 자랑찬 발전을 이룩하였다. 우리 인민이 뛰여난 예술적재능과 창조적지혜를 가지고 장구한 력사적기간에 걸쳐 민족문화예술을 찬란히 꽃피워왔다는것은 일찌기 우리 나라에서 원시시기에 공예품과 석조작품들이 만들어지고 설화와 회화작품들이 창조되였으며 그에 토대하여 고대문학예술이 전반적으로 높은 수준에 이르렀다는것을 실증

---

3 ㉮ 북한은 서구 문예사조 한 갈래인 모더니즘적 유파를 이와 같이 '부르죠아모더니즘문예조류'라고 일반화하는 경향을 지닌다. 북한을 포함한 사회주의 문학예술은 서방세계의 문예사조인 다다이즘, 초현실주의와 같은 실험적이고 전위적인 범모더니즘적 예술유파를 퇴폐적인 것이라 하여 극단적으로 부정하고 있다.

4 프로레타리아(prolétariat) : 불, 자본을 투자하여 생산 수단을 소유하지 못한 계급, 즉 무산자계급 또는 노동계급을 지칭한다.

5 ㉮ 20세기 초 러시아 사회주의 혁명 직후 등장한 프로레타리아 문학의 한 유파로서 보그다노프가 창시하였다. 이 유파는 당의 지도노선을 거부하고 독자적인 문학 활동을 하면서 강력한 영향력을 행사하고 있었지만 후일 철퇴를 맞았다.

해주는 유적유물과 내외의 문헌자료들에 의하여 확증되고있다.

우리 나라에서는 이러한 유산과 전통에 토대하여 봉건시기에 중세문학예술이 류례없는 발전을 이룩하였다. 고구려고분의 생동한 벽화와 석굴암의 조각상, 진귀한 고려자기와 리조자기, 우아하고 유순한 민족음악과 민족무용, 최치원, 리규보, 김시습, 정철, 김만중, 박지원, 정약용을 비롯한 우수한 작가들의 시와 소성 등 이 모든것들은 우리의 고적문학예술이 그 내용에 있어서나 형식에 있어서 우수한 민족적인 유산과 전통을 면면히 계승하면서 발전하여왔다는것을 뚜렷이 보여주고있다. 우리 나라에서 19세기말 20세기초 이후에 발생발전한 근대문학예술은 고전문학예술의 민족적 유산과 전통을 변천된 사회력사적조건에 맞게 계승함으로써 이루어졌다.

총체적으로 보아 우리의 민족문화예술은 자기발전의 각이한 단계에서 독자성과 비반복성을 가지면서도 예로부터 근로정신과 강의한 의지, 뛰어난 재능과 아름다운 정서를 가지고있으며 정의와 진리를 사랑하고 도덕을 존중하는 근면하고 용감하고 슬기로운 조선인민의 성격적특성과 민족감정을 구현하여 내용이 의의있고 건전하며 형식이 우아하고 세련되여있는것으로 특징적이다.

위대한 수령 **김일성**동지께서 조직령도하신 항일혁명투쟁시기에 찬란히 개화발전한 주체적인 혁명문학예술은 5천여년의 장구한 력사적기간에 우리 선조들이 이룩해놓은 민족문학예술유산을 전면적으로 검토총화하고 모든 우수한것을 자주시대의 요구에 맞게 비판적으로 계승하고 혁신함으로써 민족문학예술발전의 새로운 높은 경지를 개척하였으며 영광스러운 혁명적문학예술전통으로 되었다.

선행한 문학예술의 성과와 경험을 섭취리용하는 문제를 민족문화유산의 계승발전문제로 제기한것은 인류문학예술발전력사를 놓고 볼 때 가장 정당한것이며 종전의 문예리론과 구별되는 완전히 독창적인것이다.

사람들은 모두 일정한 민족을 이루고 생활하며 활동한다. 민족은 사회력사적으로 형성되고 발전하여온 사람들의 공고한 집단이고 운명공동체이며 따라서 자주성을 실현하기 위한 사람들의 창조적활동과정에서 생겨난 사회적의식의 한 형태인 문학예술도 민족문학예술의 형태로 발전하여왔다.

그러므로 문학예술유산계승문제를 민족문학예술발전의 견지에서 고찰하고 해명하는것은 가장 정당하며 합리적인것이다.

그러나 선행한 로동계급의 문예리론에서는 이 문제가 주로 인류문학예술의 재부일반을 계승하는 문제로 인정되여왔다. 이것은 레닌이 1920년 로씨야공산주의청년동맹 제3차대회에서 한 연설《청년동맹의 과업을 비롯한 일련의 문헌들에서 쏘베르정권[6]이 수립된 초기에 사회주의문화건설에서 과거 문화유산이 가지는 의의를 부정하고 반대한 허무주의적견해를 비판하면서 프로레타리아문화는 인류가 자본주의사회, 지주의 사회, 관리의 사회의 압박밑에서 이룩한 지식축적의 합법칙적발전이라는것을 강조한것을 보아도 잘 알수 있다. 일찍부터 레닌은《민족문화》의 구호밑에서 로동계급을 와해시키고 자본주의적경향을 가리우기 위한 목적을 추구한 부르죠아적 책동의 기만성과 반동성을 폭로비판하면서 사회주의적문화의 계급적성격을 강조하고《전세계로동운동의 국제적문화》의 건설을 지향한데로부터 문화유산계승문제를 민족문화건설의 견지에서 고찰하지 못하였다.

위대한 령도자 **김정일**동지께서는 사회주의문학예술건설에서 민족문화유산의 계승발전이 합법칙적요구로 제기된다는것을 심오하게 천명하심으로써 사회주의문학예술을 민족적바탕우에서 발전시킬데 대한 위대한 수령님의 사상을 발전풍부화시키고 주체적인 사회주의문학예술건설에서 나서는 중요한 원칙적문제에 정확한 해답을 주시였다.

• 민족문화유산을 옳게 계승하는것은 자주시대의 새로운 문학예술 건설에서 나서는 절실한 문제

위대한 령도자 김정일동지께서는 민족문화유산을 옳바로 계승발전시키는것은 문학예술발전의 일반적합법칙성으로부터 제기되는필수적요구이지만 우리 시대, 자주시대의 새로운 문학예술건설에서더욱 절실한 문제로 나선다는것을 과학적으로 밝히시였다.

위대한 령도자 김정일동지께서는 다음과 같이 지적하시였다.

《민족문화유산을 옳게 계승하는것은 우리시대에 더욱 절실한 문제로 나선다. 사람들이 공고한 집단, 사회생활의 기본단위는 나라와 민족이며 인민대중의 생존과 발전은 나라와 민족의 운명과 뗄수 없이 련결되여있다.

자주성을 실현하기 위한 투쟁이 민족국가를 단위로 하여 그 어느때보다도 세차게 벌어지고있는 오늘 민족문제는 혁명과 건설의 승패, 인민대중의 운명을 좌우하는 근본문제로 제기되고있다. 민족에 대한 립장은 민족문화유산에 대한 태도에서 집중적으로 표현된다.》(《주체문학론》, 57페지)

자주성을 위한 투쟁이 민족국가를 단위로 하여 그 어느때보다도 세차게 벌어지고있는 것은 우리 시대의 중요한 특징이다. 우리시대는 지난날 착취받고 억압받던 인민대중이 세계의

6 ㉾ 쏘베르정권, 1920년대 레닌에서 스탈린으로 이행된 옛 소련 체제를 형성시킨 소비에트정권을 지칭한다.

주인으로 력사무대에 등장하여 자기 운명을 자주적으로, 창조적으로 개척해나가는 력사의 새시대, 자주시대이다. 우리 시대의 이러한 흐름은 오랜 세월 제국주의의 식민지통치밑에서 신음하던 약소민족들이 독립을 이룩하고 자기 운명의 주인으로 되였으며 조국강토우에 새생활을 창조하고 새사회를 건설하기 위하여 힘차게 투쟁하고있는데서 뚜렷이 나타나고있다.

세계의 많은 나라 인민들이 자주성을 요구하고 자주의 길로 나아가는것이 그 어떤 침으로도 막을수 없는 시대의 기본흐름으로 되고 있으며 매개[7] 나라 인민들이 나라와 민족을 단위로 하여 살면서 각이한 사회력사적조건과 혁명발전단계에서 자주성을 실현하기 위한 투쟁을 힘있게 벌려나가는 오늘의 현실은 문학예술을 자기 나라의 구체적실장과 민족의 생활감정에 맞게 창조하며 자기 나라 혁명의 리익에 맞고 자기 인민의 민족적 정서와 비위에 맞게 발전시킬것을 요구한다.

매개 나라 인민들이 력사적 및 민족적 발전에서 자기의 특수성을 가지고있고 매개 나라 문학예술이 발전하는 조건과 환경이 다른 우리 시대의 형편에서 문학예술을 자기 나라의 구체적실정과 민족의 생활감정과 정서에 맞게 창조발전시켜나가자면 유산계승문제도 마땅히 민족적인것을 위주로 하여 풀어나가야 한다.

민족문화유산을 옳바르게 계승발전시키는것은 새시대 인민대중의 지향과 요구에 맞는 참다운 혁명적이며 인민적인 문학예술, 주체적인 사회주의문학예술을 성과적으로 건설하고 찬란히 개화시키는데서 나서는 중요하고도 절실한 문제이다. 이것은 바로 문학예술에서 민족주체를 확립하는 문제와 관련되여있다.

문학예술은 민족의 생활, 민족의 력사와 련결되여있고 민족문학예술은 자기 인민의 고유한 심리적특성과 민족적감정에 맞는 문학예술형식으로 자기 나라 사람들이 생활과 정신세계를 반영하는것만큼 민족적인 유산과 전통을 옳게 계승발전시켜야 문학예술을 자기 나라의 구체적실정과 자기 인민의 생활감정, 정서에 맞게 만들수 있다는것은 자명한 일이다.

자주시대의 새로운 문학예술을 창조하고 건설하는데서 민족적인 유산과 전통을 계승발전시키는것이 중요하다고 하여 다른 나라 문학예술의 성과와 경험을 무시하거나 배척하라는것은 결코 아니다.

매개 나라 문학예술은 고립적으로가 아니라 호상 교류속에서 발전하여나간다.

력사가 전진하고 시대가 발전할수록 여러 나라 문학예술의 호상 접촉과 교류가 강화되는

7 ①매개(媒介) : 두 사이에 들어 량쪽의 관계를 맺어 줌 ②매개(每個, 每箇).

것은 인류문학예술발전의 일반적현상이다.

사회주의문학예술은 인류문학예술발전의 새로운 높은 단계로 되며 따라서 그것을 더욱 다양하고 풍부하게 발전시키려면 민족문학예술유산을 옳게 계승발전시키는데 기본을 두면서 다른 나라 문학예술의 성과와 경험도 잘 받아들여야 한다.

다른 나라 문학예술의 성과와 경험을 받아들이는데서는 그가운데서 자기 인민의 비위에 맞으며 자기 나란 문학예술의 발전을 위하여 쓸모있는것을 비판적으로 받아들여 자기의것으로 소화하여야한다. 그래야 다른 나라 문학예술의 성과와 경험을 새시대의 주체적인 사회주의민족문학예술을 창조발전시키는데 효과있게 리용할수있다.

민족문화유산을 계승발전시키는것은 지난 시기 제국주의의 식민지통치밑에서 억압받고 착취받다가 민족적 해방과 독립을 이룩하고 새 사회를 건설하는 길에 들어선 신흥세력나라들에서 더욱 절실하게 제기된다. 그것은 지난날 제국주의자들이 식민지나라들에서 악독한 정치군사적탄압과 가혹한경제적략탈을 실시하는것과 함께 사상문화적침투와 민족문화말살정책을 악랄하게 감행하여온 사정과 관련된다. 근 반세기에 걸치는 일제식민지통치시기에 일본제국주의자들이 조선에서 민족의 귀중한 문화 유적과 유물을 강도적으로 파괴략탈하고 민족문학예술의 우수한 유산과 전통을 기세말살하기 위하여 얼마나 혈안이 되여 발악하였는가 하는것은 세상에 널리 알려져있으며 오늘도 력사에 의하여 고발되고있다.

민족문화유산을 옳게 계승발전시키는것은 모든 나라들에서 새로운 문학예술이 성과적건설을 위하여 절실하게 나서는 문제이지만 외세에 의하여 국토와 민족이 둘로 갈라진 우리 나라에서 보다 심각한 문제로 제기된다.

미제국주의자들의 남조선강점과 식민지예속화정책으로 말미암아 유구한 력사와 찬란한 문화를 가진 단일민족인 조선인민은 일찍이 없었던 국토량단과 민족분렬의 불행과 고통을 겪으며 민족문화를 통일적으로 발전시키지 못하고있을뿐아니라 남조선에서는 퇴폐적인 외래문화가 범람하고 민족문화가 무참히 유린말살되고있다.

이러한 실정에서 우리가 가장 우월한 인민대중중심의 우리식사회주의제도에 의거하여 민족문화유산을 옳게 계승해나가는것은 공화국북반부에서 사회주의적민족문학예술을 찬란히 꽃피워 자주시대 민족문화예술의 참다운 본보기를 보여주며 나라가 통일된 다음에도 민족문학예술을 주체적으로 건설하고 발전시켜나는데서 매우 중요한 의의를 가진다.

위대한 령도자 **김정일**동지께서 문학예술발전의 력사적과정과 우리 시대 문학예술건설의 구체적실정에 대한 심오한 분석과 통찰에 기초하여 민족문화유산을 옳바로 계승하는것이 주체적인 사회주의문학예술을 성과적으로 창조발전시키기 위한 합법칙적요구로 된다는것을 명철하게 밝히심으로써 새로운 문학예술의 건설과 창조에서 민족적유산계승이 가지는 중요성과 의의가 과학적으로 해명되고 자주성을 지향하는 모든 나라들에서 시대의 요구와 인민의 지향에 맞는 참다운 민족문학예술을 찬란히 꽃피워나가기 위한 튼튼한 담보가 마련되게 되었다.

2) 민족문화유산의 개념과 구분

• 민족문화유산의 개념

민족문화유산을 옳게 계승발전시키는것이 문학예술을 새시대 인민대중의 지향과 요구에 맞게 주체적으로 창조발전시키는데서 중요하게 나서는 원칙적문제로 되는것은 민족문화유산의 본질적내용과 관련되여있다.

위대한 령도자 **김정일**동지께서는 민족문화유산의 개념을 독창적으로 정식화하시고 그 옳은 계승발전의 필연성을 과학적으로 밝히시였다.

위대한 령도자 **김정일**동지께서는 다음과 같이 지적하시였다.

《민족문화유산이란 민족의 선행세대들이 력사적으로 내려오면서 창조하여 후세에 물려주는 정신적 및 물질적 재부이다.》(《주체문학론》, 59폐지)

민족문화유산에 대한 위대한 **김정일**동지의 독창적인 정식화는 문화에 관한 심오한 분석에 기초한 가장 과학적인것이다.

문화는 사람들이 창조한 정신적 및 물질적 재부의 총체이다.

문화란 무엇인가 하는데 대해서는 지금까지 각이한 정의와 다양한 정식화가 있었으며 그 내용은 어떤 세계관과 학술적견해에 기초하고있는가에 따라 서로 달랐다.

문화의 본질은 사람중심의 세계관인 주체사상에 기초함으로써 과학적으로 정확하게 해명되게 되였다. 문화는 자주적이며 창조적이며 의식적인 사회적존재인 사람이 자기의 자주적요구를 실현하기 위하여 세계를 목적의식적으로 개조변혁해나가는 창조적활동과정에 이룩한 물질적 및 정신적 재부의 총체이다. 문화는 그 창조자인 인민대중의 자주성, 창조성, 의식성이 높아지고 사회와 력사가발전할수록 더욱 다양하고 풍부해진다.

그런데 사람들은 일정한 민족의 성원으로서 활동하고 자기 운명을 개척해나가며 사회의 정신적 및 물질적 재부를 창조하기 위한 인민대중의 투쟁은 민족국가를 단위로 하여 진행되는데로부터 문화는 민족문화의 형태로 발전하게 된다. 세상에는 민족과 동떨어진《전인류적문화》란 있을수 없으며 인류문화, 세계문화는 민족문화의 총화를 이루어지면서 매개 민족문화의 개화발전에 의하여 더욱더 다양하고 풍부해진다.

그리고 모든 사물현상과 마찬가지로 민족문화의 발전은 일정한 계승관계를 가지고 이루어진다. 다시말하여 민족문화는 민족의 앞세대가 창조한 정신적 및 물질적 재부를 뒤세대가 물려받는 과정을 통하여 발전하는데 민족의 선행세대들이 력사적으로 내려오면서 창조하여 후세에 물려주는 정신적 및 물질적 재부가 다름아닌 민족문화 유산이다. 이처럼 민족문화유산은 민족문화의 력사적발전과정에서 뒤세대가 앞선 세대로부터 물려받는 물질적 및 정신적 재부를 말한다. 그런데 민족문화유산이라고 하여 다 같은것은 아니다.

민족문화유산에는 후대들이 계속 이어받아야 할것과 보존해두기만 할것이 있으며 버려야 할것도 있다. 여기서 이어받아야 할 유산이 바로 전통을 이룬다. 민족문화의 력사적발전과정에서 선행세대의 문화와 후세의 문화사이의 계승관계는 바로 전통과 혁신의 관계로 표현된다.

그러면 민족문화유산가운데서 어떤것을 계승하며 발전시켜나가야 하는가, 그것은 문화를 창조하는 사람들의 계급적립장과 사회정치적견해, 미적리상 등에 따라 달라진다. 혁명적로동계급의 문화인들은 민족문화유산가운데서 진보적이며 인민적인것을 가려내여 새로운 시대적요구와 인민대중의 지향에 맞게 계승하고 혁신적으로 발전시키으로써 새로운 사회주의적민족문화를 훌륭히 창조하고 성과적으로 건설하여나간다. 민족문화유산에는 정신문화와 물질문화가 다 포괄되지만 문학예술부문에서 민족문화유산에 대하여 론할 대에는 주로 정신문화를 말하며 구체적으로는 민족의 선행세대가 창조한 문학예술의 재부를 가리킨다.

우리의 민족문화유산은 조선인민의 슬기와 재능에 의하여 오랜 력사적기간에 걸쳐 창조된 것으로서 매우 우수하고 풍부하며 그것은 사회주의문학예술을 주체적으로 창조발전시키기 위한 귀중한 밑천으로 된다.

• 고전문화유산과 혁명적문화유산

력사적으로 형성되고 시대의 발전과 더불어 끊임없이 풍부화되고있는 민족문화유산에 대한 정확한 인식을 가지는것은 그것을 옳바로 계승발전시키기 위한 선결조건이다.

위대한 령도자 **김정일**동지께서는 민족문화유산의 내용과 성격, 그 력사적발전단계에 대한 과학적분석에 기초하여 그것을 크게 고전문화유산과 혁명적문화유산으로 구분하시였다.

위대한 령도자 **김정일**동지께서는 다음과 같이 지적하시였다.

《민족문화유산에는 사회주의, 공산주의를 위한 혁명투쟁속에서 창조된 혁명적 문화유산도 있고 그 이전시기 선조들이 이룩한 고전문화유산도 있다.》(《주체문학론》, 59폐지)

민족문화유산은 부문별로 나누어볼 때 과학유산, 교육유산, 문학예술유산, 도덕유산 등으로 구분할수 있고 그 계급적성격으로 보면 진보적이며 인민적인것과 반동적이며 락후한것으로 구별할수 있다.

민족문화유산을 혁명적문화유산과 고전문화유산으로 구분하는것은 로동계급의 혁명적문화의 시원이 열린것을 계선[8]으로 하여 민족문화의 성격과 내용, 력사적발전단계를 종합적으로 고찰한데로부터 출발한것으로서 가장 정당한것으로 된다.

선행한 로동계급의 문예리론에서는 문화유산이라고 하면 일반적으로 고전문화유산을 의미하였으며 혁명적문화유산을 따로 갈라보지않았다. 이것은 로동계급의 새로운 문화, 사회주의문화건설에서 혁명적문화유산이 가지는 중요한 의의를 인식하지 못한데 기인하는것이였다.

고전문화유산과 혁명적문화유산은 민족문화유산에서 차지하는 위치와 가치에 있어서 구별된뿐아니라 사회주의, 공산주의 문화건설에서 노는 역할과 작용에 있어서도 판이하다.

혁명적문화유산은 사회주의, 공산주의를 위한 혁명투쟁속에서 창조된것으로 하여 그 이전시기에 선조들에 의하여 이룩된 고전문화유산과 본질적인 차이를 가진다. 로동계급의 혁명위업, 사회주의, 공산주의 위업은 착취없고 압박없는 사회에서 자유롭고 행복한 생활을 누리려는 근로인민대중의 리상을 실현하기 위한 거창한 력사적위업으로서 인민대중의 자주성을 위한 투쟁의 가장 높은 단계로 된다. 이로부터 사회주의, 공산주의를 위하여 투쟁하는 과정에 혁명가들에 의하여 이룩된 문화유산은 로동계급적성격과 공산주의적내용을 가지게 되며 혁명적문화유산은 이러한 성격과 내용으로 하여 그 이전시기에 선조들에 의하여 창조된 문화유산, 고전문화유산과 근본적으로 구별된다.

고전문화유산은 장구한 력사적기간에 걸쳐 고대사회, 봉건사회, 자본주의사회에서 형성되고 축적된것으로서 세계관적제한성과 계급적 및 시대적 제한성을 가지고있으며 따라서 사회주의, 공산주의 문화건설에서 그것을 그대로 이어받을수 없으며 새로운 현실의 요구에 맞게 비판적으로 계승하여야 한다.

그러나 혁명적문화유산은 사회주의, 공산주의 문화의 시원으로, 원형으로 되는것만큼 모든 내용을 명실공히 전면적으로 계승발전시켜야 한다.

혁명적문화유산과 고전문화유산은 문화발전과정에서 놓이는 단계와 가치, 사회주의, 공산주의 문화건설에서 차지하는 위치와 역할에 있어서 뚜렷이 구별되지만 그것들은 자기 민족

8 계선[界線] : 경계나 한계를 나타내는 선.

에 의하여 마련되여 후세에 전해지는 재부인것만큼 다같이 민족문화유산으로 된다.

지난 시기 일부 사람들은 우리 당의 혁명전통을 상하좌우로 넓힌다고 하면서 과거 애국전통을 혁명전통으로 취급하고 실학파문학이나《카프》[9]문학을 우리 문학의 혁명전통이라고 주장하였다. 이것은 혁명전통을 오가잡탕으로 만들어 거세말살하려는 황당한 궤변이였으며 악랄한 반동적책동이였다.

위대한 령도자 **김정일**동지께서는 민족문화유산에 고전문화유산과 혁명적문화유산이 있다는것을 밝히시는것과 함께 혁면적문학예술전통을 민족문화유산일반과 뒤섞어놓지 말고 그 계선을 똑똑히 그을데 대하여 밝히심으로써 혁명적문학예술전통의 순결성을 철저히 고수하고 그것을 빛나게 계승발전시켜나갈수 있게 하시였다. 혁명적문학예술전통은 민족문화유산에서 최고봉을 이루는 그의 중요한 구성부분이다.

위대한 령도자 **김정일**동지께서는 다음과 같이 지적하시였다.

《민족문화유산을 고전문화유산으로만 보아 안되지만 혁명적 문학예술전통을 과거의 민족문화유산과 뒤섞어 놓거나 민족문화유산에서 차지하는 그의 위치를 다른 유산과 평균주의 적으로 대하여서도 안된다.》(《주체문학론》, 61폐지)

혁명적문학예술전통을 민족문화유산속에 포함시켜보면서도 그것을 다른 유산과 같은 위치에 놓고 취급하여서는 안된다. 혁명적문학예술전통은 민족문화유산의 중요한 구성부분으로 되면서도 그의 최고봉을 이룬다. 혁명적문학예술전통은 질적내용에서 민족문화유산의 최고봉을 이룬다.

위대한 수령 **김일성**동지께서 영광스러운 항일혁명투쟁시기에 이룩하신 우리 당의 혁명적문학예술전통은 이에 대한 명백한 실증으로 된다.[10]

우리당의 혁명적문학예술전통은 반만년의 민족사를 통하여 선조들이 마련하여놓은 민족문화유산을 전면적으로 검토총화하고 자주시대의 요구에 맞는 새로운 문학예술을 창조하는 과정에 이룩된 것으로서 그것은 조상대대로 내려오면서 창조된 민족문화유산의 진보적이며 인민적인 우수한 내용을 집대성하고있을뿐아니라 종래의 유산이 도달할수 없었던 문학예술

---

9 ㉿ 일제강점기인 1925년 8월 이전의 염군사와 파스큘라를 해체하면서 결성하였고 1930년대 반강제로 해산당한 사회주의 문학예술단체다. 식민지 조선의 사회주의 혁명을 위해 조직한 문예단체로, 원어명은 Korea Artista Proleta Federatio이다. 에스페란토식 표기의 머리글자를 따서 KAPF(카프)로 명명하였다. 기관지로 《문예운동》, 《예술운동》 등이 있고, 회원은 각 문예지와 동아일보, 조선일보 등의 신문사에 포진해 있었다. 창립당시 구성원은 박영희, 김기진, 김영팔, 이상화, 이기영, 조명희 등이었다.

10 ㉿ 북한의 모든 문학예술은 김일성 김정일이 교시한 범주 내에서만 논의가 가능함을 전제로 한 해설이다.

의 새로운 높은 경지를 개척한 것이다.

우리 당의 혁명적문학예술전통에는 주체적문예 사상과 리론, 혁명적인 문학예술창조 경험과 업적, 혁명적인 문학예술창조기풍을 비롯하여 매우 심오한 내용이 담겨져있다.

위대한 수령님께서 창시하신 주체적문예 사상과 리론은 우리 나라와 세계 문예사상사의 가장 높은 단계를 이루며 자주시대의 민족문학예술건설에서 나서는 모든 리론실천적문제에 정확한 과학적해명은 주는 탁월한 문예학설이다. 불후의 고전적명작을 비롯한 항일혁명문학예술작품들은 그 사상예술적수준에 있어서나 인식교양적가치에 있어서 종래의 민족문학예술이 미칠수 없었던 최상의 높이에 이르렀으며 세계적으로 커다란 경탄을 자아내고있다. 일제침략자들을 격멸소탕하는 류례없이 간고하고 엄혹한 투쟁환경속에서 혁명투사들자신이 총을 잡고 싸우면서 노래를 짓고 연극을 창조한 그 전투적인 창작기풍은 주체적인 민족문학예술을 창조하는 우리 시대의 모든 문학예술인들이 따라배워야 할 귀중한 본보기로 된다.

우리 당의 혁명적문학예술전통은 그것이 담고있는 비상히 심오하고 풍부한 내용으로 하여 민족문화유산의 격을 비할수 없이 높이고 그것을 더욱 빛나게 해준다.

혁명적문학예술전통은 그 가치와 생활력에 있어서도 민족문화유산의 최고봉을 이룬다.

민족문화유산이 얼마나 높은 가치를 가지며 커다란 생활력을 나타내는가 하는것은 그 성격과 내용에 의하여 규정된다. 민족문화유산은 진보적이며 인민적인 성격과 내용을 가질수록 가치있는 것으로 되며 인민들의 문화정서생활과 문학예술창조에서 중요한 작용과 역할을 하게 된다. 우수한 민족문화유산이 오랜 세월을 두고 전해내려오면서 인민들의 사랑을 받고 문학예술발전에 이바지하는 것은 이러한 사정과 관련되여있다.

그런데 로동계급이 력사무대에 진출하고 사회주의, 공산주의를 위한 투쟁이 힘차게 벌어지기 이전시기에 창조된 민족문화유산은 진보적이며 인민적인것이라 하더라도 이러저러한 제한성을 면할수 없으며 새로운 시대적요구와 인민대중의 지향과 정서에 그대로 맞을수 없다.

그러나 혁명적문학예술전통의 경우는 사정이 완전히 다르다. 혁명적문학예술전통은 인민대중이 혁명의 자주적인 주체를 형성한 새로운 사회력사적현실의 요구를 반영하여 출현한 혁명적인 문학예술의 재부인것만큼 그자체가 그대로 주체적인 사회주의민족문학예술의 시원으로 된다.

이로부터 민족문화유산가운데서 고전문화유산이 비판적계승의 대상이 되는것과 달리 혁명적문학예술전통은 새로운 사회주의, 공산주의 문학예술이 그대로 이어받아야 할 원형으로 그 명맥을 이어주는 피줄기로, 만년초것으로 되는것이다.

위대한 령도자 **김정일**동지께서는 민족문화유산의 개념을 정립하시고 그의 중요한 구성부분을 이루는 고전문학유산과 혁명적문학예술전통의 력사적지위와 가치를 과학정으로 천명하김으로써 우리시대의 작가, 예술인들로 하여금 민족문화유산에 대한 정확한 인식을 가지고 사회주의, 공산주의 문학예술의 창조와 건설에서 유산과 전통을 옳게 계승발전시켜나갈 수 있게 하는 지침을 마련하여주시였다.

컴퓨터와 인터넷

인민학교에는 컴퓨터 수업이 없고 고등중학교 2학년 과정부터 컴퓨터 수업이 있다. 하지만 컴퓨터 보급이 제대로 되어 있지 않아 실습은 제대로 못하고 이론 위주로 수업이 이루어지고 있다. 교과서는 따로 나온 것이 없고 학교마다 한 부씩 지도서가 나오는데 교원들도 그 지도서에 나오는 프로그램을 직접 써보지 못한 상황에서 지도서만 보고 수업을 한다.

북한 학생들은 컴퓨터에 흥미를 많이 가지고 있다고 한다. 배우는 내용에 대해서는 실습을 제대로 못하기 때문에 관심이 별로 없지만, 컴퓨터에 깔려 있는 간단한 게임을 하는 재미에 컴퓨터 자체에 대한 관심은 대단하다고 한다. 대표적인 것이 국가과학원 수학연구소가 개발한 '청개구리' 시리즈와 '드래곤'이다. '드래곤'은 울타리 안을 달리고 있는 공룡을 쏘아 잡는 게임이다.

북한에 보급되어 있는 컴퓨터들은 북한에서 자체 생산된 제품이 아니라 대부분 미국제품들이라고 한다. 컴퓨터가 고장이 나면 TV수리공이 컴퓨터를 수리한다. 북한의 컴퓨터 하드웨어 생산은 부진한 실정이지만, 평양이과대학, 김일성종합대학, 평양 · 함흥 컴퓨터기술대학 등을 통해 컴퓨터 프로그래머들을 많이 양성하고 있으며, 평양정보센터나 조선컴퓨터센터에서 소프트웨어용 프로그램들이 활발히 만들어지고 있다.

북한이 가장 경쟁력을 갖춘 소프트웨어는 인식시스템 관련 분야이다. 실제로 남북정상회담 기간에 북한의 조선컴퓨터센터에서 마이크로 말을 하면 정확히 글자가 모니터에 입력되는 음성인식 프로그램을 선보여 우리측 방문객들을 놀라게 한 적이 있으며, 바둑 프로그램은 세계대회에서 2회 연속 우승을 하기도 하였다.

전 세계가 인터넷으로 거미줄처럼 연결되어 지구촌이란 말을 실감케 하는 상황에서도 북한은 공식적으로 인터넷에 연결되어 있지 않은 나라이다. 북한의 도메인은 kp이지만 북한에는 이 도메인을 관장하는 기관이 없는 것으로 알려지고 있다. 국가도메인도 IANA(Internet Address Numbers Authority)에 등록한 것이 아니라 아시아 국가들이 공동으로 참여하고 있는 비영리기구인 아시아 · 태평양 인터넷 정보센터(APNIC)에서 한 것이다.

북한은 라오스와 함께 인터넷의 보급과 이용률이 가장 낮은 나라로 분류되고 있지만, 미 국방성과 관련된 인터넷 사이트를 가장 많이 검색하는 나라로도 알려져 있다. 그러나 북한도 정보통신 분야 투자에 전혀 무관심한 것은 아니어서 광섬유 케이블구축에 열을 쏟고 있는 것으로 알려져 있으며, 1996년에는 평양시의 전화분국과 평성시, 동해안과 서해안을 연결하는 연장 700㎞의 광섬유 케이블을 깔았다고 한다.

김정일 국방위원장도 "사회주의 체신은 당의 노선과 정책을 제때 알려주고 당과 국가의 통일적 지도를 보장해 주는 중요한 수단"이라고 규정한 바 있다. 김정일은 2000년 5월 방중 시 중국 IT산업의 중심인 중관촌(中關村)을 방문하여, 컴퓨터 산업에 대해 지대한 관심을 보였다.

현재 재일본조선인총연합회 기관지 조선신보사는 북한을 대리해 조선중앙통신 홈페이지를 운영하고 있으며, 중국에 있는 범태평양조선민족경제개발촉진협회는 조선인포뱅크를 개설, 북한 정보를 회원제로 제공하고 있다.

– 자료 제공 : 북한인권정보센터 / 통일부 북한자료센터

[발제 : 글을 읽기 전에]

사회주의 거울 속에 비친 남한의 모습은 어떠할까? 북한은 지상낙원이라면 남한은 지옥일 터이다. 북한이 자주 강성대국이라면 남한은 식민지 약소국이다. 남한 권력이 친일, 친미, 매판 자본에 봉사하는 권력이라면 북한 권력은 반일, 반미를 통해 인민을 해방한 권력일 것이다. 북한의 이러한 대남 인식은 분단 이후부터 지금까지 변하지 않고 있다. 그래서 남한 사회는 공화국 북반부의 사회주의 지상락원에 대한 열렬한 동경이 뜨겁게 굽이치고 있다고 주장해 왔다(1992년 북한의 문학예술종합출판사에서 발행한 『박팔양 시선집』은 박팔양이 남한 학생으로 가장해서 북한에서 발표했을 것으로 추정되는 시가 있다. 1964년 10월 13일에 발표했음을 알리는 기록과 함께 제명은 「결전의 노래」, 부제는 '남조선 학생이 부른 노래' 로 이 작품 역시 반미를 주제로 하고 있다. 이와 같은 작품은 문학예술종합출판사에서 1993년에 나온 『백인준 시선집』에서도 보인다. 「북악산우에서」(1958)는 '8.15 13돐을 맞으며 서울의 한 청년이 부르는 노래' 라는 부제가 있고, 「그날밤에」(1960)는 '남조선 인민들의 항쟁소식을 들으며' 라는 부제로 발표했던 것이다. 『박팔양 시선집』, 문학예술종합출판사, 1992. 179쪽. 『백인준 시선집』, 문학예술종합출판사, 1993, 303-304쪽, 305쪽).

이에 따라 '민족분렬의 비극을 끝장내고 남녘땅 형제들을 도탄 속에서 구원하기 위하여 조국을 통일하는 것은 한시도 미룰 수 없는 절박한 과업' 임을 선전한다. 1990년대 중반 이후, 체제의 위기 속에서도 이러한 주장을 굽히지 않고 있다.

80년대부터 미국에 의한 대북 압력의 증가, 개방화한 중국의 대북 정책의 변화, 구소련으로부터 분리된 러시아의 어려운 경제현실로 인해 옛 동맹국으로부터 군사적 경제적 수혜가 거의 중단되었고, 1994년 7월 19일 김일성의 사망과 90년대 말에 연이어 겪은 엄청난 수해로 말미암아 북한 체제는 내외적으로 입장이 매우 곤란하게 되었다. 2006년 현재도 김정일 체제는 체제 안위에 힘을 전력으로 기울이고 있다. 북한은 대내외적으로 스스로를 강성대국이라 부른다. 선군정치를 통해 자주를 실현하고 외세에 당당하게 맞서고 있음을 과시하고 있는 것이다. 동시에 자력갱생의 구호가 나오고

'고난의 행군' 을 헤쳐 나가기 위해 비장한 각오를 다져오면서도 사회주의 낙원의식은 포기하지 않는다.

북한 문학에서 남한 사회의 주류 집단을 반민족적으로 규정한다. 이들 집단은 외세와의 관계에 있어 항상 반자주 예속주의를 고수함으로써 자신들의 기득권을 재생산하고 있다는 것이다. 이런 지적은 부분적으로 한국 사회가 안고 온 역사적 현실이기도 하다. 이와 같은 과거사 때문에 남한 정권은 정통성이 없다고 북한은 주장하면서 남한 진보 세력의 궐기를 촉구한다(현재까지 북한에서 남한사회에서의 친북반미운동을 그린 작품은 상당수 발견된다. 가령, 북한 작가동맹위원장 김병훈의 『개이지 않는 하늘』(문학예술종합출판사, 1994)은 1971년 1월에 발생한 일본유학생간첩단 사건을 다룬 실명소설로 제일동포 형제인 서승, 서준덕 등이 등장인물이다. 이 사건은 남한에서는 용공조작과 인권문제를 야기했지만 북한 소설에서는 이들 형제를 영웅적 친북활동으로 그린다).

하지만 지금까지 북한이 제기한 남한의 과거사 문제가 현재의 북한 재배 집단이 지닌 문제에 동일하게 적용될 수 있음을 간과하고 있다. 북한 사회의 입장에서 남한 사회의 과거사 극복은 북한 체제의 자기모순적인 정체성이 그들 주민들에게 언젠가 폭로될 수도 있다는 사실을 역설적으로 보여주고 있기 때문이다.

···› 생각해 보기

서울 광화문네거리에 부치여

▶ 우리는 《서울 광화문네거리에 부치여》와 《총대는 무엇을 말하는가》라는 시를 통해 북한의 시인들이 남한 사회의 중요한 사회 문제에 관심을 가지고 있음을 알 수 있었다. 이것은 남한 사회의 정치적 변화에 즉각적으로 대응하라는 김일성의 교시에 입각한 것으로 1960년대부터 북한의 시인들은 남한 사회의 중요한 정치적 사건을 시의 소재로 삼기 시작한다. 아래 작품은 4 · 19를 형상화한 한윤호의 《원쑤들은 대낮에 음모를 꾸민다》(조선문학, 1960. 6)의 일부분이다. 북한에서는 4 · 19를 어떻게 인식하고 있는지, 그리고 이를 주도한 남한 학생들을 어떻게 인식하고 있는지 알아보자.

속이고 속이고 또 속이던 그 솜씨로
한 번 더 속여 보려고
워싱톤은 음로를 꾸민다···

처음에는 최루탄과 수류탄으로
진압하라 했다
다음에는 땅크와 계엄령으로
눌러 버리라 했다
허나 영웅적 인민들이여
온 세계에 용맹 떨치며
화산처럼 터진 그대들의 대렬은
넘어 섰나니
미국제 땅크도
계엄령도!

··· (중략) ···

《자유세계》를 표방하던 그 솜씨로
어린애들에 대고 사격 련습하며
《문명》을 지껄이던 그 솜씨로

오마니! 늙지 마시라, 어머니여

▶ 한국전쟁으로 인한 가족 상실의 아픔과 그리움을 노래한 시가 남한에도 있다. 김규동 시인의 《북에서 온 편지》를 읽어보고 이 시와 비교해 보자. 김규동 시인의 작품뿐만 아니라 한국전쟁으로 인한 이산의 아픔과 고향상실을 노래한 시를 찾아 읽어보자.

떨어지는 감알

▶ 혹 기회가 있다면 임진강이나 통일 전망대 등에서 이 시의 화자가 되어 남북 이산의 아픔을 함께 느껴보자.

들꽃향기

▶ 북한 소설 《들꽃향기》는 우리 소설인 황석영의 《오래된 정원》과 많은 점에서 유사하다. 특히 이들 소설은 기본 서사구조 및 남녀 주인공의 회상과 편지글, 기록 등에 의해서 이루어짐이 유사하다. 그렇다면 《들꽃향기》의 여주인공 "경아"와 《오래된 정원》의 "한윤희"의 시선으로, 남자 주인공이 감옥에 들어간 이후부터 병으로 죽기까지의 삶의 행적에 대해 비교 · 정리해 보자(영화 《오래된 정원》과 비교해도 무방하다).

▶ 《들꽃향기》와 《오래된 정원》은 진중하고도 묵직한 주제를 깔면서도 세월을 뛰어넘는 두 남녀의사랑을 보여준다. 이들 소설 속에 나오는 남자 주인공은 유토피아를 꿈꾸는 혁명가들이다. 그러나 오랜 세월을 장기수로 지내면서 옥중의 투쟁을 거듭하는 사람들의 유형이기도하다. 2000년대를 살아가고 있는 우리들이 이런 유형의 남자(또는 여자)친구와 사귀고 있다면 결혼 전과 결혼 후에 일어날 수 있는 좋은 점과 나쁜 점을 생각해 정리해 보라.

찬란한 아침

▶ 남자 주인공이 평양에서 전남 영광까지 내려가는 과정을 보면, 이 소설의 작가가 남한의 여러 가지 사정에 대해 잘 모르는 상태에서 소설을 쓰고 있음이 여러 군데서 드러난다. 이러한 점을 찾아내어 정리해 보라.

▶ 소설의 내용은 실제로는 거꾸로 실현될 가능성이 매우 높다. 지금 당장 통일이 되어 여러분이 북한의 남자나 여자와 결혼하여 남한에서 살게 되면, 어떤 점이 좋고 어떤 점이 좋지 않을지에 대해 생각해 보라.

서울 광화문네거리에 부치여

김 영 애

서울 광화문네거리
겨레의 눈물이 흐르던 거리

아직도 너의 포도에선 들려오는듯 싶구나
주권국가의 왕궁의 대문이였던 광화문을
백주에 총칼로 열고 달려들어
왜놈들 치욕의 망국문서를 받아내던 그날
하얗게 떨쳐나와 백의동포 터뜨리던
《시일야방성대곡》의 메아리

그날에 흐른 겨레의 피눈물
한세기 이 강토를 적셨구나
치욕의 식민지력사
백여년을 흘러왔구나

왕궁의 울타리를 헐고 들어앉은
왜놈의 총독부에 짓눌려 몇십년
이어 독사처럼 틀고앉은 미국대사관
그 몸뚱아리에 휘감겨 반세기

성조기 내걸린 거리로
대낮에 식민지의 딸을 꿰차고 가는
양키병졸의 군화발아래
너의 땅은 피울음 운다

오늘도 뻐젓이
식민지통치시대의 유적을 찾는
일본관광객들의 게다짝밑에
너는 몸부림친다

허나 3년전 11월
초겨울의 맵짠 바람을 맞받아
몇점의 초불 이곳에 모여든 그날부터
너는 더는 눈물의 거리만이 아니였다

피여나는 꽃망울같은 두 소녀를
장갑차로 깔아죽인 침략군놈을
무죄라고 판결한 그날
더는 참을길 없는 민족의 치욕
터져오르는 분노를 초불로 추켜들고
남녘인민은 네앞에 모여들었구나

이제 침략자들의 총칼앞에
더는 울고만 있지 않을 남녘인민
대대로 노예의 설음 강요하는 침략자들앞에
눈물대신 불을 추켜들었구나

광화문네거리여
너의 초불 더 높이 들라
너의 가슴에 젖어있는 피눈물 사르고
반미투쟁의 활화산으로 터져오르라

남녘의 방방곡곡에 틀고앉은
침략의 무리와 핵무기들 태워버리며
온 남녘을 반미의 성전에 일떠세우라

하여 겨레가 너의 이름
침략자들을 태워버린
초불투쟁의 고향으로
민족의 력사에 새겨넣게 하라

서울 광화문네거리여
오늘은 불이 흐르는 거리여

오마니! 늙지 마시라, 어머니여

오 영 재

늙지 마시라
늙지 마시라, 어머니여
세월아, 가지 말라
통일되어
우리 만나는 그날까지도

이날까지 늙으신 것만도
이 가슴이 아픈데
세월아, 섰거라
통일되어
우리 만나는 그날까지라도

너 기어이 가야만 한다면
어머니 앞으로 흐르는 세월을
나에게 다오
내 어머니 몫까지
한 해에 두 살씩 먹으리

검은머리 한 오리 없이
내 백발이 된다 해도
어린 날의 그 때처럼
어머니 품에 얼굴을 묻을 수 있다면

그 다음엔
그 다음엔 내 죽어도 유한이 없어

통일 향해 가는 길에
가시밭에 피 흘려도
내 걸음 멈추지 않으리니

어머니여
더 늙지 마시라
세월아 가지 말라
통일되여
내 어머니를 만나는 그날까지라도

떨어지는 감알

전병구

잡초 무성한 관산나루언덕
분계선[1]이 가로 건너간곳에
후두둑 후두둑
떨어지는 감알

주인은 없고 집터만 남은 자리
벌써 몇몇해 한그루 감나무
저 혼자서 감을 익히우고
무정히도 떨쿠고있느냐

손을 내밀면 빨갛게 익은 감 한알
얼른 집어들수도 있으련만
가슴을 찌르는 분계선 철조망이
한걸음도 옮길수 없게 하누나

안타까워라 감나무야
분렬의 고통을 너도 당하니
언제면 주인을 다시 불러오랴
네 푸른 아지를 타고
즐거이 감을 딸 그날이 오랴

1 군사분계선의 준말.

저렇게도 탐스러운 감알을 고여놓은
잔치상 받고
림진강 건너 파주로 시집 갔다는
이 마을 처녀들
감알처럼 빨갛던 그 얼굴들에
지금은 주름살이 펴그나 깊어졌으리

그 시절의 그 각시들 어느곳에 있느냐
저 강건너 찾아봐도 볼수 없는 그들
꿈결에나 안아볼 빨간감알
후두둑 후두둑
이 가슴을 친다
이 땅을 친다
주인을 부르며 통일을 부르며
후두둑 후두둑 아, 떨어지는 감알

《단편 소설 : 통일문학(2006), 제1호, 루계 68호》

들꽃향기

— 비전향장기수의 수기중에서 —

석 유 균

《쏴—아》 찬바람은 사흘째 불어엔다.

거칠게 불어치는 삭풍에 날려온 누런 락엽이 철창에 매달려 바르르 떤다. 쥐면 바스라질것 같은 누런 잎사귀를 나는 조심히 쥐여 손바닥우[1]에 놓았다. 어쩌면 메마르고 찢긴 내인생과 그리도 흡사한지 차디찬 감방에서 추위에 떨고있는 외로운 인생을 찾아 15척 높은 담장을 넘어온 락엽에 레일을 가늠해본다.

참담한 고행길을 좁은 감방에서 나 홀로 수십년을 헤매이면서도 믿음속에 의지는 더욱 벼려[2]진다. 하긴 그 믿음이 내 심혼만이 아닌 스러져가는 육체도 지팽이[3]처럼 받쳐주는지 모른다.

그래도 가혹한 내 인생을 별처럼 변함없이 지켜보는이 있으니 그는 바로 나의 반려[4]였던 경아다.

동지달 보름달(바로 오늘이다.)

해마다 이날이 오면 내 생일을 잊지 않고 차입품[5]을 들여보내군 한다. 차라리 나를 깨끗이 잊어주었으면 마음 편하련만… 생각과는 달리 오늘 오후에도 차입품이 또 들어왔다.

여느 차입품과는 다른 류별난것이 더 들어있어 나를 기쁘게 한다. 한것은[6] 내 고향 령남땅의 향취를 안고온 밤과 대추이다.

철부지 그 시절 손목에 매달리는 동생 순희의 소꿉동무 경아도 함께 고향뒤산에 올라가 저

1 《일정한 곳이나 대상으로부터 높은쪽의 위치나 장소》 (주로 평면이나 지대에서)를 아래쪽이나 낮은 데에 상대하여 이르는 말.

2 (마음이나 의지, 힘 등을) 가다듬어 가지거나 단련하여 억세게 만들다.

3 지팡이.

4 《(정이 통하여) 짝을 맺는것 또는 그런 사람》을 비겨 이르는 말.

5 차입물. ㊟ 차입물 : 차입하는 물건. ㊟ 차입 : 낡은 사회에서: 경찰에 잡혔거나 감옥에 갇힌 사람에게 밖으로부터 물건을 들여보내주는것.

6 그 까닭은. 왜냐 하면.

마다 주머니가 불룩하게 주어넣던 추억길은 열매이다.

고향의 향취만이 아닌 가슴속에 스며드는 정을 감미하여 알알이 윤기흐르는 그 한알한알을 떨리는 손으로 세여본다.

밤도 쉰아홉, 대추도… 틀림없이 내 나이 수만큼 쉰아홉알이다.

무정한 강산도 변한다는 10년이 세고패[7] 돌고도 남은 길고도 험악한 세월에도 잊지 않고 지금까지 온 정을 부어주니 그의 생각이 새로와진다. 한겹두겹 망각의 장막이 벗겨질수록 우리 서로 헤여지던 때의 일이 가슴아프게 새겨진다.

*

엇갈리는 총성, 땅크[8]의 굉음.

삶과 죽음이 시계추처럼 오가던 그 시절, 우리 중대는 서울 ××구의 거리 곳곳에 바리케드[9]를 쌓아놓고 시민들과 함께 피어린 방어전을 련일 벌리였다.

땅크를 앞세운 미군의 공격을 그날도 네차례나 물리쳤을 때 중대전투인원은 한개 소대 인원밖에 남지 않았다. 나의 총탄주머니도 비였다.

목타게 고대하는 증원부대와 탄약이 한시가 새롭다.[10] 반땅크수류탄 투척거리가 놀랍게도 남들보다 거의 곱절이나 되는 2분대 광산내기상등병도 쓰러졌다. 바리케드우에 올라서서 몸을 솟구치면서 반땅크수류탄을 힘껏 던져 땅크를 명중시켰으나 그 순간 왼쪽 견갑골에 관통상을 입었다. 벌건 살이 헤쳐진 총상부위를 면내의를 찢어 감싸맸으나 피는 멎지 않았다. 지혈시키려고 다시금 졸라매자 그는 모진 아픔을 참으며 입술을 앙다문채 불타는 땅크를 응시하며 신음소리 한번 없었다. 상처를 다 맸을 때 그는 불현듯 외마디소리를 쳤다.

《저런… 엉? 어쩔려구…》

갈퀴같은 손으로 제 무릎을 안타까이 움겨쥔다. 그러자 군복을 적신 벌건 피자박[11]이 넓게

7 일정한 두곳사이를 한번 오고가는것을 세는 단위.

8 완벽한 무장과 강한 장갑, 높은 기동성을 갖춘 무한궤도식전투차. 길없는데로 자유로 다리며 어지간한 장애물은 그냥 깔아뭉개고 지나간다.

9 (주로 시가전을 벌릴 때에) 공격을 막기 위하여 림시적으로 쌓는 방어차단물. 모래가마니, 통나무, 철조망 등을 리용하여 쌓는다.

10 한시(가) 새롭다 : = 한시간이 새롭다. ㉾ 한시간이 새롭다 : 한시간한시간이 매우 긴요하며 그 시간이 지나가는것이 매우 아쉽다.

11 《온통 피투성이가 된것》을 이르는 말.

퍼져간다. 앙칼진 카빈총[12]소리에 놀라와하는 그의 눈길을 따라 바리케드짬[13]으로 내다보니 경아의 모습이 언뜩인다.[14] 그는 적십자표식을 한 하얀 위생가방을 멘채 넓은 길우에 너저분히 깔린 미군시체에서 개인붕대를 들춰내고있다. 맞은편《행림사진관》2층에서 울리는 총성이 그를 목표로 한것이 분명했다. 총성이 자지러지자 이리저리 뛰여다니던 경아가 그만 고개를 묻고 한자리에서 움직이지 못하는것을 보는 순간 나도 숨이 꺽 막혔다.

바리케드옆에서 자동총의 련발사격이 울리였다. 분대장의 엄호사격에 놈들의 총성이 숨을 죽인 순간 경아는 몸을 솟구치며 달리였다.

《담벽으로…》

내 목소리는 다급했으나 총성에 잦아들고말았다. 그래도 그 소리를 들었는지 순식간에 경아는 벽돌담벽에 가붙었다. 놈들의 시야에서 벗어난 경아가 벽돌담벽을 따라 바리케드로 다가올 때까지 나는 물론 상등병도 숨을 죽이고 주시하였다. 벽돌담벽에 짓쪼으며[15] 가까스로 바리케드를 넘어온 경아의 이마엔 땀과 먼지만이 아닌 빨간 피가 가늘게 내돋고[16]있었다.

동생 순희라면 결코 가만 두지 않았을것이다. 하지만 우리 부대가 서울에 와서 다시 만나이 며칠사이 경아와의 숨은관계가 내비칠가봐 서로 여간만[17] 조심하는터였다. 하기에[18] 한껏 졸아들었던 마음을 노성으로도 터질수 없었던 나로서는 혼자 분을 삭일수밖에 없었다.

세차게 내불리는[19] 내 숨소리에 눌리워서인지 경아는 새초롬히 눈을 내리깐채 떨리는 손으로 옆에 있는 두 부상병의 상처를 처치하였다.

그제야 세모눈을 짓고 쏘아보던 나의 눈총도 어연듯 풀리였다.

이윽하여 상등병에게로 다가간 경아가 붕대를 꺼내들자 그는 한손으로 밀막으며[20] 돌아앉았다.

《싫소.》

《소독부터 해야지 안돼요. 시간이 다르게 상처가 화농되는데 관통상을 처치하지 않으면

12 (미국제의) 자동소총의 한가지. 총신이 짧다.
13 두 물체가 마주하고있는 틈 또는 한 물체가 터지거나 갈라지거나 하여 생긴 틈.
14 = 언뜻. ㊟ 언뜻 : 잠간 나타나거나 문득 들거나 생각나는 모양을 나타내는 말.
15 함부로 마구 쫏다. ㊟ 쫏다 : (뾰족한 끝으로) 연거퍼 쳐서 찍다.
16 밖이나 겉으로 돋아 나오다.
17 《여간》을 힘주어 이르는 말. ㊟ 여간 : (주로 《않다》, 《아니다》와 같은 부정하는 단어와 함께 쓰이여) 《어지간하게》, 《웬만큼》, 《보통으로》의 뜻을 나타낸다.
18 그렇기때문에.
19 ①(감정이나 심리상태가) 겉에 나타나다 ②(어떤 기운이나 낌새가) 밖으로 비치다.
20 ①못하게 하거나 하지 않도록 말리다 ②밀어서 막다.

위험해요.》

맺고 끊는듯 한 그의 말소리는 사뭇 차거웠다. 하지만 상등병은 거밋한 아래턱을 저으며 한본새[21]로 자세를 풀지 않았다.

《위험하기야 매일반이지. 차라리 내 혼자 아픔을 참는게 낫지. 처녀가 목숨을 내대고 구해온 붕대는 감지 않겠소.》

다시 돌아앉으며 흘겨보는 그의 눈빛에는 불이 이는것 같았다. 그를 마주보던 경아는 아래입술을 감빨며[22] 고개를 숙이였다.

《다신 바리케드를 넘어가지 않겠다는걸 약속해요.…》

《약속? 흠 어제 밤 일을 모르줄 알구, 가만있었더니 이젠 시퍼런 대낮에까지…》

나는 그들의 싱갱이[23]를 더 듣지 못했다. 중대장이 급히 나를 불렀던것이다.

세개밖에 안되는 반땅크수류탄(중대에 남은 전부였다)을 근엄한 눈길로 지켜보던 중대장은 내가 다가가자 고개를 돌리였다. 나의 보고가 끝나기 전에 손을 잡아내리우는 그의 낯색은 자못 헌헌해[24]졌다.

《미술가선생》의 목측[25]이 정확하지. 저기 코 박은 땅크까지 거리가 얼마지? 모두 듣게 큰 소리로…》

선두땅크를 명중시킨 첫날 전투때처럼 롱조[26]로 물을것만 같았다.

하지만 쪽지편지를 내여민 그의 말투는 찍어낸듯 단호했다.

《여기서 대학을 다녔으니 서울골목을 잘 알겠지. 자, 명심하오.

이제부터 시민들을 부민관까지 안전하게 인솔할것. 그길로 이결 대대참모부에 전하시오. 명령이요.》

복창하고 돌아서는 나의 어깨를 붕대한 팔로 다독이는 중대장의 그윽한 눈길에는 한줄기 련민의 정이 어리였다.

내가 팔을 저으며 시민들을 골목길로 부르는데 키가 훤칠한 분대장이 불쑥 나타나 헤쳐진 옷자락을 잡았다.

---

21 ①서로 같은 하나의 본새 ②처음이나 마지막이 같은 본새. ㊢ 본새 : ①생긴 모양새 또는 꾸며진 양상 ②동작이나 언행 같은 것의 됨됨이나 잡도리.

22 ①입술을 감아들이며 감칠맛있게 입으로 빨다 ②(어떤 심리적충동으로) 안타깝게 또는 여무지게 입술을 빨다.

23 서로 옥신각신하는 일.

24 거침없이 씨원하다.

25 눈어림. 눈짐작. 눈대중.

26 농담조.

《이건 뭐요? 시민들을 인솔하는 군인이…》

그의 말보다 질책하는 눈빛에 나는 그만 기가 질렸다. 풀어헤친 목단추, 꾸겨지고 흙탕이 게발린[27] 바지에 그의 눈길이 갔다.

시민들과 어울려 싸우는 시가전에서 매일 밤 무기, 탄약점검끝에 외모상태에 대해서까지 주의를 주군 하는 그의 눈길은 각별했다.

《시민들이 보는데 군인답게 단정해야지. 10분내로 퇴치하고 보고하시오.》

단추 하나 떨어진것도 엄하게 추궁하던 그였다.

내가 급히 옷매무시를 바로하는 사이 분대장은 나의 보병총을 받아쥐고 점검하였다.

《네알? 안되겠소. 이걸 가지고 가오.》

나의 혁띠에 매달린 수류탄은 떼여놓으며 자기의 기관단총을 내밀었다.

소대에 하나밖에 남지 않은 기관단총의 총성이 곧 일제사격신호로 되군 했다. 작열하는 폭음속에서도 그 소리를 들으면 소대 아니 중대가 지켜주고있다는 믿음을 주던 기관단총이였다. 은근히 욕심내던 기관단총을 덥석 받아쥐는 나를 보던 분대장은 모를 세웠던 숱진 한쪽 눈을 쫑긋하였다.

그 후더운 모습을 보자 시가전이 격렬해져 어느 골목에서 불시에 적들이 밀려들지 모르는 위급한 정황을 각오해야 하는 그속에서도 분대장이 나를 지켜볼것만 같아 마음이 든든해졌다.

시민들을 인솔하기가 수월치 않았다. 누구도 바리케드를 떠나려 하지 않았다. 몇번 큰소리를 쳤으나 그때까지도 경아는 떠날 기색이 아니였다. 가까이 다가가보니 상등병의 어깨에 붕대를 꼼꼼히 매주고도 안심치 않는지 위생가방을 뒤지였다.

어느새 다가왔는지 중대장의 서늘한 음성에 나는 흠칫했다.

《명령을 잊었어? 아직두… 시간이 없다는데…》

격한듯 말을 채 맺지 못한 그는 무서운 눈길로 나를 보았다. 불이 황황[28] 이는듯한 눈길에 눌리운 경아는 그때에야 위생가방을 통채로 분대장에게 맡기고 일어섰다. 보병총에 총창을 꽂던 분대장은 위생가방을 받으며 빨리 가라고 손짓으로 재촉하였다.

빨리… 시간의 촉박감이 나의 뇌리를 쳤다.

적들이 밀려들기 전에 증원부대를… 아니 탄약이라도 급히 보충해야 한다.

---

27 《게바르다》의 입음형. ㊟ 게바르다 : 지저분하게 바르다.

28 불길이 몹시 밝게 타오르는 모양을 나타내는 말.

피어린 전투를 치르어야 할 중대의 운명이 나의 어깨에 무겁게 실리는것만 같았다.

성난 중대장의 눈길, 노기찬 그의 음성이 나의 걸음을 재촉했다.

골목길을 에돌면서[29] 뒤를 돌아보니 인솔대오의 뒤켠에 선 경아가 숨이 턱에 닿게 따라서는 녀인들을 이끌어주면서도 사위[30]를 살핀다. 그제야 나도 한결 마음이 놓이였다.

락오자가 없이 시민들을 부민관까지 인솔해간 나는 그달음으로 대대부로 달리였다.

눈여겨 새겨두었던 골목길을 빠져나와 지름길로 나서던 나는 그만 세종목에서 불시에 나타난 적들과 조우했다.

수류탄을 떼놓던 분대장의 말없는 행동을 단신으로 절대로 적들을 접근시켜서는 안된다는 지시로 깨우친 나로서는 불의의 정황을 침착하게 판단하고 위험에서 벗어날 마음의 여유를 찾았다.

책방담벽에 바싹 붙어 근거리련발사격으로 두놈을 쓰러눕히고 도로를 횡단하여 맞은편 목조건물로 달려가던 바로 그때였다.

펑끗! 익측[31] 큰길에 나타난 땅크의 포신에서 화광처럼 불덩어리를 내뿜고있는것을 눈아프게 보았으나 포성도 먼 메아리처럼 들릴뿐 왼다리에 강한 타격을 느끼며 의식을 잃고 쓰러졌다.

…

드넓은 풀밭, 싱그러운 풀냄새대신 이상하게도 들크무레한[32] 향기가 풍긴다. 귀청이 터질듯 한 총포성은 숨죽이고 온 세상이 잠든듯 고요가 깃들었다. 왼쪽다리가 점점 더 아파났[33]으나 나는 가까스로 걸음을 옮기였다. 힘겹게 걷느라니 어디선가 가느다란 목소리가 들린다. 걸어갈수록 점점 더 크게 들리는 그 소리는 퍽 귀에 익었다.

(누굴가?)

누구의 목소리인지 알수 없다. 풀냄새대신 들크무레한 꽃향기가 풍긴다. 정신을 모으고 가늠해보니 동생 순희의 하숙집 작은 뜨락에서 가꾸던 꽃향기가 분명하다.

(그 애는 남진하는 인민군대를 따라 부모님들을 찾아 대구로 갔는데…)

---

29 곧바로 가지 않고 멀리 돌거나 어떤 둘레를 돌다.

30 사방의 둘레.

31 어떤 사물을기준으로 하여 그 좌우의 측면.

32 조금 들큼하다. ㉾ 들큼하다 : 산뜻한 맛이 없이 좀 달다.

33 아프지 않던것이 몹시 아프게 되다.

한곬으로[34] 톺아보던[35] 생각에 정신이 팔려 돌부리를 걷어찬듯한 모진 아픔에 왼발을 휘청거리다가 끝내 몸을 가누지 못한채 쓰러졌다. …

가까스로 눈을 떠보니 벌거우리한[36] 초불[37]이 안겨온다. 그 다음 벽에 걸린 낯익은 다도해 풍경화가 어슴푸레 보인 순간 놀라움이 앞선다.

지난봄 스무살되는 순희에게 기념으로 그려준것인데 그럼 그의 하숙집인가?

그제야 애섧은[38] 울음소리가 그와 어린시절부터 자매처럼 지내다가 서울에 와서 하숙도 함께 하며 자별하게[39] 지내던 경아가 숨 죽여가며 흐느끼는 목소리라는것을 알아챘다.

《어마, 정신을 차리셨네…》

반가움에 젖은 목소리에 끌려 나도 입을 열었으나 말소리는 새여나오지 않는다. 가슴이 타는듯 한 갈증에 못이겨 입술만 감빨았다.

《안돼요. 물은… 피를 얼마나 흘렸다구요.》

경아의 애원하는 말이였지만 나는 정신이 들수록 더해지는 갈증에 못이겨 안타까운 눈길로 물을 찾았다. 경아는 약솜에 젖은 물기로 입술만 겨우 추겨줄뿐이였다. 혀끝으로 물기를 감빨던 나는 스르르 눈을 감았다.

(너그러운줄 알았던 그 마음이 그리도 야속하단 말인가. 역빠른[40] 순희 몰래 서라벌에까지 찾아와 밀회장소에서 만날 때에는 그가 사리에 밝고 퍼그나[41] 다감한줄 알았는데 한모금 물마저 저어하다니[42]…)

자포자기에 지쳐 가물거리는 정신이 자꾸 흐려지는데 입안으로 감미[43]하기 어려운 액체가 흘러든다. 한방울 또 한방울… 눈을 감은채 걸탐스레[44] 삼키였다. 그 생명수가 식어가던 내

---

34 (주로 《－으로》형으로 쓰이여) 목표가 바로 잡힌 하나의 방향.

35 샅샅이 톺아가면서 살피다. ㊌ 톺다 : (무엇을 얻으려고) 샅샅이 더듬으며 찾다.

36 벌건 빛이 은은하다.

37 초에 켠 불.

38 애달프고 서럽다.

39 가까이 사귀는 정이 남다르게 극진하다.

40 역고 재빠르다. ㊌ 역다 : ①눈치가 있고 꾀바르다 ②자기에게 리롭게 꾀를 부리는 성질이 있다. ㊌ 꾀바르다 : 꾀가 많고 약삭바르다.

41 보통정도를 훨씬 벗어날만큼 꽤.

42 ①놓이지 않는 마음으로 꺼리거나 두려워하다 ②일을 그르치지 않을가 념려하여 걱정하고 조심하다.

43 단맛.

44 걸탐스럽게. ㊌ 걸탐스럽다 : 무엇을 받아들이려는 의욕이 강한데가 있거나 몹시 강하다.

몸으로 따스히 스며들자 흐릿해지던 안개발[45]이 벗겨지듯이 점차 정신이 트이였다.

첫 순간 부대에서 받은 명령이 생각키웠다. 자리에서 일어나려고 몸을 뒤채기며 모지름[46]을 썼다.

《안돼요. 움직이면…》

경아는 나의 어깨를 가볍게 잡아눕혔다.

《중대자 — ㅇ…》(받침말 소리내기가 그리도 힘든지)

《알아요. 중대장동지랑… 전우들을 이틀째 찾았어요. 허지만 누구도 만나지 못했어요…》

경아의 말이 더는 들리지 않았다. 다만 이틀이면 명령받은 시간이 퍼그나 지났다는 생각이 들었다. 이를 사려물고[47] 일어나려 손을 뻗쳤다.

《안된대두요. 미군이 서울을 점령했어요.》

놀라운 그 말에 항변이라도 하듯 불쑥 상반신을 일으켜세운 나는 안주머니에서 종이쪽지를 꺼냈다. 온 중대가 지켜보는것만 같아 종이쪽지를 펼치는 손은 떨리였다. 제 성미처럼 활달한 필치로 쓴 중대장의 글씨가 어슴푸레한 초불에도 또렷이 보였다.

《18시까지 ㅊ지구를 불허함.》

나는 그만 신음소리를 내며 종이를 떨구었다.

(18시라면 내가 명령받은 때로부터 30분후다. 부대는 그후에 어떻게 되였는지?)

나는 무너지듯 자리에 쓰러졌다.

방바닥에 떨어진 종이를 보던 경아도 그만 두손으로 얼굴을 감싸쥐며 흐느끼였다. 그때 나는 유표[48]나게 흰 붕대를 감은 새끼손가락을 보면서 그의 단지[49]의 피로 소생했다는것을 알 수 있었다.

바리케드로 밀려드는 땅크, 3개의 반땅크수류탄, 최후를 각오하고 맞받아나가는 전우들의 모습이 환각처럼 눈앞에 얼른거렸다.

---

45 (일정한 범위에) 《길게 발처럼 쭉 깔려있는 안개》를 형상적으로 이르는 말.

46 괴로움을 견디여 내거나 무엇을 이루려고 안타까이 모대기는 것. ㊟ 모대기다 : ①(괴롭거나 안타깝거나 하여) 몸을 이리저리 뒤틀며 움직이다 ②(어떤 문제나 생각이 풀리지 않아) 이리저리 애써 생각하다.

47 입을 꽉 다물고 말 한마디 하지 않고 이를 사려물고 그냥 일손을 다그쳐나갔다.

48 두드러지게 표가 나는 것.

49 전날에, 스스로 자기 손가락을 자르거나 깨무는것. 주로 부모나 남편의 병이 몹시 위급할 때 그 병의 회복을 위하여 피를 내여 먹이려고 하거나 또는 상대편에게 맹세하는 표시를 보이거나 혈서를 쓸 목적으로 하였다.

《어쩌면… 그처럼 의로운 용사들이… 우리만을…》

몸부림치듯 안타까이 뇌이는 경아의 말을 들으며 다시금 침대에서 일어서던 나는 왼발의 모진 동통[50]에 못이겨 방바닥에 쓰러졌다. …경아는 피가 질벅하게[51] 내밴 다리의 붕대를 풀었다.

《다리를 수술해야겠어요.》

다리의 험한 상처를 보는 그의 눈빛은 어두워졌으나 나는 고개를 저었다. 빨리 몸을 추세워 한시바삐 부대를 찾아가야 한다는 한가지 욕망뿐이였다. 그래서 경아가 떠넣어주는것이라면 억지로 삼켰다. 원기를 돋구려는 불같은 모지름으로 회복은 빨랐다. 그래도 푸르죽죽하게 죽어가는 왼다리의 아픔만은 점점 더 참기 어려워졌다. 사흘만에 경아도 더는 참지못해 또 같은 소리를 했다.

《정말이예요. 수술해야지… 시간을 끌면 큰일나요. 제가 의사를 데려오겠어요.》

《아니, 정 수술해야겠으면 경아가 메스(수술칼)을 줘오.》

나의 결연한 태도에 놀란 경아도 목소리를 높였다.

《내가요? 어쩜… 내 손으로 … 그건 안돼요.》

《그래두 그런 아픔만은 참을수 있소.》

《그러지 마세요. 순희 오빠! 제발 그것만은…》

두손을 모아쥐고 애타게 사정하는 그의 크고 시원한 두눈에는 맑은 눈물이 서서히 고이였다.

《놈들이 수색전을 벌리고있을텐데 인적기미를 보여선 안되오. 누구든 불러들이면 더구나 위험해…》

내 말에 굳어진듯 서있는 그를 조용히 타일렀다.

《이 일은 경아만이 할 수 있소. 난 믿어…》

《그러지 마세요. 전 녀자예요.》

그의 연약한 어깨를 어루쓰다듬던 나는 그만 아픈 말로 체찍질했다.

시간을 끌다가 다리를 잘라야 좋겠는가고… 부대를 찾아가야 할 내 마음을 그리도 매정하게 몰라주는가고…

---

50 아픔.

51 물기가 매우 많아 몹시 질다.

《순희 오빠 그건… 너무도 가혹해요. 그런 일을 하기에는 전 너무도 연약해요. 그러지 마세요.》

몸을 빼며 고개를 흔드는 그에게 나는 그만 자신을 다잡지 못하고 노성을 질렀다. 그다음… 피발이 선 눈으로 나를 지켜보던 경아는 뒤걸음질치다가 홀연 문을 열고 뛰쳐나갔다.

그날 밤 경아는 종시 면식있는 외과의사를 데려왔다. 두대의 초불을 긴 거울로 반사시켜놓자 한결 밝아졌다. 상처를 헤쳐본 중년의 의사는 얼굴을 찡그렸다.

《지독하군… 안으로 썩고있는데 어떻게 참았소. 미련하게스리…》

제풀에 투덜거리던 의사는 국소마취주사를 석대 놓았다. 그리고도 집도[52]조수로 나선 경아에게 두다리를 잡으라고 눈짓으로 지시했다.

아픔이 모여든 상처부위에 수술칼을 대는 순간 나는 저도 모르게 튀여나오는 비명을 막으려고 백포로 입을 막았다.

모진 아픔으로 정신이 흐리마리해질수록 나는 하나의 생각에 쏠리였다.

상등병! 내 우직한 손으로 마취제도 없이 험악한 총상을 지혈시킬 때 고통이 어떠했으랴, 허나 내 손이 떨릴가봐 신음소리도 없이 모진 아픔을 참던 그 소리없이 이를 갈며 고통을 이겨내던 그 의지를 나도 지켜야 한다.

접시우에 파편쪼각이 하나둘… 뼈조각도 두개 떨어지는 소리를 들으며 가까스레 정신을 모두었다. 아픔에 못이겨 정신을 잃으면 저도 모르게 소리칠수 있다는 위구[53]때문에… 언듯 상등병의 목소리가 들리는것 같다.

《참게. 좀 더 참으라구. 지금 자네 아픔보다도 경아가 참는 고통이 크다는걸 잊지 말게.…》

《음— 으음—》

이새[54]로 새여나오는 신음소리를 삼키려고 몸을 뒤틀자 영악스레[55] 감싸누르는 경아의 체온을 피부로 느끼며 녀자란 결코 연약한 존재만이 아니라는 생각이 들었다. 시간은 왜 이리도 느린지…

봉합을 끝낸 의사의 화락하게[56] 젖은 잔등에 경아가 얼굴을 묻으며 흐느끼였다.

---

52 (수술, 해부 같은것을 하기 위하여) 수술칼을 잡는것.

53 걱정하고 두려워하는것 또는 걱정하는 두려움.

54 《사이》의 준말.

55 영악스럽게. ㉾ 영악스럽다 : 보기에 영악하거나 매우 영악하다.

56 (옷 같은것이) 물이 뚝뚝 떨어지게 흠뻑 젖다.

《선생님, 고마워요. 정말 용하세요.》

《용한건 저 젊은이요. 차라리 소리라도 쳤으면 나으련만… 정말 지독하군. 저런 힘을 가졌으니 회복도 빠를게구. 잘만 하면 다리를 절지 않을수 있소. 이런 젊은이들을 아껴야할텐데…》

위안어린 의사의 말을 들으며 련민의 정이 담뿍 어린 눈길로 나를 쳐다보는 경아의 얼굴은 그제야 밝아졌다.

새벽에 의사를 배웅하러 따라나섰던 경아는 거처를 옮기려 했다.

날이 흐를수록 아픔을 씻어내리면서 육신의 활력이 점차 펴져가고있음을 느끼였다.

내 입맛과 회복에 신경을 쓰며 이 살판[57]에서 어떻게 찹쌀과 녹두를 구해오는지 경아의 성의가 송구스러웠다. 아침마다 붕대를 갈아댈 때마다 아픔을 덜어주려 애쓰는 경아의 다심한[58] 손길에 자신을 비추어오면서 잠시나마 제 감정을 누르지 못해 그를 타매했던[59] 후회가 새로와져 용서를 빌고싶었다.

말로써는 다 번질[60]수 없는 애끊는 사연을 그대로 그림에 담아 사과하려 먹필을 들었다.

다감한 정이 투명하게 내비친 그의 그윽한 눈길에 초점을 두고 경건한 의지가 비낀 오똑한 코날에 짙은 음영을 주면서 될수록 섬세한 감정색갈[61]까지 살리려고 했다.

상처가 아물자 나는 경아가 구해온《상이군인》(부상병)증명서를 가지고 길을 떠났다.

차도 얻어타지 못하고 걸어서 사흘만에 명학산기슭에 이른 나는 헤여지기 섧어[62]하는 그에게 그림을 쥐여주며 위안하였다.

삼포막로인의 도움으로 명학산빨찌산에 들어가 나는 다리도 완쾌되고 이곳 지형을 잘 아는 덕에(풍경화그림을 그리려 여러번 오군 했었다.) 자주 정찰을 나가군 했다.

잊혀지지 않는 그믐밤, 적들의 매복에 걸려 적들을 유인하던 끝에 치명상을 입고 정신을 잃고말았다.… 정신이 들고보니 감방이였다.

이듬해 봄 뜻밖에도 면회실에 나타난 경아를 보고 나는 놀라지 않을수 없었다.

---

57 무시무시하고 스산한 판.
58 (자그마한 일까지 마음이 놓이지 않아) 걱정이나 마음 쓰는 일이 많다.
59 침을 뱉으면서 꾸짖는다는 뜻으로《아주 더럽게 여기면 욕하거나 규탄하는 것》을 이르는 말.
60 (말, 소리, 울림 등이) 딴데로 옮아 퍼지다.
61 ①(광선을 받은 물체가 어떤 파장의 광선은 흡수하고 다른것은 반사하는데 따라 드러내보이는) 색의 성질 ②사람의 생활이나 언행, 작품, 인정세태 등이 가지고있는 사회계급적인 본색 또는 개성적인 특색.
62 서럽다.

《제가 그때 뿌리치고라도 따라서야 하는건데…》

그는 올곧은 마음을 풀지 못해 눈물만 흘렸다.

나는 따뜻한 말로 그를 위안해주고나서 다시는 찾아오지말라고 심심히[63] 당부했다.

한해 두해 세월이 흐를수록 고귀한 청춘을 바쳐 싸운 전우들이 사무치게 그리웠다. 갖은 악형과 가혹한 공갈속에서도 나는 전우들이 나를 지켜보는것만 같아 의지의 힘을 가다듬군 했다.

그래도 무정한 세월속에 그들의 모습이 삭막하게 흐려질것만 같은 조바심에 싸여 나는 잊을수 없는 전우들의 모색을 하나하나 그려나갔다.

기대어린 눈길로 나를 바래워주던 중대장과 자기의 기관단총을 나에게 선뜻 주고나서 나의 보병총에 총창을 꽂던 분대장만이 아닌 나에게 힘과 용기를 복돋아주던 전우들의 모습까지도 그렸다.

불타고있는 두대의 적땅크는 별로 개의치 않은채 폭파묘리를 열심히 설명해주면서 전쟁이 끝나면 자기 광산에도 꼭 찾아오라고, 그러면 굉장한 발파를 보여주겠으니 장쾌한 그 모습을 그림에 담아보라고 슬며시 든장질[64]하던 땅크잡이에 《호랑이》인 2분대의 광산내기상등병의 턱밑이 거밋한 인상적인 모습까지도 그려갈수록 절절한 그리움이 작은 내 가슴을 꽈악 움켜잡은채 놓을줄 몰랐다.

기나긴 10년세월이 흘러도 여전히 한모습으로 해마다 찾아오는 경아를 만류하다 못해 지쳐버린 나는 아픈 말로 그의 여린 마음을 후벼내려 했다.

서로 만나는 고통을 이제 더는 참을수 없다고, 피마르는 괴로움을 주지 않으려거든 다시는 찾아오지 말고 내가 잊게 해달라고 했다.

앞으로 면회를 일체 사절하겠다고 얼굴 붉히며 말하는 나를 정깊은 눈으로 말없이 지켜보는 경아가 안타깝게만 생각되여 또 진정을 터놓았다.

《전향문 한장이면 자유로운 몸이 된다는걸 나도 알지만 결코 동지들의 고결한 넋을 욕되게 할수 없소.》

《순희 오빠마음을 저두 알아요. 그래서 저두 따르고싶어요.》

---

63 매우 간절히.

64 ①든장으로 통나무를 들어옮기거나 굴려 내려뜨리는 일 ②《(어떤 마음의 충동을 일으키도록) 추동질하는 일》을 비겨 이르는말. ㊟ 든장 : 쌓아놓은 통나무를 굴려내리거나 옮겨놓을 때 쓰는 도구의 하나. 단단하고 긴 막대기로서 쇠갈구리 같은것이 달려있는것도 있다.

한숨처럼 가늘게 새여나오는 그 소리가 나의 마음을 쿵하니 울려주었다. 오랜 생각끝에 나는 깊이 간수해두었던 전우들을 그린 그림을 넣은 봉투를 꺼내주었다.

《이것이 마지막이요. …더는 만날 생각마오.》

말없이 봉투를 받아 품속에 간직하는 경아의 두눈에는 놀라움이 눈물속에 얼른거리였다.

또 한해가 지나 마가을이 오자 마음치 초조해진 나는 마음속으로 시퍼런 칼처럼 날이 선 말들을 고르고 골라보았다.

《고약한 사람만큼 외로운 인간이 없다더니… 또 나를 찾아와 나를 배반에로 유혹하려 한다는걸 알기에 다시는 만나지 않겠다.》는 서리찬 말 한마디 남기고 돌아서리라고 마음다졌다.

하지만 서로 얼굴 붉히며 가슴 맺힌 말을 하지 않아도 되였다. 그가 더는 면회를 오지 않았던것이다. 이젠 그의 마음도 변색되였으리라고 생각했다. 허나 지금까지도 흐려지지 않은 그의 애틋한 마음이 담긴 차입품을 지켜보는 나의 눈굽은 뜨거워진다.

2

출옥후 나는 달포나마 병원신세를 지게 되였다. 쇠약해진 몸보다도 흥분때문인지 혈압이 올라 안정치료를 받아야 했다. 차츰 흥분이 잦아들면서 혈압이 안정되자 나는 누이(순희)의 권고대로 경인지구 안침한[65] 곳에 자리잡은 그의 집에서 보양하였다.

병원에 있는 때조차 기자들이며 친척, 친우들은 물론 《××회》, 《××협회》등 민주운동인사들, 지어[66] 중학생, 대학생들까지 위문오는 바람에 손님방문이 그칠줄 몰랐다. 그새 시일이 퍼그나 흘렀는데도 경아가 나타나지 않아 혼자 속으로 바재이[67]였다. 이따금 나는 문득 누이와 조카인 현이에게 묻고싶었으나 무엇인가 조심하는 눈치여서 기회를 미루게 되였다. 병약한 나를 극진히 보살펴주는 현이는(어언간 30나이에 들어선 경건한 지성미가 흐르는 부인이 되였다.) 준수한 옷매무시며 단아한 행동거지, 지어는 청맑은 부드러운 음성에 이르기까지 신통히도 나를 찾아오군 하던 그 나이때 경아와 방불하여[68] 문득 나를 놀라게 하군 하였다.

그의 손길에 이끌려 매일 산보길이 멀어져 이제는 나도 집안에서는 치료체육에서 《최우수

65 안쪽으로 치우쳐 아늑하다.

66 (주로 토《까지, 조차, 마저, 도》등이 붙은 단어의 앞에 쓰이여) 《더 나아가서》, 《더우기》, 《또한》, 《예상외에》, 《놀랍게도》등의 뜻으로 앞에서 든 사실뿐아니라 새로이 들어서 보여주는 사실을 두드러지게 내세우며 강조할 때 쓰인다.

67 마음이 진정되지 않아 이 생각 저 생각하다.

68 ①비슷하거나 그럴듯하다 ②모습이나 형상이 눈에 선하다.

생》으로 평을 받았다.

한시도 내곁을 떠나지 않던 현이는 부인회일로 불가피하게 며칠동안 호남으로 떠나면서도 무엇인가 안심치 않는지 몹시 아쉬워했다.

《얼른 일보고 내 인차[69] 돌아서겠어요. 그새 매일 열보씩만 더 늘이세요. 약속했어요.》

멀어져가는 차안에서도 손을 흔드는 그의 모습이 정겹게 안겨온다. 그래서 나도 문득 한마디 했다.

《현이가 저 나이때 경아와 신통한[70]것 같구나.》

《글쎄, 어렸을 때부터 제 이모가 제일이라구 노상 묻어[71]다녔으니까요. 하긴 언니가 그렇게 키웠는지도 모르지요.》

《그래— 그는 지금 어디에 있냐?》

스스럼없이 묻는 내 말에 잠시 대답이 없던 누이는 내 손을 모두어[72] 잡는다.

《오라버님, 마음을 크게 먹으세요. 언니는 이 세상 사람이 아니예요.》

그 말에 나는 숨이 꺽 막히는것 같아 고개를 떨구었다.

《아유, 오라버님이 이렇게 놀라시니… 그러지 않아두 현이가 제 온 다음에 건강을 봐가며 천천히 알려드리라구 당부한걸 그만 내 실언이…》

나는 귀안이 멍멍해지며 손발이 저려들었다. 누이가 황황히[73] 가져다주는 진정제와 빙수[74]를 마시고나니 가슴이 좀 열리는것 같았다.

안타까운 마음이 앞서 이것저것 물었으나 내 손발을 주물러주던 누이는 단마디[75]로 대답하고나서《오라버님, 이젠 생각을 좀 돌리세요.》하는 말만을 낱말[76]처럼 되뇌이였다.

병으로 정양[77]지에서 사망했다는것도 세네번 되물어서야 동[78]에 닿지 않는 말로 겨우 알려줄뿐 앞뒤 사연이 좀처럼 이어지지 않았다.

---

69 이내.

70 (긍정적으로 평가할 만한 것이) 마음에 들고 훌륭하다.

71 ①다른 사람에게 휩쓸려 따라다니다 ②지꿎게 따라다니다.

72 (손이나 발 같은것)을 한데 모으다.

73 당황하여 급하게.

74 얼음물.

75 짤막한 한두마디의 말.

76 하나하나의 말마디.

77 조용히 안정하여 쉬면서 문화휴식도 하고 피로도 풀며 치료도 하면서 건강을 돌보는것.

78 앞뒤가 들어맞는 조리. ㉾ 조리 : 일이나 행동.

이튿날 저녁 소슬바람이 부는 로대에 앉아 어두운 하늘에 돋는 별을 지켜보며 혼자생각에 옴해[79]있는데 누이가 방안으로 불러들이였다.

《초가을인데 감기에라도 들면 어찌겠어요. 생각이 깊어지면 마음아픔도 커지겠는데… 그러시네.》

《마음 아픈게 대수냐.》 나는 고개를 외로 틀었다.

《이젠 그만해요. 아무리 가슴 허빈들[80] 저 세상사람이 살아 오겠나요.》

말은 천연스러웠으나[81] 누이의 음성도 펴그나 젖어있었다. 마른기침을 돋구면서 서러운 마음을 감추던 나는 그에게 침중한 눈길을 보내였다.

(아서라. 세월이 아무리 모질고 무정한들 우리 정이야 가르겠냐. 인생에 처음 간직했던 순정인데…)

내 마음을 읽었는지 생각을 깊이 더듬던 누이는 한참만에야 무겁게 입을 연다.

《그 마음을 알아요. 그보다도 언니(경아)의 마음을 난 더 잘 알아요.》

머리를 비다듬으며[82] 초연히 앉아있던 누이는 제 마음을 스스로 터놓았다.

《우리 현이가 일곱살되는 해 봄이였어요. 내가 저자[83]를 봐가지고 돌아오니까 글쎄 경아언니네 아버님이 기다리는게 아니겠어요. 나이 칠순이 넘은 로인이 그즈음 환절기에 로환으로 시달린다는 말을 들었는데 지팽이에 의지해서 찾아온걸보고 전 퍽 놀랐어요.

로인의 가긍한[84] 정상[85]을 바라보며 나는 요즘 치과병원이(두딸을 내세워 개인병원을 운영하였다.) 불경기여서 속태우는가고 묻자 그는 고개를 저으며 긴 한숨부터 내쉬였어요.

《현이 에미야, 한집안이나 다름없으니 이제 와서 우리 집 허물을 숨겨 뭘하겠나. 이 어려운 세상을 살아가면서두 손톱이 닳게 아득바득 육신을 놀려 자식들 공부시켜주고 성가[86]시켜 여한을 사려 하지 않았는데 곱게 기른 저 막내딸년이 수절인지 뭔지 청승맞게 외기러기신세를 하고 있으니 내 편히 눈 감을것 같지 못하이.》

---

79 (한가지 생각이나 일에) 골몰하다.
80 (마음의 아픔을) 세게 자극하다.
81 천연한 느낌이 있다. ㊟ 천연하다 : 시치미를 뚝 떼여 아무렇지 않은 듯하다.
82 ①곱게 매만지거나 빗어서 다듬다 ②곱게 단장하다.
83 《시장이나 장》을 달리 이르는 말. ㊟ 저자(를) 보다 : 시장이나 가게 또는 상점에 가서 물건을 사다.
84 ①불쌍하고 가엾다 ②보기 거북할만큼 민망스럽다.
85 가엾은 형편.
86 결혼하여 따로 한가정을 이루는것.

제 설음에 겨워 한참 푸념을 늘어놓던 로인은 내 손을 잡으며 간절히 부탁했어요.

《어찌겠나. 좀 도와주게. 좋은 혼처가 나섰는데 이번에두 몸을 사리니 처녀환갑이 지난 저게 화단[87]이 아닌가.》

나도 오래전부터 생각해오던 일이여서 혼처가 어떤가고 물었어요. 로인은 제 오빠 다니는 회사의 전무라는데 재산두 남부럽지 않구 학식도 있다는것, 음력설에 세배하러 온걸 보니 인격이 좋은데두 서로 만나보기는커녕 그의 말조차 들으려 하지 않는 벽창호이니 제 딸이긴 해두 이젠 아예 맞서고 싶지도 않다고 탄식만 했어요.

《어찌겠나. 부모 팔아서 동무 사고 동무 따라 강남 가는게 젊은인데 이런 때 현이 에미가 나서면 옥맺힌[88] 마음이 풀릴게야.》

내 힘껏 해보겠노라는 장담으로 로인을 가까스레 안심시켜 돌려보낸 후 생각이 깊어졌어요.

며칠째 생각을 굴리며 애를 태우던 끝에 나는 현이부터 꼬드기였어요.

말을 배울 때부터 이모라고 부르는 우리 현이를 언니가 얼마나 고와했는지 나보다 더 따랐댔으니까요.》

추연한[89] 눈길로 나를 지켜보면서 누이는 담담히 말을 이었다.

…

《이모하구 같이 창경원에 갈가, 벗꽂구경 좋지.》 순희는 어린 현이를 꼬드기였다.

《응, 같이 갈래.》

손벽을 치며 좋아하던 현이는 경아가 들어서자 대뜸 매달리였다. 현이 말이라면 오금을 못쓰는 경아였지만 이번만은 서거픈[90] 미소를 지으며 달랬다.

《우리 현이 곱지. 내 약과사줄게.》

《싫어, 약과두 창경원 가서 사줘.》

현이는 웃몸을 비튼다.

《그럼 재미난 만화영화 보러 가자.》

《싫어싫어 꽃구경 갈래.》

---

87 화를 일으킬 실마리.
88 《옥맺다》의 입음형. ㉾ 옥맺다 : 쉽게 풀지 못하도록 옭아매다.
89 ①처량하고 슬프다 ②근심스러워 얼굴색이 해쓱하다.
90 서거운 느낌이 있다. ㉾ 서겁다 : ①마음에 섭섭한 느낌이 있다 ②쓸쓸하다.

《이모는 바빠. 이번엔 엄마하구 가거라.》

《아니야, 나두 두손 다 잡구 갈래.

명희두 엄마, 아빠손 잡구 갔는데, 잉잉－》

엄마 신칙[91]만이 아닌 제 마음 내키는 그대로 현이는 발버둥까지 치면서 마른 울음을 울었다.

《아빠가 출장갔다 오면 꽃이 다 떨어지겠는데 난 몰라.》

현이 눈물에는 꼼짝 못하는 경아였다.

《그래 함께 가자. 현이가 섭섭치 않게.》

얼굴이 발가우레 달아오른 경아는 현이의 생투정에 지고 말았다. 정작 옷차림을 하고 나섰을 때 이번에는 순희가 트집을 건다.

《난 안 가겠어요. 고운 꽃구경 가면서 언니차림새가 그게 뭐예요.》

순희는《옥양목저고리에 검은 목세루치마는 시골에 나들이 갈 때나 입으세요.》하는 말이 입안에서 뱅뱅 돌았다. 허나 사려깊은 눈길로 그의 마음을 알아챈 경아는 오히려 미소를 짓는다.

《이건 진솔인데 나한텐 어울려.》

《글쎄 안돼요. 창경원에야 꽃구경 절반 옷구경 절반인데 몸맵시 고운 언니가 궁상스레… 난 싫어요.》

순희의 게정[92]에 못이겨 겨우 고른것이 연두색깃을 한 진초록색 달린 옷이다. 화창한 봄날에는 너무도 색이 짙고 침침해 보인다고 순희는 은근히 걱정을 했지만 정작 그의 차림새에 사람들의 이목이 쏠리였다.

녀자의 지혜는 그 아름다움에 있다는 참뜻이 새삼스레 새겨지며 언니의 지성이 어쩌면 저리도 고상한 미로 번져졌는지… 그것도 연분홍색깨끼저고리에 다문다문 함박꽃이 박힌 화려한 치마로 성장한 자기보다 뭇시선이 경아에게만 쏠리고 있으니 말이다. 그러고 보면 상큼하게 들린 희 목과 호리호리한 경아의 몸매가 진초록색으로 해서 더 유연해지고 품위가 고상하게 돋보인다는것이 즐거운 마음으로 깨우쳐진 순희는 스스로 놀랍기만 했다.

부러움에 찬 시선들만이 아닌 시샘어린 녀인들의 눈길도 좋지만 천연스레 흘겨보다 못해 뒤돌아 다시 보는 남자들의 경이에 찬 눈길이 쏠리자 순희는 속으로 쾌재를 불렀다. 멋도 모

91 단단히 일러서 다잡거나 경계하는것.
92 불평을 부리며 엇나가는 말이나 행동.

르고 홍에 겨워 까치걸음을 하는 현이를 얼른 앞세우며 앞일을 가늠해보았다.

석탑아래 가면 줄이 간 회색양복을 입은 키가 훤칠한《부드러운 호남아》(경아 부친의 말을 빌면)가 서성거리고있을것이다. 천연스레 그 앞을 지나며 처음엔 언니가 눈치채지 못하게 선을 잘 보여야 할텐데. 하기야 인물맵시 쭉 빠지고 마음씨 또한 고운데다가 리화녀대 수석생이였으니 지성있는 남자라면 누구나 그 인품에 끌리지 않을수 없을것이다. 오늘 내가 향단이 역을 잘해야 할텐데… 저도 모르게 새여나오는 미소를 머금으며 혼자 속으로 즐거운 생각을 굴리던 순희는 오빠생각에 자연 걸음이 떠지였다.

고운 새를 남의 둥지로 날려보낸것만 같아 속이 알찌근[93]했지만 무정한 세월을 잡아둘수도 없고 기약없이 오빠만 기다리게 할수 없는 일이였다.

전번 면회갔을 때 경아일을 너에게 부탁한다고 얼굴이 벌개서 당부하던 오빠였지만 왜서인지 죄책감을 금할수 없다. 이번 차례진[94] 좋은 혼기를 놓치면 인생도 놓칠수 있으니까 이번에 꼭 마련[95]을 보아야 할것이다. 옴니암니[96] 제 생각에 쫓기우던 순희는 한걸음 뒤따라오는 경아의 눈치를 슬며시 살피였다.

천연스레 따라나선 그였으나 해맑은 얼굴엔 베일(그물)이 드리운듯 한줄기 우수가 비껴있는것을 보고 은근히 놀란 순희는 부러[97] 밝은 웃음을 띠웠다.

《언니, 이 꽃망울 보세요.》

《음, 꽃보다두 더 예쁘구나… 난 피곤해.》

뭇시선들을 피하며 경아는 걸상을 찾았다. 여느때 같으면 마음이 들떠 그와 무릎을 가지런히 하고 향기그윽한 꽃나무 아래서 종일이라도 이야기를 나누고싶은 순희였으나 조급한 생각이 갈마들었다.[98] 초조한 기색을 감추지 못하는 순희의 손을 이끌며 경아는 너그럽게 말했다.

《현이 엄마, 이리 와앉아 좀 쉬고 가.》

《현이 엄마라니, 언니두 참 생뚱같이[99] 구네.》

---

93 좀 알짝지근하다. 참 알짝지근하다 : (마음이) 좀 야속하게 아플 정도로 쓰리고 아쉽다.

94 (일정한 차례나 기준에 따라) 몫으로 배당되다.

95 무엇을 하려고 하는 속셈이나 속궁리 또는 계획이나 작정.

96 사소한 것에 이르기까지 이래저래 드는 비용. (부사로 쓰이여) 소소한 것까지 좀스럽게 다 헤아리거나 따지는 모양을 나타내는 말.

97 일부러.

98 (착잡한 사상 감정이) 엇갈려 일어나다.

99 (말이나 행동이) 장면이나 정황에 맞지 않게 새롭고 엉뚱하다.

순희의 눈에 비친 경아는 섬약한 제 마음이 내비칠가봐 지어하는 수줍은 모습이 아니라 자못 심중한[100] 자세였다.

《현이가 저렇게 클 때까지 아이적부름대로 찾군 했으니 참 안됐어.》

《싫어요. 언니가 그러면 난 더 옹색해요.》

《나두 언니라는 말보담 현이 이모라구 불러주면 마음이 편하겠어.》

기여들어가는 음성에 그의 서러운 마음이 진하게 배여있었다. 그럴수록 활달한 제 성미처럼 어성[101]을 돋구면서 순희는 그를 눅치려고[102] 했다.

《그럼 나두 딴 말루 불러들가. 내 말을 꼭 들어준다면 말이예요.》

《내 여적 네 말을 어긴적이 있니?》

《그럼 됐어요. 난 언니의 곧은 마음을 알아요.》

벌써부터 심각해지는 경아에게 매달리듯 순희는 그의 허리를 휘여안으며[103] 응석기어린 어조로 달래인다.

《언니, 이젠 오빠를 잊어－ 응.》

대답이 없다. 굳어진듯 미동도 없지만 숨소리는 예없이 높아졌다. 숨가쁜 침묵속에 순희는 조용히 한마디 더 보탰다.

《오빠두 그걸 바래요. 언니마음두 리해해요.》

파랗게 질린 경아의 얼굴을 보다못해 순희는 진지한 자세로 대들듯 한술 더 뜬다.

《흘러가는 인생이야 어떻게 붙잡구 있겠어. 꽃두 한철 청춘두 한철인데 언닌 벌써 막물[104]이야.》

그래도 말없이 고개만 젓는 경아가 민망스러워 순희는 두손잡고 안타까이 흔든다.

《언니두 너무해. 얼른 잠간[105] 인생이 가는데 노상 혼자 살겠어. 어서 짝을 무어야지.》

《아니 그것만은 싫어.》

경아는 눈을 내리깐채 조용히 뇌인다.

《남자가 오빠분이야? 오빠두 언니가 행복하길 바래요.…》

---

100 생각이 깊고 대하는 태도가 무게 있다.

101 말소리, 목소리.

102 언짢아졌던 감정이나 긴장된 분위기를 풀어서 누그러지게 하다.

103 팔을 휘여서 안다.

104 제철이 다 지나서 마지막으로 거두거나 따들이는 남새나 과일 같은것.

105 얼마 되지 않는 짧은 동안.

다음말이 나올세라 급기야 손바닥으로 순희의 입을 막는 경아의 눈빛은 진지하였다.

《아니, 난 그이한테 다시 두벌죄를 지을수 없어.》

《언닌 공연히 속죄하려고만 하네. 그런 생각은 털어버려.》

《아지 지금만 같아서도 난 그이가 쥐여주는 메스를 들었을거야. 뼈를 깍아낼 때의 모진 아픔에서도 신음소리 한번 없었으니까. 그런 억센이가 뭣인들 참고 견디지 못할라구. 난 그런 줄 몰랐댔어. 내가 수술하고 부대를 따라나섰더라면…》

《아이 말도 말어. 아무려문 녀자의 손으로 제 사람 다리에 칼을 댄단 말이야. 공연한 일루 속죄만 하다나면 견디겠어? 질거죽지.[106]》

순희는 노여움을 풀지 못한듯 눈을 흘겼다. 그럴수록 경아의 맑은 얼굴에는 강인한 기색이 점점 더 짙게 어리였다.

《이건 속죄가 아니야. 인 [illegible]이 찢기면서두 굽히지 않는 그 장한 뜻을 나두 따르고싶어.》

결연한 그의 말에 마음이 캥긴 순희는 애써 웃음을 피우며 딴전을 댔다.

《됐어요. 언니, 너무 심각하게 생각하면 모든것이 깨질수 있어요. 녀자의 갸날픈 인생까지두 말이예요. 매정한 세상을 여린 마음으로 진지하게 대해서는 안돼요. 단순하게 생각해야지, 좋은 꽃계절에 고운 꽃이나 구경하면 됐지, 치마 두른 녀자가 인생철학에 몰리면 암닭이 운다고 하겠어요. 호호…》

《그래… 꽃구경도 그만큼 했으면 인젠 돌아가자.

난 네가 무엇때문에 여기로 끌고나왔는지 짐작이 가.

너두 내 마음을 리해할 때가 있을거야.》

그 말에 놀라움을 금치 못한 순희는 눈이 둥그래졌다. 그를 마주보며 주춤거리던 경아는 손가방에서 봉투를 꺼내여 편지를 뽑아주었다.

첫눈에도 비껴쓴 오빠의 글체[107]가 분명했다.

《…경아!

십년세월 변함없이 지켜주는 갸륵한 그 마음에 끌려 나 혼자 안고 몸부림치던 무거운 마음을 터놓겠소.

명학산빨지산에 들어간 나는 거기서 우리 중대 동무를 만났소. 그의 말을 듣고서야 나는 마지막결사전에서 중대장도 우리 분대장도 그리고 상등병아바이와 다른 전우들이 땅크를 맞

106 질러죽다. ㊟ 질러죽다 : (고통이나 시달림으로 하여) 제기한이나 제명보다 이르게 죽다.
107 글씨의 체나 모양새.

받아나가 장렬하게 전사하였다는것을 알게 되였소.

결전을 눈앞에 둔 시각 나를 삶의 계선[108]으로 보낸 전우들의 뜨거운 사랑이 지금도 내 가슴속에 뜨겁게 흐르고있소. 그것을 지켜내지 못한다면 나에게 무엇이 남겠소.

모진 고문도 회유도 두렵지 않소.

허나 철창속에 갇힌 나에게는 세월이 흐를수록 한가지 아픔이 자나깨나 괴롭히고있소. 전우들이 청춘을 바쳐싸운 이땅이 지금도 분렬의 고통을 겪고있으니 아픈 마음 참을수 없소.

나를 진정 위한다면 나만이 아닌 그네들의 고결한 뜻을 이어주기 바라오. 다시는 나를 찾지 말아주오. 그보다 통일성전에 나선 그 모습이 나에게 힘이 되고 의지가 될것이요.

부디 행복하길 바라오.》

순희는 두손으로 얼굴을 감싼채 오열을 터뜨리고 말았다.…

모처럼 마련한 일이 빛도 보이지 못한채 꼭지[109]가 물러져 떨어지자 성이 독같이 난 경아의 부친은 자식들을 다 불러들이였다.

《나두 모르겠다. 이 꼴 보자구 너를 애지중지 키워 대학공부까지 시킨줄 아느냐. 소박맞은 년처럼 궁상을 떨면서…

그 주제에 과남한[110] 혼처를 마다해? 네 뭣에 홀리웠는지 말이나 해봐라.》

경아는 다소곳이 앉아 입술만 아프게 깨물며 한곳만 응시할뿐 대척[111]이 없다. 곁에서 보기가 딱해[112]난 오빠도 언니도 안타까운 마음을 털어놓으며 그를 다몰아세웠다.[113]

《내 소리없이 친구의 뺨을 친셈인데, 너두 생각이 있을테지.》 오빠의 말에 언니도 다가앉는다.

《어디 말해봐라. 속깊은 네가 외곬으로만 생각하니 옆에서두 보기가 딱하구나. 이게 무슨 꼴이냐.》

그래도 대척이 없는 경아를 보다못해 부친은 그만 노성을 터뜨렸다.

《이년아, 씨원히 말이라도 하려무나. 여긴 다 네 살붙이들만이니 꺼릴게 있느냐. 그 알량한

108 일정한 한계 또는 그 한계를 나타내는 선.
109 식물의 줄기나 가지에 잎몸이나 열매가 달려있게 하는 부분.
110 과람하다. ㊟ 과람하다 : 분수나 정도에 넘치다.
111 《대꾸》를 달리 이르는 말.
112 ①(형편이나 사건이) 뜻대로 되지 않거나 처리하기 어려워서 안타깝다. ②어색하고 민망스럽다.
113 호되게 몰아세우다.

수절인지 요절인지 하는 그 내막을 알아야지 내 복통이 다 터질것 같다. 네 옹친[114] 마음을 알아야 풀어두 주구 나두 편하게 눈을 감을게 아니냐.》

주먹으로 가슴을 치는 부친의 가긍한[115] 모습을 지켜보던 경아는 눈물을 훔치며 자리에서 일어섰다. 제 방으로 올라갔다 내려온 그는 엽서만 한 봉투를 내놓았다. 편지와 함께 그안에는 먹필로 그린 그림 몇장이 있을뿐이였다.

… 손을 들어 절박한 당부를 웨치는듯 한 인민군군관, 총창을 꼬으며 최우를 각오하듯 근엄한 눈길로 지켜보는 석줄배기 인민군군인, 두손 모아 반땅크수류탄을 움켜쥔채 원쑤를 겨냥하는 아래턱이 거밋한[116] 인민군전사… 인민군군인들의 모습만을 생생하게 그린 그림은 재능보다도 진지한 필치와 절절한 심혼이 깃들어있음을 누구나 첫눈에도 쉽게 알아볼수 있었다.

《우리가 딛고사는 이 서울을 지켜싸운 용사들이예요. 우리 겨레 하나되려 목숨도 아끼지 않았어요. 그네들에게도 남다른 희망과 꿈이 있었지만 조국 위한 성전에 바쳤어요. 우릴 위해서…》

전후사연을 자상하게 뇌이는 경아의 절절한 말은 피를 쏟는듯 했다.

숙연해진 방안에서는 숨소리만 높아졌다.

《지금도 감방에서 갖은 옥고를 치르며 그네들의 고결한 넋을 지켜가는 그이를 나는 잊을래야 잊을수 없어요. 내 인생이 뭐길래 그 장한 뜻을 버리겠나요. 난 그렇게는 못살아요. 아직두 미국이 《신사》행세를 하는 이 땅에서 분렬로 몸부림치는 우리 겨레의 아픔이 더해만 가는데 세상이 아무리 가혹한들 어찌 외면하겠나요.…》

흐느낌속에 모진 마음을 터놓는 경아의 애끓는 진정을 들으며 말없이 담배만 깊이 빨던 부친은 긴 한숨을 내쉬였다.

《원, 네 팔자두 지독은 하다.》

그 이후에는 누구도 감히 경아에게 혼사말을 꺼내지 않았다.

그해 가을 로환에 지쳐 자리에 눕게 된 부친은 무겁게 고개를 숙이고있는 자식들을 둘러보며 깊이 묻어두었던 진정을 털어놓았다.

《옛날에 사람 인(人)자를 지은 현자는 서로 믿고 사는것이 인간이라는 뜻을 의미해서 두 획을 벋디뎌[117]놓았다. 큰것이 넘어지면 작은것도 넘어지고 작은것이 넘어지면 큰것마저 넘어

114 마음속에 풀리지 않고 꼭 뭉치거나 얽히다.
115 ①불쌍하고 가엾다 ②보기 거북할만큼 민망스럽다.
116 (색깔이) 검은듯하다.
117 《벋디디다》의 준말. ㊟ 벋디디다 : 다리에 힘을 주고 버티여디디다.

지는… 고로 오로지 서로 믿고 의지해야만 장하게 서있는 인생철리[118]를 그대로 새겨놓은 게다.

그래서 짝을 무어 서로 믿고 의지하며 인생길을 헤쳐가는게 륜리인데 외토리인생이 얼마나 쉽겠냐.》

경아는 그만 설움을 터뜨리고말았다.

《그쳐라, 외기러기 네 신세가 가엾기는 하다만 큰뜻을 따르는 그 마음이 얼마나 이쁘냐. 전쟁때 가산을 다 잃고 서울에 올라와 이날 이때까지 애쓰며 마련한것이 자그마한 이 병원뿐이다. 어진 그 마음 기특해서 내 한생 기울여 모은 이 병원도 재산도 다 경아에게 남기련다. 너희들은 이떠냐?》

오빠와 언니도 눈물을 흘리며 아버지의 마음에 자기들도 따라세우겠다고 다짐했다.

《내 보나마나 저 애는 제 하나의 안락이 아니라 우리 겨레의 아픔을 씻고저 모든걸 통일성전에 바칠게다. 하긴 그래야지. 내 마음을 대신해서 앞으로는 너희들이 잘 돕거라.》

오빠, 언니가 경아의 두손을 뜨겁게 잡았다.…

돈도 생활도 걱정없는 경아였다. 하지만 누구보다 바빴다. 《××회》성원으로 후일에는 그 운동의 주역을 맡아나서 사회의 민주화와 통일운동에 분망하였다.[119]

현이가 ○○대학교에 입학하여 운동권의 요시찰인물로 지목된데도 경아의 영향이 다분하였다. 하기에 류치장에서 풀려나온 현이가 피멍진것을 보고 눈물부터 앞세우면서 순희는 경아에게 원망의 눈길을 보냈다. 했으나 경아는 이전과는 달랐다.

《우리 현이가 얼마나 의로우냐. 그걸 지켜줘야지, 눈물을 거두어라.》

타이르는 말보다 경아의 진지한 낯빛에 질려 순희는 얼른 눈물을 훔쳤다.

광주봉기가 터지자 경아는 병원일을 언니에게 다 맡기고 다음날 밤 불시에 남행길에 올랐다. 두달만에 돌아온 경아는 어깨에 부상을 입은데다가 천식에 시달리였다. 병원에서는 최루탄가스중독후유증이라고 하면서 약물치료와 함께 정양[120]을 권고하였다. (그가 말은 안했지만 도청옥상에까지 올라가서 부상자들을 날라오다 공수병의 대검에 찔리웠다. 상처가 좀 낫자 붕대한채 한팔로 낮과 밤을 이어 밀려드는 부상자들을 치료한 그의 희생적인 투쟁이 봉기자들을 크게 고무하였다고 하였다.)

---

118 ①철학적인 원리나 리치 ②매우 깊은 리치.

119 매우 바쁘다.

120 조용히 안정하여 쉬면서 문화휴식도 하고 피로도 풀며 치료도 하면서 건강을 돌보는것.

건강이 회복되지 못하고 한두해 시름시름 앓던 경아는 폐에 생긴 농양이 붕괴된다[121]는 진단을 받고서야 형제들과 친지들의 권고에 못이겨 현이와 함께 다도해로 떠났다. 했으나[122]정양계절이 좋은데도 한달만에 급기야 되돌아왔다.

《북녘동포들이 수재민들에게 구호물자를 보냈다는 소식을 들으니 잠들수 없어 동포의 뜨거운 정 담긴 그걸 내 눈으로 보고싶어그래.》

그의 절절한 마음에 모두가 가슴이 뭉클해졌다.

이듬해 봄 정양을 떠나기에 앞서 그는 병원도 재산도 다 정리하고 그 묵돈[123]을 순희에게 내놓았다.

《언제이건 그이가 풀려나오면 내 대신 드려줘.》

놀라는 순희의 두손을 꼭 쥐며 당부했다.

《내가 그이를 나처럼 믿는다는걸 알지. 그이는 통일성업에 마지막푼전까지 아껴가며 쓸거야. 난 알아.》

돈없이는 한걸음도 내디디기 힘든 새상에 큰 돈을 말끔히 내놓으며 어쩌겠는가고 하면서 순희는 뿌리치려 했다. 허나 경아는 고박한[124] 부친의 뜻이기도 하다고 하면서 종시 그 말을 듣지 않고 홀로 떠나갔다. 그것이 마지막길이 될줄은 누구도 몰랐다.…

누이의 말은 마디마디 내 가슴을 훑어내리였다.

《인생이 고행이라지만 그래도 이성의 따뜻한 정으로 서로 찬바람 막아주며 희로애락을 맛보는데 언니만은…》

누이는 터져나오는 눈물을 삼키려는듯 입을 감쌌으나 서럽게 새여나오는 흐느낌만은 막지 못했다.

《그만해라. 가혹한 이 세상에 제물처럼 바쳐진이가 그 한 사람뿐이냐. 그래도 곧은 뜻을 끝까지 세웠으니 한이 없지.》

누이의 마음을 늦구어[125]주려 나는 애써 대범하려 했으나 자연히 목이 메여 더 말을 할수 없었다.

방안에 침중히 흐르는 침묵속에 간간이 새여나오는 누이의 흐느낌을 들으며 나는 로대[126]

121 무너지거나 허무러지는것.
122 그러나.
123 액수가 많은 돈.
124 고지식하고 소박하다.
125 긴장된 분위기를 풀다.
126 (여러층으로 된 건물에서) 2층 이상의 방밖에 따로 달아놓은 지붕이 없이 드러난 대.

로 나갔다. 어느새 뒤따라나온 누이가 모세타[127]를 씌워주었다.

《필적이라도 남긴게 없냐?》

《일기두 편지두 있긴 한데 현이가 다 간수했으니 기다려야죠.》

내 건강이 안심치 않아 누이는 조금이라도 시간을 끌 기색이였다.

(생각만 있으면 현이의 서랍을 열고 찾아보련만 내 걱정이 덧쌓일가봐 념려하는것 같았다.)

천지에 드리운 어둠처럼 내 마음은 답답해졌다.

이 땅에 숙명처럼 드리운 암흑은 장장 반세기 고통과 죄악만을 뿌리며 우리 겨레의 가슴마다에 피와 눈물만 자아내는데 새날을 불러올 려명은 과연 언제 비낄[128]것인지…

《아무래도 내 다도해를 찾아봐야겠다.》

《아니 그 몸으로요? 몸두 추서지[129] 않았는데… 그건 안돼요.》

내 건강을 아이처럼 보살펴주는 누이는 대뜸 놀라와했다. 내가 묵묵부답으로 한숨을 내쉬며 담배를 피워물자 그도 조용히 다가섰다.

《저두 그 마음을 알아요. 허지만… 호남에 갔던 현이가 며칠새루 오겠는데 그때 상론해보세요.》

누이는 어째서인지 못내 안심치 않은 기색이였다.

3

호남지방에 내려갔던 현이는 예정보다 이틀이나 늦어 돌아왔다. 현숙한 중년부인의 경건한 자세가 완연했지만 나에게만은 20대 처녀시절로 돌아간듯 다감한 정을 다 쏟아부으며 무척 반가와했다. 했으나[130] 제 어머니한테 내 부탁을 듣자마자 웃음발이 어리였던 눈이 커졌다.

《다도해라구요? 먼 차길에 또 배길까지 그 몸으로 어떻게 가겠어요.

큰아버님, 고쳐 생각해보세요.》

내 일이라면 쌍수를 들고 나설줄 알았던 그였기에 어느덧 허거픈[131] 생각이 서서히 고여올랐다.

127 털실로 뜬 세타.
128 비스듬히 비치다.
129 (쇠약해진 몸의) 건강이 돌아서다.
130 그러나, 하지만.
131 허전하고 어이없다.

《아무리 멀다 해두 마음까지 멀어져서야 되겠냐.》

현이와 함께라면 천리도 마음을 놓겠다고 하자 그는 다소곳이 고개를 숙인다.

《실은 래달초에 경인지구에서 벌리게 되는《통일연구회》준비때문에 시간이 막급해서…그러죠.

참 거기서 비전향장기수송환을 촉구하는 문제도 나서는데 큰아버님이 참가하셔야죠.》

《래달초라면야 아직 시일이 있는데 며칠 짬을 내도 되지 않겠냐.》

《참 공연히 그러시네. 몸이 완쾌될 때까지는 그 일을 미루세요.》

서늘한 눈길에 미소를 피우며 내 두손을 다정히 잡아흔들었으나 나는 말없이 고개를 저었다. 조심히 나를 지켜보던 현이는 가늘게 한숨을 내쉬며 무겁게 몸을 일으켜 안방으로 내려갔다.

그가 짜준 일과대로 점심후에 서정가요를 들으며 반시간 낮잠을 자고나니 뜻밖에도 머리맡에 편지가 놓여있었다. 봉투를 보니 정양지에서 경아가 순희에게 보낸 편지였다.

경아의 체취가 스민 속지를 뽑아드는 나의 가슴은 글줄을 보느라니 나의 눈앞이 자연히 흐려진다.

《… 순희

내 인생의 마지막굽이에서 우리 서로 철부지시절에 애어린[132] 목소리로 찾던 그대로 정다웁게 불러보자 — 용서해…

손잡고 뛰여놀던 동요시절이 그립구나. 아니, 너와 나 둘이서 순희 오빠의 손을 하나씩 갈라쥐고 숨차게 달려가던 유년시절보다도《순희 오빠!》불러놓고도 숫저워[133] 얼굴 붉히던 때가 더 그리워!

정말 몰랐댔어.

그이와 정을 나눈것이 내 한생 짐이 될줄은…

그래두 난 좋아. 또 부러운것두 없구. 그이를 사랑했는지? 존경했는지? 답을 찾기 어려워.

지금 와서 오랜 세월 서리서리 엉키다 못해 내 가슴에 응어리진 갈피를 하나둘 헤쳐보니 뜨거운 사랑이나 사심없는 존경으로 이름하기에는 너무나도 소박한 믿음이였어.

믿음이 인생의 힘인줄은 다는 몰랐던 나는 멀고도 험한 인생길을 혼자 걸어오면서두 외롭지 않았어.

---

132 아주 어리다.

133 순박하고 수집어하는 티가 있다.

필생의 연고가 우리를 믿음으로 맺어놓았지.

넌 아직 내 마음 다는 몰라.

바리케드에서 싸우던 그 열흘나마 내가 의로운 그네들에게서 얼마나 큰뜻을 받아안았는지… 아니 그것두 다는 아니야. 제 생명으로 우리를 삶의 계선으로 건늬여보낸 그네들의 피타는 갈망을 나도 받아안았어. 애끓는 그 뜨거운 사랑도 함께 말이야. 그 고귀한 철리를 그이는 나에게 깊이 깨우쳐주었어. 제 심혼이 새겨진 그림마다에 잊을수 없는, 아니 잊어서는 아니될 통일의 절박한 사명감을 말이야.

사실 그이는 바리케드전에 섰던 그때부터 나를 딴눈으로 보게 됐어.

《너한테만 고백하건대 그이는 나를 사랑했어. 그것두 남달리 깨끗한 마음으로 뜨겁게… 말이야. 그렇지 않고서야 내 심금을 하나하나 튕겨보며 마지막 여린 심정까지도 후더운 입김처럼 포근한 정으로 그려낼수 있었겠니. 미온의 정이 젖어드는 그 손길 더듬느라면 내 마음도 하냥 즐거워!》

내 홀로 있을 때면 그이가 넋을 기울여 그린 그 모습들을 지켜보며 굳건해지는 마음을 말없이 나누군 해.

바위처럼 웅건한 그이의 큰뜻에 가냘픈 내 몸을 싣느라면 마음은 끝없이 평온해져.

면회를 가도 더는 만나주려 하지 않던 그이의 모진 말속에 사랑이 뜨겁게 굽이치고있었다는것을… 아니 뒤늦게나마 사랑보다 더 고귀한것을 나도 받아안았어. 내 조국을 지켜 제 한몸 서슴없이 바쳐싸운 고결한 영령들의 숭고한 넋을 안고사는 그이의 장한 뜻을 말이야. 불로도 태울수 없는 억센 의지의 힘을 낳는 불굴의 그 신념이 우리 겨레가 그처럼 갈망하는 통일성전에 비껴잇기에 더 의로운것이지. 나도 오로지 의로운 그 뜻을 지켜 소중한 인생을 다 기울이려 했을뿐인데 그마저 따르지 못하고 나 먼저 가게 되니 그게 더 안타까워.

순희! 언제인가 네가 말했지.

내가 손만 내밀면 재부[134]도 단란한 가정도 행복도 어렵지 않게 차례진다고… 하지만 그것이 인생의 전부는 아니야!

보다 크고 성스러운 모두의 뜻이 필생의 과제로 부르고있어. 적어도 분렬의 아픔으로 모진 고통을 겪고있는 우리 겨레앞에 말이지.

령어[135]의 몸으로 철창속에서도 그 뜻을 가슴에 안고 꿋꿋이 싸워가는 그이를 지켜주지 못

---

134 값있는 모든 재산과 물질적부 또는 그 원천으로 되는것.

135 《감옥》을 옛스럽게 이르는 말.

한다면 내 인생에 무엇이 남겠니.

난 그저 그이의 장한 뜻을 고여주는 자그마한 조약돌이 되면 그만이지 더 바랄것이 없어.

홀로 산다고 외로운것도 아니고 어머니가 아니 된다고 부러울것도 없어.

예서 현이가 나를 얼마나 극진히 보살펴주군 했는지 친딸인들 그보다 더하겠냐.

현이는 나를 한갖 이모만이 아닌 큰아버지의 큰 뜻을 받드는 내 마음을 알기에 그리도 극진하다는걸 난 알아. 아니 현이만이 아닌 수많은《현이》들이 보이지 않는 손길로 나를 위로해주고있다는걸 난 뜨겁게 느껴!…

내 한생 남부럽게 자매처럼 자별하게[136] 지내온 너에게 마지막으로 부탁해.

해마다 가을이 오면 그이한테 내 마음 전해줘. 내가 먼저간줄 모르게 말이야.

난 저세상에 가서도 그이의 장한 뜻만 생각할테야. 이젠 세월도 무섭지 않아.

… 그이가 옥살이에서 풀려나오면(눈물자욱으로 범벅되였다.) … 날 찾아 먼 다도해까지 오지 말라고 해.

부디 찾겠으면 그이 장한 뜻이 실현되는 통일의 그날, 통일연의 축배잔에 부은 술 한잔 내 무덤우에 부어주면 난 더없이 행복하겠어.

내 땅속에서도 오아시스보다 더 달고 시원하게 이 가슴 적시며 한떨기 소박한 들꽃으로 피여나 그네들이 고귀한 청춘을 바쳐 지켜 싸운 조국강산에 나도 진한 향기를 더해줄테야. 의로운 그 뜻을 따르는 내 마음 담아…》

저도 모르게《헉—》하는 흐느낌속에 시누린 눈물이 글자우에 떨어져 어름거린다.[137]

《경아!—》

글줄을 삼키듯 읽던 내 가슴속에서 외마디같은 부름이 새여나왔다. 비몽사몽에 싸여 경아 생각만 톺고있던 나는 건넌방에서 들려오는 누이의 말소리에 정신을 가다듬었다. 서둘러 나에게 편지를 보여준 현이를 청원하는 소리다. 그제야 나도 눈굽[138]을 닦고나서 자세를 가다듬었다.

《오라버님, 찬물을 드세요.》

(경아는 이 땅 한끝 다도해까지 밝은 날이 오기를 바래 자기를 거기에 묻어달라고 했다는 것이다.)

---

136 가까이 사귀는 정이 남다르게 극진하다.

137 자꾸 어름어름하다. ㊟ 어름어름 : 어리숭한 말이나 행동으로 우물쭈물하는 모양을 나타내는 말.

138 눈구석이나 눈의 가장자리.

찬물기운이 온몸에 퍼지자 몸이 한결 거뜬해졌다.

그날 저녁상을 물린 뒤였다.

《래달초에 모임이 있다고 했지?》

《네, 《통일연구회》요.》

내 눈치를 살피던 현이의 눈빛은 빛났다.

《나도 참가하겠다. 통일투사의 자격으로…》

《우리도 함께 나서면 비전향장기수송환이 꼭 실현될거예요. 북에선 모두 떨쳐나섰으니까요.》

현이의 눈가엔 벌써부터 기쁨이 남실거린다.

《그래 실현되구말구. 그날이 오면 내 먼저 북으로 갈테다.》

《어머! 큰아버님은 고향도 친지분들도 다 여기에 있는데두요?》

현이보다 더 놀라와하는것은 누이였다.

《혈육들이 옆에서 각근히[139] 돌봐줘두 불편이 많을텐데 아는이도 하나 없는데 어쩔려구요.》

《모르는 소리, 혈육보다 더 뜨거운 동지들의 손길이 이끄는데야… 내 얼마나 바랬다구.》

그래도 누이는 벌써부터 눈물을 앞세우며 한사코 막아나서는것이였다.

《오라버님, 깊이 생각해보세요. 인생의 끝이 언제일지 모르는데 말년에나마 혈친들과 세월을 두고 쌓인 정을 나누며 락을 봐야죠.》

내 눈치를 보는 현이의 눈가에도 물기가 그렁하니 맺히였다.

《내 왜 네 그 마음을 모르겠냐만 내 일신만 생각할수 없지.

이 땅에 청춘을 바친 동지들의 뜻을 받들어야 할게 아니냐. 그게 우리 겨레가 바라는 길인데… 내 여생을 다 기울일 생각뿐이다.》

정깊은 눈길로 나를 지켜보던 현이는 나의 손등을 어루쓰다듬었다.

《이모도 그걸 바랐을거예요.》

가볍게 새여나오는 그의 목소리는 물기에 젖어있었다.

*

139 각근하게. ㊟ 각근하다 : ①진심으로 정성스럽다 ②매우 극진하고 깊다.

드디어 비전향장기수의 귀환이 실현되여 나는 분계선을 넘어오게 되였다.

그날 배웅나온 현이는 차에 올라서도 시종 두손을 잡은채 나에게서 눈길을 떼지 못했다.

다감한 그 눈길은 말보다 더 많은 사연을 이야기해주고있다.

고속도로로 살같이 달리는 차가 분계선을 가까이 할수록 커다란 기대와 석별의 정이 엇갈린 그의 안색은 자못 심각해지였다.

입을 열면 설음이 터져나올것만 같아 입술을 옥물고있던 현이는 례의 그 그림을 꺼냈다.

《이모가 고이 간직했던것이예요. 받으세요.》

《고맙다.》

수십년전 감방에서 전우들을 그리며 그린 그림들을 하나하나 새겨본 나는 그의 손에 쥐여주었다.

《네가 고이 간수하거라. 이 땅을 지켜싸운 선렬들의 고결한 넋을 함께 … 말이다.》

《명심하겠어요. 큰아버님, 저두 이모의 넋을 이어 살겠어요.》

《그래 너와 나 서로 헤어져도 이모의 뜻까지 합친다면 큰힘이 될게다. 아니 북과 남의 우리 겨레가 손잡고 일떠서면[140] 통일의지는 곱절로 솟구칠게다.》

어느새 북에서 불어오는 시원한 바람에 실려 환호성이 들려왔다. 그 소리에 이끌려 현이와 나는 두손을 꼭 잡은채 시선을 모두었다.

현이의 두눈은 언저리가 불깃하게[141] 상기되면 불우물 패운[142] 입언저리가 가볍게 물결친다.

《다시 만나자. 다시 만나는 그날 우리 함께 다도해를 찾아가자꾸나.》

《큰아버님! 꼭… 만나요!》

서늘한 눈가에 물기가 서서히 어리다 맑은 눈물로 방울져내리는 현이의 모습을 마지막으로 새겨보던 나는 단아한 그 모색이 경아와 너무나도 흡사한데 다시금 놀라움을 금치 못했다.

온 겨레의 주시속에 내 조국의 허리를 갈라놓은 원한의 분계선을 나는 전우들의 피타는 갈망만이 아닌 경아의 지향도 함께 안고 넘어왔다.

---

140 힘차게 일어서다.

141 ①(색갈이) 연하게 붉다 ②(얼굴색이) 연하게 불기우리하다.

142 《파다》의 입음형. ㉿ 파다 : (손이나 도구, 기계 같은것으로) 속에 있는것을 걷어내여 움푹 하고 깊게 만들다.

애국의 마음이 한곬으로 쏠리는 길! 이 길 따라 서로 오고가면 마음도 넓어지고 통일의 문도 열릴것이다.

추기

나는 지금 푸르른 수양버들이 흐느적이는 보통강반[143]을 창너머 바라보며 이 글을 쓴다. 지금도 나의 가슴속에는 그네들의 애국의 넋이 고패친다.

통일의 환희를 안고 저 멀리 다도해를 찾아가게 될 그날까지 나의 수기는 계속될것이다.

143 강가의 좀 판판한 땅.

찬란한 아침

한 인 준

평양에서 10월의 밤이라면 쌀랑한 기운이 돌 때이다. 그러나 여기 조국의 남단 광주는 아직 훈향[1]이였다. 하긴 소대한에도 눈은 내리듯마듯 스러지고 정 맵짜다고 해야 귀바퀴를 한두번 문지르면 그만이라니 과연 남쪽은 남쪽이다. 겨울의 기온차이가 3~4도나 된다니 그럴만도 하다.

유정수는 샤쯔[2]의 목단추를 헤치고 뚜벅뚜벅 광주천 기슭을 걸었다. 도시의 한복판을 가로질러나가는 크지 않은 하천이라 싱그러운 강바람은 없고 어딘가 감탕[3]냄새, 폐유냄새 같은 비릿한것이 이따금 코를 자극한다. 그래도 포석깔린 유보도이고 머리를 풀어헤친 수양버들이 실실이 흐느적거리는 밤이라 여기저기에 쌍쌍이 거니는 청춘남녀들의 취한듯한 모습이 교교한 달빛아래 울비친다.[4]

하지만, 유정수는 그런것엔 감각이 없는듯 가락맞게 발걸음을 옮기다가 다시금 슬며시 뒤를 돌아다보았다. 미혜는 여전히 머리를 다소곳이 숙이고 굽높은 구두의 소리가 날세라 사뿐사뿐 따라오고 있었다. 또다시 찌르르 전류가 지나가는듯한 전률이 왔다.

(미혜가 오늘은 왜 이럴가, 분명 예감했던 그대로 품고품었던 그것이…)

성격이 활짝 터진 미혜였다. 애당초 주저라는것을 모르고 자기 마음을 숨기려 할줄 모르는 처녀였다. 상대방이 어떻게 생각하겠는지 그런것엔 아랑곳없이 제 마음에 고우면 곱다고 미우면 밉다고 에돌지[5] 않고 내뱉는 성미였다.

그런데 오늘은 판판[6] 다른 처녀가 되였다. 제먼저 어슬녘[7]에 광주천 철다리아래에서 만나

1 훈훈한 향기.
2 셔츠.
3 물에 풀어져 아주 곤죽같이 된 흙.
4 사전에 등재되어 있지 않음.
5 곧바로 가지 않고 멀리 돌거나 어떤 둘레를 돌다.
6 전혀, 또는 아주 완전히.
7 조금 어둑어둑한 무렵.

자고 할때만 해도 시원스럽고 용기가 있어보였는데 그담엔 영 수집은[8] 소녀가 되여버렸다.

《나오셨군요.》

처음 마주섰을 때 혀아래소리[9]로 이 한마디를 뇌인후에는 병원앞을 지나 충금동 교각에 이를 때까지 통 말이 없다. 가볍게 드리운 연한 미색저고리의 옷고름만 손가락에 감았다 풀었다 할뿐이였다. 그렇게 명랑하고 거침이 없던 송미혜는 어디로 갔는가?…

유정수는 이 답답한 긴 침묵속에 뒤끓어[10]번지는[11] 처녀의 속마음을 읽었다. 무형무색의 그 파도가 기슭을 쳐서 은연중 정수의 숨도 가쁘게 했고 말라드는 입술을 감빨게[12] 했다. 자기라도 무슨 말이든지 해야 하겠지만 매일같이 만나는 사이라 새삼스레 화제로 꺼낼것이 없다.

《…》

문득 미혜가 한발작 따라서 나란히 서며 침묵을 깨치였다.

《정수씨, 답답하죠?》

《그렇소. 미혜가 영 새침떼기가 되니 거북해 못 견디겠구만.》

정수는 미혜가 입을 연것이 반가와 부러 퉁명스레 대꾸했다.

《호호, 그럼 제가 소설이야기 하나 해드리죠. 이건 신분을 뛰여넘기가 태평양을 헤염쳐건느기보다 더 어려웠던 때에 있었다는 이야긴데요.》

미혜는 살며시 정수의 왼팔에 자기의 팔을 끼며 속살거리였다.[13] 따뜻한 체온과 향긋한 냄새가 불안한 가슴을 더 불안하게 했다.

…

어느 나라 어느 도시에 두 청춘남녀가 살았다고 한다. 그들은 어떤 계기였던지 우연히 만나서 알게 되였으며 점차 련정을 품게 되였고 나중에는 열렬히 사랑하게 되였다. 사랑은 고조점에 올라섰다.

헌데 처녀는 고관대작의 딸이였고 총각은 용모도 준수하고 마음도 성실하였지만 불행하게도 비천한 출신이였다. 이를테면 결합이 전혀 불가능한 한쌍이였다. 처녀의 아버지와 두 오빠는 만약 네가 그 총각에게 출가하게 되면 우리 가문에 치욕이 오는만큼 천부당만부당하다

8 수줍다.
9 잘 들리지 않게 입안의 소리로 하는 말.
10 들끓어.
11 (사람의 내면세계나 일의 형세, 정세 같은것이) 이제까지와는 다르게 변하다.
12 감칠맛 있게 쪽쪽 빨다.
13 남이 알아듣지 못하도록 작은 목소리로 자질구레하게 자꾸 이야기하다.

고 절벽으로 막아섰다. 열번 스무번 달래보고 위협하고 독방에 가두어넣고 매질을 했으나 처녀의 순정은 꺾을수가 없었다. 그러자 그들은 자식하나 없었던셈치고 죽여버리자는 합의에 이르렀다.

신분의 장벽이 높다는것을 모르는바는 아니였으나 이렇게까지 가혹한줄은 몰랐구나!

총각은 이때에야 비로소 자기가 넘을수 없는 계선에 들어섰다는것을 가슴터지게 절감하게 되였다.

오늘처럼 달이 밝은 밤이였다.

처녀와 총각은 천신만고하여 례배당 종루앞에서 다시 만났다. 그들에겐 이것이 운명적인 마지막 밤이였다.

총각이 처녀에게 애원하였다.

네가 나를 알게 한것은 천만번 나의 죄악이다. 이것은 하느님도 용서하지 않을것이다. 그러니 너는 나를 애당초 몰랐던것으로 여기라. 너의 앞에야 얼마든지 화려한 길이 있지 않느냐.

처녀가 총각에게 말하였다.

그래 나는 화려한 길로 보내고 너는 어떤 길을 가려고 하느냐?

나는 사랑을 찾아가려고 한다. 무연한[14] 저 사막을 넘어가면 내 갈구하는 사랑이 있을것이다. 거기에 없으면 또 가고… 총각의 대답이였다.

그런데 그 사막을 넘어간다는것은 지옥의 대문에 들어선다는것을 의미하였다. 석달열흘 가고 또 가도 아득한 사막, 푹푹 빠지는, 살을 지지는 모래, 순식간에 모래산을 쌓았다 흩날렸다하는 열풍, 물 한모금, 풀 한포기 없는 끝이 없는 길이였다.

그럼 좋다. 나도 그 사랑을 찾아서 가겠다.

처녀가 단언하였다.

안된다거니 가겠다거니 울며 애원하고 울며 떼를 쓰다가 밤을 꼬박 밝힌 동틀무렵에야 그들은 손을 꼭 마주잡고 나란히 사막에 들어섰다.

하늘아 땅아, 우리 영생할 사랑의 요람은 어디 있느냐?

허공중천을 우러러 절규하며 허우적거리며 걷고 또 걷던 그들은 드디여 지쳐서 쓰러지고 말았다. 꼭 그러안고[15] 한몸이 되여 쓰러진 그들의 얼굴에는 형언할길 없는 행복한 미소가 함뿍 어려있었다. 뜨거운 모래바람이 휩쓸어왔다.

---

14 아득하게 너르다.
15 그러당겨 두팔로 안다.

…

어느 눅거리[16] 련정소설가의 작품인지 아니면 미혜자신의 창작품인지 고담적인 이야기를 감동적으로 끝내고난 미혜는 잠시 동안을 두었다가 열정에 넘쳐 부르짖었다.

《정수씨, 저는 요즘 사막의 그 처녀가 저라고 생각해봐요. 여기가 이딸리아의 베로나이고 저는 줄리에트라고도 생각하고 영국의 웨쎅스마을에 테스라고도 생각해봐요.》

미혜는 급하게 몸을 돌려 정수의 앞을 막아섰다. 정수의 얼굴을 똑바로 응시하는 그의 두 눈이 강렬한 빛을 뿜었다.

《정수씨, 사막의 그 총각이 되여주세요. 로미오가 되여주세요. 그러죠?》

이 폭발적인 고백에 잠시 어리둥절해 서있던 정수는 저도 모르게 미혜를 부여안았다. 천길 호수로 잠겨들어가는듯한 환각에 사로잡혔다가 놀란듯 가볍게 떼여놓았다.

그들은 폭풍앞에 선 애어린[17] 양들마냥 튀여나올듯 고패치는[18] 심장을 가까스로 누르며 다시 천천히 걸음을 옮기였다.

얼마후 정수는 헌헌한[19] 목소리로 물었다.

《그런데 우리 운명을 왜 그리 비참한데만 비기오? 행복한 주인공은 하나도 없구만.》

미혜가 재빨리 대답하였다.

《그건 모든게 반대이기때문이죠. 행복을 바라면 불행이 오고 불행하라고 저주를 보내면 오히려 행복해지니까요.》

《그건 참 그럴듯하오.》 정수는 허거프게[20] 웃었다.

《딴전피지 말고 대답해줘요. 진정에 롱담으로 대하는건 미덕이 아니죠.》

《롱담이 아니요. 미혜동무, 여기서 어떻게 감히 롱담을 하겠소.》

정수는 또 몇발작 진중하게 걸음을 옮기다가 진정이 푹 배인 어조로 말했다.

《그 진정 정말 고맙소. 난 사실 미혜의 이런 사랑을 받을만한 사람이 못되오. 그래서 난 미혜를 애인으로가 아니라 그보다 더 가까운, 훨씬 더 가까운 사람으로 간직하고싶은데…》

《애인보다 더 가까운 사람? 그건 뭐죠?》

《혈육, 우리사이로 말하면 남매.》

---

16 내용이 보잘것없는 것.
17 매우 어리다.
18 어떤 물건이 세차게 올랐다 내렸다 하는 것을 비유적으로 이르는 말.
19 끼끗하고 의기가 당당하다. ㊟ 끼끗하다 : 멀쑥하고 깨끗하다.
20 허전하고 어이없다.

《호호 남매?》

미혜는 명랑한 웃음을 터뜨렸다. 그 소리가 옥쟁반에 은구슬을 굴리는듯싶었다.

《저도 그렇게 생각했었죠. 우리 오빠가 절 무척 귀여워했으니깐요. 오빠에게도 누이동생은 저밖에 없고 저에게도 오빠는 한분뿐이예요. 오빤 그저 저밖에 몰랐죠.

그런데 어느때인가 오빠가 빠리에 갔다왔는데 가방을 받자마자 뒤져보니 희한한 쁘로찌가 하나 나오겠죠. 전 환성을 올리며 그것을 품안았어요. 그런데 오빠가 전에 없이 굉장히 당황해하면서 《얘, 그건… 그건… 넌 다음에 더 좋은것을 사다줄게.》하며 쩔쩔매더군요.

엄마의 지청구[21]까지 듣고야 알고보니 오빠에겐 애인이 생겼던거예요. 전 왕왕 울면서 쁘로찌를 방바닥에 내동댕이쳤어요. 보아요. 애인과 남매는 이런거예요.》

미혜의 말이 너무도 재미나고 생동해서 정수는 또 껄껄 웃었다. 허리를 꺾으며 따라웃던 미혜는 이어 정색해지고 목소리는 다시 진지해졌다.

《롱담 이젠 그만하시고 대답해줘요. 이야기가 이렇게 끝나면 전 뭐가 되죠?》

《…》

정수는 대답할 말이 없었다. 무척 사랑스러운 처녀였건만 사랑한다고 사막의 그 총각이나 로미오 이상으로 나도 너를 사랑한다고 심장 그대로의 웨침을 터칠[22]수가 없었다. 도의감이랄가 륜리감이랄가 이름할[23]수 없는 착잡한 그 무엇이 와락 껴안고 애무하고싶은 충동을 어렵지 않게 억제하여 주었다.

《답변 힘드세요? 제가 예쁘지 못해서요?》

미혜는 드디여 련발사격을 들이대기 시작하였다.

《예쁘지 못하다니? 미혜보다 더 아름다운 녀성 어디 가서 찾는다고.》

그건 사실이였다. 조금도 겉발린[24] 소리가 아니였다.

《저도 그렇게 믿어요. 그럼 신분이 달라서요?》

《신분? 그게 지금 무슨 상관이요.》

《하다면 리념이 다른가요?》

《부강조국 세우자는 리념, 이 하나밖에야 다른 리념 무엇이 또 있소?》

---

21 꾸지람.

22 터뜨리다.

23 무엇이라고 말로 나타내다.

24 속과는 달리 겉으로만 그럴듯하게 발라맞추는것.

《그럼 뭐죠? 이것도 저것도 아니라면.》

《…》

《답답하네요.》

미혜는 한숨을 내그었다.

이윽고 그는《좋아요. 어쨌든 정수씬 제 애인이 아니되고는 못견뎌요. 만약 한사코 거절하신다면 저 주저없이 사막의 그 처녀나 줄리에트, 테스처럼 운명할거예요. 그때 정수씨가 로미오가 되는가, 테스의 하늘길을 눈물로나 바래주는 엔젤 클래어가 되는가 하는건 철저한 자유예요.》하고 선언하듯 잘라말하고 홱 돌아섰다. 그리고는 또각또각 구두소리를 울리며 총총히 사라져갔다.

숙소로 돌아온 유정수는 식당에도 들리지 않고 곧장 침실로 올라가 침대에 벌렁 누웠다. 취사원 아주머니가 뒤따라 들어와 어디 편치 않으냐고 근심스레 물었지만 정수는 저녁을 먹고 왔노라고 안심시켜 내보내고는 다시 누워버렸다.

눈을 꾹 감았다.

(미혜, 나는 너를 사랑하면서도 왜 사랑할수 없느냐.)

평양을 떠나던 일, 미혜를 처음 만나던 일…

꿈결처럼 흘러간 지난 몇달사이가 주마등처럼 떠올랐다.

…

통일이 되였다. 아, 통일이 되였다.

반세기가 되도록 민족이 그렇게도 갈망하던 통일, 겨레가 뼈를 깎고 피를 뿌리며 일구월심[25] 그 하나를 위하여 싸워온 통일, 태여나서부터 그 말을 배우고 하루에도 몇번씩 꿈에도 소원이라 부르던 통일, 죽으면서도 그 말을 유언으로 곱씹으며 눈을 감지 못하던 통일, 아, 그 통일이 드디여 성취되였다.

전민족의 단합된 힘에 더는 못이겨 외세는 쫓겨나고 이 땅우에 범민족통일국가 — 고려민주련방공화국이 일떠섰다.[26]

나라의 허리를 칭칭 휘감고 숨가쁘게 조이던 분계선 콩크리트장벽이 허물어져나갔다. 지지

25 일구월심(日久月深) : 날이 오래고 달이 깊어 간다는 뜻으로, 세월이 흐를수록 더함을 이르는 말.

26 기운차게 썩 일어서다.

눌렸[27]던 남북의 동맥에 콸콸 겨레의 뜨거운 피가 흘렀다. 얼마나 바라고 또 바라던 통일이냐.

만세의 함성이 3천리를 진감하였다. 만나는 사람마다 얼싸안고 볼을 비볐다. 넋을 잃은듯 껄껄 웃는 얼굴에 줄줄이 눈물이 흘러내렸다.

격정의 파도는 잦을사이 없이 새라새롭게[28] 밀려왔다. 남쪽정부의 초청으로 공화국의 여러 부문 전문가들이 련이어 남으로 파견되였다. 메말라터진 령남 호남벌로 관개전문가들이 나가고 황색으로 시든 민족문화를 살리러 작가, 예술인들이 나갔다.

한해전에 건설건재대학을 졸업한 쟁쟁한 청년건축설계가 유정수는 광주시로 파견장을 받았다.

나는듯 집으로 달려들어왔을 때 아버지는 그 파견장을 받아들고 구멍이 날 지경으로 들여다보다가는 한참씩 어루쓸고 그러다가는 또 처음처럼 들여다보았다. 칠순이 넘은 깊이 패인 주름이 활짝 다 펴진것 같았다.

《내가 끝내 오늘을 보는구나. 전라도라니 더욱 마침이다.[29] 이 아버지의 고향을 찾아보아라. 네 할아버지, 할머니는 이미 돌아가셨을터이니 묘라도 찾아보고 잘못되지 않았다면 삼촌네는 있을게다. 고모도 하나 있구.

그러구… 여가가 생기거든 정인옥이라는 녀성두 찾아보아라. 살아있다면 꼭 우리 고향에, 해변가 그 마을에 있을게다. 나도 이제 인츰[30] 뒤따라 나가겠다.》

아버지는 담배를 붙여물고 후 긴 연기를 내뿜었다. 창밖을 하염없이 내다보는 두눈에 형언할수 없는 그윽함이 어리고 담배를 든 피줄돋은 손이 가볍게 떨리였다. 렬차는 질풍같이 내달렸다. 평양에서 깊은 밤에 떠난 렬차가 날이 휘붐히 밝아올 때는 개성을 지났고 아침대기를 헤가르며[31] 한시간 남짓이 달려서는 벌써 서울에 들어섰다.

서울은 사람들로 붐비였다. 통일의 환희와 열광이 그냥 들끓어번지고있었다. 마침 평양으로 올라갈 렬차가 도착할 시간이 되여서 장사진을 치듯 홈에 가득 나와섰던 사람들이 평양에서 오는 손님손 좀 잡아보자고 저저마다 덤비는통에 넓은 역구내는 마치 군중대회장같기도 하고 큰 시장마당같기도 하였다. 누구나 웃고 큰 소리로 떠들었다.

(아, 통일, 통일이 이렇게도 좋구나!)

---

27 '지지누르다'의 피동, 지지르듯이 내리누르다.

28 ①새롭고 새롭다 ②여러 가지로 새롭다.

29 어떤 기회에 알맞게.

30 이내.

31 헤쳐 가르다.

유정수는 몇해전에 의거입북한 아들을 찾아간다는 중년의 내외와 친혈육인듯 손을 놓지 못하고 이야기를 나누다가 기적소리가 두번 세번 울려서야 다시 객실로 들어왔다.

수원, 천안, 대전…

렬차는 거침없이 대지를 주름잡아나갔다. 렬차방송에서는《통일렬차 달린다》의 힘찬 관현악이 울려퍼지고 언뜻언뜻 스치는 간이역들과 길거리에서도 사람들이 손을 흔들며 뭐라고 열정적으로 웨쳐댔다. 북에서 남에서 경쟁적으로 쏟아져나오는 통일환희의 노래들이 어디서나 귀를 멍멍하게 하였다.

론산, 리리, 장성…

드디여 렬차는 옹근 하루가 지나 또 새날이 밝아올무렵에야 광주역에 들어섰다. 유정수는 눈한번 붙이지 못하고 꼬박 두번째 아침을 맞이했지만 조금도 피곤이 느껴지지 않았다. 오히려 마음은 더 거뜬하고 온몸에 날아오를것 같은 새힘이 넘쳐났다.

도시설계쎈터를 찾아가 열광적인 환대를 받으며 간단한 수속을 마치고 일을 시작한 얼마후 유정수는 며칠간 말미를 얻어가지고 령광군을 향해 떠났다. 령광군은 광주에서 서쪽으로 30여키로메터가량 떨어진곳이였다.

령광, 바로 여기에서 아버지가 태여났고 유년시절, 소년시절, 청년시절이 흘러갔다. 바로 여기에 우리 조상의 유골이 묻혀있다.

시외뻐스를 타고 읍까지 가서 그담부터 법성리까지 걸어나가는 유정수는 이루 형언할수 없는 그윽한 향수에 젖어버렸다.

하루에도 몇번씩 아버지한테서 듣고 또 들어오던 선조의 땅이였다. 눈감고 조용히 불러만 보아도 가슴 뭉클해지고 다박솔[32] 하나, 해변의 포구 하나도 선히 보이는듯하던곳이였다. 내 고향은 법성포배노래가 나온곳이라면서 아버지가 장장 50년가까이 사무치는 그리움에 애태우던 땅, 내 또한 눈물머금고 환상속에 그려보던 땅, 아, 그 고향땅에 내가 왔다!

난생처음 걸어보는 길이고 둘러보는 산천이건만 조금도 생소하지 않고 서먹하지 않았다.

어느 나무, 어느 바위아래 아버지의 체취가 스며있지 않겠는가, 어느 해변길에 아버지의 피와 땀이 스며있지 않겠는가 어버지의 그 숨결, 그 체취, 할아버지, 할머니, 삼촌, 고모들의 모습과 음성이 온 대기에 그저 꽉 차있는듯하였다.

오불꼬불 묘하게 자란 로송도 다심히 쓰다듬어 보고 길가의 풀밭에 앉아 담배도 맛갈스레

32 다보록하게 가지가 퍼진 잔솔.

태우면서 한식경을 실히 걸은 유정수는 중낮[33]이 다 되여서야 마을에 들어섰다. 리사무소뜨락에 들어서니 점심참이 기울었는데도 많은 사람들이 모여앉아 홍성거리고있었다. 새 나라의 청신한 활력이 여기서도 넘치고있었다.

유정수가 자기 소개를 하고 찾아온 사유를 말하자 사람들은 고향의 후손이 왔다고 구면지기처럼 떠들썩 반가와했다. 머리를 보기좋게 기른 장년의 리장이라고 하는 사람은 특유한 지방사투리로 연신 《반갑네요. 잘 왔어요.》 하는 말을 되풀이하면서 정수의 팔을 잡아흔들었다. 그런데 삼촌과 고모의 행처에 대해서는 묘연해하였다.

《유석이라… 이 마을에 유씨문벌이 많지.》

장죽을 입귀에 물고 연기를 풀썩풀썩 피워올리며 이렇게 중얼거리던 좌상[34]격의 로인이 불쑥 참견해나섰다.

《그 사람 아버지가 이마에 혹이 나온 대장쟁이라고 하지 않던가? 그 령감 아들 하나가 북에 들어갔다는 말을 내 그전에 들은 생각이 나네.》

《옳습니다. 바로 그 사람입니다. 할아버지는 유창주라고…》

《옳으이…》

이렇게 말꼭지[35]가 떨어져서 사람들이 추억의 갈피를 들춰내는것을 들어보니 조부모님들은 이미 오래전에 북망산에 갔고 삼촌 유석은 광주인민봉기[36]때에 놈들의 총탄에 맞아 도청앞광장에서 절명했다고 한다. 안해와 두 아들이 있었는데 그들 역시 기근에 시달리다 뜻밖의 수재로 일가식솔이 다 잘못되였다고 한다. 고모 유곤은 남편이 해외로 돈벌이를 떠나간후 자기도 보짐[37]을 해이고[38] 어디론가 리향했다는데 세월이 하 오래다나니 그 생사여부는 누구도 알지 못하고있었다.

기가 막혔다. 위정자들의 반세기에 걸치는 악정은 한 가문의 일족을 이렇게 파멸시켰다.

유정수는 얼이 나간 사람처럼 망연자실하여 앉아있다가 떠듬떠듬 다시 물어보았다.

《그러면 저… 정인옥이라는 녀성은 모르시겠습니까?》

《정인옥?》 리장이 반색을 했다.

---

33 해가 중천에 떠 있는 때.
34 좌의정.
35 말의 첫 마디를 비유적으로 이르는 말.
36 ㉠ 광주민주화운동.
37 봇짐.
38 ㉠ 해서, (머리에) 이고

《나이가 얼마쯤 됐나. 고향이 여기라든가?》

《예, 아마 앓아계신다면 칠순이 다 됐을겁니다.》

《그럼 옳겠구만. 한진방직회사 사장 모친이로구만. 있네. 정정해서 앓아계시지. 헌데 그 집과는 또 어떻게 되나?》

《예, 그저 좀…》

《가세. 나도 집이 그쪽이니까.》

리장은 앞장서서 유정수를 인도하였다.

과연 먼지이는 소로를 따라 얼마쯤 가니 아담한 양옥 한채가 나타났다. 마을의 절대다수 가옥들과는 여러모로 구별되는 집이였다.

《영아 할매 계십니껴? 평양에서 손님이 오셨어요.》

리장은 이렇게 큰 소리를 쳐서 집주인을 불러내고는 후렁후렁한 밤색 뜨개옷을 입은 풍신 좋은 늙은 녀인이 정원에 나타나자 《그럼 만나보시오.》 하고 상냥한 인사를 남기고 휘적휘적 되돌아갔다.

녀인은 의아한 눈길로 정수의 아래우를 훑어보았다.

《어디서 오셨다구요? 누굴 찾으시오?》

이렇게 묻는 목소리에 어딘가 흥분이 느껴지는것 같았다.

《실례입니다만 이 댁이 정인옥어머님댁이 옳습니까?》

《내가 정옥인인데요.》

무표정하던 입가장자리에 알릴듯말듯 경련이 지나갔다. 정수의 심장도 쿵쿵 울리기 시작하였다.

《평양에서 왔습니다. 혹시 여기서 사시던 유현이라고 아시겠는지요?》

《유현?!》

사위여가는 불길처럼 고요하던 눈빛이 확! 강렬한 빛을 내뿜었다.

《그런데 자네는?》

《제 유현의 아들입니다. 유정수라고 합니다.》

녀인은 허둥허둥 정수의 어깨를 부여안았다.

《어쩜… 어쩜… 글쎄 평양에서 왔다는 첫말에 벌써 예감이…》

그러다가 정수를 밀어세우고 얼굴을 다시 찬찬히 뜯어보았다.

《옳아, 눈, 코 아버지 닮았어. 목소리도 같은것 같구.》

다시 와락 끌어안았다. 끌어안고 목멘소리로 말했다.

《그예 이런 날이 오긴 왔구나.》

정수도 녀인의 어깨에 힘을 주었다. 어쩐지 육친의 정같은것이 찌르르 온몸을 휩쌌다.

《들어가자구. 어서 안으로 들어가 이야기하자구.》

녀인은 정수의 등을 떠밀었다.

《그래 아버님은… 편안히 계신가?》

《예, 얼마전까지 국가정무원에서 국장으로 일하시다가 지금은 년로보장[39]을 받고있습니다.》

《그래? 그분은 십분 그러실분이였어.》

정수가 녀인과 마주앉아 전쟁시기 구사일생으로 전선을 넘어온 아버지가 군사복무를 마친 후에는 대학에 추천되였고 대학을 졸업한 다음에는 큰 기업소의 기술자로, 지배인으로 일하다가 정무원에 소환되였다는 이야기, 늦게야 가정을 이루어 자기네는 식구가 단출하다는 이야기, 어머니도 남쪽의 정인옥어머님을 무척 보고싶어한다는 이야기로 녀인의 쌓이고 묵은 궁금증을 풀어주고있는데 정원의 살창문이 활짝 열리며 《평양손님 오셨다죠?》 하는 챙챙한 처녀의 목소리가 들려왔다.

《사내번지개[40]같은것, 내 막내딸이라네. 중앙대를 졸업하고 지금은 광주에 내려와서 예술사범학교 교사를 하지. 제 오빠네 집에 얹혀있는데 내가 보고싶다고 어제 나왔어.》

녀인은 이렇게 일러주고 딸에게 고개를 돌리였다.

《미혜야, 인사올려, 평양에서 우리 전라도를 잘 건설해주시겠다고 오신 건축가선생님이시다.》

《첨 뵙습니다. 반가와요.》

처녀는 숫저어[41]하면서 깊숙이 아미를 숙이였다. 첫눈에도 무척 아름답고 활달해보였다. 조카를 데리고 해풍을 쏘이러 나갔었음인지 약간 흐트러진 머리칼, 홍조어린 두뺨이 한층 더 싱싱한 감을 주었다.

《헌데 어떻게 우리 집엘?…》

《오, 이분의 아버님되시는분이 전쟁때까지 여기서 사셨다. 우리 령광사람이지.》

《그래요? 그럼 더욱 반갑네요.》

처녀는 두손을 딱 마주치고 무랍없이[42] 방안에 뛰여들었다.

---

39 나이가 많아서 노동할 수 없는 사람들을 집에서 편안히 쉬게 국가가 보장해 주는 것.

40 성질이 남자처럼 괄괄한 여자를 이르는 말.

41 순박하고 수줍어 하는 티가 있다.

42 사귀는 사이가 몹시 가까워 어려워하는 티가 전혀 없다.

다음날 유정수와 송미혜는 광주로 돌아가기 위하여 나란히 동구길에 나섰다. 빠스를 타는 읍까지 20여리. 청신한 아침대기를 마시며 호젓한 들길을 걷는것은 더없이 즐거운것이였다.

미혜는 한저녁 이야기를 나눈것이 벌써 오랜 벗이 다 된듯 스스럼없이 자꾸 새 말거리를 꺼내놓았다.

《우리 엄마 참 이상하죠. 광주에서 오빠가 이제는 함께 사시자고 몇번이나 차를 가지고 모시러 왔었는데 한사코 반대시죠. 눈감는 날까지 여길 떠나지 않으신다는거예요. 그래서 광주서 손녀를 하나 데려다 말벗하시며 수도승처럼 사시는거예요. 정말 완고하시기란…》

《그런데 참, 아버님은 돌아가셨다지요? 그런 불행은 언제?…》

유정수는 엊저녁부터 궁금하던 미혜의 가정사를 조심히 비쳐보았다.

《우리 아빠? 오래전이죠. 제 열두살때…》

미혜는 길섶에서 풀잎을 하나 뜯어 입에 물고 잘근잘근 씹었다. 그러다가 느닷없이 호 긴 한숨을 내그었다.

《생각하면 우리 아빠 불행하셨어요. 기업을 하시던 아빠가 해외에 출장가셨다 오시니 부인이 덜컥 돌아가셨대요. 급병으로 딸 하나를 남기고 말이죠.

한해동안 혼자 사시던 아빠가 그때까지 처녀이던 울엄마와 겨우 재혼하셨는데 이번엔 오빠와 저를 남기시고 숨거두셨어요. 운명이 워낙 그렇게 정해졌던가봐요. 이복언닌 서울서 철도영업부장 마나님 되구요.》

《오. 그렇게 되였군요.》

유정수는 무거운 마음으로 머리를 끄덕이였다.

서른넘어서까지 로처녀로 있었다는 정인옥, 어쩌지 못해 출가는 했으나 주인을 성심성의 섬기면서도 얼굴에 별로 웃음은 몰랐다는 정인옥, 눈감는 날까지 고향을 떠나지 않겠다는 완고한 녀인, 남편은 물론 아들딸에게도 말 못하고 마음속 깊이깊이 묻어둔 그 사연이 가슴저리게 헤아려졌다.

쌍태머리[43] 그 시절부터 애타게 기다리는 하루하루를 덧쌓고 덧쌓아 어느덧 흰서리앉은 로파가 되였으니 호을로[44] 가슴태운 그 애모쁜[45] 심정을 무슨말로 다 표현할수 있겠는가.

아침에 떠나보내면서 어머니처럼 여기고 자주자주 나오군 하라며 눈굽[46]에 이슬이 핑 고

43 가랑머리.

44 홀로.

45 성화를 받거나 뜻대로 되지 아니하여 애타고 안타깝다.

46 눈의 안쪽 구석이나 눈의 가장자리.

이던 녀인의 모습이 생생히 살아올랐다.

우연인지 필연인지 해변가 작은 마을의 아담한 양옥에서 만났던 그날부터 유정수와 송미혜의 뉴대는 급속히 깊어져갔다.

미혜는 사흘이 멀다하게 정수를 찾아왔다. 하루의 일과가 끝나면 정수에게로 왔다. 정수에게 오는것도 마치 하나의 일과인듯싶었다. 올 때마다 일거리를 만들어가지고 와서는 신작음악회 가자느니 다방에 가자느니 이끌었다.

처음에는 처녀의 성의를 무시하기 어려워서 도판을 밀어놓고 이야기도 나누고 거리에도 따라나갔다. 헌데 매양 섭섭치 않게 해주려니 일이 밀리였다. 아니, 그렇게 보내는 시간이 그지없이 아깝고 뉘앞에 죄를 짓는것 같이 마음을 무겁게 했다.

그래서 량해를 구하고 다음부턴 굳이 연필을 놓지 않았다. 미혜는 그래도 좋다며 도판옆에 턱을 괴고 앉아서는 정수가 그려나가는 도면을 홀린듯이 지켜보군하였다.

《황홀하네요. 이렇게 지으면 우리 광주 정말 멋있어질거예요.》 손벽을 딱 치며 탄성도 내뿜었다.

어느 일요일아침엔 드라이브를 하자고 일찌감치 찾아왔다. 그러나 정수는 현지를 밟아볼 계획이여서 그 청을 들어줄수 없어 무척 딱해했다.

《아니 정수씬 휴식일도 없으세요?》

《휴식이 별다른겁니까. 도판에서 일어서는건 머리를 쉬우는[47]것이고 건설부지를 돌아보는건 산책이지요.》

《좋아요. 그럼 저도 함께 가요. 반대없죠?》

《대찬성입니다.》

미혜는 오빠의 승용차를 되돌려보내고 정수를 따라나섰다. 그들은 전망계획에 예견된 로정을 밟아 천천히 걸었다. 도청앞을 지나고 분수공원을 에돌아 금남로, 충장로…

걸음걸음 옮기는곳마다 숙연하고 추연한[48] 감을 자아냈다. 이미 이 거리의 곳곳을 걸어본것이 한두번 아니건만 그럴 때마다 추연함은 덜해지는곳이 아니라 오히려 새로운 숭엄함과 그 어떤 책임감까지도 불러일으키는것이였다.

얼마나 많은 열혈청년들과 시민들이 이 거리에 쓰러졌는가. 얼마나 많은 통일의 사자들이 오늘을 보지 못하고 아까운 생을 마쳤는가.

---

47 쉬게 하는.

48 처량하고 슬프다.

금남로, 바로 여기에서 전남대의 청춘들이 땅크에 짓이겨졌다지.

분수대, 바로 저기에서 꽃다운 녀대학생이 환각제를 먹은 공수병놈들의 대검에 젖가슴을 란도질당하고 임신부가 창자를 쏟으며 나뒹굴었다지.

도청앞광장, 바로 저기에서 의분에 피끓어 뛰쳐올라와 시민군이 되였던 나의 삼촌이 참형당했다지. 《피의 목욕탕》이 되였던 광주!

유정수는 포석 하나, 건물 하나 푸르른 창공까지도 추억깊은 눈으로 새삼스럽게 둘러보았다.

아직도 그 피가 포석마다에 슴배여[49]있고 창공에서는 통일을 절규하는 함성이 메아리쳐오는 것만 같았다.

정수의 무거운 마음을 헤아렸던지 미혜도 한동안 말이 없었다. 그러다가 도심을 벗어나면서야 나직하게 입을 열었다.

《정수씨, 무슨 생각하시는지 알겠어요.

광주사태가 일어났던 땐 제가 여섯살인가 일곱살인가 났을 때인데 어느날 엄마가 저와 함께 오빠를 데리고 여기 나오셨어요. 〈정부〉가 〈완전평정〉을 했다고 할 때인데도 도로 광장 어디나 거무칙칙한 피자국이더군요. 철쪼박[50] 벽돌쪼각 오가잡탕[51]이 그냥 널려있고 건물은 창문유리 다 깨져나갔는데 사람들은 하나도 얼씬않았어요. 정말 죽은 도시였어요.

전 그때 엄마가 하시던 말씀 지금도 생생해요.

〈잘 봐두어라. 여기서 가신 렬사들 잊지 말어라. 이제 이분들 바라시던 세월이 오면 우리도 그리웠던 사람 떳떳이 보게 그렇게 살아가자.〉

하긴 엄마도 봉기가 한창일 때 여기 나오시자고 무진 애를 쓰셨대요. 헌데 그땐 〈계엄군〉이 도시를 꽉 에워쌌고 더구나 아빠가 꼼짝못하게 막아서서…》

정수는 생각이 깊어 묵묵히 걸었다.

그리웠던 사람 떳떳이 보겠다는 그 심정이 눈물겹게 고마왔다.

《어머님 말씀이 옳소. 그 렬사들을 잊지 맙시다. 이제 여기 도시의 한복판에 통일영웅탑을 높이 세웁시다. 그래서 조국과 민족이 천추만대로 잊지 않게 합시다.》

《고마와요. 남녘민중 생각해주셔서. 그러면 저 무등산에 누워계신 영령들도 고이 눈감으

---

49 ㊟ '슴배다'의 피동, 조금씩 스며들어 안으로 배다.

50 쇳조각.

51 여러가지가 지저분하게 마구 뒤섞여 있는 것 또는 그런 상태.

실거예요.》

《미혜, 다시 말해보오. 나는 그래 어디 민중이요?》

《호호 성났네요. 아직 못된 타성 불사르지 못해서…》

미혜는 애교있게 웃으며 정수의 잔등을 콩콩 두드렸다.

설계전투는 낮에 밤을 이어 계속되였다. 할일이 너무도 많았다.

정수는 불덩이처럼 달아오른 머리를 찬물적신 수건으로 질끈 동이고 도판작업을 계속해나갔다.

붙박이로 박혀 밤을 패군[52]했더니 며칠전부터 입맛이 떨어지면서 이제는 온몸이 쑤셔나기 시작하였다. 광주에 온 날부터 과중한 로동으로 겹쌓이기 시작하는 피로가 혈기넘치는 박달같은 육체도 쓰러뜨리게끔 된 모양이였다.

전자벽시계가 열한점을 쳤다. 설계실 동료들이 주객이 전도되여도 분수가 있지 이건 너무하지 않느냐고 약을 가져온다, 병원에 가야 한다 서둘며 재촉하는것을 조금 더, 조금만 더 하며 앉아있는것이 어느새 새날이 가까와오는것이였다.

(까짓, 약을 먹고 여기에 좀 눕지.) 하고 혼자 생각을 하며 마지막 점선들을 쳐나가고있을 때였다.

출입문이 가볍게 열리는것 같더니 누군지 옆에와서 걸음을 멈춘다.

향긋한 냄새, 부드러운 체취.

미혜였다.

《아니, 이밤에 무슨 일로?…》

놀라 쳐다보는 정수를 미혜 역시 놀라는 눈길로 마주 바라보았다.

《아침에 전화 뭐라 하셨죠?》

《아차, 이 정신봤나.》

정수는 뒤통수를 두드렸다.

오빠가 저녁에 기다리니 오시겠느냐는 전화를 받고 꼭 가겠다고 대답한것을 그만 일정신에 깜빡 잊어버렸던것이다.

《약속은 법보다도 중한건데요. 전 이런것도 모르고 오빠와 눈이 까매 기다렸죠. 어디 오셔야 말이죠. 화가 나서 숙소엘 갔죠. 거기서 또 눈빠지게 기다리다가 애가 말라 왔는데 주인공

52 밤을 패다 : 밤을 새우다.

은 이렇게 셈평좋게[53]…》

한참 화풀이를 하던 미혜는 그제야 정수의 수건동인 이마와 상혈된 얼굴에 관심이 갔다.

《어머, 이 수건 뭐예요. 눈에 피가 졌네요.》

급급히 수건을 벗기고 이마를 짚어보았다.

《어머, 불덩이예요. 이런 몸으로 어쩌자고 이러시는거예요?》

미혜는 담박 울상이 되어버렸다.

《허겁하게[54] 놀지 마오. 돌림감기겠지.》

《감기 아니예요. 폐염일수 있어요. 아니 더 무서운 병 온지 몰라요.》

《이거 점점 어마어마해지는군. 당장 구급차 불러야겠는걸.》

《흘려넘길것 아니예요. 합숙아줌마 말 들으니 정수씨 매일 이렇게 밤 팬다죠? 그러니 이런 병 오죠? 볼이 푹 꺼지고.》

순진한 처녀는 정녕 안타깝고 애가 말라 어쩔줄을 몰라하였다. 정수는 껄껄 웃으며 미혜의 팔을 당겨 의자에 앉혔다. 그리고 마음을 눅잦혀[55]주려고 우정[56] 소리가 나게 약을 먹었다. 그래도 안절부절 못하는 미혜를 이윽히 바라보던 정수는 저도 모르게 자기 진정을 그대로 털어놓았다.

《미혜동무, 우리 일전에도 돌아보지 않았소. 통일이 됐지만 광주천기슭에랑 저기 서당골, 수박동에랑은 판자집 비닐박막집이 그냥 남아있단말이요.

이 사람들한테 빨리 좋은 집을 지어줘야 할게 아니요. 통일을 위해 누구보다 피를 많이 흘린 광주시민들인데 누구보다 좋은 집, 좋은 생활을 안겨줘야 할게 아니요. 그걸 생각하면 졸음이 오지 않소. 몇밤을 패도 피곤하지 않고 몸이 아프다는것도 모르겠소. 내 일이 더딘것만 같아 오랜 세월 고생만 하신분들한테, 피흘리며 먼저 가신분들한테 죄스러워 못견디겠소.》

미혜는 눈을 내리깔고 잠잠히 들었다. 한참만에 얼굴을 들고 정수를 바라보는 두눈에 이름 못할 감동의 눈물이 어려있었다.

《정수씨 그 리념, 그 열정 부러워요. 재능이 부럽구요.》

그리고는 또 한참 무엇을 생각하더니 사뿐히 일어섰다.

《돌아가겠어요. 약을 잡수셨으니 이젠 주무셔요.》

---

53 생활 형편이 넉넉하거나 마음이 느긋하여 태도가 넉살스럽고 태평함을 비유적으로 이르는 말.

54 공연한 일에 겁을 내거나 겁에 질리다.

55 누그러뜨리다.

56 일부러

그는 다소곳이 고개를 숙여보이고 돌아서 나갔다.

그런데 이렇게 돌아간 미혜가 어찌된셈인지 한주일 넘어도 다시는 나타나지 않았다. 열흘 다되여도 전화 한통 없었다. 전례로 보면 확실히 비정상이라고 아니할수 없었다.

(어떻게 된 일인가. 혹시 무슨 사고라도?…)

궁금증이 점차 근심으로 바뀌여 래일은 만사 제쳐놓고 찾아보리라 마음먹고있는데 바로 그날저녁 불쑥 혜성처럼 나타났다. 그날은 마침 한 대상[57]을 끝낸뒤여서 흐뭇한 마음으로 일찍 저녁을 먹고 호실에 들어와 텔레비죤을 보고있던참이였다.

《제가 안보이니 어때요? 성가시지 않아 편안했죠?》

미혜는 장난기어린 눈으로 정수의 얼굴을 말끄러미 쳐다보았다.

《음 저…》

기다려지고 불안했다고 사실대로 말하자니 발딱하게[58] 드러내보이는것 같고 아무렇지 않았다고 하자니 아무리 거짓소리라해도 너무한것 같아 미처 말귀를 고를수가 없었다.

《호호.》

미혜는 그 마음 다 안다는듯이 명랑하게 웃었다.

《엄마한테 갔댔어요. 령광에…

정수씨 무척 수척해지고 약을 잡숴가며 앓는다고 했더니 울엄마 걱정이 여간 아니시죠. 옆에서 도대체 뭘하느냐고 절 막 꾸짖구요.》

그리고는 무겁게 들고온 가방을 헤치기 시작하였다.

《날이 선선해지는데 이 속옷 갈아입으시래요. 이건 몸보신하시라는건데 매끼 두순갈씩 잡숫구요. 그리고 이것들은 아무래도 합숙생활하자면 필요한것이라고 하시면서…

잡숴보세요. 엄마가 늦게까지 빚으신거예요.》

옷지함, 단지, 형태가 다양한 필수품들, 음식보자기…

펼쳐놓으니 탁자에 가득차고 침대에도 쌓였다.

그것들을 하나하나 일별하는 정수는 아무 말도 할수가 없었다. 가슴깊은곳에서 그저 뜨거운것이 자꾸 솟구쳐오를뿐이였다.

미혜는 감미로운 냄새가 나는 기름튀기를 한사코 정수의 손에 들려주고나서 자기는 과일을 깎았다.

---

57 어떤 일의 상대 또는 목표나 목적이 되는 것.

58 사람의 속이나 생각이 웅숭깊지 못하고 얕다.

《그리고… 또 한가지 특종뉴스.》

과일껍질을 손에 든채 정수를 쳐다보며 방글방글 웃었다.

《맞혀봐요. 뭐겠는지?》

《특종뉴스… 뭘가?…》

《온밤 골싸매도 못맞칠걸. 저 오빠집 나왔어요. 오늘부터 이 합숙생 됐는데요. 정수씨 딱 아래방.》

《뭐요?!》

《그리고 교사노릇 집어쳤어요. 답답해요. 이번에 청년들로 새로 뭇는[59] 건설회사에 들었어요. 정수씨가 도안한 집 짓고싶어서요. 우리 회사 첫 작업 뭔지 아세요? 공해산업추방이래요. 정말 새세상이죠?》

연방 쏟아지는《특종뉴스》에 정수는 어안이 벙벙해졌다.

《그래 오빠는 뭐랍디까? 미헨 대학을 마친 음악가인데 건설 힘겹지 않을가?》

《오빠는 저더러 잘 생각했다며 방직회사도 이젠 겨레를 위한 회사라고 하죠.

건설? 괜찮아요. 노래도 거기서 부르고 거기서 가르치죠.》

정수는 미혜의 이 급작스런 돌변이 무척 놀랍고 경이스러웠다. 유산자의 고이 자란 외동딸. 상식적으로는 부르죠아녀성이라고까지 생각했던 이 처녀가 과연 이렇게까지 정신적인 비약을 일으킬수 있는가. 놀라왔다. 상상밖이였다.

그러나 한편 다르게 생각하면 그런것만도 아니였다. 위대한 현실은 위대한 인간을 낳는다. 조국통일이라는 이 세계사적인 사변은 사람들의 전신세계에서도 전대미문의 사변을 가져왔다. 열광적으로 들끓는 조국이 열광적인 인간들을 배출하는것이리라. 이것은 력사의 필연이였다. 그런데 미혜는 누구보다도 빠르게, 누구보다도 주저없이 력사의 이 필연에 뛰여든것이였다. 정수는 이것이 고마왔다. 한없이 대견스럽고 기특했다. 애틋하기만 하던 감정이 두터운 믿음으로 승화되며 여태까지 몰랐던 강렬한 애정을 느끼게 했다.

정수는 미혜의 손목을 덥석 거머잡았다.

《미혜 고맙소. 정말 훌륭해.》

미혜는 손목을 잡힌채로 그린듯이 앉아있었다.

두뺨이 발기우리 물들어올랐다. 알릴락말락 숨소리가 높아지는것 같더니 그답지 않게 혀아래소리로 묻는것이였다.

---

59 관계를 맺다.

《고향에… 애인 계셔요?》

정수는 기탄없이[60] 대답하였다.

《아직 그런 천사는 나타나지 않는구만. 미혜는?》

《저요?》

미혜는 손을 뽑으며 방긋이 웃었다.

그러더니 주저없이 입을 열었다.

《있었죠. 우리 학우 멋진 애인이였어요. 저에 대해 굉장히 열렬했으니까요. 저도 애정을 품었구요.》

《…》

《헌데 어느때인가 온 대학이 쌀시장개방저지데모에 나갔는데 그 사람 홀로 강의실에 남아 저까지 붙잡겠지요. 최루가스에 눈이라도 멀면 어쩌겠는가구. 저는 뺨을 쳤어요. 당신을 사랑하느니 인형을 사랑하겠다고, 당신은 강아지나 사랑하라고…》

미혜는 구김살없이 웃었다. 그 투명한 웃음에 정수도 따라웃지 않을수 없었다.

그날밤 야릇하게 감촉했던 그것이 드디여 현실로 닥쳐왔다. 미혜가 정식으로 사랑을 고백해온것이다. 바라면서도 바라지 않던것, 환희로우면서도 두려웠던것.

자, 이 일을 장차 어떻게 처리해야 좋을가?…

정수는 온밤 뒤채기[61]였다.

(미혜가 이제 어떤 태도로 나올가. 필경 뱌로통해서 쌀쌀하게 대하겠지. 도고[62]한 처녀니까 다시 간청하지는 않을게고… 내가 어쩔수 없이 흰기를 들고 투항해오기를 기다릴수 있어. 집요하게, 그런데 어떤 방법으로? 어떤 심리전으로?…

그러니 투항하기전에는 찬서리만 풍길 미혜를 이제 어떻게 매일 본다?)

그러나 이것은 공연한 걱정이였다.

아침에 세면을 하고 식당에 내려가니 미혜는 자기 식탁에 정수의 밥까지 가져다놓고 기다리고있었다.

《아이 느렁뱅이[63] 늦잠 자셨죠? 그러실줄 알고 저도 늦게 나왔는데 국이 식네요.》

60 어려움이나 거리낌이 없다.

61 모진 정신적 고통으로 몸부림치다. 참 '뒤채다' 와 비슷한 말.

62 ①수양이 높고 인품이 의젓하다. ②떳떳하고 도도하다.

63 '행동이 빠르지 못하고 늘크데한 사람' 을 낮잡아 이르는 말. 참 늘크데하다 : 패기와 정열이 없고 느른하며 맥이 없다.

료리접시들을 앞에 밀어놓아주고 수저까지 들려주었다. 이것은 전례없는 일이였다. 엊저녁 완전히 언약이 다 되였고 랑군이 다 된것 같은 말투와 몸가짐이였다.

그 확고한 자세가 저녁에는 더욱 완연하게 드러났다. 옷을 새로 지어 꽃보자기에 싸안고 올라온 것이였다.

《이젠 환절기인데 그 옷 벗으셔요. 제가 지은 옷 입으셔야 해요. 텁텁한 성미 싫어요.》

그리고는 부득부득 싸들고온 양복을 입혀주었다. 치수는 언제 재고 기호는 어떻게 알아맞혀냈는지 신통히도 몸에 꼭 붙었다.

미혜는 미끈해진 정수를 거울앞에 세우고 앞뒤로 돌려보다가는 바투[64] 다가서서 다심하게 옷깃도 당겨주고 이발[65]로 실밥끄트머리도 끊어주었다.

네 아무리 오빠니 뭐니 발뺌해도 내 님이다, 달리는 안돼 하는 자신만만한 배짱이였다.

정수는 옴짝 못하고 미혜 하자는대로 끌려다녔다. 어처구니없었으나 별도리가 없었다.

그런데 며칠후 미혜가 또 온데간데없이 사라졌다. 아침에 식당에도 나타나지 않았고 저녁에는 의례히 무슨 일 했다고《보고》하러 올라오던 모습도 볼수 없었다.

어디 가면 간다고 아뢰였을텐데 또 엄마 보고싶어 갔는가?…

나흘째되는 날이였다.

저녁을 거의 다 먹었는데 식당아주머니가 옆에 와서 앉더니 수저놓기를 기다리다가 은근히 말을 건네는것이였다.

《아저씬 맘 편해 밥 한그릇 다 내슈?》

《예? 그건 무슨 말씀입니까?》

《미혜양이 이틀째 미음 한모금 안마시고 누웠다오.》

《아니 왜요? 어디 아프답니까?》

정수는 가슴이 덜컥하여 다우쳐물었다.

《어머니집에 갔다오겠다고 하더니 와서부터 저러지 않소.》

《그래요?!》

정수는 덤벼치며[66] 일어나 미혜의 호실로 향하였다.

《원 저런 알뜰한 님이 그리도 귀해서…》

녀인은 정수의 뒤에 대고 혀를 쯜쯜 갈기였다.

---

64 두 대상이나 물체의 사이가 썩 가깝게.

65 이빨.

66 헤덤비며 돌아치다.

미혜는 요포를 푹 올려쓰고 꼼짝않고 누워있었다.

《미혜, 왜 그러오. 어디가 편치 않소? 아니면 집에 무슨?…》

쪽걸상을 당겨놓고 앉아 조심히 요포를 내리웠다. 미혜는 눈도 뜨지 않았다. 며칠사이 눈에 알리게 얼굴이 축갔다. 고민을 해도 무섭게 하는 처녀였다.

표정없이 그렇게 누웠던 그는 별안간 벌떡 일어나앉았다. 속옷바람의 팽팽한 가슴도 굳이 감추려 하지 않았다.

《정수씨 말씀해줘요. 울엄마가 왜 정수씨와 꼭 같은 말씀을 할가요? 약속이나 하신것처럼.》

《응? 그건 무슨 말이요?》

정수는 대뜸 모든것이 짐작되였으나 짐짓 모르쇠[67]를 하고 되물었다.

《정수씰 오빠로 사랑하라는거죠. 애인은 안된다고.》

들어보니 미혜는 어머니의 승인을 받아가지고 완전히 매듭을 지으려고 고향에 나갔었다. 그런데 어머니는 친동기로 지내는것이 좋다고 단마디로 잘라버렸던것이다.

《그것 보오. 애인이 더 가까운가 남매가 더 가까운가. 세상에 혈육 이상이 있는가. 어머님도 그래서 찬성 않으셨을거요.》

《겉발린 말씀 마시고 여기서 털어놓으셔오. 정수씬 그 까닭 아시죠?》

《까닭은 무슨 까닭. 자 그건 그거고 그렇다고 이렇게 밥도 안먹고 작업도 안나가면 되오? 규률없이.》

《규률? 홍, 그게 내게 무슨 상관이예요. 말씀하기 싫으면 가셔요.》

미혜는 정수를 사정없이 밀어냈다. 그리고 잘칵! 문을 잠그었다.

정수는 할수 없이 터벅터벅 호실로 올라왔다. 이제 저 처녀가 어떻게 나오겠는지는 예측하기 어려운것이였다. 아니, 예측 못할것이 아니였다.

열흘이고 한달이고 저렇게 문 잠그고 누워있을것이다. 사막의 그 처녀나 줄리에트처럼 될것이다. 미혜는 십분 그럴수 있는 처녀였다.

정수는 담배를 붙여물고 방안을 오락가락하였다. 문득 걸음 멈추고 책상앞에 마주앉았다. 편지지를 펼쳐놓았다. 만년필을 뽑아 뚜껑을 열었다.

《존경하는 아버지에게》

이렇게 서두를 떼고 그간의 사연, 안타까운 심정을 그대로 적어내려가는 정수의 눈앞에는 조국이 헤쳐온 수난많은 력사의 한토막이 영화화면처럼 생생히 떠오르는것이였다.

---

67 아는 것이나 모르는 것이나 다 모른다고 잡아떼는 것.

…

1950년 마가을,[68]

락엽쌓인 태백산 깊은 산줄기로 한 대오가 움직여가고있었다. 전라도에서 지하활동과 무장투쟁을 벌리다가 전략적인 일시적후퇴와 함께 북행길에 오른 남조선인민유격대오였다. 군복이 아닌 각이한 옷차림을 한 70여명 대오의 인솔자는 유현이였다. 거기에는 약혼녀 정인옥도 있었다.

유현과 정인옥은 앞뒤마을에서 태여나 함께 자라면서 각별한 인연으로 맺어진 사이였다.

일제시기에는 가난과 천대를 함께 서러워하면서 서로 위해주는것으로 맺어졌고 해방후에는 일제를 대신하여 기여든 미제와 민족반역자들을 반대하는 투쟁속에서 굳건해졌다. 경찰파출소들을 습격하고 선전물들을 살포하는 긴장하고 아슬아슬한 싸움속에서 유현이 정인옥을 구해낸적은 몇번이며 정인옥이 유현의 생명을 지켜선것은 몇번이였던가.

그들은 50년봄에 약혼을 하였다. 이제 가을이 오면 잔치를 하고 일심동체가 되여 투쟁도 더 잘 하고 살림도 기막히게 꾸리자고 굳게굳게 언약하였다.

그런데 전쟁, 후퇴…

대오는 련일 행군을 다그쳤다.

검질기게[69] 뒤따르며 포위환을 조이는 적과의 부단한 격전, 굶주림, 엄습하는 추위…

순간순간 사선을 넘는 혈투속에서 더욱 애간장을 말리우는것은 정인옥이 더는 대오를 따라 걸을수 없게 된것이였다. 다리에 총상을 받은데다 이름조차 애매한 병마가 덮친것이였다. 다리를 상한것은 담가[70]에 뉘여가도 되겠지만 그 병마는 어쩔수가 없었다. 시간이 다르게 온몸이 부어오르고 손발이 가드라들고[71] 의식마저 흐려지는 인옥이.

아직도 헤쳐가야 할 길은 료원한데 따뜻한 안식처 하나, 먹어야 할 약 한봉지 없었다. 이런 험지에서의 하루 한시간은 그만큼 인옥의 생명을 조이는것이였다. 대원들이 번갈아업기도 하고 담가를 만들어 맞들기도 했으나 이제 더는 그렇게 할수도 없었다.

유현은 인옥을 대오에서 떼여냈다. 령마루에 대오를 멈춰세우고 휴식구령을 준 다음 인옥을 데리고 골짜기를 내렸다. 멀지 않은곳에 인가가 보이는 산기슭에까지 내려왔다.

《인옥이, 여기서 헤여집시다. 저 마을로 내려가오. 내려가서 수단껏 치료를 받소.》

68 늦가을.
69 성질이나 행동이 몹시 끈덕지고 질기다.
70 들것.
71 빳빳하게 되면서 오그라들다.

《싫어요. 당신따라 가겠어요. 죽어도 좋아요. 당신따라 가다가 죽겠어요.》

인옥은 유현에게 꽉 매달려 떨어지려고 하지 않았다.

《왜 이리 속태우는거요. 아주 헤여지는것도 아닌데. 인차 되돌아 나온다지 않소. 내 다시 나올때까지 은신해서 몸간수를 하라는거요.》

《글쎄 싫어요. 정 짐이 되거든 차라리 죽이고 가주어요. 당신 떨어져 내 어딜 가요. 어딜 가면 살수 있다는거예요.》

《아 이런 답답이라구야. 이렇게 며칠만 더 가다가는 당신은 끝이란 말이요.》

《아이 싫어요, 싫어요.》

눈물범벅된 얼굴을 서로 비비며 따라가겠다거니 안된다거니 옥신각신하던 그들은 이윽고 살이 찢어지는것 같은 리별을 하였다. 인옥이 드디여 자기를 다잡았던것이다.

《인옥이, 죽으면 안돼, 절대 죽으면 안돼. 몸이 좀 나아지거든 꼭 고향에 가있소. 그래야 내가 다시 나와서 찾을수 있지.》

운신조차 제대로 못하는 사랑하는 사람을 예가 어디멘지도 모를곳에 생사를 전혀 기약할수 없이 떼여놓는 유현의 가슴은 온통 수천개의 쇠꼬치로 마구 짓쑤셔대는것 같았다.

…

《…이렇게 헤여진 미혜 어머니를 처음 만나는 순간 저는 생면부지의 녀인이 아니라 어머니와 같은 혈친의 정을 느꼈습니다. 미혜는 친동기처럼 여겨지구요. 미혜 어머니역시 저를 그런 정으로 극진히 사랑합니다. 실제로 나라의 분렬이 아니였다면 저의 어머니가 되였을 녀인이 아닙니까. 그런데 제가 어떻게 미혜를…

너무나도 기막힌 아버지와 미혜 어머니의 사연이 저를 번민하게 합니다…》

한여름 더위가 끝날상싶지 않던 여기 조국 남단에도 이제는 가을이 완연해졌다. 구름이 말짱 걷힌 하늘은 가없이 높고 푸르렀다. 차창밖으로 언뜻언뜻 스쳐지나는 키낮은 나무들도 노랗고 빨간 새옷을 갈아입었다. 교외를 벗어나니 통일된 첫해의 무겁게 실린 벼바다가 누렇게 펼쳐졌다.

정수는 경쾌하게 승용차를 몰아나갔다.

어느새 시창[72]으로는 해감내[73]를 품은 비릿한 바람이 선들선들 불어들어오기 시작하였다.

---

72 배의 고물머리에 깐 작은 마루.

73 물속에서 흙과 유기물이 썩어서 생긴 찌꺼기의 냄새.

《정수씨, 오늘 정말 무슨 바람 불었어요? 이런 드라이브 다 생각해내시고요.》

뒤좌석에 몸을 굽히고앉은 미혜는 아까부터 하던 말을 또 되풀이했다.

《어머님 뵙고싶어서. 너무 오래 찾아가지 못해 죄송스럽거든.》

차가 정원앞에 멈춰서자 뜨락에서 놀던 영아가 두팔을 벌리며 달려나왔다.

《할매, 고모왔어 고모.》

어린것은 미혜의 치마폭에 매달려가지고 정수도 낯이 익은지 방글방글 웃음을 보냈다.

뒤따라나온 정인옥은 정수의 어깨부터 당겨안았다.

《왜 그사이 한번도 얼씬 안했나. 원 그럴 법이 어디 있어.》

《일은 치지도 못하면서 괜히 바쁘게 보냈습니다. 나오고싶은 마음 늘 간절하면서도…》

《바빠도 그렇지 하루면 되는데. 난 자네 너무 기척없길래 내라도 한번 다녀오자고 벼르고 있었는데.》

정인옥은 정수를 감싸안다싶이해가지고 안으로 들어갔다.

그날밤은 정말 단란한 한식구가 되여 화기가 넘치는속에 저녁식사를 하였다.

상을 물리고 단정히 둘러앉았을 때 정수는 품속에 고이 간직해가지고 온 두툼한 봉투를 꺼내들었다.

《어머님, 평양에서 아버님에게서 편지가 왔습니다.》

《뭐 아버님한테서?!…》

정인옥은 약간 후들거리는 손으로 봉투를 받아들었다. 그리고는《정인옥에게》라고 큼직하게 박아쓴 겉봉을 하염없이 들여다보았다. 조심히 어루쓸었다. 반짇고리에서 가위를 찾아다 사각사각 가장자리를 베여내고 속지를 뽑아 펼쳤다. 더듬더듬 안경을 코에 걸었다.

모든것이 멈춰선듯한 정적속에서 글줄을 더듬어내려가는 정인옥의 두눈에서 소리없이 맑은 이슬이 샘솟아나기 시작하였다. 그것은 볼을 타고 줄줄이 흘러내려 편지지우에 방울방울 떨어졌다.

《인옥이…》

유현은 이렇게 썼다.

《인옥이, 아직도 이렇게 부르는 나를 용서하오. 무정한 세월이 장장 반세기를 흘러 나도 백발로인이 되였고 당신도 로파가 되였겠건만 내 눈앞에는 아직 머리 흰 인옥이는 보이지 않고 단발랑[74]을 했던 처녀, 떨어지지 않겠다고 가슴을 두드려대던 그 인옥이만이 보이오.

74 단발한 젊은 여자.

얼마나 긴 세월이 아득하게 흘러갔소. 얼마나 견디기 어려운 가슴저리는 나날이였소. 세월이 흘러 나이가 들면 지나간 일들은 삭막해지고 옛정도 메말라진다고 하지만 그건 특별한 사람들에게만 해당한 말인것 같소.

나는 살뜰한 안해를 맞아 행복한 생활을 누리는 속에서도 어느 하루, 어느 한순간도 인옥이, 당신을 잊어본적이 없소. 그것은 갈라진 조국의 아픔, 민족의 아픔이 그대로 인옥이와 헤여진 아픔으로 되였기때문이요.》

정인옥은 수건으로 눈굽을 찍어냈다. 깐깐히 찍어내고 다음장을 번지였다.[75]

《허나 이젠 그 아픔이 사라져갔소. 영원히 사라져갔소. 3천리 우리 조국의 앞길에는 창창한 대공이 열렸소. 이제 다시는 그런 불행, 그런 아픔이 없을것이요. 사소한 아픔이나 어두움이라도 다시 조국에 비껴서는 안될것이고 우리 민족 매 개인의 가슴에도 절대 깃들어서는 안될것이요.

인옥이, 나는 당신의 심정을 뜨겁게 감수하고 우리 정수의 마음에도 공감하오. 그렇소. 정수가 왜 인옥의 아들이 아니고 미혜가 왜 내 딸이 아니겠소. 그들은 인옥의 아들딸이고 내 아들딸이요.

때문에 인옥이, 우리 그애들을 결합시켜줍시다. 조국이 하나로 되였는데 우리 한가정 됩시다. 우리가 누리지 못한 행복을 우리들의 몫까지 그애들이 마음껏 누리게 합시다. 그애들의 앞길을 축복해줍시다.》

정인옥은 또 눈굽을 훔쳐냈다.

만단정회[76]가 서린 유현의 편지는 길었다.

《아, 고향에 가고싶소. 막 달려가고싶소. 분렬의 장벽이 허물어진 그날부터 내 마음은 하루에도 몇번씩 꿈속에서도 고향을 찾아가고있소. 더구나 인옥이가 고향에 있다는 소식을 받은 후에는 어린애마냥 분초가 새롭소.

하지만 인옥이.

반세기 가까운 세월 그렇게 애태우며 그리던 고향과 인옥이한테 내 어떻게 빈손으로야 갈수 있겠소.

나는 지금 순천에 내려가있소. 거기는 내가 정무원에서 일할 때 책임을 졌던곳이요. 거기서는 지금 남녘땅에 보내줄 세멘트 증산투쟁으로 낮과 밤이 따로없소. 나는 거기서 다시 〈국

75 책장 따위를 한 장씩 넘기다.
76 만단정회(萬端情懷) : 온갖 정과 회포.

장〉이 되고 〈로동자〉가 되여 뛰여다니오.

이제 조금 지나 때가 되면 대형짐배마다에 내땀이 배인 세멘트를 가득가득 담아싣고 나가겠소. 고향아, 내가 간다! 소리치며 가겠소…》

《정수 아버님!》

인옥은 나직이 부르짖었다. 그리고 마치 방안에 유현이 앉아있기라도 한듯 창자가 끊기는 것 같은 오열을 터뜨렸다.

《그때 이름도 모를 산중에서 헤여진후 요행 고마운 의원을 만나 구사일생 살아난후 당부하신대로 고향에 돌아와서 어떻게 살아왔는지. 허구한날을 어떻게 맞고 보냈는지 그걸…그걸 무슨 말로 다 하겠나요.》

정인옥은 두팔을 벌려 정수와 미혜를 한품에 꽉 그러안았다.

《암 그렇구말구. 다시는 그런 눈물이 없어야 하구말구.》

미혜는 어머니의 가슴을 마구 두드리며 울음을 터뜨렸다.

《엄만 왜, 엄만 왜 그런 이야기 여적 않으셨나요. 왜 저한테 해주지 않으셨나요…》

…

찬란한 해돋이.

유정수와 송미혜는 나란히 바다가[77] 모래불[78]을 걸었다.

갈매기 날아예는 하늘은 가없이 아득하고 이글이글한 불덩이를 안고 출렁이는 바다도 가없이 아득했다. 하늘과 바다가 맞붙은 저기, 저기가 끝나는곳은 과연 어디일가.

미혜가 손을 들어 가없는 하늘을 가리켰다.

《정수씨, 우리 앞길 저렇게 창창할거예요.》

정수도 환희에 넘쳐 대답하였다.

《그럼, 통일된 우리 조국, 우리 조국의 앞날 저렇게 무궁하고 아름다울거요.》

《아, 얼마나 좋아요. 우리 신혼려행 백두산에서 시작하자요. 백두산천지에서 시작해서 제주도 한나산까지…》

《그럽시다. 꼭 그렇게 합시다.》

77 바닷가.

78 사취(沙嘴) : 모래가 해안을 따라 운반되다가 바다 쪽으로 계속 밀려 나가 쌓여 형성되는 해안 퇴적 지형. 한쪽 끝이 모래의 공급원인 육지에 붙어 있는 것이 특색이다.

의(衣)생활

북한의 의류 공급은 4호 대상 이상에 대해서는 원활하지만, 노동자나 학생들은 김일성 · 김정일 생일선물로 노동자는 2~3년에, 학생들은 3~5년에 한번 꼴로 작업복이나 교복의 배정표를 받아 구입한다. 기사나 교원들도 3~4년이 돼야 양복지를 구입할 수 있는 배정표를 받는다. 사무원이나 농민들은 인민반을 통하여 공급카드를 배부받아 의복을 구입한다.

북한 주민들의 양복과 양장 차림도 주로 평양을 비롯한 대도시의 특권층 주민들에 국한되어 있다. 일반 주민들은 양복을 구하기도 어렵고 가격도 너무 비싸기 때문에 엄두를 낼 수 없다. 일반 주민들은 비교적 밝은 색상의 잠바차림이 대부분이며, 1980년 중반 이후 보급된 츄리닝을 평상복으로 입는다.

내의류는 1년에 1~2회 공업품공급카드를 배정 받아 국영상점에서 구입하는데 물량부족에 따른 품귀로 인민반에서 제비뽑기를 통해 구입대상자를 선정한다고 한다. 여성들의 팬티(조각천)나 런닝셔츠는 여름철에만 입는 것으로 인식되고 있으며, 양말도 공급물량이 부족해 겨울철에만 착용한다. 하지만 이것도 없어 노동자나 농민들은 겨울에 헤어진 의류나 베조각으로 발을 싸감고 지내는 경우가 대부분이다.

북한에서 생산되는 신발의 종류로는 남성구두 1종, 운동화 2종, 여자 편리화 1종, 비닐신 1종이 있다. 북한주민들은 평양보통강신발공장에서 나온 비닐신을 가장 좋은 신발로 생각하고, 제일 인기 있는 신발은 운동화나 편리화이다. 이것은 얇은 고무바닥에 한겹의 천을 붙인 것이지만 이것마저도 공급물량이 부족해 비싼 가격에 구입해야 한다.

또 신발은 공장제와 임가공 제화로 나뉘어진다. 공장제는 공장에서 생산된 제품을 말하고 임가공제화는 개인이 주민들로부터 자재를 받아 임가공하여 생산한 것을 일컫는다. 자재부족으로 인해 공장이 제대로 가동되지 않자 북한 당국은 조합형식의 임가공신발을 만들도록 권장하고 있다.

일반 주민들이 가정에서 누빈 신발 갑피와 낡은 신에서 고무창을 분리해 조합에 가져오면, 이 고무창을 신발공장에서 평평하게 눌러와 여기에 신발갑피를 붙여 가마에 쪄 완성한다. 이 임가공 신발은 품질이 조악할 수 밖에 없어 보름정도 신으면 옆면이 터지거나 밑바닥이 갈라진다고 한다.

신발이 떨어져 신을 수 없게 되면 신발 밑창 고무를 떼어 공급카드와 함께 들고 가 공업품상점에서 구입하지만 이것도 공급부족으로 구입하기가 어렵다. 신발을 살 때에도 상점에서 안면으로 사거나 장마당에서 비싼 가격으로 사야 한다. 임가공 신발도 공장에서 신발창을 찍어줄 때 많은 요금과 뇌물을 요구해 일반 주민들로서는 임가공 신발을 신는 것도 결코 쉽지 않다.

이처럼 공급의류나 신발이 태부족이다 보니 북한 주민들은 주로 장마당에서 의류와 신발을 구입한다. 그러나 장마당의 경우에는 가격이 매우 비싸다. 내의는 한 벌에 150~180원, 팬티 한 장에 20원, 운동화 한 켤레 가격이 300~500원이나 된다고 한다.

북한에는 빨래나 남의 옷 또는 신발을 훔치는 도둑이 적지 않다고 한다. 대낮에도 남의 집에 들어가 빨래 중에 널린 의류는 물론 장롱 속에 넣어둔 옷, 심지어 헌 팬티까지 훔쳐 가는 경우가 있으며, 어린이들이 새 옷을 입고 나오면 어른이 없을 때 아이들의 옷을 벗겨가기도 한다고 한다. 옷도둑은 대낮에도 남의 집 자물쇠를 부수고 들어간다고 하여 문차기라고 불리며, 특히 간부집이나 제일동포의 집을 골라 도둑질하는 사람들을 생활조절위원회라고도 하는데 이들은 이렇게 훔친 물건을 장마당에 내다 판다.

또 밤이면 몽둥이로 때리거나 칼로 위협해 옷이나 신발을 벗겨 가는 사례도 많아 북한 주민들은 밤에 문밖 출입을 삼간다고 한다. 신발도둑도 많아 주민들이 외출을 할 때에는 신발을 넣을 신발주머니를 반드시 가지고 간다. 잔칫집은 신발도둑이 가장 많이 끓는 곳으로 손님들이 잔칫집에 가면 신발을 모아 마대자루에 넣어두었다가 돌아갈 때 마대를 쏟아 신발을 찾아 신고 간다고 한다.

-자료제공 : 통일부 북한자료센터